U0836850

21世纪高等院校金融学试用教材

货币银行学

（第四版）

主　编　胡援成
副主编　杨荣　邹玲

中国财政经济出版社

图书在版编目（CIP）数据

货币银行学/胡援成主编．—4版．—北京：中国财政经济出版社，2011.1
21世纪高等院校金融学试用教材
ISBN 978-7-5095-2651-4

Ⅰ．①货…　Ⅱ．①胡…　Ⅲ．①货币和银行经济学-高等学校-教材
Ⅳ．①F820

中国版本图书馆CIP数据核字（2010）第241338号

责任编辑：林治滨　　责任校对：李　丽
封面设计：邹海东　　版式设计：董生萍

中国财政经济出版社 出版
URL：http：//www.cfeph.cn
E-mail：cfeph @ cfeph.cn

社址：北京市海淀区阜成路甲28号　邮政编码：100142
发行处电话：88190406　财经书店电话：64033436
北京财经印刷厂印刷　　各地新华书店经销
787×960毫米　16开　37.75印张　625 000字
2011年1月第4版　2015年7月北京第5次印刷
印数：14 001—16 000　定价：56.00元
ISBN 978-7-5095-2651-4/F·2253
（图书出现印装问题，本社负责调换）
本社质量投诉电话：010-88190744

前　言

本书自2005年第三版出版后，时间又过去了五年，社会和金融业都在飞速发展，整个时代又发生了许多的变化。尤其值得一提的是，2007年美国爆发次贷危机，继而又引发2008年的世界金融危机。世界再一次遭受金融危机的打击，我们也不得不再一次审视整个金融体系和国际货币制度，乃至现有的金融理论和货币银行理论。我们深刻地认识到，自20世纪90年代以来，金融危机已成为影响甚至倾覆一个国家和地区的重要手段，维护金融体系的安全和稳定，防范金融系统性风险，切实推进金融和经济的可持续发展，已成为维系社会安定和国家存亡的大事。因此，我们认为，从国家宏观角度出发，坚持货币银行学的应有地位乃是符合社会发展和时代进步要求的。

我们始终认为，货币是金融发展的起点和主线，它自然也是金融理论研究的核心之一。货币的出现是人类的一个创举，货币的发展史与人类社会的发展史并驾齐驱。货币由纯粹个人交换行为的媒介演化为整个社会经济运转的推动力之一——货币供应量，不能不说是金融的一种实实在在的升华。

货币的演化离不开银行。银行伴随货币的衍化而产生和发展，银行本身的发展又促进了货币的不断进化。综观世界银行业的发展史，我们发现，尽管现代商业银行正由传统的单一经营向混业经营转变，由纯粹的商业银行逐渐转变为全能的金融百货公司，但现代商业银行作为现代企业间接融资的主渠道地位并没有发生多少变化，我们可以大胆预言，商业银行在将来很长一段时间内仍然是现代信用的中心和现代金融机构的核心。

为顺应现代金融理论与实践发展的潮流，以适应时代发展和培育高素质现代金融管理人才的需要，我们于1996年由中国财政经济出版社编纂出版了第一版《货币银行学》，该书出版后，得到社会广泛的认同，并十分荣幸地于1997年被国家教委选作向全国高校“推荐教材”。在此基础上，我们于2001年重新修订出版了面向21世纪的第二版《货币银行学》。该书多次重印，并于2004荣获江西省第一届优秀教材一等奖。2005年，根据形势的变化和发展需要，我们又重新修订和丰富了第三版《货币银行学》。

时间很快又过去了5年，我们感到时代的发展和变化日新月异，客观上要求我们的教材也要与时俱进，不断更新。为了顺应时代潮流的发展、变化和对金融教育的高标准要求，我们又再一次重新修订《货币银行学》。在这次重新修订的第四版中，我们将充分反映时代的发展和变化。

与第三版比较，我们对第四版的各章内容均做了程度不同的修改、更新和补充。本书对书中原有的附录做了较全面更新和增补，对正文中的专栏也做了更新和补充，让学生能及时了解真实世界的变化和发展。

我们所做的最主要修改包括以下方面：

1. 增添了第七章“其他金融机构”，主要介绍投资银行、政策性银行、保险公司以及其他类别金融机构的相关经营及发展等内容。

2. 增添了第十五章“金融监管”，该章主要阐述金融监管的理论发展，金融监管的目标、原则、主体和对象，金融监管的内容、方法和金融监管体制以及主要国家金融监管体制的比较。

3. 第一章“货币与货币制度”做了较多修改，增补了第四节“国际货币制度”，以及专栏“欧元的诞生”。

4. 第二章“信用、利息与利率”增加了“信用”一节，更新了附录“我国金融机构存贷款基准利率”。

5. 第四章“金融市场”增补了专栏1“上海银行间同业拆放利率简介”、专栏2“伟大艰辛的新一步”和专栏3“股指期货今日上市交易”。

6. 第八章“中央银行”增补了专栏“票据交换”，更新了附录“我国中央银行资产负债表（2009）”。

7. 第九章“货币需求”增补了第四节“货币需求的经验研究”。

8. 第十章“货币供给”增补了附录1“正确认识金融机构‘存差’现象”、附录2“中国货币供给增长与经济货币化程度”和附录3“中国货币乘数变动趋势及其研究综述”。

9. 第十二章“货币政策：目标和工具”更换专栏“中国人民银行 中国银行业监督管理委员会关于完善差别化住房信贷政策有关问题的通知”，更新附录“我国存款准备金一览表”。

10. 第十三章“货币政策：宏观理论与实践”，更换了专栏“我国央票的演变及特点”，增补了第四节“货币政策的有效性”。

11. 第十四章“金融稳定”补充了关于中国金融稳定报告的有关内容，增添了宏观压力测试模型分析，增补了附录“国际金融危机及其应对：2008”。

12. 第十六章“中国金融改革”就我国金融市场体系、银行金融机构、利率市场化以及金融风险控制和监管改革与发展的有关内容做了全面补充和完善。

本书是为本科生编写的教材，也可作为研究生和实际工作者的参考用书。由于货币银行学主要是围绕国内货币总量运动来论述的一门金融学科，因而本书的设计侧重于宏观金融分析。第四版《货币银行学》基本框架设计仍分为四大篇，即货币与金融体系概述、金融市场与银行中介、货币总量与货币政策以及金融稳定与中国金融改革。

第一篇，包括货币、利率和金融体系概述。货币是金融发展的历史起点，也是货币银行学的逻辑起点，我们的分析自然从货币开始。同样，信用是市场经济的基础，也是信用货币的基础。无论从历史还是从逻辑角度说，信用既是货币演化的催化剂，也是现代金融运行的基础支撑。利率是资金的价格，是调节资金供求，是影响货币供应量的杠杆，在金融分析中具有普适性。金融体系概述则给学生一个总体的金融系统概念。

第二篇，主要围绕与货币创造及货币供应量形成和变动密切相关的三个主体，即金融市场、商业银行和其他金融机构，以及中央银行来展开论述。资金的运动与货币供应量的变动离不开金融市场。如果说商业银行是货币创造——派生存款的主体，中央银行则是货币创造——基础货币以及直接控制货币供应量的主体。

第三篇是本书的重点。通过货币总需求、货币总供给章节来反映货币总量的形成及其运动。通货膨胀是货币总量的一个反映，如何看待和对待，关系国民经济的稳定。货币政策章节反映了市场经济条件下金融宏观调控的基本内容和政策取向，让学生对此有较清晰的了解，也是本书的主旨之一。

第四篇是本书的末篇，涉及三个问题，金融稳定、金融监管以及金融改革。金融稳定是20世纪末才由中央银行正式提出的命题，金融稳定是维持金融和经济可持续发展的基本保证。金融监管与金融稳定关系紧密，监管的质量直接影响金融的稳定和发展，提高金融监管水平，保障金融安全和可持续发展乃是金融监管的基本目标。中国金融改革是一个不断与时俱进的过程，在此加以简要介绍，目的在于使学生们对中国金融的改革和发展状况有所了解。

《货币银行学》是经济类各专业的必修课程。根据国家教育部有关精神以及对高等财经专业面向21世纪培养高素质财经高级管理人才的要求，我们认为本门课程教学的基本目标，是要让学生全面掌握一般金融货币知识，了解货币和货币制度、利息及利率以及金融市场体系；熟悉商业银行和中央银行的有关制度和业务；能较深入把握宏观经济与货币政策分析技能，较熟练地从宏观经济角度分析货币的供给和需求，较深刻地认识通货膨胀问题和熟悉中央银行的货币政策，能较深入理解金融稳定的意义和方法以及金融监管的基本内容，较清晰地洞察中国的金融发展与改革。

本书由胡援成主编，杨荣、邹玲为副主编。由胡援成提出修订要求，经本书全体作者多次共同参与讨论，又经杨荣、邹玲一起对全书章节进行反复仔细地审阅和修订，最后由胡援成统一总纂和定稿。各章编写人员如下：

胡援成（绪论）、杨荣（第一章）、彭玉镏（第二章）、陈春霞（第三章）、杨玉凤（第四章）、邹玲（第五章、第六章）、李英（第七章）、舒海棠（第八章）、王金佑（第九章）、邹朋飞（第十章）、孙爱琳（第十一章）、胡援成（第十二章、第十三章、第十四章）、吴艳艳（第十五章）、曾莉华（第十六章）。

本书的出版首先要感谢中国财政经济出版社的同志们，尤其要感谢张立宪同志和编辑同志，是他们长期的鼎力支持和辛勤劳动，使此书能够又一次再版。本书的编写参考了国内外大量有关书籍和资料，谨向这些作者表示谢意。本书也是长期教学和研究的经验结晶，在此也向所有关心过货币银行学教学以及提出过建设性意见的老师和同学们表示衷心感谢。

由于我们水平有限，不当之处在所难免，敬请各位读者不吝赐教。

作　者

2010 年 10 月

目　录

第二篇 金融市场与金融中介

第四篇　金融稳定与中国金融改革

绪　论

应该如何把握货币银行学的基本内容呢？我们认为，一般而论，货币银行学是基于一国货币现象，主要研究国内货币运动及其规律的一门学科。我们可以循着货币和银行主线，重点围绕以下主题来加以理解和把握。

一、货币

货币是金融发展史的起点，也是货币银行学研究的逻辑起点，我们的分析自然从货币开始。什么是货币？就最初的本质而言，货币是固定地充当一般等价物的特殊商品。它具有价值尺度、流通手段、支付手段、贮藏手段等四种职能。同时，我们看到，这种商品自身在不断地演化乃至异化。历史上曾充当过货币的物品包括贝壳、牛、马、羊、谷物、盐、铜、铁、银和金等。货币的产生与发展是一个社会历史现象，它是伴随着人类社会的发展和进步而不断演变的。它的发展过程是由一般等价物的商品逐渐异化为一般价值形态的符号。在历史上的不同时期货币曾经是不同的物品。货币形态的演进经历着三个主要的阶段，即实物货币（足值货币）、非实物货币（铸币、纸币）以及电子货币阶段。在某种意义上可以说，电子货币的出现真正完成了货币由实物向数字符号的转化。

二、信用和利率

信用是市场经济的基础，也是信用货币的基础。无论从历史还是从逻辑角度说，信用既是货币演化的催化剂，也是现代金融运行的基础支撑。信用的实践范畴是指借贷行为，这种经济行为的形式特征是指以收回为条件的付出，或以归还为义务的取得；而贷者之所以贷出，是因为有权取得利息，借者之所以可能借入，是因为承担了支付利息的义务。

什么是利率？利率是信用期间的利息额与本金的比例。通俗的说法，利率是资金的价格。资金又是什么，资金是流动且集聚的财富，这种集聚的财富通过货币形式资本化，资本化的过程同时也是货币异化的过程，而资本化的货币资金的价格就是利率。在市场经济条件下，利率水平的高低取决于金融市场的资金供求状况。从宏观经济角度看，利率是调节经济活动的重要经济杠杆和指示器。利率反映总体资金供应者和资金需求者之间的信用关系和信用满足程度。利率形态首先表现为货币资金形态的存款利率和贷款利率，其次表现为货币资金的派生形态——债券利率。同时又演化出一系列利率形式，诸如长期利率和短期利率、名义利率和实际利率、浮动利率和固定利率等等。利率水平变动与股价水平变动成反比，与债券价格水平变动亦成反比，因而是影响股市和债市的重要杠杆。利率水平高低同时又是影响货币资金流动的重要指示器，“人往高处走，水往低处流”，货币资金总是追逐较高的利率，这是货币资金流动的本性。货币资金在国际间的流动又会直接影响到一国与他国的汇率。

利率还有两层含义，这就是资本化的成本和资本化的收益。它们在一定场合可以相互转化。就资金的使用者来说，利率就是他的资本成本；而对于资金的提供者而言，利率就是他的资金收益率。利率越低，在不考虑单纯货币化因素（通货膨胀）情况下，资金使用成本越低，对资金需求的刺激会越大，对资金使用效率的重视程度会越低；反之，利率相对越高，对资金需求的抑制作用越强，而资金使用效率则会相对越高。

三、金融市场

什么是金融市场？金融市场顾名思义就是资金融通和交易的市场。资金的运动离不开金融市场，货币总供给和总需求的形成也离不开金融市场，尤其是离不开货币市场和外汇市场。在这些市场中，中央银行通过公开市场业务直接影响基础货币的变动，而商业银行则直接影响派生货币（派生存款）的变动。而基础货币的变动和派生货币的变动就构成了货币供应量变动的基础。

金融市场按照传统划分包括货币市场、资本市场、外汇市场以及金融衍生市场。货币市场是指融资期限在 1 年以内的资金融通和交易市场，又称为短期资金市场。其主要包括银行同业拆借市场、回购市场、票据市场、大额可转让定期存单市场、短期政府债券市场等。资本市场是指融资期限在 1 年以上的中长期资金融通和交易市场，主要包括股票市场、债券市场和证券投资基金市场。外汇市场是外汇兑换和交易的市场，是由外汇需求者与外汇供给者以及外汇买卖中介机构所构成的外汇交易场所或网络，通常包括客户与外汇指定银行之间、外汇指定银行同业之间、中央银行与外汇指定银行之间的外汇交易。传统的外汇交易主要采用即期、远期、掉期外汇交易等方式。金融衍生市场是以金融衍生产品为交易对象的市场，主要由金融远期市场、金融期货市场、金融期权市场和金融互换市场组成。

四、商业银行

在货币运动过程中，商业银行起着主导作用。传统意义的商业银行，乃是专职货币业务的金融机构。严格一点说，商业银行是指依法设立的吸收公众存款、发放贷款、办理结算等业务的企业法人。就其职能而言，商业银行具有信用中介、支付中介、信用创造以及金融服务等职能。而信用中介、支付中介和信用创造职能乃是商业银行将零星货币提升为货币供应总量的基本而必备功能。信用中介是指商业银行通过吸收存款将社会上的各种闲散资金聚集起来，起到蓄水池作用，再通过贷款把这些资金提供给各类工商企业，从而在资金供给者和需求者之间架起了一座桥梁。支付中介是指通过商业银行提供的货币支付、结算服务，为资金的划拨和转移开通管道，从而加速资金的流动。信用创造主要是指商业银行通过企业活期存款账户的转账机制创造派生存款。这种派生存款是构成实际货币供应量的重要组成部分。信用创造功能又是建立在存款的部分准备制和非现金结算制基础上的。所谓部分存款准备制，是指中央银行规定商业银行必须按照其存款总额的一定比例向中央银行缴存准备金。非现金结算制则是要求商业银行通过银行间的划拨转账来完成货币的支付过程。

金融服务职能主要指商业银行为客户提供中间业务服务的职能。可以说，商业银行始终是为企业提供各项资金服务和间接融资的主体。

五、中央银行

随着商业银行的发展，具有特殊性质的中央银行应运而生。什么是中央银行，简而言之，中央银行乃是“发行的银行”、“银行的银行”和“国家的银行”。中央银行的业务是中央银行职能的体现，中央银行代表国家发行货币，管理国库和外汇储备资产，以及制定货币政策。中央银行是商业银行最后贷款人和全国票据清算的组织者，中央银行主要通过发行货币以及商业银行准备金存款来取得资金，通过再贷款和银行间市场国债买卖，以及外汇市场外汇买卖来投放（增减）基础货币，从而直接影响和控制货币供应量。可以说，中央银行是货币供应量的源头，或者说是货币供应量的调控中心。简言之，中央银行的主要任务之一，就是通过制定货币政策，运用货币政策工具，来影响和调控货币供应量。因此，中央银行对货币稳定从而实现金融稳定起着决定性作用。

六、货币总需求

从货币总量看，货币总供给与货币总需求的平衡是经济均衡的重要条件。何谓货币总需求，简言之，货币总需求即宏观经济运行对货币产生的总的需求。从一个国家角度考虑，它指在一定资源（如财富拥有额、国民生产总值、恒久收入等）条件下，整个社会应拥有多少货币可用来执行其有关的职能。具体而言，货币总需求就是全社会商品流通或商品交换对货币的总需求。当然，随着经济和社会发展，货币总需求的外延也在不断扩大。对货币需求不仅仅是商品的流通和交换，证券及其他金融衍生产品的交易同样对货币产生需求。因此，货币总需求本身也是一个不断异化的过程。对货币总需求的理解、衡量也是在不断深化之中。从古典的现金交易方程式到当代的凯恩斯货币需求理论，再到弗里德曼的货币需求理论，反映了理论大师们对货币总需求理论不懈探索的旅程。

七、货币总供给

货币由纯粹交换媒介演化为整个社会经济运转的推动力之一——货币供应量，不能不说是一次重大飞越。从理论上说，货币供给过程可分为两个阶段，第一阶段是中央银行投放基础货币；第二阶段是商业银行创造存款货币。但现实中这一过程错综交织。基础货币由中央银行的商业银行准备金和流通中现金组成，中央银行通过收购证券、外汇、黄金以及贴现贷款等渠道投放基础货币。在部分准备制和非现金结算前提下，商业银行通过贷款等资产业务在原始存款的基础上创造派生存款，从而创造出多倍于基础货币的存款货币。从总量上说，货币总供给可以表达为货币乘数与基础货币的乘积，因而货币供给的变动可以用货币乘数和基础货币的变动加以解释。基础货币的变动主要取决于中央银行的行为，货币乘数的变动则受法定存款准备率、超额准备率、非活期存款与活期存款比例以及现金漏损率等的影响。货币供给内生论认为，货币供给取决于货币需求，由经济主体的行为所决定，中央银行难以对货币供给进行绝对控制；货币供给外生论则认为，货币供给独立于货币需求，由经济过程之外的因素决定，中央银行能有效地控制货币供给。究竟货币总供给依存于货币总需求与否，仍有待研究的深化和历史的检验。

八、通货膨胀及通货紧缩

何谓通货膨胀，较流行的解释是指一般价格水平的持续性上涨过程，通俗的说法便是货币对内贬值。从宏观角度看，通货膨胀表现为以货币总量表现的社会总需求增长大大超过了以实物总量为基础的社会总供给增长，或者说是货币社会总需求大大超过有效社会总供给。形成通货膨胀的动因可以是总需求拉动，也可以是总成本推动，或者是经济体内结构性变化所引致。由于通货膨胀具有强烈的收入再分配效应，即按货币持有量等比例缩水和个人实际财富的非等比例下降，导致社会分配不公加剧，因此各国政府均将抑制通货膨胀作为社会经济宏观调控的基本目标。

通货紧缩是与通货膨胀相对应的一个概念，通常指一般价格水平的持续性下跌过程。通货紧缩与通货膨胀一样，都是一种货币现象，但通货紧缩产生的原因相当复杂，其不一定都表现为货币的原因。一般认为，引发通货紧缩是由于有支付能力的有效社会总需求不足，或是由于货币供应量不足，或是由于经济体的结构性失调等，需要进行具体的研究。

九、货币政策及其工具

中央银行对宏观经济进行货币调控，所借助的便是货币政策及其政策工具。调控包括两个部分，即目标体系和工具体系。货币政策的基本目标也就是国家宏观经济目标。货币政策目标实际包括两个层次：一个是运用货币政策所要达到的最终目标，另一个是借以达到最终目标的中介目标。最终目标通常包括充分就业、价格稳定、经济增长和国际收支平衡。由于最终目标之间往往存在矛盾，客观上存在如何选择目标的问题。通常作法是选取一至两项目标作为基本目标。货币政策的中介目标又称中间目标，一般包括利率目标、汇率目标和货币总量目标。中介目标同样有选择问题，要考虑目标的可计量性、可控性和影响力程度。目前发达国家更多地倾向于选择利率目标。

货币政策工具是实现货币政策目标的保证。中央银行的货币政策工具大体可分为一般性政策工具和选择性政策工具。在金融调控过程中，中央银行所运用的法定存款准备率、贴现率和公开市场业务，乃是影响货币供应量的三大重要工具。中央银行对商业银行的再贷款也是我国货币调控的重要杠杆。

十、金融稳定及其监管

金融稳定是20世纪末才由中央银行正式提出的命题。如果说货币政策更强调政策目标的实现与否，金融稳定则更侧重目标实现后的可持续过程。金融稳定本质上追求的是整个金融系统的稳定和协调，而金融系统的稳定首先又离不开货币总量的稳定。虽然人们早就对金融不稳定的情况分别从多个角度进行过探讨，也形成了较为成熟的理论模型，但将金融稳定真正作为一项任务提出还是20世纪90年代后期的事。1997年亚洲金融危机之后，金融稳定以及金融生态问题开始引起国际社会的普遍重视。2003年，我国在修订后的《中国人民银行法》中新增了中国人民银行负责“维护金融稳定”的内容，并分设银监会，实施专业化监管，进一步增强了中央银行制定和执行货币政策的职能，突出了中央银行在维护金融稳定中的作用。2007年爆发的美国次贷危机和随后波及世界范围的金融危机，又引发了对传统金融监管理论和实践的反思，掀起新一轮全球应对金融危机，防范金融系统性风险，加强金融监管的改革热潮。因而，这一问题不仅仅属于理论探讨范畴，更具有重要的实践意义。

第一篇

货币与金融体系概述

本篇分为三章：

第一章　货币与货币制度
第二章　信用、利息与利率
第三章　现代金融体系

第一章　货币与货币制度

本章概要：在本章中，我们要学习货币的定义与职能、货币形态及支付制度的演变以及货币制度的发展等内容。本章共分四节，第一节着重介绍货币的定义与职能。第二节介绍货币形态的演进，即从实物货币到非实物货币，再到电子货币这样一个发展过程。第三节介绍了货币制度的形成、货币制度的内容及发展进程，并对我国人民币制度作了简要介绍。第四节介绍国际货币制度的形成。

第一节　货币概述

一、货币的定义

货币是商品生产和商品交换长期发展的产物，作为商品经济时代一种最普遍的现象，对于什么是货币，我们似乎很明确。然而，给货币一个准确的定义却并非易事，它涉及对货币本质的认识。

（一）马克思的劳动价值论对货币定义

马克思的劳动价值论在对价值形态发展的历史长河的研究中揭示了货币的本质，他把货币定义为：货币是从商品世界中分离出来的、固定充当一般等价物的商品，并能反映一定的生产关系。这一定义囊括了货币起源、职能当中最本质的东西。

1. 货币是特殊的商品。

（1）货币是商品，它与商品世界的其他商品一样，都是人类劳动的产物，是价值与使用价值的统一体，但它却不是普通的、一般的商品，它是从商品世界中分离出来的与其他商品不同的特殊商品，其特殊性在于它具有一般等价物功能，具体表现在两个方面：第一，它是表现和衡量一切商品价值的材料；第二，它具有与其他一切商品相交换的能力，成为一般的交换手段。

（2）货币是固定充当一般等价物的商品。人类社会自发发展的过程，包括由简单的、偶然的价值形态到总和的、扩大的价值形态，再到一般的价值形态，在一般的价值形态充当一般等价物的商品很多，但它们不是货币，因为它们只是在局部范围内临时发挥一般等价物的作用，货币则是固定充当一般等价物的商品，是在一个国家或地区长期充当一般等价物的商品。

2. 货币体现一定的生产关系。货币作为一般等价物，无论是表现在金银上，还是表现在某种价值符号上，都只是一种表面现象，同时，它还反映商品生产者之间的关系，即反映产品由不同所有者所生产、所占有，并通过等价交换实现人与人之间的社会联系，即社会生产关系。

在历史发展的不同阶段，货币反映着不同的生产关系，值得注意的是：货币在不同社会制度中作为统治阶级的工具，是由社会制度决定的，而不是货币本身固有的属性，不能把特定社会形态中货币职能的发挥视同货币的本质。如，在资本主义社会，劳动力成为特殊商品，货币转化为资本，资本家凭借着对生产资料和产品的占有，掌握大量的货币，购买工人的劳动力，无偿占有工人创造的剩余价值，不能因此就把货币本质定格为资本家剥削工人阶级的工具，因为毕竟货币不是资本。商品经济的基本原则是等价交换，不论是什么样的人，持有什么样的商品，在价值面前一律平等，都要按同等的价值量相交换。同样的货币，不论存在于谁的手中，都是作为价值的独立体现者，具备着转化任何商品的能力。

（二）西方经济学中有关货币的观点

1. 货币金属论。货币金属论认为货币也是一种商品，其自身必须有价值，它的实际价值是由货币金属的价值所决定的，金银天然就是货币。提出这种观点的主要是16—18世纪英国的重商主义学者威廉·斯塔福德、威廉·配第、亚当·斯密、大卫·李嘉图等。

他们认为，货币是资本的一种表现形态，是唯一的财富，所以货币越多越好。但是，货币必须足值，只有金银才是货币，并特别强调货币的价值尺度职能，认为货币是测量其他财富的价值尺度，如果这一尺度改变了，其他商品的价值也随之按比例改变。

2. 货币名目论。货币名目论认为货币是一种便于交换的技术工具，是换取财富的价值符号，是一种观念的计算单位，是一个票券。17—18 世纪英国的巴本、贝克莱、斯图亚特、德国的克纳普等都是著名的货币名目论者。

以巴本为代表的货币国定论认为货币是国家创造的，货币的价值不是货币本身所具有的，而是由国家权威所规定的，由于国家权威，铸币才具有价值，才能够流通。因此不必要以金银贵金属作货币，只要有了君主的印鉴，任何金属都可以作为货币。

以克纳普为代表的货币支付手段论可以说是货币国定论的延伸。克纳普认为一切货币都是支付手段。所谓支付手段，就是有法律认可的、能用于流通的、表明价值单位的物品，作为支付手段，其与创造货币的材料无关，只要有国家法律的认可，就可以自由选定货币支付手段。

以贝克莱为代表的货币计算比价论，认为货币不过是比例名称，是用来表示商品之间比价及财富转移的一种符号或工具。既然是一种符号，因此用什么材料来充当这个是无关紧要的，而纸币制度则是较金属货币制度更好的制度，是人类社会货币制度发展的最高阶段。

以斯图亚特为代表货币计算工具论，把货币看成是一个观念的计量单位，认为计算“货币不过是为了衡量可售物品的相对价值而发明的任意的等分标准……货币只是具有等分的观念标准”①。

3. 货币职能论。这类观点往往从货币的某项或几项职能来定义，认为货币是为社会公众普遍接受的、作为支付货款与服务的手段。古典经济学家亚当·斯密认为货币是为了便利交换的目的。他说，“货币是流通的大轮，是商业的大工具”。米尔顿·弗里德曼认为货币是一个共同的被普遍接受的交换媒介，并认为它是建立在普遍接受的传统习惯上的。他还说货币是购买力的暂时栖所。米什金从货币的支付职能给货币下了定义：“经济学家将货币（对货币供应也是一样）定义为：在商品和劳务支付或债务偿还中被普遍接受的任何东西。”托马斯·梅耶认为：“任何一种能执行交换中介、价值标准或完全流动的财富贮藏手段职能的物品都可看成是货币”。

① 洪远朋：《经济理论比较研究》，复旦大学出版社 2002 年版，第 188 页。

4. 货币数量论。货币数量论是用货币的数量来解释货币的属性、货币价值与商品价格的学说。它否认货币本身具有的商品属性和内在价值，认为货币价值是由货币供给的数量所决定。货币数量学说分为古典货币数量论和现代货币数量论。古典货币数量论代表人物是主要苏格兰的大卫·休谟其主要观点是：在其他条件不变的情况下，物价水平的高低和货币价值的大小都是波动地由一国流通中的货币数量多少决定的。货币数量增加，物价即随之作出比例的上涨，而货币价值则做反比例的下降，反之，货币数量减少，则物价下跌，货币价值上升。现代货币数量论的代表人物美国的米尔顿·弗里德曼，认为货币不过是“购买力的暂时栖息所”，货币数量的变动可以使收入、就业、物价也变动，货币便成为一种重要的力量。现代货币数量论把货币视为国家调控和管理经济的重要工具。

二、货币的职能

就一般意义而言，货币具有价值尺度、流通手段、支付手段和贮藏手段四种职能。

（一）价值尺度

价值尺度职能是指货币能够表现和衡量商品的价值，这是货币的首要职能。所谓衡量商品的价值就是评价、计算商品包含多少社会劳动，而表现商品的价值是把社会承认的社会劳动表现为一定数量同质的货币。

货币作为价值尺度，使一切商品的价值表现为同名的量，使它们在质上相同，在量上可以比较。货币之所以能够充当价值尺度，表现和衡量商品的价值，不是因为货币本身有什么神秘的属性，而是因为货币本身也是商品，也具有价值。商品价值的大小，本来是由凝结在商品中的社会必要劳动时间来测量的。因此，劳动时间是商品价值的内在尺度，货币是商品价值的外在表现。价值尺度的实质是检验社会劳动，使价值的内在自然尺度（劳动时间）获得外在的表现。

货币执行价值尺度的职能，是通过把商品的价值表现为价格来实现的。价值是价格的基础，价格是价值的货币表现。货币在发挥价值尺度职能时，并不需要现实的货币，只用想象的或观念的货币就够了。

要发挥货币的价值尺度职能，必须首先确定单位货币的价值量，这种人为规定的单位货币名称及所包含（或代表）的价值量，叫做价格标准。

价值尺度和价格标准的区别是：价值尺度是测量商品价值的，价格标准则规定每单位货币所代表的一定量的价值，它是为货币价值尺度职能服务的一种技术性规定；同时，价值尺度是在商品交换中自发形成的，并不依靠国家权力，而价格标准则是由国家法律确定的。

设想在自然经济中没有货币，产品交换为直接的物物交换。一个人用斧子交换面包，存在一个交换率（价格）；而用斧子交换布匹，又需要另一个交换率。假如有 N 种产品，它们之间进行交换将需要多少种交换率或价格呢？我们可通过下述公式来求得：

$$W_n = N \times (N-1)/2$$

其中，W_n 为 N 种产品的交换率或价格；N 为产品的种类。

例如，假定有 100 种产品，相互进行物物交换，总共将需要 4950［$=100\times(100-1)/2$］种交换率或价格。

当社会出现商品和货币，由货币来固定充当一般等价物，商品交换的交易成本大大降低，此时 100 种商品就只有 100 种价格。可见，货币的产生是社会的一大进步。

（二）流通手段

货币的流通手段职能是指货币在商品交换中充当交换的媒介。流通手段也是货币的基本职能之一。

在货币出现以前，商品交换采取直接物物交换的形式，这对商品生产的流通造成了极大的不便，并影响了经济效率的提高。货币出现后，商品交换形式发生了变化，每个商品生产者都要先把商品换成货币，然后再用货币去购买商品，货币在交换过程中充当了媒介体，因而使其具有了流通手段的职能。

货币执行流通手段职能时，必须是现实的货币，但不一定需要十足价值的货币本体，可用货币符号来代替，因为货币在交换中是转瞬即逝的要素，是交换的手段而不是目的。作为货币符号的纸币，就是从货币的流通手段职能中产生的。

以货币为媒介，间接的商品交换就是商品流通。商品流通解决了原来物物交换时交换双方在时间上、空间上及供需上必须完全一致的问题，极大地促进了商品交换的发展，但也促使商品生产的内在矛盾有了进一步的发展，隐藏着发生危机的可能性。因为在物物交换条件下，买和卖是统一的，而在商品流通条件下，买和卖分成了两个独立的过程，这就有可能出现只卖不买或只买不卖的情况，有造成供求脱节的可能，从而引发经济危机。

（三）支付手段

货币作为交换价值的独立存在而进行单方面转移时，执行支付手段职能，即充当延期支付的标准。货币是价值的独立存在，可以先于或后于商品运动，在用延期支付方式买卖商品的情况下，货币和商品不在买卖过程中同时出现。例如，货币在清偿债务时，就执行着支付手段职能。延期支付的方式可分为两类：

1. 商品性支付。货币的支付手段职能最初是由商品赊销引起的。这样，买者和卖者之间便形成了债权债务关系，当货币用于支付赊购的货款时，它已经不是商品流通的媒介，而成了延期支付的标准。在这个交易过程中，商品的让渡和货款的支付在时间上已经分开。这种没有商品在同时、同地与之相向运动，而是作为价值的独立存在、单方面转移的货币发挥着支付手段职能。

2. 非商品性支付。货币支付手段的功能还会扩展到商品流通之外，为非商品性支付服务。即用货币作为计算单位的各种契约、合同等的支付。

货币发挥支付手段职能，是一切信用关系得以顺利建立的基础。它一方面促进了商品经济的进一步发展；另一方面又使商品经济的内在矛盾进一步发展，因为它可能使买卖进一步脱节。货币发挥支付手段职能后，克服了销售困难对再生产的限制，使再生产极可能处于一种盲目状态。这样，如果信用合同期满商品仍然卖不出去，买卖脱节的矛盾便会以更大的规模爆发。尤其是在商品生产者普遍存在债权债务关系的情况下，如果债务链的某个环节中断，就很可能引起整个债务关系的连锁反应，甚至引发经济危机。

（四）贮藏手段

暂时退出流通领域被人们当作独立的价值形式和社会财富的一般代表而保存的货币，发挥着贮藏手段的职能。

货币能够作为贮藏手段，是因为货币是一般等价物，是社会财富的一般代表，因而可以被保存起来。它是一种超越时间的购买力的贮藏，我们可以利用货币的这一功能将自己取得收入的时间和花用收入的时间分离开来。因为我们多数人都不想在取得收入时就立刻将它全部消费掉。货币的贮藏手段职能是由商品经济的发展所引起的。随着商品经济的发展，商品生产者对市场的依赖性增强了，为了应付生产和交换中各种偶然的变化以及满足积聚财富的欲望，他们就把暂时不用的货币贮存起来。

具有贮藏手段功能的资产并非只有货币一种，股票、债券、土地、房屋等资产都具有贮藏手段的功能，而且它们还常为所有者带来较高的收益，为货币所不及。但用货币作为价值贮藏手段的优点是它具有很高的流动性。货币没有或只有极小的交易成本，它无须转换为其他任何东西便可用于购买，而其他资产在转换成货币时都有转换成本，要花费一定的代价，也可能在转换时蒙受一定的经济损失。例如为了能够迅速将股票脱手而不得不接受一个较低的价格。因此，人们用货币作为价值贮藏的一种手段主要是因为它是一种流动性最高的资产。

货币作为贮藏手段的特点：一是必须是现实的货币；二是必须是具有稳定价值的货币材料。因此，一般要求由贵金属来执行这一职能。至于纸币，只有在币值较为稳定的条件下，才被人们用作价值保存的工具，如果纸币发生贬值，则会使它部分地丧失这一功能。所以，决定价值符号是否能够作为贮藏手段的基本条件是它能否稳定地代表一定量的价值。

在金属货币流通条件下，货币作为贮藏手段具有自发地调节货币流通的作用。当流通中货币量过多、货币贬值时，人们宁愿把它贮藏起来，于是，多余的货币自发地退出流通领域。当流通中货币量不足、货币供不应求时，人们又会自发把贮藏的货币拿出来购买商品，货币又会重新进入流通领域。这样，货币的贮藏就像水池一样，自发地调节着流通中的货币量。

货币的贮藏手段职能对促进经济发展有着重要影响。个人、企业等贮藏货币，可以为社会形成积累，即人们拥有的部分财富未被消费掉，可为社会扩大再生产提供物质基础。货币的价值贮存功能还会影响货币的需求，公众如果愿意更多地贮存货币，货币需求量就会增多。反之，如果公众选择其他资产作为价值贮存的手段，货币需求量就会减少。可供选择的资产越多，各种资产的收益性、安全性、流动性变化越大，货币需求量的变化也就越大。

第二节 货币形态的变化

随着商品经济和信用制度的不断发展，以及科学技术创新的推动，货币形式及其支付体系也在不断的发展和变化。在不同的历史时期有不同的货币形式。货币形式通常有三种不同的分类方法：一是按币材的自然属性，可分为实物货币、非实物货币和超物货币；二是按发行者的身份，可分为私人铸币、国家铸币或银行纸币和国家纸币；三是按货币的实际价值与代表的价值之间的关系，可分为足值货币和非足值货币。下面综合运用三种分类方法，并结合货币形式演变的历史过程介绍如下：

从货币的发展阶段看，可划分为实物货币和非实物货币阶段。与此相对应的货币形式有实物（商品）货币、纸币、存款货币和电子货币。

一、实物货币

实物货币是货币形式发展的第一阶段，它又可分为非金属货币和金属货币两个发展阶段。

最初的实物货币是非金属货币。那时，任何商品都可以作为交换的媒介物，只要它能够被大家所接受。在人类历史上，粮食、布、家畜、贝壳、烟草、盐、皮革、酒、石头等都曾经充当过货币。随着生产力的发展，金属逐渐充当了币材，因为它对每一个人都明显具有价值。这一方面是由于非金属实物货币自身的物理性能很不稳定，不易保管和计量；另一方面由于金属货币具有质地均匀、易于分割、体积小、价值量大、易于保存等特点。历史上充当过币材的金属有铜、铁、锡等，最后固定在黄金和白银上。

虽然货币最终固定在金银上，但金属货币最初仍是以条块形式流通的，这种作法给日益扩大的商品交换带来了诸多不变。为了便于商品流通，适应经济发展对货币的新的要求，国家便把金属块铸成一定的形状并打上面值，这样就出现了铸币。

所谓铸币，就是指由国家统一铸造，具有一定重量和成色，铸成一定形状并标明面值的金属货币。政府根据铸币所包含的实际价值标明铸币的面值，并以其信誉作担保。最初的铸币都是足值货币，但是，由于以下原因，铸币常出现重量和成色不断降低的现象：第一，有些人常从铸币的边上削刮下一点金属，然后再使其进入流通；第二，正常的磨损（随着铸币连续地使用，它必然会不断地磨损）；第三，政府蓄意制造不足值的铸币，以此来搜刮财富。但这并不影响铸币的流通，因为它是建立在政府的信誉和强制力基础上的。

金属货币虽有许多优点，但以贵金属为基础的支付制度也存在着以下问题：第一，称量和鉴定成色十分麻烦；第二，流通费用较高，运送货币成本较大，安全性也较差；第三，人类拥有可作为货币使用的金属数量有限，不能满足商品流通对币材的需要。于是，随着商品流通的扩展，出现了各种代用货币，货币的名义价值与实际价值逐渐分离，货币形态也就由实物货币转化为非实物货币（足值货币转化为表征货币）。

二、非实物货币

非实物货币的本身的价值低于其所代表的价值，属于信用货币，就货币而言，他只是一种凭证，完全依赖政府信用和银行信用而流通，由于信用货币属于银行和政府的负债，因而又被称为债务货币。其典型代表是纸币、存款货币，以及目前越来越流行的电子货币。

（一）纸币

从纸币自身的发展过程来看，大体经历了附属、独立和完全独立于黄金三个阶段。

1. 纸币附属于黄金阶段，也称可兑现的银行券阶段。所谓银行券就是银行信用所产生的一种信用工具，它是由银行发行的以信用和黄金作双重保证的允诺兑现的银行票据，银行券从性质上说也是一种本票。

银行券的流通也有一个历史过程。开始时，一些人为安全起见，将他们的金银交由从事货币兑换业务的金商保存，金商则开给客户一纸收据，并承诺可据以随时提取原有数量的金银。后来，由于交易和支付日益频繁，为了方便支付和节约费用，人们逐渐习惯了用保管凭条进行直接支付。于是，保管凭条就演化成银行券的雏形，此外，随着资本主义经济的发展，商业信用也开始迅速发展起来，作为商业信用的代表，商业票据只有到期时才能被支付，为了解决持票人临时需要资金的问题，银行就对持票人进行贴现，若此时银行的现款不足以支付持票人，银行就用自己发行的票据（银行券）来进行支付。由于银行券是银行发行的，故它较商业票据有更高的信誉，而且可随时持银行券到银行兑换金币，所以，人们也乐意在交易中使用银行券。

在可兑现的银行券阶段，纸币（主要指银行券）是代表黄金流通的，各国都规定有银行券的含金量，并可按其含金量兑换金币。因此，必须保留足量的黄金作保证，这就使得银行券发行量受到限制。然而，纸币代替金银流通的积极作用是显著的。它可以节省金银资源，降低流通费用（纸币在制造、运送、保管、回收等方面的费用，要比金属货币低得多），更便于流通使用。

中国是世界上最早使用纸币的国家之一，公元 1023 年（宋仁宗天圣元年）开始发行纸币“交子”，宋代的“交子”是世界上最早的货币符号。

2. 纸币摆脱黄金货币的独立阶段（20 世纪 30—70 年代），或称不可兑现的银行券阶段。这一时期的纸币虽规定有含金量，但不能兑现黄金。在此期间，各主要资本主义国家对货币制度进行了重大改革，促进了纸币与黄金的分离。美国于 1971 年 8 月 5 日宣布停止各国中央银行以美元按官价向美国兑换黄金，这样，纸币与黄金的联系就几乎不存在了。

3. 纸币完全独立的阶段。在这个阶段，纸币既不规定法定的含金量，也不能兑换黄金，其价值形式也不再用金的价值表示。1973 年，美国宣布取消美元含金量并实行浮动汇率制度。至此，货币史上具有重大意义的纸币革命终于完成了。

纸币的使用对社会经济的发展具有重大意义：首先，纸币突破了金属货币物质价值总量的限制，能够满足经济规模的扩大对货币的需要，为生产力的发展扫除了流通领域的障碍；其次，纸币体现了国家强制力的作用。纸币的使用使货币的供给集中在国家手中，国家可以充分运用货币政策来调节货币供应量；再次，纸币的出现大大提高了商品流通速度，提高了经济效益。

（二）存款货币

存款货币是非实物货币的另一种主要形式，它体现为各单位、个人在银行账户上的存款。

随着现代银行的发展，支付制度又前进了一步，支票被发明出来。支票是一种见票即付的借据（IOU），它使人们无需携带大量通货便可进行交易。银行活期存款的存户在有支付需要时，可以签发支票。转账支票还不必经过兑取现金的过程，通过银行账户的转账结算即可完成支付行为。因支票要在银行开立活期存款户头，所以也称存款货币。在信用制度发达的国家，占货币供应量最大部分的是存款货币。

支票的使用大大提高了支付制度的效率。支付是有来有往的，彼此可以抵消。但若不使用支票，这种支付会造成大量通货的运动。有了支票，相互抵消的支付便可通过冲销支票来清算，而无需运送通货，使支付的成本大大降低。此外，支票还可在存款账户余额范围内开出任意大的金额，使得大额交易更方便了。

存款货币中的定期存款是一种潜在的购买力，因为它只有转化为活期存款或被提取成现金后，才成为现实的购买力，故又被称为“潜在货币”。

（三）电子货币

伴随着迅速发展电子商务而出现的电子货币，是继纸币出现以来货币形式发生的第二大标志性变革，它是以金融电子化网络为基础，以商用电子化机具和各类交易卡为媒介，以电子数据形式存储在银行的计算机系统中，并通过计算机网络系统以电子信息传递形式实现支付功能的非现金货币。它通过计算机运用电磁信号对信用货币实施储存、转账、购买和支付，明显比纸币、支票更快捷、方便、安全、节约。经济学界把电子货币称为继金属铸币、纸币以后的“第三代货币”。

银行利用计算机进行电子货币支付的方式主要包括以下内容：（1）利用计算机处理银行之间的货币汇划业务；（2）银行计算机与其他机构计算机之间资金的汇划；（3）利用网络终端向客户提供各项服务，如自动柜员机（ATM）；（4）利用销售点终端（POS）向客户提供自动扣款服务；（5）电子货币通过公共网络直接进行购物，转账等业务。

随着现代市场经济的高度发达、科学技术的高速发展和信用制度的日趋完善，电子货币必将逐渐取代现金货币，现钞和支票的使用会逐渐减少，甚至可能消失，不过，这是一个渐进的过程，为期尚远。但货币不会消亡，它将以其他的新形式存在，执行货币的各项职能。

纸币、支票和电子货币均属于信用货币。信用货币具有三个特征：第一，信用货币是价值符号。在社会商品总额和货币流通速度一定的情况下，每单位货币所代表的价值量和货币的数量成反比。这一特征说明，要保持价值和物价的稳定，必须结合货币流通速度的变化，控制信用货币的供给量；第二，信用货币是债务货币。信用货币是表示银行债务的凭证，它是通过银行的资产业务而投放出去的，同时银行还通过收回贷款而缩减信用货币。信用货币的供给量随银行资产业务的规模而伸缩；第三，信用货币具有强制性。国家法律规定全社会都必须接受和使用信用货币。目前世界上大多数国家法律都规定由中央银行统一行使货币发行权。

专栏 1.1　信用卡简介

一、信用卡的起源

信用卡于1915年起源于美国。最早发行信用卡的机构并不是银行，而是一些百货商店、饮食业、娱乐业和汽油公司。美国的一些商店、饮食店为招揽顾客，推销商品，扩大营业额，有选择地在一定范围内发给顾客一种类似金属徽章的信用筹码，后来演变成为用塑料制成的卡片，作为客户购货消费的凭证，开展了凭信用筹码在本商号或公司或汽油站购货的赊销服务业务，顾客可以在这些发行筹码的商店及其分号赊购商品，约期付款。这就是信用卡的雏形。

1950年，美国商人弗兰克·麦克纳马拉与其商业伙伴在纽约创立了“大来俱乐部”（Diners Club），即大来信用卡公司的前身，并发行了世界上第一张以塑料制成的信用卡——大来卡。

1952年，美国加利福尼亚州的富兰克林国民银行作为金融机构首先进入发行信用卡的领域，由此揭开了银行发行信用卡的序幕。此后，许多银行加入了发卡银行的行列。到了六十年代，信用卡很快受到社会各界的普遍欢迎，并得到迅速发展，不仅在美国，而且在英国、日本、加拿大以及欧洲各国也盛行起来。从20世纪70年代开始，中国香港、中国台湾、新加坡、马来西亚等发展中国家和地区，也开始发展信用卡业务。

二、信用卡的种类

信用卡是银行或其他财务机构签发给那些资信状况良好人士的一种特制卡片，是一种特殊的信用凭证。持卡人可凭卡在发卡机构指定的商户购物和消费，也可在指定的银行机构存取现金。在外形上，信用卡大小如同身份证，一般用特殊的塑料制成，正面上印有特别设计的图案、发卡机构的名称及标识，并有用凸字或平面方式印制的卡号、持有者的姓名、有效期限等信息；卡片背面则有用于记录有关信息的磁条、供持卡人签字的签名条及发卡机构的说明等。信用卡业务是集结算和信贷两项基本功能为一体的一种业务。随着商品经济的发展和金融电子化步伐的加快，信用卡与计算机技术紧密结合，使信用卡已远远超过了它本来的含义。持卡人不但可以凭卡购买商品、在加油站加油、支付旅馆账单等，而且可以据此转账、存款、取款等。

信用卡按不同的分类方式可分为以下种类：按账户及资金性质，可分为无透支（贷款）功能的借记卡、有小额透支功能的准贷记卡及具有贷款功能，可先消费、后还款的贷记卡。其中贷记卡又可分为具有循环信贷功能的循环信贷贷记卡及无循环信贷功能的签账卡。国外的信用卡一般都是由银行或其他财务机构发行的贷记卡。国内的信用卡主要是指准贷记卡，即先存款后消费，允许小额、善意透支的信用卡；按发卡对象的不同，可分为个人卡、公司卡（含单位卡、商务卡、采购卡）；按持卡人信用等级的不同，可分为普通卡、金卡、白金卡，甚至最高信用等级的黑卡；按信用卡可使用范围可分为地区卡及国际卡；按发卡机构的性质可分为由银行（含邮政金融机构）发行的银行卡及其他财务机构发行的非银行卡（如美国运通卡等）；按发卡机构与联合发卡的合作伙伴性质的不同，可分为与非盈利机构合作发行的认同卡及与盈利性机构合作发行的联名卡；按同一账户中持卡人的主次不同，可分为主卡和附卡。另外，信用卡还有专用卡、储值卡等种类。

目前，在国际上主要有威士国际组织（VISA International）、万事达卡国际组织（Master Card International）、美国运通国际股份有限公司（American Express）、大来信用证有限公司（Diners Club）、JCB 日本国际信用卡公司（JCB）等信用卡公司。在各地区还有一些地区性的信用卡组织，如欧洲的 EUROPAY、我国的银联及台湾地区的联合信用卡中心等等。

威士国际组织（VISA International）是目前世界上最大的信用卡和旅行支票组织。其前身是 1900 年成立的美洲银行信用卡公司。1974 年，美洲银行信用卡公司与西方国家的一些商业银行合作，成立了国际信用卡服务公司，并于 1977 年正式改为威士（VISA）国际组织，成为全球性的信用卡联合组织。威士国际组织拥有 VISA、ELECTRON、INTERLINK、PLUS 及 VISA CASH 等品牌商标。威士国际组织本身并不直接发卡，VISA 品牌的信用卡是由参加威士国际组织的会员（主要是银行）发行的。目前其会员约 2.2 万个，发卡逾 10 亿张，商户超过 2000 多万家，联网 ATM 机约 66 万台。

万事达卡国际组织（MasterCard International）是全球第二大信用卡国际组织。1966 年美国加州的一些银行成立了银行卡协会（Interbank Card Association），并于 1970 年启用 Master Charge 的名称及标志，统一了各会员银行发行的信用卡名称和设计，1978 年再次更名为现在的 MasterCard。万事达卡国际组织拥有 MasterCard、Maestro、Mondex、Cirrus 等品牌商标。万事达卡国际组织本身不直接发卡，MasterCard 品牌的信用卡是由参加万事达卡国际组织的金融机构会员发行的。目前其会员约 2 万个，拥有超过 2100 多万家商户。

中国银联（China UnionPay Co.，Ltd）是经中国人民银行批准的、由 80 多家国内金融机构共同发起设立的股份制金融机构，公司于 2002 年 3 月 26 日成立，注册资本 16.5 亿元人民币。总部设在上海，在全球范围内拥有近 400 家成员机构。“银联”标识卡是经中国人民银行批准，由国内各发卡金融机构发行，采用统一业务规范和技术标准，可以跨行跨地区使用的带有“银联”标识的银行卡。截至 2009 年年底，境内联网商户达 157 万户，联网 POS 机具达 241 万台，联网 ATM 机 21.5 万台。为满足中国人日益增长的境外商务、旅游、学习的用卡需要，以及把境内商业银行的服务通过银联网络延伸到境外，中国银联积极展开国际受理网络建设。截至目前，在全球受理网络已经拓展到 90 个国家和地区，10 多个国家和地区发行了当地货币的银联卡。

第三节 货币制度及沿革

一、货币制度概述

(一) 货币制度的形成

货币制度是指一个国家或地区由法律形式所确定的有关货币流通的系列规定。它使货币流通的各个因素结合为一个统一的系统。货币制度分为金属货币制度和信用货币制度。

货币制度最早是伴随着国家统一货币铸造而产生的。在前资本主义时期，货币的铸造和流通不统一，货币流通相当混乱和分散。主要表现在：第一，货币的铸造具有分散性。封建社会处于割据状态，各封建主都铸造自己的铸币，这就造成了流通领域的混乱。第二，铸币的质量不断下降。这主要是指铸币重量的减轻与成色的下降。这一方面是由于自然损耗所造成的；另一方面是由于铸造者本身为了搜刮财富而故意铸造不足值货币。此外，还有人大量伪造铸币。这就使得铸币的实际价值大大低于其名义价值，从而使生产和流通中的正常信用关系遭到破坏。后来，随着经济和社会的发展，客观上要求克服货币流通的分散与紊乱状态。于是，随着国家的建立，各国纷纷在全国范围内建立起了统一的货币制度，统一货币的铸造和流通。

(二) 货币制度的内容

货币制度的内容是指：确定本位货币，规定制作本位币和辅币的材料；确定本位货币的名称及货币单位；规定本位币和辅币的铸造、发行和流通程序；规定银行券的发行准备等。

1. 确定本位货币币材。本位货币是国家法律规定的标准货币。它是伴随着国家统一铸币而产生的，当一种铸币被国家法律规定为标准货币的时候，它就成为一国的本位货币。

本位货币是整个货币制度的核心和基础，建立货币制度首先要确定以何种材料充当本位币币材。不同的货币材料，就构成不同的货币本位制度。如用金作为本位币币材，就构成金本位制等。但采用什么金属作为本位币币材，不是任意选择的，也不能完全依靠国家权力决定，而主要是由各国的生产力发展水平和经济条件所决定的。

2. 确定货币名称、货币单位和价格标准。货币名称是各货币发行国所规定的本国货币的名称。货币单位是国家法定的货币计量单位。价格标准是国家法定的每一货币单位所包含的货币金属重量。当货币币材确定后，就要规定货币单位及其名称，规定每一货币单位所包含的货币金属重量。

在金属货币流通条件下，价格标准是铸造单位货币的法定含金量。在纸币本位制度下，货币不再规定含金量，货币单位与价格标准融为一体，货币的价格标准即是货币单位及其划分的等份，如元、角、分等。

3. 规定本位币和辅币的铸造及流通。

（1）本位币的铸造与流通。本位币亦称主币，是一国的基本通货和法定的计价、结算货币。在金属货币制度下，本位币可以自由铸造；在纸币制度下，本位币由国家垄断发行。

在金属货币制度下本位币的特征是：是足值的铸币；可以自由铸造、自由熔毁；具有无限法偿的能力。所谓足值的铸币，是指本位币的名义价值和实际价值是一致的，本位币有法定的重量和成色。但由于技术原因，本位币铸造过程中会产生实际重量和成色同国家规定标准不符的情况。同时，在流通过程中也会产生磨损。为此，各国对本位币都规定了“公差”，公差即法律承认的铸造误差或法律允许的磨损程度。若超过公差，就可以请求政府兑换新币。本位币的自由铸造是指每个公民都有权把货币金属送到国家造币厂请求铸造本位币，其数额没有限制。同时，法律也容许公民将本位币熔化成金属条块。自由铸造的意义在于可以使本位币的名义价值与实际价值保持一致，从而自发地调节货币流通量，保证铸币量自发地适应商品流通对于铸币的客观需要。当流通中铸币量过多时，就会出现本位币名义价值低于实际价值的现象，这时人们将会把铸币熔化成金属块贮藏起来；当流通中铸币量不足时，就出现本位币的名义价值高于实际价值的现象，这时人们就会自动地把金属条块铸成铸币投入流通。由此看来，货币的贮藏手段职能对货币流通的自发调节作用在自由铸造的条件下得到了发挥。

本位币的无限法偿是指国家规定本位币具有无限法偿的能力。不论每次支付的数额多大，商品出售者和债权人都不得拒绝接受。在使用上，本位币是最后的支付工具。例如，使用非本位货币支付时，对方可以要求改用其他货币，而本位货币则具有最后的支付能力。

（2）辅币的铸造与流通。辅币是本位货币单位以下的小额货币，供零星交易和找零之用。辅币通常是用贱金属铸造的。辅币的特征：是不足值的铸币、限制铸造、有限法偿。

辅币之所以铸造成不足值的铸币，即名义价值高于其实际价值，是因为铸造辅币的材料和铸造本位币的材料是不同的。若将辅币铸成足值货币，则会出现以下问题：第一，由于辅币只是本位币的一个可分部分（如十分之一，百分之一等），如果按其实际价值流通，那么当辅币和本位币币材的价值发生变化，且变化的方向和幅度不一致时，辅币和本位币之间法律规定的兑换比例就不能维持，辅币就失去了其作为辅助货币的作用，所以，辅币本身的特征决定了它必须是不足值的货币；第二，如果将辅币造成足值货币，当辅币币材价格上升时，大量辅币就会被私自熔为条块，造成辅币不足。而当辅币币材价格下降时，本位币则会被熔为条块，从而被排挤出流通领域。因此，保证辅币按面额流通，不是依靠辅币本身的实际价值，而是依靠法律规定的辅币与本位币的固定兑换比例。

辅币不能自由铸造，是因为辅币是不足值货币，如果允许自由铸造，必然使辅币充斥市场，排挤本位币，造成币值不稳。同时，由于辅币是不足值货币，铸造辅币可得一部分收入，叫铸造利差。这部分收入归国家所有，是重要的财政收入来源。

辅币的有限法偿是指为了防止辅币充斥市场，国家法律规定每次支付时可在一定金额内用辅币支付，如超过一定金额，对方可以拒绝接受。

4. 规定货币的发行和保证制度。发行准备制度也称发行保证制度。随着生产和商品流通的扩大，货币需要量随之增加，而贵金属的生产远不能满足需要，这样就产生了银行券等信用流通工具。发行准备制度是指通过银行发行的信用货币依靠什么来保证其币值稳定的制度。

银行券的发行分为两个阶段。从 17 世纪到 19 世纪中叶实行分散发行，即许多大银行分别发行各自的银行券。19 世纪中叶以后，逐渐改由中央银行集中发行，这种银行券通常被国家法律认可为法定的支付手段。

在金属货币制度下，铸币的发行必须以充足的货币金属作为后备，以便随时向市场发行铸币。银行券在流通中是以金属货币代表的身份出现的，银行券的持有人可随时要求兑取金属本位货币。因此，中央银行发行银行券必须有足够的黄金保证。

随着商品流通和货币流通的发展，货币发行的商业信用保证和国家信用保证也发展起来。银行通过商业票据贴现向流通中投放信用货币为商业信用保证，由于投放到流通中的信用货币有相应的商品做保证，可保证货币购买力和供应量的基本平衡，从而能使货币流通基本保持稳定；国家信用保证一般是指银行通过买入政府债券向流通中投放信用货币，由于这些投放的货币无金属储备可供兑现，又无相应的商品可满足其购买力的需求，因此凭国家信用发行的信用货币，并不具有稳定货币流通的保证作用。

自1929—1933年世界经济危机后，各国在先后放弃金本位货币制度的同时，也不再规定发行保证制度。发行信用货币的中央银行虽然集中有大量的黄金外汇储备，但既不规定信用货币的含金量，也不建立黄金外汇与信用货币发行之间的比例关系，因此，并不属于信用货币的发行保证制度，例如，我国的人民币只规定有经济发行的原则，而无发行保证制度；少数国家和地区由于特殊的背景和历史原因，也有用发达国家的国际通用货币作为本国或本地区的货币发行保证，例如，我国香港特别行政区以外汇（美元）作为港币的发行保证。

5. 规定货币的对外关系，如能否自由兑换、汇价的确定办法等（详见本章第四节）

概括地讲，货币制度可分为两类：

（1）金属本位制，即以贵金属作为本位货币；铸币与银行券的发行必须以充足的货币金属作为后备。

（2）信用货币本位制，又称纸币本位制或不兑现本位制。是指不以有价值的商品作为本位货币的货币制度。

二、金属货币制度

金属货币制度是货币制度的初级形式，它以本身具有价值的贵金属黄金和白银作为货币，执行货币的职能。

金属货币制度可分为单本位制和复本位制。单本位制是以黄金或白银一种金属作为本位币币材的货币制度，复本位制是同时以金、银两种金属作为本位币币材的货币制度。它们之间的关系如图1-1所示。

（一）银本位制

银本位制是最早的货币制度之一。它是以白银作为本位币币材的货币制度。在中世纪相当长的时期内，许多国家都实行过银本位制，主要有墨西哥、日本、印度等国。我国于清宣统二年（1910年）颁布“币制则例”，

- 金属货币制度
  - 单本位制
    - 银（单）本位制
    - 金（单）本位制
      - 金币本位制
      - 金块本位制
      - 金汇兑本位制
  - 复本位制
    - 平行本位制
    - 双本位制

图 1－1

开始实行银本位制，实际上是银圆与银两并用。1933 年 4 月，国民党政府实行“废两改圆”，公布《银本位币铸造条例》，流通银圆。1935 年 11 月又实行“法币改革”，废止了银本位制。其他国家则早在 19 世纪末期就放弃了银本位制。

各国放弃银本位制主要有两方面的原因：一是由于银价因白银开采和冶炼技术的提高而猛跌，不宜继续执行货币的职能；二是由于白银价值量小，在大宗交易中给计价、结算和运送都带来了不便，客观上要求由价值量较大的金来执行货币的职能。这样，各国就逐步由银单本位制向金银复本位制过渡。

（二）金银复本位制

金银复本位制是以金铸币和银铸币同时作为本位币的货币制度。这两种铸币均可自由铸造及熔化，具有无限法偿能力，均可以自由输出入，辅币和银行券均能与之自由兑换。

金银复本位制有平行本位制和双本位制两种类型。

1. 平行本位制。平行本位制是金银两种本位币按其所含金属的实际价值流通，国家对两种货币的交换比率不加规定，而由市场上金和银的实际比价自由确定金币和银币比价的货币制度。

在实行平行本位制的条件下，市场上每一种商品都必然有两种价格表现形式：一种是金币价格，一种是银币价格。由于金银市价不断变动，金银铸币的兑换比率也不断变动，用金银两种铸币表示的商品的两种价格对比关系也随市场金银比价的变化而变化。这就使货币价值尺度功能的发挥受到影响，对商品价值的衡量缺乏统一的标准。因此，平行本位制是一种不稳定的货币制度。这种不稳定的根源在于：货币具有的排他性、独占性的本性不容许金、银同时执行价值尺度的职能。

2. 双本位制。为了克服平行本位制的缺陷，法律规定了金、银币比价，金、银币仍同时作为本位货币，这就是双本位制。

在双本位制下，金币和银币是按照法律规定的比价来流通的，这就克服了平行本位制下那种混乱的局面。但在双本位制下，当市场上金、银的比价发生变化时，会引起金币或银币的实际价值与名义价值背离。这时实际价值高于名义价值的货币（良币）就会被人熔化，退出流通领域，而实际价值低于名义价值的货币（劣币）则会充斥市场。这就是“劣币驱逐良币”规律。即在金属货币流通条件下，如果在同一地区同时流通两种货币，则价值相对低的劣币会把价值相对高的良币排挤出流通。“劣币驱逐良币”规律是英国理财家格雷欣首先论及的，所以又称“格雷欣法则”（Gresham Law）。例如，当金银的法定比价是1：15时，如果由于采银技术进步或其他原因使银价跌落，市场金银比价变为1：16，这时，倘若把金币熔化为金块，把金块在市场上按市价换成白银，再把白银铸成银币，并把银币按法定比价换为金币，如此循环一周，就可得到1份银的利润。这种情形发展的结果是金币敛迹，而银币充斥市场。反之，亦同。

因此，在双本位制下，虽然法律规定金银两种铸币可以同时流通，但实际上，在某一时期市场上主要只有一种金属铸币流通。银贱则银币充斥市场，金贱则金币充斥市场。马克思说，凡有两种商品依法充当价值尺度的地方，事实上总是只有一种保持着这种地位。价值尺度的二重化是同价值尺度的职能相矛盾的。

在由金银复本位制向金单本位制过渡时期，还出现过一种跛行本位制。它和双本位制的区别仅在于金币可以自由铸造而银币则不能自由铸造。由于银币限制铸造，银币的币值实际上不再取决于其本身的金属价值，而取决于银币与金币的法定兑换比率。因此，跛行本位制下的银币实际上已演化为金币的符号，起着辅币的作用。之所以实行跛行本位制，是因为实行双本位制的国家，在劣币驱逐良币的情况下，不得不将劣币的铸造权收归国有，以保持流通中金币和银币的法定比价。19世纪末，世界白银过剩，银价暴跌，金银币比价日益脱离市场比价，复本位制日趋没落，这些国家或者是由于流通中的银币一时难以收回，改铸费用太大，或者是缺乏黄金，于是只好用跛行本位制来维持复本位制的残局。

随着经济的发展，复本位制的不稳定性造成商品价格的起伏不定和货币流通的动荡，这对迅速发展的资本主义经济起着阻碍作用，因而客观上要求建立一种稳定的货币制度。于是，从18世纪末开始，各资本主义国家的货币制度都逐渐从复本位制向金本位制过渡。到20世纪初，金本位制已在各国广泛流行了。

（三）金本位制

在金本位制度下，一国的基本货币单位与一定成色及重量的黄金维持固定关系。金本位制按基本货币单位与黄金的联系程度又可分为金币本位制、金块本位制和金汇兑本位制。

1. 金币本位制。金币本位制是典型的金本位制。它的主要内容是：以一定数量与成色的金币作为本位货币，金币具有无限法偿能力；金币可以自由铸造、自由熔化；黄金可以自由输出入；辅币和银行券可以自由兑换成金币。

金币本位制具有自由铸造、自由兑换和自由输出入三个特征，其落脚点在于稳定币值。金币的自由铸造和熔化是为了保证金币的价值和黄金一致，可以自发地调节流通中的货币量；黄金的自由输出入，可保持国内外黄金价格维持同一水平，从而保证外汇行市的相对稳定和国际金融市场的统一；银行券和辅币同金币之间的自由兑换，可维持这些货币之间按照法定比价流通。

金币本位制是相对稳定的货币制度，对资本主义经济的发展起了积极作用，表现在以下方面：

（1）促进了资本主义生产的发展。在金币本位制下，流通中货币量能自发地适应商品流通的需要，币值较稳定，而这有利于债权债务关系的建立和落实，使资本主义信用关系得以正常发展，而这对资本主义经济的发展起着重要作用。

（2）促进了汇率的稳定。在金币本位制下，各国货币都规定有含金量，各国货币的含金量之比叫法定平价，即兑换的比率。由于存在外汇供求关系，外汇市场的实际汇率往往围绕法定平价而上下波动，但波幅限于黄金输送点之内。这是因为在金币本位制下，黄金可以自由输出入。黄金输送点分输出点和输入点，法定平价加黄金运送费用，就是黄金输出点，它是外汇汇率上涨的最高限度。法定平价减黄金运送费用就是黄金输入点，它是外汇汇率下跌的最低限度。由于在金币本位制下，实际汇率波幅限于黄金输送点之内，所以汇率基本上是稳定的，这为国际贸易的发展提供了有利条件。

（3）自动调节国际收支。在金币本位制下，各国的国际收支是自发进行调节的。这种调节机制如表1－1所示。

表 1-1

	国际收支逆差国	国际收支顺差国
本币汇率	下跌到黄金输出点	上涨到黄金输入点
黄金	流出（货币供给量减少）	流入（货币供给量增加）
物价	下跌	上涨
进出口	出口增加 扭转逆差 进口减少	出口减少 扭转顺差 进口增加

总之，金币本位制对资本主义经济发展起了巨大促进作用。但随着维持金币本位制的基础遭到破坏，金币本位制日趋不稳，其原因是：

第一，由于资本主义各国经济发展的不平衡，导致世界黄金分布的极端不平衡。到 1913 年年末，美、英、法、德、俄五国占有世界黄金存量的 2/3，而其他国家由于黄金缺乏，从而使金币本位制的基础动摇。此外，各国政府为了满足经济发展及战争的需要，都把大量黄金集中在自己手中，使金币本位制的自由铸造受到严重威胁。

第二，各国为了备战，大量增加价值符号的发行，使自由兑换成为不可能。

第三，为了防止黄金外流，各国都实行贸易管制和外汇管制，使黄金的自由输出入受到限制。

第一次世界大战开始后，欧洲各参战国先后停止了银行券的兑换，且大量发行纸币，导致通货急剧贬值，这些因素最终导致了金币本位制的崩溃。

2. 金块本位制和金汇兑本位制。第一次世界大战结束后，各资本主义国家曾企图恢复金币本位制，但由于黄金供应不足和分配不均等问题，传统的金本位制很难恢复。于是，除美国继续实行金币本位制外，英、法两国开始实行金块本位制，其他资本主义国家则逐步实行金汇兑本位制。

（1）金块本位制。又称生金本位制。在这种货币制度下，国内不铸造、不流通金币，黄金退居准备金地位，集中存储于政府，由国家发行代表一定重量和成色黄金的纸币来流通，而纸币不能自由兑换黄金，只能按规定的含金量在一定数额以上、一定用途内兑换金块。

（2）金汇兑本位制。又称虚金本位制。在这种货币制度下，货币单位仍规定有含金量，但国内不流通金币，以国家发行的银行券当作本位币流通。银行券不能直接在国内兑换黄金。中央银行在另一个实行金币本位制或金块本位制国家存储黄金和外汇，并规定本国货币与该国货币的兑换比率。居民可按这一比率用本国银行券兑换该国货币，再向该国兑换黄金。实行金汇兑本位制的国家通过无限制在国内买卖外汇，以维护本国币值的稳定。由于实行金汇兑本位制国家的货币与实行金币或金块本位制国家的货币相联系，所以其货币与黄金的联系是间接的。

金块本位制和金汇兑本位制是不稳定的货币制度，表现在以下方面：第一，国内均没有黄金流通，由于黄金失去了流通手段的职能，从而也就不能自发地调节流通中货币量；第二，银行券与黄金的自由兑换均受到限制，因而削弱了金币本位制所具有的相对稳定性；第三，实行金汇兑本位制的国家，一方面，其货币依附于他国，一旦所依附国家的币值变动或不履行义务，实行金汇兑本位制国家的币值就会随之变动。且本国货币依附于他国，必然在政治上、经济上受制于人；另一方面，若金汇兑本位制国家大量提取外汇储备兑换黄金，则实行金币或金块本位制国家的通货稳定也必然受到威胁。

3. 金本位制的崩溃。1929—1933 年资本主义世界爆发了严重的经济危机，各国政府纷纷宣布停止银行券兑换黄金，放弃金本位制。在经济危机的冲击下，这种残缺不全的金本位制很快被摧毁了，代之以不兑现的信用货币制度。导致金本位制崩溃的原因是：

（1）金本位制的稳定性是以黄金的充分供应为前提的，然而黄金的供应量是有限的。尽管部分准备制可在一定程度上克服黄金不足的困难，但货币的供给仍受到金准备数量的制约。可见，货币供给的制约与经济增长对货币需求的增长之间的矛盾是导致金本位制崩溃的内在原因。

（2）从国际经济关系看，金本位制对国际收支的自动调节机制是以没有贸易管制及外汇管制、没有关税壁垒、货币供给量受黄金数量的制约为前提的。但到了金本位制后期，货币的数量与黄金的增减失去了严格的联系。各国政府出于维护本国经济利益的考虑，纷纷采取各种强制干预措施。如实行外汇倾销和限制进口以避免贸易逆差；当逆差发生时，政府卖出外汇阻止本币汇价下跌和黄金流失等。于是，金本位对国际收支的自动调节作用在政府的干预下名存实亡。

三、信用货币制度

信用货币制度是货币制度的高级形式，它使用国家的强制手段，以本身没有价值的纸币代替金银执行货币职能。

信用货币制度又称纸币本位制，是20世纪30年代以来，世界各国普遍实行的一种货币制度。在此制度下各国的主要货币是中央银行发行的纸币。它是国家强制流通的价值符号，具有无限法偿能力。纸币本身没有价值，不能兑换黄金，它的发行不以金、银为保证，而是依据经济发展的客观需要，通过信用程序进入流通的。

（一）信用货币制度的特点

1. 流通中的货币都是信用货币。现实经济生活中的货币是由流通中的现金和银行存款构成的，体现着信用关系，流通中的现金是中央银行信贷资金的来源，是中央银行代表国家对所有者的负债，存款货币是银行代表国家对存款人的负债。

2. 纸币本位制下，流通中的货币都是通过信用程序投入流通的，即是通过银行贷款、票据贴现，买入黄金、外汇和有价证券，投放到流通中去；通过回收贷款、收回贴现票款，卖出黄金、外汇和有价证券，使流通中的货币回笼。这与金属货币制度下货币通过自由铸造投入流通不同。

3. 纸币本位制下，非现金结算占据主导地位。目前，现金（法偿货币）只占整个交易量到10%—20%，绝大多数的交易都是通过支票和电汇转移存款的方式进行支付，活期存款成为货币供应量的绝大部分。

4. 国家对货币流通的管理成为经济正常发展的必要条件。在纸币制度下，货币大多是通过银行放款程序投入流通的，货币的发行不以黄金作保证，如果银行放款过多，就会造成通货膨胀；如果放款过少，则会造成通货紧缺。因此，中央银行必须控制、调节货币供应量，保持货币流通的稳定。

纸币制度克服了金属货币制度下货币数量受金属供给限制的缺点，使国家可以根据经济活动的客观需要来发行或回笼货币，以便灵活地调整货币供应量。同时，纸币本身造价低廉，携带方便，可大大节约流通费用。然而也正是由于纸币发行的人为性，使得货币发行存在着超过经济发展需要的可能。第二次世界大战后，各国均受到通货膨胀的困扰。

（二）区域性货币制度和跨国货币制度

一般情况下，各种货币制度都与国家主权不可分割地结合在一起，它的适用范围限于该国国内。而如果在一定区域内的有关国家（地区）通过协调形成一个货币区，组建联合中央银行来统一发行与管理区域内货币则称为区域性货币制度。区域性货币制度的建立是以“最适货币区”理论为依据的。20世纪60年代，蒙代尔率先提出了“最适货币区”理论。他认为那些在商品、劳动力、资本等生产要素方面流动比较自由，经济发展水平和通货膨胀率比较接近的国家和地区可以组成一个独立的货币区，在区域内通过协调的货币政策、财政政策和汇率政策来达到经济增长、充分就业、物价稳定和国际收支平衡等目标。

区域性货币制度的发展大致可分为两个阶段：（1）低级阶段：各成员国仍保持独立的本国货币，但成员国之间的货币实行固定汇率并可自由兑换；对国际储备实行部分集中保管；各国保持独立的国际收支和财政货币政策。（2）高级阶段：设立联合中央银行，发行成员国共同使用的货币，并对成员国政府提供融资。各国中央银行不再拥有货币政策的决策权；区域内实行单一货币；各成员国不再保持独立的国际收支，实行资本市场的统一和货币政策的统一。

目前，实行区域性货币制度的国家主要在非洲、东加勒比海地区和欧洲。1999年元月1日，欧元启动，2002年7月1日，欧元成为欧盟唯一的法定货币，各成员国货币退出流通领域。欧元区的成功实践成为区域性货币制度的典型代表。

专栏1.2　　　　　　欧元的诞生①

2002年的元旦对欧盟3亿公民来说是个超乎寻常日子，1月1日，欧元纸币和硬币正式进入欧元区12国流通市场。金融专家认为，这是“二战”后美元取代英镑成为全球最重要货币以来国际金融中“最重大的进展”，它将改变世界金融力量的格局和国际金融体系。

欧盟30年不懈的努力打磨成了这一国际金融市场排行第二的新货币。

---

① 根据新华社记者尚军欧元大事记整理，http：//news. QQ. com，2008年12月31日15:10，新华网。

1969年3月，欧洲共同体6国领导人聚会荷兰海牙，提出建立欧洲货币联盟的构想，并委托卢森堡首相皮埃尔·维尔纳就此提出具体建议。

1971年3月，被后人称作“维尔纳计划”的方案得以通过，欧洲统一货币建设迈出了第一步。“维尔纳计划”主张在10年内分三个阶段建成欧洲经济货币联盟，实现资本完全自由流通，各成员国确定货币固定汇率，最终以统一货币取代各国货币，但随后发生的石油危机和金融风暴致使“维尔纳计划”搁浅。

1979年3月，在法国和德国的倡导和努力下，欧洲货币体系宣告建立，欧洲货币单位“埃居”诞生。

1991年12月，欧共体首脑会议在荷兰小城马斯特里赫特召开，通过了《马斯特里赫特条约》，不仅将欧共体改称为欧洲联盟，还为加入经济货币联盟确定了“趋同标准”。

1994年1月，欧洲中央银行的前身——欧洲货币局成立。

1995年12月，在西班牙首都马德里召开的欧盟首脑会议决定将欧洲统一货币定名为欧元，以取代埃居，并一致同意统一货币于1999年1月1日正式启动，2002年1月1日开始进入流通领域。

1996年12月，欧盟领导人在爱尔兰首都都柏林订立《稳定与增长公约》，为将来的欧元区成员确立了一套严格的财政赤字标准。

1998年5月1日，欧盟布鲁塞尔首脑特别会议确认比利时、法国、德国、意大利、西班牙、荷兰、卢森堡、葡萄牙、奥地利、芬兰和爱尔兰共11国为欧元创始国。

1998年7月1日，欧洲中央银行取代原欧洲货币局。行址设在德国法兰克福。

1999年1月1日，经货联盟进入第三阶段。欧元如期启动，进入账面流通。欧洲中央银行接过确定货币政策的大权，各成员国货币的汇率最终锁定。

2000 年 6 月，希腊成为第十二个欧元区国家。

1999 年 1 月 1 日，欧元在 11 个欧盟成员国正式启动并随后进入国际金融市场，标志着欧元诞生。首批 11 个欧元国是奥地利、比利时、芬兰、法国、德国、爱尔兰、意大利、卢森堡、荷兰、葡萄牙和西班牙。

2001 年 1 月 1 日，希腊加入欧元区。

2002 年 1 月 1 日，欧元纸币和硬币正式投入流通。

（三）人民币制度

1. 人民币制度的形成。1948 年 12 月 1 日，中国人民银行在石家庄正式宣告成立，并开始发行人民币，人民币成为国家的本位货币。中国人民银行的成立和人民币的发行，标志着新中国货币制度的开端。

但在建国初期人民币刚开始发行时，人民币制度还不够完善。政府的注意力主要放在货币的统一问题上，还来不及解决人民币的稳定性问题。1949 年是人民解放战争取得全面胜利的一年，财政支出猛增，不得不发行大量人民币来弥补财政赤字。这一年中，曾多次出现程度不等的通货膨胀。特别是 10 月中旬以后，全国物价剧涨，币值大跌，人民币的流通面临着严峻的考验。此外，人民币票券种类繁多，面额大小悬殊，票幅尺寸参差不齐，纸张质量和印刷技术也较差。据统计，“从 1948 年 12 月至 1953 年 12 月，共印制发行了 12 种面额、62 种版别的人民币，最小面额只有 1 元，最大面额则 50000 元①。”这段时期的人民币因券种纷繁，不利于交易和核算，亟待进行整顿和改革。

人民币的改革从 1950 年财政收支平衡和物价稳定以后就开始进行准备，原定于 1953 年实施，但由于技术上的原因推迟到 1955 年。1955 年 2 月 20 日，国务院颁发《关于发行新的人民币和收回现行的人民币的命令》，对货币制度实行改革，以便利交易和核算。《命令》责成中国人民银行自 3 月 1 日起发行新的人民币（简称新币），收回现行的人民币（简称旧币），新旧币的折合比率为 1 比 1 万。新币主币面额 1 元至 10 元，辅币面额 1 分至 5 角，每种券别印有汉、藏、蒙古、维吾尔四种文字。自新币发行之日起，凡机关、团体、企业和个人的一切货币收付、账簿记载及国际间的清算等，均

① 中国人民银行货币发行司编：《人民币图录》，中国金融出版社 1988 年版，第 3 页。

以新币为计算单位。

这次币制改革并不是重建一种新的货币制度，而是对新生的人民币制度作了改进，主要是改变了货币的单位价值，使人民币变得好看、好用、好记账，将动辄以万元为单位的价格标度缩小为1元，不仅提高了单位货币所代表的价值量，而且化繁为简，为计算和流通提供了便利。钞票上印有四种文字，有利于全国各地区的经济交流，体现了我国各民族的平等和团结。新人民币种类简洁，交易与计算更感方便，能节约大量人力和财力，从而一举消除了旧人民币上留有的通货膨胀痕迹，令人耳目一新。这是我国进入国民经济建设时期在货币流通方面的一项重大改革，适应了国家经济建设的需要，从而进一步健全和巩固了人民币制度，也提高了人民币在国际上的地位。

2. 人民币制度的内容。人民币制度是信用货币制度的一种形式，其内容包括人民币的单位、发行、流通、汇率以及保护人民币的规定等，具体包括以下内容：

（1）我国的法定货币是人民币，人民币具有无限法偿的能力。人民币的单位为元，辅币单位为角、分。

（2）人民币的发行权属于国家，中国人民银行是全国唯一的货币发行机关，由国家授权掌管人民币的印制和发行工作，并集中管理货币发行基金。

人民币发行是指中央银行向社会投放现金的行为。人民币的发行坚持两个原则：一是集中统一；二是经济发行。集中统一是指人民币的发行权集中于中央。经济发行是指根据经济发展的实际需要，通过银行信贷渠道来发行人民币。发行基金是尚未发行的货币，它不是流通中货币，发行基金由中国人民银行的发行库调入商业银行的业务库，就是货币发行，这时发行基金就转化成流通中货币。

（3）国家规定，在我国境内只允许流通人民币，禁止金、银及外币在境内流通。严禁伪造、变造人民币。任何单位和个人不得印制、发售代币票券，代替人民币在市场上流通。

（4）人民币汇率实行有管理的浮动汇率制度。人民币不是完全自由兑换货币，但目前已实现了人民币在经常项目（账户）下的可兑换。

（5）金、银及外汇储备等是国际支付的准备金，由中国人民银行集中掌管、统一调度。

需要指出的是：我国现行的货币制度较为特殊。由于我国实行“一国两制”的方针，1997年和1999年，中国香港和澳门相继回归祖国后，继续维持其原有的货币金融体制。目前规定人民币为大陆地区的法定货币；港元为香港特别行政区的法定货币；澳门元是澳门特别行政区的法定货币。人民币与港元、澳门元之间按以市场供求为基础决定的汇价进行兑换。由于这三种货币分别在不同的地区流通，所以不会产生劣币驱逐良币的“格雷欣法则”效应，但仍然不可避免地对国家货币的统一管理提出了挑战。

第四节　国际货币制度

在国际交易中，既不存在世界中央银行，也没有统一的世界货币，为保持国际交往的顺畅进行，需要在国际间对这些活动做出某种安排，这些安排就构成了国际货币制度，表现为相应的国际货币体系。具体而言，国际货币制度就是指支配各国货币关系的规则和机构所形成的一个完整系统。每一种国际货币制度都有自身的一套规则，有时以法律或法规形式明确地加以规定，有时则以惯例或习俗形式隐含地存在。

国际货币制度一般包含以下几个方面的核心内容：

1. 国际交往中使用什么样的货币——金币还是不兑现的信用货币。

2. 各国货币间的汇率安排，是盯住某一种货币，还是允许汇率随市场供求自由浮动。

3. 国际收支及其调节机制（各国外汇收支不平衡如何调节）。国际金本位制度、布雷顿森林体系和牙买加体系是迄今为止最重要的三种国际货币体系。

一、国际金本位制度（1880—1914年）

该制度在各个主要国家实行金本位后自动成立，并随着第一次世界大战爆发、各国放弃金本位而自动结束。

国际金本位制出现在国际商品经济发展的初期，国际贸易的发展，需要与国际货币制度相适应，国际货币制就自然形成了。典型的国际金本位制度具有以下特征：以黄金充当最终清偿手段，实行严格的固定汇率制度，各国货币的汇率由它们的含金量比例所决定，在价格—现金流动机制作用下自动调节国际收支失衡，同时是一个无组织的松散体系。

国际金本位制是一个几近完美的国际货币体系，成就了自由资本主义迅速成长的“黄金时代”。但是它的弊端也十分突出，即国际间流通的货币量受到黄金属性的限制。所以到了后期，黄金产量跟不上经济发展步伐，清偿手段严重不足；同时由于约束不力，各国往往利用国际信贷、利率及公开市场业务等解决国际收支困难，实际上违背了自动调节国际收支的原则。1914年，第一次世界大战的爆发，参战国实行黄金禁运和货币停止兑换黄金，各国纷纷放弃金本位制，致使该货币制度中断运行。

第一次世界大战后的20世纪20年代，资本主义世界处于相对稳定时期，各国又相继恢复了金本位制。但恢复的已不是原来的金币本位制，而是金块本位制或金汇兑本位制。国际金本位制在此基础上运行，但这是已被削弱了的国际金本位制。这种建立在虚拟的黄金基础上的国际货币制度，已远非古典金币本位制那样可信可靠。正是由于它的基础不稳定，这种削弱了的国际金本位制昙花一现：受1929—1933年世界性经济大危机的影响，各国先后放弃金本位制，整个国际金本位制也就土崩瓦解了。

二、布雷顿森林体系

金本位制崩溃后，20世纪30年代的国际货币体系一片混乱，各国国际收支危机严重，各国的货币汇率极端不稳，外汇管制普遍加强。这些问题严重影响了国际贸易的发展，创建新的国际货币制度已迫在眉睫。1944年7月，在美国、英国的组织下，召开了有44个国家参加的国际货币金融会议，史称“布雷顿森林会议”，通过了《布雷顿森林协定》（以下简称《协定》），形成了一个新的国际货币体系。

布雷顿森林体系的主要内容有：

1. 以美元充当国际货币，确立黄金和美元并列的储备体系。实行以美元为中心的“双挂钩”汇兑平价体系，即美元与黄金挂钩，确定美元与黄金的固定比价，35美元=1盎司黄金，其他国家的货币与美元挂钩。

2. 实行固定汇率。实际上是一种“可调整的钉住汇率制度”。《协定》规定，各国货币的平价，必须以黄金或美元来表示，以各国所规定的货币的含金量为标准计算。一经确定，不得随意改变。各国货币对美元的汇率，一般只能在平价的上下限1%的幅度内波动，各国政府有责任在外汇市场进行干预活动，以保持外汇市场的稳定。

3. 实行多渠道的国际收支调节。逆差国可以向国际货币基金组织取得贷款来弥补逆差，也可以通过汇率的调整，来纠正国际收支的基本不平衡。

4. 建立一个长久性的国际金融机构，即国际货币基金组织，对国际货币事项进行磋商，维护汇兑平价体系。

布雷顿森林体系开创了国际金融体系制度化、规范化运行的先河，国际金融组织的创设及跨国经济政策协调的实践对后人都有启发意义。作为一个以美元为中心的国际货币体系，它必须具备两个基本前提：一是美国国际收支能保持平衡；二是美国拥有绝对的黄金储备优势。在运行初期，基于美国强大的政治、经济地位，其运行基本正常，为资本主义国家的战后复兴与发展奠定了基础。

进入20世纪50年代，西欧、日本等国的经济开始崛起，突破了美国对世界经济的垄断和美元的霸主地位，美国外汇收支逆差迅速增加，黄金储备大量外流，1960年10月，国际金融市场出现了大规模抛售美元，抢购黄金的风潮。至此，美元的国际信用严重下降，危机迭起，美元的对外价值不断下跌。为此，美国于1971年宣布实行"新经济政策"，停止向各国政府或中央银行按官价兑换黄金，以避免其国际收支的进一步恶化，这实际上意味着美国规定的35美元等于1盎司黄金的官价失效——美元与黄金脱钩。在这种情况下，一些国家的货币不再钉住美元而实行浮动汇率制。1973年2月国际金融市场又一次爆发美元危机，掀起抛售美元、抢购德国马克、日元和黄金的风潮，从而西方主要国家的货币对美元也都实行浮动，这实际上意味着其他国家的货币与美元脱钩。"双挂钩"的解体，标志着布雷顿森林体系的基础已全部丧失，布雷顿森林体系随之宣告结束。

三、牙买加体系（1973年至今）

布雷顿森林体系崩溃以后，国际金融关系动荡混乱，国际间为建立一个新的国际货币体系进行了长期的争论，1976年1月，在牙买加首都金斯敦召开会议，并达成了《牙买加协议》，同年4月，国际货币基金组织理事会提通过了《国际货币基金协定第二次修订案》，从此，国际货币体系进入了一个新的阶段——牙买加体系。

《牙买加协议》可以说是对布雷顿森林体系的扬弃。一方面，它继承了布雷顿森林体系下的国际货币基金组织，并且基金组织的力量还得到了加强；另一方面，它放弃了布雷顿森林体系下的双挂钩制度。主要内容有：

1. 浮动汇率合法化。会员国可以自由选择任何汇率制度，可以采取自由浮动或其他形式的固定汇率制度。但会员国的汇率政策应受国际货币基金组织的监督，并与其协商。

2. 黄金非货币化。废除黄金条款，取消黄金官价，各国可在黄金市场自由买卖黄金；取消会员国相互之间、会员国与基金组织之间用黄金清算债权债务的义务。

3. 国际储备多元化。修订基金组织增加创设的特别提款权（SDRs）有关条款，提高特别提款权的国际储备地位。SDRs 和欧洲货币单位（原欧洲共同体国家创设的一种综合货币单位）的储备作用在不断加强。

4. 多种国际收支调节机制相互补充。牙买加体系条件下，各国主要通过汇率机制、利率机制、动用国际储备资产、国际金融机构的协调和国际金融市场来调节国际收支的不平衡。

牙买加体系当前的运行特点：

（1）黄金非货币化后，美元仍是最主要的储备货币，但地位削弱。目前，欧元、SDRs、英镑、日元等都与美元共同承担国际外汇储备的职责。

（2）国际汇率制度呈现出以浮动汇率安排为主、多种汇率安排并存的基本格局。

目前，全球有三类基本的汇率安排：一是独立浮动汇率安排，实施国家包括美国、欧元区、日本和部分新兴市场经济体；二是固定汇率安排，包括实行货币局制度和传统钉住汇率制度的国家以及已经取消法定货币的国家（如实行美元化的国家）；三是“中间道路”安排，即各种介于浮动汇率和固定汇率之间的安排，如爬行钉住制、区间浮动制和管理浮动制等，主要包括一些外向型程度较高或国内通货膨胀比较严重的发展中经济体。

（3）国际金融市场在国际收支调节中作用显著。布雷顿森林体系时代，由于各国实行严格的金融管制，国际金融市场在国际收支调节中作用比较有限，许多国家的经常账户逆差主要依靠财政货币政策。20 世纪 70 年代以来，伴随国际金融市场的迅速发展，各国可以方便地通过商业性融资弥补经常账户逆差，从而避免采用财政紧缩等可能影响国内经济稳定的调节措施。国际金融市场的存在，提供了充裕的流动性，大大降低了各国国际收支调节的代价。但另一方面，它也产生了新的不稳定的因素，其中最主要的是它使一些国家放松内部约束，滥用财政扩张政策，延误必要的国内经济改革和调整。结果是不但经常账户逆差最终变得难以控制，而且常常为沉重的外债负担所累，甚至成为金融动荡的根源。

（4）随着各国资本管制的不断放松，国际资本流动迅猛扩张。国别选择上，常常发生"饱饥综合症"，即当看好一些国家的经济增长前景时，国际资本大规模涌向那里，而当这些国家因为资本过度流入而出现危机迹象时，国际资本又快速离去。因此，常常造成这些国家内外经济失衡，导致金融动荡甚至货币危机。

牙买加体系比较灵活地适应国际经济的发展变化和各个主要国家的政策变动，也在一定程度上缓和了布雷顿森林体系调节机制不灵活的困难。但是并不完美。主要问题有：第一，浮动汇率制度不够稳定，外汇风险比较明显；而固定汇率制度又有失灵活性，难以实施自主的经济政策；第二，大国侵害小国利益，南北冲突远没有解决；第三，国际收支调节机制不健全，几种渠道各有局限性，都不是解决问题的根本办法；第四，由于缺乏有效的监管，资本流动使各国内外均衡的矛盾更加突出，发展中国家频繁遭受金融危机的打击，已经成为国际金融不稳定的根源。毋庸置疑，这些问题，都应当成为国际货币制度继续改革的突破口。

本章小结

货币的本质是固定地充当一般等价物的特殊商品。它反映产品由不同所有者生产、占有，并通过等价交换实现人与人之间社会联系的生产关系。货币具有价值尺度、流通手段、支付手段、贮藏手段四大职能。在金属货币制度下，货币还具有世界货币的职能；在纸币制度下，一些经济强国的可自由兑换货币（如美元等）部分地具有这一职能。

货币的产生与发展是一个社会历史现象，它是价值形式发展的结果。货币的形态随着社会生产的不断扩大也不断改变着其形式，在历史上的不同时期货币曾经是不同的东西。货币形态的演进经历了实物货币和非实物货币阶段。与此相对应的货币形式有实物（商品）货币、纸币、存款货币和电子货币。其中，电子货币是新型的信用货币的形式，是高科技的信用货币。

货币制度是指一个国家或地区以法律形式确立的货币流通结构及其组织形式。货币制度的主要内容包括：（1）货币材料的确定；（2）货币名称、单位和价格标准；（3）本位币、辅币、及其偿付能力；（4）发行保证制度。货币制度经历了银本位、金银复本位、金本位、纸币本位四个主要阶段。在金属货币制度中，金币本位是相对稳定的货币制度，其内在特征保证了货币价值对内和对外的稳定，从而促进了当时商品生产的发展和商品流通的扩大。

在双本位货币制度的下，实际价值高于法定价值的“良币”会被驱逐出流通领域，导致实际价值低于法定价值的“劣币”充斥市场，这就是劣币驱逐良币规律，又称为“格雷欣法则”。

在同一主权国家内部，也可能会有多种货币制度并存。区域性货币制度是指区域内的有关国家（地区）形成一个统一的货币区，并通过统一的中央银行来发行与管理区域内单一货币的制度。作为“最适货币区”理论的实践，欧元区成为人类历史上区域性货币制度的典型代表。

国际货币制度核心内容包括：（1）国际交往中使用的货币；（2）各国货币间的汇率安排；（3）国际收支及其调节机制。国际金本位制度、布雷顿森林体系和牙买加体系是迄今为止最重要的三种国际货币体系。

关键词： 货币　价值尺度　流通手段　铸币　银行券　信用货币　本位货币　辅币　无限法偿　复本位制　格雷欣法则　金本位制　法定平价　布雷顿森林体系　牙买加体系

思　考　题

1. 如何定义货币，才能最为简明地概括出这一经济范畴的本质？
2. 简述货币的职能。如果高度概括，你认为货币职能最少不能少于几个？
3. 你认为我国人民币是否有贮藏手段职能？
4. 谈谈你对电子货币发展的展望。
5. 货币制度包含哪些内容？
6. 什么是“劣币驱逐良币”规律？
7. 信用货币制度有哪些特点？
8. 简述布雷顿森林体系的主要内容。
9. 牙买加体系为何能维持到今天？它有何不合理性？你认为应如何加以完善？

第二章　信用、利息与利率

本章概要： 在本章中，我们要学习信用、利息、利率，利率的理论，利率变动的因素，利率变动对经济的影响及其途径等内容。本章分为五节，第一节主要介绍信用的定义、形式和在经济运行中的作用；第二节介绍利息的概念以及利息的实质；第三节重点介绍利率的概念以及种类；第四节主要介绍利率理论，其中有古典利率理论、流动性偏好理论、可贷资金理论、IS—LM 的利率理论、期限结构理论以及马克思的利率理论等；第五节主要是利率变动的影响因素以及利率对经济的影响途径。

第一节　信　　用

一、什么是信用

在西方国家的文字中，信用（credit）一词的原意是相信、信任、声誉等。《牛津高级英汉双解词典》第 6 版对该词条的解释是：对借款人偿还欠款的信任状态；《朗文英英词典》对此的解释是：银行、商家等对允许客户购买商品并延期还款的一种安排。这些意思与作为经济范畴的信用有联系，但不足以说明信用这个经济范畴的本质特征。无论从历史还是从逻辑角度说，信用不仅是由货币通往现代金融关系中的一个必要过渡，而且也是金融运行的实质内容。信用这个范畴是指借贷行为，这种经济行为的形式特征是指以收回为条件的付出，或以归还为义务的取得；而贷者之所以贷出，是因为有权取得利息，借者之所以可能借入，是因为承担了支付利息的义务。

信用关系产生于商品货币关系，我们将信用关系与商品通过货币媒介进行的交换关系相比较，两者显然有区别。在交换关系中，一手钱，一手货，双方是对等的交换。当这一行为完成时，双方不存在任何经济上的权利与义务。在信用关系中，贷者将货币支付给借款人。但贷款人当时并没有得到对等的价值，而是获得了要求借款者在一定日期后偿还本金、利息的权利，所以当贷款者将货币支付给借款人的时候，并不仅仅像交换关系那样意味着两者关系的结束，而是两者关系的开始。只有当本息得到偿还后，才能说是两者关系的结束。为什么会出现借贷关系或者说信用关系呢？从借贷者的动机来说，可以有消费和投资的需求，由于仅靠个人的收入在当时达不到理想的水平，所以需要借款。但从根本上说，信用是起源于商品经济条件下人们具有的相对独立的经济利益。货币的余缺调剂必须通过借贷方式，但人们是不会将自己的收入无缘无故地送给别人的，这时信用方式是最适当的选择。它既照顾到借款人对货币的需要，又考虑到贷款人的独立的经济利益。

二、信用的种类

信用作为一种借贷关系和借贷行为，总是需要通过一定的形式表现出来，信用形式就是信用关系和信用活动表现出来的具体形式。从实物借贷到货币借贷，从简单的货币借贷活动到现代信用关系，这是历史向我们展示的信用发展过程。随着商品经济的发展，商品交换和货币流通范围的不断扩大和延伸，信用关系和信用活动日益发展扩大和复杂化，信用形式也日趋多样化。那么。现代信用形式主要有哪些呢？以创造主体来划分，大致有以下四种：商业信用、银行信用、国家信用、消费信用等。

（一）商业信用

商业信用是指工商企业之间相互提供的，与商品交易直接相联系的信用形式。包括企业之间以赊销分期付款等形式提供的信用以及在商品交易的基础上以预付定金等形式提供的信用。商业信用产生的根本原因是由于在商品经济条件下，在产业资本循环过程中，各个企业相互依赖，但它们在生产时间和流通时间上往往存在着不一致，从而使商品运动和货币运动在时间上和空间上脱节。而通过企业之间相互提供商业信用，则可满足企业对资本的需要，从而保证整个社会的再生产得以顺利进行。

商业信用的特点是商业信用的主体是工商企业；商业信用的客体主要是商品资本，因此，它是一种实物信用；商业信用与产业资本的变动是一致的。

（二）银行信用

银行信用是指银行及其他非银行金融机构以存款、贷款等业务形式向社会国民经济各部门提供信用的形式。银行信用是在商业信用和货币经营业发展的基础上产生的。在商业信用发展到一定的阶段，作为定期支付凭证的商业融资工具——商业票据开始具有支付手段的职能，可以在一定范围内流通，进行债权债务关系的抵消，无须最终转化为货币。但在必要时，商业票据的流通须求助于货币资本拥有者（货币经营业），这样，商业票据就成为“真正的”信用货币——银行券的基础。银行信用的产生就是因为客观上需要银行融资工具——银行券去取代商业融资工具——商业票据来进行流通。在这一取代过程中，货币经营业逐步发展成为现代银行业，银行信用避免和克服了商业信用的局限性，逐渐成为信用的主要形式。

银行信用主要特点是：

1. 银行信用是以货币形态提供的。银行贷放出去的已不是在产业资本循环过程中的商品资本，而是从产业资本循环过程中分离出来的暂时闲置的货币资本，它克服了商业信用在数量规模上的局限性；

2. 银行信用的借贷双方是货币资本家和职能资本家。由于提供信用的形式是货币，这就克服了商业信用在使用方向上的局限性；

3. 在产业周期的各个阶段上，银行信用的动态与产业资本的动态往往不相一致。

（三）国家信用

国家信用是以国家政府作为债务人，以借债的方式向国内企事业单位、团体、居民个人等筹集资金的一种信用形式。

国家信用包括国内信用和国际信用。国内信用是国家以债务人身份向国内居民、企业、团体取得的信用，它形成国家的内债。国际信用是国家以债务人身份向国外居民、企业、团体和政府取得的信用，它形成国家的外债；或者国家以债权人身份向外国政府提供贷款形成的信用。就国内信用来说，它是由于政府财政收入不敷支出、出现赤字时发生的，是政府弥补财政赤字的一种手段。国内的国家信用形成主要有：发行国家公债、发行国库券、专项债券和银行透支或借款。

国家信用的主要特点是：

1. 由于国家的信誉度最高，可以在特殊条件下强制性地发行公债，并以一些优惠条件吸引人们减少自身的消费，从而动员使用其他信用形式动员不了的资源，扩大可融资金总量。

2. 由于国家信用的安全性强，风险小，因此其融资工具的期限一般较长，具有资金使用的稳定性，所以适用于财政部门；而且由于其较高的安全性，在金融市场上国债也是广受欢迎的品种。因此国债虽然一般不能提前兑现，但在金融市场上流动性很强，人们也乐于持有。

3. 国家信用的利息由纳税人承担，而其他信用的利息由借款人承付，所以国债利息是财政的支出，其他利息可能部分地成为财政的收入。

（四）消费信用

消费信用是指对消费者个人提供的，用以满足其消费方面的货币需求的信用。目的是解决消费者支付能力不足的困难，主要用于耐用消费品、支付劳务费用和购买住宅等方面的需要。随着社会的进步，经济的发展，一些商业企业，生产企业也向个人提供信用消费。

消费信用与其他信用形式相比，具有以下特点：

1. 非生产性。与商业信用和银行信用不同，消费信用提供的贷款是用于消费的。

2. 期限较长。消费信用多数通过分期付款支付，所需时间较长。

3. 风险较大。消费信用是完全消费性的，还款是由借款人的收入作保证，因此具有较大的风险性。

三、信用与经济运行

在现代市场经济的运行中，从最初的交换到扩大了的市场关系，都是以信用为基本准则的。信用对经济运行起着不可替代的作用。在现代经济运行中，每一种信用形式都有其存在的必然性和必要性，它们在各自的领域内有着不同的优势，不可能出现一种信用形式取代所有其他的信用形式的局面，否则将会造成对经济发展的阻碍。

（一）商业信用存在的必然性和必要性

商业信用是较早产生的一种信用形式，它存在的基础是社会化大生产。由于在商品经济条件下，各工商企业之间的生产时间和流通时间经常不一致，使商品运动和货币运动在时间上、空间上产生脱节，而社会化大生产使各个工商企业之间形成彼此依赖，共求生存和发展的关系，任何一个企业都不能孤立存在，生产和流通的每一个环节都必须顺畅，才能保证再生产的顺利进行，否则就会出现由于“卖不出”与“买不进”同时并存的矛盾，导致商品实体的转移与现实货币清算相分离的情况。因而社会化大生产必然需要商业信用形式来解决这些矛盾，连接社会再生产的各个环节，保证生产的顺利进行。

在再生产过程中，商业信用有着其存在的必要性。在销售商品、实现商品的使用价值和价值时，商业信用是企业之间最直接、最便利、最优惠的信用形式，弥补了货币资金的短缺，加速了商品流通，保证了生产和流通的顺利进行。

（二）银行信用不能取代其他信用形式

信用集中，特别是集中于银行，是信用制度发展到一定阶段的必然趋势，但不能完全取代其他信用形式而成为一花独秀。当完善的金融市场形成后，非银行融资形式会在一定范围内取代银行信用，在适当的领域发挥积极的作用。

1. 从历史上看，商业信用先于银行信用而存在，银行信用正是在商业信用已经发展到一定水平的基础上产生和发展起来的；而且因为商业信用是直接与商品生产和流通相联系，是直接为产业资本的循环周转服务的，它更直接更方便，所以工商企业在购销过程中，能通过商业信用融通资金时，是不会去求助于银行信用的，银行信用不过是商业信用的必要补充和延伸。

2. 单一的银行信用会助长落后的资金供给制，是造成企业经济效益低下、社会资金周转缓慢的重要原因之一。单一的信用形式必然对应着单一的金融资产，而单一的金融资产难以满足储蓄者和投资者不同的资金需要，单一信用形式所能筹集的资金也是有限的。而且如果一个企业只能与一家银行发生信用关系，这就意味着这家银行必须承包这个企业的所有资金需要，在社会化程度未达到高度集中的情况下，过于集中的信用则可能产生低效率。

（三）市场经济的实质是信用经济

信用经济是相对于自然经济和货币经济的一个概念。自然经济时代在交易上最大的特征是“以货易货，物物交换”，货币经济时代在交易上的最大特征是“一手交钱，一手交货”。信用经济要求企业充分合理地利用“信用”进行交易。在市场经济条件下，从最初的交换到扩大了的市场关系，都是以信用为基本准则的。

1. 这是由现代经济的运作特点决定的。

（1）现代经济从本质上看是一种具有扩张性质的经济，这个经济体需要借助负债去扩大生产规模、更新设备、改进工艺、推销产品。

（2）现代经济中债权债务关系是最基本、最普遍的经济关系。绝大多数企业和个人在有绝佳投资机会的情况下，不会因为缺少资金而坐等机会丧失；相反，有资金盈余的企业和个人也不会因为没有上好投资机会便认可资本损失。积极地寻求投资与筹资渠道，是现代经济的基本观念。经济越发展，债权债务关系就越紧密，就越成为经济正常运转的必要条件。

（3）在现代经济中，信用货币是整个货币群体中最基本的形式，它通过资产与负债将银行同各个经济部门、行业、企业紧密联系在一起，信用关系成了无所不在的经济关系。

2. 从信用关系中的各经济部门来分析，任何经济部门都离不开信用关系，不管是个人、企业、政府、金融机构，还是国外部门各个部门。说明信用关系成了社会生活中最基本和最普遍的关系。同时从信用对现代经济的作用来看，主要还是发挥了积极的推动作用。这些作用由于其不可替代性，使信用成为现代经济发展的原动力。

3. 在市场经济中各种信用共同作用于经济运行。在复杂的市场经济及其社会再生产过程中，各种信用形式之间有其相互独立、自成一体的一面，同时也有相互联系、制约、相互作用的一面。通过银行购买国家债券以及办理国家债券的贴现，使得银行信用与国家信用联系起来；通过办理商业票据的贴现，使得银行信用与商业信用联系起来；由于工商企业及银行等金融机构都可以提供消费信用，所以又使得消费信用、银行信用、商业信用三者交织在一起等等。各种信用形式之间相互制约、此增彼减、此消彼长，这种状况反映了信用形式产生于商品经济基础，又服务于商品经济发展的同一性。这里要注意的是，在信用形式的相互关系中，中心是银行信用，银行信用的规模及利率影响和制约着其他形式的信用的规模和状况。

第二节　利　　息

一、利息与资本收益

利息是借款人支付给贷款人使用贷款的代价，或者说，利息是债权人在放贷行为中，从债务人手中获得的报酬。利息是伴随着信用关系而产生的一个经济范畴。由于利息是借款者运用借入货币的代价，因而借贷资金有一个“价格”，借款者必须按借贷资金的“市场价格”借入货币，贷款者也必须按这一价格贷出货币。如果借款者只愿支付低于市场价格的利息，他就难以借到货币；如果贷款者想得到高于市场价格的利息，他就难以贷出货币。

利息是资本所有者或资金所有者由于贷出资金而取得的报酬，无论何种社会条件下，它均来自于生产者使用该笔资金发挥生产职能而形成的利润。显然，没有借贷，便没有利息。但在现实生活中，利息已被人们视为资金收益的一般形态：无论资金是否贷出。利息都被资金所有者看作理所当然的收入——可能取得的或将会取得的收入；无论借入资金与否，生产经营者也总是把自己的利润分为利息和企业主收入两部分，似乎只有扣除利息后所余下的利润才算是经营所得。相应的利息率就成为一个尺度：如果投资所得与投资本金之比不大于利息率，则根本无需投资；如果扣除利息所余利润与投资本金之比甚低，则说明经营效益不高。所以，虽然从理论上分析，在资本主义社会利息是剩余价值及其转化形态利润的一部分，在社会主义社会利息是劳动者所创造归社会分配的财富及其转化形态利润的一部分。但无论是资本主义社会还是社会主义社会，在会计制度中利息支出都列入成本，而净利润则只是指总利润中扣除利息支出后所余的那部分利润。

利息所以能够转化为资本收益的一般形态，其主要原因是：

1. 由于借贷关系中利息是资本所有权的果实这种观念被广为认之，取得了普遍存在的意义。在货币资本的借贷中，贷者所以能够取得利息，在于他拥有对货币资本的所有权；借者所以能够支付利息，则在于他将这部分资本运用于生产的过程之中，形成价值增值。这样，一旦人们忽略整个过程中创造价值这个实质内容，而仅仅注意货币资本的所有权可以带来利息这一联系，货币资本自身天然具有收益性的概念，便根植于人们的观念之中。

2. 利息率与利润率在特性上存在重要区别。利息虽然就其实质说是利润的一部分，但同利润率有一个极明显的区别：利润率是一个与企业经营状况密切联系因而事先捉摸不定的量；而利息率则是一个事先相对确定的量，无论企业生产经营情形如何，都不会改变这个量。因此，对于企业主来说，"一旦利息作为独特的范畴存在，企业主收入事实上就只是总利润超过利息的余额所采取的对立形式"。在其他因素不变时，利息率的大小直接制约企业主收入的多少。在这个意义上看，用利息率衡量资本收益，以利息表现资本收益的观念及作法，就不足为奇了。

3. 货币、信用与利息的悠久历史联系。早在资本主义生产方式以及与之相适应的资本观念和利润观念出现很久以前这种联系就存在，货币可以提供利息，货币总是某种收益的源泉，早已是人们的传统观念。

利息转化为资本收益的一般形态，相应的通过利息率计算公式的倒演，一切收益也就都"资本化"了。现在，任何有收益的事物，无论它是否是一笔贷放出去的货币金额，甚至也无论它是否是一笔资本，都可以通过收益与利率的对比而倒过来算出它相当于多大的资本金额。这就是所谓"资本化"。

在一般的贷放中，贷放的货币金额，即本金 P，与利息收益 B 和利息率 R 之间有如下关系式：

$$B = P \times R$$

当我们已知 P 和 R 时，很容易计算出 B；同样，当我们已知 B 和 R 时，P 也不难求得，即：

$$P = B \div R$$

例如，已知一笔贷款一年的利息收益是 100 元，市场年平均利率为 5%，则可以算得本金为 100/0.05 = 2000 元。

随着收益资本化，有些本身并不存在一种内在规律的事物，也可以按上述关系规律性地求得一定的资本价格，甚至有些本来不是资本的东西也因之可以视为资本。例如，土地其本身不是劳动产品，无价值，从而本身也无决定其价格高低的内在根据。但土地可以有收益。例如，一块土地每亩的年平收益为 200 元，假定年利率为 5%，则这块土地就会以每亩 200/0.05 = 4000 元的价格买卖成交。由于土地收益的大小取决于多种因素，同时由于利率也会变化，这就使同一块土地的价格呈现出巨大变化。比如利率不变，该块土地变成了经济开发区的中心点，预期收入每亩为年均 1 万元，则每亩将值 20 万元。如果土地收益预期不变而市场平均利率发生变化，则当利率上升时，地价成反比地下跌；利率下降时，地价成反比地上升。这就是在市场竞争过程中土地价格形成的规律。它表明资本化使本身并无价值的事物有了价格。资本化最突出的领域是有价证券的价格形成。资本化是市场经济中的规律。随着我国社会主义市场经济体制的逐步建立，“资本化”规律起作用的范围将逐步扩大。

二、利息的作用

信用的必要性决定了利息的必要性。在市场经济中，适当的利息可发挥如下积极作用：

1. 有利于筹集资金，促进经济建设。利息作为一个经济杠杆，可以通过各种信用形式，如存款、债券、股票等把社会上暂时闲置的货币资金或准备投资的资金集中起来，再通过贷款、贴现、投资等形式用于生产和流通，从而起到把一部分消费基金变为生产基金，把一部分暂时闲置的资金变为运用中的资金，促进经济建设。

2. 有利于促进企业节约资金。加强经济核算。如果企业使用贷款数量多、期限长、周转慢，就要多支付利息，增加企业负担，从而减少企业的利润。所以，适当的贷款利息能促使企业注意资金使用效果，加速资金周转，改善经营管理，节约资金，减少消耗，增加盈利。

3. 有利于促进国民经济协调发展。从存款看，通过调整存款利率，可将社会上过多的闲置货币有效地集中起来，控制即期货币购买力，促进社会总供需平衡的实现。从贷款看，通过对国民经济各部门、各类产品实行不同的利息率，可以引导资金流向，起到鼓励或限制某些部门或某些产品发展的作用，促进形成良好的产业、产品结构。

4. 有利于调节货币流通。在市场经济发达国家，利率是中央银行用来调节货币流通的重要手段。中央银行可以通过调节对商业银行再贴现率的办法影响商业银行的贷款利率，从而达到调节全国货币信用的目的。我国实行社会主义市场经济体制，中央银行同样可以运用利率这一杠杆合理调节货币流通。

5. 有利于银行本身企业化经营与金融事业的发展。随着国有银行企业化改革，银行的企业化经营和金融事业的发展，也必须依赖于利润，而银行的利润主要来源于利息。

在社会主义条件下，利息作用的充分发挥还需具备一定的前提条件，这主要包括，适当的利率水平、合理的利率结构和企业成为真正自负盈亏、自我发展的独立实体。

第三节　利率的种类

利率即利息率，是指借贷期内所形成的利息额与所贷资金额的比率。

经济学家在教科书及有关理论著述中所论及的利率，常常是一种抽象的利率概念，有时使用"市场平均利率"概念。而现实生活中的利率则都是以某种具体形式存在。如一年期贷款利率、三年期公债利率、可转让大额定期存单利率、贴现利率等等。随着金融业的日益发展及金融活动方式的日益多样化，利率的种类也日益繁多。到目前为止，我国现行的利率就达几百种，发达国家的利率种类更为繁多。

一个国家在一定时期内各种各样的利率构成一个复杂的利率体系。在这个体系中，按不同的标准可以划分出各种不同的利率类别。下面介绍几种主要利率类别。

一、名义利率与实际利率

按照利率是否剔除了通货膨胀率的影响，可将利率划分为名义利率和实际利率。所谓名义利率，是指市场现行的利率。当存在较明显通货膨胀时，名义利率并不能反映投资者所获得的实际收益率水平。实际利率，又称真实利率，通常有两种含义：根据价格水平的实际变化进行调整的利率称为事后实际利率，而根据价格水平的预期变化进行调整的利率称为事前实际利率。从对经济决策的实用价值讲，事前实际利率更为重要，因此经济学家使用的实际利率概念通常是指事前实际利率。这时，实际利率 = 名义利率 - 预期通货膨胀率。当然，人们也经常使用事后实际利率概念，这时，实际利率 = 名义利率 - 通货膨胀率。在现实生活中，人们常常在事后实际利率意义上使用实际利率概念，这是因为通货膨胀率是可被统计的数据。可以说，实际利率相当于物价不变，从而货币购买力不变条件下的名义利率。但物价不变这种情况在当今世界的现实经济生活中是极为少见的。如果名义利率为8%，通货膨胀率为5%，则实际利率仅为3%。反之，在5%的通货膨胀率下，若要达到8%的实际利率，则需将名义利率提高到13%。由此可见，名义利率可以认为是包括对债权人通货膨胀风险补偿的利率。当然，有时经济生活中出现负通货膨胀率，则实际利率将高于名义利率。在现实中人们利用上述公式，根据已知的名义利率和通货膨胀率，便可推算出实际利率。反之，名义利率的变动，也可根据对实际利率的预期与对通货膨胀的预期来测算。

二、固定利率与浮动利率

根据在借贷期内是否调整，利率可分为固定利率与浮动利率。固定利率是指在整个借贷期内不作调整的利率。实行固定利率，可使借贷双方精确计算成本与收益并且十分方便，因而是一种传统的方式。然而由于通货膨胀的影响，实行固定利率，对债权人，尤其是对长期放款的债权人会带来较大的损失。因此，现在越来越多的借贷，尤其是长期借贷，往往采用浮动利率。

浮动利率是一种在借贷期内可定期或按规定调整的利率。根据借贷双方的协定，由一方在规定的时间依据某种市场利率进行调整，一般调整期为半年。浮动利率可以使债权人减少损失，但也因手续繁杂、计算依据多样而增加费用开支。因此，这种方式多用于三年期以上的借贷，特别是在国际金融市场上。

在我国，人民币借贷长期实行固定利率。解放初期，中国人民银行曾开办过折实储蓄、保本保值储蓄，以后停办多年。1988年下半年，国家对中长期储蓄存款又重新开始实行保值储蓄的浮动利率作法。例如，我国对三年、五年、八年的定期储蓄存款，由中国人民银行根据国家统计局公布的社会商品零售及服务项目价格总指数，确定和公布全国的保值贴补率。随着1990年、1991年物价水平的下降，国家于1991年12月停办保值储蓄。1993年因出现新一轮通货膨胀，国家又重新开办保值储蓄，后至1996年4月又予停办。至于中国银行发放的外汇现汇贷款，则向来采取浮动计息方法，这是因为外汇贷款的资金来源就是利率经常变化的国际金融市场。

三、市场利率与官定利率

依据是否按市场规律自由变动，利率可分为市场利率与官定利率。随供求规律等市场规律而自由变动的利率就是市场利率。官定利率则是由政府金融管理部门或者中央银行确定的利率，它是国家为了实现宏观调控目标而采取的一种政策手段。在市场经济国家，市场利率与官定利率相互影响、相互制约。官定利率在很大程度上对市场利率起导向作用，而官定利率的制定又必须参照时下的市场利率。在发达的市场经济国家，目前均以市场利率为主，同时存在官定利率，两者间存在着密切联系。在发展中国家和地区，有较大范围的官定利率，同时也有一定规模的市场利率。市场利率与官定利率间的比重，在各国之间有较大差异。我国目前的利率市场化程度较低，基本上属于官定利率，各种利率由中央银行统一制定和管理，各商业银行、金融机构的各种存、贷款利率都是在确定的幅度内自主地随市场借贷资金供求状况，围绕官定利率上下变动。

除了市场利率与官定利率之外，还有一种介于两者之间的利率，这就是公定利率。所谓公定利率，是由非政府部门的民间金融组织，如银行公会等所确定的利率，又称行业公定利率。公定利率也在一定程度上反映了非市场的强制力量对利率形成的干预。公定利率在市场经济国家也普遍存在。

四、基准利率与非基准利率

按在整个利率体系中的地位、作用不同，利率可分为基准利率与非基准利率。基准利率是在整个金融市场和利率体系中处于关键地位，起决定性作用的利率。此种利率之所以称之为基准，是因为它一变动，其他利率也都相应跟着变动；了解此种利率水平的变化趋势，就可以了解全部利率体系的变化趋势。基准利率有两重含义：一是基准利率是银行体系制定各种差别利率和加罚息利率的依据；二是基准利率是金融市场体系制定各种有价证券利率的依据。基准利率在西方国家通常是中央银行的再贴现利率；在中国目前则是中国人民银行对商业银行再贷款的利率。

基准利率以外的所有其他利率，均为非基准利率。非基准利率在利率体系中均不处于关键地位，不起决定性作用。不过，一种利率在整个利率体系中是否处于基准利率地位，并不是绝对的，而是相对的，是可以发生变化的。例如，在美国其联邦基金利率，即美国银行间隔夜拆借利率，由于被美联储视为公开市场业务的重要操作目标，美联储密切关注并通过货币政策工具极力影响之，故它实际上成了联储反映银行准备金状况，从而反映货币信用松紧状况的“晴雨表”，也成了利率体系中对其他利率有很大导向作用的一种特殊利率，这就是说它实际上成了基准利率。

五、一般利率与优惠利率

根据是否带有优惠性质，利率可分为一般利率与优惠利率。一般利率是不带任何优惠性质的利率。优惠利率则是指国家通过金融机构或金融机构本身对认为需要重点扶植或照顾的企业、行业或部门所提供的低于一般贷款利率水平的利率。例如，我国对老、少、边、穷等地区发展经济的贷款实行大大低于一般利率的优惠利率。20 世纪 80 年代中期，我国开始实行一种贴息贷款办法。所谓贴息贷款，即接受贷款单位支付低于一般利率水平的利息，发放这种贷款的利息差额由批准贴息的部门、地方支付。我国目前优惠利率的贷款约有 10 多个大类之多，其中包括技术改造、重点行业的基本建设、出口贸易等方面。

优惠利率对于实现国家的产业政策有重要作用，很多工业化国家都曾得益于此。目前在许多发展中国家，优惠利率也得到广泛的运用。在国际金融领域，外汇贷款利率的优惠与否常以伦敦同业拆放利率为衡量标准，低于该利率者可称为优惠利率。不过，优惠利率也不宜滥用，它容易造成一些消极后果，这是在使用过程中应尽量避免的。

六、年率、月率与日率

按照计算利息的不同期限单位，利率可分为年利率、月利率和日利率。年利率是以年为单位计算利息，以“%”表示；利率是以月为单位计算利息，以“‰”表示；利率是以日为单位计算利息，以‱表示。日利率有时又称作“拆息”。在我国的经济生活中，习惯以“厘”作利率计算单位。这里，“厘”的运用在不同场合有不同内涵。如年息 10 厘，指 5%；月息 10 厘，指 10‰；日息 10 厘，则指 10‱。年率、月率、日率这三种利率在经济生活中都有广泛的运用，但习惯以年率为主。

年率、月率和日率相互之间可以换算，对绝大多数国家而言，年利率除以 12（月）为月利率，除以 360（天）为日利率；月利率除以 30（天）为日利率。只有英镑等极少数英联邦国家货币，年利率除以 365（天）为日利率。

七、单利和复利

按照利息的计算方法不同，可将利率及利息分为单利与复利两种。单利是指存、贷款在一定期限内，只按本金计算利息，所生利息不再加入本金重复计算利息。其计算公式为：

$$I = P \times i \times n$$

$$S = P + I = P(1 + in)$$

式中，I 代表利息额，P 代表本金，i 代表利率，n 代表期限，S 代表本利和。

复利是指计算利息时，要按一定期限，将所生利息加入本金逐期滚算，重复计息。其计算公式为：

$$S = P(l + i)^n$$

$$I = S - P = P[(1 + i)^n - 1]$$

符号含义同单利公式。

在西方国家中，存、贷款基本上采用复利法计算利息。我国长期以来不承认复利，将复利与剥削等联系在一起，这是片面的。改革开放以来，这一观念已得到转变。我国现行的计息方法为存款利息按单利法计算，贷款利息按复利法计算。

利率还可以分为长期利率与短期利率，存款利率与贷款利率等等，本书不一一详述。

第四节　利率决定：理论及影响因素

利率决定理论主要研究决定利率的因素以及利率变动的原因。对于利率的决定因素，在西方经济文献中分歧很大，其中影响最大且一直居于主导地位的是实物资本决定理论；凯恩斯的流动性偏好理论批判了这一理论，提出了利率由货币供求决定的理论；但随后的可贷资金理论以及新古典综合派理论坚持认为，传统观点在长期内是正确的，凯恩斯的利率理论仅适用于短期。

一、古典利率理论

古典利率理论流行于19世纪80年代至20世纪30年代。由于该理论继承了古典经济学重视实物因素的传统，它认为利率由实物资本供求决定。具体而言，资本供给来源于储蓄，资本需求来源于投资，因而，利率实际由储蓄和投资决定，与货币无关。古典利率理论从生产消费等实际经济生活中去研究影响资本供求的关系，因而它是一种实物利率理论。同时把利率的变化与资本供给与需求的变化联系在一起，认为贷放的资金来源于储蓄，而储蓄则意味着人们要推迟现在的消费。但是由于“人性不耐”等原因，人们更注重现在的消费。为此，必须对人们的这种“等待”或者“推迟消费”的行为给予一定的补偿，这种补偿便是利息。马歇尔认为，利息是资本的价格，资本的供给主要来自于社会储蓄，是延期享乐或等待的结果，利率越高，储蓄越多；资本的需求来自于资本的收益和生产率。只要借入资本的边际收益大于借贷资本的利率，企业家就会扩大需求。由于储蓄和投资都是实物性的，由此决定的利率被称为实物利率。由于实物利率是一种均衡利率，因而具有基本稳定不变的特征。此外，马歇尔认为，还有一种由可贷货币供求决定的利率，即货币利率，又称贴现率或者市场利率，它围绕实物利率上下波动，货币供给只能影响市场利率。随后维克塞尔对利率决定作了进一步的研究。他把利率分为货币利率（即市场利率）和自然利率。其中，货币利率由借贷资本供求关系决定，而自然利率，他认为，一般来讲，储蓄是利率的递增函数。对资本的需求主要来自于投资，而投资量的大小主要取决于投资预期回报率和利率的关系。当利率降低时，预期回报率大于利率的可能性增大，所以投资需求也会不断增大，即投资是利率的递减函数。只要货币利率与投资的预期回报率存在差异，资本就会在储蓄和投资两者之间发生移动，当货币利率等于新形成的投资预期回报率时，整个社会的资本供给恰好等于整个社会的资本需求，企业家既不会增加生产，也不会减少生产，整个经济就达到均衡状态。经济达到均衡状态时所形成货币利率就是魏克赛尔所说的“自然利率”。货币利率偏离自然利率只会导致通货膨胀或者通货紧缩。按照这一理论，在市场经济条件下，利率具有自动的调节功能，使储蓄和投资趋于一致。因此经济不会出现长期的供求失衡，将自动趋于均衡。

图 2－1 中 $S(r)$ 表示储蓄函数曲线；$I(r)$ 表示投资函数曲线；i_e 表示均衡利率；I_e，S_e 分别表示均衡时的投资量和储蓄量。

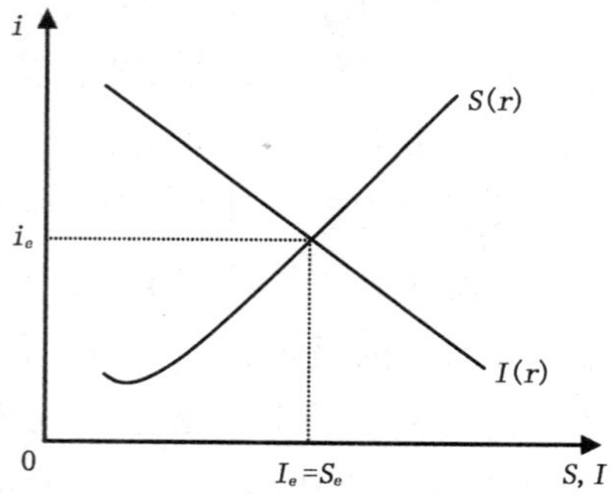

图 2－1　古典利率理论

二、流动性偏好理论

20 世纪 30 年代西方国家爆发了经济大危机，以利率具有自动调节机制为核心的古典利率理论不能对这一现象做出令人信服的解释。1936 年，凯恩斯在其主要著作《就业、利息和货币通论》中，阐明了他的流动性偏好利率理论。

在《通论》中，凯恩斯对古典利率理论提出了全面的批判，他认为：利息不是储蓄和等待的报酬，而是对暂时放弃流动性的一种补偿。是在一定时期内放弃货币、牺牲流动性所得的报酬，而不是古典利率理论所讲的利息是对节欲、等待或推迟消费的报酬。利率不是一种实物现象，而纯粹是一种货币现象，由货币供求决定。因为在现代货币经济中，人们可以以多种形式来持有其财富，如持有股票、债券等资产。当人们持有非货币资产时，虽然有可能获得一定的收益，但由于经济运行中充满了诸多不确定性，因此持有该类资产也可能因各种原因而遭受损失。而货币作为一种特殊形式的资产，是财富的真正代表，为整个社会所认可和接受，能随时转化为其他商品，并具有完全的流动性和最小的风险性。所以，人们在选择其财富的持有形式时，大多倾向于选择货币。但是通常情况下，货币供给量是有限的，人们要取得货币，就必须支付一定的报酬作为对方在一定时期内放弃货币、牺牲流动性的补偿。凯恩斯认为，这种为取得货币而支付的报酬就是利息，利息完全是一种货币现象。只有在充分就业条件下，当投资的增加不会再引起实际收入的增加时，投资的进行才会减少人们的当前消费，形成“强迫储蓄”，利息才能被看做是对节欲、等待或推迟消费的报酬。

凯恩斯还认为，货币需求起因于三种动机，即交易动机、预防动机和投机动机。其中，出于前两种动机的货币需求为收入的递增函数，记为 $M_1 = L_1(Y)$；而出于后一种动机的货币需求则为利率的递减函数，记为 $M_2 = L_2(i)$，因此有：

$$M^d = M_1 + M_2 = L_1(Y) + L_2(i)$$

凯恩斯认为，利率就是由货币的供给与需求的均衡点所决定的。他还指出，当利率降至非常低的水平时，因利息收入太低，故几乎每人都宁愿持有现金，加之人们都预期利率将上升，因而人们都会抛出有价证券而持有货币，使得流动性偏好几乎变成是绝对的。这就是通常为后人所说的“流动性陷阱”情形。凯恩斯的流动性偏好利率理论如图 2－2 所示。

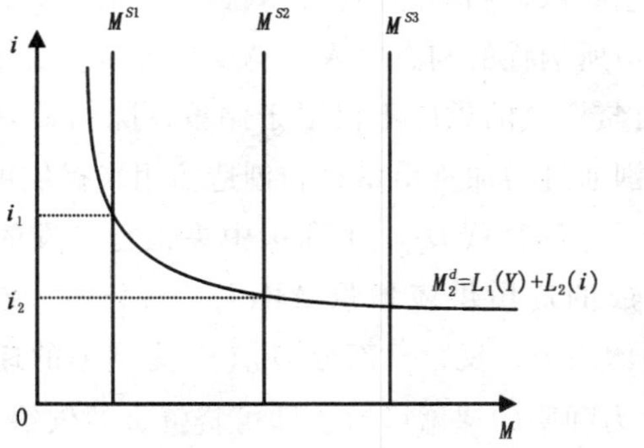

图 2－2 流动性偏好利率理论

三、可贷资金利率理论

凯恩斯的《通论》发表以后，关于利率决定引起了理论界的大争论。其中，以罗伯逊（1937）、俄林（1937）为代表的新古典学者对凯恩斯的利率理论及其对古典利率理论的批评提出了再批评。罗伯逊认为，凯恩斯对储蓄和投资的分析是不正确的，他混淆了事前与事后的概念。古典利率理论关于利率由储蓄与投资决定的观点，从长期来看是正确的，它的问题在于忽视了货币因素如信用创造、货币窖藏等对利率的短期影响。而凯恩斯理论正好相反。为此，他将二者结合起来，提出了社会可贷资金供求决定利率理论。其中，可贷资金的供给由社会的自愿储蓄、减少窖藏和新增货币供给构成；可贷资金的需求主要包括投资的资金需求和窖藏需求。俄林的观点与罗伯逊有很大的相似性。他认为，利率是信用的价格，由信用的供求，也就是信用市场上各种债券和其他资产的供求决定。人们在信用市场上出售债券等资产构成对信用的需求，反之购买债券等资产构成供给。现金和债券的交换率取决于二者的数量及愿意持有二者的意愿。

可贷资金利率理论认为，既然利息产生于资金的贷放过程，则考察利率的决定就应该着眼于可用于贷放资金的供给与需求。该理论认为，对可贷资金的需求并非一定完全来自于投资，还可能来自于窖藏。因为现实生活中，储蓄者很有可能窖藏一部分货币而不借出，借款者也可能窖藏一部分货币而不用于投资。结果，就会有一部储蓄不能用于投资。所以，对可贷资金的需求由投资 $I(i)$ 和净窖藏 $\Delta H(i)$ 两部分组成。其中，投资部分为利率的递减函数，并构成可贷资金需求的主体。窖藏部分也为利率的递减函数，因为窖藏货币会牺牲利息收入，利率越高，窖藏货币所牺牲的利息收入就越多，利率越低，窖藏货币所牺牲的利息收入就越少。可贷资金的需求 $M^d = I(i) + \Delta H(i)$。同时，可贷资金的供应不仅限于储蓄，除储蓄以外，中央银行和商业银行也可以分别通过增加货币供给和创造信用来提供可贷资金。可贷资金的供给由储蓄 $S(i)$、反窖藏 $D_{Hd}(i)$ 和由中央银行增发的货币以及商业银行所创造的信用形成的货币供应增量 $\Delta M(i)$ 三部分组成。其中，储蓄部分 $S(i)$ 为利率的递增函数，反窖藏部分 $D_{Hd}(i)$ 为利率的递增函数，货币供应增量部分 $\Delta M(i)$ 为利率的递增函数，即可贷资金的供给 $M^s = S(i) + \Delta M(i) + D_{Hd}(i)$。可贷资金利率理论认为，利率取决于可贷资金的供给与需求的均衡点，当二者达到均衡时，则有：

$$S(i) + \Delta M(i) + D_{Hd}(i) = I(i) + \Delta H(i)$$

上式中，五项因素均为利率的函数，当可贷资金的供给等于需求时，可贷资金市场达到均衡，此时的利率便是均衡利率。如图 2－3 所示。

由于可贷资金利率理论实际上是试图在古典利率理论的基础上，将货币供求的变动等货币因素对利率的影响综合考虑，以弥补古典利率理论只关注储蓄、投资等实物因素的不足，所以它被称为新古典利率理论。

如果假定可贷资金供求双方之间的借贷都采取发行债券的形式来进行，则一定时期内（或时点上）可贷资金的需求就等于同一时期内（或时点上）债券的供给 B^s，可贷资金的供给就等于同时期内（或时点上）债券的需求 B^d。则可得可贷资金利率理论的另一种表述形式，即均衡利率取决于债券的供给与需求，由图 2－3 可以发现，当利率高于均衡利率（i_e）（也就是债券价格低于均衡价格（P_e））时，债券的需求将大于债券的供给，其结果是

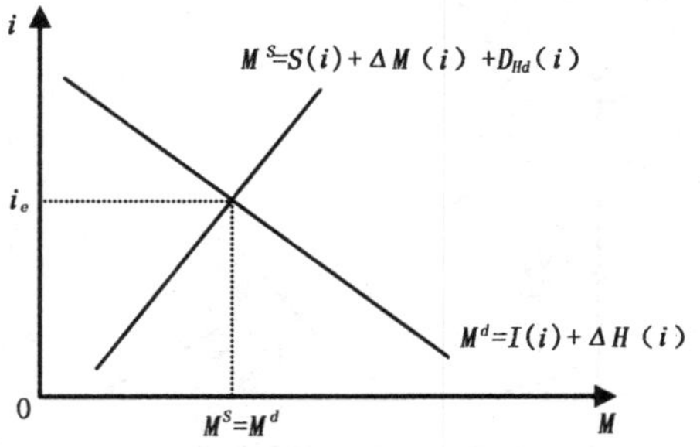

图 2－3　可贷资金利率理论

债券价格上涨，利率下降；反之，当利率低于均衡利率（i_e）（也就是债券价格高于均衡价格（P_e））时，债券供给大于债券需求，其结果是债券价格下跌，利率上升。

四、IS—LM 分析框架的利率理论

这一理论是构成新古典综合派的理论之一。希克斯和汉森认为，凯恩斯的流动性偏好理论与古典理论并不矛盾，而是后者的发展。于是，他们将此二者综合，提出了一个全新的利率决定理论，即利率决定于投资函数、储蓄函数、流动性偏好函数和货币供给量，均衡利率决定于储蓄与投资相等、货币供求相等的一般均衡状态，这就是著名的 IS—LM 曲线。它是由英国著名经济学家希克斯（J. R. Hicks）首创，而后由美国的凯恩斯主义者汉森（A. H. Hansen）补充和发展而成的，它从商品市场和货币市场的全面均衡状态来阐述了利率的决定机理。

希克斯认为，凯恩斯的流动性偏好利率理论和古典利率理论一样，都忽略了收入因素，都不能确定利率的水平。对于古典利率理论而言，因为储蓄取决于收入，不知道收入，也就不知道储蓄，从而利率也就无法确定；利率不能确定，投资也就无法确定，从而收入也不能确定。对凯恩斯的流动性偏好利率理论而言，利率取决于货币需求与货币供应的均衡点，可是货币需求却取决于收入，既然不知道收入，那么货币需求就无法确定，从而利率也无法确定。为了弥补这一缺陷，希克斯认为应把货币因素和实物因素综合起来进行分析，并把收入作为一个与利率相关的变量加以考虑。在此基础上，希克斯吸收了凯恩斯流动性偏好利率理论的核心内容，修正了古典利率理论，建立了 IS—LL 模型（如图 2－4 所示）。按照这一利率决定理论，利率决定

于储蓄与投资相等、货币需求与货币供给相等的一般均衡状态。

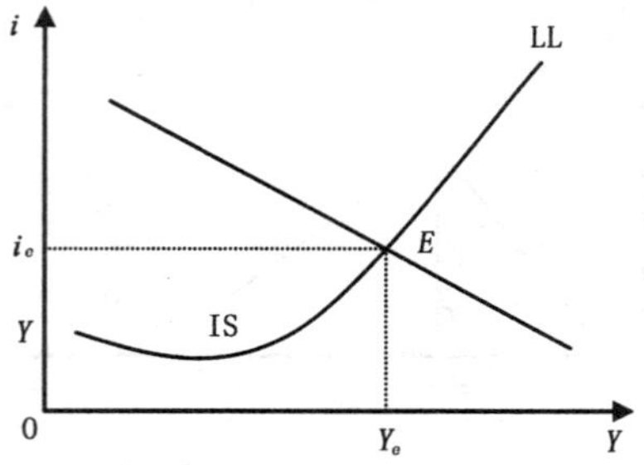

图 2－4 IS—LL 模型

IS—LL 模型的提出在利率理论研究上是一大飞跃，但是，由于 IS—LL 模型的结构比较粗糙，缺乏内在的逻辑性，特别是对两条曲线的形状的解释含糊不清，致使人们对该模型难以理解和接受，因而在提出后的很长时间内得不到人们的重视。1949 年，美国经济学家汉森通过对新古典借贷资金利率理论和凯恩斯流动性偏好利率理论的综合理解，重新推导出 IS—LL 模型，并将其易名为 IS—LM 曲线模型。

汉森认为，利率受制于投资函数、储蓄函数、流动性偏好函数（即货币需求函数）和货币供给量等四大要素，所以利率决定理论应包括对这些要素的分析。为此，汉森首先把收入水平作为一个变量引入了借贷资金理论中的资金供给函数，建立了资金供给与收入和利率两个变量的函数关系，即 $M^s = f(Y, i)$，于是得到了一组在不同收入水平下的资金供给曲线。他接着把这组资金供给曲线与投资函数曲线相结合，当资金供给（即储蓄）等于投资时，就会有一条由许多由与之相对应的利率和收入所组合的点所组成的曲线，即希克斯的投资储蓄函数（IS 曲线）。

很显然，IS 曲线表示的就是使储蓄（S）等于投资（I）的利率与收入之间的相互关系。接着，汉森又把收入水平作为一个变量引入凯恩斯利率理论中的流动性偏好函数，建立了流动性偏好的收入、利率函数，即 $M^d = L(Y, i)$，并由此得出一组不同收入水平下的流动性偏好曲线。汉森又把这一组流动性偏好曲线同由金融当局控制的货币供给量结合起来。当流动性偏好与货币供给相等时，就会发现一条由许多由与之相应的利率和收入所组成的点组成的曲线，即希克斯的 LL 曲线，汉森将其更名为 LM 曲线，以表示使货币需求等于货币供给的利率与收入两者之间的相互关系。

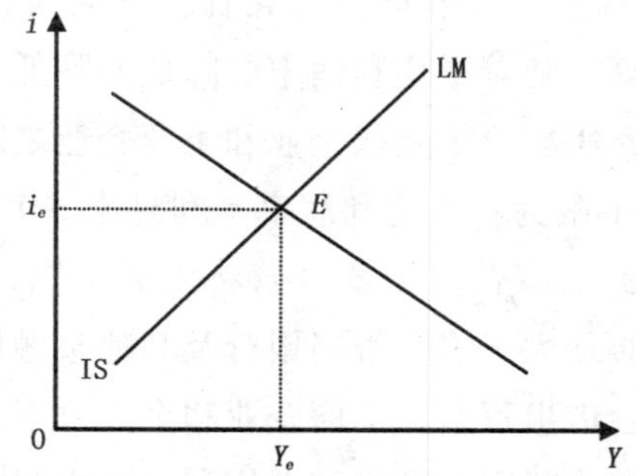

图 2－5　IS—LM 模型

由于 IS 曲线和 LM 曲线分别代表商品市场和货币市场的均衡，IS 曲线和 LM 曲线都不能单独决定两个市场全部均衡状态下的均衡收入和均衡利率。只有商品市场和货币市场同时达到均衡，即同时满足储蓄等于投资、货币供应等于货币需求时，均衡收入和均衡利率才能确定。

在图 2－5 中，IS 曲线和 LM 曲线的交点 E 所决定的收入 Y_e 和利率 i_e。就是使整个经济处于一般均衡状态的唯一的收入水平和利率水平。处于 E 点以外的任何收入和利率的组合都是不稳定的，都会通过商品市场和货币市场的调整而达到均衡。

五、马克思的利率决定论

西方经济学那种从供求变动、从均衡利率的思路来研究利率决定的理论，可以解释金融市场上的利率何以从5%上升到6%，或者何以从6%下降到5%，但它无法解释那个最初的5%或6%的利率水平何以产生。可见，西方经济学研究的那些因素与其说是决定利率的因素，不如说是影响利率变动的因素。

马克思的利率决定论告诉我们，利息率取决于平均利润率。马克思的利率决定论是以剩余价值在不同资本家之间的分割作为起点的。马克思揭示了，利息是借贷资本家从借入资本的资本家那里分割来的一部分剩余价值，剩余价值表现为利润，因此，利息量的多少取决于利润总额，利息率取决于平均利润率。

马克思的利率决定论直接抽象于资本主义社会，但其理论内核在我国当前社会主义市场经济条件下依然适用。按照马克思的利率决定论，由平均利润率决定的利息率具有如下性质或特点：

1. 利息率与平均利润率具有同向变化性。一般而言，利息率要随着平均利润率的提高而提高，随着平均利润率的降低而降低。至于利息率究竟应占利润率的多大比重，则取决于金融企业和工商企业之间竞争的结果。

2. 利息率的上、下限为：平均利润率 > 利息率 > 0。利息率的上限必须低于平均利润率，否则工商企业借款经营将无利可图，于是就不会借款经营；利息率的下限也必须大于零，否则银行及其他金融机构贷款将无利可图或受损失，于是就不会借出资金，工商企业和个人也不会在银行或其他金融机构存款。利息率的变化范围是在零和平均利润率之间。

3. 利息率有相对稳定性。平均利润率有下降趋势，但这是一个非常缓慢的长期过程。而就一个阶段来考察，每个国家的平均利润率则是一个相当稳定的量。相应的，平均利息率也具有相对的稳定性。

六、利率的期限结构理论

利率的期限结构，是指不同期限债券利率之间的关系，它可以用债券的收益曲线（即利率曲线）来表示。前面介绍的利率决定理论主要是从利率水平的确定角度来考察利率决定，而利率的期限结构理论则是从不同期限利率之间的相互关系、相互影响以及共同决定方面来分析利率的决定。

债券的收益曲线是指把期限不同，但风险、流动性和税收等因素都相同的债券的回报率连成的一条曲线。收益曲线通常可以划分为正收益曲线、反收益曲线、平收益曲线和拱收益曲线等四种类型（见图 2 - 6）。

如果收益曲线是正收益曲线，曲线向上倾斜，则表明随着期限的增长，利率越来越高，即长期利率高于短期利率；如果是平收益曲线，曲线呈水平状，则表明长期利率等于短期利率；如果是反收益曲线，曲线向下倾斜，则表明长期利率低于短期利率。收益曲线也可以有更为复杂的形式，如凸起型或凹陷型等。经济学家们在对这些不同现象的分析解释过程中阐述其各自的利率期限结构理论，主要有以下三种。

（一）预期假说

预期假说（Expectations Hypothesis）的基本命题是：长期利率相当于在该期限内人们预期出现的所有短期利率的平均数。因而收益率曲线反映所有金融市场参与者的综合预期。例如，人们预期在未来 8 年中短期利率平均水平为 9%，那么按照预期假说的解释，8 年期债券的利率大致也是 9%；如果预期 8 年以后短期利率会升高，未来 20 年中短期利率平均水平为 12%，

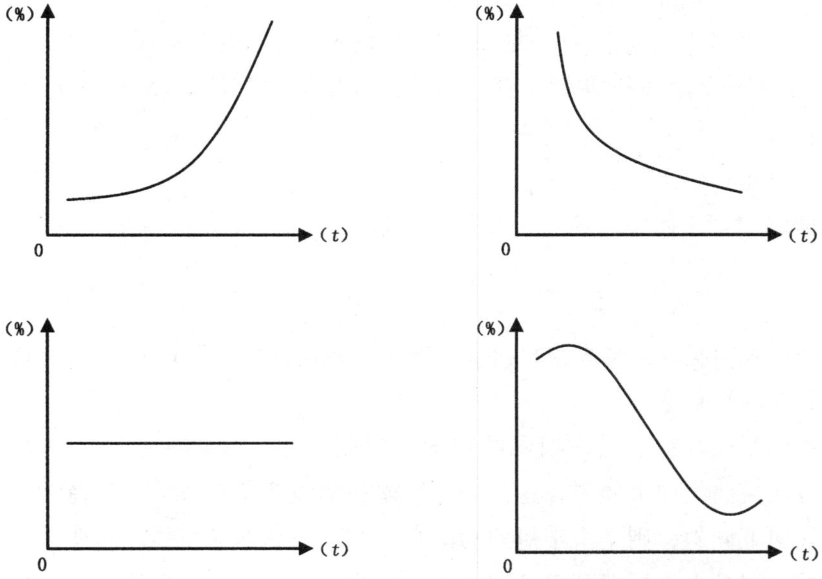

图 2－6 利率收益曲线的四种类型

那么 20 年期债券的利率大致也是 12%。在此例中，长期利率水平在短期利率之上，收益率曲线向上倾斜。

预期假说中隐含着这样几个前提假定：

1. 投资者对债券的期限没有偏好，其行为取决于预期收益的变动。如果一种债券的预期收益低于另一种债券，那么，投资者将会选择购买后者。

2. 所有市场参与者都有相同的预期。

3. 在投资人的资产组合中，期限不同的债券是完全替代的。

4. 金融市场是完全竞争的。

5. 完全替代的债券具有相等的预期收益率。

假定某投资人面临下列两个不同的投资决策。(1) 决策 A：在第 t 期购买一份利率为 i_t 的一期债券，到期以后再购买另一份一期债券，第 $t+1$ 期的预期利率为 i_{t+1}^e。(2) 决策 B：在第 t 期购买利率为 i_{2t} 的两期债券。

决策 A 的预期收益：

$=(1+i_t)(1+i_{t+1}^e)-1$

$\approx i_t+i_{t+1}^e$($\because i_t \cdot i_{t+1}^e$ 的值较小，可以忽略不计)

决策 B 的预期收益：

$=(1+i_{2t})(1+i_{2t})-1$

$\approx 2i_{2t}(\because i_{2t}^2$ 的值较小，可以忽略不计$)$

如果决策 A 与决策 B 的结果对投资人是无差异的，那么，决策 A 与决策 B 的预期收益必相等。因而，我们可以用公式把决策 A 与决策 B 联系起来：

$$i_{2t} = (i_t + i_{t+1}^e)/2$$

推而广之，如果债券的期限更长，那么：

$$i_{nt} = \frac{i_t + i_{t+1}^e + i_{t+2}^e + \cdots + i_{t+n-1}^e}{n}$$

由上式可见，n 期债券的利率等于在 n 期债券的期限内出现的所有一期债券利率的平均数。

预期假说解释了利率期限结构随着时间不同而变化的原因。由上式可知，若收益曲线向上倾斜，这是由于短期利率预期在未来呈上升趋势；若收益曲线向下倾斜，则是由于短期利率预期在未来呈下降趋势。同理，平收益曲线的出现是由于短期利率预期不变，拱收益曲线的出现则是由于短期利率预期先升后降。

此外，预期假说也解释了长期利率与短期利率一起变动的原因。一般而言，短期利率有这样一个特征，即短期利率水平如果今天上升，那么往往在未来会更高。因此，短期利率水平的提高会提高人们对未来短期利率的预期。由于长期利率相当于预期的短期利率的平均数，因此短期利率水平的上升也会使长期利率上升，从而使短期利率与长期利率同方向变动。

预期假说有时又称纯预期假说（The Pure Expectations Hypothesis），最早由美国经济学家欧文·费歇尔（Irving Fisher）于 1896 年提出。当代，经济学家们还在不断完善预期假说理论。目前，预期假说已分化为不完全预期假说、完全预期假说、制度预期假说和误差修正预期假说等几个分支。

（二）流动性偏好假说

流动性偏好假说（The Liquidity Preference Hypothesis）又称流动性报酬假说或流动性补偿假说（The Liquidity Premium Hypothesis），其基本命题是：长期利率应等于现期短期利率和预期未来短期利率的均值再加上一个流动性补偿额。这种理论观点基本上同意利率期限结构的预期假说，但否认关于市场参加者对持有长期债券和连续持有短期债券没有任何主观偏好的假设。这种理论认为，短期债券的流动性较强，二级市场活跃，价格波动也较小，因此比长期债券的吸引力要大。这种情况下，长期债券的发行人要吸引投资人，就必须提供一个高于现行短期利率和预期未来短期利率的均值的收益率，用超过均值的那部分收益来弥补长期债券流动性不足的缺陷，补偿投资人因持有长期债券所承担的相应风险。换句话说，这一理论假定，大多数投资者偏好持有短期证券，为了吸引投资者持有期限较长的债券，必须向他们支付流动性补偿。例如，如果投资者希望持有期限为2年的债券，他也可以购买期限为3年的债券，在两年后将其卖出。但是，这种方式有着额外的风险，流动性补偿就是给投资者的风险补偿，否则他会购买期限较短的证券。流动性补偿随着到期时间的延长而增加。流动性补偿假说的暗含假定是，投资者是风险回避者，因而他只有在得到补偿后才会进行有风险的投资。

流动性偏好假说能够解释四种收益曲线。由于流动性补偿额总是一个正数，因此即使人们预期短期利率水平不变，收益曲线也是上升的，即正收益曲线。平收益曲线表示对短期利率的预期略有下降。负收益曲线则说明预期未来的短期利率将大大低于现行短期利率，以至不但抵消了流动性补偿额，而且导致收益曲线下降。

（三）市场分割假说

市场分割假说（Segmented Markets Hypothesis）的基本命题是：期限不同的证券市场是完全分离的或独立的，每一种证券的利率水平在各自的市场上，由对该证券的供给和需求所决定的：不受其他不同期限债券预期收益变动的影响。该假说隐含如下几个前提假定：

1. 投资者对不同期限的证券有较强的偏好，因此只关心他所偏好的那种期限的债券的预期收益水平。

2. 在期限相同的证券之间，投资者将根据预期收益水平的高低决定取舍，即投资者是理性的。

3. 理性的投资者对其投资组合的调整有一定的局限性，许多客观因素使这种调整滞后于预期收益水平的变动。

4. 期限不同的证券不是完全替代的。市场分割假说与前面两种理论假说有本质上的区别。

该理论假说认为，债券市场分割的原因主要在于，投资人选择投资期限不仅意在收益，而且具有其他一些更为重要的目的，其中最主要的是资产与负债的相互配套。例如，商业银行持有大量的活期和短期负债（支票账户、储蓄账户等），这些负债是要随时偿还的，因此，商业银行必须持有一笔能够随时以基本稳定的价格变现的高度流动性资产，以便与自己的流动性负债相配套。这样，商业银行在债券市场上相对而言只能更多选择短期债券来投资。换句话说，商业银行相对被封闭在短期债券市场上。相反，有些投资人（例如合同式储蓄机构）的负债是长期的和高度稳定的，因此，它们希望有相对长期而稳定的高收益资产与之相配套，而短期债券收益较低，且需经常购买而引起投资成本上升，这样，其投资就基本被封闭在长期债券市场上。此外，从资金需求方面来看，需要短期资金的筹资者发行短期债券，需要长期资金的筹资者发行长期债券，这些长短期债券的发行之间也不能互相替代。

按照市场分割假说的解释，收益曲线形式之所以不同，是由于对不同债券的供给和需求不同。收益曲线向上倾斜表明，对短期债券的需求相对高于对长期债券的需求，结果短期债券具有较高的价格和较低的利率水平，长期利率高于短期利率；收益曲线向下倾斜表明，对长期债券的需求相对高于对短期债券的需求，结果是长期债券价格较高而利率水平较低，短期利率高于长期利率。由于平均看来，大多数人通常宁愿持有短期债券而非长期债券，因而，收益曲线通常向上倾斜。

这种理论有些失之偏颇，问世后和者甚寡。大量事实证明，对期限具有"从一而终"偏好的投资者是较为少见的。金融市场上，利用长短期利率的变动而进行套利是大量的现象。现代资产负债管理理论与实践证明，即使资金来源主要以存款为主的商业银行，也可以将一部分资产投资于长期证券，而以长期资金为主要资金来源的人寿保险公司等也可以投资于短期证券，从而优化投资组合，在风险与收益间取得良好均衡。可见预期与流动性偏好对利率期限结构的影响是不能否认和忽视的。市场分割假说理论有待改进和完善。

事实上，以上三种解释利率期限结构的理论假说均有待完善。还可以从其他理论视角尝试解释利率的期限结构，经济学家们也一直在不懈地从事这方面探索，并有一些新假说、新模型问世。比较有代表性的理论模型主要有科克斯—英格索尔—罗斯模型（Cox - Ingersoll - Ross Model）和二项式或网状模型（Bino - mial or Lattice Models）。这两种模型都是较为复杂的定量化的利率期限结构模型。前者将利率期限结构视为一种随机过程，用一种一般均衡模型来描述；后者则是在网状模型中再引入二项式模型来求解。在对长期利率期权等长期利率相关证券定价时，这两种模型都很有用处。不过，这两种模型过于复杂，不便广泛使用。迄今，西方金融业许多从业人员在对利率相关证券定价时，仍然使用预期模型。

七、影响利率变动的因素

上述利率理论，分别强调了一些在利率决定中起重要作用的因素，但各有侧重，或多或少存在一定的局限性，尚不能完全概括现实生活中的利率决定因素。因此，要对利率的决定作出较为全面的说明，还有必要结合现实，对影响利率变动的实际因素作一个综合分析。影响利率变动的因素概括起来，主要有：利润的平均水平、借贷资金供求状况、经济运行周期、通胀率及通胀率预期、国际经济形势、国家经济政策和借贷风险等。

（一）利润的平均水平

既然利息是平均利润的一部分，利润本身就成为利息的最高界限。因此，利率总在平均利润率与零之间上下摆动。并且，利率主要是由平均利润率所调节的。从我国现实出发，这种调节作用可概括为，利率的总水平要适应大多数企业的负担能力。也就是说，利率的总水平不能太高，太高了大多数企业承受不了；同时，利率总水平也不能太低，太低了不能发挥利率的杠杆作用。

（二）借贷资金供求状况

借贷资金供求状况对市场利率的影响是最为直接最为显著的。在商品经济条件下，利率作为特殊商品—借贷资金（资本）的价格，其水平当然随资金供求状况的变动而变动。市场上借贷资金供应紧张，利率就会上升；反之利率则会下降。

我国过去信贷资金分配主要通过计划进行，资金供求对利率高低的影响很小，随着金融体制及整个经济体制改革的深化，资金供求状况对利率水平的影响已越来越大，这有利于对资金这一重要生产要素的合理配置。

（三）经济运行周期

在资本主义社会，经济运行呈现出明显的周期性；其典型表现是顺次经过危机、萧条、复苏和高涨四个阶段，形成一个完整的周期。

在危机阶段，生产过剩，商品滞销，物价暴跌，生产下降，工厂倒闭，工人失业，支付手段相当缺乏，对借贷资本的需求极其强烈，利率急剧上升达到最高限度。

在萧条阶段，物价已降至低谷，企业投资信心不足，工资成本也明显下降，此时对借贷资本的需求急剧下降，借贷资本供大于求，利率下降并跌至最低点。

在复苏阶段，工厂复工，投资扩大，就业增加，对借贷资本的需求开始增长，但此时资本供给仍很充裕，故此时利率不会有明显下降，但也不会出现大的回升，而是停留在低点或小幅度变动。

在高涨阶段，起初生产迅速发展，投资看旺，物价上涨，利润增加，对借贷资本需求增大，但由于信用周转灵活，资本回流加快，商业信用扩大，对借贷资本需求的增长会被这些因素抵消，因此利率还是维持在较低水平。但随着生产规模继续扩大，对借贷资本的需求继续增加，特别是信用投机出现，使借贷资本逐渐供不应求，利率从缓慢回升到较大幅度上升，甚至可能超过平均利润率水平。

在我国社会主义经济运行中也同样存在着波峰与波谷相继出现的周期性波动，同样对利率波动有很大影响。而且随着经济运行中波峰波谷的依次交替出现，利率水平也规律性地呈现出走高或走低的不同趋势。

（四）通货膨胀率及通货膨胀率预期

在通货膨胀时期，利率水平一般会相应提高。因为在通胀条件下，如果名义利率不提高，则实际利率必然下降，贷款人将遭受经济损失。显然，通胀率越高，名义利率也应越高。否则，若出现零利率（指实际利率），则利率的杠杆作用将消失；若出现负利率，则更会对经济生活产生消极作用。

同样道理，在资金借贷过程中，贷款人或债权人为了保证一定的实际利率，在确定名义利率水平时，往往还得考虑预期的通胀率因素，因而通胀率预期越高，名义利率也相应的越高。

（五）国际经济形势

就开放经济而言，国际经济形势对利率的影响主要体现在国际利率与汇率会影响资金流出入，从而引起国内利率的变动。如果国际利率水平较高，则资金流出，国内资金供给小于需求，迫使国内利率上升；反之，如果国际利率水平较低，则资金流入，国内资金供给大于需求，从而诱使国内利率随之下降。可见，国内利率有总是朝国际利率靠拢的趋势。从汇率的角度来看，汇率的变动也会影响利率的变化。例如，当外汇汇率上升，本币贬值时（如人民币与美元的汇率从 \$1 = ¥8.5 变化到 \$1 = ¥8.7），国内居民对外汇的需求就会下降，从而使本币相对充裕，国内利率便趋于稳定，并在稳定中下降；反之，当外汇汇率下跌，本币升值时（如人民币对美元的汇率从 \$1 = ¥8.7 变化到 \$1 = ¥8.3），国内居民对外汇的需求就会增加，本币供应处于紧张状态，从而迫使国内市场的利率上扬。

（六）国家经济政策

国家实行不同的经济政策，对利率水平会产生不同的影响。例如，实行紧缩的货币政策，会提高利率总水平；实行扩张的货币政策，则会降低利率总水平。又例如，国家根据产业政策和发展战略，对应优先发展的部门、地区和产品给予利率优惠等等。影响利率变动的因素还有许多，如借贷期限、借贷风险、利率管制以及税率、汇率等。任何一个时期的任何一项具体的利率，总是由各种因素综合决定的。

（七）借贷风险

资金从投放到收回总是需要一定的时间，在借贷资金运动过程中，由于各种不可测因素的出现，可能导致各种风险，如资金不能按期完全收回的违约风险，因物价上涨而使资金贬值的风险，或更有利的投资机会出现后，已贷放出去的资金收不回来时，贷款人承受机会成本损失的风险。

一般而言，风险越大，则利率要求越高。另外，经济的周期变动造成的风险变化也会影响利率水平，如在危机阶段，投资风险突然变大使利率大幅度上升。而在复苏阶段，投资风险开始减少，利率开始降低。

第五节 利率对经济的影响

利率是一个非常重要的经济变量，利率的变动是引起生产、投资、消费、储蓄的变动、物价水平波动、经济扩张或收缩的重要原因。利率对居民、企业、政府和世界市场这四个经济组成部分的经济行为起着间接或直接的决定性作用，并由此影响整个经济运行，具体表现在利率决定了企业的生产和投资规模，影响了居民的消费和储蓄行为，还会影响政府的筹资活动和国际经济活动。

而利率在经济生活中的作用，主要体现在利率的变动对储蓄及投资的影响上，而影响程度的大小取决于储蓄与投资的利率弹性。

1. 利率对投资的影响。凯恩斯认为利率对于投资的影响不是直接的，而是通过与资本边际效率的对比关系影响投资，假定利率上升的同时资本边际效率也上升，并且上升的幅度大于或等于利率上升的幅度，那么高利率就不会抑制投资。只有当利率高于资本边际效率，投资的盈利动机不能实现时，高利率才能阻止投资。这样单纯的利率变动并不能够直接引起投资量的增减。

2. 利率对储蓄的影响。凯恩斯认为利率的变动只是引起货币需求的变动，而不是影响储蓄水平的变动。在消费倾向不变的情况下，直接制约储蓄水平的是收入的大小而不是利率的高低。

3. 利率、投资与储蓄这三者之间的关系。凯恩斯认为在既定的收入水平下，消费倾向决定储蓄量的选择，利率的高低决定储蓄形式的选择，资本边际效率与利率的对比决定投资。而利率不可能单独起到自动调节储蓄与投资达到均衡的作用。

而利率的变动对经济运行的影响主要通过以下几条主要途径实现的。

一、利率—储蓄—经济运行

在市场经济条件下，资本短缺是制约一国经济发展的一个重要因素，发展中的变化及收入和消费支出的非同步性等原因，使得从全社会来看，总有一些资金盈余单位和一些资金赤字单位。利息的产生从很大程度上解决了这种两难的问题。对于资金盈余单位来讲，与其让资金白白闲置，不如通过暂时让渡资金的使用权而获得部分利息收入；对于资金短缺（赤字）单位来讲，与其白白丧失一个好的投资机会，不如通过支付利息获得需要的资金。

按照经济学的观点，居民的全部收入分为储蓄与消费两部分，一般来讲，利息率越高，消费的机会成本就越大，而储蓄所得的利息收入就越多。因此，居民就会推迟消费而增加储蓄，从而一方面当期消费减少，另一方面使社会积累资金规模增大。由于消费减少，会减少社会总需求，从而减少社会总产出。而储蓄的增加又会提高国民收入储蓄率，从而增加社会总产出。因此，利息率的提高在这种情况下究竟是促进经济增长，还是抑制经济增长，就要比较消费和储蓄二者的乘数效应。所谓乘数，就是国民收入变动量与引起这种变动量的自变量的比例。根据经济学的相关知识我们知道，消费的乘数为边际消费倾向（b）的倒数，储蓄的乘数为 $1/(l-b)$。因此，当储蓄的乘数效应大于消费的乘数效应时利率提高，储蓄增加所引起的社会总产出增加的部分大于消费减少所引起的社会总产出减少的部分，从而具有促进经济增长的作用；反之，在利率降低时，储蓄减少部分所引起的社会总产出减少的部分也要大于消费增加的部分所引起的社会总产出增加的部分，从而具有抑制经济增长的作用。需要特别指出的是，我们之所以只说当储蓄的乘数效应大于消费的乘数效应时，总的来看，提高利率具有促进经济增长的作用，降低利率具有抑制经济增长的作用，而不讲提高利率促进经济增长或降低利率阻碍经济增长，是因为利率的高低对投资需求、国际收支状况、政府购买等方面都具有不同程度的作用和影响，经济最终增长与否要看各种因素的综合作用结果。

如果一国经济中出现了一种普遍的超前消费倾向，或对某一种或几种商品的超前消费倾向时，提高利率以增加储蓄的作用就不大明显，而降低利率刺激消费的作用却十分明显。如我国由于取消了福利分房，个人贷款买房已成明显趋势的情况下，降低利率对于促进住房消费就具有积极作用。由以上分析可知，利率通过储蓄、消费对经济发挥作用的传递机制可描述为：

$$i\uparrow \rightarrow \begin{cases} C\downarrow \rightarrow AD\downarrow \rightarrow Y\downarrow \\ S\uparrow \rightarrow Y\uparrow \end{cases}$$

其中，i 表示利率，C 表示消费，S 表示储蓄，Y 表示总产出，AD 表示总需求。

二、利率—投资—经济运行

因为利率的高低直接影响投资的成本，所以一般来讲，降低利率意味着企业投资成本降低，从而会增加投资，促进经济增长；提高利率则意味着企业投资成本上升，从而会减少投资，抑制经济增长。但是在利率如何通过投资对经济发挥作用的传递机制方面，经济学家却存在着异议。根据托宾（J. Tobin）的 q 理论，q 为企业的市场价值除以企业的重置成本。若 $q>1$，即企业的市场价值大于企业的重置成本时，企业可发行股票，而且能在股票上得到一个比他们正在购买的设备和设施要高一些的价格。由于厂商可以发行较少股票而买到较多新的投资品，投资支出便会增加。

可是货币学派的经济学家却不这样认为，如布伦纳（K. Brunner）和梅尔泽（A. Melter）认为，现代经济由四个市场（当前的新产品市场、已有的资本货物市场、货币市场和证券市场）组成，并存在三种价格：现产品价格、资本货物价格、证券价格。当中央银行调低利率时，会使证券市场上证券价格上升，从而商业银行出售有价证券，致使商业银行超额储备增加。在这种情况下，商业银行开始增加贷款投放，而这会降低利率，并使真实资本价格上升，企业的利润增加。在追求利润最大化这一动机的驱使下，企业便会加大新产品开发力度，增加投资，从而扩大新产品市场，促进经济增长。

虽然各学派对利率如何通过投资对经济发挥作用的传递机制持有不同观点，但是有一点却是相同的，即通常情况下，降低利率会增加投资，从而有利于经济增长；提高利率会减少投资，从而不利于经济增长。在直接融资比重不断上升的今天，利率的高低仍是制约融资成本高低及投资成功与否的一项重要因素。在市场利率较高时发行债券的利率或股票价格就要比市场利率较低时发行债券的利率高或股票价格低。这无疑都会增加直接融资的成本而减少投资，一是在筹资额不变的条件下，总的利息费用支出增加；二是在总的费用支出不变的条件下，筹资额减少，使筹集资金的单位成本上升。同样，在间接融资条件下，利率也可以通过调节信贷规模和结构来影响投资规模和结构，并进一步影响经济的运行。由于贷款利息来自于企业的收益，因此，提高贷款利率必然使企业留利减少，使企业对投资的兴趣减小，贷款数量和投资规模随之收缩。当贷款利率提高到一定程度时，企业不但会减少新借款，甚至还要收缩现有生产规模，把资本从再生产过程中抽出，使生产资金转化为借贷资金，以获取较高的利息。反之，降低贷款利率，减少借款者的借款成本，增加其收益，资金需求者便会增加贷款和投资，扩大生产规模。因此，国家可以通过调整银行利率水平来调节信贷规模和投资规模。此外，国家可以运用利率调节信贷结构来直接影响产业结构的转变。因为货币资金是各个行业进行生产所必不可少的要素。所以，无论哪一个行业或企业，它有权支配的资金越多，其发展速度就会越快。由此可见，国家可以根据产业结构转变的需要，适时调整利率和信贷结构，对那些符合国民经济长远发展规划的产业或企业，可给予优惠利率贷款作为扶植、鼓励，对那些不符合国民经济长远发展规划的产业或企业，则不予贷款或给予高息贷款，以限制其发展。

三、利率—国际收支—经济运行

国际收支的严重不平衡，不管是巨额顺差，还是巨额逆差都可能给国家的经济带来不良影响。长期的巨额逆差会削弱一个国家对外国商品、劳务和技术等的购买力，因而会影响国内经济的发展，并使一国货币对外贬值。长期的巨额顺差除政治上面临较大的外交压力外，顺差国经济上还面临通货膨胀的威胁和部分本国资源被别国占用的既定事实。这都会对本国经济造成危害。通常，引起国际收支不平衡的原因来自实物经济方面和货币方面。若引起国际收支不平衡的原因来自货币方面，一国政府和中央银行就可以通过调节利率来平衡国际收支，从而消除国际收支不平衡所带来的不利影响。当发生严重逆差时，可以把本国短期利率调到高于其他国家或国际金融市场的利率水平，同时，降低长期利率，这样一方面能防止本国资金流向利率较高的国家，鼓励长期投资；另一方面还可以吸引外国的短期资本流入，从而减少或消除逆差。当发生严重的顺差时，则可以把本国的利率调低，以限制外国资本的流入，从而减少或消除国际收支顺差。

四、利率—物价—经济运行

1. 调节商品市场的需求与供给。在商品经济中，国民收入分配都是以货币形式进行的价值分配。这样，在分配后形成的有支付能力的社会需求与商品可供量在总量和结构上客观上存在着不相适应的可能性，从而存在着危及物价稳定的因素。国家运用利率杠杆则可以把待实现的一部分购买力以存款形式存到银行，从而推迟消费。同时，对于一些紧缺商品，银行也可以通过降低对生产这些产品的企业的贷款利率来促使企业增加投资，扩大生产规模，增加商品供应量，从而对稳定物价和实现供求平衡发挥重要作用。

2. 调节货币的供给与需求。在纸币流通条件下，当流通中的货币量大于商品流通所需要的货币量时，纸币就会贬值，物价就会上涨。因为利率的高低会影响贷款的需求，并进而影响信贷总规模，而信贷总规模又会决定货币供应量。所以，当流通中的货币量超过其需要时，调高贷款利率就会收缩信贷规模，减少货币供应量，促使物价稳定。

本章小结

在商品货币关系存在的条件下，信用是价值运动的一种特殊形式。信用形式就是信用关系和信用活动表现出来的具体形式。信用形式有四种：商业信用、银行信用、国家信用、消费信用等，在现代市场经济的运行中，信用起着不可替代的作用。

利息是伴随信用关系而产生的一个经济范畴，是指债权人通过放贷行为从债务人手中获得的报酬。在社会主义经济中，利息也发挥着一系列积极作用，主要包括：筹集资金用于社会主义再生产，促进企业节约资金，促进国民经济协调发展，调节货币流通，促进金融、银行业的改革与发展等。

利率是借贷期内所形成的利息额与所贷本金的比例。按不同的标准，利率可以划分出不同的种类。由此有名义利率与实际利率、固定利率与浮动利率、市场利率与官定利率、基准利率与非基准利率、一般利率与优惠利率、年率与月率及日率等各种利率类别。利率的计算又分单利和复利两种方法。单利计算法是仅按本金计息，所生利息不再加入本金重复计息的方法；复利计算法是在一定期限中，所生利息加入本金，逐期滚算，重复计息的方法。

利率决定理论包括古典利率理论、流动性偏好理论、可贷资金利率理论、IS—LM 分析框架的利率理论、马克思的利率决定论以及利率的期限结构理论。古典利率理论把利息看做是等待或延期消费的报酬，认为利率取决于储蓄和投资，且利率具有自动调节储蓄和投资的功能；流动性偏好利率理论把利息看成是在一定时间内放弃货币、牺牲流动性所得的报酬，因此利率纯粹是由货币供求所决定的货币现象；可贷资金利率理论从可贷资金的供求来分析利率的决定，也可以把利率看作是由债券的供求决定的；IS—LM 模型从货币市场和商品市场的均衡来分析利率的决定机理。马克思的利率决定论强调利率水平决定的内在基础是平均利润率。利率期限结构指债券的期限和收益率在某一既定时间存在的相互关系。解释利率期限结构或者说解释收益曲线的理论主要有：预期假说、流动性偏好假说、市场分割假说。

影响利率变动的因素很多，包括利润的平均水平、借贷资金供求状况、经济运行周期、通胀率及通胀率预期、国际经济形势、国家经济政策和借贷风险等。

同时利率的变动对经济的运行会产生明显的影响，而影响经济的途径主要有：储蓄、投资、国际收支和物价水平等。

关键词：信用　银行信用　利息　利率　市场利率　单利　基准利率　优惠利率　古典利率理论　流动性偏好利率理论　可贷资金理论　期限结构理论

思　考　题

1. 简述利息的概念及性质。
2. 商业信用与银行信用的区别是什么？
3. 如何理解名义利率与实际利率？

4. 如何理解基准利率与非基准利率？

5. 简述可贷资金理论。

6. 简述马克思的利率决定理论。

7. 利率变动受哪些重要因素的影响？

8. 简述利率期限结构的预期假说。

9. 某借款人从贷款人处借得 10000 元，利率为 5%，期限为 5 年，如果分别按照单利和复利，请计算借款人支付给贷款人的利息。

附 录

我国金融机构存贷款基准利率

金融机构人民币存款基准利率表——存款利率（2008－12－23）

种　类	年利率（%）
一、城乡居民及单位存款	
（一）活期	0.36
（二）定期	
1. 整存整取	
三个月	1.71
半年	1.98
一年	2.25
二年	2.79
三年	3.33
五年	3.60
2. 零存整取、整存零取、存本取息	
一年	1.71
三年	1.98
五年	2.25
3. 定活两便	按一年以内定期整存整取同档次利率打 6 折
二、协定存款	1.17
三、通知存款	
一天	0.81
七天	1.35

续表

金融机构人民币存款基准利率表——贷款利率（2008 - 12 - 23）	
种　　类	年利率（%）
一、短期贷款	
六个月（含）	4.86
一年（含）	5.31
二、中长期贷款	
一至三年（含）	5.40
三至五年（含）	5.76
五年以上	5.94
三、贴现	以再贴现利率为下限加点确定

注：本表为中国人民银行公布的金融机构人民币存款基准利率表，各商业银行具体执行的利率可能在允许的范围内进行适当调整。

第三章　现代金融体系

本章概要：在本章中，我们主要学习和掌握现代金融体系的基本内容。本章共分三节，第一节为现代金融体系概述，主要介绍现代金融体系构成，现代金融体系一般由金融机构体系、金融市场体系、金融调控与监管体系所构成；第二节为发达国家金融体系，主要介绍市场主导型的金融体系和银行主导型的金融体系；第三节为我国的金融体系，主要介绍我国的金融机构体系、我国的金融市场体系、我国的金融调控与监管体系。

第一节　现代金融体系概述

现代金融体系的构成包括：金融机构体系、金融市场体系、金融调控与监管体系。

一、金融机构体系

（一）金融机构的演进路径

金融机构是专门从事各种金融活动的组织，是金融活动的主体之一。金融机构最早是以银行形式出现的，早期银行是从货币经营转化过来的，正如马克思所说："货币经营业，即经营货币商品的商业，首先是从国际交易中发展起来的。自从各国有不同的铸币以来，在外国购买货物的商人，就得把本国铸币换成当地铸币和把当地铸币换成本国铸币；或把不同的铸币同作为世界货币的、未铸币的纯银或纯金相交换。由此产生了兑换业，它应被看成是近代货币经营业的自然基础之一。”① 在16世纪到17世纪中叶这段时间，早期银行主要从事的是与货币有关的技术性业务，办理金属货币的签订和兑换，保管货币，替客户支付款项。银行不从事存款贷款业务，以货币性业务为主，信用业务不发达，不发挥信用中介和信用创造功能，主要行使支付中介功能。这一时期银行经营特点决定了银行在经济发展中处在适应性地位，银行存在的意义在于适应商品交换和流通的需要，为公众提供便利的货币支付与清算机制，对经济发展所起的是积极的“适应性”作用。

17世纪中叶以后至20世纪这段时间，资本主义经济发展对银行提出了更高的要求，早期银行满足不了资本主义经济发展的需要，为适应和促进资本主义经济发展，通过早期高利贷性质银行的转变和遵循新的资本主义原则设立这两种途径建立了资本主义性质的银行。

1694年，英国政府支持创办了英国第一家大规模的股份银行——英格兰银行，英格兰银行的建立，标志着银行性质发生了转变。中期银行将保管业务转化为存款业务，并发放贷款，贷款利率下降，实行部分准备制，能够发行银行券来代替金属货币流通，业务不再单纯地服务于货币流通，将货币性业务与信用性业务有机地统一起来，具有了信用中介和信用创造功能。这一时期银行数量在增加，各家银行能根据自己的需要发行银行券。分散发行银行券带来了许多问题，加上银行规模扩大产生的管理问题，彼此债权债务清偿问题，危机应急处理问题等等，这些客观因素促使了中央银行的成立。中央银行是金融机构的另一种表现形式，中央银行在融资活动中的贡献在于宏观调控和稳定金融秩序，为融资活动顺利开展提供了保障机制。之后，一些非银行金融机构相继出现，金融机构形成了一个完整的体系。

中期金融机构对经济发展的作用从“适应性”转为“主动性”，金融机构对经济发展的积极作用表现为：能够将不同金额不同期限的闲散资金集中起来，变闲散资金为生产资金，将储蓄转化为投资，满足不同的资金需求，为经济发展提供资金支持；通过参与股票发行与流通市场的建立，代理股票发行与转让，促进了以股份合同为主要组织形式的现代企业制度的建立，企业能够突破自有资金限制，寻求权益性外源融资途径，从而改善企业融资结构；由于健全金融机构体系和完善转账结算支付系统的存在，银行能够创造信用，通过创造信用提供大量“廉价货币”，增加货币供给，在已积累的社

① 《马克思恩格斯全集》第25卷，人民出版社1975年版，第354—355页。

会资金之外提供了一个新的资金增量，推动经济走向繁荣。

进入20世纪以来，货币制度的演进，金融创新的层出不穷，使得金融机构业务领域扩大，金融工具越来越丰富、灵活，新的金融机构不断涌现，这些促使金融机构在经济发展中的作用由“主导性”转向“先导性”。从货币制度演进看，20世纪30年代的经济大危机，沉重打击了资本主义的经济制度，也导致了金本位制的崩溃，金本位制的崩溃，意味着实物货币流通时代的结束，信用货币流通时代的开始。信用货币制度的出现是货币制度发展史中的一次重大进步，也奠定了金融机构的“先导性”地位。银行金融机构能够突破金属货币币种的限制，创造信用货币，利用创造的货币扩大放款和投资，信用货币成为引导经济增长的主要动力。在金融市场上，金融机构为资金供求双方牵线搭桥，充当信用中介，成为间接融资的主导者，通过提供代理发行、承销、转让、清算交割等服务，金融机构成为直接融资的传导者。金融机构是融资活动中不可或缺的重要部分，直接参与资源配置过程，渗透到社会经济的方方面面。在宏观调控时，中央银行运用三大货币政策工具，是以非央行金融机构为调控对象，依靠金融机构的配合，通过金融机构行为的传导来实现货币政策实施目标。从金融创新看，20世纪30年代，各国政府为了本国经济免遭金融动荡带来的打击，维持金融稳定，纷纷出台措施加强对金融机构的管制，金融机构业务受到限制，许多金融机构的生存和发展出现困境。20世纪70年代，这种影响更加明显，为了寻求既不违规，又能发展的两全之路，许多金融机构推出新的业务，诱发了金融创新。电子计算技术在金融领域的广泛使用，为金融创新提供了技术支持。金融创新在金融领域全面展开，包括：新的市场、新的工具、新的技术和新的机构。金融创新使金融机构的“先导性”作用进一步凸显。

（二）金融机构的功能

金融机构的功能随着金融机构的发展而不断完善，其基本功能表现在以下几方面：

1. 信用中介。即金融机构一方面以存款的形式广泛动员和吸收社会闲散资金，接受信用，另一方面以贷款的方式将资金运用出去，提供信用，成为贷者与借者的集中，从而克服了直接信用在时间、空间、需求、规模等方面的种种限制，有利于促进资源的合理配置。

2. 信用创造。是存款金融机构所具有的创造存款货币从而扩张市场信用的能力。因为只有存款金融机构可以接受活期存款，并据以签发支票。在实行部分准备制和非现金结算制两大基本前提条件下，置于完善的金融体系中，存款金融机构能够在吸收原始存款基础上派生出新的存款货币，创造新的信用。

3. 支付中介。金融机构为客户提供货币兑换、货币结算、货币收付等技术性业务，成为社会总会计、总出纳，发挥着社会公共簿记的作用，能同时反映企业单位的微观资金活动和国民经济发展的宏观经济活动，对社会经济活动实行统计监督。金融机构充当支付中介，以转账方式进行交易结算，节省了大量的人力、物力，加速了资金周转。

4. 资产转换中介。金融机构充当资产转换中介，一是实现了期限的转换；二是实现了规模的转换。金融机构集中短期资金贷出长期资金，或是吸收不同期限的资金进行不同期限转换，满足了资金供求双方不同期限的交易需求，便利了资金灵活运动，也化解了资金被锁定的风险。金融机构在规模转换中，通过吸收小额闲置资金，发放大额贷款，或通过集中大额资金来发放小额贷款，使不同规模的交易需求得到满足。

5. 信息中介。金融机构作为信息生产专家，为融资活动中的资金供求双方提供信息中介服务。通过收集加工大量的信息，组织经济、金融、会计、审计、法律等各方面专家进行交易的谈判，合约的撰写、合约的监管，以规模效益、专业化和分工来降低信息加工和合约的成本。

6. 风险中介。金融机构提供风险中介服务，为投资者和融资者降低了投资和融资的风险。首先，通过多样化为投资者降低了风险，索尼克（Solnic）在《风险的国际定价》中指出，若一项投资达到了20种股票的充分多样化组合时，那么该组合的总风险将会减少70%。投资组合多样化有助于化解投资风险。其次，多样化同样为融资者降低了风险。金融机构利用信息生产的优势，向融资者提供有关资金供求状况，融资成本等信息，为融资者寻求合理融资方式出谋划策，承销证券也有助于降低融资者的风险。

（三）金融机构的类型

金融机构体系是各种金融机构的有机结合。在金融机构体系中，往往可以从不同角度对金融机构进行分类。比较常见的有：

1. 根据金融机构的业务性质，将金融机构划分为银行和非银行金融机构。这是最常见的一种分类。银行是经营货币和信用业务的金融机构，银行的种类多样。按银行的职能分，有中央银行、商业银行、政策性银行和专业银行；按出资形式分，有独资银行、合资银行和股份制银行；按资本所有权分，有国家银行、私营银行和公私合营银行；按区域分，有全国性银行和地方性银行。在现代金融体系中，中央银行处在特殊的领导地位，具有对全国金融业、金融活动进行宏观调控的特殊功能。各种类的银行包括商业银行和各类专业银行是金融体系的基础，在整个社会的资金融通中充当中介。非银行金融机构主要为保险公司、信托投资公司、信用合作组织、证券公司、投资银行等。其任务主要是为筹资者和投资者进行联系、牵线搭桥。各类金融机构的相互依存、相互竞争、相互作用和影响促进了金融机构体系的形成和发展。

2. 根据金融机构主要资金来源，将金融机构划分为存款型金融机构、契约型金融机构和投资型金融机构。存款型金融机构是以吸收存款为主要资金来源，主要通过发放贷款运用资金的金融机构。契约型金融机构是通过长期契约方式按期获得资金，并将所获得资金投入资本市场的金融机构。投资型金融机构是通过发行股票、债券等有价证券筹资，并将资金用于贷款或购买证券的金融机构。

二、金融市场体系

（一）金融市场的构成

金融市场是进行资金融通或资金借贷的场所。金融市场体系涉及不同方式的分类。如按金融工具的期限分为货币市场和资本市场，按交易层次分为发行市场和流通市场，按金融资产形式分为同业拆借市场、债券市场、股票市场、外汇市场、黄金市场等。货币市场是融资期限在 1 年以内的金融市场。货币市场的存在，有其独特的意义：一是为中央银行运用货币政策工具实施货币政策，进行宏观金融调控提供了场所，中央银行调控金融的三大传统工具：公开市场业务、再贴现政策、法定存款准备金率政策都是在货币市场上实施的，货币市场在货币政策传导中处在核心地位；二是为政府、企业、金融机构、个人进行临时性的资金余缺调剂提供了场所，一定时期内，政府、企业、金融机构、个人的收入和支出不一致时，可以通过货币市场为短期盈余资金提供增值渠道，以及解决短期资金困难。货币市场主要包括：票据市场、短期借贷市场、同业拆借市场、CD_S 市场、国库券市场、回购协议市场。资本市场是指融资期限在 1 年以上的金融市场，又称长期资金市场。资本市场存在的意义：一是为政府筹集长期资金，为中央银行调控金融提供重要手段；二是为储蓄向投资间接转化创造条件，居民、企业可以在资本市场通过购买股票、国债、企业债券等有价证券，实现储蓄向投资的转化；三是调节资金供求、引导资金流向，投资者在资本市场上总是选择那些收益丰厚又兼备流动性和安全性的证券，客观上将资金引导到投资效益好的企业或部门，提高资金使用效率；四是有利于优化企业资本结构，资本市场拓宽了企业融资渠道，为企业提供了更多的融资方式选择，尤其是股票融资能改善企业融资结构，优化企业资本结构。资本市场包括长期信贷市场和证券市场，证券市场又可分为股票市场和债券市场。我国资本市场一般指由股票市场、债券市场构成的证券市场。

货币市场和资本市场的划分只是根据交易期限来确定的，这两个市场并不是割裂的，而是相互联系、相辅相成的。第一，有共同的市场参与者。货币市场参与者主要是企业、个人、金融机构、政府和中央银行，资本市场的参与者有企业、个人、金融机构和政府，只有中央银行比较特殊，中央银行不参与股票市场交易活动，当中央银行发行中央银行票据时成为债券市场的参与者。第二，资金互相流动。“许多资金供应者和资金需求者利用这两个市场，当他们自己的境遇和金融情况发生变化时，他们在货币或资本市场的活动程度也会及时转变”，于是“资金常常从这类市场‘滚流’到另一类市场。”① 第三，利率变动趋同。由于两个市场资金互相流动，当资本市场资金供不应求时，资本市场利率上升，如果货币市场资金在利率信号作用下流向资本市场，此时，货币市场可能也出现资金供不应求，货币市场利率上升。

理解金融市场需要明确：第一，金融市场是特殊的市场。金融市场中的金融商品包括货币、票据和各种有价证券。第二，金融市场是信用交易的市场。金融市场上的交易是以信用为基础的，资金供应者将资金融出换回金融证券，但金融证券本身无价值，只是一种还本付息的承诺，所以资金供应者让渡资金时并没有同时收回等价的价值物，只是收回一种债权证明，由此，在资金供应者和资金需求者之间形成了一种债权债务关系，即信用关系，故金融市场上的交易是信用交易。第三，金融市场可以是有形的或无形的市场。第四，金融市场应是公平的市场。

① S. 克里·库珀，唐纳德·R. 弗雷泽：《金融市场》，中国金融出版社 1987 年版，第 262 页。

金融市场是一个由多种要素构成的有机统一体，其基本要素有：一是市场参与者，如包括个人、企业、政府机构、金融机构和中央银行；二是金融工具，金融工具一般具有期限性、流动性、风险性和收益性的性质；三是交易组织方式，主要有交易所方式、柜台方式和中介方式。

（二）金融市场的功能①

1. 金融市场的微观经济功能。

（1）创造和分配金融资产。金融市场的参与者有政府、企业、金融机构和个人，参与者目的各异，各参与方能够根据发行者和投资者的需要设计出各种不同的金融工具，在金融机构的作用下，将这些金融工具发售给不同的投资者，从而在资金的供给方与需求方之间建立起资金传递的机制。金融资产的价格在金融市场上由买卖双方根据资金借贷的利率、期限及金额等条件进行公开竞争形成，这一价格发现机制使金融市场的资产创造和分配得以顺利进行。

（2）实现金融资产的流动性。由于金融市场为投资者提供了卖出金融资产的机制，使得投资者能在很短的时间以较小的代价出售所持金融资产，提前套现其资金。正因为如此，投资者有热情用资金购买有价证券等金融工具。发行者才能通过发行有价证券等筹集所需资金。否则，金融市场的融资功能会弱化。

（3）提供金融资产交易的便利。金融市场集中了买者和卖者，资金供求双方聚集在一起，减少了信息收集的费用，便于降低交易成本，多样化的金融工具也满足了不同参与者的交易需求。

2. 金融市场的宏观经济功能。

（1）聚敛功能。金融市场发挥着“蓄水池”的作用，有不同期限、收益和风险要求的资金供求双方，借助于各种各样的金融工具，为资金供应者提供合适的投资手段，为资金需求者提供合适的筹资手段，引导众多分散的小额资金汇集成可以投入社会再生产的大规模资金。

（2）配置功能。金融市场的配置功能表现为：一是资源的配置，金融工具价格的波动反映了不同部门收益率的差异，金融工具的流动促使资源从低效部门转移到高效部门，实现稀缺资源的合理配置和有效利用；二是财富的再分配，在经济金融化的社会，金融资产成为社会财富的重要存在形式，

① 张亦春：《现代金融市场学》，中国金融出版社 2002 年版，第 7—9 页。

金融资产价格的波动，改变了社会财富的存量分布，实现了社会财富的再分配；三是风险的再分配，金融资产的定价反映了风险与收益的动态均衡，金融市场的参与者根据自己对风险的态度选择不同的金融工具，通过金融工具的流动来实现风险的再分配。

（3）调控功能。金融市场是中央银行实施货币政策的场所，三大货币政策的运用都必须以金融市场为基础。金融市场上金融工具的发行和买卖，其实质是资金重新配置和组合，促使发行企业加强管理、更新经营观念，保持持续良好的发展势头，提高在金融市场继续筹资的能力，也促使投资者在收益与风险的权衡中合理选择投资对象，这些都使资金得以优化配置，实现经济的宏观调节。

（4）反映功能。金融市场往往被称为国民经济的“晴雨表”，这就是金融市场反映功能的体现。中央银行货币政策的实施方向反映着经济政策的要求，货币供应量的变化反映着宏观经济运行的状况。国债规模反映着国家信用状况，政府利用债务资金调整经济结构的要求。股票规模反映了资本市场的发展，反映对现代企业制度发展的支持。

三、金融调控与监管体系

金融调控是指国家通过制定货币政策，利用货币政策工具来影响现实的宏观经济运行，以实现一定时期的经济目标的活动。金融调控体系通常由金融调控主体、金融调控实体和一系列金融法律、法规构成。

一般而言，金融调控的主体是一国的中央银行，中央银行是由国家授权制定并执行货币政策的最高金融管理机构。货币政策是金融调控的实体，它包括货币政策目标、货币政策工具和中介目标等基本内容。

金融调控借助于货币政策的制定和执行以影响国民经济的宏观运行，具有以下两方面的功能：一是促进供求均衡。总供给是一定时期内社会生产资源所能提供的商品与劳务的总和；总需求是一定时期内社会对商品与劳务的需求总和。总需求实际是指社会总的有效需求，由一定时期的货币供给总量所形成。因此，社会总供给与总需求之间的均衡，就是商品市场、劳务市场与货币市场的总体均衡，中央银行通过对货币供给总量即社会总需求的调整，影响社会总供给，从而促使社会总供给与总需求均衡。二是确保经济稳定。中央银行通过操纵货币供应量和影响信贷规模以及利率、汇率水平来调节整个社会经济活动，以维持经济的稳定。

金融监管体系包括金融法律、法规体系和金融监管机构体系。金融监管指国家依据有关金融的法律、法规，通过金融监管机构以及金融自律机构监管来达到保障、督促资金融通健康有序进行的目的。当今世界各国均通过设立各种监管机构，如金融管理局、货币管理局、证券交易监督委员会等来履行金融监管职能。我国目前除中央银行执行货币监管职能外，还设立了中国证券监督管理委员会和中国保险监督管理委员会，以及中国银行业监督管理委员会，分别监管证券市场和证券业，保险市场和保险业以及银行业的健康、稳定地运行。

第二节　发达国家金融体系

为适应高度发达的市场经济体制的要求，发达国家普遍建立了规模庞大、分工细致的金融体系。由于各国经济背景和发展过程不同，每个国家的金融体系具体设置形式不尽相同。金融体系在资源配置过程中发挥着极其重要的作用，在资源配置中，有些国家的金融市场所起作用超过银行，有些国家的银行则在资源配置中作用更重要。据此，往往又将金融体系分为两大类型：市场主导型的金融体系和银行主导型的金融体系。但就金融体系的组成来看，一般包括以下几类：金融机构体系、金融市场体系和金融调控体系。

一、市场主导型的金融体系

美国、英国是比较典型的市场主导型金融体系，在这两个国家，金融市场在资源配置中起着重要作用。

（一）美国的金融体系

美国是当今西方世界最发达的资本主义国家，经济、金融实力雄厚，其金融体系也最为发达，并极具典型。

1. 美国的金融机构体系。美国的金融机构体系是以中央银行——联邦储备体系为核心，以商业银行为主体，以私人和政府专业性信贷机构与其他各类非银行金融机构为两翼，再加上在美国的外国银行机构，形成了一个庞大复杂的金融机构体系。

（1）中央银行体系。美国的中央银行体系结构独特，它以联邦储备委员会为最高决策和领导机构，以联邦储备银行、联邦公开市场委员会和联邦咨询委员会为实体形成中央银行体系，发挥美国金融机构的核心作用。

联邦储备委员会。是美国联邦储备体系的最高决策和领导机构，是对国会负责而与政府平行的具有部分立法权和部分行政权的独立机构。委员会由7名理事组成，理事经参议院同意后由总统任命。主要职权有：发布规章，解释和实施关于联邦储备银行业务的法律；在每个联邦储备银行中任命9位董事中的3位董事，包括正、副总裁；监督各个联邦储备银行与外国银行相互间关系；批准或者指令联邦储备银行之间的期票再贴现，并规定再贴现率；规定由联邦银行贴现证券的种类；指导联邦银行对各银行的检查和监督方面的活动；协调联邦储备银行体系的经济调研和宣传工作；制定银行持股公司法的实施办法，监督银行的非银行金融业务活动；管理"地区结算基金"，该基金由各储备银行提供，并成立华盛顿联邦票据交换所，每天根据各储备银行的报告为其转账结算；向国会提交年度报告，通过各种刊物及时发表详尽的统计资料和联邦储备体系的活动情况。

联邦储备银行。根据联邦储备法，全美国划分为12个联邦储备地区，每1地区指定1个中心城市，并在该市设立1家联邦储备银行。12个联邦储备银行可以在本区内设立自己的分行，目前全国共有25个分行。各储备银行的股份由认购各储备银行股份的各该区的会员银行集体所有。各储备银行的职权是：贷款；对会员银行的票据进行贴现；充当会员银行和非会员银行的票据交换所；发行联邦储备券；有权作为美国国库代理人和保管人；执行发行或收回美国政府债券的一系列重要职能。

联邦公开市场委员会。公开市场委员会的组成情况是：联邦储备委员会7人，联邦储备银行总裁5位。基本职责是：讨论和决定公开市场政策，指导公开市场业务的进行。

联邦咨询委员会。联邦咨询委员会是根据《联邦储备条例》规定设立的。联邦咨询委员会由全国12家联邦储备银行各推选1名代表组成，主要职责在于：协助推行与统一各项政策，并将金融界的意见转达储备委员会。

（2）商业银行。美国商业银行按管理体制划分，可分为在联邦政府注册的国民银行和在州政府注册的州银行两种。这也就是美国独特的"双线银行制度"。

国民银行。国民银行是根据美国1863年国民银行法建立，由财政部通货总监登记注册的。国民银行大多是规模较大的商业银行，如第一国民银行、美洲银行等。国民银行开业的最低资本规定为：居民人数不超过6000人的城市5万美元；居民人数在6000到5万人之间的城市10万美元；居民人数超过5万人的城市20万美元。国民银行的准备金规定为：对乡镇银行合法货币与存款负债的最低标准为15%，并允许城镇银行的存款准备3/5存于准备市银行；对于准备市银行，须保持等于其未收回流通券及存款负债25%的准备金，其中一半存于纽约国民银行。为提高安全及变现能力，对放款规定有种种限制：禁止从事不动产抵押的放款，且贷给借款人的金额不得超过其资本额的10%，贷款利息不可超过7%。

州银行。美国州银行是根据各州的法律建立的，在所属各州登记注册，领取营业执照。州银行比国民银行建立得更早，早在1782年建立的美国第一家商业银行——北美银行，就是州银行。在联邦政府制定银行法以前，大多数州已制定了本州的银行法。州银行可自行决定是否成为联邦储备银行的会员银行及是否参加存款保险。州银行在资本的规定、准备金的规定和放款形态的限制等方面较国民银行宽大，经营也相对自由。

投资银行。投资银行是美国除商业银行以外、有重要影响的专业性银行机构。投资银行的业务十分广泛，包括：代理发行证券，可以协助国内外公司企业在国内或国际资本市场上以较有利的条件代理发行股票、债券、商业票据、银行存单和其他各种证券；经销证券；承做经纪人；提供咨询服务；其他各有侧重的业务。例如，美国最大的投资银行梅里尔—林奇公司主要从事促进进出口贸易筹资、组织交通工程并为其筹资、为政府和公司在国际市场筹资等。

私人储蓄银行。私人储蓄银行一般单位机构的资金力量较小，多以互助合作为主要形式，经营活动受一定限制。美国的私人储蓄银行可以分为互助储蓄银行、储蓄贷款社和信用协会三种。互助储蓄银行——互助储蓄银行于1816年在费城、波士顿和纽约建立，以后迅速发展，资金来源靠吸引中小额储蓄存款，后来允许其跨州办理不动产抵押放款并允许从事对公司债券投资业务。储蓄贷款社——该机构80%的资金来源是储蓄存款，其次是从联邦住房贷款银行系统取得的抵押借款；业务主要是办理建房购房贷款，对个人提供分期付款的消费贷款和不动产抵押放款以及对个人提供支票账户的服务等。信用协会——该会是一种互助合作性质的储蓄机构，会员包括社会各阶层人士，都是基于某种共同联系而结合的，如同属一个教会、工会，同住一个居民区等。信用协会会员认购股金，并交少量会费，有权参加储蓄并有权从该会取得小额低利贷款。信用协会对会员的贷款主要是消费信贷，一般都规定贷款最高限额和最长偿还期。

（3）专业性银行。为了加强国家对经济生活的调节和控制，进行定向性的信贷活动或管理，美国陆续建立了一些联邦级的专业性银行机构，主要有：联邦农业信贷机构——全美划分为12个农业信贷区，每区分别设立一家联邦土地银行、一家联邦中期信贷银行和一家合作银行。联邦土地银行主要向农场主发放抵押贷款。联邦中期信贷银行主要业务有：为商业银行和其他金融机构所持有的农业生产者的短期和中期票据办理贴现；对生产信贷协会提供贴现便利；解决农业上季节性需求以及为与农业有关的业务提供流动资金。合作银行——合作银行主要是对农业合作机构提供用于帮助开展农产品推销、供应以及季节性需求的贷款，同时提供咨询服务。美国进出口银行——该行于1934年建立，宗旨是："为美国与外国的进出口贸易和商品交换提供资金和便利"，对购买美国工业品提供贷款，并向国内金融机构和国内出口商提供担保。联邦住宅信贷机构。这是政府为住宅建设提供贷款的机构，主要有4家：1934年成立的"联邦住宅行政管理处"；1938年成立的"联邦国民抵押信贷协会"；1944年成立的"残废军人行政事务管理处"及"联邦抵押信贷银行"等。联邦存款保险机构——联邦存款保险机构是20世纪30年代大危机以后陆续建立的，主要有：美国联邦存款保险公司、联邦储蓄贷款保险公司和全国信用管理处，这些保险机构分别负责商业银行、储蓄银行、储蓄贷款社和信用协会的存款保险。

（4）非银行金融机构。人寿保险公司——人寿保险公司是美国除商业银行以外的最大的金融机构，主要出售两种形式的人寿保险单：一种是定期保险单，只具有纯粹保险的性质，不具有储蓄的性质；另一种是储蓄保险相结合的保单，投保人在必要时可以凭保单向保险公司取得借款或提取现款。人寿保险公司的资金主要投资于债券和房地产抵押贷款。

火灾和伤害保险公司——该公司对各种灾害造成的财产损失，以及由于被保险人对第三者的财产损害而引起的义务提供保险。非人寿保险公司的资产要求具有较大的流动性，因此该公司的资金主要用于购买流动性、变动性很强的联邦政府债券。

养老基金——这是一种向参加养老金计划者以年金形式提供退休收入的金融机构。提供退休年金的资金主要来自：劳资双方的积聚，即雇主的缴款以及雇员工资中的扣除或雇员自愿交纳的款项；运用积聚资金的收益，如投资于公司债券、股票及政府债券的收益等。

2. 美国的金融市场体系。美国金融市场体系的建立，是在第二次世界大战以后，随着美国经济实力的增加，联邦储备系统的建立，金融市场得以迅速发展，金融市场体系日趋完善。市场体系包括；货币市场、证券市场、外汇市场、商品期货与金融期货市场、股票与外汇期权市场以及保险市场等。

（1）货币市场。美国的货币市场是由许多相互交织的市场构成。具体有：联储资金市场（同业拆借市场）、大额可转让存单市场、银行承兑汇票市场、国库券市场、联邦创办机构证券市场、短期商业债券市场和市政债券市场。美国货币市场概况见表 3－1。

表 3－1　　美国货币市场概况

货币市场工具	主要期限	主要发行人	二级市场状况
联储资金	基本上为营业日	银行	无
大额可转让存单	1、2、3、6 个月	银行	活跃
银行承兑汇票	90 天	金融及工商企业	活跃
国库券	3—12 个月	美国联邦政府	非常活跃
回购协议	1 天、1 周、3—6 个月	银行 证券交易公司 其他证券持有人	无
联邦机构证券 其中： 贴现证券 息票证券	 30—360 天 6—9 个月	联邦创办机构 农业信贷系统 联邦住房信贷银行 联邦国民抵押协会	有限 活跃
短期商业债券	30—270 天	金融及工商企业	有限
市政债券	30 天—1 年	州及地方政府	大笔交易 中等活跃

（2）证券市场。美国证券市场包括发行市场和交易市场。证券发行市场是政府及企业通过中介机构将其证券发售给投资者，以筹集所需中长期资金的市场。发行的有价证券主要有：各级政府发行的中、长期公债券，企业股票和债券，消费者分期付款债券等。证券交易市场主要任务在于提供场所、设备和人员，促进和方便证券的次级交易。美国证券交易市场大

致可以分为四个部分：以纽约证券交易所及其他证券交易所构成的交易所市场；以未在交易所上市证券为主要对象的店头市场；在店头市场中团体投资人对上市证券进行交易的第三市场；大额投资者直接进行证券交易的第四市场。

（3）外汇市场。纽约外汇市场是第二次世界大战以后发展起来的国际性外汇市场。由于美元多年来在国际货币体系中的地位，加上美国不实行外汇管制等有利因素的存在，使纽约外汇市场发展成为当今全球最活跃的外汇交易中心。纽约外汇市场的主要参与者有：联邦储备系统成员银行 29 家，非成员银行 23 家，一些外国银行设在纽约的分行和几家外汇经纪人。外汇市场采取柜台方式交易，无固定、集中场所，交易全部实行电子计算机化，其电脑系统和监视系统覆盖了外汇交易的全部程序。

（4）商品期货与金融期货市场。商品期货市场是一种特殊的金融市场。商品期货市场中的期货合同，根据所代表的商品种类的不同划分为三类期货：软商品期货、硬商品期货和金融商品期货（软商品指农畜产品、硬商品指各种金属、金融商品指各种金融工具）。美国的商品期货市场交易种类繁多，主要的期货交易所有：芝加哥谷物交易所、芝加哥商业交易所、纽约生产交易所、纽约期货交易所等。美国的金融期货首创于芝加哥商业交易所，以后金融期货的种类迅速增加。主要业务、种类有：外币期货、90 天国库券期货、长期政府债券期货、30 天期银行承兑汇票期货、大额可转让存单和欧洲美元期货、股票价格指数期货等（见表 3－2）。

表 3－2　　　　美国的机构与市场

银行系统：商业银行储蓄信贷机构	提供针对企业的短期贷款、住房抵押贷款、农业贷款、针对其他金融机构的贷款。《格拉斯—斯蒂格尔法案》禁止商业银行从事投资银行业务，但此禁令近年来已经放松。 传统上提供抵押贷款和其他消费信贷。大多采取互助结构，存款者就是所有者。
养老基金：公共个人	覆盖所有劳动者。养老金与平均收入挂钩。替代率低。 主要指基于最终平均工资的确定受益型（defined benefit）。一般没有指数化条款（5% 的个人养老基金）；自行增值比较普遍。确定缴费型（defined contribution）日益重要。
保险	寿险公司提供具有保险性质的、享受税收优惠的储蓄工具。财产和意外保险公司主要提供保险服务，资产投资作为副产品。许多保险公司采取互助结构。

续表

金融市场：股票市场	存在三家主要交易所：纽约证券交易所、美国证券交易所和纳斯达克证券交易所。一直是企业通过发行上市（IPO）进行融资的主要渠道。
债券市场	联邦政府、州政府和地方政府以及企业进行融资的重要渠道。
衍生产品市场	商品期货市场始创于19世纪晚期。金融期权和期货市场创建于20世纪70年代早期，流动性很强。掉期和其他衍生产品的柜台交易市场交易量很大。

资料来源：转自富兰克林·艾伦、道格拉斯·盖尔著，王晋斌等译：《比较金融系统》，中国人民大学出版社2002年版，第41页。

3. 美国的金融调控体系。美国的金融调控体系由美国联邦储备系统和美国证券交易委员会的调控，以及一系列金融法律所构成。

美国联邦储备体系于1913年建立。具有的基本职能是：发行的银行、银行的银行、国家的银行。主要的职能是执行货币政策。美联储调控经济主要运用的手段是：公开市场业务，这是美联储执行货币政策的主要手段；贴现政策，一般每个联邦储备银行董事会至少每周要开一次会，根据公开市场委员会掌握的情况和经济专家分析的当前经济情况，决定贴现率，由联邦储备委员会审查规定，以便各联邦储备银行的贴现率大致相同；存款准备金制度，为了使商业银行持有足够的流动资金以保证其偿付能力，联邦储备银行建立了全面的准备金制度，包括非会员银行也须缴纳存款准备金。

美国的金融法规较为健全，主要有：1913年通过的《美国联邦储备法案》，该法案的制定是为了建立联邦储备银行，提供一种具有弹性的货币，能为商业票据提供一项再贴现的手段，可在美国建立对银行更有效的监督等。1982年10月15日国会批准的《美国1982年97—320号公法》，该法对贷款限额、民事性货币处罚、往来账户等作了相应规定。1980年国会通过《存款机构放松管制和货币控制法》，该法对储备要求、储备形式、服务标价、存款机构放松管制等作出体系相应规定。另外，还出台了《证券法》、《纽约证券交易所章程》等（见表3-3）。

（二）英国的金融体系

英国是世界各国中资本主义经济发展最早的国家，在世界经济、金融史上都占有重要的地位。英国的金融业有600多年的历史，最早形成了较为健全、完善的金融体系。

1. 金融机构体系。英国的金融机构体系是以中央银行为核心的典型的资本主义金融机构体系。在该体系中，中央银行处于主导地位，以商业银行为基础，并包括其他金融机构和大量云集英国的外国银行。

表 3－3　　美国金融体系中主要的监管机构

管理机构	管理对象	管理性质
证券交易委员会（SEC）	有组织的交易所和金融市场	要求公开信息，限制“内部”交易
商品期货交易委员会（CFTC）	期货市场	监管期货市场交易过程
通货监理官办公室	在联邦政府注册的商业银行	对在联邦注册的商业银行注册登记并检查账簿，对它们持有资产的范围作出限制规定
全国信用社管理局（NCUA）	在联邦注册的信用社	对在联邦注册的信用社注册登记并检查账簿，对它们持有资产的范围作出限制规定
州银行和保险委员会	州注册的存款机构	对州注册的银行和保险公司注册登记并检查账簿，对它们持有资产的范围作出限制规定；对设立分支机构作出限制规定
联邦存款保险公司（FDIC）	商业银行、互助储蓄银行、储蓄贷款协会	为在银行 10 万美元以内的存款户提供保险；审核投保银行的账簿并对它们持有的资产范围作出限制
联邦储备系统	所有存款机构	审核所有作为储备系统成员的商业银行的账簿，确定所有银行的准备金要求
储蓄监管局	储蓄贷款协会	审核储蓄贷款协会的账簿，对它们持有的资产范围作出限制

资料来源：转自米什金著：《货币金融学》，中国人民大学出版社 1998 年版，第 38 页。

中央银行。英国的中央银行是英格兰银行，英格兰银行的领导机构是董事会，董事会由总裁、副总裁及 16 名董事组成。其成员由政府推荐，英王任命。正、副总裁任期为 5 年，董事任期为 4 年，董事必须是英国公民。

商业银行。英国的商业银行主要包括：（1）存款银行。英国存款银行联系面广，不但对工商业、农业、交通运输业、交易所和其他金融机构发放贷款，而且还对中央政府和地方政府发放贷款。存款银行的突出特点是：股份存款银行吞并了许多私人独资银行；设在伦敦的银行则吞并其他地方性银行，大的股份银行逐渐垄断了金融市场。存款银行具体包括清算银行、北爱尔兰银行4家、苏格兰银行3家。（2）伦敦贴现所。该机构在金融市场上主要充当英格兰银行和存款银行的中介，以及充当存款银行和工商企业的中介。其主要业务有：为地方政府筹集短期资金，直接向英格兰银行借款、贴现票据等。（3）商人银行——承兑所。这种银行于18世纪末叶开始出现，两个世纪以来的主要业务是通过承兑汇票对商业进行资金融通。办理的其他业务有：存款、证券、咨询、代理等。

其他金融机构。作为世界上信用制度最发达的国家之一，英国其他金融机构种类繁多，主要有：（1）投资信托银行。英国的投资信托银行大都是股份公司，主要特色是：办理中、长期贷款；通过发行股票、债券集资；资金大部分投资于企业的股票、债券。（2）国民储蓄银行和信托储蓄银行。这是从邮局分离出来的机构，属官办性质，吸收的存款用于购买政府公债。（3）房屋互助协会。该机构具有非盈利性和互助性，吸收的储蓄存款投资于以私人自住房为担保的长期抵押贷款。（4）国民汇划体系。是由邮电总局建立并经办的公营系统。一般办理的业务是：运用电子计算机进行支付和转账；代办居民、公用事业、政府的费用、税款和年金等的收付。（5）伦敦票据交换所。伦敦票据交换所由7家清算银行组成，主要办理各银行之间的清算业务。（6）保险公司。英国保险公司法规定：保险公司正式注册时，实收资本要达10万英镑，并且在任何情况下，资产减去负债不得少于5英镑。英国的保险公司保险基金数量大，大量资金投资于长期证券，并为新发行的证券提供大量资金。（7）证券交易所。是以股份公司形式建立的私营联合组织，由证券商及经纪人从事经营证券、参与证券市场活动。

2. 金融市场体系。由于英国经济实力雄厚，英镑是主要的国际结算货币，伦敦云集着大量外国银行，加上外汇管制宽松、市场限制较少，因此，英国形成了发达、健全的金融市场体系。具体包括：货币市场、债券市场、股票市场、基金市场、外汇市场等。

货币市场。目前英国的货币市场由贴现市场和平行市场构成。贴现市场的骨干是由12家大型贴现公司和12家小型贴现公司共同组成的贴现公司协会，这些贴现公司将贴现市场的其他参加者——商业银行、非银行金融机构、政府、商业公司和英格兰银行联系在一起，贴现行金融机构、政府、商业公司和英格兰银行联系在一起。贴现市场主要的凭证是：国库券、短期政府债券和商业汇票。平行市场是没有贴现公司作为交易中介的市场。特点是：采取存款的方式融通资金，英格兰银行不对其直接干预，也不充当其最后贷款人。平行市场是由银行同业存款市场、地方政府存款市场、财务公司存款市场、公司同业存款市场、可转让存单市场和地方政府债券市场构成。

证券市场。英国资本的证券化程度非常高，证券市场也相当发达。证券市场分新证券发行市场和证券交易市场。新证券发行市场发行的证券大体有两大类：一是固定利息的证券或由政府发行或为公司发行；二是公司发行的普通股。证券交易市场完全由证券交易所构成，最有影响的是伦敦证券交易所。

外汇市场。伦敦外汇市场是国际上最重要、最发达的外汇市场之一，在伦敦外汇市场上积极从事外汇业务活动的银行有300余家，其中包括英国的清算银行、商业银行、承兑银行，以及外国银行。伦敦外汇市场是典型的柜台市场，没有集中、固定的交易场所，交易通过电话、电传、电报等通讯手段完成。

基金市场。伦敦是世界重要的基金现货交易中心。该市场由6家公司组成，作为英格兰银行在基金市场的代理（见表3－4）。

表3－4　英国的机构与市场

银行体系：	
商业银行	过去由四大清算银行主宰：巴克莱，国民威斯敏斯特，米兰以及劳埃德。
外国银行	伦敦作为国际金融中心的地位意味着外国银行在规模上与本国银行相当。除了像花旗银行等个别特例，外国银行不能涉足当地业务。
住房互助社团	过去这些机构的主要作用是提供抵押贷款。放松管制后允许它们开展其他银行业务。近年来许多社团从互助形式转变为银行。
养老基金：	
公共	覆盖所有居民，对每个人都是一次总付。养老金的一部分与工作年限内的平均收入挂钩，但是可以用个人养老金取代。替代率低。
个人	主要是基于最终工资的确定受益型。普遍采取全部或部分指数化条款（75%的参加者）。
保险	由银行附属公司或保险公司提供。保险业很分散，监管不严。劳埃德交易所对于本国和外国财团都比较重要。

续表

金融市场：	
股票市场	对本国和外国公司都很重要。本国债券市场逐步被监管较松的伦敦欧洲债券市场所取代。
衍生产品市场	活跃的金融期权和期货市场。
其他市场	规模很大的外汇交易市场和贵金属（如金）交易所。

资料来源：转自富兰克林·艾伦、道格拉斯·盖尔著，王晋斌等译：《比较金融系统》，中国人民大学出版社 2002 年版，第 46 页。

3. 金融调控体系。英国的金融调控主要由英格兰银行发挥调控作用。英格兰银行作为中央银行，其基本职能是：（1）发行的银行。英格兰银行在英格兰和威尔士享有发行钞票的特权，在苏格兰和北爱尔兰两地一般则由商业银行发行钞票，但以英格兰银行发行的钞票作准备。（2）银行的银行。英格兰银行是最后贷款人，是商业银行存款准备金的保管者和票据的结算银行。（3）政府的银行。英格兰银行代理国库为财政部开户，代理“外汇平衡账户”，代表政府参加一切国际性财政金融机构。英格兰银行调控金融、执行货币政策的主要手段是运用货币、信贷、利率和公开市场业务等。

在世界各国中，英国是银行法规最少、管理最为宽松的国家。在英国银行 300 多年的发展史上，有关银行定义和银行业务限定的法律规定从未有过，法律常常为“习惯法”原则所代替，直到 1979 年才出台较为全面和正规的银行法。

二、银行主导型的金融体系

德国、日本是比较典型的银行主导型金融体系，在这两个国家，银行在资源配置中起着重要作用。

（一）德国的金融体系

德国的金融体系是从 19 世纪中叶，随着国家工业化及其所引起的资本需求而发展起来的。随着政府经济形势变化，德国的金融体系也经历了从分散趋向集中的过程。

1. 金融机构体系。德国金融机构体系是由中央银行占据中心环节，同时包括商业银行和专业银行及其他金融机构，商业银行的地位与作用远超过专业银行。

中央银行。德国的中央银行是德国联邦银行。德国的中央银行由中央银行董事会、执行董事会、州中央银行管理委员会组成。董事会是德国联邦银行的最高决策机构，由该行总裁、副总裁和地方中央银行行长及执行理事共19人组成，董事一般任期8年。执行董事会由该行总裁、副总裁以及其他最多8个董事组成。州中央银行管理委员会是每个州设立的联邦银行的总管理机构，州中央银行管理委员会有权处理管理区的业务，是实施和执行中央银行董事会政策和决定的行政机构。

商业银行。德国的商业银行资本雄厚，具有典型的综合化特征。商业银行又划分为：（1）大银行。较著名的大银行有：德意志银行、德累斯顿银行等。德意志银行建于1870年1月，总行设在法兰克福，最高领导机构是监事会和董事会，德意志银行在国内有众多分支机构，在国外设有许多个分支机构和代表处。（2）区域性银行。也称地方银行，主要经营地方性业务，随着竞争的加剧，区域性银行逐渐冲破区域界限，从事国际性金融业务，从而在国际金融市场上有一定声誉。例如，巴伐利亚联合银行，该行建于1869年，总行设在慕尼黑，主要开展信贷和抵押业务，在国外设有20多个分行和代表处。（3）私人银行。指独资经营的银行，产生于16世纪，于19世纪中叶得以迅速发展，主要经营工业放款业务、财务管理、证券业务和房地产业务等。

专业银行和其他金融机构。储蓄银行。储蓄银行的资金来源主要是本地区个人储蓄，发放贷款的主要对象是小商号，进行长期性住房建筑和公共事业投资，经营汇划支付业务。

信用合作银行。信用合作银行是一个特殊的社团组织，成员主要有：工人、职员、小手工业者、小商人、农场业、政府文职人员等。其业务特点是：汇集少额储蓄，然后再小额贷款给成员或向国内中小型企业提供发展资金。

保险公司。德国的保险业始于18世纪末，其种类包括：人寿保险公司、老年和伤残保险公司、财产保险公司等。主要办理的业务有：保险、股票、证券和贷款。

2. 金融市场体系。随着德国经济和国际贸易的发展，马克币值较为坚挺，资本流动自由，使德国的几大城市发展成为主要金融市场，德国金融市场体系日趋完善。

货币市场。法兰克福是货币市场的中心，主要的业务有，银行之间的借贷、公开交易市场、国际短期资金融通市场、票据再贴现市场等。

资本市场。德国资本市场没有货币市场发达，主要从事的交易有：股票交易、公司债券交易和公债交易等。

外汇市场。法兰克福外汇市场是按交易所方式组成的，大致有66家外汇银行和10家外汇经纪人参加交易活动，法兰克福外汇市场上的即期和远期外汇交易都很发达（见表3-5）。

表3-5　　德国的机构与市场

银行系统：	
商业银行	包括三家主要银行：德意志银行、德累斯顿银行和商业银行。这些全能型银行提供全套服务，包括吸收存款，发放贷款和抵押贷款，提供人寿保险，承销证券以及直接进行证券投资，包括股票。
储蓄银行	不追求利润最大化并以公益为经营目标的机构，分为三层：当地储蓄银行、州储蓄银行和中央储蓄银行。
合作银行	存款者就是股东。和储蓄银行一样分为三层，分别为当地银行、州银行和中央银行。
养老基金：	
公共	覆盖所有的工人。养老金与工作年限内的平均收入挂钩。替代率高。
个人	主要是以统一缴费率为基础的确定受益型。有指数化条款。因为税收原因，主要以账面储备形式投融资。
保险	由全能型银行或者保险公司提供。与银行相反，对保险业的监管很严格。保险产品通常由许多机构一起提供，因为不允许跨品种跨部门经营。
金融市场：	
股票市场	7家地区性交易所中法兰克福交易所规模最大。上市公司不多。股票市场一向不是公司融资的主要渠道。
债券市场	是各级政府和银行融资的重要渠道，对非金融企业来讲意义不大。
衍生产品市场	不发达。1990年才建立金融期权和期货市场，交易额也不大。

资料来源：转自富兰克林·艾伦、道格拉斯·盖尔著，王晋斌等译：《比较金融系统》，中国人民大学出版社2002年版，第56页。

3. 金融调控体系。德国中央银行具有较大的独立性与权威性，其职能作用有：（1）发行的银行。只有中央银行才有权发行无限法偿的货币。（2）银行的银行。中央银行在金融体系内可以在严格规定的限额内对政府、铁路、邮局和某些特定机构发放短期贷款。德国中央银行调节信用、管理货币流通、实施货币流通的主要手段有贴现政策、公开市场业务、存款准备金政策以及外汇政策等。

（二）日本的金融体系

第二次世界大战后，日本积极推进经济复兴和经济民主化，在金融领域，对战时采用的各项制度，以及明治以来建立的各项制度进行了全面整顿和发展，逐步形成了一个健全、完整和适应于日本经济发展需要的金融体系。

1. 金融机构体系。日本金融机构体系既吸收了欧美各国金融机构体系之长，又保留了原有体系的特点。

2. 金融市场体系。为配合战后日本经济的恢复和发展，日本金融管理当局积极推进金融自由化，具体包括利率自由化、金融业务自由化、金融机构经营自由化，以及对外金融自由化。金融自由化的发展，促进了日本金融交易国际化、日元国际化、日本银行业务国际化，使得日本金融市场日趋国际化，金融市场体系逐渐完善。在日本的金融市场体系中，包括债券市场、股票市场、资本市场、外汇市场、基金市场等（见表3－6）。

表3－6　日本的机构与市场

银行系统：	
商业银行（普通银行）	包括城市银行、地区银行以及二级地区银行。为大公司提供短期贷款，为小企业提供贷款和为个人提供消费信贷。
信托银行	提供一系列服务，包括普通银行的业务、对企业的长期贷款、资产管理、投资咨询，以及托管服务。
长期信贷银行	通过发行中长期债券筹资，并用这些资金为企业特别是大公司提供中长期贷款。
合作社	信用合作社和信用互助会为小企业提供信贷服务。农村信用机构为农民提供融资服务。
邮政储蓄体系	由政府支持，规模大，出售保险并提供储蓄账户。
养老基金：	
公共	一部分为一次总付，一部分与工作年限内的平均收入挂钩，但是参加者可以选择自愿退出。替代率高。有部分专用基金。
个人	主要是基于工作年限和最终基本工资的确定受益型。经常采取一次总付的形式。
保险	人寿保险与其他国家相比重要的多。绝大多数人寿保险公司采取互助形式。

续表

金融市场：	
股票市场	东京股票交易所是规模最大也是最成熟的股票市场。
债券市场	债券市场对于中央政府和地方政府以及金融和非金融企业都很重要。日本企业发行了大量的可转换债券和担保债券。
衍生产品市场	活跃的金融期权和期货市场。

资料来源：转自富兰克林·艾伦、道格拉斯·盖尔著，王晋斌等译：《比较金融系统》，中国人民大学出版社2002年版，第48页。

3. 金融调控体系。日本中央银行——日本银行，在金融调控体系中充当调控主体，其基本职能：（1）发行的银行。日本银行是日本唯一拥有货币发行权的银行。（2）银行的银行。日本银行是管理商业银行、专业银行和其他金融机构的重要机关，掌握着全国金融的动向。（3）政府的银行。日本银行通过代管政府资金、对政府提供信用、认购国债、代理国库业务等，成为政府的银行。日本银行调控金融、实施货币政策的主要工具有：贷款政策、公开市场业务、存款准备金制度和窗口指导。

第三节 我国的金融体系

改革开放以前，我国金融机构单一，没有真正意义上的中央银行。没有真正意义上的金融市场，金融法制建设欠缺，金融调控手段僵化、单一。改革开放以后，中央银行真正行使中央银行的职能，金融机构不断创新，金融机构体系逐渐健全。随着经济、金融体制改革的深化，基本形成一个初具规模、分工明确的金融市场体系；金融法律框架基本形成，金融调控体系日趋成熟。

一、我国金融机构体系

我国目前的金融机构体系是以中央银行为核心，以政策性银行、股份制商业银行为主体，同时包括邮政储蓄银行等其他金融机构以及港澳地区和外国金融机构在中国的分支机构和代理处等，形成多种金融机构并存、分工协作的金融机构体系。

（一）中国人民银行[①]

中国人民银行是1948年12月1日在华北银行、北海银行、西北农民银行的基础上合并组成的。1983年9月，国务院决定中国人民银行专门行使国家中央银行职能。1995年3月18日，第八届全国人民代表大会第三次会议通过了《中华人民共和国中国人民银行法》，至此，中国人民银行作为中央银行以法律形式被确定下来。

中国人民银行根据履行职责的需要设立分支机构，作为中央银行的派出机构，并实行集中统一领导和管理。根据国务院的决定，中国人民银行管理体制进行了重大改革，新设立的派出机构从1999年1月1日起开始履行中央银行职责。具体事项有：（1）撤销中国人民银行各省、自治区、直辖市分行，在全国设立9个跨省、自治区、直辖市分行，作为中国人民银行的派出机构。（2）在不设中国人民银行分行的省、自治区人民政府所在地城市，共设立20个金融监管办事处，作为中国人民银行分行的派出机构。（3）在不设中国人民银行分行的省会城市，共设立20个中心支行。中心支行与当地金融监管办事处都是分行的派出机构，相互之间不是领导与被领导的关系。（4）中国人民银行县支行保持现状，职责不变。

根据第十届全国人民代表大会审议通过的国务院机构改革方案的规定，将中国人民银行对银行、金融资产管理公司、信托投资公司及其他存款类金融机构的监管职能分离出来，并和中央金融工委的相关职能进行整合，成立中国银行业监督管理委员会。

随着社会主义市场经济体制的不断完善，中国人民银行作为中央银行在宏观调控体系中的作用将更加突出。根据2003年12月27日第十届全国人民代表大会常务委员会第六次会议修正后的《中华人民共和国中国人民银行法》规定，中国人民银行的主要职责为：（1）起草有关法律和行政法规；完善有关金融机构运行规则；发布与履行职责有关的命令和规章。（2）依法制定和执行货币政策。（3）监督管理银行间同业拆借市场和银行间债券市场、外汇市场、黄金市场。（4）防范和化解系统性金融风险，维护国家金融稳定。（5）确定人民币汇率政策；维护合理的人民币汇率水平；实施外汇管理；持有、管理和经营国家外汇储备和黄金储备。（6）发行人民币，

---

① 参见中国人民银行网站。

管理人民币流通。(7) 经理国库。(8) 会同有关部门制定支付结算规则，维护支付、清算系统的正常运行。(9) 制定和组织实施金融业综合统计制度，负责数据汇总和宏观经济分析与预测。(10) 组织协调国家反洗钱工作，指导、部署金融业反洗钱工作，承担反洗钱的资金监测职责。(11) 管理信贷征信业，推动建立社会信用体系。(12) 作为国家的中央银行，从事有关国际金融活动。(13) 按照有关规定从事金融业务活动。(14) 承办国务院交办的其他事项。

中国人民银行的货币政策目标是保持货币币值的稳定，并以此促进经济增长。为执行货币政策，中国人民银行可以运用的货币政策工具有：(1) 要求金融机构按照规定的比例交存存款准备金。(2) 确定中央银行基准利率。(3) 为在中国人民银行开立账户的金融机构办理再贴现。(4) 向商业银行提供贷款。(5) 在公开市场上买卖国债和其他政府债券及外汇。(6) 国务院确定的其他货币政策工具。

（二）政策性银行

为适应建立社会主义市场经济体制的需要，实现政策性金融与商业金融相分离，以更好地保证金融的有效、有序地运行，根据金融体制改革的要求，经国务院批准，我国于 1994 年相继成立了三家政策性银行：国家开发银行、中国农业发展银行和中国进出口银行。

1. 国家开发银行①。国家开发银行于 1994 年 3 月 17 日在北京成立，是直属于国务院的政策性金融机构。国家开发银行成立时的注册资本金为人民币 500 亿元，由财政部核拨。

国家开发银行是我国成立最早、规模最大的政策性银行，长期致力于支持基础设施、基础产业、支柱产业的建设和发展。2008 年 12 月成功实施了股份制改革，由财政部和中央汇金投资有限责任公司代表国家控股。改革后的国家开发银行仍主要开展中长期信贷与投资等金融业务，服务于国民经济重大中长期发展战略。

国家开发银行的主要任务是：建立长期稳定的资金来源，筹集和引导社会资金用于国家重点建设，投资项目不留缺口，从资金来源上对固定资产投资总量及结构进行控制和调节，按照社会主义市场经济的原则，逐步建立投资约束和风险责任机制，提高经济效益，促进国民经济持续、快速、健康地

① 参见国家开发银行网站。

发展。国家开发银行的资金来源的渠道主要有：资本金、中央银行的短期贷款、发行金融债券、向国外筹集资金等。其中，发行金融债券是其主要资金来源渠道。

目前，国家开发银行的资金运用范围主要包括：制约经济发展的瓶颈项目、直接增强综合国力的支柱产业的重大项目、高新技术在经济领域应用的重大项目、跨地区的重大政策性项目等。其贷款分为两部分：一是软贷款，即将其属于资本金性质的资金以长期优惠贷款方式，贷给国家控股公司或中央企业集团，由它们对项目进行参股或控股；二是硬贷款，即将其发行政策性金融债券筹集的资金直接贷给投资项目，到期向投资项目收回资金。

2. 中国农业发展银行①。中国农业发展银行是直属国务院领导的我国唯一的一家农业政策性银行。1994 年 11 月挂牌成立，成立时注册资本金为人民币 200 亿元，其中一部分从中国农业银行、中国工商银行现有信贷基金中划拨，其余部分由财政部核拨。

中国农业发展银行的历史使命，一是支持我国农业实现现代化；二是扶持农民走向富裕的小康之路。中国农业发展银行主要职责是按照国家的法律、法规和方针、政策，以国家信用为基础，筹集资金，承担国家规定的农业政策性金融业务，代理财政支农资金的拨付，为农业和农村经济发展服务。

其具体业务主要有：提供优惠利率的农业贷款；提供大宗农副产品收购贷款；国家扶持的农业生产性投资贷款；因特定环境和特殊因素而发放的贷款。中国农业发展银行的资金来源渠道主要有以下几种：财政拨款；向商业性金融机构发行债券；向中央银行申请再贷款以及再贴现等，其中中国人民银行的再贷款为其主要资金来源。

3. 中国进出口银行②。中国进出口银行成立于 1994 年 4 月 26 日，同年 7 月 1 日正式挂牌运营。它是直属于国务院的政策性金融机构。该行不以盈利为目的，实行自主、保本经营，企业化管理。

中国进出口银行是我国外经贸支持体系的重要力量和金融体系的重要组成部分，是我国机电产品、成套设备和高新技术产品进出口和对外承包工程及各类境外投资的政策性融资主渠道，是外国政府贷款的主要转贷行和中国

① 参见中国农业发展银行网站。

② 参见中国进出口银行网站。

政府对外优惠贷款的承贷行，为促进我国开放型经济的发展发挥着越来越重要的作用。

中国进出口银行的主要任务在于促进我国对外贸易，通过提供优惠出口信贷增强我国商品的出口竞争能力。其资金的运用不以盈利为目的，资金来源主要是通过发行政策性金融债券筹资，其次包括财政拨款、向中央银行借款、向国外金融机构借款等。

中国进出口银行的主要业务范围：（1）办理出口信贷和进口信贷；（2）办理对外承包工程和境外投资贷款；（3）办理中国政府对外优惠贷款；（4）提供对外担保；（5）转贷外国政府和金融机构提供的贷款；（6）办理本行贷款项下的国际国内结算业务和企业存款业务；（7）在境内外资本市场、货币市场筹集资金；（8）办理国际银行间的贷款，组织或参加国际、国内银团贷款；（9）从事人民币同业拆借和债券回购；（10）从事自营外汇资金交易和经批准的代客外汇资金交易；（11）办理与本行业务相关的资信调查、咨询、评估和见证业务；（12）经批准或受委托的其他业务。

（三）股份制商业银行

我国股份制商业银行包括国家控股商业银行和其他股份制商业银行。

国家控股商业银行。1994 年，我国进行了金融体制的改革，在改革的推动下，我国传统的四家专业银行开始商业化，中国工商银行、中国农业银行、中国银行和中国建设银行成为国有独资商业银行。2003 年底，国务院决定，选择中国银行、中国建设银行进行股份制改革试点，并于 12 月 30 日通过汇金公司注资 450 亿美元。这为两家试点银行股份制改革提供了可能性。2004 年 8 月 26 日和 9 月 21 日，中行和建行相继改组为股份有限公司，按照建立现代金融企业制度的要求，建立了现代公司治理结构的基本框架。2005 年 6 月 30 日，工行的财务重组宣告完成，并在同年 10 月挂牌正式成立了股份制公司。2009 年 1 月 16 日，中国农业银行股份有限公司成立大会在京举行，股份公司正式挂牌。改革后，四大国有独资商业银行转型为国家控股商业银行。

中国工商银行经国务院和中国人民银行批准于 1984 年 1 月 1 日成立。经营范围包括：办理人民币存款、贷款和消费信贷，居民储蓄，各类结算，发行和代理发行有价证券，代理其他银行委托的各种业务，办理外汇存款、贷款、汇款，进出口贸易和非贸易结算，外币以及外币票据兑换，外汇担保和见证，境外外汇借款，外币票据贴现，发行和代理发行外币有价证券，代办即期和远期外汇买卖，征信调查和咨询服务，办理买方信贷，国际金融组织和外国政府贷款的转贷，以及经中国银行业监督管理委员会依照有关法律、行政法规和其他规定批准的业务。

截至2009年年底，工商银行拥有386723名员工，通过16232家境内机构、162家境外机构和遍布全球的逾1504家代理行以及网上银行、电话银行和自助银行等分销渠道，向361万公司客户和2.16亿个人客户提供广泛的金融产品和服务，基本形成了以商业银行为主体，跨市场、国际化的经营格局，并在绝大多数商业银行业务领域保持国内市场领先地位①。

中国农业银行②是四大国家控股商业银行之一，是新中国设立的第一家商业银行，也是改革开放后第一家恢复成立的国家专业银行，总行设在北京。中国农业银行最初成立于1951年，1979年2月再次恢复成立后，成为在农村经济领域占主导地位的国有专业银行。1994年中国农业发展银行分设，1996年，农村信用社与中国农业银行脱离行政隶属关系，中国农业银行开始向国有独资商业银行转变。2009年1月15日，中国农业银行完成工商变更登记手续，由国有独资商业银行整体改制为股份有限公司，并更名为“中国农业银行股份有限公司”。

中国农业银行业务领域已由最初的农村信贷、结算业务发展成为品种齐全，本外币结合，能够办理国际、国内通行的各类金融业务。中国农业银行的网点遍布中国城乡，成为国内网点最多、业务辐射范围最广的大型国有商业银行。2008年年末总资产达到70143.51亿元，各项存款60974.28亿元，各项贷款31001.59亿元，资本充足率9.41%，不良贷款率为4.32%，全年净利润514.53亿元。中国农业银行通过全国24064家分支机构、30089台自动柜员机和遍布全球的1171家境外代理行，以覆盖面最广的网点网络体系和领先的信息科技优势，向超过3.5亿客户提供便利、高效、优质的金融服务。

中国银行是中国历史最悠久的银行。中国银行主营传统商业银行业务，包括公司金融业务、个人金融业务和金融市场业务。公司金融业务基于银行的核心信贷产品，为客户提供个性化、创新的金融服务。个人金融业务主要针对个人客户的金融需求，提供基于银行卡之上的系统服务。金融市场业务

---

① 参见中国工商银行网站。

② 参见中国农业银行网站。

主要是为全球其他银行、证券公司和保险公司提供国际汇兑、资金清算、同业拆借和托管等全面服务。

2001 年，中国银行成功地重组了香港中银集团，将 10 家成员银行合并成立当地注册的“中国银行（香港）有限公司”。2002 年 7 月 25 日，重组后的中国银行（香港）有限公司在香港联交所成功上市，成为国内首家在中国香港上市的国有商业银行。2004 年 8 月 26 日，中国银行股份有限公司挂牌成立，标志着中国银行的历史翻开了崭新的篇章，启动了新的航程。2006 年 6 月 1 日、7 月 5 日，中国银行先后在香港证券交易所和上海证券交易所成功挂牌上市，成为首家 A + H 发行上市的国有商业银行。

截至 2009 年年末，中国银行拥有遍布全球 29 个国家和地区的机构网络，其中境内机构超过 10000 家，境外机构 600 多家[①]。

中国建设银行[②]成立于 1954 年 10 月 1 日。其后的 20 多年时间里，建设银行作为国家专业银行，主要经办国家基本建设拨款，管理和监督使用国家计划确定的基本建设资金。1994 年，按照国家投资体制改革的要求，建设银行将代行的财政职能和办理的政策性基本建设贷款业务分别移交财政部和国家开发银行，不再履行行政管理和政策性业务职能。1996 年 3 月 26 日，中国人民建设银行正式更名为中国建设银行。

2004 年 9 月 15 日，中央汇金投资有限责任公司、中国建银投资有限责任公司、国家电网公司、上海宝钢集团公司和中国长江电力股份有限公司在京召开会议，决议共同发起设立中国建设银行股份有限公司。中国建设银行将由国有独资商业银行改制为国家控股的股份制商业银行。中国建设银行改制为国家控股的股份制商业银行后，名称为中国建设银行股份有限公司，简称“中国建设银行”。中国建设银行股份有限公司承继原中国建设银行商业银行业务及相关资产、负债和所有者权益。

中国建设银行在巩固存贷业务基础上，大力发展中间业务，积极介入商业银行业务，推出越来越多的金融产品。截至 2009 年年底，资产总规模 96233.55 亿元，负债总规模 90643.35 亿元，所有者权益 5554.75 亿元。

中国交通银行[③]始建于 1908 年，是中国早期四大银行之一，也是中国

---

① 参见中国银行网站。

② 参见中国建设银行网站。

③ 参见中国交通银行网站。

早期的发钞行之一。1958 年，除中国香港分行仍继续营业外，交通银行国内业务分别并入当地中国人民银行和在交通银行基础上组建起来的中国人民建设银行。为适应中国经济体制改革和发展的要求，1986 年 7 月 24 日，作为金融改革的试点，国务院批准重新组建交通银行。1987 年 4 月 1 日，重新组建后的交通银行正式对外营业，成为中国第一家全国性的国有股份制商业银行，总行设在上海。

在深化股份制改革中，交通银行完成了财务重组，成功引进了汇丰银行、社保基金、中央汇金公司等境内外战略投资者，并着力推进体制机制的良性转变。2005 年 6 月 23 日，交通银行在中国香港成功上市，成为首家在中国香港上市的中国内地商业银行。截至 2008 年年末，资产规模达到 26782.55 亿元；存贷款总额分别达到 18658.15 亿元和 13285.9 亿元；实现税后利润 284.23 亿元。

其他股份制商业银行。随着金融体制改革的不断深化，1987 年以来，我国陆续组建和成立了一批股份制商业银行，包括深圳发展银行、中信实业银行、中国光大银行、华夏银行、招商银行、广东发展银行、福建兴业银行、上海浦东发展银行以及中国民生银行等。

（四）其他金融机构

在我国的金融机构体系中，除政策性、股份制银行之外，还有许多信用机构，这些信用机构能以一定方式吸收社会资金并加以运用，从中获取利润。这些金融机构有：邮政储蓄银行、保险公司、信托投资公司、证券公司、信用社和邮政储蓄机构等。

1. 中国邮政储蓄银行。2006 年 12 月 31 日，经国务院同意，中国银监会正式批准中国邮政储蓄银行成立。2007 年 3 月 6 日，经中国政府批准，中国邮政储蓄银行有限责任公司依法成立。中国邮政储蓄银行的市场定位是，充分依托和发挥网络优势，完善城乡金融服务功能，以零售业务和中间业务为主，为城市社区和广大农村地区居民提供基础金融服务，与其他商业银行形成互补关系，支持社会主义新农村建设，为构建社会主义和谐社会作出新的贡献。

2. 中国人民保险集团。中国人民保险公司于 1949 年 10 月成立，是经营国内外保险和再保险业务的国家专业保险公司。其主要职责有：经营承保各种财产、人身保险、责任保险、保证保险等业务；办理各种国际保险和再保险业务；购置、租赁、交换与保险业务有关的动产和不动产；代理外国保险公司办理对损失的鉴定和理赔等业务；受国家委托和经国家批准的其他业务。

20 世纪 90 年代中期，中国人民保险公司改组后名为中国人民保险集团有限公司。中保集团旗下四大子公司——中保财产保险有限公司、中保人寿保险有限公司、中保再保险有限公司、香港中国保险（集团）有限公司。1999 年 7 月 7 日中保集团正式宣告撤销，其旗下原有的四家子公司分解为中国人保、中国人寿、中国再保险、中国保险四家独立的公司，分别经营财产保险、人寿保险、再保险和海外业务。

中国人民保险公司的总公司设在北京，在国内各省、市、县设分支机构，在农村广泛建立保险专职代办所或代办站。此外，还在国外和港澳地区设有分支机构，并与国外和港澳地区的一些保险机构合资组成新的保险及再保险公司，它至今已同世界上 100 个国家和地区的众多保险机构建立了业务联系。

3. 太平洋保险公司。中国太平洋保险公司是全国性的股份制保险企业，实行独立核算、自主经营、自负盈亏。其主要业务包括：承保人民币和外币的各种财产保险、责任保险、信用保险、农业保险、人身保险；办理各种国内、国际再保险和法定保险等业务。

1992 年 6 月，经国务院同意和中国人民银行批准，深圳平安保险公司更名为“中国平安保险公司”，成为第三家全国性综合性保险公司。1995 年以来，我国相继成立了大众保险公司、新华人寿保险公司、泰康人寿保险公司、华泰财产保险公司、华安财产保险公司等。

4. 信托投资机构。信托投资机构设立的条件有：符合经济发展需要，经过有关部门批准；独立注册，独立经济核算；按规定拥有一定的最低额资本；符合分工原则。

经济体制改革以来，我国先后建立了不少信托投资公司，主要办理委托、租赁、见证、担保、咨询等金融业务。影响较大的有：中国国际信托投资公司等。

中国国际信托投资公司是根据中国改革开放形势的需要于 1979 年 10 月正式成立的，简称“中信公司”。中信公司的总部设在北京，全国各地设有子公司。其注册资本为人民币 12 亿元，属国务院直接领导的全民所有制企业。

中信公司的任务是：在国家法律、法规、方针、政策许可的范围内，通过吸收和运用外资，引进先进技术和管理经验，开展对内对外的经济技术合作，为中国的社会主义现代化建设服务。按照国家的有关规定，中信公司经营的项目包括：办理国内外投资业务，开展多种形式的经济技术合作；从事新技术开发、推广及风险投资；从事国际、国内金融和担保业务；在国内外发行和代理发行各种有价证券；经营国内外租赁业务；承办外商在华投资的各种保险业务；经营对外贸易；开展国际工程承包及劳务输出业务；经营房地产业务；开展旅游服务；为中外客户提供各种信托、咨询服务。2002 年公司实施经营体制重大改革，更名为中国中信集团公司，中信集团新章程获得国务院批准，成为国家授权投资的机构，成立了中国第一家金融业的控股公司。

中国国际信托投资公司为开展有关金融业务，组建了综合性的中信实业银行；与北京机电设备公司、日本东方租赁股份有限公司合资组建了中国东方租赁有限公司；与原国家物资部共同组建了合营的中国租赁有限公司；还合资组建了中国国际经济咨询公司。该公司现已发展成为金融、投资、贸易相结合的综合性经济实体，并在中国香港、国外设有分公司、子公司、代表处等。

目前，我国大部分省、直辖市、自治区都设有不同级别的地方信托投资公司及地方国际信托投资公司。

5. 证券机构。证券机构包括证券经营机构、证券服务机构和投资基金三类。

证券经营机构。根据分业管理规定，我国目前只允许证券公司和信托投资公司经营证券业务。到 2009 年 3 月 20 日，我国已有 107 家证券公司。证券经营机构主要经营业务是：承销证券、自营证券、代理证券交易、证券抵押融资、证券投资咨询、公司财务顾问、企业重组、收购和兼并、基金和资产管理等。

证券服务机构。到 2009 年年底，我国有 2 家证券交易所，有主要为会员提供沪深交易所证券交易、登记、托管、过户等中介服务的证券登记公司。此外，还有证券结算公司和证券评估咨询公司（如中国诚信证券评估公司和大公国际证券评估公司）。到 2010 年 6 月，投资基金管理公司 60 家。

6. 信用合和社。信用社的特点是：实行自主经营、独立核算、自负盈亏的原则；内部实行民主管理；其所有形式，或为集体所有或为股份制。在我国，信用合作社包括农村信用社和城市信用社。

农村信用社是我国农村集体所有制的合作金融组织，在业务上接受中国农业银行的领导。其主要任务有：大力组织农村闲散资金，积极发放贷款（贯彻农业生产和流动资金为主的方针，以农村承包户和专业户为主）；办理农村转账结算；通过贷款、利率等杠杆，引导农村自由借贷健康发展。

城市信用社是城市集体金融组织。其主要业务有：办理城市集体企业和个体工商户的存、贷款和结算；办理城市个人储蓄存款；代办保险及其他代收付业务；代理发行中国人民银行批准的证券业务等。

随着我国经济的发展和金融体制改革的深化，自1995年起，根据国务院指示精神，部分地级城市在城市信用社基础上组建了城市商业银行。农村合作银行的组建也正在探讨、实践过程中。

（五）外资金融机构

外资金融机构指中外合资和外资银行等金融机构。改革开放以来，为扩大与世界各国、各地区的经济、金融合作，更好地吸收外国资本，我国政府批准国外多家金融机构在我国境内设立分支机构和代表机构。1979年，日本输出入银行首先在北京设立代表处，1981年开始，外资、侨资、合资银行在特区逐渐设立，之后各国银行和金融机构纷纷在北京、上海、广州、深圳、天津等内地大城市设立分支机构和代表处。截至2008年6月末①，有46个国家和地区的196家银行在华设立了241家代表处。有12个国家和地区的银行在华设立了27家外商独资银行（下设分行135家）、2家合资银行（下设分行5家，附属机构1家）。外商独资财务公司有2家，另有24个国家和地区的73家外国银行在华设立了116家分行。

这些外资金融机构，根据规定可以经营或部分经营的业务有：本、外币放款和票据贴现；国外和港澳地区汇入汇款和外汇托收；出口贸易结算和押汇；外币和外币票据兑换；本、外币投资业务、担保业务；股票、证券买卖；信托、保管箱业务；侨资、外资、中外合资及合作经营企业的汇出汇款；办理国外或港澳地区的外汇存款和外汇放款；提供咨询服务等。

二、我国的金融市场体系

随着社会主义市场经济体制和新的金融体系的建立，我国的金融市场从无到有，在不断探索中得以发展，目前，我国形成了包括货币市场、资本市

① 参见中国银行业监督管理委员会网站。

场、外汇市场的金融市场体系。

货币市场[①]。我国货币市场包括同业拆借市场，票据市场和回购协议市场。同业拆借市场建立于20世纪80年代初，90年代进入快速发展阶段，1995年交易量突破万亿元大关，1996年1月3日，全国统一同业拆借市场启动，标志着我国同业拆借市场进入了全新的阶段；全国银行间同业拆借市场2009年累计交易量达161665.94亿元。我国的商业票据业务起步于20世纪80年代初，1994年，中国人民银行大力推广使用商业汇票，票据市场开始以较快速度发展。2009年，企业累计签发商业汇票10.3亿元，同比增长45%。回购协议市场于20世纪90年代初形成后，规模逐渐扩大，全国银行间市场债券质押式回购交易2009年达526451.68亿元。

资本市场。我国已形成了以债券和股票为主体的多种证券形式并存，包括证券交易所、证券交易中心、法人股票交易网络、市场中介机构和监管机构在内的交易体系和监管体系初步健全的全国性资本市场。1981年恢复发行国库券以后，就形成了国债发行市场，1988年4月21日起在哈尔滨、上海、沈阳、武汉、深圳、广州、重庆等七大城市建立了政府债券流通市场，1991年起，全国地市级以上城市都建立了政府债券流通市场；2008年[②]，国债发行额为8558.20亿元。从1984年开始发行企业债券起，企业债券市场也在缓慢发展，2008年，企业发行债券8435.40亿元。1984年11月14日，上海飞乐音响股份有限公司开始向社会发行不偿还股票，这是我国改革开放以后第一张真正意义上的股票，1986年9月26日，“飞乐音响”与“延中实业”两只股票率先在中国工商银行上海信托投资公司静安证券部柜台交易；之后，我国股票市场不断发展，截至2009年底[③]，境内上市公司数（A、B股）共有1718家，其中，境内上市外资股（B股）108家；境外上市公司数（H股）159家；股票总发行股本26162.85亿股；股票市价总值243939.12亿元；证券投资基金只数557只，交易所上市证券投资基金成交金额1074.31亿元。

外汇市场。外汇市场是金融市场的重要组成部分，是充分利用国内、国际两个市场、两种资源，实现外汇资源有效配置，提高汇率形成的市场化程

---

① 数据来源于中国人民银行网站。

② 数据来源于国家统计局网站。

③ 数据来源于中国证券监督管理委员会网站。

度，促进国际收支平衡的重要手段。1994 年初，我国建立了全国统一的银行间外汇市场，实现了官方汇率与调剂市场汇率的并轨，建立了以市场供求为基础的、单一的、有管理的浮动汇率制度。外汇市场实现了一次跨越式发展，统一的银行间外汇市场在市场结构、组织形式、交易方式、汇率形成机制以及央行调控等方面，都取得了极大的进步。

三、我国的金融调控监管体系

随着金融体制改革的不断深化，我国金融调控监管体系也不断完善。首先，金融法制建设取得突破性进展，特别是 1995 年以来，《中华人民共和国中国人民银行法》、《中华人民共和国商业银行法》、《中华人民共和国票据法》、《中华人民共和国保险法》、《中华人民共和国证券法》等金融法规相继颁布实施，奠定了中国金融法律体系的框架。

就金融调控监管的组织机构来说，我国目前除中国人民银行执行货币政策监管职能，并由中国人民银行的货币政策委员会来负责制定和调整货币政策外，还设立了中国证券监督管理委员会、中国保险监督管理委员会和中国银行业监督管理委员会，分别监管证券市场和证券业，保险市场和保险业，以及银行业的健康、稳定地运行。除此之外，我国银行业、证券业、保险业还成立了银行业同业协会、证券业同业协会、保险业同业协会，用来加强行业的自律管理。

中国人民银行运用的金融调控手段主要有：货币信贷政策、利率政策、存款准备金政策、再贷款政策、再贴现政策、公开市场操作政策等。

2000 年 2 月 23 日，中国人民银行发布《银行信贷登记咨询管理办法（实行）》，决定在全国实行银行信贷登记咨询管理制度。该项制度是在实施贷款证制度电子化管理基础上制定的，有关贷款、银行承兑汇票、信用证、担保、保函、授信等信息及企事业单位欠息、逃债、经济纠纷、发行股票、企业债券等都纳入系统并运行平稳，全国近 70% 的贷款余额约 6.2 万亿元的信贷数据已进入银行信贷登记咨询系统，基本覆盖了目前与各金融机构有信贷业务关系的所有企事业单位和其他经济组织。该系统的运行，可及时、全面地反映借款人资信情况，防止借款人重复抵押贷款、逃废债现象，有助于防范信贷风险。

2000 年 3 月 15 日，《国有重点金融机构监事会暂行条例》（简称《暂行条例》）发布实施。《暂行条例》的实施，是健全国有重点金融机构监督机制，加强对国有重点金融机构监督的重要举措。《暂行条例》规定，国务院将向国有重点金融机构派出监事会，由监事会代表国家对国有金融机构的资产质量及国有资产保值增值状况实施监督。该《暂行条例》的实施，一方面健全了国有金融机构监督机制；另一方面为降低国有金融机构经营风险，促进国有金融机构资产质量提高和国有资产保值增值提供了安全保障。

2003 年 12 月 27 日，全国人民代表大会常务委员会通过了《银行业监督管理法》和关于修改《中国人民银行法》、《商业银行法》的决定，其中对《商业银行法》作了三十七处多条款的修改，从法律上分清了中国人民银行和银监会的职责，为这两个机构依法行政提供法律依据，也为银行业的进一步发展留下空间。

《中华人民共和国银行业监督管理法》于 2006 年 10 月 31 日通过，自 2007 年 1 月 1 日起施行。

本章小结

健康、完善的现代金融制度是市场经济有序进行的重要保证。现代金融体系的构成包括：金融机构体系、金融市场体系、金融调控体系等。不同的国家，根据本国经济发展的进展、特征，形成了各自的金融体系。

西方各国为适应高度发达的市场经济体制的要求，都建立了规模庞大、分工细致的金融体系。较有代表性的是：以美国、英国为代表的市场主导型金融体系和以德国、日本为代表的银行主导型金融体系。

我国金融体系随着改革的深化而逐步形成、发展和完善。我国目前的金融机构体系是以中央银行为核心，以政策性银行、股份制商业银行为主体，其他金融机构，以及港澳地区和外国金融机构在中国的分支机构和代理处等，多种金融机构并存、分工协作的金融机构体系。

我国金融市场已初步建成包括银行同业拆借市场、票据贴现市场、票据承兑市场、债券市场、股票市场和外汇市场的较完善金融市场体系，交易规模逐年扩大。我国金融法制建设也取得了突破性进展，金融法规相继出台，这对明确中国人民银行的性质和地位，加强金融业的监督管理、建立和完善金融调控体系有重大意义。

关键词：金融机构　金融机构体系　存款型金融机构　契约型金融机构

投资型金融机构

思　考　题

1. 如何理解金融所包含的内容？
2. 简述金融机构功能。
3. 简述美国投资银行的主要业务。
4. 英国的商业银行主要包括哪几种？
5. 简述我国的金融机构体系。

第二篇

金融市场与金融中介

本篇分为五章：

第四章　金融市场
第五章　商业银行：体制与业务
第六章　商业银行：管理与创新
第七章　其他金融机构
第八章　中央银行

第四章 金融市场

本章概要：通过本章学习，要求了解金融市场构成的基本要素和类型，掌握货币市场、资本市场、外汇市场、衍生金融市场的概念，以及各市场的主要金融工具的含义及其运用。本章共分五节：第一节金融市场概述，主要介绍金融市场的概念、构成要素及其功能；第二节货币市场，主要介绍货币市场的概念及其各个子市场；第三节资本市场，主要介绍资本市场的概念及其两个子市场；第四节外汇市场，主要介绍外汇市场的构成以及三种传统的外汇交易方式；第五节金融衍生市场，简要介绍金融衍生市场上的几种主要产品。

第一节 金融市场概述

一、资金融通与金融市场

（一）资金融通：直接融资和间接融资

众所周知，在货币经济社会中，各经济单位的经济活动最终都反映为货币的收支。由于经济活动的性质和特点不尽相同，所以各经济单位的收支状况也会各自不同。但是归纳起来看，最终的收支状况无外乎三种：（1）收支相抵；（2）收大于支；（3）收不抵支。通常将出现第（2）种状况的经济单位称为“支出盈余单位”（Surplus Spending Units，SSUs）①，将出现第（3）种状况的经济单位称为“支出赤字单位”（Deficit Spending Units，DSUs）②。

在现实经济活动中，出现收支恰好相抵的经济单位不多见，而更常见的是支出赤字单位和支出盈余单位。对于支出赤字单位来说，如果不能及时补充资金缺口，将会影响其未来经济活动的正常进行；对于支出盈余单位来说，多出的资金若任其闲置，则导致了资源的浪费。于是，在两者之间就需要通过一种机制，将支出盈余单位多余的资金转移到支出赤字单位，以实现资金的余缺调剂。这就是一种资金融通活动。简言之，所谓资金融通，就是指在支出盈余单位和支出赤字单位之间实现资金的有偿转移或余缺调剂。在这种融资活动中，支出盈余单位成为资金供给者或最终贷款人，支出赤字单位则成为资金需求者或最终借款人。

资金从盈余单位向赤字单位有偿转移的方式一般有两种，即直接融资和间接融资。

1. 直接融资。直接融资是指赤字单位或资金需求者通过在金融市场上向盈余单位或资金供给者出售有价证券，直接向后者进行融资的方式。在直接融资中，资金供求双方之间通过有价证券的交易来实现融资，即赤字单位通过发行或创造某种有价证券，并出售给盈余单位，从而获得后者手中暂时闲置的资金；而盈余单位则通过购买有价证券，将暂时不用的资金转变为金融资产，相应可以增加收益。通常将在直接融资中由赤字单位或资金需求者创造的有价证券称为“直接证券”（Direct Security），如国库券、商业票据、股票、公司债券等。最初赤字单位与盈余单位之间的交易是直接进行的，但是随着融资规模的扩大，引起了交易效率的下降。为了提高交易效率，在市场上便出现了一类机构，专门在两者之间“牵线搭桥”，代赤字单位向盈余单位销售有价证券，这就是现在所称的投资银行或证券公司。在这里，尽管投资银行或证券公司参与了直接融资活动，但并不改变直接融资的性质，因为投资银行或证券公司只是代理销售赤字单位发行的直接证券，而并不发行自己的证券。直接融资过程见图 4－1。

2. 间接融资。间接融资是指赤字单位或资金需求者通过金融中介机构

① ［美］乔治·考夫曼：《现代金融体系》（第六版），经济科学出版社 2001 年版，第 8 页。
② 同上。

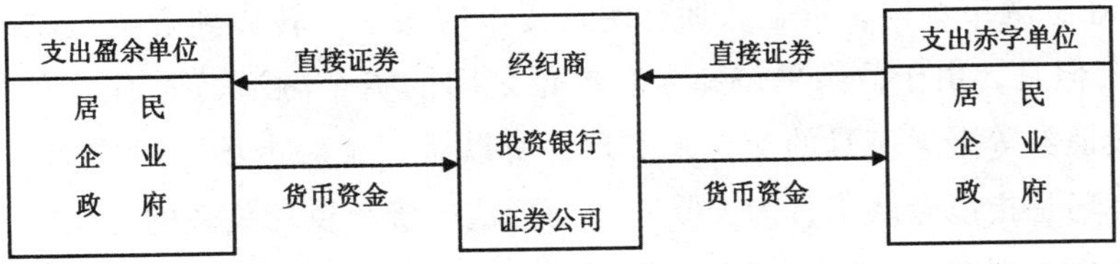

图 4－1

间接获得盈余单位或资金供应者多余资金的融资方式。在直接融资中，尽管经纪商的加入，有效地降低了资金供求双方的搜寻成本，但其对成本的降低作用是有限的。因为赤字单位发行的直接证券往往难以符合盈余单位的要求，如证券面额过大、在期限上有一定的限定。这就容易将一部分小的盈余单位排除在融资活动之外。鉴于这种状况，在市场上便出现了“金融中介机构”，它们首先通过发行以自己为付款人的新证券，并出售给盈余单位，藉此借入大量资金，然后再通过购买赤字单位发行的直接证券，将借入的资金贷放给赤字单位。这类金融中介机构主要包括商业银行、保险公司、信托公司、投资基金、养老基金等。通常将它们发行的新证券称为“间接证券”(Indirect Security)，如银行存款单、保险单、金融债券、基金凭证等。在这种融资活动中，资金不是直接由盈余单位转向赤字单位，而是通过金融中介机构来进行转移的。金融中介机构扮演着最终贷款人的“借方”和最终借款人的“贷方”的角色。这种融资方式称为“间接融资”。在间接融资中，盈余单位购买的并不是赤字单位发行的直接证券，而是金融中介机构发行的间接证券。通过间接融资，资金同样可以实现从盈余单位向赤字单位的转移。间接融资过程见图 4－2 所示。

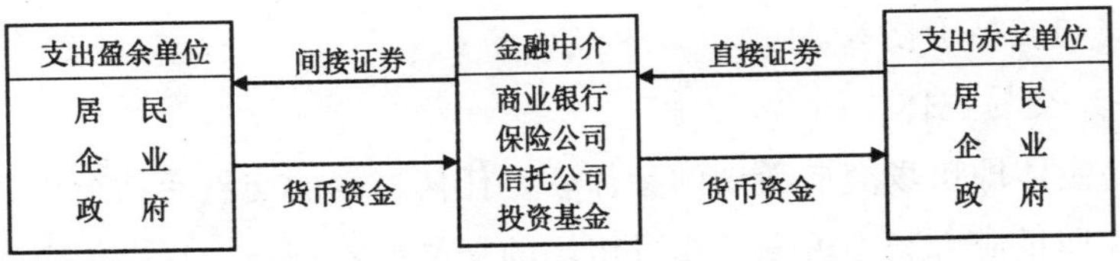

图 4－2

(二) 金融市场的概念

从上述分析可以看出，由于各经济单位在经济活动中存在着资金盈余或不足的情况，为确保经济活动的正常进行，由此产生了资金的融通，而各种资金融通活动的总和则形成了金融市场。

“在金融市场中，资金从拥有闲置货币的人手中转移到资金短缺的人手中”。[①] 但是，由于盈余单位和赤字单位之间的资金融通，要通过直接证券或间接证券等金融工具的交易来实现，所以对“金融市场”可作如下定义：金融市场是指以金融工具为交易对象而形成的资金供求关系的总和。

为便于理解，对这一概念需作以下说明：

1. 金融市场是一个特殊的商品市场。在普通商品市场上，人们交易的是各种各样的、使用价值各异的商品，而在金融市场上，人们交易的只有一种特殊的商品——货币资金。但在实际交易中，通常是以多种多样的金融工具作为货币资金的载体。

2. 金融市场可以是无形的市场。金融市场形成的初期，一般都有固定的场所，即有形市场。随着商品经济、信用活动和科学技术的发展，金融市场突破了场所的限制，人们可以借助于电话、电传、计算机网络等现代化设施来进行资金融通，从而形成一种无形的金融市场。所以，现代金融市场是一种有形市场和无形市场并存的市场。

3. 金融市场有广义与狭义之分。广义的金融市场泛指一切进行资金交易的市场，包括以金融机构为中介的间接融资和资金供求者之间的直接融资。狭义的金融市场则限于资金供求者之间的直接融资，交易双方通过办理各种标准化的票据和有价证券的交易来实现融资的目的。本书所分析的范围主要限于狭义的金融市场。

二、金融市场的构成要素

金融市场的构成要素主要包括交易主体、交易对象、交易工具、交易的组织形式和交易价格等。

（一）交易主体

交易主体即市场交易活动的参加者。任何市场的交易活动至少必须有两方参加，即供应方和需求方。金融市场的交易也不例外，它必须有资金供应者（即盈余单位或投资者）和资金需求者（即赤字单位或筹资者）参加。如果从性质来看，金融市场的交易主体可分为以下五类：

1. 居民个人。主要是以非组织成员的身份参加金融市场活动的居民个

① ［美］弗雷德里克·S. 米什金（FredericS. Mishkin）著：《货币金融学》（第七版），中国人民大学出版社 2006 年版，第 4 页。

人。个人在金融市场上主要是资金供应者，其目的多为调整货币收支结构或追求投资收益的最大化。

2. 工商企业。工商企业经常是金融市场上的资金需求者。无论是工业企业还是商业企业，在生产经营活动中总会因各种原因而产生资金不足的问题，而弥补资金不足除向银行借款外，另一有效办法就是在金融市场上发行有价证券。作为市场上经常的资金需求者，并不影响工商企业成为市场上的资金供应者，当企业在经营活动中存在闲置资金时，可通过购买其他赤字单位发行的有价证券进行投资，以实现资产的多样化。

3. 政府机构。政府机构在金融市场上多数时候是以资金需求者的身份参加交易，如为了弥补临时性财政收支缺口，或是为了筹措某些重点工程建设资金，政府可通过在金融市场上发行政府债券来筹集所需资金。

4. 金融机构。包括存款性金融机构和非存款性金融机构，前者主要有商业银行、储蓄机构、信用合作社等金融机构，后者主要有保险公司、养老基金、投资银行、投资基金等金融机构。各类金融机构是金融市场的重要参与者：作为资金供应者，它们可以在金融市场上大量购买赤字单位发行的直接证券；作为资金需求者，它们则可以通过向市场发行间接证券来获取资金。

5. 中央银行。作为金融市场的参加者之一，不同于其他四类交易主体，它不是单纯的资金需求者和资金供应者，而是信用调节者。中央银行参与金融市场的活动主要是为了实施货币政策，调节和控制货币供应量，以实现稳定货币、稳定经济的目标。

（二）交易对象与交易工具

如前所述，人们在金融市场上交易的对象是单一的，只有货币资金一种。无论是货币市场上的交易活动，还是资本市场上的证券买卖，进行的都是货币资金的交易：作为资金需求者融入的都是货币资金，作为资金供应者融出的也都是货币资金，只不过在融资的期限、数额、价格以及形式上有所不同而已。

由于金融市场上的交易是一种信用交易，资金供应者让渡的只是货币资金的使用权，并没有转移货币资金的所有权，所以在交易活动达成之时，资金供应者和资金需求者之间也就形成了一种债权债务关系。为了明确这种债权债务关系，就需要一定的凭证来作为依据，这就是金融工具。所谓金融工具，又称“信用工具”，是指金融市场上制度化、标准化的融资凭证。金融工具出现后，市场上的资金交易便可借助于金融工具来完成，融资凭证也就成了交易的工具：当赤字单位需要补充资金时，便可在金融市场上出售金融工具来融入资金；当盈余单位需要运用资金时，便可在金融市场上购买金融工具来贷出资金。通过这种金融工具的买卖，资金供求双方达到了资金交易的目的，金融工具实际上成为资金的载体，成为金融市场上交易的工具。

（三）交易的组织形式

有了交易主体和交易对象及交易工具就具有了市场交易的可能性，但要达成交易，还需要有一定的组织形式把交易双方和交易对象结合起来，使交易双方相互联系，实现转让交易对象的目的。综观各国金融市场，所采用的交易组织形式一般有两种：

1. 交易所形式。这是一种由交易双方集中在交易所内通过公开竞价的方式来进行资金交易的组织形式。在这种形式下，资金交易集中于交易所内，交易主体平等而公开地通过竞价进行交易活动，最后按照价格优先、时间优先的原则成交。

2. 柜台交易形式或店头交易形式。这是一种分散在各个证券商柜台前进行交易的组织形式。其实这种交易组织形式现在也很少在柜台前直接进行，而多借助于电话、电传等现代通讯手段来达成交易。

（四）交易价格

以上所述要素仅构成金融市场的基本框架，金融市场的交易活动要能正常运行还必须要有一个健全的价格机制。在金融市场的交易中，由于利率即是资金商品的价格，所以“健全的价格机制”在这里实际上就是指健全的利率机制，即能够根据市场资金供求状况灵活调节的利率机制：当市场上资金供不应求时，市场利率则会趋于上升；当市场上资金供过于求时，市场利率又能自动下降。

三、金融市场的功能[①]

作为资金融通机制的核心，金融市场具有以下主要经济功能。

（一）聚敛功能

所谓聚敛功能是指金融市场所具有的资金集合功能，即通过金融市场，可以将社会上分散的小额资金汇集成巨额的资金，从而可用于扩大社会再生

① 参见张亦春、郑振龙主编：《金融市场学》，高等教育出版社2003年版，第2—5页。

产。如前所述，在经济活动过程中，由于社会各部门的资金收入和支出在时间、数量上很难保持对称，因而在一定期限内，总是会有些单位存在暂时闲置资金，而有些单位又存在资金缺口。对于资金不足的单位来说，若不能及时弥补资金缺口，则会影响到生产经营活动的运行；对于盈余单位来说，其闲置的资金是相对有限的，而且从整个社会角度来看，这些闲置资金也显得比较零散，难以满足大规模的投资要求。这就需要有一个能将社会上分散的小额资金汇集成巨额资金的渠道，以满足社会经济发展的要求。金融市场就为社会提供了这种渠道，在这里，金融市场实际上起着资金“蓄水池”的作用。

（二）配置功能

金融市场的配置功能主要表现为对资源的合理配置。在经济运行过程中，由于多种原因，盈余单位并不一定能将其多余资金作最有利的运用，若是如此，则整个社会的经济效率将受到影响。而通过金融市场价格杠杆的作用，可以引导资金从低效率部门流向高效率部门，从而在全社会范围内实现资源的合理配置，提高有限资源的利用效率。

此外，金融市场的配置功能还表现为对财富和风险的再分配。对财富的再分配主要是通过金融市场上各种金融资产价格的波动来实现的，因为若金融资产价格上升，则会导致金融资产持有者的财富相应增加；反之，若金融资产价格下跌，则其持有者的财富将相应减少。对风险的再分配，同样可以通过金融市场上的各种金融工具来实现，借助于买卖风险性不同的金融工具，风险厌恶程度较高的人可以将风险转移给风险厌恶程度较低的人，从而实现风险的再分配。

（三）调节功能

所谓调节功能是指金融市场对宏观经济的调节作用。

1. 金融市场对宏观经济具有直接的调节作用。金融市场的融资过程，主要是通过投资者对不同金融工具的认购来完成的。而投资者对金融工具的选择，实际上就是对投融资方向的选择。为了获得最大的投资回报，投资者会谨慎地选择投资对象，通常总是会将资金投向效益高、具有发展前景的部门或行业，由此促进资源的合理配置，优化产业结构，实现对宏观经济的调节功能。

2. 金融市场还可为政府实施对宏观经济的间接调控提供条件。政府对宏观经济的间接调控主要是通过货币政策和财政政策来实现的，而金融市场的存在和发展，则为货币政策和财政政策的实施提供了重要的渠道，如中央银行公开市场业务的操作、政府增减国债发行量调整财政政策等都需要通过金融市场来实现。

（四）反映功能

金融市场的反映功能是指金融市场可以反映出一定时期内国民经济的运行状况。这种反映功能主要表现在以下方面：

1. 金融市场是反映微观经济运行状况的指示器。金融市场上各种证券价格的涨跌，可以反映出证券发行企业的经营管理情况及其发展前景，并由此可推断出相关企业、行业的发展前景。

2. 金融市场是反映宏观经济运行状况的重要窗口。在实行金融间接调控条件下，一国的经济政策特别是货币政策的调整、银根的松紧、通货膨胀率的变化，都会通过金融市场的价格波动反映出来。

基于金融市场的这种反映功能，通常将金融市场比喻为国民经济的“晴雨表”。

四、金融市场的分类

金融市场是一个由许多相互独立又相互关联的子市场组成的大市场。按照不同的标准可以将其划分为若干类市场。

（一）按标的物划分：货币市场、资本市场、外汇市场和黄金市场

货币市场是指融资期限在1年以内（包括1年）的短期金融市场。它主要是满足交易者的流动性需求。货币市场一般没有正式的组织，所以交易特别是二级市场的交易基本上都是通过电讯方式联系达成的。

资本市场是指融资期限在1年以上的长期金融市场。它主要是满足中长期融资需要，为资本的积累和分配提供条件。广义上说，资本市场包括中长期银行信贷市场和证券市场。本章主要以证券市场为分析对象。

外汇市场是专门进行外汇交易的市场，即以外汇作为交易的标的物。

黄金市场是专门集中进行黄金买卖的市场。由于黄金目前仍然是一种重要的国际储备资产，而且具有较强的保值功能，所以仍将黄金市场视作金融市场的组成部分。

（二）按中介特征划分：直接金融市场和间接金融市场

直接金融市场是指资金需求者直接获得资金盈余单位融资的市场（如图4－1所示）。间接金融市场则是指资金需求者与资金供应者之间通过银

行等金融中介机构来进行资金融通的市场（如图4－2所示）。

直接金融市场与间接金融市场的区别并不在于是否有中介机构介入，而主要是在于中介机构的特征差异。如图4－1所示，直接金融市场上的融资活动也有中介机构介入，只是这类中介机构不是作为资金中介，而仅仅是作为信息中介和服务中介为实际的资金需求者和供应者提供信息和服务，它不需要发行以自己作为债务人的金融工具。

（三）按金融工具发行和流通特征划分：一级市场和二级市场

一级市场是指新证券发行的市场，亦称为“初级市场”或“发行市场”。通过发行新证券，赤字单位可以筹集到所需要的资金，从而弥补资金缺口。

二级市场是指已发行的证券在不同的投资者之间进行买卖所形成的市场，又称“次级市场”或“流通市场”。二级市场又可分为场内市场（即证券交易所）和场外市场（或店头市场）。

（四）按定价与成交方式划分：公开市场和协议市场

公开市场是指金融资产的交易价格是通过买者和卖者公开竞价而形成的市场。在公开市场上，金融资产在到期偿付之前，可以自由交易，并且一般只卖给出价最高的买者。如证券交易所、期货交易所等有组织的市场都属于公开市场。

协议市场是指金融资产的定价与成交是通过私下协商的方式来完成的市场。如未上市的证券、银行信贷、保险等交易，均是通过这种方式来进行的。最初的协议市场，交易范围有限，交易不甚活跃，效率也比较低，但随着现代通讯技术的发展和计算机技术的运用，该市场的影响正日益扩大。

（五）按有无固定场所划分：有形市场和无形市场

有形市场是指有固定交易场所的市场，如证券交易所等。这种市场通常只限于会员进场进行交易，非会员必须委托会员才能进行交易。

无形市场是指通过现代化的通讯工具而形成的一种金融交易网络。它没有固定的集中场所，也没有固定的交易时间，而只是一种无形的网络，所以称之为“无形市场”。在现实世界中，大部分金融资产的交易是在无形市场上来进行的。

（六）按地域划分：国内金融市场与国际金融市场

国内金融市场是指融资交易活动的范围仅限于一国国境之内，即只有本国居民参加交易的金融市场。

国际金融市场则是指融资交易活动并不仅限于一国国境之内，即允许非本国居民参加交易的金融市场。

第二节　货币市场

一、货币市场的定义与基本功能

货币市场是指融资期限在1年以内（包括1年）的资金交易市场，又称为“短期资金市场”。由于在该市场上流通的金融工具主要是一些短期信用工具，如国库券、商业票据、银行承兑票据、可转让定期存单等，而这些金融工具具有期限短、流动性强的特点，可视之为“准货币”，所以将该市场称为“货币市场”。

货币市场的基本功能在于实现资金的流动性。货币市场上的融资活动主要是为了保持资金的流动性，从而便于各类经济主体可以随时获得或运用现实的货币。货币市场的存在和运转，一方面可以满足支出赤字单位的短期资金需求，另一方面也为支出盈余单位的暂时闲置资金提供了获取盈利机会的出路。

二、货币市场的特点

（一）融资期限短

货币市场是进行短期资金融通的市场，融资期限最短的只有1天，最长的也不超过1年，所以该市场的一个显著特点就是融资期限短。

（二）流动性强

由于融资期限较短，所以货币市场上的金融工具变现速度都比较快，从而使该市场具有较强的流动性。

（三）风险性小

正是由于期限短、流动性强，所以货币市场工具的价格波动不会过于剧烈，风险性较小。此外，货币市场工具的发行主体大多为政府、商业银行及资信较高的大公司，所以其信用风险也较小。

（四）可控性强

由于货币市场是财政部、中央银行可以直接参与的金融市场，所以货币市场除了满足参与者调剂资金余缺、补充流动性等要求之外，还可以为财政政策和货币政策的实施创造条件。财政部的国库券发行、中央银行的公开市场业务都会直接影响到货币市场的运行，因此，相对资本市场而言，政府对货币市场的影响和控制力要大得多。

三、货币市场的构成

根据货币市场上的融资活动及其流通的金融工具，可将货币市场划分为同业拆借市场、回购市场、商业票据市场、大额可转让定期存单市场、短期政府债券市场和货币共同基金市场。

（一）同业拆借市场

1. 同业拆借市场的含义。同业拆借市场是指银行及非银行金融机构之间进行短期性的、临时性的资金调剂所形成的市场。同业拆借市场最早出现于美国。按照美国 1913 年通过的《联邦储备银行法》，凡是加入联邦储备银行的会员银行，必须向联邦储备银行缴纳一定比例的法定存款准备金。由于清算业务及日常收付数额的变化，便出现了有的银行存款准备金有多余而有的银行存款准备金不足的情况。前者需要把多余的部分运用出去，以增加利息收入；后者则需要借入资金来弥补准备金的缺口，以避免受到央行的经济处罚。于是两者就产生了互相调剂准备金余缺的客观需要。1921 年，在美国纽约正式形成了以调剂会员银行的准备金头寸为内容的“联邦基金市场”（所谓联邦基金即是美国的金融机构存在联邦储备银行准备金账户上的存款）。同业拆借市场形成之初，市场参与者仅限于联邦储备银行的会员银行，后随着同业拆借市场的发展，互助储蓄银行和储蓄贷款协会等金融机构也加入了该市场。20 世纪 80 年代以后，外国银行在美国的分支机构也开始进入这一市场参加交易活动。

2. 主要市场特征。

（1）参与者有限。同业拆借主要限于金融机构参加，首推商业银行。西方国家的许多大商业银行都把拆入资金作为一项经常性的资金来源，或者是通过循环拆借的方式（今日借明日还，明日再借次日再还），使其贷款能力超过存款规模；或者是减少流动性高的资产（如库存现金、各种短期证券等），以增加高盈利资产的规模，而在需要额外清偿能力时就进行拆借。与此同时，许多中小商业银行出于谨慎的原因会经常保存超额准备金，为使这部分准备金能带来收益并减少风险，他们往往是通过拆借市场向大银行拆出。于是，同业拆借又成为中小商业银行一项经常性的资金运用。

（2）拆借期限短。同业拆借的期限一般都控制在1年以内。不过，由于拆借目的的不同，同业拆借在期限上存在着较大的差别，最短的只有1天（今日拆入、明日归还），最长的可达1年。根据拆借目的的不同，一般将同业拆借市场上的交易分为两种：一是同业头寸拆借，主要是指金融机构为了轧平头寸、补充存款准备金和票据清算资金而在拆借市场上融通短期资金的活动，一般拆借期限为1天；二是同业短期拆借（或同业借贷），主要是指金融机构之间为满足临时性的、季节性的资金需要而进行的短期资金拆借，这一类的拆借期限相对较长。

（3）拆借利率市场化。同业拆借利率一般由拆借双方协商决定，而拆借双方又都是经营货币资金的金融机构，所以同业拆借利率最能反映市场资金供求状况，并对货币市场上的其他金融工具的利率变动产生导向作用，这就使得同业拆借利率由此而成为货币市场上的核心利率。

正是基于同业拆借利率在利率体系中的这种重要地位，在现代金融活动中，同业拆借利率已被视作为观察市场利率走势的风向标。也正因如此，大多数国家的中央银行已把同业拆借利率作为货币政策的操作目标，通过货币政策工具的运用，影响同业拆借利率，进而影响长期利率和货币供应量发生变化，从而实现既定的货币政策目标。

专栏4.1　　上海银行间同业拆放利率简介

上海银行间同业拆放利率（Shanghai Interbank Offered Rate，简称Shibor），以位于上海的全国银行间同业拆借中心为技术平台计算、发布并命名，是由信用等级较高的银行组成报价团自主报出的人民币同业拆出利率计算确定的算术平均利率，是单利、无担保、批发性利率。于2007年1月3日起对外公布。目前，对社会公布的Shibor品种包括隔夜、1周、2周、1个月、3个月、6个月、9个月及1年。

Shibor报价银行团现由16家商业银行组成。报价银行是公开市场一级交易商或外汇市场做市商，在中国货币市场上人民币交易相对活跃、信息披露比较充分的银行。中国人民银行成立 Shibor 工作小组，依据《上海银行间同业拆放利率（Shibor）实施准则》确定和调整报价银行团成员、监督和管理 Shibor 运行、规范报价行与指定发布人行为。

全国银行间同业拆借中心受权 Shibor 的报价计算和信息发布。每个交易日根据各报价行的报价，剔除最高、最低各 2 家报价，对其余报价进行算术平均计算后，得出每一期限品种的 Shibor，并于 11:30 对外发布。

（二）回购市场

1. 回购市场的含义。回购市场是指通过回购协议进行短期资金融通的市场。所谓回购协议（Repurchase Agreement）是指证券持有人在出售证券的同时，与证券购买商约定在一定期限后再按约定价格购回所售证券的协议。例如，某交易商为筹集隔夜资金，将 100 万元的国库券以回购协议卖给甲银行，售出价为 999800 元，约定第二天再购回，购回价为 100 万元。在这里，交易商与甲银行进行的就是一笔回购交易。注意，在回购交易中先出售证券、后购回证券称为正回购；先购入证券、后出售证券则为逆回购。如该例中交易商所做的即为正回购，而甲银行所做的则为逆回购。回购交易实际上是一种以有价证券（大多为国债）为抵押品的短期融资活动。在回购交易中，证券持有者通过出售证券融入资金，而证券购买者通过买入证券融出资金。

2. 主要市场特征。

（1）参与者的广泛性。回购市场的参与者比较广泛，包括商业银行、非银行金融机构、中央银行和非金融机构（主要是企业）。一般而言，大银行和证券交易商（特别是政府证券交易商）是回购市场上的主要资金需求者，它们通过出售所持有的证券，可以暂时获得一定的资金来源，以缓解流动性不足的问题。

（2）风险性。尽管在回购交易中使用的是高质量的抵押品，但是仍会存在一定的信用风险。这种信用风险主要来源于当回购到期时，而正回购方无力购回证券，那么逆回购方只有保留证券，若遇到抵押证券价格下跌，则逆回购方会遭受一定的损失。

（3）短期性。回购期限一般不超过1年，通常为隔夜（即今日卖出证券，明日再买回证券）或7天。

（4）利率的市场性。回购利率由交易双方确定，主要受回购证券的质地、回购期限的长短、交割条件、货币市场利率水平等因素的影响。

（三）票据市场

1. 票据的含义。这里的票据指商业票据。所谓商业票据（Commercial Paper）是指工商企业签发的以取得短期资金融通的信用工具，包括交易性商业票据和融资性商业票据。

（1）交易性商业票据。交易性商业票据是在商品流通过程中，反映债权债务关系的设立、转移和清偿的一种信用工具，包括商业汇票和商业本票。商业汇票是由出票人签发的、委托付款人在见票时或者在指定日期无条件支付确定的金额给收款人的凭证。商业本票是由出票人签发的、承诺在一定时间内将确定金额支付给收款人的凭证。

（2）融资性商业票据。融资性商业票据是由信用级别较高的大企业向市场公开发行的无抵押担保的短期融资凭证。由于融资性商业票据仅以发行者的信用作保证，因此不是所有的公司都能够发行商业票据，通常只有那些规模巨大、信誉卓著的大公司才能发行。这种商业票据一般具有面额固定且金额较大（10万美元以上）、期限较短（一般不超过270天）的特点，而且都采用贴现方式发行。

2. 票据市场的构成。票据市场即是以商业票据作为交易对象的市场。其有狭义与广义之分，狭义的票据市场仅指交易性商业票据的交易市场，广义上的票据市场则包括融资性商业票据和交易性商业票据。以下从广义角度介绍票据市场的构成。

（1）票据承兑市场。所谓票据承兑是指商业汇票签发后，经付款人在票面上签字盖章，承诺到期付款的一种票据行为。凡经过承兑的汇票统称为“承兑汇票”：如果是经付款人本人承兑则为“商业承兑汇票”；如果是由银行承兑则为“银行承兑汇票”。由于银行的信誉要比一般付款人的信誉高，因而银行承兑汇票的安全性及流动性都要好于商业承兑汇票，所以在票据承兑市场上流通的大多为银行承兑汇票。

银行承兑汇票既可在国内贸易中由银行应购货人请求而签发，也可在国际贸易中由出口商出票、经进口商银行承兑而形成。由于汇票经银行承兑后，银行要承担最后付款责任，实际上是银行将其信用出借给了承兑申请人，所以承兑申请人要向银行交纳一定的手续费。可见，银行通过承兑汇票可以增加经营收入。

（2）票据贴现市场。票据贴现是指商业票据（大多为承兑汇票）持票人为获取流动性资金，向银行（或其他金融机构）贴付一定利息后，将未到期的票据转让给银行（或其他金融机构）的票据行为。具体而言，即持票人在票据未到期而又急需现款时，以经过背书的未到期票据向银行申请融通资金，银行审查同意后，扣除自贴现日起至票据到期日止的利息，将票面余额支付给贴现申请人。由此可见，通过贴现活动，持票人可将未到期的票据提前变现，从而满足融资的需要。贴现利息和贴现额的计算如下式所示：

贴现利息 = 票据面额 × 贴现利率 × 票据剩余天数 （4-1）

贴现额 = 票据面额 - 贴现利息 （4-2）

例，某企业持面额为100000元、尚有30天到期的承兑汇票到银行申请贴现，若银行贴现利率为4%，则贴现额为：

$100000 - 100000 \times 4\% \times 30/360 = 99666.67$（元）

从表面上看，票据贴现是一种票据转让行为，但实质上它构成了贴现银行的授信行为，实际上是将商业信用转化成了银行信用。银行办理票据贴现后，如果遇到头寸不足，可持已贴现的但尚未到期的票据再向其他银行或中央银行办理贴现。贴现银行持票据向其他银行申请贴现，称为“转贴现”。贴现银行持票据向中央银行申请贴现称为“再贴现”。

在西方发达国家，由于商业信用发达，票据贴现市场业已成为货币市场的重要组成部分。票据贴现市场的存在和发展具有积极意义：对于票据持有人来说，通过票据贴现可以将固定的债权提前转变为流动资金，以满足临时性的资金需求，加快了资金周转速度。对于贴现银行来说，票据贴现市场既是其运用资金的有利场所，又是其获取资金的有效渠道，因为银行通过贴现业务发放出去的资金，都有票据作为担保，信用较为可靠，在票据到期时，银行可持票据向票据的付款人及时收回款项；而当银行自身发生资金周转困难时，则可持票据向中央银行申请再贴现，及时补充资金来源。对于中央银行来说，贴现市场的存在为其实行宏观金融调控创造了条件，中央银行通过控制再贴现额度和调整再贴现率，可以影响商业银行的信贷资金规模和市场利率，从而实现对货币总量的调控。

（3）商业票据市场。该市场的参与者主要是工商企业和金融机构。发行者一般为一些规模大、信誉高的金融性公司和非金融公司，发行目的是要筹措资金，前者主要是为了扩大消费信用，后者主要是解决短期资金需求及季节性开支，如支付工资、交纳税收等。商业票据的投资者主要是保险公司、投资公司、商业银行、养老基金及地方政府等。尽管该种商业票据没有抵押担保，但是由于发行者的声誉较高，风险还是比较低，所以上述机构比较乐于投资商业票据。商业票据的发行一般采用贴现方式，其发行价格可用公式表示为：

发行价格 = 面额 - 贴现金额　　　　(4-3)

贴现金额 = 面额 × 贴现率 × 期限/360　　　　(4-4)

例，某公司拟发行票面金额为100000美元、年贴现率为6%、期限为60天的商业票据，则该商业票据的发行价格为：

发行价格 = 100000 ×（1 - 6% × 60/360）= 99000（美元）

（四）大额可转让定期存单市场

1. 大额可转让定期存单的含义。大额可转让定期存单（Negotiable Certificate of Deposits，简称CDs），是一种由商业银行发行的有固定面额、可转让流通的存款凭证。CDs于1961年由美国花旗银行首次在世界上推出。最初是美国商业银行为逃避金融管理条例中对存款利率的限制、稳定银行存款来源而进行的一项金融业务创新，后由于CDs的实用性很强，既有益于银行，又有益于投资者，故很快发展为货币市场上颇受欢迎的金融工具。

从形式上看，银行发行的CDs也是一种存款凭证，是存款人的债权凭证，与普通定期存款单似乎无异，但实际上CDs有着不同于普通定期存款单的特点，主要表现在以下方面：

（1）不记名。普通定期存款单都是记名的，而CDs不记名。

（2）可转让。普通定期存款单一般都要求由存款人到期提取存款本息，不能进行转让，而CDs可以在货币市场上自由转让、流通。

（3）金额大且固定。普通定期存款单的最低存款数额一般不受限制，并且金额不固定，可大可小，有整有零，而CDs一般都有较高的金额起点，并且都是固定的整数。

（4）期限短。普通定期存款单的期限可长可短，由存款人自由选择，而CDs的期限规定在一年以内。

（5）利率较高。CDs的利率由发行银行根据市场利率水平和银行本身的信用确定，一般都高于相同期限的普通定期存款利率，而且资信越低的银行发行的CDs的利率往往越高。

2. 主要市场特征。

(1) 利率趋于浮动化。20 世纪 60 年代初，CDs 主要以固定利率发行，存单上注明特定的利率，并在指定的到期日支付。进入 20 世纪 70 年代后，随着市场利率波动的加剧，发行者开始增加浮动利率 CDs 的发行。

(2) 收益与风险紧密相连。CDs 虽由银行发行，但是也存在一定的信用风险和市场风险。信用风险主要来自 CDs 到期时而其发行银行无法偿付本息。市场风险主要是在持有者急需资金时却无法在二级市场上将 CDs 立即转让或不能以合理的价格转让。由于 CDs 的风险要高于国库券，甚至要高于同期的普通定期存款，所以其利率通常也要高于同期的国库券和普通定期存款。

在金融市场发达的国家，CDs 市场已成为货币市场的重要组成部分。对于银行来说，发行 CDs 无疑是一种极好的筹资办法，它可以使银行获得稳定的资金来源，同时也为银行提高流动性管理能力提供了一种有效手段，银行可以通过主动发行 CDs 来增加负债，以满足扩大资产业务的需要。对于投资者来说，由于 CDs 都是由银行发行的，信用较高，且到期前可以转让变现，并有较高的利息收入，故投资于 CDs 可使投资者获得一种流动性强、收益性高的金融资产。此外，CDs 市场的存在对于中央银行的信用调节也具有积极意义，中央银行可通过调整基准利率以影响市场利率水平，由此影响 CDs 的利率，并进而影响 CDs 的发行量，从而达到间接调控银行信用创造的目的。

(五) 短期政府债券市场

1. 短期政府债券的含义。短期政府债券是一国政府部门为满足短期资金需求而发行的一种期限在 1 年以内的债务凭证。在政府遇有资金困难时，可通过发行政府债券来筹集社会闲散资金，以弥补资金缺口。广义上看，政府债券不仅包括国家财政部门发行的债券，还包括地方政府及政府代理机构发行的债券。但从狭义上说，政府债券仅指国家财政部所发行的债券。在西方国家一般将财政部发行的期限在 1 年以内的短期债券称为国库券。所以狭义地说，短期政府债券市场就是指国库券市场。

2. 主要市场特征。

(1) 贴现发行。国库券的发行一般都采用贴现发行，即以低于国库券面额的价格向社会发行。

(2) 违约风险低。国库券是由一国政府发行的债券，它有国家信用作担保，故其信用风险很低，通常被誉为“金边债券”。

（3）流动性强。由于国库券的期限短、风险低，易于变现，故其流动性很强。

（4）面额较小。相对于其他的货币市场工具，国库券的面额比较小。目前美国的国库券面额一般为10000美元，远远低于其他货币市场工具的面额（大多为10万美元）。

国库券市场的存在和发展具有积极的经济意义。第一，就政府来说，不需增加税收就可解决预算资金不足的问题，有利于平衡财政收支，促进社会经济的稳定发展；第二，就商业银行来说，国库券以其极高的流动性为商业银行提供了一种非常理想的二级准备金，有利于商业银行实行流动性管理；第三，就个人投资者来说，投资于国库券不仅安全可靠，而且可以获得稳定的收益，且操作简便易行；第四，就中央银行来说，国库券市场的存在为中央银行进行宏观调控提供了重要手段，中央银行通过调节在国库券市场上买卖的数量，不仅可以直接左右市场货币供应量，而且还可以借助于对市场利率水平所产生的影响来达到调节市场货币供应量的目的。

第三节　资本市场

一、资本市场的定义和特点

（一）资本市场的定义和基本功能

资本市场是指融资期限在1年以上的中长期金融市场。它主要是满足中长期融资需要，为资本的积累和分配提供条件。广义上说，资本市场包括中长期银行信贷市场和证券市场。本节将以证券市场为例，主要介绍股票市场和债券市场。

资本市场的基本功能在于有效聚集储蓄资金，并促进储蓄向投资的转化，从而满足各部门对于中长期资本的需要。

（二）资本市场的特点

1. 融资期限长。相对于货币市场而言，资本市场的一个突出特点就是融资期限长，都在1年以上。所以通常又称之为长期金融市场。

2. 流动性低。由于期限较长，因此资本市场上的金融工具的流动性相对要低于货币市场工具。

3. 风险性大。由于资本市场的融资期限相对较长，对于融资双方来说，在融资期限内面对的市场不确定性因素也要相对多于货币市场，因而市场风险相对较大。

二、股票市场

（一）股票的概念

所谓股票是股份有限公司给予投资者以证明其向公司投资并拥有所有者权益的一种所有权凭证。投资者认购股票后，就成为公司的股东，可以行使一切法定的股东权利，主要包括剩余索取权和剩余控制权。剩余索取权是指股东有权索取公司对债务还本付息后的剩余收益；剩余控制权是指股东拥有合同所规定的经理职责范围之外的决策权。

（二）股票的种类

1. 按股东权益划分，股票可分为普通股股票和优先股股票。

普通股股票是指每一股份对公司财产都拥有平等权益的股票。这是目前最常见、最典型的一种股票。普通股股东享有以下基本权利：①享有参与公司经营管理的权利；②有权参加公司收益的分配，而且股利是不固定的；③享有优先认购新股的权利；④享有分配公司剩余财产的权利，但顺序排在优先股之后。

优先股股票是相对于普通股股票而言的，是指在分取股息和公司剩余财产方面拥有优先权的股票。

2. 按票面是否记载股东姓名，股票可分为记名股和无记名股。

记名股是指将股东姓名记载于股票票面和股东名册的股票。投资者认购记名股票时，不仅要在股票票面上记载其姓名，而且还必须把姓名和住址记入发行公司的股东名册。派发股息时，由公司书面通知股东；转让股权时，须照章办理过户手续。

无记名股票是指股票票面不记载股东姓名的股票。与记名股票相比，该类股票在股东权的内容上没有差别，只是公司派发股息时不进行专门通知，而且在转让股票时，无须办理过户手续。

3. 按有无票面金额，股票可分为有面值股和无面值股。

有面值股是指在股票票面上记载一定金额的股票。无面值股则是指股票票面上未记载金额的股票，一般只是注明为股本总额的一定比例。

从我国目前发行的股票来看，其分类有以下三种情形：

（1）根据投资者身份的不同，将股票分为国家股、法人股、个人股和外资股。国家股是指有权代表国家投资的政府机构以国有资产投入股份公司而形成的股份；法人股是指由单位法人以其可支配的资产进行投资所形成的股份；个人股是由个人投资者以其合法资产进行投资所形成的股份；外资股是由港、澳、台地区以及外国的投资者以外币购买人民币特种股票的形式向公司投资所形成的股份。

（2）根据发行和上市地区的不同，将股票分为 A 股、B 股、H 股、S 股、L 股等。A 股是指我国境内的股份有限公司在境内发行的由国内投资者用人民币购买的、可在境内证券交易所上市交易的普通股股票。B 股是境内公司发行的以人民币标明面值由境外投资者用外币购买并可在境内证券交易所上市的股票。H 股是境内公司在境外发行由境外投资者用外币购买并在香港证券联合交易所上市交易的港元股票。N 股是境内公司在境外发行由境外投资者认购并在美国纽约证券交易所上市交易的美元股票。S 股、L 股则分别是指由境内公司发行的在新加坡交易所上市的新加坡元股票和在伦敦交易所上市的英镑股票。

（3）根据股本募集方式的不同，我国将股票分为公开股和内部股。公开股是向社会公开发行、招股的股票。该类股票经批准后可在证券交易所挂牌上市。内部股是公司向其内部职工发行的、在规定时间内不能上市交易的股票。

（三）股票一级市场

股票一级市场是指公司直接或通过中介机构向投资者出售新发行的股票。所谓新发行的股票包括初次发行（Initial Public Offering，简称 IPO）和再发行的股票。前者是指公司第一次面向投资者出售原始股，后者则是在已上市股票基础上再次增加发行。

1. 发行方式。从世界各国的实践来看，股票发行方式一般分为私募发行和公募发行两类。

私募发行是指只向少数特定的投资者发行股票的方式。私募发行中的特定投资者包括个人投资者和机构投资者，前者主要是发行公司的内部职工或使用该公司产品的用户；后者一般是一些大的金融机构或与发行公司有密切业务关系的公司或部门。私募发行具有节省发行费用和发行时间的优点，而且可避免公开公司的财务情况，简化发行过程，但发行公司通常需要向投资者提供高于市场平均条件的特殊优厚条件。

公募发行是指面向市场大量的非特定投资者公开发售股票的方式。在公募发行中，发行对象不受限制，任何投资者均可认购股票，因而有利于发行公司吸收各方面的资金，筹资潜力大，且无须提供特殊优厚的条件，但公募发行的准备工作量比较大，而且必须在发行说明书中如实公布有关财务指标。

2. 发行价格。股票发行价格主要有三种，即平价、溢价和折价。平价发行是以股票面额作为发行价格来发售股票，亦称“面值发行”。采用平价发行有助于股票的推销，益于发行者迅速筹集到股本金。溢价发行是指以超过股票面额的价格发售股票。采用溢价发行可以使发行者用较少的股份筹集到所需的股本金，有利于提高资本利润率。折价发行是以低于股票面额的价格发售股票。目前世界上许多国家一般不允许股票折价发行，如英国公司法明文规定不准折价发行股票。美国多数州法律也规定折价发行股票是违法的，但也有些州规定为合法。我国《公司法》第131条规定：“股票发行价格可以等于票面金额，也可以超过票面金额，但不得低于票面金额”。

3. 销售方式。根据有无承销中介机构参与发行，股票销售方式可分为直接销售和间接销售。

直接销售亦称自销，即由发行公司直接向投资者销售股票，而无须通过发行中介机构。这种发行方式手续比较简单，但发行时间往往也拖得较长，并且发行人要自担发行风险。一般在私募发行中采用该方式。

间接销售是指发行公司通过股票发行中介机构来办理股票销售事务的方式。承做股票销售的中介机构通常有投资银行、证券公司等金融机构。这些金融机构一般采用包销和代销两种方法来代理销售股票。

包销又可分为全额包销和余额包销。所谓全额包销是指发行中介机构接受发行公司的全权委托，承担将其发行的股票全部销售出去的职责。一般做法是承销机构先以协商价格全部买进发行公司发行的新股票，然后再按市场价格将股票转售给投资者。采用全额包销的发行方式，对于发行公司来说，可以迅速获得所需股本金，而且不必承担发行风险，因为发行风险全部转移给了承销者，但这种发行方法的手续费通常都比较高。所谓余额包销是指发行中介机构接受发行公司的委托，代理发售股票但只承担认购股票发售余额的职责。由于承销机构要承担部分发行风险，因此采用余额包销的发行方法，发行公司也要向承销机构支付较高的手续费。

代销是指发行中介机构只是代发行公司办理股票发行事务，不承担股票发售不出去的风险。对于发行者来说，采用代销的发行方法，要自担发行风险，但可以因此而减少发行费用。

（四）股票二级市场

股票二级市场又称股票交易市场或流通市场，是指由股票持有人买卖或转让已发行的股票所形成的市场。股票二级市场是股票市场不可或缺的组成部分，它对整个股票市场的运行和发展都起着重要作用。

1. 股票二级市场的构成。从目前世界上的情况来看，股票二级市场主要由证券交易所和场外交易市场（包括第三市场、第四市场）组成。

（1）证券交易所（Stock Exchange）。证券交易所是由证券管理部门批准的、为证券的集中交易提供固定场所和交易设施，并制定各项规则以形成公正合理的价格和有条不紊的秩序的正式组织[①]。

目前世界各国证券交易所的组织形式大致可分为公司制和会员制两类。公司制证交所是由各类金融机构和非金融机构共同投资入股建立起来的公司法人。会员制证交所则是以会员协会形式成立的不以盈利为目的的组织，主要由证券商组成。采用会员制的证交所只有会员及享有特许权的经纪人才有资格在证交所内进行证券交易。

证券交易所采用何种证券交易制度，直接影响到证券市场功能的发挥。根据价格决定的特点，证券交易制度可分为做市商交易制度和竞价交易制度两种。做市商交易制度亦称“报价驱动制度”，在该制度下，证券交易的买卖价格均由做市商（Market Maker）报出，证券交易双方并不直接成交，而是向做市商买进或卖出证券。竞价交易制度又称“委托驱动制度”，在该制度下，证券交易双方通过委托各自的经纪商，将交易指令送到交易中心，由交易中心进行撮合成交。目前世界上大多数发达国家的证交所一般都是采用混合的交易制度，而包括我国在内的新兴证券市场大多实行竞价交易制度。

（2）场外交易市场（Over the Counter Market，简称 OTC）。场外交易市场是指在证券交易所之外进行非上市股票的买卖所形成的市场，亦称“柜台交易市场”。场外交易市场具有以下特点：①是一个分散的市场，主要是由各自独立经营的证券商在自己的柜台上来进行股票的买卖。②投资者可直

① 参见张亦春、郑振龙主编：《金融市场学》，高等教育出版社 2003 年版，第 54 页

接参与市场交易，无须通过经纪商。③交易的股票种类繁多，大多是不能在证券交易所内挂牌上市的股票，即非上市股票。

由于场外市场的交易分散在各个证券商的柜台上进行，交易价格往往相差较大，易造成交易秩序的混乱，不利于该市场的正常运行。为统一、规范场外市场的交易，许多国家自20世纪70年代以来纷纷利用现代计算机技术建立起电子自动报价系统，以促使原来各自独立的场外市场成为一个全国统一的场外市场。如美国在1971年建立了“全国证券商协会自动报价系统”（National Association of Securities Dealers Automatic Quotation，NASDAQ），实现了全美国6000多家证券商网点的联网交易。我国于1992年7月建立了全国证券交易自动报价系统（STAQ），为交易者提供了一个进行非上市证券交易的统一市场。

（3）第三市场（The Third Market）。第三市场是指由上市股票在场外进行交易所形成的市场。由于进入交易所内进行股票交易的必须是交易所会员，非会员投资者只能通过委托会员证券商才能进行场内上市股票的交易，且要受最低固定佣金的限制。一些机构投资者为规避交易所最低固定佣金的限制，降低交易费用，便开辟出第三市场。第三市场原本属于场外市场的范畴，20世纪60年代后随着上市股票在场外交易的规模日趋扩大，第三市场的地位也日渐突出，于是逐步发展成为一个独立的市场。

（4）第四市场（The Fourth Market）。第四市场是指股票交易者之间直接进行股票的买卖而无须以经纪人为中介的股票交易市场。这一市场的形成与第三市场一样，也主要是为了规避最低固定佣金的限制，以降低交易费用。第四市场的形成和发展是建立在电子技术较为发达的基础上的，交易活动要借助于计算机网络来进行，交易者可以直接在网上寻找交易对手并执行交易，而不必通过经纪人或证券商来完成交易。目前这一市场在美国最为发达。

2. 股票的交易价格。股票的交易价格是指股票在二级市场上进行转让时的实际成交价格。从理论上来说，股票交易价格主要取决于预期股利收益和市场利率，用公式可表示为：

$$股票交易价格 = \frac{预期股利收益}{市场利率} \tag{4-5}$$

由公式（4－5）可知，股票交易价格与预期股利收益的多少成正比，与市场利率的高低成反比。例如，面额为100元的股票，在预期股利收益为

10 元、市场利率为 8%（年利率）时，其交易价格为 125 元（10 ÷ 8%）；而在预期股利收益为 10 元、市场利率上升至 12.5% 时，其交易价格则跌至 80 元（10 ÷ 12.5%）。

但是，上述公式只是一个理论计算公式，实际交易中股票交易价格会受多种因素的影响而偏离理论价格。影响股票价格变动的因素可以分为两大类：一类是基本要素；另一类是技术因素。

基本要素是指证券市场外的各种因素，包括：第一，经济方面因素，如国民生产总值、物价指数、失业率、工业生产指数、公司营业额等。由于这些因素的变化会影响到公司的经营活动及其盈利状况，从而影响预期股利收益。第二，政治方面因素，如政策的变动、政局的变动、政治动乱、战争等，甚至于政府首脑的健康状况或丑闻等。这些因素的变化会引起股票市场供求关系的变化，进而影响股票价格变化。基本要素是在一个较长时期内影响股票市场价格的因素。所谓基本面分析就是根据这些基本因素来预测股价的变动。

技术因素是指股票市场内部的一些情况，如股票交易量、卖空数量等。所谓市场技术分析，就是根据这些技术性因素分析短期内股票市场价格的变动。

3. 股票价格指数。一般股票市场上交易的股票都有几百种，多者甚至达上千种。这些股票价格各异，且时刻都在变化。从股票价格行情表上，大致可以知道每种股票价格的涨跌，但要判断整个股市或某一行业股价的涨跌就比较困难，因为市场上有些股票在涨、有些股票在跌。为了判断和预测股市变动趋势，我们可以借助于股票价格指数。

（1）股票价格指数的含义。股价指数是用来反映不同时点上股价总体变动情况的相对指标。通常以某一日期为基期，以该日股价平均数作为基期平均价，然后将以后各期（亦称报告期）的股价平均价与基期平均价进行比较，再乘以基期的指数值（一般设为 100），就可得到各期的股票价格指数。用公式表示为：

$$\text{股票价格指数} = \frac{\text{报告期股价平均水平}}{\text{基期股价平均水平}} \times 100 \qquad (4-6)$$

（2）股价指数的计算方法。实际编制股价指数时可采用不同的计算方法，如算术平均法、综合平均法和加权综合法。

①算术平均法。先计算各样本股价指数，再加总求总的算术平均数。计

算公式为：

$$股价指数 = \frac{1}{n}\sum_{i=1}^{n}\frac{p_t^i}{p_0^i}\times 100 \qquad (4-7)$$

式中：n代表股票样本数；p_t^i代表第i种股票的报告期价格；p_0^i代表第i种股票的基期价格。

②综合平均法。先将样本股票的报告期价格和基期价格分别加总，然后相比求出股价指数。计算公式为：

$$股价指数 = \frac{\sum_{i=1}^{n} p_t^i}{\sum_{i=1}^{n} p_0^i}\times 100 \qquad (4-8)$$

式中符号含义同上。

③加权综合法。将股票的发行量或成交量作为权数来确定股价平均水平，以考虑不同股票对股价总值的影响。公式为：

$$股价指数 = \frac{\sum_{i=1}^{n} p_t^i Q^i}{\sum_{i=1}^{n} p_0^i Q^i}\times 100 \qquad (4-9)$$

式中：Q^i 代表第i种股票的发行量或成交量。

目前世界各地股市多采用加权综合法来计算股价指数。又分为派许指数和拉斯拜尔指数。两者的区别在于采用哪一时期的股票发行量或成交量作为权数。派许指数是以报告期的股票发行量或成交量为权数。计算公式为：

$$股价指数 = \frac{\sum_{i=1}^{n} p_t^i Q_t^i}{\sum_{i=1}^{n} p_0^i Q_t^i}\times 100 \qquad (4-10)$$

式中：Q_t^i 代表第i种股票在报告期的发行量或成交量。

拉斯拜尔指数是以基期的股票发行量或成交量为权数（德国采用）。计算公式为：

$$股价指数 = \frac{\sum_{i=1}^{n} p_t^i Q_0^i}{\sum_{i=1}^{n} p_0^i Q_0^i}\times 100 \qquad (4-11)$$

式中：Q_0^i 代表第i种股票在基期的发行量或成交量。

目前世界上大多数股价指数都是派许指数，而德国法兰克福证券交易所的股价指数为拉斯拜尔指数。

由于在股价指数的编制中，一般是选择当地已上市的有代表性的且经济实力雄厚的大公司的股票作为样本股，所以这些公司的股票价格的涨跌往往会直接带动股价指数的涨跌，而这些公司通常又在当地经济乃至整个国民经济的发展中占有举足轻重的地位，它们经营业绩的好坏往往会影响一个地区甚至整个国家的经济运行及发展趋势，所以股价指数也就因此而成为衡量和分析一国经济发展形势的重要指标，故常被喻为反映一国经济状况的“晴雨表”。

目前世界上影响比较大的股价指数有以下几种：

（1）道·琼斯股票价格平均指数，简称“道·琼斯指数”。这是当今世界上影响最大也是最为公众所熟悉的股价指数，于1884年由道·琼斯公司的创始人查尔斯·道根据11种具有代表性的美国铁路公司和工业企业的股票编制而成。虽然后来几经变动，但一直延续至今。目前道·琼斯指数包含65种在纽约证券交易所上市的美国著名公司的股票，其中又分为4组指数：① 30种工业股票平均指数；②20种运输业股票平均指数；③15种公用事业股票平均指数；④65种股票价格综合平均指数。通常分析美国经济发展状况时，都是用30种工业股票平均指数。

（2）标准·普尔股价指数。这是由美国最大的证券研究机构——标准·普尔公司（Standard & Poor's）从1923年开始编制并发表的股价指数。最初是选用233种股票，1957年扩大为500种股票。由于该指数所选用的500种股票的市值约占纽约证券交易所上市股票总市值的80%以上，故其代表性更强，比道·琼斯指数更能准确反映美国股市的动态。

（3）伦敦《金融时报》指数。这是由英国伦敦《金融时报》编制发表的伦敦证券交易所的股价指数，包含在伦敦证券交易所上市的30种在英国有影响的工商业股票。以1935年7月1日为基期，基期值为100。

（4）日经股价指数。这是由日本经济新闻社编制的反映日本股票市场价格变动的指数，从1950年9月开始编制。日经股价指数分为两种：一种是日经225种平均指数，选取在东京证券交易所第一市场上市的225种股票作为样本股，其样本股原则上固定不变；另一种是日经500种平均指数，该指数的样本股不固定，每年的4月更换一次样本股。

（5）恒生指数。这是香港恒生银行于1969年11月24日开始编制的反映香港股市变动的股价指数。最初以1964年7月31日为基期，1985年改为以1984年1月13日为基期，基期值为100。该指数的计算以在香港联交所上市的33种股票为样本，包括14种工商业股票、9种房地产业股票、6种公用事业股票和4种金融业股票。

目前在我国内地影响较大的股价指数主要是上海证券交易所股价指数和深圳证券交易所股价指数。

上海证券交易所股价指数是反映上海证交所股市变动的股价指数，主要包括上证综合指数和上证180指数。上证综合指数由上海证交所于1991年7月15日开始编制，以全部上市股票为样本股，以1990年12月19日为基期，基期值为100。上证180指数是上证30指数的延续，于2002年7月1日正式发布，主要是以上海证交所上市的180种较具代表性的A股股票为计算对象，以2002年6月28日上证30指数的收盘点数（3299.06）为基点。

深圳证券交易所股价指数是反映深圳证交所股市行情变化的指数，目前主要包括深交所综合指数（简称“深综指”）和深交所成分指数（简称“深成指”）。“深综指”以在深交所上市的所有股票为样本股，基期为1991年4月3日，基期值为100，采用发行量加权综合法计算。“深成指”主要是选取40种具有行业代表性且上市公司经营业绩良好的股票作为计算对象，基期为1994年7月20日，基期值为1000。

三、债券市场

（一）债券的概念及其与股票的区别

债券是筹资者向投资者出具的承诺在一定时期支付约定利息和到期偿还本金的债务凭证。债券的本质是债的证明书，具有法律效力。债券购买者与发行者之间形成的是债权债务关系。

债券和股票一样，也是一种重要的有价证券，但它与股票又有着诸多的区别，主要表现为：

1. 在期限上。债券是有偿还期限的，到期日发行者必须偿付本金；而股票一般是永久性的，股东只能通过二级市场转让股票收回投资，不存在发行公司偿还本金的期限问题。

2. 在收益的稳定性上。债券持有人从发行公司的税前利润中得到固定的利息收入，且受法律保障，故其收益相对稳定；而股东通常是从发行公司税后利润中分取股息，其收益直接受公司经营状况的影响，缺乏稳定性。

3. 在求偿等级上。债权人的求偿等级在股东之前，当发行公司由于经营管理不善等原因而破产清算时，要先保证债权人的债务清偿，即债券持有人有优先取得公司财产的权力，其次是优先股股东，最后才是普通股股东。

4. 在控制权上。债券持有人只是公司的债权人，无权参与公司的经营决策，对公司的重大决策无投票权；而股东是公司的所有者，可以通过投票来行使对公司的剩余控制权。

（二）债券的种类

根据不同的划分标准，债券可分为多种类型。

1. 按发行主体分为：政府债券、金融债券和公司债券。

政府债券是由政府及政府所属机构发行的债券，包括中央政府债券、地方政府债券和政府机构债券。由于政府债券是以政府信用作担保，所以其风险相对较小，在资本市场上是一种比较受欢迎的投资工具，特别是在回购交易中，通常都是以政府债券作为抵押品。

金融债券是由银行等金融机构为筹措信贷资金而发行的债券。由于银行等金融机构的信用相对低于政府，所以金融债券的风险相对较高，故其利率一般要高于政府债券的利率。

公司债券（或称企业债券）是公司（或企业）为筹措营运资金而发行的债券。公司通过发行债券筹集的资金主要是用于解决进行长期投资和扩大生产规模所遇到的资金不足问题。由于筹资期限长，且公司信用相对较低，所以公司债券的发行利率通常都要高于政府债券和金融债券的利率。

2. 按利率分为：固定利率债券、浮动利率债券、指数债券和零息债券。

固定利率债券是指按事先确定的利率水平定期支付利息的债券。这种债券通常在券面上附有息票，持有人可凭债券上附有的息票在规定的时间内向债券发行人领取利息。这是最常见的一种债券。

浮动利率债券是指不规定固定利率，而是以某一基础利率为参考标准，利率随该参考利率的波动而变化的债券。

指数债券是将利率与通货膨胀率或其他指数挂钩的债券。通过将利率与通货膨胀率或某一特定商品价格挂钩，以保证债券持有人不会因物价上涨而遭受损失。

零息债券是指以低于债券面值的价格发行，到期按面值兑付，而不再另付利息的债券。零息债券并不意味着投资者不能获得利息，实际上发行价格低于债券面额的差额即为债券利息。例如，面额为1000元的债券，发行价格为950元，投资者可以950元的价格买到该债券，而在债券到期时可按1000元兑付，即投资者获得了50元利息。

3. 按有无抵押品分为：信用债券和抵押债券。

信用债券是指仅凭债券发行人的信用而发行的债券。这类债券没有实际的抵押品作为发行保证，仅仅是以发行人的信用作为偿付基础。政府债券和金融债券基本属于信用债券。

抵押债券是指以发行人的特定财产作为偿付保证而发行的债券。抵押债券的风险要低于信用债券，因为抵押债券的持有者对抵押财产拥有留置权，在债券发行人不能还本付息的情况下，持券人可以通过出售抵押财产来获得未偿债务。抵押债券多为公司债券。

4. 按内含选择权分为：可赎回债券、偿还基金债券、可转换债券和附认股权债券。

可赎回债券是指在债券上附加一定的条款，允许发行人选择于债券到期日之前赎回全部或部分债券。该种债券的利率通常要高于普通债券。

偿还基金债券是指发行人在债券到期前须根据议定的日期和金额分期偿付本金的债券。通常要求发行人每年从盈利中提取一定比例存入信托基金，以定期偿还本金。

可转换债券是指在一定时期内可按约定条件转换为发行公司股票的债券。只有当可转换债券的市场价格低于转换价值时，投资者实施转换才会有利。

附认股权债券是一种附有一定数量认股权证的债券。该种债券在发行时，将认股权证作为债券的附加部分一起出售给投资者。投资者认购债券后，可持认股权证在未来特定日期以特定价格向发行者认购规定数量的普通股，即可将债权转为股权。

（三）债券的信用等级

债券的信用等级是由一些专业的信用评级机构根据对债券发行人的综合考察，对其发行的债券所评定的一个质量级别，它表明债券发行人按期还本付息的能力。债券的信用等级越高，意味着发行人的还本付息能力越强，债券安全性越好，当然投资者也就越能接受这种债券，发行人则可相应提高发行价格；反之，债券的信用等级越低，表明发行人的还本付息能力越弱，投资风险也越大，因此发行人往往需要通过降低发行价格来吸引投资者。

信用评级最早起源于美国。1909 年美国的约翰·穆迪首先采用评级的方法对美国各种铁路债券的优劣进行了等级评定。其后，普尔出版公司也于 1922 年开始对工业债券进行评级。目前，穆迪投资服务公司和标准·普尔公司已成为世界性权威评信机构，它们的评级结果直接影响着债券的市场价格。

信用评级机构对债券的信用评级主要是根据债券发行人所提供的财务报表及其他一些相关资料，由此来判断发行人还本付息的能力和信用度。从这一点来看，债券的评级不同于普通股股票的评级。由于股票不存在还本的问题，所以股票的信用评级依据主要是公司支付股息的能力和红利增长情况及稳定程度。评级结果一般都要用不同的符号表示出来（见表 4－1）。

表 4－1　常用的债券与普通股的信用等级情况

符号	债券级别说明		符号	普通股级别说明
AAA	最高级 本息支付能力极强	投资级	A＋	股东收益最高
AA	高级 本息支付能力很强		A	股东收益较高
A	中高级 支付能力较强，但易受经济波动影响		A－	股东收益略高于平均水平
BBB	中级 有足够的本息支付能力，但易受外界因素影响		B＋	股东收益相当于平均水平
BB	中低级 具有一定的投机性，保障条件中等	投机级	B	股东收益略低于平均水平
B	较差，半投机 具有投机性，本息缺乏足够保障		B－	股东收益较低
CCC	差，明显投机 能支付本息但无保障，经济波动时可能停付			
CC	差，风险大 投机性极强，本息基本没有保障，潜在风险极大		C	股东收益很低
C	风险极大 没有能力支付本息		D	股东无收益

一般评级为 AAA—BBB 级的债券基本属于投资性债券，风险都比较低，

而BB—C级的债券基本属于投机性债券，信用风险都很高，通常也被称为“垃圾债券”。

（四）债券一级市场

1. 债券的发行方式。债券的发行方式包括直接发行和间接发行两种：

（1）直接发行。指债券发行人不通过发行中介机构而是由自己直接向投资者出售债券的发行方式。根据发行对象的不同，直接发行又可分为直接私募发行和直接公募发行。直接发行可以相应降低发行人的发行成本，但发行时间往往较长，不利于发行人迅速筹集资金。

（2）间接发行。指发行人通过发行中介机构来完成债券的发行任务。这种发行方式的最大优点就在于可以缩短发行时间，有利于资金的迅速到位。目前，世界各国的债券发行，特别是国债的发行大都采用间接发行方式。

间接发行方式具体又可分为以下几种：

①集团认购。即由若干家金融机构或证券承销中介机构组成承销团包销发行人所发行的全部债券。对于发行人来说，一旦债券由承销团认购下来，债券的发行即告结束。德国和日本在很长时间内一直是采用这一方式来发行国债。

②招标发行。这是一种由债券发行者通过公开招标的方式来决定承销商和发行条件的债券发行方法。采用这种发行方法有利于债券发行价格的市场定位，对于发行人来说，可以适当降低发行成本。美国和大多数欧洲国家的债券发行基本上都是采用招标发行。我国在1996年的国债发行中也采用了这一发行方式。

③议价发行。这是由债券发行人与债券承销商直接协商议定债券发行条件的一种发行方法。采用议价发行易于发行人实现自己的发行要求，同时也易于使债券发行适合市场状况。

2. 债券的发行价格。债券的发行价格通常也有三种情况，即平价、折价和溢价。债券发行价格的确定主要取决于债券票面利率和市场收益率的差异。当票面利率高于债券发行时的市场收益率水平时，为避免发债成本过大，可以相应提高发行价格，即采用溢价发行；当债券票面利率低于债券发行时的市场收益率水平时，为避免因收益过低而致使债券无人问津，则可相应降低发行价格；当债券票面利率与市场收益率基本相等时，则可采用平价发行。以单利计息为例，债券发行价格的确定可用公式表示为：

$$债券发行价格 = \frac{债券面额 \times (1 + 票面利率 \times 偿还期限)}{1 + 市场收益率 \times 偿还期限} \quad (4-12)$$

例如，某企业发行面额为1000元、年利率为10%的5年期公司债：

当市场收益率为8%时，其发行价格=1000×（1+10%×5）÷（1+8%×5）≈1071（元），即为溢价发行。

当市场收益率为10%时，其发行价格=1000×（1+10%×5）÷（1+10%×5）=1000（元），即为平价发行。

当市场收益率为12%时，其发行价格=1000×（1+10%×5）÷（1+12%×5）=937.5（元），即为折价发行。

（五）债券二级市场

1. 债券的上市。债券上市是指某种债券获准在证券交易所内挂牌买卖的活动过程。通过债券上市可以促进发行者加强管理，有助于提高债券的安全性和流动性，对提高发行人的知名度和市场地位也有积极作用，从而有利于新债券的发行。对于投资者来说，债券上市可以获得便利的买卖条件，而且通过交易所场内的竞价交易，投资者可以获得一个比较合理的交易价格。

关于债券上市的管理体制，目前世界上大致有两种：一种是许可制，即债券的上市必须首先经证券监管机构批准，然后才能向证券交易所提出申请；二是注册制，即债券的上市只需经过证券交易所的审核，注册登记后即可。

从各国的实际情况来看，并不是所有的债券都可以上市。债券上市必须符合一定的条件，一般包括以下条件：

（1）公司债的上市要求发行公司必须具有较强的盈利能力。

（2）已发行的债券数量必须超过一定金额。

（3）公司债发行人的净资产比例必须达到或超过规定的要求。

（4）债券的信用等级应达到规定的要求。

债券上市后发行人应按有关法律法规和证券交易所的规定，及时披露有关信息；遇到重大事项必须向监管部门和证券交易所及时报告。在债券上市期间，如果发行人出现违规行为，证券交易所有权停止该债券上市。

2. 债券的交易价格。债券交易价格是指债券在二级市场上进行交易时的实际成交价格。多数情况下，债券交易价格既不等于债券的面额，也不等于债券的发行价格。债券交易价格的形成，受到多种因素的影响。从理论上来说，债券交易价格的形成主要取决于以下因素：

（1）债券期值。即债券到期时的总价值或总收入，包括本金和利息两部分。其计算可采用单利和复利两种方法，计算公式如下：

$$F_{单利} = M(1 + rN) \tag{4-13}$$

$$F_{复利} = M(1 + r)^N \tag{4-14}$$

式中，F 代表期值；M 代表债券面值；r 代表债券票面利率；N 代表债券有效年限。

（2）债券期限。有两种情况：一是有效期限，指自债券发行日起至债券最终偿付日止的一段时间；二是待偿期限，指债券自进入交易市场后由本次交易日起至最终偿付日止的这段时间。

（3）市场利率水平，通常以银行利率为参照标准。

（4）付息方式。债券的付息方式有多种情况，如一次还本付息、分次付息等。付息方式不同，对债券各个时期的收益水平有着直接的影响，进而影响债券的交易价格。

债券交易价格的理论计算可分为以下几种情况：

①到期一次还本付息债券的交易价格，其理论公式可表示为：

$$P = \frac{F}{(1 + i)^n} \tag{4-15}$$

式中，P 为债券交易价格；F 为债券期值（按复利计算或按单利计算）；i 为市场利率；n 为债券待偿年限。

例如，假设有一种面额为 500 元、期限为 5 年、票面利率为 10%（年率）的债券，付息方式采用到期一次还本付息（以复利计息）。某投资者在持有该债券 3 年后，欲将之出售。在市场利率为 8% 时，则该债券的理论交易价格为：

$$\frac{500 \times (1 + 10\%)^5}{(1 + 8\%)^2} \approx 690.38 \text{（元）}$$

②按年付息债券的交易价格，其理论公式可表示为：

$$P = A\sum_{t=1}^{n} \frac{1}{(1 + i)^t} + \frac{M}{(1 + i)^n} \tag{4-16}$$

式中，A 为每次的付息额；t 为付息次数；其他符号含义同上。

③半年付息债券的交易价格，其理论公式可表示为：

$$P = A\sum_{t=1}^{2n} \frac{1}{(1 + i/2)^t} + \frac{M}{(1 + i/2)^{2n}} \tag{4-17}$$

式中符号含义同上。

④贴现债券的交易价格，其理论公式可表示为：

$$P=\frac{M}{(1+i)^{n}} \tag{4-18}$$

式中符号含义同上。

例如，假设一种从现在算起还有10年到期的、面值1000元的零息债券，在市场利率为8%时，则该债券的理论交易价格为：

$$P=\frac{1000}{(1+0.08)^{10}}=463.19\ （元）$$

第四节　外　汇　市　场

一、外汇市场概述

（一）外汇与汇率

从静态意义上来说，外汇是指以外币表示的用于国际结算的支付手段和资产，具体包括：(1) 外国货币，包括纸币、铸币等；(2) 外币支付凭证，包括银行存款凭证、商业汇票、银行汇票、银行支票、邮政储蓄凭证等；(3) 外币有价证券，包括政府债券、公司债券、股票等；(4) 其他外汇资产。

由于各国的货币制度不同，所使用的货币也不相同，因此一国在国际经济交往中，通常不能直接用本国货币来实现对他国的支付，而是需要将本币兑换成外汇，以用于国际债权债务关系的清偿。

所谓汇率是指一国货币兑换成另一国货币的比率，简言之，汇率即是两种不同货币之间的兑换比率。由于货币的兑换通常是通过外汇买卖来实现的，汇率实际上也就是外汇的价格，所以汇率亦称为“汇价”。

（二）外汇市场的含义

外汇市场是金融市场的重要组成部分，它是由外汇需求者与外汇供给者及外汇买卖中介机构所构成的外汇交易场所或网络。

外汇市场是进行外汇买卖的市场。由于国际清偿和支付的需要，有些单位或个人需要使用外汇，但其本身又无外汇收入，而有外汇收入的单位或个人可能并不需要使用外汇。外汇市场的存在正好为二者提供了一个互通有无的场所，前者作为外汇需求者可以通过外汇市场买入自己所需要的外汇；后者作为外汇供应者则可在外汇市场上出售其所持有的外汇。外汇市场上的外汇买卖通常有两种类型：一是本币与外汇之间的买卖，即外汇需求者以本币买入外汇，而外汇供给者出售外汇换入本币，如我国某进口公司以人民币向外汇指定银行买入美元；某出口公司将持有的日元出售给外汇指定银行换回人民币。二是不同币种的外汇之间的买卖，即以一种外汇购买另一种外汇，或出售某种外汇换回另一种外汇，如美国居民以英镑购买日元，或出售法国法郎购买德国马克。

外汇市场的组织形态有两种：一是表现为交易所这种有固定场所的有形市场；二是表现为以电话、电报和电传等现代通讯工具所构成的交易网络。早期的外汇买卖多集中在外汇交易所进行，外汇交易所一般设在证券交易所内，外汇买卖双方在规定的时间内集中于此进行外汇交易，从这个意义上来说，外汇市场是一个具体的交易场所。目前，欧洲大陆的一些国家（如德国、法国）的外汇交易，多数仍采用这种在外汇交易所进行交易的形式。随着现代通讯技术的发展，外汇买卖可以通过连接银行及外汇经纪人的电话、电报、电传等通讯工具进行，而不必集中在外汇交易所内，所以从这个角度来说，外汇市场则是一种交易网络，是一种抽象的、无形的市场。目前大部分新发展起来的外汇市场都是无形市场。

二、外汇市场的构成

外汇市场的参与者主要有外汇银行、顾客、中央银行、外汇交易商及外汇经纪人。他们为了各自不同的需要而参与到外汇市场上的交易中来。

如果从外汇市场的参与者来看，外汇市场的构成可以分为三个层次：

（一）顾客市场

所谓顾客市场是指由外汇银行与顾客之间的外汇交易而形成的市场。此类市场又称为“零售外汇市场”。在外汇市场中，凡是与外汇银行有外汇交易关系的公司或个人都是外汇银行的顾客，包括进出口商、投资者、投机者，以及其他一些与贸易收支无关的外汇供求者（如留学生、旅游者、侨居者等）。顾客在外汇市场中的作用仅次于外汇银行，他们往往出于各种各样的目的而向外汇银行买卖外汇。

（二）银行同业市场

银行同业市场是指外汇银行之间进行外汇交易而形成的市场。外汇银行是外汇市场的主要参与者，它们之间的外汇交易主要是为了弥补与客户交易而产生的买卖差额，因为在与客户的外汇交易中，银行难免会在营业日内出现外汇头寸的“多头”（即外汇买入额超过卖出额）或“空头”（即外汇卖出额超过买入额）。为了避免外汇汇率变动的风险，银行需要及时调整外汇头寸。借助同业间的外汇交易，银行可以及时调拨外汇头寸，以轧平外汇头寸，即抛出多头、补进空头。除了调整头寸的需要外，银行出于套利、套汇、投机等目的，也会进行同业间的外汇交易。由于银行同业间的交易规模比较大，所以银行同业市场也被称为“批发外汇市场”。在外汇市场的交易中，银行同业间的外汇交易通常要占外汇交易总额的90%以上。

（三）中央银行与外汇银行之间的交易市场

中央银行也是外汇市场的重要参与者，但其参与外汇市场买卖的目的不同于外汇银行的其他顾客。中央银行参与外汇市场的买卖，主要是为了干预外汇市场，以保持本币汇率的相对稳定，维护外汇市场的正常运行。当本币汇率过高时，中央银行通过向外汇银行购进外汇，以增加市场对外汇的需求量，从而促使外汇汇率上升、本币汇率下跌；反之，当本币汇率大幅度下跌时，中央银行通过向外汇银行出售外汇，以增加市场的外汇供应量，从而促使外汇汇率下跌、本币汇率上升。此外，中央银行出于管理外汇储备的需要，也常常要通过外汇银行进行外汇买卖，以调整储备货币的结构。

三、外汇交易方式

传统的外汇交易方式主要包括即期、远期、掉期等三种。

（一）即期外汇交易

即期外汇交易又称“现汇交易”，是指外汇买卖双方成交后在两个营业日内进行交割的一种交易方式。

进行即期外汇交易并不意味着立即进行交割，而是只要在成交后的两个营业日内完成外汇的交割就属于即期交易。这实际上意味着即期外汇交易的交割日有三种情况：（1）“T+0”交割，即买卖双方在成交的当天进行交割；（2）“T+1”交割，即买卖双方在成交后的第一个营业日进行交割；（3）“T+2”交割，即买卖双方在成交后的第二个营业日进行交割。目前在世界一些主要的外汇市场上基本都采用“T+2”交割。

（二）远期外汇交易

远期外汇交易又称“期汇交易”，是指外汇买卖双方成交后，按约定的汇率于未来特定日期进行实际交割的一种外汇交易。

在远期外汇交易中，买卖双方达成交易后，并不需要在两个营业日内进行资金清算，而是预先约定在未来某一特定的时间进行交割。交割时按照双方成交时约定的汇率，而不管交割时市场上的实际汇率为多少。远期外汇交易的期限有长有短，常见的有1个月、2个月、3个月、6个月和1年。

远期外汇交易的应用主要有两个方面，即保值和投机。保值性远期外汇交易主要是为避免汇率变动造成预期的外汇资产或负债的损失而进行的，其做法是：卖出（或买入）金额等于所拥有（或所承担）的暴露性外汇资产（或外汇负债）的远期外汇，而且交割期限要与资产变现（或负债偿付）的日期相匹配。这类远期外汇交易的使用者主要是进出口商、国际投资者及外币借款者。

投机性远期外汇交易是投机者基于预期未来某一时点市场上的即期汇率与目前市场上的远期汇率不一致而进行的远期外汇交易。利用远期交易进行投机，投机者并不需要很多资金，因为签订远期合约时，只需缴纳一定比例的保证金甚至可不缴保证金，故投机者可以“以小博大”，炒作成倍于投机本金的外汇资金。利用远期外汇交易进行投机有两种基本做法：一是“买空”，这是投机者基于对即期汇率将会上升的预期而在市场上买进远期外汇的一种投机活动。若远期合约交割日市场即期汇率果然上升，而且高于远期合约约定的汇率，投机者便可将交割的远期外汇转到现汇市场上出售，从而获取差价收益。当然，若市场汇率的变动与投机者的预期相反，投机者则会遭受损失。二是“卖空”，这是投机者基于对即期汇率将会下跌的预期而在市场上卖出远期外汇的一种投机活动。若到交割日市场即期汇率低于远期合约约定的汇率，投机者便可在现汇市场上买进即期外汇来实现远期合约的交割，从而获取投机利润。当然，与买空一样，在预期不准确的情况下，投机者也会遭受损失。

（三）掉期外汇交易

掉期交易是指同时买进和卖出相同金额的某种外汇，但买与卖的交割期限不同的一种外汇交易。掉期交易的主要功能在于避免汇率风险。

掉期交易的基本形式有三种：

1. 即期对远期的掉期，即在买进或卖出一笔即期外汇的同时，卖出或买进同种货币相同金额的远期外汇。

2. 即期对即期的掉期，即在买进或卖出一笔即期外汇的同时，卖出或买进同种货币相同金额的另一个交割日的即期外汇。

3. 远期对远期的掉期，即在买进或卖出一笔远期外汇的同时，卖出或买进同种货币相同金额的另一个交割日的远期外汇。

第五节　金融衍生市场

一、金融衍生市场概述

（一）金融衍生产品的含义及金融衍生市场的发展

1. 金融衍生产品的含义。20 世纪 70 年代出现的全球性高通货膨胀和布雷顿森林体系的崩溃，加剧了国际金融市场的动荡，利率与汇率的日趋不确定性，促使人们积极寻求新的金融工具，以有效规避市场利率和汇率的频繁波动而带来的风险。金融衍生产品就在这样的背景下应运而生。

所谓金融衍生产品（Financial Derivatives）是指其价值派生于其基础金融资产（包括外汇、债券、股票和商品）价格及价格指数的一种金融合约。派生出金融衍生产品的金融原生产品主要有货币、外汇、股票、债券等金融资产以及这些金融资产的价格，如利率、汇率、股票价格指数等。根据对这些金融资产价格走势的预期，可以来确定金融衍生产品的价值，即金融衍生产品的价值是从金融原生产品的价值中派生出来的。金融衍生产品具体表现为一些金融合约，如期货合约、期权合约、互换协议、远期利率协议等。在这些合约中，交易者可以事先将未来的交易价格固定下来，从而使交易者能预先确定未来的交易成本和资产收益，以控制由于市场价格波动而带来的风险。

2. 金融衍生市场的发展。金融衍生市场是为了适应金融衍生产品交易的需要而形成的、以金融衍生产品为交易对象的市场。金融衍生市场现已成为金融市场的重要组成部分。

金融衍生市场包括场内交易市场和场外交易市场。前者是在交易所统一设计和规定的标准下进行金融衍生产品的买卖；后者则是由买卖双方通过经纪人，按照其订立的条款形成合约来进行金融衍生产品的交易。20 世纪 90

年代以来，场外交易所具有的灵活性优势日显突出，发展速度非常迅猛。据国际清算银行统计，截至2009年6月底，全球场外市场的金融衍生产品合约金额高达604.60万亿美元①。

（二）金融衍生产品的特点

1. 价值取决于其标的资产的价格。金融衍生产品本身并没有价值，其价值取决于标的资产或金融基础资产的价格，只有当标的资产的市场价格发生变动时，金融衍生产品才具有相应的价值。正是由于金融衍生产品的价值来自于其标的资产价格的变化，而并非是标的资产本身的增值，这就使得金融产品的交易具有虚拟性，尤其是当标的资产为股票、债券等虚拟资本时，相应的金融衍生产品则具有双重虚拟性。

2. 零和游戏。金融衍生产品实际上是一些契约，其交易属于一种“零和游戏”，遵循“有输必有赢，输赢必相等”的“会计原则”。因此，金融衍生产品的交易不会创造财富，它只是进行风险再分配的一种工具。

3. 高杠杆性和低交易成本。金融理论中的杠杆性一般是指以较少的资金成本取得较多的投资资金。金融衍生产品的交易正具有这一特点，进行金融衍生产品的交易，交易者通常不需要缴清全部交易资金，而只要缴存一定比例的保证金，就可以进行全部交易资金的操作。也正是由于金融衍生产品具有的高杠杆性，使得交易者可以通过少量的衍生产品交易来取代大量的现货交易，从而大大降低了交易成本。

二、金融远期市场

（一）金融远期合约的定义

金融远期合约是交易双方约定在未来某个特定时间按照预先达成的条件交换某种特定资产的合约。在金融远期合约中，要明确规定双方交易的资产、交换价格、交换日期等。金融远期合约市场属于无形市场，交易双方基本上是通过电话、电传等现代通讯手段在场外达成交易合约。

（二）金融远期合约的种类

1. 远期利率协议（FRAs）。这是交易双方商定在未来某一特定时间针对协议金额进行协定利率与市场利率差额支付的一种远期合约。远期利率协议的作用主要在于能够在一定程度上避免利率波动的风险。一般来说，远期

① 国际清算银行网站，http：//www.bis.org。

利率协议的买方是为了防止利率上升的风险，由其支付协定利率；远期利率协议的卖方是为了防止利率下跌的风险，由其支付市场利率。但是在实际操作中，买卖双方仅就协定利率与市场利率的差额进行支付。到合约结算日，如果市场利率（通常参照 LIBOR）高于协定利率，则由合约卖方向买方支付结算差额；如果市场利率低于协定利率，则由合约买方向卖方支付结算差额。结算差额的计算公式如下：

$$\text{结算差额} = \frac{N \times (S - A) \times \frac{d}{360}}{1 + S \times \frac{d}{360}} \tag{4-19}$$

式中，A 表示协定利率；S 表示清算日市场利率；N 表示合同金额；d 表示 FRAs 期限（日）。

2. 远期外汇协议。在远期外汇协议中，外汇买卖双方成交时，并不需要收付对应货币，而是约定在未来某一时间按照协议规定的汇率（即远期汇率）和市场汇率进行差额结算。利用远期外汇协议可以在一定程度上防范汇率变动风险。

三、金融期货市场

金融期货是指协议双方同意在约定的未来某一日期按约定条件买卖一定标准数量的某种金融工具的标准化协议。

按照金融期货交易的标的物划分，金融期货可分为利率期货、外汇期货、股指期货等类型。

（一）利率期货

利率期货是指标的资产价格依赖于利率水平来确定的标准化合约。由于市场利率的变动会直接引起某些金融资产的价格发生变化，这就会给投资者带来投资风险。利率期货交易通过预先确定利率以便固定金融资产的价格，从而可以在一定程度上避免因市场利率波动而产生投资风险。利率期货种类比较多，以下主要介绍两种典型的利率期货：

1. 国库券期货。国际金融期货交易中涉及的国库券主要是 3 个月（即 13 周或 91 天）的国库券，合约面额一般为 100 万美元。国库券是一种贴现票据，其期货价格取决于贴现率，可表示为：100 − 100 × 贴现率。例如 13 周的国库券期货标价为 92.50，这意味着国库券的年贴现率为 7.5%（100% − 92.50%），那么 13 周的国库券期货价格 = 票面金额 ×（1 − 贴现率 ×

91/360)，若该国库券期货合约金额为100万美元，则其价格等于981042美元（1000000－1000000×7.5%×91/360)。

2. 长期政府债券期货。长期政府债券通常是指期限在10年以上的政府债券，期限主要有15、20、30年，合约金额多为10万美元。长期政府债券期货的价格一般是以票面金额的百分比来表示，通常把票面金额的1%称为1点，以1点的1/32为1个单位。例如，15年期的政府债券期货标价为“90－30”，前面的“90”表示90点；后面的“30”表示30个单位，即30/32，这意味着该种政府债券期货的价格为票面金额的 $90\frac{30}{32}\%$，即为90937.5美元（$100000\times 90\frac{30}{32}\%$）。

（二）外汇期货

外汇期货是以可自由兑换货币为交易对象的金融期货。由于20世纪70年代后国际汇率制度逐步由固定汇率制度转向浮动汇率制度，从而使汇率风险剧增。为了有效防范汇率风险，便产生了以期货形式来做外汇交易的外汇期货交易。1972年5月美国芝加哥商品交易所率先创办了国际货币市场(IMM)，推出了英镑、加拿大元、西德马克、日元、瑞士法郎、法国法郎、墨西哥比索等7种货币的期货合约，后又增加了荷兰盾期货合约。在外汇期货交易中，交易双方可以先就成交汇率达成一致，然后在约定的期限内再按规定的汇率进行交割，或通过做一笔反向的外汇期货交易来对冲原来的期货合约。

（三）股指期货

股指期货是以股票价格指数为标的物的金融期货。进行股指期货交易并不意味着买卖股票价格指数所包含的股票，而是要求在未来特定的日期按照合约规定的股价指数与市场上的即时股价指数进行差额结算。股价指数期货的价格通常以股价指数的若干倍来表示，这个倍数称为指数乘数（Index Multiplier)。例如日经指数期货的指数乘数为1000，那么当日经指数为19000点时，每张日经指数期货合约的价格就为1900万日元。

目前国际金融期货市场上常涉及的股价指数期货主要有：标准普尔指数期货、纽约证券交易所综合指数期货、金融时报100种股票指数期货、日经指数期货、恒生指数期货等。

专栏 4.2 股指期货今日上市交易

中国金融期货交易所 16 日正式上市沪深 300 股指期货合约，首批挂盘交易 5 月、6 月、9 月和 12 月 4 个合约。中金所 15 日确定合约挂盘基准价为 3399 点，较 15 日收盘的沪深 300 指数高 4.4 点。

截至 4 月 15 日，股指期货累计开户数 9137 户。其中，自然人 8944 户，一般法人 193 户。

按照 3399 点挂盘基准价格和 15% 的保证金比例计算，每手股指期货合约总面值为 101.97 万元，投资者交易 1 手的最低保证金为 15.3 万元。按照规定的沪深 300 股指期货上市当日涨跌停板幅度，5 月、6 月合约为挂盘基准价的 ±10%，9 月、12 月合约为挂盘基准价的 ±20%。据此计算，5 月和 6 月合约的涨停板价格为 3738.8 点，跌停板价格为 3059.2 点；9 月和 12 月合约的涨停板为 4078.8 点，跌停板为 2719.2 点。当日交易结束后，中金所将发布单边持仓达到 1 万手以上和 5 月合约前 20 名结算会员的成交量、持仓量。

股指期货是国际上成熟的金融衍生产品，流动性强、透明度高，具备价格发现、风险对冲、稳定市场等重要功能。目前，股指期货已发展成为全球交易量最大的期货品种。

（节选自《中国证券报》，2010 年 4 月 16 日）

四、金融期权市场

（一）金融期权的定义

金融期权是一种赋予合约购买者在规定期限内按约定价格购买或出售一定数量的某种金融资产的权利的合约。

金融期权交易是在金融期货交易的基础上发展起来的，两者的概念很相似，但两者又有着根本的区别。金融期货赋予合约买方的是一种义务，即在期货合约到期时必须履约，而金融期权赋予合约买方的是一种权利，即由合约买方来决定在合约期限内是否履行合约。

（二）金融期权的种类

1. 按权利内容划分为：看涨期权和看跌期权。

看涨期权是指期权买方可按协定价格买进一定数量金融资产的期权。当期权标的资产的市场价格高于期权的协定价格时，看涨期权购买者将行使期权合约，即以协定价格买进约定数量的金融资产；反之，则可放弃期权合约。

看跌期权是指期权买方可按协定价格卖出一定数量金融资产的期权。当期权标的资产的市场价格低于期权的协定价格时，看跌期权购买者将行使期权合约，即以协定价格卖出约定数量的金融资产；反之，则可放弃期权合约。

2. 按执行期权的时限划分为：欧式期权和美式期权。

欧式期权是期权买者只能在期权到期日执行的期权。

美式期权是期权买者可在期权到期日之前的任一营业时间选择执行的期权。由于美式期权可赋予期权买者更多的获利机会，所以相同条件下，美式期权的价格要高于欧式期权。

3. 按标的资产划分为：利率期权、外汇期权、股票期权和股价指数期权。

利率期权是指期权买方在支付一定费用后可获得在规定时间内按照协定利率买进或卖出一定数量有价证券的权利合约。

外汇期权是期权买方可在一定时间内按协定汇率买进或卖出某种外汇的权利合约。在买进外汇期权后，期权持有者有权根据外汇市场行情的变化来决定是否按照期权合约的协定汇率买卖外汇。

股票期权是期权买方可在一定时间内按照协定价格买进或卖出一定数量某种股票的权利合约。股票期权的出现为不爱冒险的投资者提供了有效的投资工具，因为到期可以不履行期权合约。目前世界上很多股票交易所都开办了股票期权交易。

股价指数期权是买卖股票价格指数的期权合约。与股指期货相同，股价指数期权也不涉及股价指数所包含的股票的实际交割，而是在股价指数期权的买方要求行使期权时，由卖方向其支付按市场股价指数与期权协定的股价指数之差折算的现金差额。

五、金融互换市场

（一）金融互换的含义

金融互换是一种交易双方约定在一定时间内按照事先约定的条件来交换一系列现金流的金融合约。它是20世纪80年代初出现在国际金融市场上的一种金融衍生产品，它集外汇市场、货币市场和资本市场业务于一身，既是融资工具的创新，又是风险管理的新手段。互换协议推出后得到了迅速的发展，市场规模迅速扩大。目前许多跨国银行及一些投资银行都提供安排互换协议交易的服务，形成一个无形的互换协议交易网络。

（二）金融互换的基本类型

金融互换的基本类型有两种，即货币互换和利率互换。

1. 货币互换（Currency Swap）。货币互换是指交易双方按照固定汇率交换不同货币债务支付的一种互换协议。货币互换一般包括期初的本金交换、期中的利息交换和期末的本金再交换三个环节。在某些情况下，期初也可以不交换本金。

例如，甲银行需要筹集一笔日元，但其筹集日元的能力要低于筹集美元的能力（筹集日元的成本为7.7%）。于是采用先发行欧洲美元债券，然后通过与乙银行货币互换，获得所需的日元资金。假设甲银行发行的欧洲美元债券期限为5年，金额为1000万美元，利率为9.5%。达成货币互换协议时市场汇率为1美元=130日元，日元利率为7.5%，互换开始日为2010年3月15日，以后每年在3月15日支付一次利息。则该笔互换交易操作如下（见图4－3、图4－4、图4－5）：

（1）2010年3月15日本金互换：

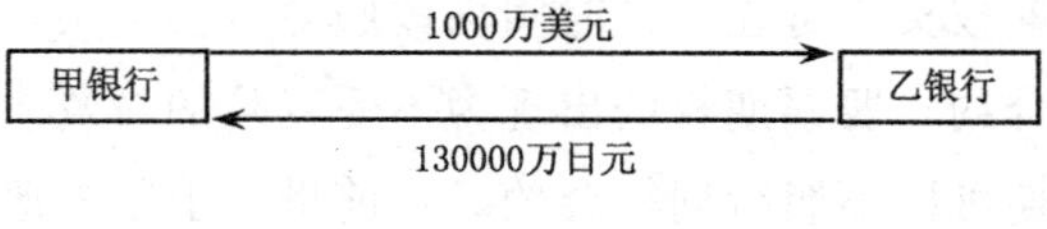

图4－3

（2）2011年3月15日至2014年3月15日每年互换一次利息：

（3）2015年3月15日本息互换：

通过货币互换，实际上由乙银行代甲银行支付了欧洲美元债券本息，而甲银行则代乙银行支付了日元本息。通过货币互换，甲银行将筹集日元的成本降低了0.2%。

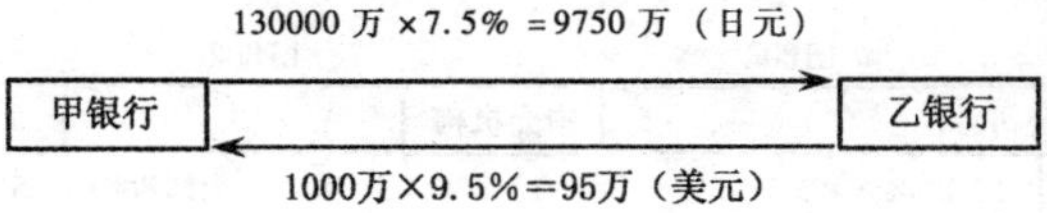

图 4 – 4

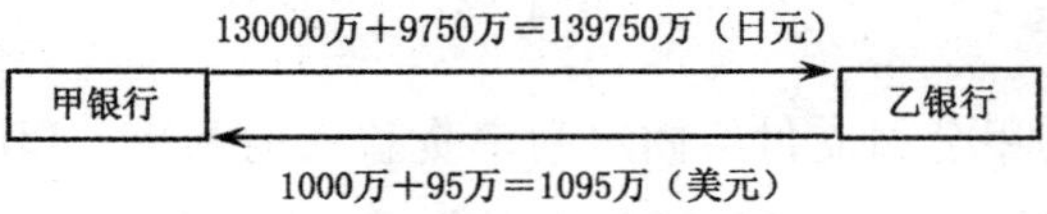

图 4 – 5

2. 利率互换（Interest Rate Swap）。利率互换是指交易双方在一定时期内针对某一名义本金交换不同计息方法计算的利息支付义务的互换协议。在利率互换中不涉及实际本金的交换，而只是以一名义本金作为计算利息的基础。利率互换可以发生在同种货币之间，一般包括固定利率对浮动利率的互换和两种不同参考利率的互换（如 LIBOR 与 NIBOR）。利率互换还可以在不同种的货币之间进行，即一种货币的固定利率对另一种货币的浮动利率的互换，亦称为“货币利率交叉互换”。利率互换的作用不仅在于能使筹资者降低筹资成本，而且还可以在不增加资产负债总额的情况下，灵活改变资产和负债的结构，所以自问世以后，利率互换就深受金融机构和公司的青睐，成为资产负债管理的一种新型工具。

同种货币的利率互换是利率互换中的一种典型形式，下面以此为例说明利率互换的应用。

例如，甲公司在欧洲美元市场上固定利率的借款利率为 12%，浮动利率的借款利率为 LIBOR；乙公司在同一市场上的固定利率借款需要 13% 的利率，而浮动利率则为 LIBOR + 0.25%。如果通过利率互换，二者均可获得比较优势。现甲公司希望以浮动利率借款，乙公司希望以固定利率筹资。于是两者通过一中介机构达成一笔利率互换：甲公司在欧洲美元市场借 12% 的固定利率借款，然后通过中介机构转化为浮动利率债务；乙公司则在市场借利率为 LIBOR + 0.25% 的浮动利率借款，然后通过中介机构转化为固定利率债务。中介机构收取的固定利率为 12.5%、支付的固定利率为 12.25%。互换过程如下所示（见图 4 – 6）：

通过利率互换：

甲公司实际筹资成本：12% + LIBOR – 12.25% = LIBOR – 0.25%

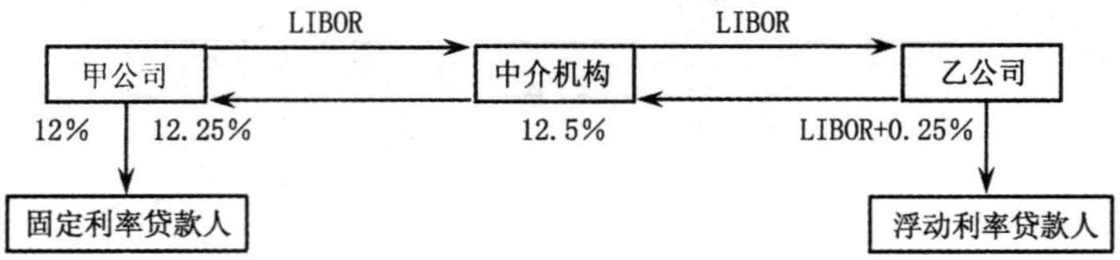

图 4－6

（注：12% 为甲公司支付给固定利率贷款人的利率；LIBOR 为甲公司支付给中介机构的浮动利率；12.25% 为甲公司得到的中介机构支付的利率）

比直接借浮动利率节省：LIBOR－（LIBOR－0.25%）＝0.25%

乙公司实际筹资成本：12.5%＋（LIBOR＋0.25%）－LIBOR＝12.75%

（注：12.5% 为乙公司支付给中介机构的固定利率；LIBOR＋0.25% 为乙公司支付给浮动利率贷款人的利率；LIBOR 为乙公司得到的中介机构支付的利率）

比直接借固定利率节省：13%－12.75%＝0.25%

由此可见，通过利率互换，甲、乙两公司都可降低实际借款成本。

本章小结

1. 资金融通是指在支出盈余单位和支出赤字单位之间实现资金的有偿转移或余缺调剂。资金融通方式一般有两种，即直接融资和间接融资。

2. 金融市场是指以金融工具为交易对象而形成的资金供求关系的总和。其构成需具备交易主体、交易对象、交易工具、交易组织形式和交易价格等要素。作为资金融通机制的核心，金融市场具有聚敛、配置、调节和反映等主要经济功能。根据不同的标准，可将金融市场划分为各种类型的市场。

3. 货币市场是指融资期限在 1 年以内（包括 1 年）的资金交易市场，又称为短期资金市场。主要包括银行同业拆借市场、回购市场、票据市场、大额可转让定期存单市场、短期政府债券市场等子市场。

4. 资本市场是指融资期限在 1 年以上的中长期金融市场。主要包括银行中长期信贷市场、股票市场和债券市场。

5. 外汇市场是金融市场的重要组成部分，它是由外汇需求者与外汇供给者及外汇买卖中介机构所构成的外汇交易场所或网络。包括顾客市场、银行同业市场、中央银行与外汇银行之间的交易市场。传统的外汇交易主要采用即期、远期、掉期外汇交易等方式。

6. 金融衍生市场是以金融衍生产品为交易对象的市场，主要由金融远期市场、金融期货市场、金融期权市场和金融互换市场组成。

关键词： 直接融资 间接融资 金融市场 一级市场 二级市场 第三市场 第四市场 货币市场 同业拆借 CDs 回购协议 资本市场 股票 股价指数 债券 政府债券 金融债券 公司债券 外汇市场 衍生金融市场 金融衍生产品 金融期货 金融期权

思考题

1. 何谓直接融资和间接融资？两者有何区别？

2. 金融市场包含哪些构成要素？

3. 为什么多数国家的中央银行要将同业拆借利率作为货币政策的操作目标？

4. 股票二级市场的构成状况如何？为什么会出现第三市场、第四市场？

5. 股票交易价格是如何确定的？其变动受哪些因素影响？

6. 债券与股票有何区别？

7. 债券交易价格主要取决于哪些因素？

8. 什么是金融衍生产品？它具有哪些特点？

9. 试述金融市场的构成要素及其相互关系。

10. 试述金融市场的主要功能。

11. 联系实际谈谈我国金融市场的现状及问题。

12. 谈谈你对我国发展衍生金融市场的看法。

13. 某公司拟发行票面金额为100000美元、年贴现率为4%、期限为30天的商业票据。试计算该商业票据的发行价格。

14. 某交易商为筹集隔夜资金，将100万元的国库券以回购协议卖给甲银行，售出价为999800元，约定第二天再购回，购回价为100万元。试计算回购利率。

15. 某企业持面额为100000元、尚有30天到期的承兑汇票到银行申请贴现，若银行贴现利率为4%，计算该企业可获得的贴现金额。

16. 某公司在6月1日取得1张面额为1000万元的承兑汇票，到期日为当年的12月1日。在9月1日，该公司持票向甲银行申请贴现，贴现利率为8%。到10月1日，甲银行持该票向乙银行申请转贴现，转贴现利率为6%。11月1日，乙银行又持该票向中央银行申请再贴现，再贴现利率为4%。试计算甲、乙银行在贴现业务中实现的盈利。

17. 某投资者在发行日购买了一种面额为1000元、期限为5年、票面利率为6%、到期一次还本付息的债券。在持有该债券2年后，该投资者欲出售此债券。在市场利率为4%时，试计算该债券的交易价格。

18. 在上题中，若该债券是采用按年付息方式支付利息，在其他条件都相同的情况下，该债券的交易价格应为多少？

第五章　商业银行：体制与业务

本章概要： 在本章中，我们要学习商业银行的概念、商业银行的产生和发展，商业银行的体制、经营原则和基本业务等内容。本章分为四节，第一节主要介绍商业银行的概念和功能；第二节主要介绍商业银行体制；第三节重点介绍商业银行的三项基本经营原则，即安全性原则、流动性原则和盈利性原则；第四节主要介绍商业银行业务，包括负债业务、资产业务和中间业务。

第一节　商业银行概述

一、商业银行的定义及基本功能

在我们日常经济生活中，钢铁公司、食品加工厂、连锁零售店、报社、餐馆等企业都是通过生产经营活动将原材料加工成产品或提供劳务，以获取盈利的。商业银行和它们一样，也是通过经营活动赚取商品差价。只是这种商品与其他商品不同——是货币。商业银行是如何让货币这种特殊的商品实现增值并从中获利的呢?

根据2003年12月27日通过修正后的《中华人民共和国商业银行法》定义，商业银行是指依照该法和《中华人民共和国公司法》设立的吸收公众存款、发放贷款、办理结算等业务的企业法人。从中我们可以看出无论存款、贷款、结算都是与货币有关，商业银行在其所经营产品货币的供需方之间起了怎样的作用呢？现在让我们看一下银行业在经济生活中的作用，从中可以找到答案。

在日常经济生活中，像其他商品的供需方一样，资金的供求双方总是相互找寻对方。因为资金的供应方在特定的时期内手头有富余资金可以出借，并且希望能够通过这段时期资金的使用权获得一定的补偿。同时资金的需求方也愿意付出一定的代价取得资金某段时间的使用权。这部分从借出方流到借入方的资金称为本金，而双方协商确定的资金使用费称为利息。初听起来并不需要第三方介入，但让我们仔细分析一下这项交易可能产生的问题。

1. 交易成本。双方在市场上要发布（获取）资金供需的信息可能需要付出一定的成本，例如在报纸或其他媒体上发广告。（想想你是如何卖掉不需要的用品?）另外还可能需要付出隐性的成本。例如：你有 10 万元可以出借 3 天，在报纸上登的广告很有效，资金需求方立即和你联系上并签订了协议；这一过程只用了 1 天。即使这样，资金的实际可使用时间就只剩下 2 天。被浪费的一天的使用成本是在搜寻信息的过程中产生的。而如果你的这笔资金出借期只有 1 天，那么就难以达成交易。银行的出现则可以解决这个问题，借贷双方不用去市场上搜寻对方，只要和银行打交道就可以。而银行则负责集结人们手中的闲散资金并安排其流向。这样可以创造规模效益，大大节约交易成本。

2. 资金的期限结构。如果是在只有借贷双方的市场里面，经常会产生双方需要的资金数量和资金使用期限不同的问题。比如：你有 10 万元资金可以放贷 1 个月，但是对方希望是 100 万元，借期半年。银行业的出现则很轻易地解决了这个问题：不同地域、不同时间、不同使用时期的资金都可以在银行这里实现再分配，这不仅提高了资金的使用效率而且优化了资金的配置，满足了社会各行业层面对资金结构的不同需求。

3. 信息的不对称。在金融领域，信息不对称是指融资方掌握着更多不为外界所知的关于自身财务状况以及判断未来经营前景的信息。而这些信息对资金出借方很重要，资金借出后是否能够按期收回本息依赖于他们搜集到的信息是否真实和足够完整。按发生的时间的不同，信息不对称又被分为两类：一是发生于交易前的逆向选择。所有需要借入资金的企业总是宣称自己偿债能力佳（低风险）。然而现实状况是良莠不齐，不是所有的企业都具备偿债能力。在信息不足的情况下，银行面临的难题是难以判断企业的真实偿债能力。一方面，如果银行收取过高的利息（较高的利润可以用以弥补判断失误所带来的损失），那么可能导致好的公司由于成本过高而选择放弃借贷，这样银行资金会流入那些容易产生坏账的公司。另一方面，如果银行定的贷款利息率过低，那么可能出现坏账公司的损失严重导致利润出现负数。甚至由于风险过高，银行对任何小企业都拒绝放款，这也被称为市场失败的一种。

道德危机是产生于交易后的信息不对称。这是指借款方将资金用于可能导致不良经营后果出现的投资行为。例如，小企业可能在申请到贷款之后改变资金投向，用于其他高风险的投资项目。之所以公司愿意这么做是由于一旦投资顺利，那么将比低风险投资带来更多的收益。作为银行方面来说，企业投资的变更并不会因此分享更多的收益，因为本息是在借贷合同中固定下来的。然而，更改用途的项目一旦投资失败，银行借出的资金不能收回；对企业（有限公司）来说，损失的极限只是其投入的资产。由此可看出，二者并不承担同比的风险与收益。

了解更多的信息是解决上述两个信息不对称问题的办法，而作为金融中介的银行就成为更多信息的制造者。商业银行与客户签订为其独身定制的信贷合同，并利用已知的信息来区分客户的信用状况；同时通过合同条款的约定来限制客户的事后经济行为。例如，银行规定客户未经允许借入的资金不能用于某个项目的投资，在借款期间，银行可随时监控企业，掌握更多的信息并规范其行为按照合同条款执行。这样，银行比企业或个人能够更好地实现在借款期对借出资金的监控职能。并且，资金交由银行去放贷后只需要银行一方去收集信息，这样就发扬了集中优势，节约了社会成本。

二、商业银行的职能

以上我们了解了银行业在经济中的作用，作为银行体系中的主体，商业银行所从事的活动处于货币信用领域。它以信用方式与工商企业及经济生活方面发生广泛的联系，具有调节社会经济生活的特殊作用。其主要职能有以下几个方面：

1. 信用中介。即商业银行一方面以存款的形式广泛动员和吸收社会闲散资金；另一方面以贷款的方式把这些货币资金借出令其流入国民经济各个部门。前面内容也提到通过这项功能不仅实现了资金的流动，还可以调整资金的结构，引导资金流向。这也是我们最为熟悉的商业银行的基本功能。

2. 支付中介。即商业银行为客户办理与货币运动有关的技术性业务，如货币兑换、货币结算、货币收付等，成为社会的总会计、总出纳，发挥着社会公共簿记的作用。商业银行的这一职能对提高社会经济效益具有重要意义。一方面，节约了流通费用，加速了资金周转。通过转账结算等方式减少了大量的货币实物流通，也节省了大量的人力物力。另一方面，可以对社会经济生活实行统计监督。商业银行作为社会公共簿记，是全国资金活动的总枢纽，连接着生产、分配、交换、消费各个环节，成为社会经济的"寒暑表"。它不仅能够反映企业单位的微观资金活动，还能反映整个国民经济的宏观经济活动。这也是为什么银行业在各国经济中起着重要地位的原因。

3. 信用创造。即商业银行可以发挥杠杆效应创造存款货币，从而扩张市场信用的能力。它的这种功能建立在部分准备制和非现金结算制这两大基本前提之上。由于商业银行总是保有相当部分的资金存量，实际操作中银行只留有一定的货币应付日常支付需要。闲置的货币被他们用来扩大放款规模，获取更多的利息收入。这就是部分准备制度所带来的杠杆效应。而非现金结算使交易过程中需要的实际货币量更少，这样可以进一步扩张放款规模。存款货币的扩张总额受到法定存款准备金率、现金漏损率、超额准备率等因素的制约。我国《商业银行法》规定，贷款余额与存款余额的比例不得超过75%。

4. 其他金融服务。20世纪以来，世界经济的迅猛发展令金融业在业务范围、结构和内容上都不断地发展和创新。商业银行不再单纯依赖于传统的放贷业务，银行间的业务竞争使得金融创新产品层出不穷，特别是电子计算机在银行业务中的广泛应用为客户带来高效的金融服务。例如，银行为企业客户提供经纪业务、投资咨询业务；个人理财产品的多样性等等。这些金融服务多属于商业银行的表外业务。

第二节　商业银行体制

商业银行起源于欧洲，早期的商业银行的原始功能为存款服务与交易服务。但由于各国的经济与政治环境的不同以及历史原因，导致商业银行存在的形式多种多样。不同的标准可划分出不同的商业银行类型。

1. 按组织体制不同可分为单一制和分支行制和银行控股公司制。

单一制是指银行不设分支机构，只有一处或极少数营业场所的一种组织体制。由于营业规模相对较小，目前实行单一银行制的国家极少，其中以美国最为典型。而美国之所以实行单一银行制主要与其联邦体制有关。在美国，由于各州都有立法权，独立性较强。为适应经济均衡发展的需要，反对金融权利的集中，各州都颁布各自的银行法，禁止或限制银行开设分支行。尽管近年这种限制有所放松，但单一制依然是美国商业银行制度的重要特点。

分支行制是国际上较多采取的商业银行组织形式。分支行制是指在某个大都市设立总行，同时在国内外各地普遍设立分支机构，所有分支机构由总行领导指挥的一种组织体制。其特点是银行数目相对不多，但每家银行都拥有众多的分支机构，因而经营规模较大。我国采取的就是分支行制，如工商银行、建设银行等分支机构遍布国内外。

银行持股公司在美国严格限制或禁止分行制银行时，被作为分行制的替代组织形式。它是为持有至少一家银行股票的目的而注册成立的公司。由于其产生的这种历史原因，因此分行制银行的很多优势和劣势均适用于银行控股公司。

几种组织形式对比，各有其特点。尽管对银行应采取哪种形式一直都有争论，争论最激烈的一点是在运营效率上。分支行制和银行控股公司制的支持者认为它们将带来更高的运营效率，提高顾客接受服务的广度和方便度，因为分行制银行（银行持股公司）可以在每家分行提供全方位的服务，同时由于分行制银行（银行持股公司）可以发放更多的贷款，从而促进经济增长。然而这种更广泛的服务取决于银行的规模而不是银行组织的形式。并且西方部分研究成果显示：单一制银行的运营成果比相似规模的分行制银行（银行持股公司）的运营效率高。分行制银行的平均利润也不比其他银行高。建立新的分行似乎成本很高，但是一些专家认为随着计算机技术和银行自动化的普及，这种发展对有更多资源和技术专长的银行有利。银行组织形式并不对其业绩造成重要影响，管理质量和其所在市场经济状况对银行的成功更加重要。

2. 按照经营体制不同可分为：全能银行制和职能银行制。

全能银行制是指商业银行可以经营广泛的金融业务，既包括存贷业务也包括证券投资业务。然而根据各个国家对其商业银行经营证券业务法律规定不同，全能银行制又可以分为德国式全能银行制和英国式全能银行制。德国、荷兰和瑞士等欧洲大陆国家实行德国式全能银行制，商业银行可以在单一的法人实体下从事全部的银行业务、证券业务和保险业务。而且，商业银行还可以拥有相当高份额的工商企业股票；英国式商业银行与前者相比虽然也可以从事证券承销等投资银行业务，但存在以下差异：（1）需要设立独立的法人公司来从事证券业务；（2）并不倾向于持有工商企业股票；（3）很少从事保险业务。这种商业银行形式主要存在于英联邦国家，如英国、澳大利亚，加拿大等国。

职能银行制是指商业银行业务与证券投资分离，由不同的职能机构经营。商业银行被限制在银行本身的业务范围之内。美国是实行职能银行制的典型代表。1933 年美国的格拉斯 - 斯蒂格尔法案禁止美国的商业银行从事证券业务，也不允许商业银行与工商企业相互持股。我国金融业采取的是分业经营模式，不允许商业银行从事证券投资银行业务。

3. 按照商业银行管理体制不同可分为：单轨银行制和双轨银行制。

单轨银行制，是指商业银行的创设、经营管理等活动，必须接受政府金融当局的统一监督管理的制度。政府金融管理当局一般就是该国的中央银行；有的国家如法国、比利时、瑞士等，则把对商业银行的监管职能从中央银行中分离出来，设立专门机构，如法国的银行监督管理机构就是“银行管理委员会”。

双轨银行制，是指对商业银行的注册和经营活动的监管采取联邦和州分别进行的制度。实行这种管理体制的典型国家是美国。美国的商业银行可以选择不同的注册管理系统，既可以向联邦政府申请注册而成为国民银行，也可以向州政府注册成为州银行。在美国，所有的国民银行都必须在行名前冠以“国民”一词，如安尼市第一国民银行就是一家在联邦注册并受其管理的国民银行，而安尼市民族银行就是在州当局注册并受其管理的州银行。

第三节　商业银行的经营原则

我国现行的商业银行法规定：商业银行以安全性、流动性、效益性为经营原则，实行自主经营，自担风险，自负盈亏，自我约束。由此看出，安全性、流动性和盈利性是商业银行业务经营中必须遵循的“三性原则”。本节将对此原则的内容、度量指标和实现策略进行简要介绍。

一、安全性原则

指银行资产、收入、信誉及所有经营生存发展条件免遭损失的可靠程度。安全性包含两个方面，一方面是资产的安全，包括各项现金与拆借资产、贷款资产和各项投资资产的安全；另一方面是负债的安全，包括银行资本的安全，客户存款的安全以及其他资金的安全。与之相对，这些资产和负债安全的不确定性被称为风险。只要从事经济活动就必然要承受风险，商业银行的经营风险取决于经济因素、政治因素、政策因素及人们心理、社会传统等诸多错综复杂的因素。风险不可能被完全消除，但如何控制好这些风险不仅关系到银行的盈利与存亡，而且会由于银行在社会经济中的特殊地位，对社会经济发展和金融秩序的稳定产生重大影响。在商业银行的经营过程中，主要受到以下风险的影响：

1. 信用风险。又称违约风险。指由于债务人不能偿还或延期偿还本息，引起银行净收益和股权市场价值的潜在变化，使银行贷款坏账，资金损失，乃至严重亏损。它是银行经营过程中最基本、最主要的风险。产生这种风险的主要原因：一是经济萧条、经营管理不善或不可抗拒的天灾人祸，致使借款人无力还款；二是借款人品质低下，有意欠账不还。银行抵御信用风险一方面是增强自身实力，保证足够高资本充足率；另一方面加强对客户的资信调查，在发放贷款前应严格考查借款人的信用状况，发放贷款后还应密切了解贷款资金流向和客户的经营情况等。

2. 利率风险。是由于利率升降对银行利息收支差额产生负面影响，或者导致银行净资产减少的可能性。利率的上升会降低银行投资以前发行的中长期债券的市场价值；另外，定期的利率上升会导致贷款需求的剧烈波动。因为银行的证券投资随时要准备抛出变现以应付贷款的需要，这种抛售通常导致出售价格过低，引起资金的亏损。越来越多的金融工具面世以规避利率风险，例如，金融期货合同、期权合同、利率掉期、缺口管理等等，但这种风险不可能完全消除。

3. 汇率风险。又称外汇风险。是因汇率变动而出现的风险，是银行经营外汇业务产生的风险。一种是买卖风险，指银行在外汇交易时做多头或空头，由于汇率的升降而使外汇资产遭受的损失；二是存货风险，即以外币计价的库存资产因汇率变动而升值或贬值的风险。

4. 购买力风险。又称通货膨胀风险。是因通货膨胀、物价上涨引起货币贬值而给银行带来的风险。针对这种风险的保护措施有：短期证券和变动利率证券，后者通常在通货膨胀压力上升时，赋予银行的投资人员以很大的灵活性。尽管银行作为债权人和债务人的综合体，如果存贷款金额一致，按理通货膨胀所造成的损益会相互抵消，但事实并非如此。银行有相当一部分资产属于现金资产，直接遭受货币贬值的损失；另外，在通货膨胀的状况下，存款人往往大量从银行取款，会引起银行存款的不断减少，而贷款一时难以收回，因此导致信用危机。

5. 操作风险。又称管理风险。是由于银行内部管理失误而产生的风险，通常有四种：战略决策失误风险，新产品开发风险，营业差错风险及贪污盗窃风险。这些风险一般同银行经营管理不当有关，如决策民主化科学化不够，新产品开发可行性分析不够，营业规章制度执行不力等。

6. 政治风险。也称政策风险或国家风险。是由于一国政局不稳，大政方针转变引起社会秩序、经济生活紊乱而给银行带来的风险。如银根紧缩政策、税收政策、行政管制等，都可能直接影响银行的经营活动。

以上六种风险中，信用风险是银行日常业务经营中随时可能发生的主要风险；利率风险往往在经济波动的转折关头最为明显；外汇风险则在浮动汇率制下随时存在；通货膨胀时期购买力风险则十分突出；管理松散、制度不严的银行则面临着严重的操作风险；在政局不稳、经济动荡或跨国经营情形下，政治风险就尤其值得重视。

二、流动性原则

流动性原则是银行业务经营过程中必须遵守的重要原则。流动性也称清偿性，是指银行资产在无损失状态下迅速变现的能力，它是银行为随时应付客户提存或满足贷款需求而需具备的一种能力。它体现在资产和负债两个方面：资产流动性是指银行持有的资产应能随时偿付或者在不贬值条件下完成交易；负债流动性是指银行能轻易地以较低成本获得所需资金。

由于银行的头寸总是出现波动，有时银行总的流动性需求大于其流动性供给，这时银行必须仔细规划何时以及从何处筹集所需的流动资金。而当银行总的流动性需求小于其流动性供给时，银行必须准备决定应付如何尽快地将这些闲置资金进行利润高的投资。

最早的满足银行流动性需求的方法为资产流动性管理，是指以持有流动性强的资产的形式保有流动性。当流动性需求不足时，银行将出售这部分资产以获取现金满足需要。这种资产必须具有易变现的特点，现金和国债是银行使用最多满足流动性需要的资产。但资产转换并不是一种成本较小的方法，首先，出售资产意味着银行丧失了利用这些资产获利的机会，也被称为带来机会成本。并且，大多数资产出售需要付出交易费用而带来交易成本。另外，由于这类资产对流动性的要求高，通常在所有的金融资产中回报率最低。在具体操作上，银行保有的这类资产按流动性的大小可分为：一级准备和二级准备。一级准备包括库存现金、在中央银行存款及同业存款三部分，特点是具有高度流动性但不生利或盈利极小。二级准备包括短期、活期贴放款及短期证券投资，是流动性和盈利性兼备的资产，在一级准备不能满足需要时，可动用二级准备取得现金来应付流动性要求。

在20世纪中期，许多商业银行逐渐通过从货币市场上借款来筹集更多的流动性资金。这种借入流动性资金的策略被称为负债管理。与资产管理策略不同，银行可以选择在其真正需要资金的时候借入资金，而不需要总在资产中保存一定数量收益率低的流动性资产，因此提高了银行的收益。其次，借入资金可以使银行保持其资产规模和构成的稳定性。与之相对，资产管理策略的卖出资产换取流动资金会使总资产的存量下降从而缩小银行规模。当然，借入流动性资金是解决银行流动性问题最具风险的方法，需要克服的困难主要是货币市场利率的不稳定性以及信贷可获得性两方面。货币市场利率的变化往往影响银行借款成本的高低，而且也使银行收益的不确定性增加。在贷款的可获得性方面，对于陷入资金危机的银行来说，一方面储户得知它的困境之后会急于收回存款；另一方面，其他金融机构为了避免风险也不会愿意把资金借给有困难的银行。银行借入流动性资金的渠道主要是向中央银行贴现借款、通过回购协议卖出资产、发行大额可转让定期存单等。

基于资产流动性管理的高成本和负债流动性管理的高风险，现今大部分银行采取折中的做法，采取平衡流动性管理。主要是将一部分资产准备应付流动性需求，而不够的部分则由与相关银行或金融机构事先达成的信用安排来补充；对于突发性的现金需求通常通过立即借款来满足。要实现银行流动性的需求，银行管理者必须对其银行内部资金的筹措与运用活动非常了解，并应当对影响流动性的因素做出预测。

三、盈利性原则

所谓盈利性原则是指银行获得利润的能力。盈利性是商业银行经营的内在动力，同时，盈利性对于提高银行信贷资金效率、扩大银行经营范围及增强银行竞争能力都有着根本意义。

（一）银行利润的构成

银行利润是商业银行在一定时期内实现盈利的总额，它集中反映了银行经营活动的效益，是银行最终的财务成果，也是衡量银行经营管理优劣的重要指标。从我们书中所附的商业银行利润表可看到：

利润总额 = 营业收入 - 营业支出 - 营业费用 + 投资净收益 - 营业税金及附加 + 营业外收支

银行营业收入主要包括贷款利息收入、手续费收入，我国商业银行的大部分收入来源于贷款利息收入。

银行营业支出是指银行在经营过程中的各种耗费和代价，由利息支出、工资支出、各项业务费支出、低值易耗品支出、固定资产折旧费及营业性损失（包括贷款坏账、结算赔款、出纳短款等）等构成。

投资收益是银行通过对外投资（如购买有价证券等）所获得的收益，是银行利润的又一重要组成部分。

营业税金及附加是银行提供金融服务依法应交纳的营业税及其他各项税金。

营业外收支是营业外收入与营业外支出的差额；指银行在正常业务经营活动以外发生的非常的、偶然的事项所产生的盈利和损失。营业外收入包括固定资产盘盈、固定资产出售净收入、罚没收入、出纳长款收入及因债权人的特殊原因而无法支付的应付款等；营业外支出包括固定资产盘亏、赔偿金、违约金、非常损失、公益救济性捐赠等。

（二）盈利性管理办法

银行盈利是业务收入与业务支出的差额，因此，银行盈利性管理可以从两方面着手，增加银行收入和降低银行经营成本。

在增加银行收入方面，可通过银行经营规模的扩大，实现规模经济效益。银行经营规模主要体现在存贷规模上，随着存贷规模的扩大，银行存贷款利差收益将相应增加，而管理费用则相对减少。银行在存款规模扩大的基础上，应尽量扩大资产规模，合理安排资产结构，在保持银行流动性前提下，尽量减少非盈利性资产，增加高盈利资产所占的比重，从贷款、投资中获得更多收益。同时，银行可以加大发展中间业务，通过提供广泛的金融服务，以吸引客户，增加银行手续费及其他收入。

在降低银行经营成本方面，主要可以采取的方法是：

1. 提高信贷资产质量，减少贷款损失。我国现在实行的五级贷款分类制度对计提坏账损失准备有具体严格的要求，不良贷款的增加不仅会导致银行利润的减少，而且直接影响银行的资产质量，严重的还可能导致银行破产倒闭。因此，银行在发放贷款时，应对客户的信用、财务状况及其他有关情况有详细的了解，尽量减少贷款风险。

2. 降低存款资金成本，多吸收低成本的资金。

3. 降低管理费用支出，减少非经营性支出；同时银行管理者还应重视安全防范和杜绝差错的工作，完善内部监督管理机制，谨防抢劫、贪污等事故及会计出纳工作差错和信贷工作差错而引起的损失。

总之，安全性、流动性和盈利性是银行经营中必须遵守的三大原则。这三个原则是相互依存、相互矛盾的，银行管理者必须对这三个原则做到兼顾、均衡和协调，做到在保证安全性和流动性的前提下，争取最大限度的盈利。

第四节　商业银行业务

一、负债业务

商业银行负债业务是其最基本、最主要的业务。在商业银行的资金来源中，90%以上来源于负债。负债额度、负债结构和负债成本随着市场变化，决定着商业银行经营状况及资金转移价格的高低，从而体现出商业银行盈利能力和风险状况。

商业银行的负债结构主要由存款、借入款和其他负债三个方面的内容所组成。由于各国金融体制的差异和金融市场发达的程度不同，各国银行的负债结构不尽相同；即使在一个国家的同一家银行，由于经济发展和金融环境的变化，其负债结构也处于不断变化的过程中。

（一）商业银行负债的作用

1. 负债是商业银行经营的先决条件。根据《巴赛尔协议》的国际标准，银行负债提供了银行92%的资金来源，银行负债规模大小制约着资产规模的大小，银行负债的结构，包括期限结构、利率结构、币种结构等决定着资产的运用方向和结构特征；同时负债业务也是银行开展中间业务的基础，因为信用中介把借者和贷者有机地联系在一起，进而为银行开拓和发展中间业务创造了有利的条件。

2. 负债是商业银行保持流动性的必要手段。因为唯有通过负债业务，银行才能聚集起大量可用资金以确保合理贷款的资金需求和存款提取、转移的资金需要。同时，负债也是决定银行盈利水平的基础。负债是银行生存发展的基础，对商业银行来说是至关重要的。

3. 负债通过商业银行扩大了社会生产资金总量。商业银行通过负债业务把社会各方面的闲置资金集中起来，形成一股巨大资金力量，能在社会资金存量不变的情况下扩大社会生产资金总量。如截至2003年年底，我国商业银行已累计吸收存款达10亿万元人民币，已成为我国经济建设的主要资金来源。可以说，银行负债是经济发展的巨大的推动力。

4. 负债构成社会流通中的货币量。社会流通中的货币量由现金和银行存款组成。现金是中央银行的负债，存款是商业银行的负债。如果贷款增长了，存款没有相应扩大，则会导致社会上现金流通量的增加。因此稳定银行负债对稳定社会货币流通量有着决定性的影响。

5. 负债是商业银行与社会广泛联系的主要通道。社会所有经济单位的闲置资金和货币收支，都离不开银行的负债业务。市场的资金流向，企业的经营活动，机关事业单位、社会团体和居民的货币收支，每时每刻都反映在银行的账面上，因此，负债又是银行进行金融服务和监督的主要渠道。

（二）自有资金

自有资金是商业银行自身所拥有的资金，是商业银行所有者的权益，包括注册资本、资本公积、盈余公积和未分配利润。

1. 注册资本是商业银行设立时在工商行政管理部门登记的资本。为保证商业银行进行正常经营、保护存款人的利益，各国都以法律的形式规定商业银行开业时必须具有一定的注册资本。我国《商业银行法》规定，商业银行的注册资本最低限额为10亿元人民币。在股份制商业银行中，注册资本主要表现为普通股，它是银行股金资本的基本表现形式，是一种主权证明。其权利主要体现在三个方面：一是对银行拥有经营决策权；二是对银行的利润和资产有分享权；三是在银行增发普通股票时，享有新股认购权。

2. 资本公积是指商业银行在筹集资金中的资本溢价、股票溢价、法定资产重估增值，以及接受捐赠的资产价值等。资本溢价，是指商业银行设立时实际收到投资者投入的资金总额（实收资本）超过其注册资本的部分。股票溢价，是指股票发行价格超过其面值的部分。有些国家法律规定，商业银行在开始营业时，必须拥有至少等于股金总额20%的资本公积。

3. 盈余公积是商业银行按照有关规定，从税后利润中提取的公积金，它既可以用于弥补亏损，又可转增银行资本。根据我国金融企业会计制度的规定，商业银行应在税后利润中提取10%作为盈余公积，当盈余公积达到注册资本的50%时可不再提取。

4. 未分配利润是商业银行在经过各种形式的利润分配后剩余的利润。这部分利润尚存于商业银行中，是银行增加自有资金的重要方法，特别是对那些难以进入股市筹资的银行。在经济发展缓慢，资金紧张，或所得税税率较高时，也往往选择这种方法增加自有资金。

自有资金一般只占银行资金来源的极小比重，但它却起着极为重要的作用。它不仅是银行存在和发展的先决条件，而且是客户存款免遭偶然损失的保障，同时，它还是银行正常经营的保障。

（三）存款

存款是商业银行最主要的资金来源，一般占总资金来源的70%以上，因此吸收存款成为商业银行最重要的负债业务。如果不吸收存款，单纯靠银行极其有限的资金作为营运资金，则银行业务很难扩展，从而也谈不上作为存款货币银行的商业银行的存在。商业银行的存款按其性质和支取方式划分为活期存款、定期存款和储蓄存款三种类型。

1. 活期存款。商业银行任何时候都必须把活期存款作为经营管理的重点，这不但因为活期存款是银行的主要资金来源，还因为其具有以下主要特点：

（1）活期存款具有货币支付手段和流通手段的职能。当存户用支票提款时，它只是作为普通的信用凭证；当存户用支票向第三者履行支付义务时，它就作为信用流通工具。

（2）活期存款具有很强的派生能力，能有效提高银行的盈利水平。通过活期存款，商业银行不但可获得较大的利差而提高盈利水平，而且可充分利用活期存款账户信用扩张和派生存款的特点，扩大与客户的联系，争取更多的客户，扩大银行的经营规模。

2. 定期存款。定期存款是客户和银行预先约定存款期限的存款。存款期限在美国最短为7天，在我国通常为3个月、6个月和1年不等，期限长的则可达5年或10年。利率视期限长短而高低不等，但都要高于活期存款。传统的定期存款要凭银行所签发的定期存单提取，存单不能转让，银行根据存单计算应付本息。目前各国的定期存款则有多种形式，包括可转让或不可转让存单、存折或清单等。对商业银行而言，定期存款在灵活性、方便性、利息成本和创造派生存款的能力等方面都不如活期存款，但它对银行经营管理却有着特殊的意义。这是因为：第一，定期存款是银行稳定的资金来源；第二，定期存款的资金利率高于活期存款；第三，定期存款的营业成本低于活期存款。

3. 储蓄存款。储蓄存款主要是针对居民个人积蓄货币和取得利息收入之需而开办的一种存款业务。它可以进一步分为活期和定期两类。关于储蓄存款的概念，国内外也存在着明显的差异。美国把储蓄存款定义为“存款者不必按照存款契约的要求，而是按照存款机构所要求的任何时间，在实际提取日前7天以上的时间，提出书面申请提款的一种账户”。在美国居民个人、政府和企业都可合法地持有储蓄存款，据《联邦储备公报》1993年12月统计：88%以上的储蓄存款由个人和非营利组织所持有；1.5%略多一些为政府机构的存款基金；营利公司只占总额的10%左右。我国的储蓄存款则专指居民个人在银行的存款，政府机关、企业单位的所有存款都不能称之为储蓄存款，公款私存则被视为违法现象。

（四）借入资金。借入资金是商业银行一种持久地增加资金来源的手段。它使商业银行可以持有较高比例的流动性较差的生息资产。商业银行的借入资金主要包括银行同业借款、中央银行借款、发行金融债券和其他借款等。

1. 同业拆借。同业拆借指的是金融机构之间的短期资金融通，主要用于支持日常性的资金周转，它是商业银行为解决短期资金余缺，调剂法定准备金头寸而融通资金的重要渠道。由于同业拆借一般是通过商业银行在中央银行的存款账户进行的，实际上是超额准备金的调剂，因此又称中央银行基金，在美国则称之为联邦基金。同业拆借的利率一般是以高于存款利率、低于短期贷款利率为限，否则拆借盈亏就不能达到保本的要求。通常情况下，拆借利率应略低于中央银行的再贴现率，这样能迫使商业银行更多地面向市场借款，有利于中央银行控制基础货币的供应。商业银行拆借额度的确定必须立足于自身的承受能力。拆出资金以不影响存款的正常提取和转账为限，拆入资金必须视本身短期内的还债能力为度。1994 年下达的《中国人民银行关于商业银行实行资产负债比例管理暂行监管指标》规定："拆借资金余额与各项存款相比不得超过 4%，拆出资金与各项存款余额相比不得超过 8%。"这是现阶段我国同业拆借规范化发展所必须坚持的比例指标。

2. 向中央银行借款。商业银行向中央银行借款的主要形式有两种：一是再贴现；二是再贷款。再贷款是中央银行向商业银行的信用贷放款，也称直接借款，再贴现指经营票据贴现业务的商业银行将其买入的未到期的贴现汇票向中央银行再次申请贴现，也称间接借款。在市场经济发达的国家，由于商业票据和贴现业务广泛流行，再贴现就成为商业银行向中央银行借款的主要渠道；而在商业票据信用不普及的国家，则主要采取再贷款的形式。由于中央银行向商业银行的放款将构成具有成倍派生能力的基础货币，因此各国中央银行都把对商业银行的放款作为宏观金融调控的重要手段。

3. 发行金融债券。商业银行的长期借款一般采用金融债券的形式。当今世界的金融债券是 20 世纪 70 年代以来西方商业银行业务综合化、多样化发展和金融业务证券化的产物，它意味着商业银行负债的多样化发展已成必然趋势，进而体现了商业银行资产负债管理的许多新的特点。商业银行之所以在存款之外还要发行金融债券，就是因为金融债券具有不同于存款的特点。

（1）筹资的目的不同。吸收存款为的是全面扩大银行资金来源的总量，而发行债券则着眼于增加长期资金来源和满足特定用途的资金需要。

（2）筹资的机制不同。存款吸收是经常性的、无限额的，而金融债券的发行则是集中性的、有限额的；吸收存款取决于存款客户的意愿，它属于买方市场，而发行金融债券的主动权则掌握在银行手中，就这一点而言，它属于卖方市场。

（3）筹资的效率不同。由于金融债券的利率一般要高于同期存款的利率，对客户的吸引力较强，因而其筹资效率在通常情况下要高于存款。

（4）所吸收资金的稳定性不同。金融债券有明确的偿还期，一般不能提前还本付息，资金的稳定程序高；而存款的期限则具有弹性，资金稳定程度相对要低一些。

（5）资金的流动性不同。除特定的可转让存单外，一般存款的信用关系固定在银行和存款客户之间，不能转让；而金融债券一般不记名，有广泛的二级市场可以流通转让，因而比存款具有更强的流动性。

4. 其他借入款。

（1）转贴现。指中央银行以外的投资人从在二级市场上购进票据的行为，商业银行通过转贴现在二级市场卖出未到期的贴现票据以融通到所需要的资金，而二级市场的投资人在票据到期前还可进一步转手买卖，继续转贴现。在我国，票据款项的回收一律向申请转贴现的银行收取，而不是向承兑人收取。

（2）回购协议。指商业银行在出售证券等金融资产时签订协议，约定在一定期限后按约定价格购回所卖证券，以获得即时可用资金的交易方式。回购协议最常见的交易方式有两种：一种是证券卖出和购回采用相同的价格，协议到期时以约定的收益率在本金外再支付费用；另一种是购回证券时的价格高于卖出时的价格，其差额就是即时资金提供者的收益。如我国规定回购协议的期限最长不得超过3个月。回购协议是发达国家央行公开市场操作的重要工具。

（3）大面额存单。是银行负债证券化的产物，也是西方商业银行通过发行短期债券筹集资金的主要形式。大面额存单的特点是可以转让，并且有较高的利率，兼有活期存款流动性和定期盈利性的优点。

（4）欧洲货币市场借款。欧洲货币市场对各国商业银行有很大的吸引力，因为它是一个完全自由开放的富有竞争力的市场，它具有下列特点：①不受政府管制和纳税限制；②存款利率相对较高，放款利率相对较低，存放利差小；③资金调度灵活、手续简便；④借款利率由交易双方依据伦敦同业拆借利率具体商定。

二、资产业务

商业银行的资产业务，是指商业银行将通过负债业务所积聚的货币资金加以应用，以获取收益的业务。资产业务除贷款业务、贴现业务、证券业务等主要业务外，还有一些非主要的业务，如库存现金、中央银行的存款准备金、存放同业等。这些非主要资产业务不能给银行带来收益或收益极小，但却是银行正常经营所必须的。

（一）贷款业务

贷款，又称放款，是银行将其吸收的资金，按一定的利率贷放给客户，并约期归还的业务。贷款是商业银行最主要的资产业务，这是因为与贴现等其他资产业务相比，贷款的风险虽然较大，但它的利率高，同时放放收收，可密切工商企业的往来关系，从而有利于稳定吸收存款等联系和拓宽业务领域。贷款业务的种类很多，从不同角度可划分为下列不同类型。

1. 按贷款期限分类。商业银行贷款按期限分类可分为活期贷款、定期贷款和透支三类。活期贷款在贷款时不确定偿还期限。可以随时由银行发出通知收回贷款。这种贷款比定期贷款灵活主动，在银行资金宽裕时，可以任客户使用借以生利，而在银行需要资金时，又可以随时通知收回贷款。定期贷款是指具有固定偿还期限的贷款。按照偿还期限的长短，又可分为短期贷款、中期贷款和长期贷款。定期贷款因其明确还款期限，一般不能提前收回，因此，形式比较呆板，但利率较高。近年来，商业银行发放中长期贷款增加很快，这虽然可以使银行获得较多的利息收入，但由于资金被长期占有，流动性差、风险大。透支是指活期存款户依照合同向银行透支的款项，它实质上是银行的一种贷款。在透支业务中，虽然不是所有订有透支合同的客户都会透支，而且往往有人透支，有人还存，但是，经常会出现在银根紧时客户均透支，而银根松时客户都还存的情况，使银行难以有效控制。

2. 按贷款的保障条件分类。按银行贷款的保障条件来分类，银行贷款可以分为信用贷款、担保贷款和票据贴现。信用贷款是指银行完全凭借客户的信誉而无需提供抵押物或第三者保证而发放的贷款。这类贷款从理论上讲风险较大，因而，银行要收取较高的利息，且一般只向银行熟悉的较大公司借款人提供，对借款人的条件要求较高。担保贷款是指具有一定的财产或信用作还款保证的贷款。根据还款保证的不同，具体分为抵押贷款、质押贷款和保证贷款。担保贷款由于有财产或第三者承诺作为还款的保证，所以风险相对较小。票据贴现是贷款的一种特殊方式。它是指银行应客户的要求，以现款或活期存款买进客户持有的未到期的商业票据的方式发放贷款。

3. 按贷款的用途分类。按照我国习惯的做法，通常有两种分类方法：一是按照贷款对象的部门来分类，分为工业贷款、商业贷款、农业贷款、科技贷款和消费贷款；二是按照贷款的具体用途来划分，一般分为流动资金贷款和固定资金贷款。

4. 按贷款的偿还方式分类。银行贷款按照其偿还的不同划分，可以分为一次性偿还和分期偿还两种方式。一次性偿还是借款人在贷款到期日一次性还清贷款本金的贷款，其利息可以分期支付，也可以在其归还本金时一次性付清。一般说，短期的临时性、周转性贷款都是采取一次性偿还方式；分期偿还贷款是指借款人按规定的期限分次偿还本金和支付利息的贷款。这种贷款的期限通常按月、季、年确定，中长期贷款大都采用这种方式，其利息的计算方法常见的有加息平均法、利随本减法等。

5. 按贷款的质量（或风险程度）分类。按照贷款的质量和风险程度划分，银行贷款可以分为正常贷款、关注贷款、次级贷款、可疑贷款和损失贷款等5类。

正常贷款是指借款人能够履行借款合同，有充分把握按时足额偿还本息的贷款。

关注贷款是指贷款的本息偿还仍然正常，但是发生了一些可能会影响贷款偿还的不利因素。

次级贷款是指借款人依靠其正常的经营收入已经无法偿还贷款的本息，而不得不通过重新融资或拆东墙补西墙的办法来归还贷款，表明借款人的还款能力出现了明显的问题。

可疑贷款是指借款人无法足额偿还贷款本息，即使执行抵押或担保，也肯定要造成一部分损失。

损失贷款是指在采取了所有可能的措施和一切必要的法律程序之后，本息仍然无法收回，或只能收回极少部分。

6. 按银行发放贷款的自主程度分类。按银行发放贷款的自主程度划分，银行贷款可以分为自营贷款、委托贷款和特定贷款三种。自营贷款是指银行以合法方式筹集的资金自主发放的贷款。这是商业银行的最主要的贷款。委托贷款是指由政府部分、企事业单位及个人等委托人提供资金，由银行（受托人）根据委托人确定的贷款对象、用途、金额、期限、利率等代为发放、监督使用并协助收回的贷款。这类贷款银行不承担风险，通常只收取委托人付给的手续费。特定贷款在我国是指经国务院批准并对可能造成的损失采取相应的补救措施后，责成国有独资商业银行发放的贷款。这类贷款由于事先已经确定了风险损失的补偿，银行也不承担风险。

（二）贴现业务

贴现是银行应客户的要求，买进未到期的票据。是指客户将未到期的商业票据提前到商业银行支取款项并支付利息的经济活动。从表面上看，这是一种票据买卖，实际上是银行的信用业务。客户将票据抵押给银行获得资金，这相当于银行给客户发放的抵押贷款，银行把资金支付给申请贴现的客户，却要在票据到期时才能从付款人那里收回资金，因此，银行就要向客户收取一定的利息，称为贴现利息或折扣。具体程序是银行根据票据到期值及既定贴现率，计算出从贴现日起到票据到期日止这段时间的贴现利率，并从票据到期值中扣除，余额部分支付给客户；票据到期时，银行持票据向票据载明的支付人索取票据到期值款项。未到期票据贴现付款额的计算公式是：

$$\text{贴现付款额} = \text{票据到期值} \times \left(1 - \text{年贴现率} \times \text{未到期天数} / 360\text{天}\right)$$

贴现业务在商业银行的开始发展阶段是最重要的资产业务，现在在资产业务中仍占相当比重。贴现对象过去主要是商业票据，目前已扩展到政府短期债券。由于政府债券信用可靠，风险较小，且易转让出售，商业银行对此办理贴现，既能逐利，又能在需要时随时收回资金。

（三）证券投资

证券投资是指商业银行以其资金在金融市场上购买各种有价证券的业务活动。商业银行经营的总目标是追求经济利益。与此相一致，银行证券投资的基本目的是在一定风险水平下使投资收入最大化。商业银行证券投资具有以下几个主要功能：

1. 分散风险。银行贷款利率较高，但贷款风险较大。在没有合适贷款机会时，银行将资金投资于高信用等级的证券，可以获取稳定的收益，可在分散风险的前提下提高利润。

2. 保持流动性。尽管现金资产具有高度流动性，在流动性管理中具有重要作用，但现金资产无利息收入，为保持流动性而持有过多的现金资产会增加银行的机会成本，降低盈利性。可销性很强的短期证券是商业银行理想的高流动性资产。它们既可随时变现，又有一定的利息收入，是银行流动性管理中不可或缺的第二准备。

3. 合理避税。商业银行投资的证券大都集中在国债和地方政府债券上，而地方政府债券往往具有税后优惠，故银行可以利用证券组合达到避税目的，使收益进一步提高。商业银行证券投资，在西方国家经历了严厉的管制后，但随着非银行金融机构的竞争压力增大以及金融工具和交易方式的创新，西方商业银行努力扩展证券投资的业务范围，商业银行兼营投资银行的业务甚至成为一种趋势。按我国商业银行法规定，商业银行不得从事境内信托投资和股票业务。因此，目前它们的证券投资业务对象主要是政府债券和中央银行、政策性银行发行的金融债券等，且规模都不大。

三、中间业务和表外业务

中间业务是社会经济和信用关系发展的必然产物，也是商业银行自身发展的必然结果。它与资产业务、负债业务构成商业银行的三大基本业务。关于中间业务的定义，金融界并没有一个统一的认识。尤其是在中间业务与表外业务的关系的问题上存在较大分歧。

2001年6月21日中国人民银行颁布《商业银行中间业务暂行规定》（以下简称《规定》），《规定》将中间业务定义为“不构成商业银行表内资产表内负债，形成银行非利息收入的业务”。并将其划分为适用于审批制的中间业务（包括形成或有资产、或有负债的中间业务与证券、保险业务相关的部分中间业务）和适用备案制的中间业务（指不形成或有资产、或有负债的中间业务）两大类业务。这是我国对中间业务的定义。

巴塞尔委员会将中间业务表述为表外业务。关于表外业务，巴塞尔协议又将其分为两种。即狭义的表外业务与广义的表外业务。

广义的表外业务是指包括所有不在资产负债表中反映的一切业务。具体包括：金融服务类表外业务和或有债权、或有债务类表外业务。狭义的表外业务则是指或有债权、或有债务类表外业务。

金融服务类表外业务是指那些只能为银行带来服务性收入而不会影响银行表内业务质量的业务。主要包括与贷款有关的服务、信托与咨询服务、支付服务、经纪人、代理人服务、进出口服务等五大类业务。

或有债权、或有债务表外业务是指不在资产负债表内反映，但在一定条件下会转变为资产业务和负债业务的或有资产、或有负债的业务。它主要包括贷款承诺、担保、金融衍生业务、投资银行业务四大类。这也是通常指的表外业务。

从上述定义可以看出，巴塞尔协议定义的广义的表外业务的内容与我国《规定》定义的中间业务内容基本一致，仅仅是称呼上的区别，习惯上西方商业银行称表外业务，我国商业银行称作中间业务。我国适用备案制的中间业务基本上就是巴塞尔协议定义的金融服务类表外业务，而我国适用审批制的中间业务基本就是或有债权、或有负债表外业务。巴塞尔协议定义的狭义表外业务是我国中间业务中一种特殊的与信用有关有一定风险的业务，属于我国中间业务范畴。

1. 汇兑业务。汇兑业务是客户以现款交付银行，由银行把款项支付给异地受款人的一种业务。使用的汇兑凭证有银行支票、银行汇票、邮信或电报的付款委托书。这些凭证都是承汇银行向另一家银行或其分支行发出的命令，命令后者向第三者支付一定数额的款项。依汇出行将付款命令通知汇入行的方式不同，可分为电汇、信汇和票汇三种方式。在当今银行业务广泛使用电子技术的情况下，资金调拨已是瞬息间可以解决的问题。除小额款项仍有使用电汇、信汇或票汇形式的必要外，大笔资金基本上都是通过电子资金调拨系统处理。

2. 信用证业务。信用证业务是由银行保证付款的业务。现在广泛开展的为商品信用证业务。商品信用证是银行应客户（购货单位）的要求，按其所指定的条件开给销货单位的一种保证付款的凭证。业务技术过程是：客户请求银行向销货单位开出信用证，并把货款的一部分或全部交付银行；信用证上注明支付货款时所应审查的事项；销货单位按信用证所列条件发货后，可凭信用证要求银行付款。这种业务在异地采购，尤其是在国际贸易中，得到广泛的开展。银行经办信用证业务，除可以从中收取手续费外，还可以占用一部分客户资金。

3. 代收业务。代收业务是银行根据各种凭证以客户名义代替客户收取款项的业务。首先是银行代收支票款项，即客户将从他人手中收取到的其他银行的支票交给自己的开户银行并委托其代为从其他银行收取款项。这是最频繁的代收业务。此外还有接受委托客户收取票据款项的业务；代客户收取有价证券利息和股息的业务，等等。接受销货单位委托，依据有关发货的商品凭证代为收款的业务在异地和国际贸易中也得到广泛开展。

4. 代客户买卖业务。代客户买卖业务是银行接受客户委托，代替客户买卖有价证券、贵金属和外汇业务。在银行的代客户买卖业务中最重要的是代理发行有价证券的业务。银行代公司发行股票或债券时，无论包销或代销，都能从发行总额中获得收益。需要补充说明的是，银行推销公司的有价证券，形式是一种代客户买卖业务，但实际上常常超过单纯中介业务的范围，是银行资本与工业资本相结合的一种主要形式。

5. 承兑业务。这是银行为客户开出的汇票或签章承诺，保证到期一定付款的一种业务。当票据到期前或到期，客户应将款项送交银行或其自己办理兑付。如若到期客户无力支付票据款项，则该承兑银行必须承担付款责任。由于票据的兑付一般无需银行投入自己的资金而是用客户的资金办理，所以银行经办承兑业务，实际上是以其自身的信用来加固客户的信用。为此银行要向客户收取一定的手续费。由于经过银行承兑的票据在付款方面更有保障，因而承兑业务的开展促进了票据流通范围的扩大。这项业务在现代银行业务中占有相当重要的地位。我国银行开展承兑业务较晚，但近年发展较快，1996年全国累计办理银行承兑汇票3545亿元，比1995年增长80%。

6. 信托业务。信托业务即信用委托的意思，是指接受他人委托，代为管理、经营和处理经济事务的行为。银行信托是经营金融性质的委托代理业务，即银行作为受托人按客户——委托人——的委托，代为管理、经营、处理有关钱财方面的事项。信托业务最初由一些个人和保险公司经营，后随经济的发展和业务范围的日益扩展，加之个人和团体的债权债务关系日趋复杂，因而出现了信托公司这类专门的金融机构。再后，商业银行由于资力雄厚，信誉良好，业务经验丰富，也开始经营这种业务。经营信托业务一般只收取有关的手续费，而营运中获得的收入则归委托人或其指定的收益人所有。同时，银行承办这项业务，势必能占用一部分信托资金，有利于其扩展经营。信托业务的种类可以从不同角度按不同标准进行划分。如按组成信托关系的对象，可分为个人信托或法人信托；按成立信托关系的方式，可分为任意信托和特约信托；按收益对象，可分为公益信托和私益信托；按信托资产的不同，可分资金信托、动产信托和不动产信托等等。信托业务的种类极多、范围极广，经营现代信托业务若无专门的知识、广泛的信息、丰富的经验则实难胜任。这也正是信托业之所以从初始的个人经办逐步过渡到主要以法人、以专门的信托、以银行经办的道理所在。各国经营这种业务的银行，大都须经政府批准并在有关管理规定范围内活动。一般要求经营信托业务的银行必须将其信托部门与银行部门从营业场所、人事配备到会计财务等完全分开。我国金融信托源于1917年上海商业储蓄银行成立的“保管部”，后改为信托部。1921年成立有上海通商信托公司等一批专门信托机构。1935年成立了官办的中央信托局。1949年以后，中国人民银行曾在上海等几个大城市设立信托部试办信托业务，但很快撤销。关于改革开放后信托业的发展及问题，上章已经作了说明。

7. 代理融通业务。这是由银行或专业代理融通公司代顾客收取应收账款并向顾客提供资金融通的一种业务方式。在赊销赊购的商业信用中，一方面由商业银行代理赊销企业收账，有利于赊销账款按时收回；另一方面通过商业银行购买赊销账款，向赊销企业提供资金融通。代理融通业务很早就有，出现了专业代理融通公司。大银行很快就对这项业务发生了兴趣，纷纷组织附属财务公司或自行经营。

8. 银行卡业务。银行卡是由银行发行、供需客户办理存取款和转账支付的新型服务工具的总称。它包括信用卡、支票卡、记账卡、智能卡等。因这些银行卡均以塑料制成，又有“塑料货币”之称。银行卡的出现，是银行业务与飞速发展着的科学技术相结合的产物，它使得银行业务有了一个崭新的面貌。

现代银行除了利用资金、机构、人才、信息等方面既有的优势为顾客提供服务之外，还充分利用信息技术革命的成果，把电子计算机技术和自动化技术广泛引入银行业务的过程中。随着国际互联网迅速进入人们的生活，银行的网上服务有了极快的发展。这种发展势所必然，但其发展将对银业事业引起怎样的重大变化，正受到人们的密切关注。

表外业务因灵活性大、透明度差而有较高的风险，它既可给银行带来可观的收益，也可能使银行陷入更大的困境，所以有必要对表外业务活动加强管理。商业银行内部要建立信用评估、风险评估和双重审核制度，注重杠杆比率管理和流动性比例管理。巴塞尔委员会要求商业银行建立专门的表外业务报表，定期报告有关表外业务的情况，并对表外业务的风险衡量作了具体规定。

本章小结

商业银行作为金融企业，是以追求利润为经营目标、以各种金融资产和金融负债为经营对象、具有系统化和综合性服务功能的金融企业。现代商业银行是由古代的货币兑换商和银钱业发展而来的，它的产生途径有两条：由资本主义生产方式组建和高利贷银行被迫转化而来。商业银行具有四项基本职能：信用中介职能、支付中介职能、信用创造职能和金融服务。

依据组织体制划分，商业银行分为总分行制、单一银行制和银行控股公司制；依据经营体制划分，商业银行分为全能银行制和职能银行制；依据管理体制划分，商业银行分为单轨银行制和双轨银行制。目前，世界上大多数国家在组织体制上实行总分行制，实行单一银行制的美国，其发展趋势向总分行制转变；由于受国际金融一体化和金融自由化趋势及金融激烈竞争的影响，在经营体制上，全球分离银行制国家正在突破原有体制向全能制银行方向发展；在管理体制上，除美国外，世界上其余国家实行单轨银行制。

商业银行经营的三性原则：盈利性、安全性和流动性。盈利性原则是指商业银行要以实现利润最大化为经营目标；安全性原则是指商业银行要避免经营风险，保证资金安全；流动性原则是指商业银行要保证能够满足客户随时提现需求。商业银行应选择适当的指标体系，运用合理的方法，做好盈利性管理、流动性管理和安全性管理三者之间的和谐统一。商业银行在保证安全运营和保持银行流动性的前提下，实现利润最大化，做到三者兼顾，协调发展。

商业银行业务：负债业务、资产业务、中间业务和表外业务。负债业务是指商业银行筹集资金、借以形成资金来源的业务，这是商业银行经营的前提条件；商业银行的资产业务是商业银行将通过负债业务所积聚的货币资金加以应用，以获取收益的业务；中间业务是商业银行并不需要运用自己的资金而代理客户承办支付和其他委托事项，并据以收取手续费的业务；表外业务是指未列入银行资产负债表内且不影响资产负债总额的业务，广义的表外业务包含中间业务。随着现代商业银行的发展，中间业务和表外业务所创造的利润占商业银行总利润的比重越来越大。

关键词：信用中介　支付中介　信用创造　全能银行　职能银行　信用风险　利率风险　汇率风险　操作风险　通货膨胀风险　同业拆借　中间业务　表外业务

思考题

1. 简述现代商业银行的概念及其发展历程。
2. 现代商业银行主要特征。
3. 现代商业银行基本职能。
4. 现代商业银行的组织体制类型。
5. 现代商业银行经营体制变化趋势。
6. 分析美国商业银行双轨制。
7. 简述商业银行“三性原则”。
8. 简述商业银行负债业务种类。
9. 简要分析商业银行资产业务。

10. 何谓贴现业务，并简要分析。

11. 何谓中间业务？主要的中间业务有哪些？

12. 简述中间业务和表外业务的区别与联系。

附 录

中华人民共和国商业银行法（节选）

（1995 年 5 月 10 日第八届全国人民代表大会常务委员会第十三次会议通过根据 2003 年 12 月 27 日第十届全国人民代表大会常务委员会第六次会议《关于修改〈中华人民共和国商业银行法〉的决定》修正）

第一章 总 则

第一条 为了保护商业银行、存款人和其他客户的合法权益，规范商业银行的行为，提高信贷资产质量，加强监督管理，保障商业银行的稳健运行，维护金融秩序，促进社会主义市场经济的发展，制定本法。

第二条 本法所称的商业银行是指依照本法和《中华人民共和国公司法》设立的吸收公众存款、发放贷款、办理结算等业务的企业法人。

第三条 商业银行可以经营下列部分或者全部业务：

（一）吸收公众存款；

（二）发放短期、中期和长期贷款；

（三）办理国内外结算；

（四）办理票据承兑与贴现；

（五）发行金融债券；

（六）代理发行、代理兑付、承销政府债券；

（七）买卖政府债券、金融债券；

（八）从事同业拆借；

（九）买卖、代理买卖外汇；

（十）从事银行卡业务；

（十一）提供信用证服务及担保；

（十二）代理收付款项及代理保险业务；

（十三）提供保管箱服务；

（十四）经国务院银行业监督管理机构批准的其他业务。

经营范围由商业银行章程规定，报国务院银行业监督管理机构批准。

商业银行经中国人民银行批准，可以经营结汇、售汇业务。

第四条 商业银行以安全性、流动性、效益性为经营原则，实行自主经营，自担风险，自负盈亏，自我约束。

商业银行依法开展业务，不受任何单位和个人的干涉。

商业银行以其全部法人财产独立承担民事责任。

第二章 商业银行的设立和组织机构

第十一条 设立商业银行，应当经国务院银行业监督管理机构审查批准。

未经国务院银行业监督管理机构批准，任何单位和个人不得从事吸收公众存款等商业银行业务，任何单位不得在名称中使用“银行”字样。

第十二条 设立商业银行，应当具备下列条件：

（一）有符合本法和《中华人民共和国公司法》规定的章程；

（二）有符合本法规定的注册资本最低限额；

（三）有具备任职专业知识和业务工作经验的董事、高级管理人员；

（四）有健全的组织机构和管理制度；

（五）有符合要求的营业场所、安全防范措施和与业务有关的其他设施。

设立商业银行，还应当符合其他审慎性条件。

第十三条 设立全国性商业银行的注册资本最低限额为十亿元人民币。设立城市商业银行的注册资本最低限额为一亿元人民币，设立农村商业银行的注册资本最低限额为五千万元人民币。注册资本应当是实缴资本。

国务院银行业监督管理机构根据审慎监管的要求可以调整注册资本最低限额，但不得少于前款规定的限额。

第十四条 设立商业银行，申请人应当向国务院银行业监督管理机构提交下列文件、资料：

（一）申请书，申请书应当载明拟设立的商业银行的名称、所在地、注册资本、业务范围等；

（二）可行性研究报告；

（三）国务院银行业监督管理机构规定提交的其他文件、资料。

第十五条　设立商业银行的申请经审查符合本法第十四条规定的，申请人应当填写正式申请表，并提交下列文件、资料：

（一）章程草案；

（二）拟任职的董事、高级管理人员的资格证明；

（三）法定验资机构出具的验资证明；

（四）股东名册及其出资额、股份；

（五）持有注册资本百分之五以上的股东的资信证明和有关资料；

（六）经营方针和计划；

（七）营业场所、安全防范措施和与业务有关的其他设施的资料；

（八）国务院银行业监督管理机构规定的其他文件、资料。

第十六条　经批准设立的商业银行，由国务院银行业监督管理机构颁发经营许可证，并凭该许可证向工商行政管理部门办理登记，领取营业执照。

第十七条　商业银行的组织形式、组织机构适用《中华人民共和国公司法》的规定。

本法施行前设立的商业银行，其组织形式、组织机构不完全符合《中华人民共和国公司法》规定的，可以继续沿用原有的规定，适用前款规定的日期由国务院规定。

第十八条　国有独资商业银行设立监事会。监事会的产生办法由国务院规定。

监事会对国有独资商业银行的信贷资产质量、资产负债比例、国有资产保值增值等情况以及高级管理人员违反法律、行政法规或者章程的行为和损害银行利益的行为进行监督。

第十九条　商业银行根据业务需要可以在中华人民共和国境内外设立分支机构。设立分支机构必须经国务院银行业监督管理机构审查批准。在中华人民共和国境内的分支机构，不按行政区划设立。

商业银行在中华人民共和国境内设立分支机构，应当按照规定拨付与其经营规模相适应的营运资金额。拨付各分支机构营运资金额的总和，不得超过总行资本金总额的百分之六十。

第二十五条　商业银行的分立、合并，适用《中华人民共和国公司法》的规定。

商业银行的分立、合并，应当经国务院银行业监督管理机构审查批准。

第二十六条　商业银行应当依照法律、行政法规的规定使用经营许可证。禁止伪造、变造、转让、出租、出借经营许可证。

第二十七条　有下列情形之一的，不得担任商业银行的董事、高级管理人员：

（一）因犯有贪污、贿赂、侵占财产、挪用财产罪或者破坏社会经济秩序罪，被判处刑罚，或者因犯罪被剥夺政治权利的；

（二）担任因经营不善破产清算的公司、企业的董事或者厂长、经理，并对该公司、企业的破产负有个人责任的；

（三）担任因违法被吊销营业执照的公司、企业的法定代表人，并负有个人责任的；

（四）个人所负数额较大的债务到期未清偿的。

第二十八条　任何单位和个人购买商业银行股份总额百分之五以上的，应当事先经国务院银行业监督管理机构批准。

第三章　对存款人的保护

第二十九条　商业银行办理个人储蓄存款业务，应当遵循存款自愿、取款自由、存款有息、为存款人保密的原则。

对个人储蓄存款，商业银行有权拒绝任何单位或者个人查询、冻结、扣划，但法律另有规定的除外。

第三十条　对单位存款，商业银行有权拒绝任何单位或者个人查询，但法律、行政法规另有规定的除外；有权拒绝任何单位或者个人冻结、扣划，但法律另有规定的除外。

第三十一条　商业银行应当按照中国人民银行规定的存款利率的上下限，确定存款利率，并予以公告。

第三十二条　商业银行应当按照中国人民银行的规定，向中国人民银行交存存款准备金，留足备付金。

第三十三条　商业银行应当保证存款本金和利息的支付，不得拖延、拒绝支付存款本金和利息。

第四章　贷款和其他业务的基本规则

第三十四条　商业银行根据国民经济和社会发展的需要，在国家产业政策指导下开展贷款业务。

第三十五条　商业银行贷款，应当对借款人的借款用途、偿还能力、还款方式等情况进行严格审查。

商业银行贷款，应当实行审贷分离、分级审批的制度。

第三十六条　商业银行贷款，借款人应当提供担保。商业银行应当对保证人的偿还能力，抵押物、质押物的权属和价值以及实现抵押权、质权的可行性进行严格审查。

经商业银行审查、评估，确认借款人资信良好，确能偿还贷款的，可以不提供担保。

第三十七条　商业银行贷款，应当与借款人订立书面合同。合同应当约定贷款种类、借款用途、金额、利率、还款期限、还款方式、违约责任和双方认为需要约定的其他事项。

第三十八条　商业银行应当按照中国人民银行规定的贷款利率的上下限，确定贷款利率。

第三十九条　商业银行贷款，应当遵守下列资产负债比例管理的规定：

（一）资本充足率不得低于百分之八；

（二）贷款余额与存款余额的比例不得超过百分之七十五；

（三）流动性资产余额与流动性负债余额的比例不得低于百分之二十五；

（四）对同一借款人的贷款余额与商业银行资本余额的比例不得超过百分之十；

（五）国务院银行业监督管理机构对资产负债比例管理的其他规定。

本法施行前设立的商业银行，在本法施行后，其资产负债比例不符合前款规定的，应当在一定的期限内符合前款规定。具体办法由国务院规定。

第四十条　商业银行不得向关系人发放信用贷款；向关系人发放担保贷款的条件不得优于其他借款人同类贷款的条件。

前款所称关系人是指：

（一）商业银行的董事、监事、管理人员、信贷业务人员及其近亲属；

（二）前项所列人员投资或者担任高级管理职务的公司、企业和其他经济组织。

第四十一条　任何单位和个人不得强令商业银行发放贷款或者提供担保。商业银行有权拒绝任何单位和个人强令要求其发放贷款或者提供担保。

第四十二条　借款人应当按期归还贷款的本金和利息。

借款人到期不归还担保贷款的，商业银行依法享有要求保证人归还贷款本金和利息或者就该担保物优先受偿的权利。商业银行因行使抵押权、质权而取得的不动产或者股权，应当自取得之日起二年内予以处分。

借款人到期不归还信用贷款的，应当按照合同约定承担责任。

第四十三条　商业银行在中华人民共和国境内不得从事信托投资和证券经营业务，不得向非自用不动产投资或者向非银行金融机构和企业投资，但国家另有规定的除外。

第四十四条　商业银行办理票据承兑、汇兑、委托收款等结算业务，应当按照规定的期限兑现，收付入账，不得压单、压票或者违反规定退票。有关兑现、收付入账期限的规定应当公布。

第四十五条　商业银行发行金融债券或者到境外借款，应当依照法律、行政法规的规定报经批准。

第四十六条　同业拆借，应当遵守中国人民银行的规定。禁止利用拆入资金发放固定资产贷款或者用于投资。

拆出资金限于交足存款准备金、留足备付金和归还中国人民银行到期贷款之后的闲置资金。拆入资金用于弥补票据结算、联行汇差头寸的不足和解决临时性周转资金的需要。

第四十七条　商业银行不得违反规定提高或者降低利率以及采用其他不正当手段，吸收存款，发放贷款。

第四十八条　企业事业单位可以自主选择一家商业银行的营业场所开立一个办理日常转账结算和现金收付的基本账户，不得开立两个以上基本账户。

任何单位和个人不得将单位的资金以个人名义开立账户存储。

第四十九条　商业银行的营业时间应当方便客户，并予以公告。商业银行应当在公告的营业时间内营业，不得擅自停止营业或者缩短营业时间。

第五十条　商业银行办理业务，提供服务，按照规定收取手续费。收费项目和标准由国务院银行业监督管理机构、中国人民银行根据职责分工，分别会同国务院价格主管部门制定。

第五十一条　商业银行应当按照国家有关规定保存财务会计报表、业务合同以及其他资料。

第五十二条　商业银行的工作人员应当遵守法律、行政法规和其他各项业务管理的规定，不得有下列行为：

（一）利用职务上的便利，索取、收受贿赂或者违反国家规定收受各种名义的回扣、手续费；

（二）利用职务上的便利，贪污、挪用、侵占本行或者客户的资金；

（三）违反规定徇私向亲属、朋友发放贷款或者提供担保；

（四）在其他经济组织兼职；

（五）违反法律、行政法规和业务管理规定的其他行为。

第五章 财务会计

第五十四条 商业银行应当依照法律和国家统一的会计制度以及国务院银行业监督管理机构的有关规定，建立、健全本行的财务、会计制度。

第五十五条 商业银行应当按照国家有关规定，真实记录并全面反映其业务活动和财务状况，编制年度财务会计报告，及时向国务院银行业监督管理机构、中国人民银行和国务院财政部门报送。商业银行不得在法定的会计账册外另立会计账册。

第五十六条 商业银行应当于每一会计年度终了三个月内，按照国务院银行业监督管理机构的规定，公布其上一年度的经营业绩和审计报告。

第五十七条 商业银行应当按照国家有关规定，提取呆账准备金，冲销呆账。

第五十八条 商业银行的会计年度自公历1月1日起至12月31日止。

第六章 监督管理

第五十九条 商业银行应当按照有关规定，制定本行的业务规则，建立、健全本行的风险管理和内部控制制度。

第六十条 商业银行应当建立、健全本行对存款、贷款、结算、呆账等各项情况的稽核、检查制度。

商业银行对分支机构应当进行经常性的稽核和检查监督。

第六十一条 商业银行应当按照规定向国务院银行业监督管理机构、中国人民银行报送资产负债表、利润表以及其他财务会计、统计报表和资料。

第六十二条 国务院银行业监督管理机构有权依照本法第三章、第四章、第五章的规定，随时对商业银行的存款、贷款、结算、呆账等情况进行检查监督。检查监督时，检查监督人员应当出示合法的证件。商业银行应当按照国务院银行业监督管理机构的要求，提供财务会计资料、业务合同和有关经营管理方面的其他信息。

中国人民银行有权依照《中华人民共和国中国人民银行法》第三十二条、第三十四条的规定对商业银行进行检查监督。

第七章　接管和终止

第六十四条　商业银行已经或者可能发生信用危机，严重影响存款人的利益时，国务院银行业监督管理机构可以对该银行实行接管。

接管的目的是对被接管的商业银行采取必要措施，以保护存款人的利益，恢复商业银行的正常经营能力。被接管的商业银行的债权债务关系不因接管而变化。

第六十五条　接管由国务院银行业监督管理机构决定，并组织实施。国务院银行业监督管理机构的接管决定应当载明下列内容：

（一）被接管的商业银行名称；

（二）接管理由；

（三）接管组织；

（四）接管期限。

接管决定由国务院银行业监督管理机构予以公告。

第六十六条　接管自接管决定实施之日起开始。

自接管开始之日起，由接管组织行使商业银行的经营管理权力。

第六十七条　接管期限届满，国务院银行业监督管理机构可以决定延期，但接管期限最长不得超过二年。

第六十八条　有下列情形之一的，接管终止：

（一）接管决定规定的期限届满或者国务院银行业监督管理机构决定的接管延期届满；

（二）接管期限届满前，该商业银行已恢复正常经营能力；

（三）接管期限届满前，该商业银行被合并或者被依法宣告破产。

第六十九条　商业银行因分立、合并或者出现公司章程规定的解散事由需要解散的，应当向国务院银行业监督管理机构提出申请，并附解散的理由和支付存款本金和利息等债务清偿计划。经国务院银行业监督管理机构批准后解散。

商业银行解散的，应当依法成立清算组，进行清算，按照清偿计划及时偿还存款本金和利息等债务。国务院银行业监督管理机构监督清算过程。

第七十条　商业银行因吊销经营许可证被撤销的，国务院银行业监督管理机构应当依法及时组织成立清算组，进行清算，按照清偿计划及时偿还存款本金和利息等债务。

第七十一条　商业银行不能支付到期债务，经国务院银行业监督管理机构同意，由人民法院依法宣告其破产。商业银行被宣告破产的，由人民法院组织国务院银行业监督管理机构等有关部门和有关人员成立清算组，进行清算。

商业银行破产清算时，在支付清算费用、所欠职工工资和劳动保险费用后，应当优先支付个人储蓄存款的本金和利息。

第七十二条　商业银行因解散、被撤销和被宣告破产而终止。

第六章　商业银行：管理与创新

本章概要：在本章中，我们要学习如何加强现代商业银行的经营管理，如何促进商业银行的金融创新。本章分为四节，第一节着重介绍商业银行资产负债管理，包括资金总库法、资金转换法、负债管理法和比例管理法等四种管理方法；第二节主要介绍资本金管理，分析资本金的构成和资本充足性；第三节阐述商业银行常见的三种风险管理办法，即利率风险管理、信贷风险管理和投资风险管理；第四节重点分析商业银行金融创新的原因、金融创新的种类以及金融创新的影响。

第一节　商业银行资产负债管理

一、一般概念

所谓商业银行资产负债管理，是指将资产和负债两个方面加以对照，进行对应分析，根据银行经营环境的变化，协调各种不同资产和负债在利率、期限、风险和流动性等诸方面的搭配，并在确保资金安全性、流动性情况下实现最大利润。

商业银行资产负债管理理论（Multimanagement Theory）是从 20 世纪 70 年代后出现的一种综合性理论。它涵盖了资产管理理论与负债管理理论的要义。该管理理论认为，商业银行资产负债管理，是指保持银行的流动性，可以从资产方面和负债方面同时努力，而不应片面强调某一方面。商业银行经营管理的宗旨，无非是为资产方各项目之间、负债方各项目之间以及资产方与负债方之间，做出最优的组合，以此满足赢利性、安全性和流动性的要求。该理论遵循了四项基本原则，即资产与负债的规模对称原则、结构对称原则、速度对称原则和目标对称原则。

资产负债管理理论产生至今，先后采用了多种具体的管理方法，诸如资金总库法、资金转换法、负债管理方法和比例管理法等，我们对这些方法逐一作介绍。

二、资产管理方法

（一）资金总库法

资金总库法是指无论资金来源期限如何，即不管是活期存款、定期存款，还是资本金，商业银行将这些来源不同的资金汇集到一个总库，然后作为一个整体按流动性顺序进行分配运用的一种管理方法。

根据资金总库法，商业银行在作资产安排时，顺序如下：

1. 保证充分的一级储备。所谓一级储备，指的是一个经济概念，而非账户概念，具体包括库存现金、在中央银行的存款、在其他存款机构的存款、托收中现金。一级储备之所以在银行的资产分配中具有高度优先的地位，是因为：(1) 要遵守国家法律有关保持法定存款准备金的规定；(2) 要满足银行日常支付和支票清算的需求；(3) 作为应付意外信贷需求的第一道防线。

2. 保证二级储备。二级储备，主要包括短期贴放和公开市场债券，如短期国库券、短期政府机构债券、银行承兑汇票等。二级储备的特点是有一定的收益，且期限较短，可随时转换为现金，而不损失本息。保证二级储备的目的是为应付近期内的资金需求和其他资金需求。

3. 满足客户信贷需求。在满足了一级储备和二级储备后，商业银行再来满足客户的信贷需求。这需要商业银行深入了解本地市场，了解客户的经营状况和资金需求，由市场的经济力量决定信贷资金的投向和构成。

4. 在满足前三项资产分配后还有剩余，商业银行可以购买长期债券，进行固定资产投资等。

资金总库法的优点就在于简单易懂，管理成本低；缺点则在于比较死板保守，未考虑到资产负债表中各个项目之间的相互关系，过分看重银行流动性的需要而不惜牺牲赢利。

（二）资金转换法

资金转换法，是从资金来源稳定性着眼，按照各种资金来源的法定准备金要求和流通速度进行资产分配的一种管理方法，即短存短贷，长存长贷。例如，活期存款有较高的准备金和较快的流通速度，因此，大部分可以用于一级储备和二级储备，少部分用于工商企业短期贷款。储蓄存款和定期存款的法定存款准备金要求较低，流通速度较慢，则大部分用于贷款和投资。资本性债券的流动性较弱，又不用缴纳法定存款准备金，可以用于长期贷款和固定资产投资。

资金转换法的优点是相对简单、易掌握，可以减少过多的流动性储备。缺点是：（1）它以存款的速度作为标准分配资金，并非完全合理，因为实际工作中，活期存款中也存在长期稳定的余额，因而这部分余额也可用于高收益的长期资产；（2）它认为资金来源和资金运用是相对独立的，也并非完全合理，因为实际上某一类存款的增长，其他形式的贷款要求也在增长，并不可能完全对应；（3）比较死板，没有考虑存款和贷款的季节性变化。

（三）线性规划法

线性规划法是为使商业银行资产配置更为精确，将数学方法、计算机技术的运用与资产管理理论结合起来产生的一种管理方法。这种方法的步骤一般是先选择目标函数，然后确定约束条件，最后求出线性规划模型的解。这种方法使银行资产负债管理得到了量化，但由于实际工作的复杂性，使线性规划模型会更为复杂。

三、负债管理方法

上述两种方法都是在资金来源一定的条件下，按比例将资金分配于不同的资产，而负债管理方法则是一种与这两种方法截然不同的管理方法，它是指银行通过借入资金，来扩大信贷规模，满足信贷需求的一种管理方法。具体又分为储备头寸负债管理和全面负债管理两种方法。

1. 储备头寸负债管理法。储备头寸负债管理法是指银行通过借入资金满足短期流动性需求，即用借入资金补充一级储备，以满足存款的提取和增加意外信贷需求的一种管理方法。

采用储备头寸负债管理方法，一方面使银行可以持有较高比例的收入资产，提高银行的预期收入；另一方面，使银行风险有所增加，因为除了借入的资金成本不能确定外，有时也借不到资金来补充准备金（如图6-1）。

资　产	负　债
一级储备	借入资金
二级储备	存　款 资本账户
贷　款	
投　资	

图 6－1　储备头寸负债管理

2. 全面负债管理法。全面负债管理法也称纯负债管理法。它是指银行用借入的资金持续地扩大资产负债规模的一种管理方法（如图 6－2）。

资　产	负　债
一级储备	存　款
二级储备	资本账户
贷　款	借入资金
投　资	

图 6－2　全面负债管理

全面负债管理以借入资金具有较大的供应弹性为前提，其条件是市场有足够的参与者和足够的资金，单个银行的活动并不影响整个市场利率水平。因此，实行全面负债管理的最大风险，在于得不到足够的资金来源，如果中央银行采取紧缩货币政策，有些小银行的负债管理结构就可能崩溃。

四、资产负债比例管理法

资产负债比例管理法，是指通过一系列指标体系约束银行的资产运用，以确保银行的安全性、流动性、盈利性三者均衡与协调，从而使银行能够做到稳健经营的一种管理方法。这种管理方法所确定的比例指标体系一般分为三大类：第一类是流动性指标，如存贷比例、备付金比例、同业拆借比例、中长期贷款比例等；第二类是安全性指标，如抵押、担保贷款比例、资本充足率、单项贷款比例等；第三类是赢利性指标，如资金利润率、贷款收息率等。

商业银行的整体资金是在不断运动的，资产和负债项目下各类资金的数额及其相互配比在运动中不断变化。但总的来说，各项资金的配比应大体保持一定协调关系，才能使银行整体资金正常运转。资产与负债之间一般具有同向约束和比例对应运行的特点。从数量上看，资产与负债之间要建立一定的比例关系。例如组织的存款只有一部分运用出去，这一部分在稳定的客观条件下往往就是一个比例。从期限上看，资产与负债之间要建立偿还期对称关系，即资金运用要与资金来源的周转速度相一致。当然，这种对称，并不是严格要求资产和负债的偿还期一一对称，而只是一种原则上和方向上的对称。与期限对称相关联，资产与负债在利率上也表现出一定的对应关系，资产利率要高于负债利率，防止利率倒挂带来的经营风险。此外，在资产、负债各自内部结构之间在金额、利率上也会产生若干合理性和均衡性所要求的比例关系。

在商业银行长期经营实践中，曾产生各类不同的资产负债比例指标体系，他们是根据当时的历史条件提出的对经营管理的要求。随着银行制度的发展，银行经营管理中提出的各类比例被逐步纳入银行的财务管理之中，成为财务分析和财务控制的对象；同时，这些比例逐步为银行管理部门所吸收，从而上升为银行监管当局对银行进行监管的基本手段。

资产负债比例管理方法具有较强的可操作性，受到世界各国商业银行的广泛欢迎。1994 年，中国人民银行下发了《关于商业银行实行资产负债比例管理的通知》，规定了商业银行实行资产负债比例管理的暂行监管指标。1996 年，为了切实加强银行业的监管，促使我国商业银行稳健经营，根据我国商业银行实际情况和财务会计制度，并参照国际惯例，中国人民银行下达了《关于印发商业银行资产负债比例管理监控、监测指标和考核办法的通知》。新的指标分为监控性指标和检测性指标两大类，把外币业务、表外业务也纳入了考核体系，体现出真实性、科学性和完整性的特点，能够比较全面、深入地反映商业银行面临的经营风险。从 1998 年开始，国有商业银行指令性贷款规模取消，我国商业银行开始实行全面的资产负债比例管理。

第二节　商业银行资本金管理

对商业银行管理的一个重要方面就是对其资本金的管理。商业银行开业、经营和发展的前提条件，就是必须拥有一定数量的资本或称自有资金。

一、资本金的构成

任何企业，在开业时，都必须筹足一定量的资本，商业银行作为金融企业也不例外。商业银行资本是银行从事经营活动必须注入的资金。但商业银行资本内涵与一般企业公司资本有所不同。一般公司资本金的内涵构成是根据会计学的角度理解，即资本金为公司总资产（A）与总负债（L）的账面之差即净值（NW）。用公式表示如下：

$$NW = A - L$$

这个净值亦称为所有者权益或自有资金。而商业银行资本金的构成除了所有者权益外，还包括一定比例的债务资本。

按国际银行业认同的重要监管准则之一《巴塞尔协议》的定义，商业银行资本主要由两部分构成，即一级资本和二级资本。

一级资本，也称核心资本。一级资本的特点是：资本的价值相对稳定；在公开发布的账目中完全可以发现；是市场判断资本充足率的基础，对银行的赢利和竞争能力关系极大。具体包括实收资本/普通股、公开储备（税后利润提取）。

二级资本，也称附属资本。其具体包括非公开储备、资产重估储备、普通准备金/普通贷款损失准备金、混合（债务/股票）资本工具（如优先股）和次级长期债务。

然而，资本限制有：（1）二级（附属）资本总额将不得超过一级资本总额的100%；（2）附属资本中次级长期债务将不得超过第一级资本总额的50%；（3）在普通准备金/普通准备或储备的数额最多不能超过风险资产的1.25%，特殊情况或临时可达2%；（4）有潜在收益而未实现的证券形式的资产重估准备金必须打55%折扣。

另外，从资本中扣除：（1）一级资本中扣除：商誉；（2）从总资本中扣除：一是合并列账的银行与财务附属公司的投资；二是在其他银行和金融机构资本中的投资。

从一般财务管理角度，银行的资本主要由普通股、优先股、资本性债券、补偿性准备金和未分配利润等构成。

普通股是商业银行最基本、数量最多的资本金，构成银行资本的基础，因此新设立的商业银行首先必须发行普通股。普通股的特点是：普通股红利没有固定收益率，银行经营好，赢利多，发放红利可能就多，反之则少，因此，普通股收益高且风险大；普通股股东享有最广泛的权利，这包括投票选举权、盈余分配权、优先购买权、资产分配权、股份转让权等。

优先股是指在银行筹集股本时，给予投资者某些优惠特权的股票。它的特点是：（1）优先股一般预先定明股息收益率，不受银行赢利状况影响；（2）优先股权力较小，一般没有选举和被选举权，对公司的重大经营无投票权；（3）优先股有优先索取权，仅次于债权人，但先于普通股。

资本性债券是指资本券与长期债券（附属债券），按期偿还，利息固定，对收入和资产的要求权优先于优先股。它的特点是：筹资成本低、资金运用率高、易于发行、有利于保持股东的地位等。

补偿性准备金是指为应付意外损失而从收益中提留的资金。如呆账准备金、坏账准备金等。它的特点是：一般是逐年累计，提留时不会对当年分红产生较大冲击；许多国家规定这种准备金可从税前收益中扣除。

未分配利润，是指银行税后净利减去普通股股息和红利后的余额，亦称留存收益。

二、资本金管理

对商业银行资本金管理，主要着重于对资本充足性的管理。而对商业银行适度资本数量影响最大的因素一般有这样两个：一是银行资本的用途；二是对银行资本充足率的有关规定。

1. 银行资本的用途。由于银行资本的用途直接影响到银行资本金的数量和资本金的充足率，因此，对商业银行资本金用途的掌握是进行资本管理的一个重要环节。

商业银行资本的用途一般表现在：

（1）当银行遇到意外损失或破产，银行资本金可以用来消除损失或用于赔偿非保险性存款。因此，银行资本金可以起到增强社会公众信心、防止银行倒闭的作用。

（2）当银行新开业或银行进行更新技术设备，可用银行资本购置所需设备和设施。

（3）法定银行最低资本限额规定，可以限制银行资产无限扩张，防止银行为取得利润而无限扩张资产。

2. 金融当局对银行资本充足率的规定。《巴塞尔协议》是目前各国金融监管当局对银行业进行监管的重要监管准则之一。1987 年 7 月，由比利时、英国、加拿大、法国、荷兰、日本、瑞士、德国、美国、意大利十国集团和瑞士、卢森堡等中央银行组成的巴塞尔委员会通过和制定了“关于统一国际银行资本衡量和资本标准的协议”（简称《巴塞尔协议》），并于 1988 年正式实行。该协议最重要的目的有两个：

（1）通过制定银行的资本与风险资产的比率，规定出计算方法和计算标准，以保障国际银行体系健康而稳定地运行。

（2）制定统一的标准，以消除国际金融市场上各国银行之间的不平等竞争。根据《巴塞尔协议》对银行资本充足率的规定，资本充足率即资本总额对加权风险资产最低比率为 8%（其中核心资本对风险资产的比重不低于 4%）。随着 1999 年 6 月《新巴塞尔资本协议》第一个征求意见稿的出台，几经修订，终于在 2004 年 6 月正式定稿。

2004 年 6 月，巴塞尔委员会发布了修改资本协议最新版，根据 2004 年 6 月出台的《巴塞尔新资本协议》，银行最低资本充足率要求仍为 8%，其中信用风险仍为主体地位。但新巴塞尔资本协议把风险的计算延伸到整个银行集团，而且计算最低资本比率的分母将包括 3 个部分，所有加权风险资产总额（信贷风险），加上 12.5 倍的市场风险所需资本和操作风险所需资本。资本充足率公式为：

资本充足率 = 总资本/［加权风险资产总额 + 12.5 ×（市场风险所需资本 + 操作风险所需资本）］

2004 年新协议虽未改变 8% 的最低资本比率要求，但调整了银行各类风险的计量方法：大幅度修改了信用风险的处理方法，明确提出将操作风险纳入资本监管范畴，并分别为计算信用风险和操作风险规定了三种方法。最主要的创新之一，就是提出计算信用风险的内部评级法。内部评级法，要求商业银行必须计算出银行客户无力还本付息的可能性，以及各类贷款损失率等信用风险量化指标。《新资本协议》在维持百分之八最低资本充足率要求的基础上，提出关于资本充足率、监督检查和信息披露的新规定，构建了资本充足率监管的“三大支柱”。

尽管各国对商业银行资本充足率的规定和管理措施存在差异，但银行提高其资本对总资产比率的方法都大致相同，这主要有：一是可以通过减少对股东的股利来增加银行留存收益；二是通过发行新股份增加总股本；三是通过出售证券、减少贷款等减少总资产。

专栏 6.1

一、新巴塞尔协议的三大支柱

第一大支柱：最低资本要求。最低资本充足率要求是新资本协议的重点。新巴塞尔协议主要针对银行的信用风险、市场风险以及操作风险提出最低总资本要求的计算问题。其中有关资本的定义和 8% 的最低资本比率，没有发生变化，将继续沿用 1988 年协议的规定，但对风险加权资产的计算问题，新协议在原来只考虑信用风险的基础上，进一步考虑了市场风险和操作风险。新巴塞尔协议还为计量风险提供了几种方案。如信用风险度量，可以采用标准法和内部评级法，内部评级法又分为初级法和高级法。

第二大支柱：监管部门的监督检查。新巴塞尔协议强化了各国金融监管当局的职责，提出了相应的配套措施。监管当局在实施监管的过程中，应当遵循四项原则：一是商业银行必须具备与其风险相适应的评估总量资本的一整套程序，以及维持资本水平的战略；二是监管当局必须检查和评价银行内部资本充足率的评估情况及其战略，以及银行监测和确保满足监管资本比率的能力；三是监管当局应希望银行的资本高于最低资本监管标准比率，并应有能力要求银行持有高于最低标准的资本；四是监管当局应争取及早干预，从而避免银行的资本低于抵御风险所需的最低水平。

第三大支柱：市场约束。市场约束的核心是信息披露。新巴塞尔协议在适用范围、资本结构、风险暴露的评估和资本充足率四个方面作出了具体的定量的信息披露内容的规定。并将披露信息划分为核心信息和补充信息。

二、我国商业银行资本充足率的计算

中国银行业监督管理委员会于 2004 年 2 月正式出台

了《商业银行资本充足率管理办法》并于2004年3月1日起施行。（中国银行业监督管理委员会2004年第2号令颁布实施根据2006年12月28日中国银行业监督管理委员会第五十五次主席会议《关于修改〈商业银行资本充足率管理办法〉的决定》修正）

根据我国《商业银行资本充足率管理办法》，商业银行资本充足率的计算公式：

资本充足率＝（资本－扣除项）/（风险加权资产＋12.5倍的市场风险资本）

核心资本充足率＝（核心资本－核心资本扣除项）/（风险加权资产＋12.5倍的市场风险资本）

商业银行资本包括核心资本和附属资本。核心资本包括实收资本或普通股、资本公积、盈余公积、未分配利润和少数股权。附属资本包括重估储备、一般准备、优先股、可转换债券和长期次级债务。商业银行的附属资本不得超过核心资本的100%；计入附属资本的长期次级债务不得超过核心资本的50%。

商业银行计算资本充足率时，应从资本中扣除以下项目：

（1）商誉；（2）商业银行对未并表金融机构的资本投资；（3）商业银行对非自用不动产和企业的资本投资。

商业银行计算核心资本充足率时，应从核心资本中扣除以下项目：

（1）商誉；（2）商业银行对未并表金融机构资本投资的50%；（3）商业银行对非自用不动产和企业资本投资的50%。

商业银行计算各项贷款的风险加权资产时，应首先从贷款账面价值中扣除专项准备；其他各类资产的减值准备，也应从相应资产的账面价值中扣除。

受2008年全球金融危机的影响，2008年巴塞尔委员会提出了《巴塞尔协议Ⅲ》草案，2010年9月12日来自全球27个经济体的央行和银行监管官员就《巴塞尔协议

Ⅲ》达成一致，并将于此后的11月在韩国首尔举行的G20峰会上获得正式批准实施。

《巴塞尔协议Ⅲ》规定，在最低资本金比率方面，截至2015年1月，全球各商业银行的一级资本充足率下限将从现行的4%上调至6%，商业银行的普通股最低要求即“核心”一级资本比率将从目前的2%提升至4.5%。另外，各商业银行还需要建立2.5%的资本留存缓冲和零至2.5%的“逆周期资本缓冲”。此外，《巴塞尔协议Ⅲ》还加强了对资本界定和风险评估的要求。并要求各银行在2017年底前满足更严格的资本定义。

监管资本与经济资本。根据新巴塞尔资本协议的要求，商业银行应该在区分监管资本和经济资本基础上，加强对这两种资本的管理。所谓监管资本是指符合监管当局规定的一级资本和二级资本，包括股东权益、公开储备、未公开储备、重估储备、一般准备金、合成债务资本工具、次级定期债务，再扣除商誉以及对附属银行和金融机构的投资。该项资本数额必须达到监管当局的最低要求。

经济资本是基于银行全部风险之上的资本，因此又称为风险资本，它是银行根据其自身内部风险管理需要运用内部模型和方法计算出来的，用于应对银行非预期损失的资本。换句话说，信用风险引致的两种潜在损失分为预期损失和非预期损失，用于弥补非预期损失的资本，便称为经济资本，或风险资本。现代风险管理要求银行对这两种损失都必须提取相应的准备金，以备当损失实际发生时能够被吸收或消化，以维持银行的稳健运营。预期损失以准备金的形式被计入了银行经营成本，并在银行提供的产品价格，如贷款利率中得到了补偿。非预期损失带来的风险，则需由银行的资本来承担，这是由资本的功能和非预期损失的波动性所决定的。

经济资本的作用是帮助银行实现其股东价值增值以及抵御银行经营过程中的非预期损失的风险。在经济资本管理目标下，银行为保证风险管理过程的有效性和各种模型工具得到合理使用，需建立相应的风险管理组织、业务流程等制度平台。计算经济资本所依靠的内部评级包括客户评级和授信条件评级两个方面，据此可以提供客户违约概率（PD）、违约损失率（LGD）、预期损失率（EL）、非预期损失率（UL）、违约敞口（EAD）等关键指标，并将其应用于授信审批、贷款定价、限额管理、风险预警等基础信贷管理中，以实现股东价值增值的目的。经济资本管理要求银行能够用量化技术比较精确地测算现有资产将来一段时间内的非预期损失大小，并据此衡量业务的风险成本和股东价值增值能力。在借助这些量化工具进行贷款决策前，银行管理层应先确定本银行可接受的客户违约率上限和授信业务风险调整报酬（RAROC）的下限。如果整体资产经营结果不能产生正的经济利润，股东价值增值难以达到，银行就需要通过降低客户违约率、违约损失率和违约敞口偏离预期水平的幅度设法降低所要求的经济资本。反之，如果银行无法降低经济资本要求，就应设法增加业务的净收益，以此来满足股东价值增值的目的。

第三节 商业银行风险管理

商业银行风险管理，是指商业银行通过风险识别、风险估价、风险评估和风险处理等环节，预防、回避、分散或转移经营中的风险，从而减少或避免经济损失，保证经营资金安全的行为。风险管理是商业银行管理的另一项重要工作。

一、商业银行风险管理环节

（一）商业银行风险识别

风险识别是商业银行风险管理的第一个环节，它所要解决的核心问题是判别商业银行所承受的风险在质上归属于何种具体形态。商业银行面临的风险多种多样，且相互交织，需要认真地加以识别，才能对其进行有的放矢的估计、评价和处理。风险识别的基本方法有：

1. 财务报表法。商业银行的财务报表主要有资产负债表、损益表、现金流量表等。通过财务报表分析可获得各种风险指标，如贷款与存款比率、资本与资产比率、负债与流动资产比率等。进行财务报表分析，不仅要分析风险指标的状况及变化，而且要对银行整个财务状况进行综合分析。除了比率、比例静态分析外，还要进行时期、趋势等动态分析。对具体业务，还要对与之往来的银行或客户的财务报表进行风险分析。采用综合、系统的财务报表分析方法，才能准确地确定银行目前及未来经营的风险因素。

2. 风险树搜寻法。它是以图解的形式，将商业银行风险逐层予以分解，使之可以顺藤摸瓜，最终找到银行所承受的风险具体形态。因为风险分散后的图形呈树枝状，故称风险树。采用这种建立风险树的识别方法，商业银行可以清晰、准确地判别明白自己所承受风险的具体形态极其性质，简单、迅速地认清所面临的局面，为以后的相关决策提供科学的依据。

3. 专家意见法。这种方法操作过程是，由风险管理人员制定出调查内容，以发放调查表的方式连同银行经营状况的有关资料一起发给一些专家。专家根据调查表所列问题，并参考有关资料各自独立提出自己的意见。风险管理人员汇集整理专家意见，把这些不同意见及其理由反馈给每位专家。经过这样多次反复，最后由风险管理人员将意见汇总成基本趋势一致的结果。这种识别方法，既能使专家各自提出观点，互不干扰，又能使每个专家从中得到启发，从而达到集思广益的效果。

4. 筛选—监测—诊断法。筛选是指将各种风险因素进行分类，确定哪些风险因素明显会引起损失，哪些因素需要进一步研究，哪些因素明显不重要应该排除出去，监测是指对筛选出来的风险因素进行观测、记录和分析，掌握这些结果的活动范围和变动趋势。诊断是根据监测结果进行分析、评价和判断，对风险进行识别。

（二）商业银行风险估计

风险估计是商业银行风险管理的第二个环节。通过风险识别，商业银行在准确判别所承受的风险在质上是何种形态后，随之需要进一步把握这些风险在量上可能达到何种程度，以便决定是否加以控制、如何控制。主要方法有客观概率法、统计估值法、回归分析法等。

1. 客观概率法，是指商业银行在估计某种损失发生的概率时，如果获得足够的历史资料，用以反映当时的经济条件和发生的经济损失，则可以利用统计的方法计算该种经济损失发生的概率。

2. 统计估值法，是指利用统计得来的历史资料，可以确定在不同经济条件下，某种风险发生的概率；或在不同风险损失程度下，某种风险发生的概率。

3. 回归分析法，是通过找出间接风险因素与直接风险因素的函数关系，来估计直接风险因素的方法。

（三）商业银行风险评价

风险评价是商业银行风险管理的第三个环节，它是指在取得风险估计的基础上，研究风险的性质、分析风险的影响、寻求风险对策的行为。

常见的风险评价方法主要有成本效益分析法、风险效益分析法、权衡风险法、综合风险法、统计型评价法。

1. 成本效益分析法，它研究在采取某种措施的情况下，需付出多大的代价，以及可以取得多大的效果。

2. 风险效益分析法，它研究在采取某种措施的情况下，需要承担多大风险，以及可以取得多大的效果。

3. 权衡风险方法，它将各种风险所致后果进行量化比较，从而权衡各种风险存在与发生可能造成的影响。

4. 综合分析法，它是利用统计的分析法将问题构成因素划分为不同范畴的要素，对各范畴内的具体项目进行专家调查统计，评出分值，然后根据分值与权数，计算要素实际评分值与最大可能值之比，作为风险程度评价的依据。

5. 统计型评价方法，它是对已知发生概率及损益值的各种风险成本及效果比较分析，进而进行评价的方法。

（四）商业银行风险处理

风险处理是商业银行风险管理的第四个环节，它具体包括风险预防、风险规避、风险分散、风险转嫁、风险抑制和风险补偿。

风险预防，是指对风险设置各层预防线的办法。商业银行抵御风险的最终防线是保持充足的自有资本。各国金融监管当局对商业银行资本充足性都有明确的规定，并将其作为金融监管的一项重要内容。如前所述，《新巴塞尔协议》规定资本与风险资产的最低比例为8%，并对风险资产的权重提出了比较规范的计算方法。因此，要达到风险预防的目的，更重要的是加强商业银行内部管理，主动调整风险资产结构，使之随时与资本状况相适应。此外，在资产份额中保持一定的准备金也能起到良好的风险防范作用。平时分期提取专项的风险补偿金，如风险基金和坏账准备金等，以补偿将来可能出现的损失。

风险规避是指对风险明显的经营活动所采取的避重就轻的处理方式。一是决策时，事先预测风险发生的可能性及其影响程度，对超过商业银行风险承受能力、难以掌控的活动予以回避；如对于风险较大、难以控制的贷款，必须规避和拒绝；资产结构短期化，以降低流动性风险和利率风险；债权互换扬长避短，趋利避害；外汇业务，努力保持硬通货债权、软通货债务，规避汇率变化带来的风险。二是实施方案过程中，发现不利的情况时，及时中止或调整方案。

风险分散，包括随机分散和有效分散。随机分散是指单纯依靠资产组合中每种资产数量的增加来分散风险，每种资产的选取是随机的。在业务发展正常的条件下，利用扩大业务规模来分散风险。有效分散是指运用资产组合理论和有关的模型对各种资产进行分析，根据各自的风险、收益特性和相互关系来实现风险、收益最优组合。商业银行风险分散的具体做法有：资产种类的风险分散、客户种类的风险分散、投资工具种类的风险分散、货币种类的风险分散、国别种类的风险分散。

风险转嫁，是商业银行通过保险、签订合同、转包等形式把风险部分或者全部转嫁给其他单位，但同时往往需要付出一定代价，如履约保证金、手续费、收益分成等。转移风险形式主要有：购买保险；签订远期合同；开展期货交易；转包等。

风险抑制，是指商业银行承担风险之后，要加强对风险的监督，发现问题及时处理，争取在损失发生之前阻止情况恶化或提前采取措施减少风险造成的损失。风险抑制常用于信用贷款过程，主要方法为：发现借款人财务出现困难，立即停止对客户新增贷款，尽力收回已发放贷款；追加担保人和担保金额；追加资产抵押等。

风险补偿，是指商业银行用资本、利润、抵押品拍卖收入等资金补偿其在某种风险上遭受的损失。

二、商业银行风险管理内容

（一）利率风险管理

尽管近年来商业银行表外业务的发展开拓了银行更广泛的非利息收入来源，但利息收入在银行的总收入中仍然占有重要份额。20 世纪 80 年代以后宏观经济的变化带来市场利率的波动，严重影响了商业银行的利息收入，利率波动风险已成为商业银行的基本风险之一。因此利率风险管理至关重要。

利率风险是指由于市场利率变动的不确定性所导致的银行金融风险。除了影响利率变动的一些客观因素外，银行自身的存贷结构差异是产生利率风险的主要原因。因为，如果一家银行的存款和贷款的类型、数量和期限完全一致，利率的变动对银行存款与贷款的影响一致，就不会影响到银行存贷之间的利差收益，从而也不存在利率风险。因此银行管理者在进行利率风险管理时，要将资产和负债作为一个系统，将两者结合起来，具体可以采取以下一些措施：一是运用利差管理技术，通过预期的资金成本率来确定盈利资产的最低收益率，保持正的利差，再通过调整资产负债的期限组合和利率结构，使利差大于零。二是进行利率敏感性分析，不断调整资产负债结构，适应利率变化。三是制定缺口战略，争取最优的风险效益组合。

（二）信贷风险管理

商业银行信贷风险是指银行在放款后，借款人不能按约偿还贷款的可能性。同时也称为违约风险。这是商业银行的传统风险和主要风险之一。

商业银行信贷风险管理是一个完整的控制过程，这个过程包括预先控制、过程控制和事后控制[①]。

预先控制，包括制定风险管理政策、办法，制定信贷投向政策，核定客户等级和风险限额，确定客户授信总量。

过程控制，包括按照授权有限的原则，制定授权方案，完善尽职调查和风险评审机制，对各类超权限授信业务进行审查。

事后控制，包括对授信风险管理政策制度执行情况和授信项目执行情况进行现场或非现场检查，对贷后管理、资产质量状况作后评价，并以此相应调整授信政策和授权方案。

在整个风险控制过程中，重要环节是单笔资产的风险识别，即将若干单笔资产的集合构成的整体资产组合。其中，客户评级体系和债项评级体系（贷款风险分类）构成的两维评级体系，又是风险识别的重要内容。

---

① 可参考章彰编著：《商业银行信用风险管理》，中国人民大学出版社 2002 年版。

客户信用评级体系，是指根据企业的客观指标（财务指标），并结合主观因素进行分析，确定风险大小。由于各银行内部评级体系的结构和操作特点各不相同，风险级别的设定，每一级别对应的风险大小以及确定风险级别的主体、方法都不尽相同。银行在设计评级系统时要权衡许多因素，如银行业务特性、内部评级用途、评级一致性、员工激励等。

银行对客户评级时考虑的因素有：对借款人财务报表的分析，对借款人行业的分析，对借款人财务信息质量的分析，对借款人资产的变现性分析，对借款人管理水平的分析，对评级交易的结构分析等。

债项评级体系（贷款风险分类）是贷款资产组合质量管理信息中的有机组成部分，它的背后隐藏着贷款的损失率与清偿率，是银行制定贷款损失准备金和贷款定价决策的依据。

目前世界各国的贷款风险分类制度主要有两类：一是以风险为依据，按银行所承受的风险大小来划分贷款质量的分类法，即通常所说的将贷款分为正常、关注、次级、可疑、损失五类的“五级分类法”，这种分类法体现了贷款风险的预警思想。目前大多数国家实行这类方法。二是以期限为依据，按贷款是否付息，将其分为正常和受损害两类。实行这种分类方法的主要是澳大利亚和新西兰等大洋洲国家。

资产组合管理是指购入和持有资产的控制过程。商业银行进行资产组合管理时，首先要对资产整体风险进行定量分析，且在对风险有较为准确认识的基础上，根据目标约束条件，运用最优化模型测算出拟新增每笔贷款的风险对银行组合总体风险的影响大小，最终确定贷款投向。

（三）投资风险管理

随着商业银行投资业务品种的增多，证券投资风险的管理越来越重要。证券投资风险包括证券发行人信用风险、市场价格风险、利率风险、汇率风险等。证券投资风险估计大多采用数学方法，如证券价格差异率法、证券收益离差法等。风险处理包括：投资时做好市场调研预测，进行风险预防并采用分散投资原则和各种套期保值手段；投资期间做好市场跟踪，随时了解风险动向；出现问题时，择机脱手，摆脱风险，降低损失。

但对于不同的证券投资风险，具体的管理方法又有所不同。如对信托投资风险，可以采取这样一些手段：（1）比例控制，使信托投资额不超过自有资本的一定比例；（2）单项投资额控制，使投资风险得以分散；（3）投资回报率控制，以保持较高的投资收益，使之能够补偿风险带来的损失；

(4) 准备金控制，即留存一定的准备金，以防范风险承受能力。房地产投资风险则立足于做好投资前的项目可行性的分析，其中包括合法合规性的分析、赢利性分析、技术可行性分析、资金充足性分析，以及整个项目计划安排等。

三、商业银行犯罪及其防范

（一）银行犯罪的类型

商业银行的犯罪种类繁多，但主要有银行盗窃、银行欺诈、伪造重要凭证、洗黑钱和计算机犯罪等。

银行盗窃，指的是银行内部、外部不法之徒利用各种手段对银行及客户资金进行非法占用的一种犯罪活动。这既包括一些一般的盗窃行为。如出纳、守库人员从钱箱中窃取现金；也包括一些利用高科技手段进行盗窃，如利用计算机窃取他人账户资金，且后者所造成的危害和损失远远大于前者。

银行欺诈，是指犯罪分子利用假存款凭证、假汇款、假支票等手段骗取银行资金或者通过欺骗手段骗取银行对外开出信用证、担保书等。

伪造重要凭证，是指犯罪分子伪造或者修改文件、印章、光盘、信用卡；伪造空白凭证如支票、汇票、公文纸、信用卡；伪造货币等。

洗黑钱，是指犯罪分子利用银行体系或其他金融措施，把从犯罪活动所得到的肮脏收益转化成合法的金融资产。洗黑钱的步骤一般分为三步：第一步是存放，即犯罪分子设法把非法现金收益存放在银行里；第二步是掩盖，即将犯罪分子通过多层次的、复杂的金融交易，试图把资金来源的非法性掩盖起来；第三步是合并，即犯罪分子把“洗干净”的钱合并在一起，从而可以堂而皇之地加以使用。

计算机犯罪，是指以计算机为工具或以计算机资产为对象而实施的犯罪。针对银行计算机主机和网络，罪犯为了达到其目的，使用非法侵犯手段对计算机硬件、软件和数据文件进行破坏、篡改和盗取，导致计算机系统脱离正确的运行方式。

（二）银行犯罪的防范措施

1. 银行外部欺诈的防范。对于来自银行外部不法之徒的欺诈行为，银行应采取的最基本的对策是加强内部控制。第一，银行应建立一套完整的规章制度，明确规定各项业务操作程序和相关要求；第二，要加强安全保卫工作，对金库、重要凭证、物品等妥善加以保管；第三，商业银行应加强对一线职工的培训，使他们能够洞察任何可疑之处；第四，与银行同业、金融监管机构、司法及公安机关保持联系，及时通报有关情况；第五，对金融领域所发生的典型案件要认真分析研究，总结经验。

2. 银行内部欺诈的防范。防范银行从业人员作案应在三层次做好工作，一是把好进人关，把那些过去有劣迹的或道德品行有问题的人员拒之门外；二是建立有效的防范机制，实践证明，强制休假、职责分离、岗位轮换等是防范内部欺诈的有效途径；三是建立一个良好的环境，包括规章制度、人际关系等各个方面。

3. 洗黑钱的防范。多年来在反洗钱立法建设上，中国先后签署并批准了联合国《禁毒公约》、《打击跨国有组织犯罪公约》、《制止向恐怖主义融资公约》和《反腐败公约》等一系列与反洗钱及反恐融资领域相关的国际公约；在《刑法》中明确规定了“洗钱罪”；发布了《金融机构反洗钱规定》等金融机构反洗钱规章，建立了金融机构的客户识别尽职调查程式、交易记录保存制度及金融机构大额和可疑交易报告制度。在反洗钱机构建设上，中国人民银行、公安部以及国家外汇管理局等有关部门，2002 年以来陆续建立了反洗钱工作机构；2004 年 6 月，中国反洗钱监测分析中心建立。这个中国的金融情报中心 FIU，专事集中分析有关大额和异常资金活动[①]。

4. 计算机犯罪。防止计算机犯罪，可从这样几方面入手。首先，银行内部管理和内部控制必须有业务操作规范、业务管理规范、业务监督规范和检查规范，要制定防止计算机犯罪的银行内部电脑安全保密措施。其次，在商业银行内部和电脑中心分别设立专职电脑稽核人员，电脑稽核从金融业务和计算机专业的双重角度出发，了解计算机犯罪可能发生的条件、环境、时间、手段等，纠正日常业务流程和系统中的薄弱环节，使越权使用计算机处理业务和非法侵犯计算机的行为都处于稽核的监控之下。最后，商业银行要尽量选择优良的设备和系统软件，设计应用软件中的防线，并加强对客户密码管理。

---

① http：//cn. biz. yahoo. com/050217/16/7wno. html 央行副行长李若谷：我国《反洗钱法》6 月出台。资料来源：三秦都市报。

第四节　商业银行金融创新

一、金融创新的概念和种类

金融创新是指金融业突破传统的经营局面，在金融技术、金融市场、金融工具、金融管理和金融机构等方面进行变革的行为。金融创新并不是近几年才有的，在经济史上早已有之。金融业的每一项重大发展，都离不开金融创新。货币的产生、商业银行的出现、支票制度的推广被认为是历史上三项重大的金融创新。不过，历史上的金融创新都是经历了相当长的间隔和酝酿才出现的。第二次世界大战后，金融创新无论在性质、频率、范围和深度上都有了飞跃发展。尤其是20世纪70年代以来，金融创新日新月异、层出不穷，金融业面对崭新的局面。当代西方的金融创新大致可分为以下五类：

（一）技术创新

这主要是由于计算机和现代通信技术进入银行后，引发了金融技术变革。20世纪50年代，银行就开始将计算机用于处理内部业务，如各种交易及账册、文件、票据等资料的处理。随着通讯技术、信息技术和电子计算机技术的发展，科技在金融领域的应用范围逐渐扩大到票据交换与清算、证券交易、国际金融交易及信息传递，很快又普及到零售业务，如自动出纳机、销售点终端和居家银行服务。20世纪90年代以来，网络银行业务蓬勃发展，客户通过电话与银行的计算机主机联网，就可在家中进行存取款、转账、付款，查询账户余额和证券行情，进行证券交易、外汇买卖等，还可以进行居家购买。自1995年美国出现第一家网上银行，全球银行业特别是欧美发达国家的银行业，在电子化道路上开始了爆发性的飞跃。从1995年到2002年年末，美国在Internet上设立网站的银行数目从130家发展到3800家，占所有联邦保险储蓄机构和商业银行的37%。其中交易类网络银行发展到1275家，占所有银行储蓄机构的12%[①]。美国2001年网上账户就已经达到2100万户，资产总额达到9410亿美元，网上交易占交易总额的比例达

① 叶蔚、袁文清：《网络金融概论》，北京大学出版社2006年版，第42页。

到20%左右①。据美国对互联网浏览量进行统计的康姆斯科网络公司对美国10大银行网上业务的分析表明，2004年第一季度，使用这10家银行网上账户的客户超过2200万户，比上年同期增加29%；客户对网上服务的使用量也增加了37%。到2006年美国网上银行用户达7280万人。

我国网上交易近年来也得到迅猛发展，与发达国家相比，差距逐渐变小。2006年我国主要商业银行（国有及股份制银行）网上银行用户数量为7494.5万户，比2005年增加约2105.4万户，增长幅度达到39%；网上银行交易额为95万亿元。而2007年我国网上银行交易额增长到245.8万亿元、交易额环比增长157.6%。

（二）金融工具创新

金融工具，是制度化、标准化的融资凭证。传统的科学技术造就了传统的金融工具，如银行券、银行本票、银行汇票、银行支票、债券和股票等；现代科学技术尤其是现代通讯技术、信息处理技术和电子计算机技术的发展，极大地促进了金融工具的创新，20世纪60年代以来创新的金融工具主要有信用卡、可转让存单、可转换债券、金融期货、金融期权和金融互换等。金融工具的每一次创新无不与科技进步相联系，以货币材料变革为例，最早的实物货币，如贝壳、毛皮等；冶炼技术带来了“电子货币”——信用卡。目前，科学技术向金融领域的渗透的势头很猛，在科技与金融之间形成了一门新的交叉科学——金融工程，它是设计、开发金融产品和金融工具的工程。我国商业银行工具创新从20世纪80年代开始，落后发达国家近20年。1985年才有信用卡业务，1988年出现自动取款机，2001年才有福费廷业务，目前全国各行已推出了包括保函、信用承诺、代客买卖外汇、担任基金的托管人、个人理财、个人住房抵押贷款支持证券在内的200多种创新工具。

（三）金融市场创新

金融工具的不断创新要求金融市场进行创新，现代科技为金融市场创新提供了技术上的保证。20世纪50年代以来主要的金融市场创新有：欧洲货币市场、亚洲货币市场、金融期货市场和金融期权市场。1971年，美国利用现代计算机和电子通讯技术创设了世界上第一个电子化证券市场——纳斯达克市场，它具有服务时间长、交易精密度高、速度快、收费低等优点，成

① 黄利、林化、梁靖雯：《中外金融服务业发展比较研究》。

为发展最快的证券市场。自20世纪90年代以来，我国金融市场得到迅速发展，我国金融市场除了全国银行间拆借市场、债券市场、股票市场、期货市场外，2010年9月25日全国银行间贷款转让交易在上海正式启动，标志着我国银行间贷款转让交易市场的形成，它为各个银行之间提供了有官方背景的资金融通的平台，对于规范贷款转让有重要的积极意义。

（四）金融管理创新

现代数学方法、系统工程理论等在金融领域的运用，推动了金融管理的创新。传统的金融管理经营管理方法的理论依据是自偿性理论、可售性理论和预期收入理论，以资产管理为核心，经营管理比较保守。20世纪50年代开始，创新了负债管理、权益性资金管理等一系列较为激进的金融经营管理方法。20世纪80年代以来，由于银行坏账风险增加，较为保守的管理方式又应运而生，如“失衡管理”，它利用金融期货或期权来纠正资产与负债两方面偿还期的失衡。

（五）金融机构创新

1929—1933年，西方国家发生史无前例的经济大危机。美国政府通过调查后认为，这场危机以大量银行倒闭为特征，而银行倒闭的直接原因是大量从事高风险的证券业务。在此背景下，美国国会通过了《格拉斯—斯蒂格尔法案》，开创了“银证分业”之先河。继美国之后，日本、英国和瑞典等许多国家也纷纷实行分业管理制度，金融机构及其业务活动出现了突破金融业务时间和空间的限制，国际资本流动日趋活跃，金融市场的全球联系日益增强，银行之间、非银行金融机构之间以及银行与非银行金融机构之间的竞争日益加剧，致使其业务活动重新融合。美联储从20世纪80年代开始逐步放松对商业银行从事证券业的限制；1987年开始允许一些银行持股公司通过子公司经营证券业务，1989年1月又批准了花旗、大通等五大银行的申请，允许这些银行直接报销企业债券、股票，使银行业务向全能化迈出了关键的一步。20世纪90年代以来，美国银行的购并异常活跃，1993—1997年的五年时间里，购并案件达2492起，涉及金额2000亿美元以上。英国在1986年发生了金融“大爆炸”，重新实行证券业与银行业混业经营、混业管理的体制。为适应金融服务局，将原来属于英格兰银行的银行监管权划归金融服务局，使其集银行业、证券业和保险业的监管权于一身，成为全国单一的超级监管机构。日本从20世纪80年代开始也逐步打破银行业与证券业之间的界限。1996年，日本提出了要在2001年初完成日本的“Big Bank”，实现银行、证券、保险等金融机构在业务领域相互准入。

二、金融创新的直接原因

金融创新是一系列因素相互作用、交替影响的结果。具体讲，金融创新有以下主要直接原因：

（一）金融管制诱发金融创新

20世纪30年代后，西方国家为维持金融稳定而对金融机构的业务范围、利率、信贷规模、机构设置等方面采取了一系列管制方法。进入了20世纪70年代后，这些金融管制严重限制了银行业的发展，从而诱发了金融创新。这是因为，在大部分情况下管制是对金融企业的一种成本追加或隐含的税收，追求利润最大化的金融企业必然会设法来摆脱这种不利局面，通过创新来绕过政府管制。例如，在美国储蓄银行不得开支票账户的规定，导致了变相支票账户即可转让支付命令账户的产生；对商业银行跨洲经营的限制，导致了商业银行发行大额可转让存单；单一银行制的局限性则是商业银行普遍使用自动出纳机的原因之一。此外，欧洲美元市场的产生与发展，部分地也是回避管制的结果。从美国的情况看，金融管制与金融创新有很高的相关性。商业银行为绕开金融管制，而进行金融创新；金融创新会增加金融风险，迫使政府完善金融管制，这又导致新的金融创新，从而出现管制—创新—再管制—再创新的因果循环。

（二）金融风险催化金融创新

第二次世界大战后到20世纪60年代这段时间是西方经济发展的黄金时期，但进入20世纪70年代后，西方经济转入低速发展且步履维艰，出现了滞涨局面，20世纪80年代初爆发了国际债务危机。在严峻的经济形式下，以规避风险为特征的金融创新应运而生。由于持续的通货膨胀，市场利率波动频繁，商业银行为避免利率变化而遭到损失，推出了大量能逃避或减少利息损失的新产品，如浮动利率、利率互换、利率期货等。为规避流动性风险，出现了贷款证券化业务。在国际债务危机的形势下，出现了银团贷款，以分散金融资产风险。

（三）金融竞争强化金融创新

进入20世纪70年代后，西方经济动荡，加上金融领域出现的“脱媒”现象——即融资非中介化，使商业银行经营条件恶化。为了求生存发展，金融业开展了激烈的竞争。金融竞争表现在这样几方面：一是商业银行体系内各银行之间的竞争；二是商业银行与非商业银行金融机构之间的竞争；三是银行体系与金融体系的竞争；四是各国商业银行之间的竞争。为争夺顾客、拓展业务范围，商业银行通过金融创新，创造新产品，推广新技术，使用新方法。20 世纪 90 年代末出现的欧元货币区，是由于国际金融竞争的结果，是国际货币制度的重大创新。

（四）现代科技促进金融创新

现代通讯、信息处理和网络技术等在金融业上的应用，是促进金融创新的重大因素。从微观看，现代科技的应用不仅使得对经济情报的收集、分析和保管变得容易，而且将银行柜台业务从手工操作中解放出来，大大提高了银行工作效率，适应了银行业务发展的需要。从宏观上看，现代科技的应用使得通讯成本剧减，而信息传递范围迅速扩大、信息传递速度则大大加快，从而创造了一个全球性的金融市场。在国际金融市场上，现代科学技术的发展，不仅为新金融工具的出现提供可能，而且为全球资金网络的形成创造了条件。

三、金融创新的影响

反映经济发展客观要求的金融创新，反过来又会对整个经济的发展起着有力的推动作用，并对其产生深远的影响。这主要表现在以下几方面：

1. 金融创新强化了金融作为提高生产力的“黏合剂”和“催化剂”作用。金融创新使得金融工具日趋多样化、灵活化。创新的金融工具一般具有更高的流动性，且金额大小均有，适合不同投资者需要，从而能迅速地黏合各种生产要素，形成新的生产力，促进商品经济的迅速发展。

2. 金融创新促进了世界经济一体化。金融创新使得金融交易突破了国界的限制，促进了世界经济一体化。从而促进资源在世界范围内进行优化配置，推动世界经济发展。欧洲货币联盟、北美自由贸易区、东南亚联盟，无不加强了联盟内国家各地区之间的金融和经济合作，促进了联盟区的经济发展。

3. 金融创新加大了金融风险。大多数的创新金融工具都是“双刃剑”，它们不仅可以作为投资保值的工具，降低投资风险；同时，它们也可以作为投资牟利的工具，增加了投资风险。而且，由于在金融一体化格局下，一国的金融风险会传递到其他国家和地区，从而引起国际性的金融动荡。始发于泰国的 1997 年东南亚金融危机，迅速波及到东亚，并对国际金融市场带来巨大冲击，有关国家为此付出了惨重的代价。

4. 金融创新增加了实施货币政策的复杂性。由于创新的金融工具大多增强了支付功能，这必然增大了货币当局在宏观调节中对货币层次划分标准上的难度，容易对货币供应量做出错误判断，从而导致货币政策取向失误，阻碍经济发展。

本章小结

商业银行资产负债管理，将资产和负债两个方面加以对照，进行对应分析，并在确保资金安全性、流动性情况下实现最大利润。资产负债管理方法，具体包括资产管理方法、负债管理方法和比例管理法等。

商业银行资本是银行从事经营活动必须注入的资金。但商业银行资本内涵与一般企业公司资本有所不同。按国际银行业认同的重要监管准则之一《巴塞尔协议》的定义，商业银行资本的构成主要由两部分构成，即一级资本和二级资本。

从一般财务管理角度看，银行的资本主要由普通股、优先股、资本性债券、补偿性准备金和未分配利润等构成。

商业银行资本金管理，主要着重于对资本充足性的管理。而对商业银行适度资本数量影响最大的因素一般有这样两个：一是银行资本的用途；二是对银行资本充足率的有关规定。

风险管理是商业银行管理的一项重要工作。商业银行风险管理环节主要包括风险识别、风险估价、风险评估和风险处理。商业银行风险管理的主要内容是：利率风险管理、信贷风险管理、投资风险管理。

商业银行的犯罪种类繁多，但主要有银行盗窃、银行欺诈、伪造重要凭证、洗黑钱和计算机犯罪等。针对不同的金融犯罪，银行可以采取不同的防范措施。

当代西方的金融创新主要包括金融技术、金融市场、金融工具、金融管理和金融机构等方面的创新。创新的原因包括金融管制诱发、金融风险催化、金融竞争强化和现代科技促进等。反映经济发展客观要求的金融创新，反过来又会对整个经济的发展起着有力的推动作用，并对其产生深远的影响。

关键词： 利率风险　信贷风险　资本充足率　资产负债比例管理　风险评估　资金总库法　资金转换法　普通股　优先股　核心资本　附属资本　监管资本　经济资本　洗黑钱

思　考　题

1. 金融创新的动因有哪些？
2. 商业银行风险有哪些处理方法？
3. 简述商业银行风险管理的环节。
4. 何谓资产负债比例管理？
5. 简述监管资本与经济资本的差别和作用。
6. 金融创新对我国银行业的影响。
7. 为什么中国选择资产负债比例管理方法？

第七章　其他金融机构

本章概要： 在本章中，我们主要学习有关保险公司、政策性银行、投资银行以及其他类别金融机构的相关内容。本章分四节，第一节主要介绍投资银行的主要业务、投资银行的类型和其发展等。第二节主要阐述政策性银行的概念和特征、我国的三大政策性银行以及其发展趋势等。第三节主要阐述保险公司及保险中介的概念、主要类别和经营范围，以及我国保险公司的发展等。第四节对其他金融机构的经营目的与业务范围等作了简要介绍。

其他金融机构这里是指除普通商业银行之外的其他各种类型金融机构，主要表现为以吸收存款，或发行股票和债券，或接受信用委托，或提供保险等不同形式筹集资金，并将所筹资金加以运用的各类金融机构。其他金融机构包括存款性金融机构和非存款性金融机构。存款性金融机构主要有储蓄信贷协会、储蓄互助银行、信用合作社。非存款性金融机构包括金融公司、共同基金、养老基金、保险公司、证券公司等。在我国，其他金融机构，包括政策性银行及经银监会批准设立的信托公司、金融资产管理公司、企业集团财务公司、金融租赁公司、汽车金融公司、货币经纪公司、境外非银行金融机构驻华代表处等机构。

第一节　投资银行

投资银行是主要从事证券发行、承销、交易、企业重组、兼并与收购、投资分析、风险投资、项目融资等业务的非银行金融机构，是资本市场上的主要金融中介。在欧洲大陆和美国等工业化国家称为投资银行，在英国叫商人银行，在日本与我国等国家则称为证券公司。

一、投资银行概述

美国著名金融专家罗伯特·库恩（Robert Kuhun）依照业务经营范围大小，对投资银行给出了四个层次的不同定义：

广义投资银行：指任何经营华尔街金融业务的金融机构，业务包括证券、国际海上保险以及不动产投资等几乎全部金融活动。

较广义投资银行：指经营全部资本市场业务的金融机构，业务包括证券承销与经纪、企业融资、兼并收购、咨询服务、资产管理、创业资本等，与第一个定义相比，不包括不动产经纪、保险和抵押业务。

较狭义投资银行：指经营部分资本市场业务的金融机构，业务包括证券承销与经纪、企业融资、兼并收购等，与第二个定义相比，不包括创业资本、基金管理和风险管理工具等创新业务。

狭义投资银行：仅限于从事一级市场证券承销和资本筹措、二级市场证券交易和经纪业务的金融机构。

投资银行萌芽于欧洲，其雏形可以追溯到15世纪欧洲的商人银行。早在商业银行发展以前，一些欧洲商人就开始为他们自身和其他商人的短期债务进行融资，这一般是通过承兑贸易商人们的汇票对贸易商进行资金融通。由于这些金融业务是由商人提供的，因而这类银行就被称为商人银行。欧洲的工业革命，扩大了商人银行的业务范围，包括帮助公司筹集股本金，进行资产管理，协助公司融资，以及投资顾问等。20世纪以后，商人银行业务中的证券承销、证券自营、债券交易等业务的比重有所增大，而商人银行积极参与证券市场业务还是近几十年的事情。在欧洲的商人银行业务中，英国是最发达的，它在世界上的地位仅次于美国，另外德国、瑞士等国的商人银行也比较发达。美国的投资银行业发展的历程并不很长，但其发展的速度在全球是首屈一指的，近几十年来，美国的投资银行在全球一直处于霸主地位。

二、投资银行的主要业务

经过最近100年的发展，现代投资银行已经突破了传统的证券发行与承销、证券交易经纪、证券私募发行等传统业务框架，企业并购、项目融资、风险投资、公司理财、投资咨询、资产及基金管理、资产证券化、金融创新等都已成为投资银行的核心业务组成。

（一）传统的投资银行业务

1. 证券承销。证券承销是投资银行最本源、最基础的业务活动，包括本国中央政府、地方政府、政府机构发行的债券，企业发行的股票和债券，外国政府和公司在本国和世界发行的证券，国际金融机构发行的证券等。投资银行在承销过程中一般要按照承销金额及风险大小来权衡是否要组成承销辛迪加和选择承销方式。通常包括包销与代销等形式。

2. 证券经纪交易。投资银行在二级市场中扮演着做市商、经纪商和交易商三重角色。作为做市商，在证券承销结束之后，投资银行有义务为该证券创造一个流动性较强的二级市场，并维持市场价格的稳定。作为经纪商，投资银行代表买方或卖方，按照客户提出的价格代理进行交易。作为交易商，投资银行有自营买卖证券的需要，这是因为投资银行接受客户的委托，管理着大量的资产，必须要保证这些资产的保值与增值。

3. 证券私募发行。私募发行又称私下发行，就是发行者不把证券售给社会公众，而是仅售给数量有限的机构投资者，如保险公司、共同基金等。私募发行不受公开发行的规章限制，除能节约发行时间和发行成本外，又能够比在公开市场上交易相同结构的证券给投资银行和投资者带来更高的收益率，但私募发行也有流动性差、发行面窄、难以公开上市扩大企业知名度等缺点。

（二）创新型投资银行业务

1. 兼并与收购。企业兼并与收购已经成为现代投资银行除证券承销与经纪业务外最重要的业务组成部分。投资银行可以以多种方式参与企业的并购活动，如：寻找兼并与收购的对象、向猎手公司和猎物公司提供有关买卖价格或非价格条款的咨询、帮助猎手公司制定并购计划或帮助猎物公司针对恶意的收购制定反收购计划、帮助安排资金融通等。此外，并购中往往还包括“垃圾债券”的发行、公司改组和资产结构重组等活动。

2. 项目融资。项目融资是对一个特定的经济单位或项目策划安排的一揽子融资的技术手段，借款者可以只依赖该经济单位的现金流量和所获收益用作还款来源，并以该经济单位的资产作为借款担保。投资银行在项目融资中起着非常关键的作用，它将与项目有关的政府机关、金融机构、投资者与项目发起人等紧密联系在一起，协调律师、会计师、工程师等一起进行项目可行性研究，进而通过发行债券、基金、股票或拆借、拍卖、抵押贷款等形式组织项目投资所需的资金融通。

3. 公司理财。公司理财实际上是投资银行作为客户的金融顾问或经营管理顾问而提供咨询、策划或操作。它分为两类：第一类是根据公司、个人或政府的要求，对某个行业、某种市场、某种产品或证券进行深入的研究与分析，提供较为全面的、长期的决策分析资料；第二类是在企业经营遇到困难时，帮助企业出谋划策，提出应变措施，诸如制定发展战略、重建财务制度、出售转让子公司等。

4. 基金管理。基金是一种重要的投资工具，它由基金发起人组织，吸收大量投资者的零散资金，聘请有专门知识和投资经验的专家进行投资并取得收益。投资银行与基金有着密切的联系。首先，投资银行可以作为基金的发起人，发起和建立基金；其次，投资银行可作为基金管理者管理基金；第三，投资银行可以作为基金的承销人，帮助基金发行人向投资者发售受益凭证。

5. 财务顾问与投资咨询。投资银行的财务顾问业务是投资银行所承担的对公司尤其是上市公司的一系列证券市场业务的策划和咨询业务的总称。主要指投资银行在公司的股份制改造、上市，在二级市场再筹资以及发生兼并收购、出售资产等重大交易活动时提供的专业性财务意见。投资银行的投资咨询业务是连结一级和二级市场，沟通证券市场投资者、经营者和证券发行者的纽带和桥梁。习惯上常将投资咨询业务的范畴定位在对参与二级市场投资者提供投资意见和管理服务。

6. 资产证券化。资产证券化是指经过投资银行把某公司的一定资产作为担保而进行的证券发行，是一种与传统债券筹资十分不同的新型融资方式。进行资产转化的公司称为资产证券发起人。发起人将持有的各种流动性较差的金融资产，如住房抵押贷款、信用卡应收款等，分类整理为一批资产组合，出售给特定的交易组织，即金融资产的买方（主要是投资银行），再由特定的交易组织以买下的金融资产为担保发行资产支持证券，用于收回购买资金。这一系列过程就称为资产证券化。

7. 金融创新。通过金融创新工具的设立与交易，投资银行进一步拓展了投资银行的业务空间和资本收益。首先，投资银行作为经纪商代理客户买卖这类金融工具并收取佣金；其次，投资银行也可以获得一定的价差收入，因为投资银行往往首先作为客户的对方进行衍生工具的买卖，然后寻找另一客户作相反的抵补交易；第三，这些金融创新工具还可以帮助投资银行进行风险控制，免受损失。金融创新也打破了原有机构中银行和非银行、商业银行和投资银行之间的界限和传统的市场划分，加剧了金融市场的竞争。

8. 风险投资。风险投资又称创业投资，是指对新兴公司在创业期和拓展期进行的资金融通，表现为风险大、收益高。新兴公司一般是指运用新技术或新发明，生产新产品，具有很大的市场潜力，可以获得远高于平均利润的利润，但却充满了极大风险的公司。由于高风险，普通投资者往往都不愿涉足，但这类公司又最需要资金的支持，因而为投资银行提供了广阔的市场空间。

三、投资银行的类型

目前，就世界范围而言，投资银行主要有四种类型：

1. 独立的专业性投资银行。这种形式的投资银行在全世界范围内广为存在，如美国转型前的高盛公司和摩根士丹利公司、瑞士的第一波士顿公司、日本的野村证券和大和证券、英国的瑞银华宝公司和宝源公司等均属于此种类型，并且，他们都有各自擅长的专业方向。

2. 商业银行拥有的投资银行（商人银行）。这种形式的投资银行主要是商业银行对现存的投资银行通过兼并、收购、参股或建立自己的附属公司形式从事商业银行及投资银行业务。这种形式的投资银行在英、德等国非常典型。

3. 全能型银行直接经营投资银行业务。这种类型的投资银行主要在欧洲大陆，他们在从事投资银行业务的同时也从事一般的商业银行业务。

4. 一些大型跨国公司兴办的财务公司。

我国目前投资银行的市场主体，可以大致分为几大类：第一，外资独立投资银行以及跨国金融集团在中国进行的投资银行业务；第二，国内各大银行开展的投资银行业务；第三，证券公司为主的投资银行；第四，保险公司的投资银行业务；第五，信托公司开展的投资银行业务等等。国内外投资银行的定位、业务结构、竞争优劣势、发展前景等等方面都存在着巨大的差异。

四、投资银行的发展趋势

近20年来，在国际经济全球化和市场竞争日益激烈的趋势下，投资银行业完全跳开了传统证券承销和证券经纪狭窄的业务框架，跻身于金融业务的国际化、多样化、专业化和集中化之中，努力开拓各种市场空间。这些变化不断改变着投资银行和投资银行业，对世界经济和金融体系产生了深远的影响，并已形成鲜明而强大的发展趋势。

1. 投资银行业务的多样化趋势。20 世纪 70 年代以来，随着技术手段的进步、金融管制的放松、金融自由化的兴起以及国际资本市场一体化的发展，西方投资银行业发生了巨大的变化。除传统的证券承销、经纪和自营业务以外，西方投资银行还深入到并购重组、资产管理、投资咨询、项目融资、风险投资、金融衍生工具等诸多领域，多种业务齐头并进，异彩纷呈。在 20 世纪 80 年代以前，承销和经纪始终作为投资银行最重要、利润来源最多的部门，但作为传统业务，其市场分割基本上已成定局，也就是说，这个领域的竞争弹性已经非常小。所以，20 世纪 90 年代各投资银行又得把创新的业务领域作为自己生存和发展的突破口。这些业务为投资银行在 20 世纪 90 年代赚取了远远超过传统业务利润的巨额利润。佣金、自营和承销等传统业务的收入只占 30% 左右，而各种创新业务的收入已经超过 50%。

2. 投资银行业务的国际化趋势。投资银行业务国际化有其深刻的原因：首先，全球各国经济的发展速度、证券市场的发展速度快慢不一，使得投资银行纷纷以此作为新的竞争领域和利润增长点，这是投资银行向外扩张的内在要求。其次，国际金融环境和金融条件的改善，客观上为投资银行实现全球经营准备了条件。业务全球化已经成为投资银行能否在激烈的市场竞争中占领制高点的重要问题。它们的全球业务网络趋于完善，国际业务规模迅速膨胀，并且拥有大量国外资产。许多投资银行都成立了管理国际业务的专门机构，如摩根斯坦利的财务、管理和运行部，高盛的全球协调与管理委员会等，也正是投资银行国际业务的高额利润支撑了大型国际投资银行的迅猛发展。

3. 投资银行业务专业化的趋势。混业经营并不代表每一个投资银行都必须经营所有的投资银行业务，竞争的进一步激烈也使得各投资银行必须找到自己的优势业务，在此基础上才能兼顾其他业务的发展。例如，佩韦伯在美国牢牢占据了私人客户投资服务领域，所罗门兄弟公司在美国最知名，是做政府债券、资产抵押债券，而美林则成为最大的证券零售商。分工的专业化促进了投资银行业服务水平的提高。

2008 年美国次贷危机爆发以来，随着贝尔斯登公司、美林证券的被收购、雷曼兄弟公司的破产，高盛和摩根士丹利转型为金融控股公司，美国华尔街投资银行的辉煌成为了历史。华尔街众多知名投行在这场金融危机中遭受惨重损失除自身过于追求高收益而疏于风险控制等原因之外，政府对金融企业的风险管理力度不足及政府监管存在缺陷是关键所在。2010 年 7 月 21 日，美国总统奥巴马将金融改革法案签署为正式立法，标志着华尔街进入金融监管的新时代，这个被称为大萧条以来最严格的金融改革法案，将更有力地保护消费者而非大银行、投资机构的利益。其主要内容包括：（1）成立金融稳定监管委员会。负责监测和处理威胁国家金融稳定的系统性风险。该委员会共有 10 名成员，由财政部长牵头。委员会有权认定哪些金融机构可能对市场产生系统性冲击，从而在资本金和流动性方面对这些机构提出更加严格的监管要求。（2）设立消费者金融保护局。对提供信用卡、抵押贷款和其他贷款等消费者金融产品及服务的金融机构实施监管。（3）强化场外衍生品市场监管。大部分衍生品须在交易所内通过第三方清算进行交易。（4）限制银行自营交易及高风险的衍生品交易。在自营交易方面，允许银行投资对冲基金和私募股权，但资金规模不得高于自身一级资本的 3%。在衍生品交易方面，要求金融机构将农产品掉期、能源掉期、多数金属掉期等风险最大的衍生品交易业务拆分到附属公司，但自身可保留利率掉期、外汇掉期以及金银掉期等业务。（5）设立新的破产清算机制。由联邦储蓄保险公司负责，责令大型金融机构提前做出自己的风险拨备，以防止金融机构倒闭再度拖累纳税人救助。（6）美联储被赋予更大的监管职责，但其自身也将受到更严格的监督。美国国会下属政府问责局将对美联储向银行发放的紧急贷款、低息贷款以及为执行利率政策进行的公开市场交易等行为进行审计和监督。（7）美联储将对企业高管薪酬进行监督，确保高管薪酬制度不会导致对风险的过度追求。美联储将提供纲领性指导而非制定具体规则，一旦发现薪酬制度导致企业过度追求高风险业务，美联储有权加以干预和阻止。

五、我国投资银行的发展

我国的投资银行始于 1979 年成立的中国国际信托投资公司及 20 世纪 80 年代中期出现的大量投资公司和证券公司。这些机构基本参与了各种投资银行的业务，如证券承销、证券交易、证券自营、基金管理、企业并购和财务顾问等业务。我国的投资银行业务是从满足证券发行与交易的需要不断发展起来的。从我国的实践看，投资银行业务最初是由商业银行来完成的，商业银行不仅是金融工具的主要发行者，也是掌管金融资产量最大的金融机构。20 世纪 80 年代中后期，随着我国开放证券流通市场，原有商业银行的证券业务逐渐被分离出来，各地区先后成立了一大批证券公司，形成了以证券公司为主的证券市场中介机构体系，券商也逐渐成为我国投资银行业务的主体。但是，除了专业的证券公司以外，还有一大批业务范围较为宽泛的信托投资公司、金融投资公司、产权交易与经纪机构、资产管理公司、财务咨询公司等在从事投资银行的其他业务。经过 30 多年的发展，我国的投资银行从无到有，在推动我国金融市场的发展与国企改革的过程中发挥了巨大的作用。截至 2009 年年末，我国 106 家证券公司总资产约 2.03 万亿元，净资产 4838.77 亿元，净资本 3831.82 亿元；全年实现营业收入 2050.41 亿元，其中代理买卖证券业务净收入 1419.45 亿元；全年实现净利润 932.71 亿元，106 家公司中 104 家公司实现了盈利。尽管我国投资银行有了长足进步，但与国际大型投资银行相比，目前国内公司仍然整体规模过小、盈利模式同质、创新能力不足、治理结构及内部控制机制等还有待进一步完善。

第二节　政策性银行

政策性银行是指由政府创立、参股或保证的，不以营利为目的，专门为贯彻、配合政府社会经济政策或意图，在特定的业务领域内，直接或间接地从事政策性融资活动，充当政府发展经济、促进社会进步、进行宏观经济管理工具的金融机构。

一、政策性银行的概述

政策性银行在外国的实践已经有较为悠久的历史了，它是在商业银行高度发达的基础上产生的。萌发建立政策性银行的原始思想，最早可追溯到 17 世纪。当时英国有人建议用公共土地做抵押开办一个国家银行，统辖所有国家的经营事业。在这个建议中就包含了建立政策性银行的原始思想。然而，真正的政策性银行的出现是在 19 世纪后半期，首先开始在农业领域。1894 年，法国建立的农业信贷互助地方金库，是政策性银行最早的雏形。但直至 20 世纪初，政策性银行的设立并不普遍，相应的政策性银行立法亦处于萌芽状态。而20世纪30年代则是政策性银行普遍设立的时期，美国、日本、韩国、泰国、印度、巴西等都先后成立了政策性银行，形成了较为健全的政策性金融体系。

政策性银行是为贯彻和配合政府特定经济政策和意图而进行融资和信用活动的机构。当今世界上许多国家都建立有政策性银行，其种类较为全面，并构成较为完整的政策性银行体系，如美国设有美国进出口银行、联邦住房信贷银行体系等政策性银行。这些政策性银行在各国社会经济生活中发挥着独特而重要的作用；在日本，其政策性金融活动都是由政府金融机构来从事，其中主要是“二行九库”，包括日本输出入银行、日本开发银行、日本国民金融公库、住宅金融公库、农林渔业金融公库、中小企业金融公库、北海道东北开发公库、公营企业金融公库、环境卫生金融公库、冲绳振兴开发金融公库、中小企业信用保险公库；20世纪60年代以后，广大发展中国家的政策性银行得到了迅猛发展，各国的政策性银行立法日臻完善。比较典型的如印度和韩国。如韩国设有韩国开发银行、韩国进出口银行、韩国中小企业银行、韩国住宅银行等政策性银行。

二、政策性银行的特征

政策性银行作为一特殊的金融机构，具有以下几方面的特点：

1. 特定的业务领域特殊。政策性银行的业务领域具有特殊性。一方面，就其业务的总体性质上来看，它并不对所有的业务都提供融资，而只是对那些国家社会经济协调发展急需支持，而又不能通过商业银行等商业性金融机构获得融资的领域。某种企业、某个特殊的地区、某种特殊的产品、某类特殊的项目等等。业务领域的这种特殊性，是由商业性融资机制的失灵范围决定的。另一方面，就某一具体的政策性银行来看，每一个政策性银行其具体业务对象都是特定的专业业务领域，而不像商业银行业务一样具有综合性。这一点是设立政策性银行时从专业性和实施的有效性上考虑的，不具有绝对性。可以设立综合性的政策性银行，然后在业务部门上分立。因此，就业务领域的特殊性上看，前一面具有绝对性，是硬特点；而后一面具有相对性，是软特点。

2. 以贯彻政府政策为宗旨和目标。政策性银行的设立本身的经济根源在于商业性融资机制的失灵，因此，政策性银行的产生是政府干预的产物。因此，设立政策性银行，本身就是政府为了实现自己既定的经济政策目标，通过由政策性银行的特殊融资来弥补商业性融资机制的不足，以使那些利润低、投资期限长、投资数额大而社会需要发展，商业性融资机构又不愿意提供融资的部门、地区、行业、产业、项目、企业、产品等获得资金支持，以实现社会经济的健康、协调、持续发展。

3. 特定的资金来源。一般由政府出资设立，并以政府财政为后盾。世界各国的政策性银行，大多数是由政府直接出资创立的，如美国的进出口银行、日本的"二行九库"、韩国的开发银行等；也有的政府部分出资，联合商业性金融机构共同创立的政策性银行，如法国对外贸易银行。但即使有非政府资金注入，在政策性银行的决策上仍需坚持贯彻政府经济政策为宗旨，它不同于对于一般公司企业的注资，谁出资谁决策。另外，政策性银行除了注册资金主要来源于政府外，其运营资金和经营盈亏等也一般由财政吸收。

4. 不以盈利为目的的特殊融资原则。尽管政策性银行采用信用方式进行资金运营，但更强调社会效益，不以经济上的盈利为目的。政策性银行的目的在于落实和实现政府经济政策目标，是否盈利不是其存在和追求的目标。政策性银行的亏损一般由财政弥补。需要强调的是，不以盈利为目的，不是不讲成本收益，而是指不以单纯的营利为唯一目的。政策性银行的运营亦要讲效益，包括宏观经济效益和社会效益。

5. 一法一银行的特别设立方式。政策性银行一般都以一法一银行的形式存在，不同于商业性金融机构。这与政策性银行一般按服务对象分领域设立有关，其实质是把政策性银行的章程上升到了立法的形式。这种一法一银行的特别方式，能够有力地保证政策性银行的组织和任务的实施。

商业银行与政策性银行的不同主要体现在以下几个方面：

（1）资本来源不同。政策性银行多由政府出资建立，业务上由政府相应部门领导。商业银行多采取股份制的形式，业务上自主经营、独立核算。

（2）资金来源不同。政策性银行一般不接受存款，也不从民间借款。而商业银行以存款作为其主要的资金来源。

（3）经营目的不同。政策性银行是为了支持某些部门的发展而专门成立的，不以盈利为目的，与相应的产业部门关系密切。而商业银行则以利润最大化为经营目的，业务范围广泛。

三、我国三大政策性银行

（一）国家开发银行

国家开发银行于1994年3月成立，是直属国务院领导的、政府全资拥有的国家政策性银行。是我国外经贸支持体系的重要力量和金融体系的重要组成部分，是我国机电产品、成套设备和高新技术产品进出口和对外承包工程及各类境外投资的政策性融资主渠道，是外国政府贷款的主要转贷行和中国政府对外优惠贷款的承贷行，为促进我国开放型经济的发展发挥着越来越重要的作用（其详细内容参考第三章第三节）。

国家开发银行主要业务：管理和运用国家核拨的预算内经营性建设资金和贴息资金；向国内金融机构发行金融债券和向社会发行财政担保建设债券；办理有关外国政府和国际金融机构贷款的转贷，经国家批准在国外发行债券，根据国家利益外资计划筹集国际商业贷款等；向国家基础设施、基础产业和支柱产业的大中型基本建设和技术改造等政策性项目及配套工程发放贷款；办理建设项目贷款条件评审、担保和咨询等业务；为重点建设项目物色国内外合作伙伴，提供投资机会和投资信息；经批准的其他业务。

（二）中国进出口银行

中国进出口银行成立于1994年，是直属国务院领导的、政府全资拥有的国家政策性银行，其国际信用评级与国家主权评级一致。中国进出口银行总部设在北京。目前，在国内设有10余家营业性分支机构和代表处；在境外设有东南非代表处、巴黎代表处和圣彼得堡代表处；与500多家银行建立了代理行关系。主要任务：贯彻执行国家产业政策、外贸政策，为扩大我国机电产品和成套设备等资本性货物出口，提供政策性金融支持。

中国进出口银行的资金主要来源是：33.8亿元的注册资本金，国家财政拨付的专项基金，发行金融债券，中央银行再贷款和再贴现，货币市场筹资，外国政府及相关机构贷款，其他筹资途径。

来自进出口银行的数据显示，2009年该行全年批准表内贷款8011亿元，比上年翻番；实际发放贷款3684亿元，约是上年的1.2倍。资产总额9533亿元；不良贷款连续11年保持了“双降”，不良贷款比率为1.11%，不良贷款的拨备率达到134.6%。

（三）中国农业发展银行

中国农业发展银行是直属国务院领导的我国唯一的一家农业政策性银行。1994年11月挂牌成立。主要任务：按照国家的法律法规和方针政策，以国家信用为基础，筹集资金，承担国家规定的农业政策性金融业务，代理财政支农资金的拨付，为农业和农村经济发展服务。

中国农业发展银行运营资金的来源包括：业务范围内开户企事业单位的存款；发行金融债券；财政支农资金；向中国人民银行申请再贷款；同业存款；协议存款；境外筹资等。长期以来其资金来源主要依靠中国人民银行的再贷款，从2005年开始加大了市场化筹资的力度，目前暂未开展境外筹资业务。截至2006年12月末，中国农业发展银行向中国人民银行再贷款余额3870亿元，金融债券余额3131亿元。

主要业务是：办理粮食、棉花、油料收购、储备、调销贷款；办理肉类、食糖、烟叶、羊毛、化肥等专项储备贷款；办理粮食、棉花、油料加工企业和农、林、牧、副、渔业的产业化龙头企业贷款；办理粮食、棉花、油料种子贷款；办理粮食仓储设施及棉花企业技术设备改造贷款；办理农业小企业贷款和农业科技贷款；办理农业基础设施建设贷款。支持范围限于农村路网、电网、水网（包括饮水工程）、信息网（邮政、电信）建设，农村能源和环境设施建设；办理农业综合开发贷款。支持范围限于农田水利基本建设、农业技术服务体系和农村流通体系建设；办理农业生产资料贷款。支持范围限于农业生产资料的流通和销售环节；代理财政支农资金的拨付；办理业务范围内企事业单位的存款及协议存款、同业存款等业务；办理开户企事业单位结算；发行金融债券；资金交易业务；办理代理保险、代理资金结算、代收代付等中间业务；办理粮棉油政策性贷款企业进出口贸易项下的国际结算业务以及与国际业务相配套的外汇存款、外汇汇款、同业外汇拆借、代客外汇买卖和结汇、售汇业务；办理经国务院或中国银行业监督管理委员会批准的其他业务。

四、中国政策性银行的发展趋势

回顾历史，我们在1994年建立三家政策性银行时，基本思路是模仿日本模式，即以政府补贴和非盈利为目标，该模式此后逐渐陷入困境。2007年1月全国金融会议确定，按照四大国有银行的改革思路，国家开发银行、中国进出口银行、农业发展银行三家政策性银行将根据各自条件，按照一行一策的方针进行商业化改革，实现自主经营、自负盈亏、自担风险。2008年12月16日国家开发银行股份有限公司正式挂牌，注册资本为3000亿元。我国最大的政策性银行——国家开发银行转型为商业银行，标志着我国政策性银行改革取得重大进展。

开行改制挂牌后，与以前相比，主要有“四变四不变”。四个“变”是指：（1）经营管理和运作商业化。开行由政策性银行转型为商业银行。（2）股权结构多元化。由国有独资变为股份有限公司，由国家承担无限责任转变为股东承担有限责任。（3）治理结构现代化。加强党委领导，不断完善股东大会、董事会、监事会和高级管理层“三会一层”构架，探索富有中国特色的现代金融企业治理结构模式。（4）服务功能多样化。在商业银行服务功能的基础上，开行新增了投资银行和股权投资这两项与中长期业务配套的、开行特有的服务功能。开行的金融产品将更丰富，为客户（包括政府类）服务的能力会更强。四个“不变”是指：（1）国有性质不变。开行改制后仍然是国家的银行，由财政部和汇金公司代表国家出资并控股。（2）基本职能不变。开行将通过开展中长期信贷与投资等金融业务，为国民经济中长期发展战略服务。（3）市场定位不变。开行将继续主要从事“两基一支”等中长期投融资业务，是以中长期债券融资为主的债券银行和批发银行。（4）合作方式不变。开行将仍以开发性金融原理、成功实践为指导，坚持以市场化方式开展“银政合作”和“银企合作”，运用开发性方法拓展业务。

政策性金融与商业性金融的分离，曾经是中国金融体系改革中的重大制度突破。随着金融问题逐渐成为决定中国经济增长和社会进步的重要环节，金融体系中各个层面的制度优化问题再次摆到了我们面前。其中，对于政策性金融在中国金融发展中的重新定位，也成为推进金融改革与提高金融效率的重要突破点。国家开发银行的商业化改造为其他政策性银行今后的改革与发展奠定了基础。然而原因种种，经过一年多的运作，国家开发银行的商业化之路走得并不通畅。2006 年，中国进出口银行提出向国际经济合作银行转型的战略构想。2007 年，该行突破了单纯的政策性业务模式，开创自营性业务，当年大幅扭亏。2008 年，进出口银行首次实现税后盈利 1.996 亿元，取得历史性突破。2010 年，进出口银行改革被提上议事日程，与国家开发银行不同的是，在改革方案上，进出口银行的改革思路是保持政策性银行定位不变、政策性业务和商业性业务分账经营。与此同时农业发展银行的改制也渐行渐近。

为了更好地实现政策性银行的改制，我们应该以国家宏观经济政策和产业政策为依据，通过规范化改革，将政策性银行办成机构体系完善、经营目标明确、治理结构科学、资产状况良好、业务管理规范、内控机制健全、管理手段先进、具有较强政策执行能力的政策性金融机构。

第三节　保 险 公 司

一、保险公司的概述

保险是投保人根据合同约定，向保险人支付保费，保险人对合同约定可能发生的事故发生所造成的财产损失或人身伤亡承担赔偿责任，或当被保险人（受益人）达到合同约定的年龄、期限时，按约定承担给付保险金责任的商业保险行为。作为社会经济制度，保险是一种补偿制度，而作为法律制度，保险活动是通过保险合同来实现的。保险是一种特殊的融资方式，具有经济补偿性、社会互助性和法律保障性。

按照我国《保险法》，保险公司是专门经营各种保险业务的机构，是收取保费并承担风险补偿责任，拥有专业化风险管理技术的机构组织。它的主要经营活动包括财产、人身、责任、信用等方面的保险与再保险业务及其他金融业务。保险费是保险公司为承担一定的保险责任要向投保人收取一定数额的费用。保险基金指专门从事风险经营的保险机构，根据法律或合同规定，以收取保险费的办法建立的，专门用于保险事故所致经济损失的补偿或人身伤亡的给付的一项专用基金，是保险人履行保险义务的条件。其由保险费、保险公司的资本以及保险盈余共同构成保险公司的保险基金。

依据不同的划分标准，保险公司发展表现出不同的类型。主要有以下几种：

1. 根据保险的基本业务不同划分，有人寿保险公司、财产保险公司、再保险公司。

人寿保险公司的保险品种主要是基于对受保人寿命或健康状况预期而提供的健康保险、伤残保险。此外人寿保险公司还提供年金、养老基金、退休金等保险产品。

财产保险公司主要针对一定范围的财产损失提供的保险。财产保险产品分为个人部分和商业部分，个人部分包括家庭财产和汽车保险等；商业部分有产品责任保险、商业财产保险和内部玩忽职守损失保险等。

再保险是指专门从事再保险业务，不直接向投保人签发保单的保险公司，是保险公司的保险公司。保险公司为了分散风险，把一些大的承保单位再分保给另一保险公司。接受这一保单的公司就是再保险公司，一般出现在财险中比较多。是保险公司（让与公司）对承担的来自于投保人风险进行再次分散的一种方法。没有再保险，多数保险公司将只能承做较安全的保险业务，对于许多有风险但有价值的商业机会无法承保。

2. 根据经营目的的不同，可以划分出商业性保险公司和政策性保险公司。

商业保险公司是经营保险业务的主要组织形式，商业保险公司多是股份制有限责任公司，只要有保险意愿并符合保险条款要求的法人、自然人都可在商业保险公司投保。

政策性保险公司则是指依据国家政策法令专门组建的保险机构，不以盈利为经营目的，且风险内容关系到重大经济目标的实现，如国民经济发展与社会安定等。政策性保险公司主要有出口信用保险公司、投资保险公司、存款保险公司等。

3. 根据保险经营方式的不同，可以划分为互助保险合作社、行业自保公司。

互助保险合作社是由一些对某种危险有相同保障要求的人或单位，合股集资积聚保险基金来展开经营的。

自保公司主要办理本系统企业的保险业务，并通过积累一定的保险基金作为损失补偿的后备。世界各国的行业自保公司多属于航空产业、石油产业等。在我国保险改革初期，经中国人民银行批准也建立了行业自保公司，如1986 年 7 月成立的新疆生产建设兵团农牧业生产保险公司，专营新疆兵团内部种植业、养殖业保险，2000 年 7 月，更名为“新疆兵团财产保险公司”，在新疆维吾尔自治区开展业务。

二、保险公司组织形式及经营范围

在世界范围内各国多元化保险公司组织形式的内容各具特点，但通常包括以下三种类型：就经营主体而言，有国有保险公司，也有私营保险公司；就经营目的而言，有营利性保险公司如个人保险组织、保险股份公司，也有非营利性保险公司如相互保险社、交互保险社、相互保险公司、保险合作社；此外还有随着近代保险业的发展派生的特殊保险公司组织形式如自己保险、专属保险公司。上述三类保险公司共同存在，共同发展，互相转化，不断创新，从而形成了保险公司组织的多元化。

（一）国有保险公司

它是由政府或公共团体所有并经营。根据其经营目的，可分为两类：一是以增加财政收入为营利目的的，即商业性国有保险公司。它可以是非垄断性的，与私营保险公司自由竞争，平等地成为市场主体的一部分；也可以是垄断性的具有经营独占权，从事一些特别险种的经营，如美国国有保险公司经营的银行存款保险。二是为实施宏观政策而无营利动机的，即强制性国有保险公司。通常各国实施的社会保险或政策保险大都采取这种形式。

（二）个人保险组织

其典型代表是英国伦敦的劳合社。劳合社是个人保险商的集合组织，它虽具公司形式但实际上是保险组合，负责提供交易场所，制定交易程序，与经营相比更偏重管理，类似证券交易所。个人保险组织的主要特点是负独立责任与无限责任。近年来劳合社亏损严重，与此同时由于负无限责任，破产及诉讼案件也不断发生，因此从保险业的发展看其前途并不乐观，即使有的国家采取个人保险组织的形式也在业务承揽及承保责任方面做了很多改革，使之成为一种新的混合形式，以作为多元化保险公司组织形式的补充。

（三）保险股份公司

它最早出现于荷兰，而后由于其组织较为严密健全，适合保险经营而逐渐为各国保险业普遍采用。其主要特点包括：资本容易筹集，实行资本与经营分离的制度；经营效率较高，追求利润最大化；组织规模较大，方便吸引优秀人才；采取确定保费制，承保时保费成本确定不必事后补交。保险股份公司是我国保险公司主要的组织形式，我国新成立的中资保险公司基本上采取这种组织形式。近年来由于世界股票市场不断壮大，使股份公司资本易于筹集的优势更加明显。

（四）相互保险组织

不以营利为目的，是非营利性的保险公司组织形式，是由所有参保人的资金设立的保险法人组织，其经营的目的是为各保单持有人提供低成本的保险产品，而不是追逐利润，相对来说相互保险公司对消费者更具吸引力，其经营所得的绝大部分利润将返还给保单持有人，可以最大限度地降低成本并获得保障。

（五）自己保险

这是企业运用保险原理及经营技术，集合足够数量的同类危险单位，凭借自身经验估计损失频率及损失额度，并设立基金补偿损失，从而以较低的成本获得充分的安全保障。

（六）专属保险公司

这是为公司节省费用及增加承保业务范围而投资设立的附属保险机构，其业务以母公司的保险业务为主，被保险标的的所有人也是专属保险公司资产的所有人。专属保险公司的设立地点多选择税负较轻的地区或国家。目前由于其存在的种种弊端，专属保险公司还不能广泛地被保险业所采用，但这种组织形式特别适合大型的跨国公司采用。

保险公司的业务范围，是指保险公司法定的业务经营范围。根据我国《保险法》第九十二条、第九十五条的规定，保险公司的业务范围包括：①财产保险业务，包括财产损失保险、责任保险、信用保险等保险业务；②人身保险业务，包括人寿保险、健康保险、意外伤害保险等保险业务；③再保险业务，包括分出保险和分入保险。

三、保险公司在经济运行中的作用

保险公司在经济运行中发挥着重要的作用，可以概括出如下三个方面：

1. 积聚风险、分散风险、降低个体损失。保险公司将众多个体投保人的风险集中，然后运用特有的风险管理技术将其分散和转移，并给予在约定范围内出险的投保人一定经济补偿，这就降低了个体投保人在经济运行中所承担的风险和损失。

2. 融通长期资金、促进资本形成、重新配置资源。这个作用是在保险公司基本作用的基础上衍生出来的。

3. 提供经济保障、稳定社会生活。从经济运行来看，保险公司为社会再生产的各个环节（生产、交换、分配、消费）提供经济保障，充当了社会经济与个人生活的稳定器。

四、我国保险业的发展

中国人民保险公司成立于1949年10月20日。是新中国第一家保险公司。经过60年的改革发展，现已发展为一家综合性保险金融集团公司。1996年7月23日，中国人民保险公司更名为中国人民保险（集团）公司，下设中保财产保险有限公司等四个子公司。1999年1月18日，中保财产保险有限公司继承人保品牌，更名为中国人民保险公司。2003年7月19日，经国务院批准，中国人民保险公司重组后更名为中国人保控股公司，并同时发起设立了中国内地最大的非寿险公司——中国人民财产保险股份有限公司和首家保险资产管理公司——中国人保资产管理有限公司。同年11月，人保财险成功实现海外上市，成为国内金融企业海外上市第一股。2004年，中人保险经纪公司（简称中人经纪）成立。2005年中国人民健康保险股份有限公司（简称人保健康）、中国人保寿险有限公司（简称人保寿险）、中元保险经纪有限公司（简称中元经纪）、中盛国际保险经纪有限公司（简称中盛国际）等四家子公司成功开业，2007年6月，中国人保控股公司复名为中国人民保险集团公司。经过“十五”时期的发展，中国人保已经从原来的一家公司发展成为拥有8家子公司的现代保险集团，拥有分支机构4500个，8家子公司分别是：人保财险、人保资产、人保健康、人保寿险、人保香港、中盛国际、中人经纪、中元经纪。集团经营范围已经从单一的非寿险发展到非寿险、寿险、健康险、资产管理、保险经纪等多个领域，基本建成保险金融集团。中国人保在服务社会经济发展、服务和谐社会建设中发挥了重要作用。

此外，中国的保险中介也得到了长足的发展。保险中介是活动于保险经营机构之间，或保险经营机构与投保人之间，专门从事保险业务咨询与招揽、风险管理与安排、价值衡量与评估、损失鉴定与理算等中介服务活动，并从中收取佣金或手续费的机构或个人。它随着保险市场的发展而产生，反过来又推动保险市场的进一步发展，保险中介已成为保险市场不可或缺的组成部分。保险专业中介市场主体包括保险代理公司、保险经纪公司和保险公估公司。保险经纪人是基于投保人的利益，为投保人与保险人订立保险合同提供中介服务，并依法收取佣金的机构。保险代理人是根据保险人的委托，向保险人收取佣金，并在保险人授权的范围内代为办理保险业务的机构或者个人。保险公估人是指依照法律规定设立，受保险公司、投保人或被保险人委托办理保险标的的查勘、鉴定、估损以及赔款的理算，并向委托人收取酬金的公司。

中国保监会发布的《2009年保险中介市场报告》显示，截至2009年年底，全国共有保险专业中介机构2570家，兼业代理机构14.9万家，营销员290万人。全国保险公司通过保险中介渠道实现保费收入9161.09亿元，同比增长13.89%，占全国总保费收入的82.26%。在高速发展的同时，保险中介行业的竞争也越来越激烈，诸多问题也逐渐浮出水面。

第四节 其他金融机构

一、金融资产管理公司

（一）金融资产管理公司的含义

金融资产管理公司是指由国家出面专门设立的以处理银行不良资产为使命的暂时性金融机构，其具有特定使命的特征，以及较为宽泛业务范围的功能特征。

20 世纪 80 年代末，美国储蓄贷款机构破产，为维护金融体系的稳定，美国政府成立了重组信托公司（RTC）以解决储蓄贷款机构的不良资产，从此专门处理银行不良资产的金融资产管理公司开始出现。进入 20 世纪 90 年代以来，全球银行业不良资产呈现加速趋势，继美国之后，北欧四国瑞典、挪威、芬兰和丹麦也先后设立资产管理公司对其银行不良资产进行大规模的重组。随后中东欧经济转轨国家（如波兰成立的工业发展局）和拉美国家（如墨西哥成立的 FOBAPROA 资产管理公司）以及法国等也相继采取银行不良资产重组的策略以稳定其金融体系。亚洲金融危机爆发后，东亚以及东南亚诸国也开始组建金融资产管理公司，如日本的“桥”银行、韩国的资产管理局（KAMCO）、泰国的金融机构重组管理局（FRA）、印度尼西亚的银行处置机构（IBRA）和马来西亚的资产管理公司等，均是为处置其银行业的不良资产而设立的。

（二）我国金融资产管理公司的产生与发展

在中国，金融资产管理公司（AMC）是指经国务院决定设立的，专门收购国有银行不良贷款，管理和处置因收购国有银行不良贷款而形成的资产的国有独资非银行金融机构。金融资产管理公司以最大限度保全资产、减少损失为主要经营目标，依法独立承担民事责任。中国信达资产管理公司于 1999 年 4 月成立，随后中国华融资产管理公司、中国长城资产管理公司、中国东方资产管理公司于 1999 年 10 月分别成立。中国华融资产管理公司、中国长城资产管理公司、中国东方资产管理公司、中国信达资产管理公司，分别接收从中国工商银行、中国农业银行、中国银行、中国建设银行剥离出来的不良资产。

中国资产管理公司的特点包括：独特的法人地位，它是经国务院决定设立的国有独资非银行金融机构；特殊的经营目标，政策性收购国有银行不良贷款，管理和采取市场化手段处置因收购国有银行不良贷款形成的资产；业务范围广泛，包括资产处置、公司重组、证券承销、兼并等，很多业务等同于全方位的投资银行。政策性保障是资产管理公司运营的前提，市场化运营是资产管理公司运营的手段，这一状况为其日后成为较为独特的运营模式埋下了伏笔，其运营模式呈现出“政策性保障与市场化运营”并重的特点。

到 2009 年年末，我国 4 家金融资产管理公司累计处置政策性不良资产近两万亿元，累计回收现金数千亿元，4 家公司的政策性不良资产处置任务已近尾声，商业化转型已是大势所趋。

目前，比较一致的意见是，转型应以资产处置为主线，以提高经济效益为出发点，以最大限度回收资金、提升资产价值、减少损失为根本目标，以改革创新为动力，以债务重组、资产管理为重点，不断培育市场和聚集人才，确立资产重组和资产管理的市场地位，逐步形成以处置银行不良资产为主业、具备投资银行功能和国有资产经营管理功能的全能型金融控股公司。2008 年 8 月底，由财政部牵头成立“金融资产管理公司转型发展领导小组”，负责推动 AMC 商业化转型。在 4 家公司朝这个方向前进的过程中，信达资产管理公司步伐迈得最快，已拥有信达证券、信达期货、幸福人寿保险、信达澳银基金、信达财险、金谷信托、信达地产及租赁公司等多业务平台。而在 AMC 未来的业务范围中，信用评级、风险管理咨询、财务顾问、证券业务、商业银行、基金公司、信托公司、汽车金融等十余个领域都是其可选内容。

二、信托投资公司

（一）信托投资公司的含义

信托投资机构是一种以受托人的身份，代人理财的金融机构。信托是基于对受托人的信任，将其合法拥有的财产委托给受托人，由受托人按委托人的意愿以自己的名义，为受益人的利益或特定的目的，进行管理或处分的行为。各国信托法规对不同信托投资机构的业务范围都作了明确规定。在美国，联邦储备法允许商业银行经营信托业务，同时对其经营范围实行严格的管制，其目的在于防止银行通过信托业务进行大量的股票、债券投资。在中国，信托投资公司的业务范围包括经营资金和财产委托、代理资产保管、金融租赁、经济咨询、证券发行以及投资等。经中国人民银行特批，也可以兼营租赁、证券业务和发行一年以上的专项信托受益债券，用来进行有特定对象的贷款和投资，但不准办理银行存款业务。

（二）我国信托投资公司的发展

新中国成立后，在对旧中国信托业进行接管和改造的同时，又开始试办新的金融信托业。20 世纪 50 年代中期信托业停办。1979 年 10 月，中国银行总行率先成立了信托咨询部。同年，中国国际信托投资公司在北京成立。1980 年 6 月，中国人民银行根据国务院关于银行要试办信托的指示，正式开办信托业务。接着，各银行也先后试办信托业务，以支持经济联合，搞活国民经济。此后，各家银行、各部委和各地政府等纷纷设立信托投资公司，到 1988 年曾多达 745 家。当时，信托业对中国吸引外资、搞活地方经济起到了一定的积极作用，但由于种种原因，信托投资公司没有真正办成“受人之托，代人理财”的机构，实际成了吸收存款、发放贷款的银行。从 1979 年新中国第一家信托投资公司成立至今，中国信托业起起伏伏，前后已经历了 5 次大的行业性整顿。

1999 年 3 月，中国人民银行根据国务院关于进一步全面整顿信托投资公司的精神，开始对信托投资机构再次进行整顿。整顿后的信托投资公司要与银行业、证券业分业经营，分业管理，不得吸收存款，不得自营期货，不得用负债资金发放贷款和进行实业投资。

2001 年 10 月 1 日，随着《中华人民共和国信托法》正式实施，中国信托业进入了一个崭新的、回归本业的历史性发展阶段。《信托法》在中国确立了信托制度，与《信托投资公司管理办法》和《信托投资公司资金信托业务管理暂行办法》，共同构建了信托业的基本法律框架，开辟了信托业的生存空间。

2003 年 4 月 28 日，中国银行业监督管理委员会正式履行职责。信托业务的监管工作开始由中国银行业监督管理委员负责。我国《信托公司管理办法》于 2007 年 3 月 1 日起施行。在该办法中，我国原有的“信托投资公司”的说法已经是历史，改称“信托公司”。新办法出台后，信托公司从“融资平台”真正转变为“受人之托、代人理财”的专业化机构，将更有效地发挥信托作为金融平台的独特作用，有效连接货币、资本和实业三个市场。中国银监会的统计数据显示，截至 2008 年 6 月末，全国 54 家信托公司共实现营业收入84.53亿元，净利润稳步增长，达到48.17亿元，平均每家信托公司盈利8920万元。此外，54家信托公司管理的信托资产总额已突破1万亿元大关，达到12583.55亿元。从市场份额来看，前十位信托公司2005年的信托收入占全行业总收入不足55%，2007年年底这个数字已经高达75%以上，信托资产也从2005年的不足50%升至2008年年底的67%，行业集中度不断提高，两极分化现象更为突出，行业排名第一的中信信托2008年净利润高达10.35亿元，较2007年增长64.59%，其管理的信托资产在2007年年底就已经达到了1961亿元，远超行业第二名的规模。由此可见，未来我国的信托公司将进一步向集中化、规模化的方向发展。

三、财务公司

（一）财务公司的含义

财务公司又称金融公司，是为企业技术改造、新产品开发及产品销售提供金融服务，以中长期金融业务为主的非银行机构。各国的名称不同，业务内容也有差异。但多数是商业银行的附属机构，主要吸收存款。财务公司是20世纪初兴起的，主要有美国模式和英国模式两种类型。

美国模式财务公司是以搞活商品流通，促进商品销售为特色的非银行金融机构。它依附于制造厂商，是一些大型耐用消费品制造商为了推销其产品而设立的受控子公司，这类财务公司主要是为零售商提供融资服务的，主要分布在美国、加拿大和德国。财务公司在流通领域的金融服务几乎涉及从汽车、家电、住房到各种工业设备的所有商品，对促进商品流通起到了非常重要的作用。

英国模式财务公司基本上都依附于商业银行，其组建的目的在于规避政府对商业银行的监管。因为政府明文规定，商业银行不得从事证券投资业务，而财务公司不属于银行，所以不受此限制，这种类型的财务公司主要分布在英国、日本和中国香港。

中国的财务公司不是商业银行的附属机构，而是隶属于大型集团的非银行金融机构。中国的财务公司都是由企业集团内部集资组建的，完全属于企业集团内部的金融机构，服务对象为企业集团成员，不允许吸收集团外存款和对非成员提供服务，其宗旨和任务是为本企业集团内部各企业筹资和融通资金，促进其技术改造和技术进步。

（二）我国财务公司的发展

《企业集团财务公司管理办法》自2004年9月1日起实施。根据管理办法，财务公司可以经营下列部分或者全部业务：对成员单位办理财务和融资顾问、信用鉴证及相关的咨询、代理业务；协助成员单位实现交易款项的收付；经批准的保险代理业务；对成员单位提供担保；办理成员单位之间的委托贷款及委托投资；对成员单位办理票据承兑与贴现；办理成员单位之间的内部转账结算及相应的结算、清算方案设计；吸收成员单位的存款；对成员单位办理贷款及融资租赁；从事同业拆借；中国银行业监督管理委员会批准的其他业务。

符合条件的财务公司，可以向中国银行业监督管理委员会申请从事下列业务：经批准发行财务公司债券；承销成员单位的企业债券；对金融机构的股权投资；有价证券投资；成员单位产品的消费信贷、买方信贷及融资租赁。目前，我国的财务公司一般都是隶属于大的企业集团公司。尽管财务公司是一级法人机构，但最终公司利益要体现在企业集团的利益上。财务公司的发展与企业集团休戚相关，密不可分。从实际情况看，企业集团情况好的，财务公司一般来讲经营状况就比较好；集团情况差的，财务公司也很难独善其身。如中油财务公司由中国石油天然气集团公司和中国石油天然气股份有限公司共同持股。公司注册资本金54.41亿元（含1.2亿美元）。公司营业范围涵盖存款、贷款、结算、拆借、票据承兑贴现、担保等银行业务，拥有证券投资、结售汇、外汇交易等业务资格，是全国银行间债券市场、中国外汇交易中心会员，中国证监会认可的首批IPO询价对象。作为集团公司内部金融机构，公司奉行“依托集团，服务集团，奉献集团”的宗旨，充分发挥集团公司结算平台、筹融资平台、资金管理平台功能，集聚闲散资金，降低筹资成本，提高资金运作效率和效益，为中国石油产业的发展提供了金融服务与支持，成为目前全国资产规模最大、业务品种最多、效益最好的财务公司之一。

四、金融租赁公司

（一）金融租赁公司的含义及业务

金融租赁公司是以经营融资租赁业务为主的非银行金融机构。融资租赁，是指出租人根据承租人对租赁物和供货人的选择或认可，将其从供货人处取得的租赁物按合同约定出租给承租人占有、使用，向承租人收取租金的交易活动。租期届满时，承租人向租赁公司交付少量的租赁物件的名义代价

（即象征性的租赁物件残值），双方即可办理租赁物件的产权转移手续。

金融租赁公司的主营业务包括以下几种：

1. 融资租赁业务。融资租赁业务包括直租、转租赁和回租三个类别。

直租是指金融租赁公司以收取租金为条件按照用户企业确认的具体要求、向该用户企业指定的出卖人购买固定资产并出租给该用户企业使用的业务。直租分直接购买式和委托购买式两类。

转租是指以同一固定资产为租赁物的多层次的融资租赁业务。承租人在租赁期内将租入资产出租给第三方的行为。转租至少涉及三方（原出租人、原承租人和新承租人）和两份租约（原出租人和租约）。

回租是指出卖人和承租人是同一人的融资租赁。在回租中，金融租赁公司以买受人的身份同作为出卖人的用户企业订立以用户企业的自有固定资产为标的物的买卖合同或所有权转让协议。同时，金融租赁公司又以出租人的身份同作为承租人的该用户企业订立融资租赁合同。

2. 联合租赁和杠杆租赁。联合租赁是指多家有融资租赁资质的租赁公司对同一个融资租赁项目提供租赁融资，由其中一家租赁公司作为牵头人。无论是相关的买卖合同还是融资租赁合同都由牵头人出面订立。各家租赁公司按照所提供的租赁融资额的比例承担该融资租赁项目的风险和享有该融资租赁项目的收益。各家租赁公司同作为牵头人的租赁公司订立体现资金信托关系的联合租赁协议。牵头人同出卖人之间的买卖合同以及同用户企业之间的融资租赁合同同自担风险的融资租赁业务中的同类合同毫无差别。

杠杆租赁是指某融资租赁项目中的大部分租赁融资是由其他金融机构以银团贷款的形式提供的，但是，这些金融机构对承办该融资租赁项目的租赁公司无追索权，同时，这些金融机构则按所提供的资金在该项目的租赁融资额中的比例直接享有回收租金中所含的租赁收益。租赁公司同这些金融机构订立无追索权的银团贷款协议。租赁公司同出卖人之间的买卖合同以及同用户企业之间的融资租赁合同同自担风险的融资租赁业务中的同类合同毫无差别。

3. 委托租赁。委托租赁是指融资租赁项目中的租赁物或用于购买租赁物的资金是一个或多个法人机构提供的信托财产。租赁公司以受托人的身份同作为委托人的这些法人机构订立由后者将自己的财产作为信托财产委托给租赁公司以融资租赁方式运用和处分的信托合同。该融资租赁项目的风险和收益全部归委托人，租赁公司则依据该信托合同的约定收取由委托人支付的报酬。该信托合同受《中华人民共和国信托法》管辖。租赁公司同出卖人之间的买卖合同以及同用户企业之间的融资租赁合同同自担风险的融资租赁业务中的同类合同毫无差别。

（二）我国金融租赁公司的发展

我国的融资租赁业起源于20世纪80年代，最早的租赁公司以中外合资企业的形式出现，其原始动机是引进外资。1981年7月成立的首家由中资组成的非银行金融机构——中国租赁有限公司。

经过30年的发展，我国金融租赁公司的经营业务也有了进一步地扩展，除传统的融资租赁业务以外，也在一定范围经营其他金融业务。经中国银行业监督管理委员会批准，金融租赁公司可经营下列部分或全部本外币业务：融资租赁业务；吸收股东1年期（含）以上定期存款；接受承租人的租赁保证金；向商业银行转让应收租赁款；批准发行金融债券；同业拆借；向金融机构借款；境外外汇借款；租赁物品残值变卖及处理业务；经济咨询；中国银行业监督管理委员会批准的其他业务。

截至2010年3月底，12家金融融资租赁公司总资产达1863亿元，比2007年增长了9.3倍，净利润达到25亿元，比2007年增长了12.76倍，资本充足率由2007年9月末的15.2%上升到22.1%，不良资产率由3.95%降低到0.78%，拨备覆盖率从32.25%提高到228.6%。

五、邮政储蓄银行

邮政储蓄是在1986年经济出现比较严重的通货膨胀形势下开始恢复并开办的，当时的主要目的是回笼货币。最初的邮政储蓄业务实际上是邮政部门代理人民银行经办储蓄。邮政储蓄是邮政机构办理以个人为主要对象的储蓄存款业务，其吸收的全部存款缴存中国人民银行，由人民银行统一使用。随着邮政储蓄业务的发展，我国的邮政储蓄机构也进行了市场化改革。

从2003年以来，以国家对邮政储蓄开始实行新老划段、新增资金自主运用的改革为标志，邮政储蓄的发展进入了一个新的阶段。2004年6月，邮政储蓄余额突破1万亿元大关。邮政储蓄由单纯的吸收存款，向资产、负债、中间业务全面、协调发展迈出了重要一步，为城乡居民提供服务的能力和水平进一步提高，市场地位进一步巩固。2006年12月31日，经国务院同意，中国银监会正式批准中国邮政储蓄银行成立。2007年3月20日，中国邮政储蓄银行成立仪式在北京举行。

邮政储蓄银行是在邮政储蓄的基础上组建的。中国邮政储蓄银行将继续依托邮政网络，按照公司治理架构和商业银行管理要求，建立内部控制和风险管理体系，实行市场化经营管理。充分依托和发挥网络优势，完善城乡金融服务功能，以零售业务和中间业务为主，为城市社区和广大农村地区居民提供基础的金融服务，与其他商业银行形成互补关系，支持社会主义新农村建设。

六、农村金融机构

农村金融机构包括农村信用社、农村合作银行、农村商业银行、村镇银行和农村资金互助社。农村合作银行和农村商业银行是在合并农信社基础上组建的，村镇银行和农村资金互助社是2007年批准设立的新机构。

农村信用社是指经中国人民银行批准设立、由社员入股组成、实行民主管理、主要为社员提供金融服务的农村合作金融机构。农村信用社是独立的企业法人，以其全部资产对农村信用社的债务承担责任，依法享有民事权利。其财产、合法权益和依法开展的业务活动受国家法律保护。在城乡一体化程度较高的地区，已经商业化经营的农村信用社，经整顿后可合并组建农村商业银行和农村合作银行。农村商业银行是由辖内农民、农村工商户、企业法人和其他经济组织共同入股组成的股份制的地方性金融机构。在经济比较发达、城乡一体化程度较高的地区，“三农”的概念已经发生很大的变化，农业比重很低，对支农服务的要求较少，信用社实际也已经实行商业化经营。对这些地区的信用社，可以实行股份制改造，组建农村商业银行。农村合作银行是由辖内农民、农村工商户、企业法人和其他经济组织入股，在合作制的基础上，吸收股份制运作机制组成的股份合作制的社区性地方金融机构。农村商业银行、农村合作银行和农村信用社在设立条件、股权设置、法人治理结构和服务重点等方面都各不相同。

村镇银行是指经中国银行业监督管理委员会依据有关法律、法规批准，由境内外金融机构、境内非金融机构企业法人、境内自然人出资，在农村地区设立的主要为当地农民、农业和农村经济发展提供金融服务的银行业金融机构。主要业务是吸收公众存款；发放短期、中期和长期贷款；办理国内结算；办理票据承兑与贴现；从事同业拆借；从事银行卡业务；代理发行、代理兑付、承销政府债券；代理收付款项及代理保险业务；经银行业监督管理机构批准的其他业务。村镇银行按照国家有关规定，可代理政策性银行、商业银行和保险公司、证券公司等金融机构的业务。

农村资金互助社是指经银行业监督管理机构批准，由乡（镇）、行政村农民和农村小企业自愿入股组成，为社员提供存款、贷款、结算等业务的社区互助性银行业金融机构。农村资金互助社以吸收社员存款、接受社会捐赠资金和向其他银行业金融机构融入资金作为资金来源。农村资金互助社的资金应主要用于发放社员贷款，满足社员贷款需求后确有富余的可存放其他银行业金融机构，也可购买国债和金融债券。农村资金互助社可以办理结算业务，并按有关规定开办各类代理业务，农村资金互助社不得向非社员吸收存款、发放贷款及办理其他金融业务，不得以该社资产为其他单位或个人提供担保。

七、货币经纪公司

货币经纪公司最早起源于英国外汇市场，是金融市场的交易中介。根据我国银监会2005年8月8日公布的《货币经纪公司试点管理办法》，在我国进行货币经纪公司的试点。货币经纪公司是指经批准在中国境内设立的，通过电子技术或其他手段，专门从事促进金融机构间资金融通和外汇交易等经纪服务，并从中收取佣金的非银行金融机构。服务对象仅限于境内外金融机构，不得从事任何金融产品的自营业务。现阶段允许开办的业务只包括货币经纪公司的部分基本业务。根据国际经验，对货币经纪公司明确了不做自营的中立性原则，严格规定不得开展自营业务。不允许向自然人提供经纪服务，也不允许商业银行向货币经纪公司投资。

根据银监会的规定，货币经纪公司可以从事以下部分或全部的业务：境内外外汇市场交易；境内外货币市场交易；境内外债券市场交易；境内外衍生产品交易；经中国银行业监督管理委员会批准的其他业务。货币经纪公司从事证券交易所相关业务的经纪服务，需报经中国证券监督管理委员会审批。

2005年12月20日我国首家货币经纪公司——上海国利货币经纪有限公司在浦东正式开业。此举不仅成为上海国际金融中心建设一个新的里程碑，而且开辟了我国金融业的一个新领域。该公司由上海国际集团所属的上海国际信托投资有限公司和全球第二大货币经纪公司英国国惠集团旗下的德利万邦有限公司共同出资组建。该公司注册资本4000万元人民币，其中中方出资比例67%，英方33%。按照中国银监会批准的经营范围，国利公司主要从事的货币经纪业务，包括境内外外汇市场交易、境内外货币市场交易、境内外债券市场交易和境内外衍生产品交易等。继上海国利货币经纪公司的成立，随后上海国际以及平安利顺等货币经纪公司的相继建立，货币经纪公司在银行间债券市场中的作用逐渐凸显，尤其对证券价格的引导作用逐步加强，已经成为市场中不可或缺的组成部分。

本章小结

本章所指其他金融机构包括存款性金融机构和非存款性机构。存款性金融机构主要有储蓄银行、信用合作社等。非存款性金融机构包括财务公司、投资公司、保险公司、证券公司等。在我国，其他金融机构，包括政策性银行、保险公司、证券公司及经银监会批准设立的信托公司、金融资产管理公司、企业集团财务公司、金融租赁公司、货币经纪公司等机构。

投资银行是主要从事证券发行、承销、交易、企业重组、兼并与收购、投资分析、风险投资、项目融资等业务的非银行金融机构，是资本市场上的主要金融中介。其业务包括证券发行与承销、证券交易经纪、证券私募发行等传统业务框架，企业并购、项目融资、风险投资、公司理财、投资咨询、资产及基金管理、资产证券化、金融创新等都已成为投资银行的核心业务组成。

政策性银行是为贯彻和配合政府特定经济政策和意图而进行融资和信用活动的机构。政策性银行作为特殊的金融机构，具有经营业务特殊、不以盈利为目的、资金来源特殊等特征。在我国有国家开发银行、农业发展银行和中国进出口银行等。

保险公司是专门经营各种保险业务的机构，是收取保费并承担风险补偿责任，拥有专业化风险管理技术的机构组织。保险是一种特殊的融资方式，具有经济补偿性、社会互助性和法律保障性。保险公司在经济运行中发挥着重要的作用。

其他非银行金融机构包括金融资产管理公司、信托公司、财务公司、金融租赁公司、邮政储蓄机构、货币经纪公司、农村金融机构等。

关键词： 保险公司　保险经纪人　保险代理人　保险公估人　投资银行　金融租赁　联合租赁　杠杆租赁　村镇银行　农村合作银行　财务公司

货币经纪公司

思考题

1. 简述保险公司的主要类型有哪些？
2. 简述保险公司在经济运行中的作用。
3. 政策性银行的主要特点。
4. 简析政策性银行与商业银行的区别。
5. 简述投资银行的主营业务。
6. 谈谈投资银行的发展趋势。

第八章 中央银行

本章概要：在本章中，我们要学习中央银行的产生与发展、中央银行的性质和职能、中央银行的基本业务及其在现代经济体系中的地位等内容。本章分为四节，第一节主要介绍中央银行及其制度的产生与发展，以及我国中央银行制度的产生与发展；第二节重点介绍中央银行的性质和职能，包括“发行的银行”、“银行的银行”、“国家的银行”；第三节主要介绍中央银行业务，包括负债业务、资产业务和中间业务；第四节主要分析中央银行在现代经济体系中的地位和与政府的关系。

第一节 中央银行制度

一、中央银行产生与发展

（一）中央银行产生的经济背景

中央银行（central bank），也称货币当局（monetary authority），当今世界上大多数国家都实行中央银行制度。

中央银行产生于17世纪后半期，形成于19世纪初，其产生有着深刻的经济背景：

1. 商品经济迅速发展。18世纪初，西方国家开始了工业革命，手工业和工场手工业逐渐被机器大工业代替。在社会生产力的快速发展下，商品经济得到迅速扩大，促使货币经营业日益普遍且有利可图。由此，资产阶级政府也开始重视对货币财富的控制。

2. 资本主义经济危机频繁出现。伴随着资本主义经济的空前发展，资本主义经济自有的矛盾开始加剧，经济危机不断出现。以英国的纺织工业为例，在1770—1815年的45年时间里有5年处于危机和停滞状态，在1815—1863年的48年中有28年处于不振和停滞时期。在这种形势下，资产阶级政府开始从货币制度上寻找原因，希望通过发行银行券以控制、避免及挽救频发的经济危机。

3. 银行信用普遍化和集中化。资本主义产业革命促使社会生产力空前提高，由此又带来了资本主义银行信用业的迅猛发展。具体表现在两方面：第一，银行经营机构不断增加。英国在1776年有150家银行，1814年发展到940家；美国在1830年有329家银行，1840年增加到901家。第二，银行业逐步走向联合、集中和垄断。私人银行受资力所限，在竞争中逐渐被大银行控制。例如英国，其私人银行由1826年的554家锐减到1842年的310家。而与此同时，英国的股份制银行业却在不断扩大，由1827年的6家发展到1942年的118家。

（二）中央银行产生的必要性

18世纪末至19世纪初，社会生产力的迅速发展和商品流通的迅速扩大，使得货币、信用业务迅速扩大。与此相适应，资本主义银行业也随着资本主义经济的发展而迅速发展起来。这时的银行不仅种类和数量不断增多，资本迅速扩张，而且银行纷纷关门倒闭，给银行的信誉和金融市场造成极大的威胁，并冲击着整个资本主义市场。总之，当时主要存在以下四方面的问题：

1. 银行券发行问题。在银行产生的初期，商业银行都有发行银行券的权力。同时，由于当时存款业务尚未得到充分发展，各商业银行不得不依赖发行银行券来增加银行的资金，以解决资金不足的问题，因而出现了市面上多种银行券并行流通的局面。随着资本主义的发展，这种状况越来越不适应现实的需要，主要原因是分散发行的制度存在严重的缺陷。首先，银行券流通具有区域限制。许多分散的小银行因其信用活动领域存在一定的区域限制，而随着资本主义的发展，商品流通必然会冲破区域的限制，形成全国统一的市场。这种商品市场的统一性和流通区域的无限性与银行券流通的区域限制性就发生了矛盾，给生产和流通造成了许多困难。这在客观上要求银行券成为能在全国市场流通的一般信用工具，否则，将阻碍资本主义商品经济的进一步发展。其次，银行券的兑现得不到可靠的保证。银行券由许多银行分散发行，无法保证货币流通的稳定。由于众多的小银行信用功能薄弱，信用度较差，它们所发行的银行券往往不能兑现。尤其是在经济危机时期，不能兑现的情况非常普遍，从而使货币流通趋于非常混乱的状态。因此，要保证银行流通券的稳定，客观上要求银行券集中统一发行。即客观上要求有一个资力雄厚并且有权威的银行，发行能在全国范围内流通并保证随时兑现的货币。

2. 票据交换问题。随着银行业务的扩大，银行每天收受的票据数量也日益增加，各银行之间的债权债务关系越来越复杂化，由各银行自行轧差当日清算已成问题。不仅异地间的结算矛盾突出，即使同城结算也很麻烦，这样客观上就要求有一个统一的票据交换和债权债务的清算机构。虽然当时在一些大中城市已经建立了票据交换所，但还不能为所有的银行服务，同样不能彻底解决全国性票据交换问题。因此，建立全国统一的公正的清算中心已成为金融事业发展的必然趋势。

3. 最后贷款人（lender of last resort）问题。随着资本主义商品生产的发展和流通的不断扩大，对贷款的需求量也不断扩大，商业银行自己以吸收存款来发放贷款已远远不能满足经济发展的需要，且自己发行的银行券又受到地区和信用度的限制。特别是在金融危机时期，银行业普遍是银根吃紧，告贷无门，于是客观上要求有一个金融机构以最后贷款人的身份，支持资金周转困难的银行，以免银行挤兑风潮的扩大而导致整个银行业崩溃。

4. 金融管理问题。在自由资本主义向国家垄断资本主义的过渡、发展时期，资产阶级政府干预经济、调节经济的作用、手段明显在加强，银行在国民经济中居于十分重要的地位。银行业的稳定和发展对国民经济的稳定和发展关系重大，于是银行业也就成为政府管理经济的重点。为了管理和控制好以盈利为目的的各种金融企业，客观上要求设定一个不以盈利为目的、超然于所有金融企业之上的政府金融管理机构。

中央银行正是为解决上述四方面的问题而产生的。可见，中央银行的产生是商品经济和银行发展的必然产物。中央银行的产生基本上有两条渠道：一条途径是由信誉好实力强的大商业银行逐步发展演变而成，政府根据客观需要不断赋予这家银行某些特权，从而使这家银行逐步具有了中央银行的某些性质并最终发展成为中央银行。英格兰银行就是典型的例子，另一途径恰与英格兰银行相反，即不是由商业银行转化而成，而是一开始就作为中央银行出现。比如美国的联邦储备银行，它在最初就归政府所有。

（三）中央银行发展历程

19世纪中叶，西方各国为了维护信用秩序、稳定金融，先后建立了中央银行。世界各国中央银行制度的建立和发展，大致经历了三个阶段。

第一阶段（1844—1913年）：即从英格兰银行成为中央银行开始至第一次世界大战前。这是中央银行初创阶段，其主要任务是统一货币发行和防止商业银行的倒闭。

英国是资本主义发展最早的国家，1844年在商业银行基础上演变而成的英格兰银行被称为现代中央银行的先驱。这一阶段产生的中央银行以英格兰银行为典型代表，多数是由商业银行逐步发展而来的；同时中央银行的产生和发展的步伐较为缓慢，除个别国家的部分地区外，建立中央银行的必要性还没有得到世界各国的重视。

英格兰银行自1694年成立以来，一直是一家私营的股份制商业银行，从事一般的银行业务，从其成立至成为中央银行这150年间，经历了无数次考验，始终处于不败的正常经营状态。1825年和1837年，英国爆发了历史上最早的周期性经济危机，并冲击了整个英国的国民经济。这两次危机的实质是生产过剩，但危机爆发点却是从货币信用领域突破的。在这之前，英国的工业发展很快，使信用也随之扩大。同时，英国对外投资扩大，特别是拉丁美洲的矿业公司股票虚幻看涨，促成了股票交易所投机狂势。1852年，首先出现了证券交易所危机，股市下跌40%—70%，使得货币不足，信用中断，存款挤兑，贷款被迫冻结。在1825—1826年间就有140家银行倒闭，并且发生了国际收支逆差，资金外流，公众对银行失去信心。事过之后，资产阶级认为货币信用问题是危机的根源，便从货币信用方面寻找防止危机的办法，从而酿成了19世纪上半叶的一场关于银行券发行保证的争论，史称“通货论战”。在这场论战中，通货派取得了胜利。1844年，国会通过了《英格兰银行条例》（当时，论战双方中，一方是银行派；另一方是通货派。通货派首领是英国首相皮尔，所以该条例又称为《皮尔条例》）。该条例规定：第一，将英格兰银行划分为发行部和业务部，并对该银行的银行券信用发行量规定了最高限额，即只能发行1400万英镑无须黄金作保证、而只需政府债券作保证的银行券，超过这一限额的发行，须有100%黄金作保证。第二，确定了英格兰银行作为货币发行者的相对垄断地位，规定在以伦敦城为中心，半径为3英里的范围内，除该行外的其他银行不再发行银行券，原来有银行券发行权的银行，此后不得增发，新成立的银行不能发行银行券。第三，英格兰银行要逐步公布有关报表，接受公众监督，以确保其社会信誉。《皮尔条例》的通过，标志着英格兰银行由商业银行转变为中央银行。

随着英格兰银行发行权力的扩大，其地位日益提高，许多商业银行便把自己的一部分现金准备存入发行银行，它们之间的债权债务关系也通过英格兰银行来划拨冲销，于是票据交换所的最后清偿也通过英格兰银行来进行了。在以后几次经济危机的打击下，英格兰银行居然巍然不动，商业银行便围拢过来，犹如百鸟朝凤。1854 年，英格兰银行取得了清算银行的地位，到 1876 年，该行的存款有半数以上已经成为各商业银行的活期存款账户上的存款。在 1825 年和 1837 年两次经济危机中，英格兰银行曾经对商业银行提供贷款，在后来的 1847 年、1857 年及 1866 年的周期性经济危机中，国会不得不批准英格兰银行的货币发行暂时突破 1400 万英镑的限制，用它的银行券支持一般的银行，充当“最后贷款者”的角色。在经济繁荣时期，商业银行更是大量直接或间接对工商业者办理票据贴现，而他们的资力有限，不得不向发行银行要求重贴现，英格兰银行作为银行的银行的地位就这样确定了。

19 世纪后半期，随着科技的进步，电报在英国普遍使用，使各地金融中心联成一体。于是，英格兰银行不仅成为全英的金融中心，而且成为世界金融中心；同时，伦敦也成为世界金融市场和国际借贷中心，英格兰银行的资产负债迅速扩大。为了适应国内外负债的提存需要，经过长期的探索，英格兰银行又采取了伸缩性的再贴现政策和公开市场活动等调节措施，这是近代中央银行理论和业务形成的基础。

第二阶段（1913—1945 年）：即第一次世界大战到第二次世界大战结束。这是中央银行急剧发展的时期，其主要任务是调节货币供应量，为商业银行服务。这段时间所产生和改组的中央银行，以美国中央银行为典型代表，多数是由于各国政府出于加强货币信用管理的需要，以及在国际社会的要求下而创立的。

美国中央银行的确立，曾经历了一段曲折的道路。1782 年，北美银行成立，它是美国第一家新式银行。1791 年美国第一银行由国会批准设立，1816 年美国国会通过设立美国第二银行，这两家银行到期都未能继续注册。1837 年后，美国货币流通和信用都很混乱。1861—1865 年，南北战争大大地刺激了美国资本主义的发展，从而要求加快发展货币信用制度。1863 年，美国国会通过了全国货币法案。1864年，修正为《国民银行法》，建立了国民银行制度，采取了一系列整顿银行业，整顿货币发行的措施，但货币发行和信用调控并没有集中统一。再加上存款准备制度不完善，所以美国每隔数年即发生一次金融恐慌，1908年5月美国国会通过组织国家货币委员会，调查研究各国银行制度。1913年，美国国会对《联邦储备法》进行一系列修正，通过改革，使中央管理与地方管理、自愿参加与强制参加、政府所有者与私人所有、政府管理与私人管理巧妙地结合和协调起来。不但中央银行的地位得到加强，而且调节货币信用的手段更加灵活有效，如设立存款准备金制度，开展了公开市场业务，加强了再贴现率的运用等等。美国中央银行的独立地位和完善调节手段方面的成功经验，为后来建立中央银行的国家所普遍采用。

在第一次世界大战中，多数实行金本位制的国家停止了黄金兑现，银行券的稳定性已从根本上动摇了，从而带来了整个金融市场的动荡不安。于是，各国为了改善货币金融状况，在重建币制的同时，也认识到中央银行的重要作用，从而出现了建立和改组中央银行的热潮。在1920年的布鲁塞尔国际会议上，倡议未建立中央银行的国家尽快建立中央银行，已建立中央银行的要进一步发挥中央银行的作用。1930年，在瑞士的巴塞尔成立了国际清算银行，被称为“中央银行的中央银行”，其宗旨是谋求各国中央银行加强国际合作，这使中央银行的地位和作用又有所加强。

第三阶段（1946年以来）：这是各国对中央银行进一步加强控制的时期。其主要任务是完善组织结构，加强独立性，成为国家干预和调控经济的工具，这是中央银行发展的完成形态。

第二次世界大战后，各国中央银行有了很大发展，中央银行的作用普遍为人们所重视，尤其是1936年凯恩斯的《就业、利息与货币通论》发表后，凯恩斯理论风靡一时，国家干预成了西方国家管理经济的理论基础，而国家干预经济又主要通过中央银行来进行。因此，中央银行的作用更为重要了。世界各国大多数都通过立法程序，授权中央银行担起调节国民经济的重任。不但要负责稳定币值，调节金融，而且要以充分就业、经济增长和国际收支平衡为其政策目标，这样，中央银行就成为国家机器的主要组成部分。在西方中央银行地位迅速提高的同时，社会主义国家和其他发展中国家对中央银行的认识有了新的发展。从20世纪40年代末到50年代初，它们也纷纷成立了中央银行。从这些国家的性质来看，主要分为两大类：一类是一大批新独立的第三世界国家，即殖民地和半殖民地国家独立后纷纷成立了中央银行；另一类是以生产资料公有制为基础，实行计划经济的社会主义国家，它们以前苏联为模式，各自建立起中央银行度。

二、中央银行制度

（一）按中央银行所有制形式划分

按中央银行所有制形式划分，大体可分为三类。

1. 政府拥有中央银行的全部资本，即完全由政府出资的中央银行。如英国的英格兰银行、法国的法兰西银行、德国的德意志联邦银行、加拿大银行等中央银行，其资本全部为政府资本。

2. 公私混合持有中央银行的股份，即公私合股的中央银行。如日本的日本银行、墨西哥的墨西哥银行、比利时的国家银行等中央银行，是由公私双方共同出资成立的。

3. 完全为私人资本的中央银行。如美国的联邦储备体系、意大利银行、瑞士国家银行、西班牙中央银行等中央银行，其资本完全为私人出资。其中，美国比较特殊，其联邦储备银行的资本由同业银行共同出资。

各国中央银行的所有制之所以有这样几种情况，主要是由各国历史背景和经济发展状况决定的。早期的中央银行均为私有经营，随着中央银行的地位不断加强，许多私有中央银行逐步收归国有，如英法等国就是如此。

（二）按中央银行组织形式划分

按中央银行组织形式划分，可分为单一式中央银行、复合式中央银行、准中央银行体制和跨国中央银行。

1. 单一式中央银行体制（system of single central bank），指一个国家单独建立中央银行机构，作为发行银行、银行的银行和国家银行，全面执行中央银行的职能。它又可分为一元的、二元的和多元的中央银行体制三种类型。所谓一元的中央银行体制（system of unit central bank），是在全国只设一家统一的中央银行，总行统一领导各分支行。英、法、日以及现在的中国都实行这种制度。所谓二元的中央银行体制（system of dual central bank），是在全国设立中央和地方两级相对独立的中央银行机构，中央机构不能绝对领导地方机构的管理体制，德国和南斯拉夫等国实行这种制度。所谓多元的中央银行体制，是在全国建立较多的中央银行机构执行中央银行的职能和任务。美国是实行这一制度最典型的国家。

单一的中央银行体制相对于复合的中央银行体制，具有两大优点：第一，有利于摆脱大量的一般银行业务，而致力于宏观金融调控和金融管理；第二，有利于彻底摆脱盈利机制的束缚，致力于对国民经济整体利益的考虑和研究，无偏见地采取有利于国民经济和国家利益的政策和措施。正因为如此，有许多国家都逐步由复合式的中央银行体制转变为单一式的中央银行体制。

2. 复合式中央银行体制（system of compound central bank），指一个国家没有专门行使中央银行职能的银行，而是由一家大银行既执行中央银行职能，又经营一般银行业务的银行管理体制。它又可分为一体式、混合式两种形式。一体式中央银行制几乎集中央银行和商业银行的全部业务和职能于一身。混合式中央银行制既设中央银行，又设专业银行，中央银行兼办一部分专业银行业务，一部分业务由专业银行办理。

3. 准中央银行体制（system of semi - central - bank），它是指有些国家和地区只设置类似中央银行的机构，或由政府授权某个或某几个商业银行，行使部分中央银行职能的体制。新加坡、香港属于这种制度。新加坡设有金融管理局和货币委员会两个机构来行使中央银行的职能，前者负责制定货币政策和金融业的发展政策，执行除货币发行以外的中央银行的一切职能；后者主要负责发行货币保管发行准备金和维护新加坡货币完整。香港在 1993 年 4 月 1 日成立了金融管理局，它集中了货币政策、金融监管及支付管理等中央银行的基本职能。但又不同于一般中央银行。如发行钞票由渣打银行、汇丰银行和中国银行负责，票据结算一直由汇丰银行负责管理。

4. 跨国中央银行体制（system of crossborder central bank），它是指由一个货币联盟的成员国联合组成的中央银行制度。跨国中央银行是参加货币联盟的所有国家共同的中央银行，而不是其中某个国家的中央银行。属于这种体制的中央银行主要有：1960 年 3 月成立的“西非货币联盟的中央银行”；1960 年 8 月成立的“中非货币联盟的中央银行”（1972 年 11 月改名为“中非国家银行”）；1965 年 1 月成立的“东加勒比海货币管理局”等（1983 年 10 月 1 日成立了东加勒比中央银行，取代了原来的货币管理局）。

此外，欧盟成员国为适应其内部经济金融一体化进程的要求，于 1969 年 12 月正式提出建立欧洲经济与货币联盟，以最终实现统一的货币，统一的欧洲中央银行，统一的货币与金融政策。1979 年 3 月，正式开始实施欧洲货币体系建立的计划后，其进程缓慢且困难重重，但还是在一步步向前推进。尤其是1989年以来，进展明显；1991年年底，对实现欧洲单一货币的措施和步骤作了具体安排；1995年正式命名欧洲货币为欧元（EURO），1998年3月宣布德、法等11国达到实施统一欧元所要求的标准，7月成立欧洲中央银行（European System of Central Bank，ESCB）。1999—2002年为欧洲统一货币实行的过渡期；2002年7月1日，欧元成为唯一的法定货币，欧盟各国货币则停止使用。

（三）按中央银行管理体制划分

中央银行的管理体制主要包括中央银行的内部机构设置、中央银行的分支机构设置及中央银行的权力分配。

1. 中央银行的内部机构设置。各国中央银行的内部设置虽然数量、名称各异，但基本上都包括以下四类：（1）行政办公机构；（2）业务操作机构；（3）金融管理监督机构；（4）经济金融调研机构。

2. 中央银行的分支机构设置。中央银行设置分支机构主要有三种方式：（1）按经济区划设置分支机构，即将全国划分为若干与行政区划不同的经济区，在每个经济区设置中央银行分行，并可设下属分支机构。（2）按行政区划设置分支机构，即中央银行的分支机构设置与国家的行政区域划分相一致，逐级设置分支机构。（3）以经济区划为主，兼顾行政区划设置分支机构。这种方式一般是按经济区域设置分行，而分行之下的机构设置与行政区划相一致。

3. 中央银行的权力分配。中央银行的最高权力包括决策权、执行权和监督权这三方面。中央银行的权利分配主要有三种情况：（1）决策、执行和监督权力一体制，即央行的决策权、执行权和监督权由一个机构统一行使，如美国、英国、菲律宾等；（2）决策、执行和监督权力分散制，即央行的最高权力机构分为决策机构和执行机构，分别由不同机构承担、行使权力，如日本、法国、德国等；（3）决策、执行和监督权力分散制与监督、执行机构决策制，即决策权、执行权和监督权由不同机构交叉承担，如瑞士国家银行的监督机构和执行机构也有一定的决策权。

三、我国中央银行制度的产生与发展

（一）我国中央银行的产生

1905年8月，清政府建立户部银行，在北京西郊民巷开业，它是模仿西方资本主义国家中央银行而建立的我国最早的中央银行。光绪三十二年

（1906年），户部改为度支部。光绪三十四年，户部银行改为大清银行。1911年的辛亥革命，促使清王朝覆灭，结束了中国几千年的封建势力统治，大清银行改组为中国银行，同年2月5日中国银行即在上海汉口路3号大清银行旧址开始营业。1924年8月，孙中山领导的广东革命政府在广州创设中央银行。1926年7月，北伐军攻下武汉。随国府移设武汉，同年12月又在汉口设立中央银行。原在广州的中央银行改组为广东省银行。1928年，汉口中央银行停业，前后历时不到四年时间。1927年4月，蒋介石叛变革命，在南京成立国民政府，同年10月颁布《中央银行条例》。1928年11月1日重新成立中央银行，总行设在当时全国的经济金融中心——上海。1949年12月，中央银行撤往中国台湾地区。

1931年11月7日，中国共产党在江西瑞金召开的中华苏维埃第一次代表大会通过决议，决定成立中华苏维埃共和国国家银行（简称苏维埃国家银行）。1932年2月1日苏维埃国家银行正式成立，任命毛泽民为行长。苏维埃国家银行还在各地分设分支机构，以带动根据地银行走向集中和统一。1948年1月，陕甘宁边区与晋绥边区合并为西北解放区，陕甘宁边区银行和晋绥北农民银行合并为西北农民银行。同年11月，华北区人民政府经与陕甘宁边区政府、晋绥边区政府和山东省政府协商后发布命令，决定把华北银行、西北农民银行、北海银行合并成立中国人民银行。1948年12月1日，中国人民银行在石家庄正式宣告成立。

（二）中国人民银行及其体制的沿革

中国人民银行经历了以下四个发展阶段：

1. 1948—1978年的中国人民银行。1949年2月，中国人民银行总行随军迁入北京。以后，各解放区银行合并改组成为各大区行，并按行政区，分省（市）、地（市）、县（区）设立分行、中心支行和支行（办事处），支行以下设营业所，基本上形式了全国统一的金融体系。

在中国人民银行建立和完善过程中，一方面，对于旧中国的银行分别采取了不同的政策，接管了四大家族官僚资本银行，整顿改造了民族资本银行。另一方面，进行币制整顿，发行了新的货币——人民币。至1949年年底，人民币基本上成为全国统一流通的货币，中国人民银行也基本上成了垄断全国货币发行的中心。

这一时期的中国人民银行，一方面全部集中了全国的农业、工业、商业短期信贷业务和城乡人民储蓄业务；同时，既发行全国唯一合法的人民币，又代理国家财政金库，并管理金融行政。这就是所谓的“大一统”的“一身二任”的“复合式”中央银行体制。这种“大一统”的中央银行体制，是适应并服务于当时我国以指令性计划为主的高度集中计划体制的，即有利于国家集中经济建设资金，有利于严格集中管理信贷和货币发行。但是，这种中央银行体制的弊端也是很明显的，主要表现为：

（1）基本上是一种“大锅饭”的体制。中国人民银行系统上下在存贷业务上实行统存统贷，基层银行吸收存款全部上交，所有贷款由上级行层层下拨指标，基层银行责、权、利分离，不利于调动基层行发展业务的积极性。在核算上，实行统收统支，统一核算盈亏，全国金融系统共吃一口“大锅饭”。总之，这种银行体制使金融业失去了生机和活力。

（2）政企不分，不利于行使中央银行的职能。中国人民银行既行使中央银行职能，又经办城市工商企业贷款和储蓄业务，它既是国家机关的组成部分，又是经营货币信用的金融企业，这往往使人民银行陷入日常繁杂的业务之中，不能充分发挥中央银行运用金融手段管理和调节国民经济的职能。

（3）不利于对宏观经济的调控。中央银行的重要作用是强化对宏观经济的调控，而这种体制削弱了中央银行的“独立性”，将财政、信贷和货币发行三者捆在一起，使中央银行货币政策的意向不能顺利得以实施，使中央银行处于“基本建设挤财政、财政挤银行、银行发票子”的被动地位。

2. 1979—1983 年的中国人民银行。中国共产党十一届三中全会以后，为贯彻改革开放的方针，努力发展社会主义的商品经济，各专业银行和其他金融机构相继恢复和建立。1979 年 2 月，中国农业银行从中国人民银行分离出来，恢复营业，人民银行与农业银行两行再度划分业务范围；同年 3 月，中国银行从中国人民银行中独立出来，成为国家指定的外汇专业银行；1979 年 4 月，中国人民银行又扶持中国人民保险公司于次年 1 月 1 日恢复办理中断 20 年之久的国内保险业务；同时，还巩固了农村信用合作制度和建立了一些城市信用合作社。

这种混合式的中央银行制度，虽对过去“大一统”的银行体制来说是个改良，但从根本上说，在中央银行的独立性、宏观调控能力和政企不分等方面并无实质性进展。同时，随着各专业银行的相继恢复和建立，“群龙无首”的问题也亟待解决。

3. 1984—1998 年的中国人民银行。1983 年 9 月 17 日，国务院发布 146 号文件，决定中国人民银行专门行使中央银行的职能，不再兼办工商信贷和储蓄业务，专门负责领导和管理全国的金融事业。1984年1月1日，中国工商银行正式成立，承办原来由中国人民银行办理的城市工商信贷和储蓄业务，中国人民银行则专门行使中央银行的职能。中国人民银行专门行使中央银行职能，这是我国金融体制的一项重大改革，具有其深刻意义：

（1）有利于集中资金进行重点建设。我国中央银行成立后，着重研究宏观调控国民经济问题，并用经济手段和必要的行政手段控制各专业银行信贷资金的使用，把握信贷资金的投向和投量，这是防止资金分散和盲目使用从而确保重点建设的十分有效的措施。

（2）有利于加强对宏观经济的调节和控制。我国经济体制改革的不断深入，银行的地位和作用日显重要。为了使各专业银行的经营活动符合宏观经济发展的要求，中央银行集中全力从国民经济整体利益出发，采用经济的、行政的和法律的手段，调节信贷资金和货币流通，并对各专业银行的经营活动进行协调、指导、监督和检查，以保持信贷资金运动和市场货币流通的正常。

（3）有利于进一步搞活经济和稳定货币流通。如何处理好发展经济与稳定货币的关系，是宏观决策的一个重要课题。建立中央银行，专管货币发行，调控货币流通，使货币发行不再成为弥补信贷差额和财政赤字的手段，实现货币发行与财政收支、货币发行与信贷收支脱钩，这对保证商品量和货币需要量两者相适应，实现金融和物价的稳定是十分有利的。

（4）有利于健全和完善社会主义金融体系。各专业银行相继恢复和建立是社会主义市场经济发展和对外开放的要求，但也往往产生金融管理多头和资金使用分散的问题。如果各金融机构各行其是，就会形成"群龙无首"的局面。为了实行对宏观经济的调控，提高信贷资金的社会经济效益，建立一个有权威的、超脱的、管理和协调全国金融机构的中央银行也是当务之急。

4. 1999年以后的中国人民银行。根据国务院的决定，中国人民银行管理体制进行了重大改革，新设立的派出机构从1999年1月1日起开始履行中央银行职责。具体事项有：

（1）撤销中国人民银行各省、自治区、直辖市分行，在全国设立9个跨省、自治区、直辖市分行，作为中国人民银行的派出机构。具体划分如下：天津分行（管辖天津、河北、山西、内蒙古）、沈阳分行（管辖辽宁、吉林、黑龙江）、济南分行（管辖山东、河南）、南京分行（管辖江苏、安徽）、上海分行（管辖上海、浙江、福建）、武汉分行（管辖湖北、湖南、江西）、广州分行（管辖广东、广西、海南）、成都分行（管辖四川、贵州、云南、西藏）、西安分行（管辖陕西、甘肃、青海、宁夏、新疆）。同时，撤销北京分行和重庆分行，在这两个直辖市设立总行营业管理部，履行所在地中央银行职责。

（2）在不设中国人民银行分行的省、自治区人民政府所在地城市，共设立20个金融监管办事处，作为中国人民银行分行的派出机构。

（3）在不设中国人民银行分行的省会城市，共设立20个中心支行。中心支行与当地金融监管办事处都是分行的派出机构，相互之间不是领导与被领导的关系。

（4）中国人民银行地区级的分行与县级支行保持现状，职责不变。2005年8月10日，央行在上海成立了第二总部，央行上海总部的职能定位是总行的货币政策操作平台和金融市场监测管理平台。

2003年4月26日，第十届全国人民代表大会常务委员会第二次会议通过《全国人民代表大会常务委员会关于中国银行业监督管理委员会履行原由中国人民银行履行的监督管理职责的决定》，对人民银行管理体制再次进行了重大调整，设立了中国银行监督管理委员会（简称银监会），负责监督管理银行、金融资产管理公司、信托投资公司以及其他存款类金融机构。其主要职责是：拟定有关银行业监管政策法规，负责市场准入和运行监督，依法查处违法违规行为等。银监会的成立，标志着沿用了近50年的中国人民银行宏观调控和银行监管合一的管理模式正式结束，由银监会、证监会、保监会共同构筑起了金融分业监管的全新监管模式。

第二节 中央银行职能

中央银行的业务是中央银行职能的表现，中央银行的性质是通过其各项职能表现出来的。以下主要介绍中央银行的性质和职能。

一、中央银行的性质

中央银行从其性质来说，既是政府干预经济的重要金融工具，又是国家机构的组成部分，换言之，中央银行既是特殊的金融机构，又是特殊的国家管理机关。

（一）中央银行是特殊的金融机构

中央银行是金融机构的组成部分，但它与其他的银行和金融机构相比较，具有特殊之处。首先，中央银行不以盈利为目的，不与商业银行和其他金融机构争利益。虽然中央银行的某些业务，如公开市场业务等，也有部分盈利，但这不是其目的，其目的是调节信用规模。其次，中央银行不经营普通银行业务，不与普通银行争业务。虽然中央银行也办理存款、贷款和清算业务，但它的服务对象是政府和银行等金融机构，而不是企业、个人。再次，中央银行对来自政府、普通银行及其他金融机构的存款一般不付利息。代理国库收支不付利息，也不收取手续费；吸收存款准备金的目的在于控制信用，并不运用周转，因而也不支付利息。最后，中央银行处于超然地位。因此，中央银行是作为“银行的银行”、“最后贷款人”、“信用管理者”身份出现的，是以控制信用和调节金融为目的的。

中央银行之所以比普通银行以及他金融机构更为特殊，原因就在于中央银行的目的是控制和调节金融。为了达到这一目的，它必须处于超然地位。中央银行已享有国家赋予的许多特权，如独享货币发行权、持有全国法定存款准备金并可对其不付利息等。假如中央银行也从事一般银行业务，并以盈利为目的，那么必然会引起金融混乱，不利于整个国民经济的稳定。同时，如果中央银行在拥有上述特权的情况下来经营一般银行业务，与其他银行竞争，这在事理上极不公平，其他银行也无法与它竞争。

（二）中央银行是特殊的国家管理机关

中央银行是国家机关的组成部分，但它与一般的行政管理机关相比较有其本身的特殊性。这主要表现在两个方面。

1. 中央银行管理和服务的领域是货币信用领域，如组织全国各银行的清算，代理政府债券的发行与还本付息，从事金融统计分析，发布有关经济与金融信息、数据，进行经济金融预测，充当最后贷款人，集中保管全国的准备金，保管全国的黄金、外汇储备，调剂、筹措和运用外汇头寸，为建立正常的金融活动秩序而制订种种“竞赛规则”并监督执行等。而其他一般行政管理机关所从事的是非货币信用领域的管理和服务，或与货币信用领域无直接联系的管理和服务。

2. 中央银行的管理手段主要是经济手段。中央银行作为金融管理机关，是不同于那些以法律为依据，纯粹为行使其法定权力而直接进行行政管理的机关，也不同于国家金融管理委员会或证券管理委员会。中央银行是以其所拥有的经济变量，如货币供给量、利率、贷款量等，来对金融领域以及整个经济活动进行管理、调节和控制。中央银行运用经济变量调节经济，较少行政色彩和强制性，如运用公开市场业务手段调控货币供应量是完全按照市场原则行事的。正是因为中央银行的管理具有“自愿性”、“有偿性”和非强制性，才使它的影响力更容易融合到各经济主体的经济利益中去，并易于为其所接受。因此，中央银行作为金融管理机关的管理作用，主要是通过其营业活动来实现的。

正是中央银行的这种特殊性质决定了它的两大任务：既要从宏观上管理、调节和控制金融，又要扶持金融业的发展，以实现货币稳定，促进经济稳定发展的目标。

二、中央银行的职能

中央银行的基本职能有三个，即“发行的银行”、“银行的银行”、“国家的银行”。

（一）“发行的银行”

所谓“发行的银行”（bank of issue），是指中央银行垄断货币（银行券）的发行权。统一货币发行是中央银行产生的前提，从中央银行的产生与发展历史来看，各商业银行虽也曾发行过银行券，但自中央银行成立以来，各商业银行的银行券发行权被逐步取消而均统一于中央银行。目前，差不多所有国家的纸币都是由中央银行发行的，发行纸币已成为各国中央银行的特权，但在有些国家中，硬币或辅币是由财政部发行的，如美国、日本、德国等。

在典型的金本位制下，中央银行发行银行券要遵循一定的原则，即所谓“银行券的发行保证原则”。银行券在流通中是以金属货币的代表者而出现的，即银行券是银行发行的用以代替商业票据的银行本票。银行券的持有者可随时向发券银行兑换金属货币。当时，银行券进入流通的方式主要有三种：（1）通过贴现商业票据而投放流通。通过此方式发行的银行券，通常是为满足流通中对货币的正常需求而发行的，属于正常的发行。但是，商业票据中常常混杂着“融通票据”，因此，若为贴现这种融通票据而发行银行券，则不反映正常的对货币的需求，是过多的货币发行。（2）以国家债券作担保的发行。这种发行是中央银行为弥补国家财政赤字而作的发行，属于非正常的发行。(3) 由某些特殊情况引起银行券发行。如黄金从国外大量流进，国家买进黄金投入银行券。与此同时，银行券也会通过两种方式流回发行银行：一种是兑付到期的商业票据，使银行券流回银行。另一种是国家卖出黄金，使银行券流回银行。这可能由于一些特殊原因引起，如需要用黄金进行国外支付，或在危机时追逐黄金保存财富等，使得银行券提前流回发行银行。

由上述分析可知，为了保证银行券的发行适应流通的需要，并使其不发生对黄金的贬值，它必须同时具备双重保证，即信用保证和黄金保证。所谓信用保证就是指银行券的发行必须以掌握商业票据及国家有价证券作为保证；所谓黄金保证就是指中央银行发行银行券必须有足够的黄金作为保证。

随着货币制度的发展，银行券发行的保证制度也发生了一些变化。第一次世界大战之前，资本主义各国的银行券发行保证制度主要有三种类型：

1. 部分准备制。一般规定：(1) 对没有金属担保的发行，规定最高限额；(2) 超过法定限额以上的银行券发行需有 100% 的金属保证。至于银行券的发行总额，法律并未加以限制。

2. 最高限额准备制。一般规定：(1) 法律规定银行券发行总额的最高限额；(2) 法律对没有金属担保的发行不规定限额（实际发行额和黄金准备的比例由中央银行自行调节）。

3. 比例准备制。一般规定：(1) 法律不限制银行券发行总额；(2) 规定无黄金担保部门的最高发行额，并同时允许没有黄金担保的发行额可以超过，但是这种超额的发行要交纳发行税；(3) 在发行总额中，必须有一定比例的银行券是有黄金保证的，如德国规定这种比例为 1/3，美国规定为 40%。

第一次世界大战后，金本位制开始崩溃，银行券发行保证制度也发生了变化。由于战后金汇兑本位制流行，许多国家把外汇也作为金属保证的一部分，作法上多采用比例准备制。

第二次世界大战以来，由于金本位制彻底崩溃，典型意义的银行券（可以与金属铸币自由兑换）已不存在了，它已蜕变为纸币。在这种情况下，中央银行凭借国家授权以国家信用为基础而成为垄断的货币发行机构，中央银行按经济发展的客观需要和货币流通及其管理的要求发行货币，并履行保持货币币值稳定的重要职责，这是社会经济正常运行与发展的一个基本条件。

1995年3月18日我国公布的《中国人民银行法》第十七条明确规定：人民币由中国人民银行统一印制、发行。

（二）“国家的银行”

所谓“国家的银行”（state's bank），是指中央银行代表国家政府贯彻执行财政金融政策，代为管理财政收支，服务于国家。中央银行作为“政府的银行”或“国家的银行”，其职能具体表现在：

1. 代理国库。中央银行一般都是政府各项资金的主要存款银行，政府的收入与支出，都通过财政部门在中央银行开立的各种账户进行，如代理税收、办理公债的还本付息等事宜及国库款项的拨付等等。中央银行所以能承担这些任务，是因为中央银行本身有一套完整而发达的分支机构，又有一套完整的划拨资金的结算手段，使它成为全国国库的出纳中心。

中国人民银行经理国库的职责：准确及时地收纳国家预算收入；审查办理财政库款的支拨；对各级财政库款和预算收入进行会计财务核算；协助财政征收机关组织预算收入及时缴库，监督财政预算收入的退库等。

2. 对财政融通资金提供特定信贷支持。中央银行可根据国家财政的需要，向政府提供贷款。在国家财政收支出现临时逆差时，中央银行对国家以有价证券为抵押和以国库券贴现等方式，发放短期贷款以解决财政的暂时困难。在这种情况下，提供的信贷一般不会产生货币流通混乱的现象。但如果是对经常性财政赤字提供贷款，就会对货币流通产生不利影响。另外通过购买政府债券的方式来融通资金，有两种情况：一是直接购买，即中央银行在一级市场上购买；二是间接购买，即在二级市场上购买。

3. 制定以货币政策为主的金融调控政策。中央银行是国民经济的重要调节机构之一，为了进行有效宏观金融调控，除采取必要的经济手段外，还应充分利用法律法规武器，通过制定以货币政策为核心的金融调控政策，以达到稳定宏观金融秩序的目标。

4. 代理政府进行黄金、外汇的交易，或管理国家的黄金外汇储备。

5. 代表国家政府参加国际金融组织和各项国际金融事务。中央银行一般代表政府签订国际协定，从事国际金融活动以及与外国中央银行交易。

6. 作为财政部的顾问。因为中央银行和世界各地金融机构建立了广泛的联系，对货币、证券和外汇市场方面的情况非常熟悉，所以，财政部参与证券市场、外汇交易市场活动时，中央银行能为其提供咨询和情报服务。

7. 政府债券的代理机构。西方国家的中央银行一般都是政府证券的代理机构，代理政府发行债券，办理还本付息业务。

（三）“银行的银行”

所谓“银行的银行”（bank of bank），是指中央银行一般不直接与工商企业发生业务往来，而主要是以各种金融机构为服务对象，集中它们的准备金，向它们提供信用和提供清算服务，充当它们的最后贷款人等。具体表现在：

1. 作为商业银行存款准备金的管理者。绝大多数国家，为了保障存款的安全与调节货币信用，都要求银行及有关金融机构根据其存款的种类和余额，按一定比例提取存款准备交存中央银行。此项准备金一般不能由银行动用，中央银行通常以调整存款准备率作为其调节货币信用的一种有效手段。

2. 作为商业银行的最后贷款人。最后贷款人意指在商业银行发生资金困难而无法从其他银行或金融机构筹措资金时，向中央银行融资成为最后的选择。中央银行对困难银行提供资金支持则是承担最后贷款人的角色，否则困难银行便会破产倒闭。一般来说，商业银行或其他金融机构需要资金时，可将其持有的票据向中央银行进行再贴现或要求抵押贷款，从而获得所需资金。从这个意义上说，中央银行是一般银行或金融机构所需资金的最终发放者。最后贷款人的角色确立了中央银行在金融体系中的核心和主导地位。

3. 作为全国票据清算的组织者。商业银行的票据多通过中央银行进行清算，各行都在中央银行开立账户，各金融机构之间的清算通过在中央银行的存款账户进行转账、轧差，直接增减存款金额便可完成。同时，中央银行办理金融机构的票据交换与结算，因此，中央银行实际上已成为全国票据清算中心。

专栏 8.1　中国人民银行的职能

根据我国金融发展变化的要求，2003 年，按照党的十六届二中全会审议通过的《关于深化行政管理体制和机构改革的意见》和十届人大一次会议批准的国务院机构改革方案，将中国人民银行对银行、金融资产管理公司、信托投资公司及其他存款类金融机构的监管职能分离出来，并和中央金融工委的相关职能进行整合，成立中国银行业监督管理委员会。

有关金融监管职责调整后，中国人民银行新的职能正式表述为“制定和执行货币政策、维护金融稳定、提供金融服务。”同时，明确界定：“中国人民银行为国务院组成部门，是中华人民共和国的中央银行，是在国务院领导下制定和执行货币政策、维护金融稳定、提供金融服务的宏观调控部门。”这种职能的变化集中表现为“一个强化、一个转换和两个增加”。

“一个强化”，即强化与制定和执行货币政策有关的职能。人民银行要大力提高制定和执行货币政策的水平，灵活运用利率、汇率等各种货币政策工具实施宏观调控；加强对货币市场规则的研究和制定，加强对货币市场、外汇市场、黄金市场等金融市场的监督与监测，密切关注货币市场与房地产市场、证券市场、保险市场之间的关联渠道、有关政策和风险控制措施，疏通货币政策传导机制。

“一个转换”，即转换实施对金融业宏观调控和防范与化解系统性金融风险的方式。由过去主要是通过对金融机构的设立审批、业务审批、高级管理人员任职资格审查和监管指导等直接调控方式，转变为对金融业的整体风险、金融控股公司以及交叉性金融工具的风险进行监测和评估，防范和化解系统性金融风险，维护国家经济金融安全；转变为综合研究制定金融业的有关改革发展规划和对外开放战略，按照我国加入WTO的承诺，促进银行、证券、保险三大行业的协调发展和开放，提高我国金融业的国际竞争力，维护国家利益；转变为加强与外汇管理相配套的政策的研究与制订工作，防范国际资本流动的冲击。

“两个增加”，即增加反洗钱和管理信贷征信业两项职能。今后将由人民银行组织协调全国的反洗钱工作，指导、部署金融业反洗钱工作，承担反洗钱的资金监测职责，并参与有关的国际反洗钱合作。由人民银行管理信贷征信业，推动社会信用体系建设。

这些新的变化，进一步强化了人民银行作为我国的中央银行在实施金融宏观调控、保持币值稳定、促进经济可持续增长和防范化解系统性金融风险中的重要作用。随着社会主义市场经济体制的不断完善，中国人民银行作为中央银行在宏观调控体系中的作用将更加突出。面对更加艰巨的任务和更加重大的责任，中央银行在履行新的职责过程中，视野要更广，思路要更宽，立足点要更高。特别是要大力强化与制定和执行货币政策有关的职能，不仅要加强对货币市场、外汇市场、黄金市场等金融市场的规范、监督与监测，还要从金融市场体系有机关联的角度，密切关注其他各类金融市场的运行情况和风险状况，综合、灵活运用利率、汇率等各种货币政策工具实施金融宏观调控。要从维护国家经济金融安全，实现和维护国家利益的高度，研究、规划关系到我国整个金融业改革、发展、稳定方面的重大战略问题。

根据1995年3月18日第八届全国人民代表大会第三次会议通过，且经2003年12月27日第十届全国人民代表大会常务委员会第六次会议修正的《中华人民共和国中国人民银行法》，中国人民银行具体应履行下列职责：

（1）发布与履行其职责有关的命令和规章；

（2）依法制定和执行货币政策；

（3）发行人民币，管理人民币流通；

（4）监督管理银行间同业拆借市场和银行间债券市场；

（5）实施外汇管理，监督管理银行间外汇市场；

（6）监督管理黄金市场；

（7）持有、管理、经营国家外汇储备、黄金储备；

（8）经理国库；

（9）维护支付、清算系统的正常运行；

（10）指导、部署金融业反洗钱工作，负责反洗钱的资金监测；

（11）负责金融业的统计、调查、分析和预测；

（12）作为国家的中央银行，从事有关的国际金融活动；

（13）国务院规定的其他职责。

第三节　中央银行业务

中央银行的业务，可分为负债业务、资产业务和中间业务。

一、中央银行的负债业务

中央银行的负债业务也就是其资金来源项目，一般包括货币发行业务、代理国库、集中存款准备金、其他负债业务等。

（一）货币发行业务

货币发行有两重含义：一是指货币从中央银行的发行库通过各家商业银行的业务库流到社会；二是指货币从中央银行流出的数量大于从流通中回笼的数量。这两者都被称为货币发行。

中央银行享有垄断货币发行的特权。货币发行是中央银行的职能之一，也是中央银行主要的负债业务。中央银行的货币发行，是通过再贴现、贷款、购买证券、收购金银外汇等投入市场，从而形成流通中的货币，以满足国民经济发展对流通手段和支付手段的需求，促进商品生产的发展和商品流通的扩大。纸币投入市场流通，便成为中央银行对社会公众的负债。但就公众个人而言，人们持有中央银行的纸币，却并不认为握有中央银行的债权，倒是认为握有社会财富，因为用纸币可以购买到自己所需要的商品和劳务，因而在一般情况下，中央银行的这种负债事实上成为长期的无需清偿的债务。

我国的货币发行，是通过人民银行、商业银行和经人民银行批准经营现金业务的其他金融机构的现金收付业务活动实现的。一定时期内（一年、一季、一月或一天）各商业银行向人民银行解缴的现金量大于支取的现金量时，即为货币回笼；反之，当支取的现金量大于解缴的现金量时，即为货币投放。在一般情况下，以年计算的货币发行结果均为货币投放。因为经济发展了，商品生产和流通规模扩大了，需要有更多的货币去实现其价值。

在我国，经办和管理货币发行业务的部门与人民银行是对应的，即：一级人民银行机构设立一级货币发行部门和一级发行库，人民银行总行设有货币发行司和发行总库；一级分行设有货币发行处和发行分库；二级分行设有货币发行科和发行中心支库；县支行设有货币发行股和发行支库（在行政机构重叠的同一城市或最必要的安全条件不具备的县城，没有发行库）。

人民币的具体发行是由中国人民银行设置的发行基金保管库（简称发行库）来办理的。所谓发行基金是人民银行保管的已印好而尚未进入流通的人民币票券。发行库在人民银行总行设总库，下设分库、支库；在不设人民银行机构的县，所设的发行库委托商业银行代理。

各商业银行对外营业的基层行处设立业务库。业务库保存的人民币，是作为商业银行办理日常收付业务的备用金。为避免业务库过多存放现金，通常由上级银行和同级中国人民银行为业务库核定库存限额。

具体的操作程序是：当商业银行基层行处现金不足以支付时，可到当地中国人民银行在其存款账户余额内提取现金。于是人民币从发行库转移到商业银行基层行处的业务库。这意味着这部分人民币进入流通领域。当商业银行基层行处收入的现金超过其业务库库存限额时，超过的部分应自动送交中国人民银行，该部分人民币进入发行库，意味着退出流通领域。过程如图8－1所示。

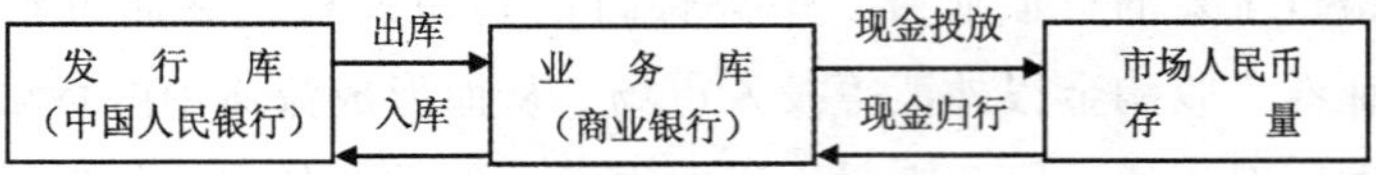

图8－1　人民币的发行过程

（二）代理国库

中央银行作为国家（或政府）的银行，一般都由政府赋予其代理国库的职责，财政的收入和支出，都由中央银行代理。同时，依靠国家财政拨给行政经费的行政事业单位（即公共机构）的存款，也都由中央银行办理。金库存款、行政事业单位（公共机构）存款在其支出之前存在中央银行，是构成中央银行资金的重要来源。

由中央银行办理这一项业务的意义重大，它可以沟通财政与金融之间的联系，使国家的财源与金融机构的资金来源相连接，充分发挥货币资金的作用，并为政府资金的融通提供一个有力的调剂机制。经常大量的财政存款构成了中央银行的负债业务。这部分存款经财政分配，下拨给机关、团体单位作为经费后，形成机关、团体的存款，即公共机构存款，这部分存款是财政性存款，它与财政存款一样，都是中央银行的负债。对这两种存款，中央银行一般不支付利息，故中央银行代理国库不仅可以积累大量资金，还可以降低其总的筹资成本。对于国家政府而言，由中央银行代理国库，既可以减少（甚至完全免去）收付税款的成本，又可以安全地保管资金，为其妥善使用提供方便。同时，在资金短缺时还可借助中央银行作短期融通。

中国人民银行代理国库的职责：准确及时地收纳国家预算收入；审查办理财政库款的支拨；对各级财政库款和预算收入进行会计财务核算；协助财政征收机关组织预算收入及时缴库，监督财政预算收入的退库等。

为适应财政国库管理制度改革和中国现代化支付系统建设需要，中国人民银行设计了新的国库会计核算体系，并于2003年在全国各级人民银行国库开始运行。

专栏8.2　　新的国库会计核算体系

在新的国库会计核算体系框架下，人民银行国库系统逐步取消行库往来，代之以支付系统往来为核心、辅以同城票据交换和国库内部往来，形成了独立、直达、畅通的国库资金支付清算系统，并在此基础上建立由资金清算、收支明细核算、综合核算构成的账务组织、核算流程及与之相适应的管理方法。新的国库会计核算体系立足于当前国库工作实际，着眼未来业务发展要求，使传统的国库会计核算和管理发生结构性的变化，它不仅需要重新搭建业务处理框架、开发业务软件，而且需要重新设置会计岗位、划分岗位职责、调整劳动组织，建立一套严密的监控管理制度并严格落实，以确保国库会计业务的顺利开展和国库资金安全，进一步发挥国库会计的反映、监督和促进职能。

2003年，国库的电子化建设取得重大进展：一是在新的国库会计核算体系框架下开发、推广了新的国库会计核算系统。该系统分为明细核算、资金清算和综合核算三大模块，其中，明细核算模块不但包括现有的预算收支等业务，还增加了国库单一账户新业务，以满足国库单一账户改革的需要；资金清算模块包括行库往来、同城票据交换、支付系统、国库内部往来等业务，国库的资金汇划渠道增加到四种；此外，该系统还为国库横向联网、同城实时清算系统预留了接口。二是在新的国库会计核算系统平稳运行的基础上，人民银行开发推广了国库收支统计分析系统和国库综合业务报表系统。国库收支统计分析系统是对国库收支以及与国库收支密切相关的经济、金融和企业数据进行采集、存储、查询和编辑的数据处理系统，具有数据采集、汇总、查询、修改、分析处理和系统维护等功能。国库综合业务报表系统是对国库机构、人员、业务量、代理国库年审、乡镇国库和国库经收处检查、国库监督管理等数据进行统计分析的系统。这两个系统为国库收支统计分析、国库监管和综合业务管理工作提供了重要的基础信息。

新的国库会计核算系统、国库收支统计分析系统和国库综合业务报表系统三个系统的相互连接，使国库会计核算、国库综合管理、国库收支统计分析工作初步实现了信息共享、资源共用，标志着国库管理向现代化、信息化、网络化迈出了新的步伐。

（三）集中存款准备金

集中存款准备金是中央银行制度形成的重要原因之一。各商业银行既然吸收存款，则势必要保留一部分准备金，以备随时提取，这种准备金称为存款准备金。存款准备金一部分留在商业银行本行，称为商业银行库存现金。另一部分存储于中央银行，按照法律规定交存中央银行的部分称作法定存款准备金，超过法定存款准备金的部分，称作超额准备金。目前，中央银行吸收的商业银行存款主要是法定存款准备金。各商业银行都将准备金存于中央银行，倘若某一银行客户大量提现，中央银行便可以用这些准备金支持这家银行。这种集中的准备金犹如蓄水池，其意义就在于节省各家商业银行存在本行的准备金，充分发挥资金作用，以满足社会对资金的需要。

随着商品经济的发展，中央银行集中存款准备金的原始目的逐步消失，现在这项业务已成为中央银行调节信用的货币政策工具。中央银行通过制定或调整商业银行交存存款准备金的比率，督促各商业银行按期如数上交存款准备金，以控制全国各商业银行的放款规模，从而达到有效调控货币供应量的目的。关于存款准备金的比率，各国的规定不太一致。英国按负债的一定比率确定；美国 1980 年规定普通法定存款准备率为 12%，联邦银行可在 8%—14% 幅度内调整；法国和德国对各种不同存款规定不同的准备率（活期存款比定期存款的法定准备率高）。一般说，制定存款准备率有两个依据：第一是根据存款的性质，流动性越强的存款，准备金比率越高；第二是根据存款规模的大小确定不同的准备率，存款规模越大，准备率越高；反之，则越低。

法定存款准备金是中央银行资金来源的重要组成部分，在大多数国家，中央银行对这种负债是不付利息的，这就为中央银行调控经济和金融、在资产业务中不以盈利为目标提供了客观基础和现实保障。

（四）其他负债业务

中央银行的负债业务除了货币发行业务、代理国库、集中存款准备金等主要业务外，还有一些其他负债业务，如发行中央银行债券、对外负债和资本业务等。

1. 发行中央银行债券是中央银行的一种主动负债，中央银行债券发行的对象主要是金融机构，通常是在商业银行或其他金融机构的超额储备过多，而中央银行不便采用其他政策工具进行调节的情况下发行的。

2. 对外负债业务主要包括从国外银行借款、对外国中央银行的负债、国际金融机构的贷款、在国外发行的中央银行债券等。

3. 中央银行的资本业务实际上就是筹集、维持和补充自有资本的业务。中央银行的自有资本的形成有三个途径：政府出资、地方政府和国有机构出资、私人银行或部门出资。

二、中央银行的资产业务

中央银行的资产业务，也就是资金运用项目，它一般包括对商业银行的贷款、对政府及公共机构的贷款、黄金及外汇储备业务和证券买卖等。

（一）贷款业务

是中央银行的主要资产业务之一，充分体现了中央银行作为最后贷款人的职能作用。中央银行的贷款是向社会提供基础货币的重要渠道。

1. 对商业银行等金融机构的贷款。由于中央银行独家拥有货币发行权，并集中保管全国的存款准备金，因而其实力雄厚，在资金上是一般银行和其他金融机构的后盾。中央银行向商业银行及其他金融机构提供贷款，主要采取再贴现（rediscount）和再抵押（re－mortgage，re－collateralize）的方式。

（1）票据再贴现。是指商业银行将其对工商企业贴现的票据，向中央银行再办理贴现的融通资金行为，也称重贴现。它是中央银行向商业银行融通资金的重要方式之一。商业银行向中央银行申请办理再贴现取得资金，而中央银行成为"最后的贷款者"。办理再贴现时要计收再贴现利息，再贴现利率是中央银行根据宏观金融调整的需要而确定的，因而再贴现又是中央银行实施宏观调节的主要手段之一。

（2）票据再抵押。是指中央银行以商业银行所提供商业票据作抵押的短期放款业务。商业银行如果在短期内需要资金，则往往采取这种方式，而不采取再贴现的方式。因为，当距离票据到期日较远时，如要求贴现，与再抵押短期放款相比较，要支付较多的利息。

（3）有价证券再抵押。是指中央银行以商业银行所提供的有价证券（如公司债券、国库券等）作为抵押放款。

中央银行对商业银行办理再贴现和再抵押业务时应注意这类资产业务的流动性和安全性，注意期限的长短，以保证资金的灵活周转。

2. 对政府及公共机构的贷款。中央银行作为国家的银行，其职能之一就是向政府提供贷款。中央银行向政府提供贷款的形式主要有两种：一是中央银行向政府部门进行无担保的直接透支；二是中央银行购买公债或国库券所提供的信用。

3. 其他贷款业务。主要有两类：一是对非金融部门的贷款，这类贷款一般有特定的目的和用途，贷款对象的范围比较窄，各国中央银行都有事先确定的特定对象。如中国人民银行为支持老少边穷地区的经济开发发放的特殊贷款；出于国家安全和金融体系稳定考虑而向发生财务困境金融机构发放的再贷款等。二是中央银行对外国政府和国外金融机构的贷款。

（二）黄金及外汇储备业务

由于黄金和外汇是国际间进行清算的支付手段，各国都把它们作为储备资产，由中央银行保管和经营，以便在国际收支失衡时，用来清偿债务。所以，黄金及外汇储备乃是中央银行的一项重要资产业务。这种黄金、外汇储备也是中央银行集中储备金职能的具体表现。目前，世界各国国内市场上并不流通和使用金币，纸币也不能兑换黄金，而且在多数国家实行不同程度的外汇管制，纸币一般也不能随便地兑换外汇，在国际收支发生了逆差时一般也不直接支付黄金，而是采取出售黄金换取外汇来支付。这样，各国的黄金外汇自然要集中到中央银行储存。需要黄金、外汇者，一般也需向中央银行申请购买。因此，买卖黄金和外汇也就成了中央银行的一项重要业务。中央银行这种买卖业务的目的在于集中外汇储备，调节货币资金，稳定外汇市场，改善经济和外贸结构，保持国际收支平衡等。一国的黄金、外汇储备是否雄厚，是该国经济实力强弱的一个标志。储备越多，国际支付能力相对越强；储备越少，则支付能力相对越弱。但储备也不是越多越好，储备过多，因收兑黄金、外汇而增加的货币投放也过多，从而易导致通货膨胀；同时，储备外汇的数额过多，既不易发挥这笔巨额资金的经济效益，还要承担储备货币币值变动或汇率变动的风险。因此，一国的黄金、外汇储备总额，应与本国的经济力量相适应。

（三）证券买卖业务

所谓证券买卖业务，是中央银行的公开市场业务之一。一般说来，中央银行应持有优良且有利息的证券，而对那些随市场变化和经营状况不稳定的证券则不宜大量持有。中央银行肩负调节金融的重任，需视市场银根松紧调节资金供应。中央银行握有证券和买卖证券的目的，并不在于盈利，而是为了调剂资金供求，影响整个国民经济。为了保证手中握有优良证券，中央银行主要经营政府债券、国库券以及其他市场性非常高的有价证券，必要时也可持有少量企业证券。

中央银行买卖证券业务，各国的指导思想基本是一致的。不过根据各国的具体情况，也有一些细微的差别。在日本，法律规定日本银行可以从事商业票据、银行承兑票据、公债等的买卖。在德国，法律则规定，联邦银行可以对信用机构买卖国库券，联邦银行为了调节货币流通量，可以进入公开市场按市价买卖汇票、国库券、债券以及其他在证券交易所正式挂牌的有价证券。在法国，法律规定法兰西银行可以购买、出售或保管理事会编制的清单上列名的证券和票证。在瑞典，则要求国家银行买卖瑞典政府公债和其他瑞典政府的债券，也可以收购易变现的外国债券，但期限限于3年之内。

1995年，中国人民银行开始通过融资券的买卖试点公开市场业务。1996年4月9日，国家正式启动中央银行国债公开市场业务。操作工具是国债、中央银行融资券、政策金融债，交易主体是国债一级交易商，而不是个人和企业事业单位。

三、中央银行的中间业务

中央银行的中间业务主要是资金清算业务。有一些中央银行也从事信托代理等业务。中央银行介入资金清算，疏通了货币所有权转移的主干及分支渠道，使各商业银行之间的债权债务得到顺利、及时的清偿，实现了全社会范围内各种错综复杂的经济、社会联系，对优化资源配置、提高劳动生产率、保证经济健康发展和社会生活正常进行具有极为重要的意义。

专栏 8.3　票据交换

（一）票据交换依据的原理

任一银行的应收款项，一定是其他银行的应付款项；各银行应收差额的总和，一定等于各银行应付差额的总和。因此，所有参加交换的银行分别汇总轧出本行是应收还是应付的差额，相互结清差额，就可结清全部债权债务。

应付行 应收行	A	B	C	D	E	应收合计	应付差额
A	0	10	20	30	40	100	—
B	10	0	20	30	40	100	—
C	10	20	0	30	40	100	0
D	10	20	30	0	40	100	30
E	10	20	30	40	0	100	60
应付合计	40	70	100	130	160	500	
应收差额	60	30	0	—	—	90	

由上表可见，通过票据交换，500 单位的应收应付款只需 90（收付差额）即可了结，因此，票据交换不仅节约了人力物力，而且也大大节约了资金。

（二）票据交换的具体做法

各国票据交换略有不同，但基本程序和规则是一样的，主要步骤包括：

第一步，入场前的准备：各交换银行的清算员将应收票据按付款行分别整理，在票据上加盖交换戳记后结出总额，填写《提交票据汇总单》（一式两份），并按交换号码次序逐一填入《交换票据计算表》的贷方，计算出当场交换的应收票据总金额。

第二步，场内工作：清算员一方面将提出票据分别送交有关付款行；另一方面接收他行提交的应由本行付款的票据，清点张数，计算金额，并按号码逐一填入《交换票据计算表》的借方，结出总金额，然后与贷方总额比较，计算出当场应收或应付差额，填写《交换差额报告单》，递交给票据交换所的总清算员。

第三步，票据交换所工作：交换所的总清算员收到各行提交的交换差额报告单后，填制交换差额总结算表，按各行应收款记入贷方，应付款汇入借方，结出总数（借贷应平衡），当场交易即告结束，各行差额交由中央银行转账结清。

票据交换所通常在银行营业日一天交换一场，有些业务繁多的城市，也可一天交换两场。

中央银行资金清算业务主要有三类，即集中办理票据交换、结清交换差额和办理异地资金转移。

1. 集中办理票据交换。中央银行主持办理商业银行之间的票据交换工作，是在商业银行代客收付资金时具有相互收付特征的基础上产生的。商业银行在发展过程中，支票业务迅速扩大，每家银行几乎每天都会收进客户提交的他家银行支票。同时，其他银行也会收进其客户提交的本家银行支票。于是，就产生了各银行相互之间的资金收付结算问题。

由中央银行参与的集中办理票据交换业务是在票据交换所（clearing house）进行的。参加票据交换所交换票据的银行均为“清算银行”或“交换银行”；按票据交换所的有关章程，清算银行均应承担一定的义务后方可享受入场交换票据的权利。这些义务主要有：①交纳一定的交换保证金；②在中央银行开立往来存款账户，以供交换差额的结清；③分摊交换所的有关费用。基本程序是各银行相互之间同时交换应收应付票据，抵消部分债权债务关系，然后结清差额。

2. 结清交换差额。各清算银行均在中央银行开立有往来存款账户（独立于法定存款准备金账户），票据交换后的最后差额即由该账户上资金增减来结清。票据交换所总清算员将应收行和应付行的明细表提交给中央银行会计后，会计人员便开始账务处理。当某家清算银行为应付行时，则借记其往来存款账户（资金减少），而对于应收行，则贷记其往来存款账户（资金增加）。该账户上的金额可以视为商业银行的“超额存款准备金”，当应付而账户上的资金又不足时，中央银行便作退票处理，同时，按有关规章予以处罚。

3. 办理异地资金转移。中央银行不仅通过其分支机构组织同城票据交换与资金清算，还要在全国范围内办理异地资金转移，这是中央银行资金清算工作的重要一环。通过在全国范围内办理异地资金清算，中央银行在为各地、各家银行提供服务的同时，也有利于及时掌握全国的经济、金融情况，便于按政策实施监督管理。

由于票据流通规则和银行组织方式的不同，中央银行办理异地资金转移时的具体做法也不尽相同。英国以伦敦为全国的清算中心，先由四大清算银行清算，其差额再由英格兰银行转账划拨。在美国，是由联邦储备银行代收外埠支票，建立清算专款。然后以华盛顿为最后清算中心。法国则是利用中央银行遍布全国的分支机构，建立转账账户为各银行服务的（见表 8－1）。

我国对异地资金的清算，是由中国人民银行组织的全国银行联行资金清算系统完成的。清算办法历经 1981 年、1985 年、1987 年、1990 年和 1997 年五次改革。依据 1997 年 12 月 1 日起施行的《支付结算办法》第二十条规定：支付结算实行集中统一和分级管理相结合的管理体制。目前我国运行的主要支付系统包括票据交换系统、全国电子联行系统、电子资金汇兑系统、银行卡支付系统和中国现代化支付系统。

基本做法是：

（1）各商业银行全国联行跨系统和系统内大额汇划款项，均通过中国人民银行办理转汇并清算资金，其转汇金额起点，为人民币 10 万元以上（含 10 万元）。

（2）各商业银行全国联行跨系统和系统内未达到转汇金额起点的汇划款项、内部资金汇划款项和县以下全国联行通汇机构的汇划款项，都分别通过商业银行跨系统或本系统联行划转。

表 8－1　　　一些国家（地区）中央银行运行的支付系统

支付系统	所属中央银行	开始运行时间	设计模式
全国电子联行系统（EIS）	中国人民银行	1991 年	分散式
中国现代化支付系统（CNAPS）	中国人民银行	2000 年	RTGS
联邦资金转账系统（FEDWIRE）	美国联邦储备银行	1918 年	RTGS
日本银行金融网络系统（BOJ－NET）	日本银行	1988 年	RTGS/净额
瑞士跨行清算系统（SIC）	瑞士国民银行	1987 年	RTGS
储备银行信息与转账系统（RITS）	澳大利亚储备银行	1991 年	RTGS
韩国银行金融电信网络（BOK－WIRE）	韩国银行	1994 年	RTGS
银行间支付系统（SPEEDS）	马来西亚银行	1989 年	净额
法兰西银行转账系统（TBF）	法兰西银行	1992 年	RTGS
欧洲实时全额自动转账系统（TARGET）	欧洲中央银行	1999 年	RTGS

注：RTGS 为实时全额清算模式。

资料来源：《国际清算银行十国集团支付系统》、《亚太十国金融市场体系与运作》（中国金融出版社）。

（3）商业银行的银行汇票和银行承兑汇票的资金划转，由各自的联行管理，不通过人民银行划付。

（4）商业银行必须在人民银行存款账户留足备付金，如果资金不足，应主动调拨资金或向他行拆借或向人民银行申请日拆性贷款。人民银行收到商业银行的汇划凭证时，如其存款不足支付，应通知商业银行于一日之内补足，到期仍不能补足的，对不足部分退回凭证，人民银行存款账户不得透支。

（5）商业银行办理转汇时，应将转汇清单、划款凭证连同有关汇划凭证一并向人民银行提出信件交换或单独提交，一般不得轧入同城票据交换差额内。人民银行划拨解付款项，可通过同城票据交换办理。

（6）人民银行和商业银行对办理转汇和清算资金的各个环节密切配合，及时传递凭证，严密核算手续，保证双方往来账务相符。

中国人民银行总行负责制定统一的支付结算制度，组织、协调、管理、监督全国的支付结算工作，调解、处理银行之间的支付结算纠纷。

中国人民银行省、自治区、直辖市分行根据统一的支付结算制度制定实施细则，报总行备案；根据需要可以制定单项支付结算办法，报经中国人民银行总行批准后执行。中国人民银行分、支行负责组织、协调、管理、监督本辖区的支付结算工作，调解、处理本辖区银行之间的支付结算纠纷。

政策性银行、商业银行总行可以根据统一的支付结算制度，结合本行情况，制定具体管理实施办法，报经中国人民银行总行批准后执行。政策性银行、商业银行负责组织、管理、协调本行内的支付结算工作，调解、处理本行内分支机构之间的支付结算纠纷。

目前，我国异地资金清算工作正在从手工联行向电子联行转化，通过计算机网络和卫星通信技术，处理全国联行业务，这可以大大加快资金周转速度，提高资金使用效益。

专栏 8.4　中国现代化支付系统

（一）含义

中国现代化支付系统 CNAPS（China National Advanced Payment）是中国人民银行按照我国支付清算需要，并利用现代计算机技术和通信网络自主开发建设的，能够高效、安全处理各银行办理的异地、同城各种支付业务及其资金清算和货币市场交易的资金清算的应用系统。它包括大额支付系统和小额批量支付系统两个业务应用系统，是各银行和货币市场的公共支付清算平台，是人民银行发挥其金融服务职能的重要的核心支持系统。中国人民银行通过建设现代化支付系统，将逐步形成一个以中国现代化支付系统为核心，商业银行行内系统为基础，各地同城票据交换所并存，支撑多种支付工具的应用和满足社会各种经济活动支付需要的中国支付清算体系。

（二）体系结构

中国现代化支付系统建有两级处理中心，即国家处理中心（NPC）和全国省会（首府）及深圳城市处理中心（CCPC）。国家处理中心分别与各城市处理中心连接，其通信网络采用专用网络，以地面通信为主，卫星通信备份。

政策性银行和商业银行是支付系统的重要参与者。各政策性银行、商业银行可利用行内系统通过省会（首府）城市的分支行与所在地的支付系统CCPC连接，也可由其总行与所在地的支付系统CCPC连接。同时，为解决中小金融机构结算和通汇难问题，允许农村信用合作社自建通汇系统，比照商业银行与支付系统的连接方式处理；城市商业银行汇票业务的处理，由其按照支付系统的要求自行开发城市商业银行汇票处理中心，依托支付系统办理其银行汇票资金的移存和兑付的资金清算。

中央银行会计核算系统（ABS）是现代化支付系统运行的重要基础。为有效支持支付系统的建设和运行，并有利于加强会计管理，提高会计核算质量和效率，中央银行会计核算也将逐步集中，首先将县支行的会计核算集中到地市中心支行，并由地市中心支行的会计集中核算系统与支付系统CCPC远程连接。地市级（含）以上国库部门的国库核算系统（TBS）可以直接接入CCPC，通过支付系统办理国库业务资金的汇划。

为有效支持公开市场操作、债券发行及兑付、债券交易的资金清算，公开市场操作系统、债券发行系统、中央债券簿记系统在物理上通过一个接口与支付系统NPC连接，处理其交易的人民币资金清算。为保障外汇交易资金的及时清算，外汇交易中心与支付系统上海CCPC连接，处理外汇交易人民币资金清算，并下载全国银行间资金拆借和归还业务数据，供中央银行对同业拆借业务的配对管理。

为适应各类支付业务处理的需要，正在建设的现代化支付系统由大额支付系统（HVPS）和小额批量支付系统（HEPS）两个应用系统组成。

大额支付系统实行逐笔实时处理，全额清算资金。建设大额支付系统的目的，就是为了给各银行和广大企业单位以及金融市场提供快速、高效、安全、可靠的支付清算服务，防范支付风险。同时，该系统对中央银行更加灵活、有效地实施货币政策具有重要作用。该系统处理同城和异地、商业银行跨行之间和行内的大额贷记及紧急的小额贷记支付业务，处理人民银行系统的贷记支付业务。

小额批量支付系统在一定时间内对多笔支付业务进行轧差处理，净额清算资金。建设小额批量支付系统的目的，是为社会提供低成本、大业务量的支付清算服务，支撑各种支付业务的使用，满足社会各种经济活动的需要。该系统处理同城和异地纸凭证截留的商业银行跨行之间的定期借记和定期贷记支付业务，中央银行会计和国库部门办理的借记支付业务，以及每笔金额在规定起点以下的小额贷记支付业务。小额批量支付系统采取批量发送支付指令，轧差净额清算资金。

（三）发展动态

2002 年 10 月 8 日，大额实时支付系统在北京、武汉成功投产试运行，成为中国现代化支付系统建设的重要里程碑。

2003 年 4 月，上海等 11 个城市大额支付系统成功推广上线运行；2003 年 12 月 1 日，石家庄市等 19 个城市大额支付系统切换上线取得了圆满的成功。至此，大额支付系统已成功推广覆盖到所有省会（首府）城市和深圳市，并与电子联行系统混合运行。中国香港清算行也于 2004 年 2 月接入支付系统办理人民币汇款业务。

目前，大额支付系统连接到 32 个城市的近 2 万个银行机构网点，为银行间提供快速、高效、安全的跨行实时支付清算服务。日均处理支付业务达 30 万笔，金额近 4000 亿元，每笔支付业务在 1 分钟之内即可到账。为确保大额支付系统的安全稳定运行，中国人民银行发布了系统运行管理和清算风险管理的一系列制度规定，加大对商业银行流动性情况的监测力度，加强对清算账户头寸的监视和管理，有效防范了支付清算风险。从运行情况看，大额支付系统业务处理正确，资金清算无误，系统运行稳定。

2004 年，中国人民银行将继续稳步推进支付系统建设。目前已确定了全国只建 32 个支付系统 CCPC 的布局。下一步将抓紧研究和实施支付系统运行维护机制和灾难备份方案，确保大额支付系统的安全稳定运行；实现大额支付系统与债券市场的连接，支持券款对付（DVP 清算）和货币政策的实施；开通大额支付系统与城市商业银行汇票处理系统的连接，以畅通中小金融机构的汇路；继续积极做好各银行地市级（含）以下机构及地市 ABS、TBS 接入大额实时支付系统工作，取代电子联行，同步开发建设小额批量支付系统，充分发挥金融基础设施的作用，更好地履行中央银行支付清算职能。

第四节 中央银行在现代经济体系中的作用

一、中央银行在现代经济体系中的地位

中央银行在社会经济体系中处于一个很重要的地位，这从促使中央银行产生和发展的基本经济原因和中央银行自身所具有的职能以及承担的社会责任分析中不难得出结论。由于商品经济的迅猛发展，经济货币化程度的加深，金融在经济中作用的增强，中央银行在现代经济体系中的地位和作用更加突出。

1. 从经济体系运转看，中央银行为经济发展创造货币和信用条件，为经济稳定运行提供保障。在金属货币制度下，由于金币可自由铸造，当市场上对货币的要求增加时，便会有相应的金块被铸造成金币进入流通，这个过程是自发完成的。而在中央银行垄断货币发行特别是在不兑现信用货币流通条件下，经济体系对货币的需求就必须通过中央银行来实现，中央银行成了唯一的货币供应者。中央银行根据经济发展的客观需要，不断地向经济体系提供货币供给，也就是不断地为经济发展提供必要的条件，从而使中央银行成为推动经济发展的重要力量，达到稳定货币、稳定金融的目的。同时还为经济体系的正常运行提供有效的保障，主要体现在：一是中央银行为经济运

行提供稳定的货币环境，通过稳定货币来实现经济的稳定增长；二是中央银行为经济体系的信用活动提供支付保障，中央银行作为商业银行等金融机构的“最后贷款人”，对全社会的支付体系承担着最终的保证责任。此外，中央银行通过组织、参与和管理全国的票据清算，大大节约了现金流通使用的费用，加速了资金的周转。

2. 从国家对经济的宏观管理看，中央银行是最重要的宏观调控部门之一。在现代经济中，金融成为经济的核心。所有的经济活动均伴随着货币的流通和资金的运行，中央银行则处于货币流通的起点和信息活动的中心。另外市场经济条件下，国家的宏观经济调控主要依靠货币政策和财政政策，中央银行作为货币政策的制定者和执行者，因而成为国家最重要的宏观调控部门之一。同时国家对宏观经济的调控越来越依靠经济手段，在有必要时才采用行政手段，而中央银行通过货币政策对宏观经济的调节基本上是属于经济手段。

3. 从对外经济金融关系看，中央银行是国家对外联系的重要纽带。由于中央银行与促进世界融合的诸多要素如贸易、货币与资本的流动、合作与交流等有着极其重要的相关性，因而在国际联系当中，中央银行发挥着桥梁或纽带作用。同时对世界经济的管理需要各国政府的相互协调和密切配合，共同建立和维护新的国际秩序，保证世界经济健康稳定发展，而中央银行就成为担负这一职责的重要国家部门，是国际金融组织的参加者，承担着维护国际经济、金融秩序的责任。

总之，中央银行虽然从一产生就在经济体系中扮演着重要角色，但在现代经济体系中，中央银行的地位则是空前地提高了，它已成为经济体系中最为重要的政策部分。

二、中央银行与政府的关系

（一）中央银行的相对独立性

中央银行与政府的关系，集中表现在中央银行的独立性（independence of central bank）问题上。中央银行不能完全独立于政府之外，不受政府约束或凌驾于政府机构之上，而应在政府的监督和国家总体经济政策的指导下，独立地制定、执行货币政策。这就是当代中央银行的相对独立性。

所谓相对独立性，是指中央银行与政府的关系要遵循以下两个原则：

1. 国家经济发展目标是中央银行活动的基本点。任何国家中央银行的活动，都离不开该国经济、社会发展的目标，离开经济发展目标，就没有中央银行活动的基本点。在中央银行制度建立和扩大的过程中，已蕴含着这种关系。尤其是在第二次世界大战之后，中央银行货币政策成为国家经济发展目标实现的重要工具，国家干预和调节经济要通过货币供应量来实现。中央银行不以盈利为目的，对国家经济发展目标中央银行必须予以支持。否则，货币政策自行其是，会影响国家经济目标的实现。正是在这一点上，中央银行制定和执行货币政策，不仅要考虑自身所担负的重任，还要重视国家经济利益，而不能独立于国家经济发展目标之外。

2. 中央银行货币政策要符合金融活动的规律性。中央银行在具体制定和执行货币政策时，要充分考虑国家资源、社会积累、货币信用规律等，不应完全受政府的控制，而应保持一定的独立性。因为，政府与中央银行所担负的使命不同。政府是政治实体，侧重于政治利益，往往引发超经济行为；中央银行是一个经济实体，侧重于经济利益，其业务活动必须符合金融活动规律。中央银行在国家经济目标指导下，通过货币政策及其措施保持相对独立性，能对政府的超经济行为起到一种制约作用。防止在特定的政治需要和脱离实际的计划条件下，政府不顾必要性和可能性，牺牲货币政策，堕入短期化行为的陷阱，影响社会经济的正常发展和国民经济的稳定。因此，中央银行必须坚持相对独立性。

（二）各国中央银行相对独立性的比较

各国中央银行的独立性可以从它们的有关立法、组织形式、资金和财务等方面加以说明。

1. 从立法方面看，很多西方国家的中央银行法都明确赋予中央银行法定职责，或赋予中央银行在制定和执行货币政策方面具有相对的独立性。如在日本银行法中，曾多次提到日本银行要受大藏大臣的监督，并规定，大藏大臣认为日本银行在完成任务上有特殊必要时，可以命令日本银行办理必要业务，变更条款或其他必要事项。又如，德国联邦银行法中规定：德意志联邦银行为了完成本身使命，必须支持政府的一般经济政策，在执行本法授予德意志联邦银行的权力是非常广泛的，在贴现、准备金，公开市场政策等方面，联邦银行都可以独立地做出决定。在独立性方面，德意志联邦银行大于日本银行。再如，《中国人民银行法》第七条明确规定：中国人民银行在国务院领导下依法独立执行货币政策，履行职责，开展业务，不受地方政府、各级政府部门、社会团体和个人的干涉。

2. 从任命中央银行的理事或总裁来看，政府作为中央银行的唯一或主要的股东，甚至在私人全部持有中央银行股份的情况下，政府一般都拥有任命中央银行理事或总裁的权力。但是在中央银行理事会中，政府是否派有代表参加或政府代表的权限有多大，各国则有较大的差别。一般说，有以下几种情况：一是在中央银行理事会中没有政府代表，政府对中央银行政策的制定不过问，如英国、美国、荷兰和奥地利等国；二是在中央银行中政府派有代表，但这些代表的发言权、投票权、否决权以及暂缓执行权，则各有不同。在意大利银行中，政府代表的权力较大；在德国联邦银行和日本银行中，政府代表只有发言权而无表决权。

3. 从中央银行的资本所有权看，它的发展趋势是趋于归政府所有。目前很多国家的中央银行资本归国家所有，其中主要有英国、法国、德国、加拿大、澳大利亚以及荷兰、挪威、印度、中国等；有些国家中央银行的股本是公私合有的，如日本、比利时、奥地利、墨西哥、土耳其等；另外一些国家的中央银行虽归政府管辖，但其资本仍归个人所有，如意大利和美国等。凡允许私人持有中央银行股份的，一般都对私人股份规定一些限制条件。如日本银行的私人持股者只能领一定的红利，不享有其他权力；意大利只允许某些银行和机关持有意大利银行的股票；美国联邦储备银行的股票只能由会员银行持有。同时，对私人所持有的中央银行股权数额也有限制。中央银行的资本逐渐趋于国有化或对私人股份加以严格的限制，主要是因为中央银行是为国家政策服务的，不允许私人利益在中央银行占有任何特殊的地位。

4. 从中央银行与财政部的资金关系上看，很多国家严格限制中央银行直接向政府提供长期贷款，但又要通过某些方法对政府融资予以支持。如美国财政部筹款只能通过公开市场进行，也就是发行公债的办法。如果财政部筹款遇到困难，也只能向联邦储备银行短期借款，有的期限只有几天，而且是以财政部发行的特别库券作为担保的。意大利银行可以向财政部提供短期贷款，但贷款余额不得超过年度预算支出的14%。法兰西银行可以向财政部提供无息透支，但有上限且实际透支量很少。中央银行与财政部的资金关系，是衡量中央银行相对独立性大小的一个重要尺度。

5. 从中央银行的利润分配与税收管理上看，中央银行有着保持相对独立性的财务基础。中央银行虽不是企业，但都有盈利，不但能够维持自己营业支出和股票分红，还有一部分盈利上交财政。中央银行不需要财政拨款，因此减少了政府的制约，这是中央银行不同于其他政府部门的地方。各国中央银行盈利上交的比例都相当高，如美国、日本都达到80%左右。

根据以上分析，我们可以按中央银行独立于政府的程度不同，把中央银行分为3大类型：第一类，直接向国会负责，独立性较大的中央银行，如德国、美国、瑞典和瑞士等国的中央银行。第二类，名义上归财政部领导，实际上有相当独立性的中央银行，如日本、英国等国的中央银行。第三类，归财政部领导，独立性较小的中央银行，如意大利的中央银行。

本章小结

随着商业银行的发展，具有特殊性质——既是特殊的金融机构，又是特殊的管理机关的中央银行应运而生。中央银行产生以来，经历了一个半世纪的演变发展过程，形成了多种类型。其特殊性质主要通过中央银行三大职能充分表现出来，即“发行的银行”、“国家的银行”和“银行的银行”。

中央银行作用于经济主要通过运用其业务，即负债业务、资产业务和中间业务。中央银行的负债业务也就是其资金来源项目，一般包括货币发行业务、代理国库、集中存款准备金、其他负债业务等。

中央银行的资产业务，也就是资金运用项目，它一般包括对商业银行的贷款、对政府及公共机构的贷款、黄金及外汇储备业务和证券买卖等。

中央银行的中间业务主要是资金清算业务。资金清算主要是为了使各商业银行之间的债权债务顺利、及时得到清偿。资金清算业务主要有三类，即集中办理票据交换，结清交换差额和办理异地资金转移。

第二次世界大战以后，随着中央银行在现代经济体系中的地位和作用不断提升，中央银行与政府的关系成为各个国家宏观经济管理议事日程中的一个不可忽视的问题，问题的实质就在于中央银行是否保持相对独立性。

关键词：银行券　最后贷款人　英格兰银行　发行的银行　银行的银行　国家的银行　票据再贴现　部分准备制　发行库　业务库　清算银行　支付系统

思 考 题

1. 试述中央银行建立的必要性。

2. 银行券的分散发行制度有何弊端？
3. 中央银行制度有哪些？
4. 简述中央银行的主要业务。
5. 试述中央银行的性质。
6. 试述中央银行的职能。
7. 论述中央银行的独立性。

附录：我国中央银行资产负债表（2009）

2009 年货币当局资产负债表（季末余额） 单位：亿元

项目	第一季度	第二季度	第三季度	第四季度
国外资产	166051.1	171854.7	179720.2	185333.0
外汇	153130.8	159281.1	166460.9	175154.6
货币黄金	337.2	669.8	669.8	669.8
其他国外资产	12583.1	11903.7	12589.5	9508.6
对政府债权	16196.0	16073.8	15676.7	15662.0
其中：中央政府	16196.0	16073.8	15676.7	15662.0
对其他存款性公司债权	8457.4	7483.5	7591.7	7161.9
对其他金融性公司债权	11832.5	11775.8	11701.0	11530.1
对非金融部门债权	44.1	44.0	44.0	44.0
其他资产	8061.5	8553.6	7817.2	7799.5
总资产	**210642.7**	**215785.4**	**222550.9**	**227530.5**
储备货币	124276.7	123929.7	133406.6	143985.0
货币发行	36853.8	36720.5	40504.8	41555.8
金融性公司存款	87422.9	87209.2	92901.9	102429.2
其他存款性公司	87318.8	87121.1	92798.0	102280.7
其他金融性公司	104.1	88.1	103.9	148.5
非金融性公司存款	—	—	—	—
活期存款	—	—	—	—
不计入储备货币的金融性公司存款	596.5	629.4	635.7	624.8

续表

项 目	第一季度	第二季度	第三季度	第四季度
发行债券	41295.8	41208.8	39915.6	42064.2
国外负债	750.3	723.3	746.9	761.7
政府存款	15954.0	24013.0	27247.7	21226.4
自有资金	219.8	219.8	219.8	219.8
其他负债	27549.6	25061.4	20378.5	18648.6
总负债	**210642.7**	**215785.4**	**222550.9**	**227530.5**

注：自2008年起，本表增设“不计入储备货币的金融性公司存款”，删除“非金融性公司存款”和“活期存款”项目。

数据来源：中国人民银行。

第三篇

货币总量与货币政策

本篇分为五章：

第九章　货币需求
第十章　货币供给
第十一章　通货膨胀及通货紧缩
第十二章　货币政策：目标和工具
第十三章　货币政策：宏观理论与实践

第九章　货币需求

本章概要：在本章中，我们要学习货币需求的概念及其影响因素，了解传统的货币需求理论和现代货币需求理论。本章分为四节，第一节主要介绍货币需求的含义，货币需求的决定因素。第二节重点介绍传统货币需求理论，包括马克思的货币需求理论和古典货币数量论。第三节主要介绍现代的货币需求理论，包括凯恩斯的货币需求理论和弗里德曼的货币需求理论。第四节主要介绍了货币需求的经验研究，包括货币需求对利率的敏感性和货币需求函数的稳定性等方面的研究状况。

第一节　货币需求概述

一、货币需求概述

货币需求是指宏观经济运行以及微观经济主体对货币的需求。从一个国家的角度考虑，指在一定资源（如财富拥有额、国民生产总值、恒久收入等）条件下，整个社会应拥有多少货币可用来执行其有关的职能；从微观经济主体角度考虑，则指其在不同条件下出于各种考虑愿意以货币形式持有其拥有的财产的需求。具体而言，就是商品流通或商品交换对货币的需求。

货币需求是一项极为重要的货币理论和实践问题，其表现形式多种多样。从不同角度对其进行分析，可归纳为以下几种类型。

（一）经济运行对货币的需求

这是从宏观角度研究货币需求和需求量的。作为流通与支付的手段，货币的数量必须与全社会商品与劳务总量保持一定的比例，才能保证经济的正常运行，即货币发行量必须与需要量相适应。

在现实生活中，有许多因素决定货币的需要量。主要包括：

1. 流通中的商品量。商品供应量大，需要的货币量就多；反之，则少。

2. 价格总水平。流通中待实现的商品价格总水平高，需要的货币量就多；反之，则少。

3. 货币流通速度。即一定时期内货币的周转次数。流通速度快，需要量就少；流通速度慢，需要量就多。

4. 人口数量。

5. 城乡关系，城乡经济发展程度。

6. 交通运输发展状况。

7. 社会分工发展程度。

8. 信用经济、信用制度发展水平等。这些因素及其变化都会决定或影响一定时期内一国的货币需求和需求量的变化。

（二）各经济主体对货币的需求

这是从微观角度研究货币需求和需求量的。

经济主体对货币的需求，是指企业、单位、个人和政府部门对货币的需求，如企业需要购买原材料、支付工资和其他生产费用等对货币的需求。个人用货币购买商品、支付劳务、购买股票、债券等有价证券或以货币形式保存财富，以及预防不测之需等等也表现为货币需求。

经济主体对货币需求量的大小，主要取决于：

1. 居民一定时期的收入水平。

2. 企业经营规模及货币收支流量和经济效益。

3. 利率水平。

4. 价格及价格预期。

5. 政府需求。

（三）名义货币需求与实际货币需求

名义需求是指在物价变动的情况下同一货币单位所能购买的商品和劳务的数量；实际需求则是剔除了物价变动因素影响的货币需求量。货币的名义需求和实际需求的区别在于是否考虑物价变动的影响。假设，生产、流通规模和实际财富水平不变而物价上涨了1倍，亦即全社会的商品、劳务的名义价值增加了1倍。如果货币流通速度不变，货币存量必须增加1倍，否则经济无法运转。但这种增加只是适应物价上涨幅度，在名义上的增加，就经济成长过程本身所提出的货币需求并没有变。例如，原来100元钱所能购买到的商品，现在因物价上涨1倍，需要200元钱才能买到与原来相同的物品，这200元钱就是名义需求，而实际需求仍然是原来价值100元的东西。

（四）发挥产出潜力的货币需求

货币是为了使商品、服务交易更加便捷而产生的，因此，由已有的和即将有的商品、服务交易所提出的货币需求是最基本的货币需求。然而，商品、服务的提供是资源结合的过程，由于种种客观原因，资源的结合可以是处于相当充分的状态：即商品、服务的提供数量已接近最大可能；同样，资源的结合也可以是处于相当不充分的状态，从而商品、服务可提供的数量还有相当的增长潜力。当处于前一种状态时，决定货币需求的商品、服务交易量已接近产出潜力的最大可能，也就是说，这时的货币需求接近其最大值。而当处于后一种状态时，有相当的资源闲置，产出潜力尚有待发挥，在这种情况下，就意味着同时还有一种需求，即需要货币使部分闲置资源结合的可能性转化为现实。只要实现了资源的结合，就会有追加的商品、服务交易，从而为促成资源结合而投出的货币也就成为经济过程之所必需。我们把这部分货币需求称为发挥产出潜力的货币需求。

当然，并非所有以闲置的资源为根据而提出的需求都可构成这里所说的货币需求。不少闲置资源不能形成有效产出，不能增加商品、服务交易量，从而就提不出追加的货币需求量。另一方面，当资源的结合从总体上说处于相当充分状态之际，也并非在所有的领域均不存在闲置但有可能结合的资源，因而也会有这种意义的货币需求。

（五）货币需求的宏观与微观分析

货币需求是一种复杂的经济现象，它与国民经济各领域各部门有若干内在联系。要考察货币需求形成与变动的原因，进而探讨其一般规律，不仅需要从宏观角度估算货币需求，而且要深入到具体的持币者身上，考察其持币动机。从微观主体的持币动机、持币行为考察货币需求的规律性，即所谓货币需求分析的微观角度。从国民经济总体，如市场供给、收入、财富指标的变化上，探讨一国需要多少货币才能满足经济发展的需要，即所谓货币需求分析的宏观角度。对货币需求的微观分析，其着力点在于建立更充分反映客观实际的模型，并据以剖析货币需求变化的原因。对货币需求的宏观分析，则在于根据可以解释的货币需求的变量，其中包括国民经济总量指标和一些主要的机会成本变量，来估计总体货币需求作为货币供给决策的依据。这两者是不能偏废的。实践中，理论工作者往往是在建立起微观货币需求模型之后，进一步研究这个模型能否直接用于、或经过修订用于宏观分析。

二、决定货币需求的因素

在经济生活中，决定货币需求的因素十分复杂。包括经济、技术、制度。甚至还有社会风尚等多方面的因素。在货币需求分析中，通常将上述因素划分为三类：一类为规模变量，主要指的是收入；一类为机会成本变量，主要包括利率与预期通货膨胀率；余下的则称为其他变量，如制度因素等。

（一）规模变量

规模变量指收入和财富。该变量是决定货币需求的主要因素。经济主体手中的货币来源于收入，无论是出于交易动机、预防动机还是投机动机，其持有的货币量不可能超过其财富总额，而只是其财富总额的一部分。一般而言，收入水平越高，人们持有的货币量越多；反之，收入水平越低，人们持有的货币量越少。根据收入 = 消费 + 储蓄这个恒等式，随着收入的增加，消费和储蓄部分会增加。这对货币的需求是两方面的：一方面，收入增加，人们的日常开支消费会相应扩大，货币的交易需求就会增加；另一方面，收入增加时，边际消费倾向（在增加的每 1 元收入中用于消费的比例）呈递减趋势，即边际储蓄倾向是递增的。随着储蓄部分的增加，货币的资产需求也会增加。因此，收入水平的变化无论对货币的交易需求，还是对货币的资产需求都有影响。货币需求是收入水平的递增函数。

（二）机会成本变量

机会成本变量是利率和预期物价变动率。在既定的收入水平下，经济主体所持有的货币量占总收入的比例并不是固定不变的，该比例总是朝着使持有货币的经济主体的经济效益达到最大化的方向变动。经济效益最大化的货币持有比例应多大，则取决于持有货币的机会成本。利率和预期价格水平的变动等因素会对货币持有主体可能造成的潜在的收益和损失，因此，机会成本的大小会直接导致货币需求量的增加或减少。以利率水平为例：利率水平越低，人们持有的货币越多；反之，利率水平越高，人们持有的货币越少。这实际上是人们的储蓄部分在利率的作用下资产结构的调整问题。人们的金融资产主要有现金、存款和有价证券，每一种金融资产都可以相互转换，这种转换是有得有失的。在得到流动性的同时，丧失的是收益性。于是，人们自然会权衡利弊得失，做出理性的资产调整。例如，持有现金具有十足的流动性，但不产生任何收益，即收益率为零。因此，利息收入可视为持有现金的机会成本。只要未来的交易量能够预期，任何人都可以将所需的现金换成其他证券，届时再出卖证券以应付交易之需。但将证券换成货币需要花费一定的费用（如去银行从存款账户中提取现金，或将有价证券在市场上转让变现都会有所花费，并且很麻烦），所以人们持有多少货币，取决于上述机会成本（利息）与费用的对比。货币需求是利率水平的递减函数。预期物价变动率同货币需求的关系也是逆向的，预期通货膨胀率越高，持有货币的机会成本越大，货币持有量越小，货币需求量就越小；反之，货币需求量就越大。

（三）其他变量

其他变量指除上述两种变量之外的对货币需求量的决定因素。主要有：

1. 收入间隔期。人们两次收入的间隔时间长短对货币的需求量有影响，收入间隔时间越长，持有的货币越多；反之，收入间隔时间越短，持有的货币越少。假定某人月初收入 1200 元，月中均匀花费，月末全部用完。当他刚好用完时，就得到了下个月的收入，这个模式可周而复始。显然，他在一个月中为满足交易需求，货币的平均持有量为 600 元。如果月收入 1200 元改为周收入 300 元，并假定每月 4 周，那么，他平均每月持有的货币量为 150 元。利用间隔期可以说明我国城镇货币流通与农村货币流通的不同。城镇职工的年收入一般由 12 个月工资及奖金构成，而农民因受生产季节性的影响，年收入比较集中。主要集中在秋收以后。因此，职工手中的货币流通速度快于农民手中的货币流通速度。

2. 核算单位数量。每一个核算单位，不管是居民个人还是企事业单位，在经济生活中或多或少都需要持有一定的货币量。在国民经济中，随着核算单位数量的增加，如人口增加、企事业单位增加，原一个核算单位独立出几个核算单位等，即使国民生产总值不变，货币的需求也会增加。我国经济改革以来，由于农村推行家庭联产承包责任制，核算单位由原来的上百万个生产队核算变成上亿家农户核算，加之城镇就业人口的增加，企事业单位的发展，均可以说明我国的货币流通速度何以呈下降趋势。

3. 信用制度的状况。货币流通速度的大调节器是信用。信用制度的发展对人们手中的货币持有量有很大影响。一方面是由于转账制度的发展，许多债权债务得以抵消，资金周转加速，使得货币的交易需求减少；另一方面是储蓄机构的发展，如网点的增加、工作效益的提高、服务态度的改善等，使得人们储蓄变得便利，货币持有量也就减少；还有一方面就是信用工具的发展，使得人们有多种资产选择的可能，人们的储蓄部分不再是仅在货币与存款两者之间作选择，而是在更广阔的范围内选择。所以货币在金融资产中所占的比例呈缩小趋势。

4. 社会风尚。社会风尚包括国民的生活习俗、消费结构、勤俭风尚及人生观念等，这些因素对于一国的货币需求有一定的影响。

三、货币需求量

（一）货币需求量的概念

不论是从微观角度还是宏观角度分析货币需求，目的都是为了测算出全社会对货币需要的总量，即货币需求量。什么是货币需求量？传统的解释是：社会公众在其总财富中愿意以货币形式保有的那一部分实际量，即为货币需求量。这一概念包括两个要点：一是意愿的，意愿持有表示这种需求完全出于公众自身的经济利益；二是实际的（或称真实的）货币需求量。实际货币需求量是相对名义货币需求量而言的。名义货币需求量指社会公众在现行价格水平下对货币的需求量，它以按照现行购买力单位测算的名义货币来表示。实际货币需求量则指剔除价格变动因素后对货币的需求量，它以按照不变购买力单位测算的实际货币表示。一般而言，名义货币需求量和物价水平成正比，而实际货币需求量和物价水平无关，主要随实际收入和利率的变化而变化。

（二）货币的流量和存量

货币量包括货币存量和货币流量两个概念。货币存量是指某一时点上存在的货币数量，它是货币静止状态的概念，是某一时点上货币数量的横断面。货币流量是指货币在一定时期内的支出或流动数量，也就是货币存量与每单位货币参加交易次数的乘积。例如，存量为 1 亿元，每元每年平均参加交易 5 次，则 1 年中货币的流量是 5 亿元，其中“5 次”为货币的流通速度。可见，货币流量的大小取决于量与货币流通速度的大小。与存量相比，流量反映的是货币的运转状态，是某一时期内货币数量的纵断面。

货币需求量显然是一种存量指标，但由于货币本身固有的流动性属性，同一枚货币可以多次地发挥交易等职能，因此，考察货币需求量仅仅停留于存量是不够的，还需要同时考虑其流量。同时，由于货币需求理论以及货币政策所关注的不是某一时点上的货币需求量。而是某一时期内货币需求量的大致趋势及变动幅度，因此，在货币需求量的计量中，需要同时考察存量与流量两种指标，做静态及动态的分析。

（三）货币需求的替代性

货币需求的替代性是指在一定条件下，公众对货币的需求为对其他流动性资产的需求所替代，货币需求量在总量上与结构上发生的转移、更替和变动的现象。

在简单的商品经济条件下，人们对货币的需求，在于直接购买或直接储蓄，此时，货币对持有者主要是一种交易媒介。在发达的市场经济中，由于资产的一般化和利率已成为衡量资产收益的一般标准，货币对持币者就主要表现为一种流动性资产。人们持有货币，不是仅限于对流通媒介的单纯的考虑，而是将它作为一种资产，并在自己的资产持有总额中作综合考虑。个人资产持有的最佳形式是保持各种资产对持币者提供等量效用。如存款、有价证券等金融资产能给持有者提供直接收益，而货币则不能。但货币都可以给持有者提供安全、便利等效用，使其感受到与直接收益等量的效用。

替代性对货币需求本身的影响，与货币的定义有关。货币作为一种流动性金融资产，若将流动性范围定的很广，如把可变现的证券一并归纳进去，则替代性不影响货币需求总量，而仅影响它的结构。但若将定期存款等“准货币”排除在货币范畴之外，则其他金融资产的流动性与收益性越高，货币需求量将越小；反之，货币需求量将越大。

货币需求替代的发生，会引起其他金融资产的数量变动。由此引起资本市场中相对价格的变动，进而引起利率水平的变动，这些变动又会引起刺激或抑制实际部门生产的效果。例如，当发生证券取代货币之际，可能出现：第一，金融市场中部分证券需求过旺，行情看涨，这一信息传递到实际部门，会刺激以此相关的部门和企业的投资及产出量；第二，由于证券取代部分货币，使持币者对货币的意愿需求减少，在货币供给不变的情况下，将出现供大于求的趋势。这一趋势有抬高价格和抑制利率的作用，由此可能对实际部门产生扩张性作用。

货币需求替代性表明，在现实竞争的金融环境中，货币同其他资产的传统区别已被打破（人们对货币的需求会被其他流动性资产的需求部分替代）。人们更注重资产持有的整体性和合理性。货币作为资产之一，它的需求往往不单纯地由它的交换媒介职能决定。进而，它的供给与需求，往往不单纯地由货币本身的供求决定，而是在经济运行中由货币本身的供求与其他金融资产一道决定。货币对经济的影响，也往往是与其他金融资产的影响相互交叉，共同发生作用。

（四）货币需求量的区域

考察货币需求问题，目的就是使之数量化，以便从中引出有操作意义的政策方案。所以，一般情况下，人们很自然地认为货币需求就是一个具体的量，但实际上并不完全如此。

的确，如果进行事后分析，即对前期经济运行结果进行统计检验，那么，无论微观主体的持币行为和动机怎样，也无论经济政策的目标实现到何等程度，都可以认定以往的货币需求是一个确定的量值。例如，假定我们将微观主体的货币需定义为对现金的需求，只要该期现金流转没有什么梗阻，与现金流转对应的价格和付费水平无甚波动，那么，前期市场现金流通量就可以看成是微观主体货币需求总和的具体量值；假定我们将现金加全部存款货币看成是对应经济体系运行总体货币需求，如果可以判断前期经济中的货币供给与货币需求大体相符，那么，前期的广义货币余额也就成了前期总体货币需求的具体量值。这就是说，事后分析中的货币需求可以认定是一个具体的确定的量。

但是，假若我们所要考察的货币需求不是前期的，而是本期或下期的，问题就不那么简单。

专家认为，从微观角度来考察，微观主体在其收入给定的条件下要受消费倾向和多种机会成本变量的影响。比如，当收入既定时，消费的比例就整个社会的平均水平而言并不一定只能是一个确定的比例，当经济生活中存在着很多不确定、不稳定和以预期的因素时，它更有可能是一个与这一比例略有偏差的值域；再如，剩余的收入对各种利率、对通货膨胀率的反应使它按照某种比例进行分配，其中只有一部分以货币形态保持在手中，那么这分货币需求在其剩余收入中是否也只能是一个确定的比例呢？如认为消费比例应是一个值域应是的话，那么出于相同的推理，这一比率也应是一个值域才更符合生活实际。所以，在微观领域，货币需求作为一个值域的特点是明显的。

同样道理，在宏观领域，货币需求也应是一个值域。这是因为，从宏观经济角度分析，经济生活中的不确定、不稳定和难以预期的因素也会使那些相关关系极强的因素之间并非只能形成一个精确的数量比例。比如在社会商品劳务总额与宏观货币需求之间，纵然剔除其他因素，也不见得只能是一条无宽度的函数曲线。如果曲线有宽度，那就会有如下两种情况：产出或收入变了，从 Y_1 增到 Y_2，但货币需求 M_d 可以不变；或同样的产出或收入，货币需求却是一个值域 M_{d1}—M_{d2}（见图 9－1）。

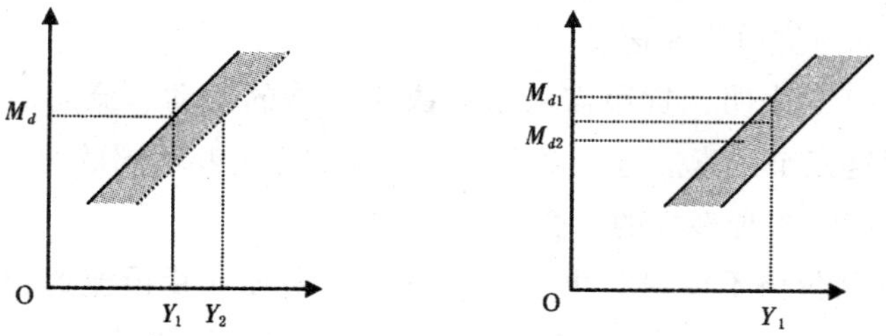

图 9－1 货币需求与产出或收入的变动

第二节 传统的货币需求理论

传统的货币需求理论包括以劳动价值论为基础的马克思价值论货币需求说和以不谈价值、只谈价格和数量为特点的古典货币需求数量说。

一、马克思的货币需求理论

马克思的货币需求理论，立足于资本主义现实，从简单商品货币经济揭示出货币需求的一般规律，然后又以此来揭示资本主义现代化大商品经济和在发达的货币信用经济条件下货币需求的规律。

马克思的货币需求理论集中反映在其货币流通公式中。

马克思在研究货币需求问题时，为了分析方便，以“完全的金币流通”为假设条件，以此为背景，他的论证过程是：（1）商品的价格取决于商品的价值和黄金的价值，而价值决定于生产过程，所以商品是带着价值进入流通的；（2）商品价格是多少就需要多少金币来实现它，比如 5 克黄金的商品就需要 5 克金来购买；（3）商品与货币交换后，商品退出流通，黄金却留在流通之中使另外的商品得以出售，从而一定数量的黄金流通几次，就可使相应倍数价格的商品出售。因此有：

$$\frac{\text{商品价格总额}}{\text{同名货币流通次数}} = \text{执行流通手段的货币量}$$

用方程式表示：$M = \frac{PT}{V}$ （9－1）

其中：M 表示一定时期内执行流通手段的货币量；P 为商品价格；T 为商品数量；V 为货币流通速度。

式（9－1）表明：货币需求量取决于价格的变动、流通的商品量和货币流通速度这三个因素。这三个因素按不同的方向和不同的比例变化，流通货币量则可能有多种多样的组合：

1. 在商品价格不变时，由于流通商品量增加或货币流通速度下降，或者这两者同时发生，货币流通量就会增加，在相反的情况下则减少。

2. 在商品价格普遍提高时，如果流通商品量的减少同商品价格上涨保持相同比例，或者流通的商品量不变而货币流通速度的加快同商品价格的上涨一样迅速，则流通货币量不变。如果商品量的减少或货币流通速度的加快比价格上涨更迅速，则流通货币量还会减少。

3. 在商品价格普遍下降时，如果商品量的增加同商品价格的跌落保持相同比例，或货币流通速度的降低同价格的跌落保持相同比例，流通货币量就会依然保持不变。如果商品量的增加或货币流通速度的降低比商品价格的跌落更迅速，流通货币量就会增加。

必须注意的是，马克思在分析这个问题时还有一个重要的假设：即在该经济中存在着一个数量足够大的黄金储藏；流通中需要较多的黄金时，黄金从储藏中流出；流通中的一些黄金不需要了，多余的黄金就退出流通，转化为储藏。也正是由于假设存在着这样一个调节器，所以流通中需要多少货币，就有多少货币存在于流通之中。

以上是货币需要量的基本公式，当货币支付手段职能产生以后，流通中所需货币量就不仅由货币执行流通手段职能所引起，而是除执行流通手段所需的货币量之外，还有执行支付手段的货币量。把执行流通手段的货币量和执行支付手段的货币量加到一起，构成流通中的货币量。用公式表示：

$$M = \frac{T + T_1 - T_2 - T_3}{V} \quad (9-2)$$

其中：M 表示一定时期流通中所需的货币量；T 表示待实现商品价格总

额；T_1 表示到期支付总额；T_2 表示彼此抵消的支付；T_3 表示赊销商品价格总额；V 表示同名货币作为流通手段和支付手段的流通速度。

以上公式考虑了在信用制度发展以后，不同期限的票据可以集中在同一个时间内支付，这样完全可以互相抵消，只支付抵消后的余额，从而可以减少流通对流通手段的需要，即待实现的商品价格总额，经过加减以后，才是真正需要支付的商品价格总额。

马克思进而分析了纸币流通条件下货币需要量与价格之间的关系。他指出，纸币是金属货币衍生而来的。纸币之所以能够流通，是由于国家的强力支持。同时，纸币本身没有价值，只有流通才能作为金币的代表。因此，纸币一旦进入流通，就不可能再退出流通。纸币的流通规律与金币不同，在金币流通条件下，流通所需要的货币数量是由商品价格总额决定的；而在纸币成为唯一流通手段条件下，商品价格水平会随纸币数量的增减而涨跌。

二、古典货币数量论

在传统的货币需求理论中，古典货币数量论占有极其重要的地位，其中，最具代表性的是费雪的现金交易说和剑桥学派的现金余额说。

（一）现金交易说——费雪方程式

古典货币需求理论认为，货币本身并不存在内在价值，其价值来源于其交换价值，即货币的价值。它是对商品和劳务的实际购买力，货币只是遮掩"实际力量行动的面纱"。这种思想在经济学说史上被称为"货币数量说"(Quantity Theory of Money)。

最先发表货币数量说见解的是罗马的法学家鲍鲁斯（Julius Paulus)。他认为货币的价值取决于它的数量。然而一般人们认为法国的重商主义者鲍丁(Jean Bodin）才是货币数量说的创始人。他认为，金银的价值与一般商品的价值相同，其数量增加，其价值就会被低估，价值被低估，则与其相交换的商品价值自然就要上涨。此外，英国重商主义者托马斯·孟（Thamas Mun)，著名的货币名目学说者和货币数量论者孟德斯鸠（Charles Montesquieu)，18 世纪英国哲学家和经济学家休谟（David Hume）等均持有货币数量说的观点。

20 世纪初，美国耶鲁大学教授欧文·费雪（Irving Fisher）在研究了经济中总货币需求、总支出的关系后，提出了现金交易方程式（也被称为费雪方程式）。为古典货币数量论构筑了一个清晰的框架，这一方程式在货币需求理论研究的发展进程中是一个重要环节。

费雪通过假设货币需求产生于个人之间彼此交易的需要，把货币需求和经济中的交易量相连接，并直接导出货币需求的宏观模型。费雪的分析是从一个简单的恒等式开始的：在每一次交易中都有买者和卖者，同时对总体经济来说，销售的价值必定等于收入的价值。费雪以 M 表示货币数量，V 表示一年中每一元钱用来购买最终产品或劳务的平均次数，它被称为货币流通速度，p、p'和 p''表示各种不同的商品价格，q、q'和 q''表示各种相应的不同的商品数量，他认为，货币量与其流通速度等于各种不同商品交易的总价格。即：

$$MV = pq + p'q' + p''q'' + \cdots \tag{9-3}$$

其一般形式为：

$$MV = \sum_{i=1}^{n} p_i q_i \tag{9-4}$$

若以 P 作为 q 的加权平均，它既不代表个别物价水平，也不代表简单平均的物价水平，而是代表该时期内市场上以货币进行交换的商品及劳务的加权平均价格指数；以 T 作为 q 的总计，即社会商品交易总量，且不管是否当期生产，只要在当期发生货币交易的均计入，则交易方程可写成：

$$MV = PT \tag{9-5}$$

显然，式（9－5）是一个恒等式，它仅仅描述了这样一个简单的事实：在交易中发生的货币支付总额（货币存量乘上他的流通速度，即 MV）等于被交易商品或劳务的总价值（即 PT）。假定在某一年份中，平均货币余额为 1000 亿元，而平均每元钱又被花费了 8 次，那么在年中发生的货币支付总额就是 8000 亿元。显然，这 8000 亿元也就是这一年内利用货币进行交易的商品和劳务的总价值。反过来，如果某一年的交易总价值达 8000 亿元，那一定意味着每一元货币平均周转了 8 次。

由于所有商品或劳务的总交易量资料不容易获得，而且人们关注的重点往往也在于国民收入，而不是交易总量，所以交易方程式常被写成下面的形式：

$$MV = PY \tag{9-6}$$

式（9－6）中 Y 代表以不变价格表示的一年中生产的最终产品和劳务的总价值，也就是实际国民收入；P 代表一般物价水平（用价格指数表示），因此 PY 即为名义国民收入。

显然，式（9－6）和式（9－5）一样，都是一个恒等式，是宏观经济学中最基本的恒等式之一。既然是恒等式，那就是在任何条件下都成立的，因而也是任何经济学家都必须承认的。那么它们又是如何描述了货币数量论的观点呢？这主要是由于费雪等坚持货币数量论的经济学家对式中的某些变量做出了特殊的假定，从而得出了货币数量论的观点。

首先，费雪认为，在上述等式的四个变量中，货币流通速度 V 是由制度因素决定的，具体地说，它取决于人们的个人习惯、社会支付制度、人口密度、运输条件等。

将货币流通速度视为相对固定的常数具有重要的理论意义。因为如果货币流通速度经常波动的话，货币和交易总价值及名义国民收入就不会有稳定的关系，交易方程式也就变成了一个毫无意义的恒等式（事实上，不少凯恩斯学派的经济学家正是这样认为的）。但是只要货币流通速度是固定的，就意味着名义国民收入完全取决于货币供应量，而这正是货币数量论的主要观点之一。

其次，和许多其他的古典经济学家一样，费雪也认为通过工资和物价的灵活变动，经济会保持在充分就业的水平上，因而实际国民收入 Y 在短期内也将保持不变。由于 V 和 Y 都保持不变，所以货币供应量 M 的变化就将完全体现在价格 P 的变化上。例如，当 M 增加一倍时，P 也将上涨一倍。这样我们可以得出货币数量论的另一重要观点：货币供应量的变化将引起一般物价水平的同比例变化。

费雪虽然更多地注意了 M 对 P 的影响，但是反过来，从这一方程式中也能导出一定价格水平和其他因素不变条件下的名义货币需求量。也就是说，

由于：$MV = PY$

则：$M = PY/V$

在货币均衡的条件下，货币存量 M 就等于人们所愿意持有的货币量（即货币需求量 M^d）。因此我们有：

$$M^d = PY/V \qquad (9-7)$$

费雪进一步认为，交易技术和制度性因素对流通速度的影响是相当缓慢的，因此短期内货币流通速度可以被看做是一个常数。考虑到 V 是一个常数，令 $k = 1/V$，

则有：$M = k \times PY \qquad (9-8)$

式（9－8）就是传统货币数量论导出的货币需求函数。它表明：货币需求完全取决于货币流通速度和名义国民收入。而根据货币数量论的观点，货币流通速度是一个相对固定的量，所以货币需求取决于名义国民收入，利率对货币需求没有任何影响。

（二）现金余额说——剑桥方程式

在欧文·费雪发展货币需求现金交易理论的同时，英国剑桥的一批古典经济学家，包括马歇尔、庇古也在同一领域进行着类似的研究。该学派在研究货币需求问题时，重视微观主体的行为。他们认为，货币是一种资产，处于经济体系中的个人对货币的需求，实质上是选择以怎样的方式保持自己的资产的问题。他们深入探讨哪些因素决定了人们对这种资产的需求，并最终得出货币量和价格水平同比例变动的货币数量论观点。

马歇尔认为，人们通常都将其当期收入的一部分以货币形式储存，但又不会储存过多。因为人们收入的去向不外乎三个方面：一是为了便利和安全储存货币；二是为了享受而购买消费品；三是为了收益而投资。三种用途是相互排斥的，人们究竟在三者之间保持一个什么样的比例，由各自的主观意愿决定。各经济主体在做出多少财富用于货币余额的决定时，除依赖于个人所计划的交易量之外，还随持有货币的机会成本或由于未持有其他资产而放弃的收入而变化（如股票债券能提供货币所没有的利息收入）。此外，名义货币需求会随物价水平成比例变化。持有货币的便利，来自于它在交易中的用处。如果交易对象的商品和劳务的价格增加一定比例，则个人为取得涨价前的相同便利，所持有的一定货币余额也必须同比例增加。

剑桥学派认为，就个人的财富水平来说，交易量和收入量彼此是按稳定的比例变动的。假定其他条件不变，对个人来说，名义货币需求和名义收入水平是成比例的。对整个经济体系来说，也是如此，因此得出剑桥方程式：

$$M_d = K \times PY \tag{9-9}$$

式中：M_d 代表货币需求；K 代表以货币形式持有的财富占名义总收入的比例；Y 代表总收入；P 代表物价水平。

（三）现金交易说和现金余额说的比较及两者的缺陷

比较费雪方程式和剑桥方程式，表面上看，两个模型是相似的，特别是当把费雪方程式中的交易商品量（T）用总名义收入量（Y）代表时，两个模型更是一样的，但实际上，这两个方程式存在着显著的差异，主要有：

1. 对货币需求分析的侧重点不同。费雪方程式强调的是货币的交易媒介功能，着重分析货币的支出流；而剑桥方程式则重视货币的储藏功能，着重分析的是存量，是货币的持有而不是支出。

2. 费雪方程式把货币需求与支出联系在一起，重视货币支出的数量和速度；而剑桥方程式则是从用货币形式保有资产存量的角度考虑货币需求，重视人们持有货币占其收入的比例。

3. 两个方程式所强调的货币需求的决定因素有所不同。费雪方程式用货币数量的变动来解释价格；反过来，在交易商品量和价格水平一定时，也能在既定的货币流通速度下导出相应的货币需求数量。但利率对货币需求没有任何影响。而剑桥经济学家们也经常将 k 看作是一个常数，但在利率能否影响货币需求问题上与费雪学派意见并不一致。剑桥学派认为，个体选择多少货币进行价值储存除了受名义收入的影响外，还受到其他资产收益率和期望回报率的影响。出于种种经济考虑，人们对保有货币有一个满足程度问题，保有货币要付出代价，如不能带来收益等，这是对保有货币数量的制约，微观主体在权衡比较中决定货币需求。显然，剑桥方程式中的货币需求决定因素多于费雪方程式，特别是利率的作用已成为不可忽视的因素之一。

第三节　现代货币需求理论

一、凯恩斯的货币需求理论

英国著名经济学家约翰·梅纳德·凯恩斯（J. M. Keynes 1883—1946）在早期是剑桥学派的一员，1936 年他的《就业、利息和货币通论》出版，标志着其独树一帜的学说的形成，导致了西方的经济学革命。就货币理论而言，凯恩斯在书中提出了以收入支出学说为中心的货币理论，取代了原来占统治地位的货币数量论，是西方货币理论的重大突破和发展。

凯恩斯继承了剑桥学派的分析方法，从资产选择的角度来考察货币需求。所不同的是，凯恩斯没有像他的前辈们那样，在概略地陈述了影响货币需求的各种因素之后，又草率地断定只有名义国民收入才是影响货币需求的主要因素，而是对人们持有货币的各种动机进行了详尽的分析，并进而得出了实际货币需求不仅受实际收入的影响，而且也受利率影响的结论。这一结论隐含着另一个重要的含义，那就是，货币流通速度也是受利率影响的，因而是多变的。

（一）持有货币的动机：流动性偏好

凯恩斯将人们持有货币的动机，称为流动性偏好，所以凯恩斯的货币需求理论也被称为流动性偏好论。

所谓流动偏好即指人们的货币需求行为。因为货币是最具流动性的资产，有货币在手，则机动灵活，放弃货币即放弃机动灵活。凯恩斯认为，人们在得到货币收入后，通常要作两个抉择：一是要决定收入中有多少用于消费，有多少用于储蓄，即存在时间偏好的抉择；二是要决定用于储蓄的那部分收入，究竟以什么形式来储蓄，是以手持货币来储蓄还是以购买有价证券来储蓄，即存在流动偏好的抉择。对于时间偏好的抉择，凯恩斯引入了消费倾向和储蓄倾向的概念。根据收入与消费和储蓄间的关系，他得出了边际消费倾向递减和边际储蓄倾向递增的结论。对于流动偏好的抉择，他分析了人们为什么不以其未消费的那部分收入全部用于购买有价证券以得利息，而要手持一部分不生息的货币，从而归纳出了货币需求即流动偏好的三个动机：交易动机、预防动机和投机动机。相应的货币需求也被分为三部分：（1）交易性需求；（2）预防性需求；（3）投机性需求。

1. 交易性需求。交易性需求指个人生活上或厂商业务上为应付日常的交易支出而愿意持有一部分货币。这是由于货币的交易媒介职能而导致的一种需求。由于收入的获得和支出的发生之间总会有一定的间隔，在这段间隔内，企业或个人固然可以把收入转换成货币以外的资产形式加以保存，但是为支付时的方便起见，仍必须持有一定量的货币。例如当你在月初领到工资之后，不会把它都变成储蓄或定期存款，而总会留出一部分工资以货币（现金或支票存款）的形式保存着，以备日常的开销。这部分货币需求就构成货币的交易性需求。凯恩斯认为，虽然货币的交易性需求也受其他一些次要因素的影响，但它主要还是取决于收入的人小。

2. 预防性需求。货币的预防性需求是指企业或个人为了应付突然发生的意外支出，或者捕捉一些突然出现的有利时机而愿意持有一部分货币。正如凯恩斯所一贯坚持的那样，未来是充满不确定性的，人们不可能把一切支出都计算好，并据此来决定持有多少货币，而总要在日常的支出计划之外，留出一部分机动的货币，来应付诸如生病、原材料涨价之类的突发事件，或者捕捉一些意料之外的购买机会（如商品降价等）。这部分货币需求就构成货币的预防性需求。根据凯恩斯的观点，货币的预防性需求也是同收入成正比的——这一点也不难理解，一个靠工资只能勉强糊口的小职员，又怎么可能为预防起见而在手头持有大量的货币呢？

交易性需求与预防性需求的区别在于：前者持有货币的目的是便于应付日常支出，支出是有规律的、大致确定的；后者持有货币的目的是便于应付意外支出，支出是突发的、不确定的。但两者都注重货币的流通手段职能和支付手段职能，两者都主要取决于收入的大小，为收入的递增函数。凯恩斯以 M_1 代表为满足交易动机和预防动机而持有的货币量，以 L_1，代表由交易动机和预防动机所引起的流动偏好函数，以 Y 代表收入，则函数关系如下：

$$M_1 = L_1(Y) \tag{9-10}$$

凯恩斯把由交易动机、预防动机产生的货币需求统称为交易性货币需求。交易性货币需求的主要特征是：

（1）货币主要充当交换媒介。它主要用于商品交换。货币持有者将货币作为商品交换的媒介，发挥流通手段职能。

（2）交易性货币需求相对稳定，一般可以事先确定，因为在一定时期内用于交易的货币数量、用途和支出时间大体上可以预见，因而货币的需求也相对稳定。

（3）交易性的货币需求是收入的递增函数，其大小与收入和货币的流通速度有关。

（4）交易性货币需求对利率不敏感，由于持币会损失利息收入，所以利率的变化会影响货币需求。但是，交易性货币需求主要用于日常经济活动或生活中必不可少的交易，因此利率损失再大也必须持有一定数量的现金，以保证日常交易得以顺利进行。

3. 投机性需求。凯恩斯关于货币的交易性需求的分析和古典经济学家们没有什么不同；他关于货币的预防性需求的分析虽然强调了不确定性在货币需求中的作用，但是由于它和交易性需求一样，也主要取决于收入的大小，所以上述区分并未对传统的货币需求理论构成实质性的冲击。凯恩斯货币需求理论的真正创新之处在于他引入了对货币的投机性需求的分析，从而强调了利率在货币需求中的影响。这一点对于他的整个宏观经济理论体系也是至关重要的。

所谓货币的投机性需求是指人们为了在未来某一适当的时机进行投机活动而愿意持有一部分货币。决定这部分货币需求的因素是什么呢？为分析方便起见，凯恩斯假定人们可以以两种形式来持有其财富：货币或生息资产，后者可以用长期政府债券作代表。因此，影响财富在这二者之间进行分配的因素也就是影响货币投机性需求的因素。

那么究竟有哪些因素会影响人们在货币和生息资产之间的选择呢？凯恩斯认为，这主要取决于这两种资产分别能给人带来多少预期报酬。他假定，货币的预期报酬率为零。在凯恩斯生活的时代，支票存款是不支付利息的，所以他作出这个假定是很自然的。但实际上我们的目的仅仅是比较两种资产的相对报酬率，货币的预期报酬率是不是真的为零并不重要。和货币不同的是，债券等生息资产却可能有两种报酬：利息和资本利得。

利息收入显然取决于利率的高低。资本利得则是指债券的卖出价和买入价之间的差额，它也是和利率相关的。我们知道，债券的价格是和利率成反向变化的。利率越高，债券的价格就越低，反之亦然。因此，如果你现在买入一张债券，3 个月后利率下降了，你的债券就能升值，你也就可以获得一笔资本利得；反之，如果 3 个月后利率上升，你就必须蒙受资本损失（也就是负的资本利得）。可见，预期资本利得的大小（包括正负）取决于预期的利率波动口那么人们又是如何预测未来利率波动的呢？凯恩斯假定，每个人心目中都会有一个利率的“安全水准”。当利率低于这个安全水准时，人们就会预期它将上升；反之，当利率高于这个安全水准时，人们就预期它将下降。因此，预期资本利得就取决于当前利率与安全利率的偏离程度。

由此我们就至少有两个理由相信，货币的投机性需求与利率成反向变化。

首先，当利率较高时，持有生息资产的利息收入较大；其次，当利率较高时，它高于安全利率，从而在未来时期内下降的可能性也较大，所以持有生息资产获得资本利得的可能性也较大。这两方面因素加起来，就使利率越高，生息资产越有吸引力，货币的投机性需求越小。反之，当利率水平很低时，从生息资产上获得的利息收入还不足以补偿可能的资本损失，所以人们就宁愿持有货币。在极端情况下，当利率水平低到所有人都认为它肯定将上升时，货币的投机性需求就可能变得无限大，任何新增的货币供给都会被人们所持有，而不会增加对债券的需求，结果使利率进一步下降。这就是后人所谓的“流动性陷阱”。对于这种情形是否真的存在，经济学家们有着广泛的争论。

应该注意的是，由于预期资本利得是取决于当前利率与安全利率之间的偏差，而不是当前利率水平，所以当安全利率，也就是人们对利率的安全水准为多少的看法发生变化时，货币的投机性需求，从而整个货币需求与利率的对应关系就要发生变化，也就是货币需求曲线将发生位移。

凯恩斯以 M_2 代表为满足投机动机而持有的货币量，以 L_2，代表由投机所引起的流动偏好函数，r 代表利率水平，则函数关系如下：

$$M_2 = L_2(r)$$

（二）凯恩斯的货币需求函数

根据上述分析，以 M 代表货币需求总量，则整个社会的货币需求可用下列函数关系表示：

$$M = M_1 + M_2 = L_1(Y) + L_2(r) \quad (9-11)$$

显然，由式（9－11）描述的货币需求同实际收入成正向关系，与利率成反向关系。

把利率作为影响货币需求的重要因素考虑进来是凯恩斯的一大创举。在此之前的货币需求理论，要么根本否认利率对货币需求的影响（如现金交易说），要么也只是隐约地提到利率发生作用的可能（如现金余额说）。凯恩斯则将货币需求对利率的敏感性作为其宏观经济理论的重要支点，并以此来攻击传统的货币数量论。

由货币需求对利率的敏感性可以得出下面一系列与货币数量论格格不入的结论：

首先，货币需求是不稳定的。由于市场利率往往有较大的波动，受其影响，人们对货币这种资产的需求也会有较大的波动。而且，由于人们对于安全利率的看法也会发生变化，所以货币需求函数本身也是不稳定的，它会随人们对安全利率看法的变化而发生位移。这样，货币需求与利率和实际收入之间就缺乏稳定的关系。因此，货币需求不仅是波动的，而且是难以预测的。

其次，在货币需求波动较大的情况下，货币流通速度也必然有较大的波动。这一点不难由交易方程式看出来。在货币市场均衡（即货币需求 Md 等于货币供给 M）的情况下可得：

$$\text{货币流通速度 } V = \frac{Y}{L_1(Y) + L_2(i)} \quad (9-12)$$

也就是说，货币流通速度是和实际货币需求成反向关系的。这样，当实际货币需求随利率的涨落而发生波动时，货币流通速度也就随之波动。

在凯恩斯看来，传统货币数量论将货币流通速度视为常数，其错误就在于忽略了货币投机性需求 L_2（i）的存在。只有当 L_2（i）等于零时，货币流通速度才可被视为一个主要由制度因素决定的在短期内变化很小的量。

最后，在货币流通速度波动很大的情况下，货币量 M 与名义收入 PY 之间就不具有稳定的关系，因而名义收入完全由货币量决定的货币数量论观点就不能成立。例如当货币供给增加时，利率将下降，从而实际货币需求上升，由式（9-12）可以看出货币流通速度将因此下降。这样，货币供应量的增加就可能完全为货币流通速度的减小而抵消，从而对名义收入没有任何影响。更进一步讲，在货币流通速度不稳定的情况下，交易方程式虽然是一个随时都成立的恒等式，但其本身并不能说明任何问题。这也是凯恩斯抛弃交易方程式这一分析工具的重要原因。

上述分析表明，货币需求对利率是否敏感是一个重大的理论问题，因此无怪乎后来的凯恩斯主义者和货币主义者在这一问题上展开了长期的争论。

凯恩斯的理论被称为是西方经济理论的革命，在货币理论方面，他有两个突出的贡献：

（1）深入探讨了货币需求动机，提出了以投机需求为中心的流动偏好理论，从而把利率变量引入货币需求函数之中。这一“革命”为中央银行运用利率杠杆调节货币供应量提供了理论依据。凯恩斯主义把货币需求量与名义国民收入和市场利率联系在一起，这就否定了传统数量论者关于货币数量直接决定商品价格说法，使货币成为促进宏观经济发展的重要因素，从而对通过收入政策和利率政策调控货币供应量，促进经济增长有重要借鉴意义。

（2）深入分析了货币的传递机制。货币的传递机制理论作为货币理论的有机组成部分，在凯恩斯以前的货币理论中是论及的。货币的“面纱观”与传统的“两分法”，使货币数量论者对货币的作用不可能有全面深入的认识。19 世纪末期，瑞典学派奠基人魏克塞尔（Wicksell，1851—1926 年）以其积累过程理论，把货币分析引进一般经济分析，成为当代货币传递机制理论的奠基人。凯恩斯比魏克塞尔的进步在于，他直接把利率作为联结货币与产量的纽带，而不借助于物价，更不停留于物价（货币购买力）波动的解释，而是全力分析产量变动的原因。正是由于他的这种分析法，才真正把传统的“两分法”变为“一元论”。

二、凯恩斯货币需求理论的发展

20 世纪 50 年代，一些凯恩斯学派的经济学家在深入研究凯恩斯的货币理论时发现，凯恩斯的货币需求理论还存在一些缺陷，他们提出了许多新的理论。这些新理论有一个共同的特点，那就是都突出地强调了利率对货币需求的影响。

（一）交易性货币需求理论的完善：平方根定律

凯恩斯把货币需求分析为交易性货币需求与投机性需求，前者取决于收入所得，与利率无关。但一些凯恩斯学派的经济学家发现，实际情况并非如此，利率对交易性货币需求也有较大影响。任何经济主体的经济行为都以收益的最大化为目标。因此，在货币收入取得和支用之间的时差内，没有必要让所有用于交易的货币都以现金形式存在。人们可以把暂时不用的现金转化为生息资产的形式，待需要时再变现。

出于这一情况，美国经济学家鲍谟于 20 世纪 50 年代初首先深入研究了交易性货币需求与利率的关系。以后，托宾也论证了货币的交易性需求同样受到利率变动的影响。进而提出了为西方经济学界广泛接受的鲍谟——托宾模型（简称鲍谟模型）。

鲍谟在分析时假定：

1. 人们有规律地每隔一定时间获得一定量的收入（Y），而支出的数量事先可知且连续和均匀的，即人们的交易活动在一定时期内是可以预见的，而且收支是有规律的。

2. 人们将现金换成生息资产采取购买短期债券的形式，因为短期债券具有容易变现和安全性强等特点。

3. 每次变现（出售债券）与前一次的时间间隔及变现量（k）都相等。

鲍谟认为，一个企业的现金余额通常可以看做一种货币的存货，这种存货能够被其持有者随时用来进行交换，而保存任何存货都将耗费成本。保存现金的成本有两项：一是获得现金时（出售债券）所支付的手续费（b）；二是保持现金所损失的利息（以 r 表示利率）。根据假定（1），支出是一个不变的常量，因此在整个支出期间内的平均交易余额为 $k/2$，所以利息成本为 r（$k/2$）。以 C 代表保有现金的总成本，则人们持有现金的成本等于将有息资产转换为现金的实际成本（手续费、花费的时间等，鲍谟称之为“佣金”或“重置成本”）和持有现金丧失的利息收入之和，即：

C = 将有息资产转换为现金的实际成本 + 持有现金丧失的利息

其代数表达式为：

$$C = bY/k + rk/2 \tag{9-13}$$

鲍谟认为，所有的现金持有者都是理性的，他们必须获得持有现金的最低成本。为了求得 C 为极小时的 k 值，对 k 求一阶导数。并令其为零：

$$\frac{\partial C}{\partial k} = -\frac{bY}{k^2} + \frac{r}{2} = 0$$

解得：

$$k = \sqrt{\frac{2bY}{r}} \tag{9-14}$$

即每次将债券转换为现金的数额为 $\sqrt{2bY/r}$ 时，持有现金的总成本最小。由于人们的平均手持现金余额为 $k/2$，所以，最适宜的现金持有额为 $\frac{1}{2}\sqrt{2bY/r}$，即：

$$M = \frac{k}{2} = \frac{1}{2}\sqrt{\frac{2bY}{r}} \tag{9-15}$$

式（9－15）即为著名的平方根公式，它表明，当交易量（Y）或（和）佣金（b）增加时，适宜的现金持有额 M 将增加；而当利率 r 上升时、M 则下降。该式表明，交易性货币需求在很大程度上受利率变动的影响。

鲍谟模型自20世纪50年代产生以来，一直受到西方经济学界的重视，对西方货币理论产生了重大影响。

第一，鲍谟证明了交易性货币需求在很大程度上受利率变动的影响。这一论证不仅为凯恩斯主义的以利率作为货币政策的传导机制的理论进一步提供了理论依据，而且向货币政策的制定者指出，货币政策如果不能影响利率，那么它的作用将会是十分有限的。

第二，根据平方根公式，假定利率和物价水平不变，增加一定的货币将导致 Y 的更高比例的增加，因为货币的交易需求与 Y 的平方根成正比。鲍谟的理论因此强调了货币政策的重要性。

第三，鲍谟的理论不仅阐明了 Y 的变化与交易性货币需求变化的数量关系，而且间接地说明了物价的变化与交易性货币需求变化的关系。这对于最适度的货币供应量和保持货币市场的均衡，具有一定的参考价值。

当然，鲍谟的理论也不尽完善，主要是该理论对利率变动与交易性货币需求变动的数量关系的描述不一定十分准确，这一点以后已被其他经济学家，如布伦纳（K. Brunner）、米勒（M. H. Miller）和奥尔（D. Orr）等的实证研究所证实。但是，鲍谟模型中的数量关系所揭示的定性分析，无疑对后来的研究者具有相当的启发性。

（二）预防性需求理论的进一步完善：惠伦模型

凯恩斯的货币需求理论不仅认为交易动机的货币需求与利率的大小无关，而且还认为，预防动机的货币需求也不受利率变动的影响。鲍谟的理论已经证明，凯恩斯的第一个论点不能成立。1966 年，美国经济学家惠伦发表的研究证明，凯恩斯的第二个论点也不能成立。

惠伦认为，预防性货币需求来自于事物的不确定性。一个人无法保证他在某一时期内的货币收入和货币支出情况同先前所预料的完全一致。因此，人们实际保有的货币通常会比预期所需要的多一些，其中的超额部分，即来自于预防动机的货币需求。

惠伦在其研究中分析了影响最适度预防性货币需求的三个主要因素：一是非流动性成本，它是指“因低估在某一支付期间内的现金需要而造成的后果的严重性”，即少持有或不持有预防性货币余额而可能造成的损失；二是持有预防性现金余额的机会成本，它指为持有这些现金而需放弃的一定的利息收入（类似于鲍谟理论中的持有交易性现金余额的机会成本）；三是收入和支出的平均值变化的情况。前两项成本构成了持有预防性现金余额的总成本。

现在，货币持有者面临的两难选择是：如果他为预防不测有较多的货币，则减少了预期非流动性成本，但同时却增加了持有预防性现金余额的机会成本。反之，如果他持有较少的预防性现金余额，则减少了持有预防性现金余额的机会成本，但提高了非流动性的成本。所以，利润最大化目标是选择一个最适度的预防性现金余额，以使两种成本之和降至最低。

假设 r 为利率，M 代表预防性现金的平均持有额，则持有预防性现金余额的机会成本为 $M\times r$。以 C 代表每次将非现金资产转换成现金的费用（假定 C 不受转换量的影响），N 为一定时期内这种转换的可能次数。则预期非流动性的成本为 $N\times C$。以 Tc 代表总成本，有：

$$Tc = M\times r + N\times C \qquad (9-16)$$

现在，惠伦需要解决的是如何确定 N 值。按一般常规，只有当一定时期内支出和收入的差额（净支出）大于该时期内预防性现金的持有额时，才需要将非现金转换为现金。为了求得出现净支出超过预防性现金余额的可能性（出现概率），惠伦引用了奇比切夫（Tchebycheff）不等式定理。根据该定理，一个变量偏离其中位数（偏离度为其标准偏差与乘数 K 的乘积）的概率等于或小于 $1/K^2$。在惠伦理论中，这一变量就是净支出。由于假设人们的长期目标是花费掉所有的收入，故净支出分布的期望值趋于零，亦即净支出的中位数为零。这样，所求概率实际上就是偏离零的概率。以 S 表示净支出分布的标准差，K 为它的一个乘数，M 为预防性现金余额，则有：

$$M = K \times S \tag{9-17}$$

该式表示，支出与收入之间的差额（即净支出偏离其中位数的值），需由预防性现金余额来弥补。

根据特奇比切夫不等式定理，净支出超过预防性现金余额的概率为：

$$N \leqslant \frac{1}{K^2} \tag{9-18}$$

将（9－17）式变换代入上式，可得：

$$N \leqslant \frac{1}{(M/S)^2} \tag{9-19}$$

惠伦假定，持币者都是风险回避者，所以，“在估计净支出超过预防性现金余额的可能性时，最保守的估计应是对于预防性现金管理的最适当的估计”。由此式（9－19）转化为：

$$N = \left(\frac{S}{M}\right)^2 \tag{9-20}$$

则持有预防性现金余额的总成本为：

$$T_c = M \cdot r + \left(\frac{S}{M}\right)^2 \cdot C \tag{9-21}$$

对 M 求一阶偏导数，并令其为零：

$$\frac{\partial T_c}{\partial M} = r - \frac{2S^2}{M^3} \cdot C = 0 \tag{9-22}$$

解得：

$$M = \sqrt[3]{\frac{2S^2 C}{r}} \tag{9-23}$$

式（9－23）表明，最适度预防性现金余额大小与三个变量的变化成立方根关系，这三个变量是：（1）净支出分布的方差 S^2；（2）非流动性成本 C；（3）持有现金余额的机会成本率 r 的倒数。

惠伦理论的结论是：预防性货币需求也受利率变动的影响。

根据惠伦和鲍谟的结论，凯恩斯的货币需求函数应被修正为：

$$M = L_1(r,Y) + L_2(r) \tag{9-24}$$

或进一步简化为：

$$M/P = L(r,Y) \tag{9-25}$$

该式也就是凯恩斯学派的货币需求函数，它表明，实际货币需求由利率和收入两个因素共同决定。

（三）投机性货币需求理论的发展：托宾的资产选择理论

凯恩斯的货币需求理论不能说明人们为什么同时持有货币和债券。凯恩斯一方面认为公众对“均衡利率”持有一种“点预期”当实际利率低于该点时，投资者就不愿意持有任何债券，而实际利率高于该点时，投资者就会将其全部资产都转向债券；另一方面，他假定预期利率不可能无限期地持续地高于以往水平，以此来解释公众在高利率时的现金需求，托宾把这称为利率预期的黏性。托宾放弃了这种“利率预期的黏性”的假定，用投资者逃避风险的行为来解释流动性偏好。

托宾认为，资产的保存形式不外乎两种：货币和债券。持有债券可以得到利息，但也要承担由于债券价格下跌而受损失的风险，因此债券称为风险性资产；持有货币虽然没有收益，但也不必承担风险（物价变动情况例外），故货币称为安全性资产。一般来说，如果某人将其资产全部投入风险性资产，那么他的预期收益达到最大，与此同时他的风险也达到最大；如果某人的所有资产都以货币形式保存在手里，他的预期收益和所要承担的风险都等于零；如果他将资产分作货币和债券各一半，那么他的预计利益和风险就处于中点。由此可见，风险和收益是同方向变化、同步消长的。

面对同样的选择对象，由于人们对待风险的态度不同，就可能做出不同的选择决定。据此，托宾将人们分成三种类型：一是风险回避者。这部分人注重安全，尽可能避免风险；二是风险爱好者。这部分人喜欢风险，热衷追逐意外收获；三是风险中立者。这部分人追求预计收益也注重安全，当预计收益比较确定时，他们可以不计风险。

托宾认为，现实生活中后两种人只占少数，绝大多数人部属于风险回避者，资产选择理论就以他们为主进行分析。

托宾认为，作为风险回避者按照效用最大化原则选择其资产组合而不仅仅是考虑收益最大化。在他看来，收益给人们带来正效用，风险带来负效用。正效用随收益的增加而增加，但收益的正效用随着收益的增加以递减的速度增加，随风险的增加而减少。风险的负效用随着风险的增加而增加。若某人的资产构成只有货币而没有债券，则为了获得收益，他会把一部分货币换成债券，因为减少了货币在资产中的比例就带来收益的正效用。但随着债券比例的增加，债券收益的边际正效用递减而风险的负效用递增，当新增加的债券带来的收益正效用与风险负效用之和等于零时，他就会停止将货币换成债券的行为，这时他的资产组合就达到一种均衡状态。同理，若某人的全部资产都是债券，因其风险太大而使其总效用低，为了安全，他就会抛出债券而增加货币持有额，直到债券风险带来的边际负效用与收益带来的边际正效用之和等于零时为止。正因为人们追求效用的最大化而不仅仅是收益的最大化，才导致了人们资产持有的多样化，这就是所谓的“资产分散化原则”。这一理论解释了：

1. 在不确定状态下人们同时持有货币和债券即资产多样化的原因，以及对各种资产在量上进行选择的依据。

2. 货币投机需求与利率之间存在着反方向变动的关系。当利率上升时，债券的收益率就会上升，但却不会因此而增加持有债券的风险，因此，投资者就会减少货币需求而增购债券。反之，当利率下降时，虽不增加债券的风险，但却减少了债券的收益，这样就促使投资者把一部分债券转换成现金。

3. 货币投机需求的变动是通过人们调整资产组合实现的。这是由于利率的变动引起预期收益率变动，破坏了原有资产组合中风险负效用与收益正效用的均衡，人们重新调整自己资产组合的行为，导致了货币投机需求的变动。

三、新剑桥学派的货币需求理论

新剑桥学派的主要代表人物为琼·罗宾逊和卡尔多等。该理论主要体现在把凯恩斯的货币需求动机的分类加以扩展。凯恩斯认为人们的货币需求动机有三种，即交易动机、预防动机和投机动机。新剑桥学派认为，随着经济的发展，仅这三种动机不能全部说明现实状况，他们提出了货币需求七动机说，并对各类货币需求的特征和影响作了分析：

1. 产出流量动机。该动机指的是，当企业决定增加产量或扩大经营规模时所增加的对货币的需求。此项需求相当于凯恩斯的交易需求，由企业的行为决定。

2. 货币—工资动机。这种货币需求是由货币—工资主张的连带效应造成的。在现代经济中，通货膨胀是一种普遍现象，当货币量增加以后，往往连带着工资的增长。

3. 金融流量动机。该动机是指人们为购买高档消费品需要储存货币的动机。人们在实际购买高档消费品之前一般要有一个积蓄货币的时间。

4. 预防和投机动机。该动机指的是，保留在手中的超出交易需求以备不时之需和等待时机进行投机的货币。

5. 还款和资本化融资动机。该动机指的是，个人或企业为按时偿还债务、支付利息等原因持有货币的动机。

6. 弥补通货膨胀损失的动机。该动机指的是，在通货膨胀物价上涨、货币贬值发生时，人们为维持原有的生活或生产水平而持有货币的动机。

7. 政府需求扩张动机。该动机指的是，政府的赤字财政政策和膨胀性货币政策所产生的扩张性货币需求动机。

实际上可以把上述七种动机归纳为三类：第一类商业性动机，包括产出流量动机、货币—工资动机和金融流量动机。这类动机和生产流通活动相联系，它主要取决于人们收入中的支出部分，包括实际的消费支出和实际的投资支出。第二类投机性动机，包括预防和投机动机、还款和资本化融资动机和弥补通货膨胀损失的动机。第三类公共权力动机。这是因为政府的财政赤字政策和膨胀性货币政策所产生的扩张性货币需求动机。

凯恩斯的后继者对凯恩斯货币需求理论的发展，总的来说是增大了利率在货币需求函数中的分量，同时也引进了一些其他因素，力求使货币需求的研究同现实生活比较接近。

四、弗里德曼的货币需求理论

（一）弗里德曼货币需求理论的内容

弗里德曼（Milton Fridman）是现代货币主义的代表人物。弗里德曼的货币需求理论（1956 年）是在继承剑桥学派现金余额学说的基础上，吸收了凯恩斯的流动偏好学说而形成和发展起来的。弗里德曼继承了凯恩斯等人把货币视为一种资产的观点，从而把货币需求当作财富所有者的资产选择行为来加以考察。所不同的是，他不像凯恩斯那样，用债券来代表所有货币之外的金融资产，从而把资产选择的范围限定在货币和债券之间，而是把债券、股票，以及各种实物资产都列为可替代货币的资产，从而将资产选择的范围大大扩大，并从中得出了与凯恩斯主义者截然不同的结论。

弗里德曼研究货币需求理论的思路也与凯恩斯学派不同，他抛弃了从人们保有货币的动机出发来研究货币需求的方法，而只是把货币作“一种资产，一种持有财富的方式”，或“一种（提供生产劳务的）资本货物”，“如同债券、股票、房屋和耐用消费品等等一样”。所以，弗里德曼认为“货币需求理论是资本理论中的一个特殊论题”。弗里德曼认为，人们的货币需求与消费者对商品的选择一样，受收入水平、机会成本和效用等三种因素的影响。

1. 收入或财富对货币需求的影响。财富总额对货币需求的影响。作为资本理论的直接运用，弗里德曼将个人的财富总额视为货币需求的主要决定因素。他这里所指的财富是从最广泛和最普遍意义上来说的财富。因此，财富总额包括收入或消费劳务的所有来源，其中之一是人类的生产能力（即人力财富），它成了保持财富的形式之一。一般来说，个人所持有的货币量，不会超过其财富总额。财富可以用收入来表示，但不能用即期收入代表财富，因为即期收入受不规则的年度波动影响带有较大的片面性。因此，弗里德曼使用“恒常收入（Permanent income）”概念。恒常收入是一个人在相当长时间内获得的收入流量，相当于观察到的过去若干年收入的加权平均数（弗里德曼认为在其模型中，恒常收入可用货币需求解释变量中的四种资产——货币、债券、股票和非人力财富的总和作为代表性指标）。从这一观点出发，利率（贴现率）就表示财富存量与收入流量之间关系，可以视为财富收入的资本化价值。若以 Y 表示收入流量总额，r 表示贴现率，则财富总额 $=\dfrac{Y}{r}$。

财富结构对货币需求的影响。弗里德曼把财富划分为非人力财富与人力财富。人力财富是指个人获得收入的能力，包括一切先天的和后天的才能与技术。非人力财富是指物质财富，如房屋、机器、耐用消费品等。非人力财富具有较高的替代性，而人力财富的市场则是不完全的，尤其在经济不景气时，更难将人力财富转变为收入。因此，为了应付可能发生的人力财富的滞销，人力财富在总财富中所占比例越大，处于审慎动机对货币的需求也就越大；而非人力财富所占比例越大，对货币的需求也就越小。这样，非人力财富占个人总财富的比率与货币需求为负相关关系。

2. 持币的机会成本对货币需求的影响。弗里德曼认为，货币和其他资产一样，对其持有者提供劳务流量（a flow of service）。它可以是货币收益，也可以是便利、安全感等。于是，因持有货币而放弃的其他资产所提供的劳务就成了持有货币的机会成本，这些机会成本的大小自然会影响到人们的持币需求。所以货币的预期收益（r_m）就成为持有货币的机会成本，另外由于债券、股票和实物资产被弗里德曼视为货币的主要替代品，这三种资产的收益也成了持币的机会成本。

债券的收益由利息和因债券价格变动所引起的资本增值（可正可负）两部分组成。假定持有价格为1元的债券所获得的年息收入为r_b，则年息为1元的债券的价格为$1/r_b$。弗里德曼将r_b称为债券的市场利率，并由此将保持价格为1元的债券的收益近似地表示为：

$$r_b - \frac{1}{r_b}\frac{dr_b}{dt} \tag{9-26}$$

式中，t为时间。

同样，可以认为，股票持有人的名义收益具有三种形式：在价格不变条件下，每年获得的固定股息量；价格变动后，该名义量的增量或减量；以及随时间推移而发生的股票名义价格的变动，这一变动由利率或价格水平的变动而导致。以r_e表示股票市场相对应的利率，则以股票形式保有1元财富的收益可以近似表示为：

$$r_e + \frac{1}{p}\frac{dp}{dt} - \frac{1}{r_e}\frac{dr_e}{dt} \tag{9-27}$$

式中，P为价格水平。

货币的另一种主要替代品——实物资产的收益，取决于物价水平的变动。1元实物资产的收益为：

$$\frac{1}{p}\frac{dp}{dt} \tag{9-28}$$

3. 效用（个人对财富持有形式的偏好）对货币需求的影响。对于经济主体来说，持有货币既可便利日常交易，又可以应付不测之需，还可以抓住获利的机会，这就是货币所提供的效用。这些效用虽然无法直接测量，但人们的感觉和现实证明它确实存在。这种流动性效用以及影响此效用的因素，如社会的富裕程度、取得信贷的难易程度、社会支付体系的状况以及人们的嗜好、兴趣等，均是影响货币需求的因素。就个人对财富的持有形式的偏好来说，一般视为不变。但它们在客观环境发生变化时也会发生变化，例如，战争时期以货币形式保有的财富的比例会增大；严重通货膨胀时期，人们可能更乐意保持实物资产。所以，这种偏好的变动也会对货币需求产生影响。

综上所述，弗里德曼将货币需求的决定因素归结为七种：价格水平（p）、债券的预期收益 $\left(r_b - \frac{1}{r_b}\frac{dr_b}{dt}\right)$、股票的预期收益 $\left(r_e + \frac{1}{p}\frac{dp}{dt} - \frac{1}{r_e}\frac{dr_e}{dt}\right)$、实物资产的预期收益 $\left(\frac{1}{p}\frac{dp}{dt}\right)$、非人力财富占总财富的比例（w）、财富总额 $\left(\frac{Y}{r}\right)$ 和财富持有者对各种财富持有形式的偏好（u）。据此，可以得到如下货币需求函数[①]：

$$M = f\left(p, r_b - \frac{1}{r_b}\frac{dr_b}{dt}, r_e + \frac{1}{p}\frac{dp}{dt} - \frac{1}{r_e}\frac{dr_e}{dt}, \frac{1}{p}\frac{dp}{dt}; w; \frac{Y}{r}; u\right) \tag{9-29}$$

弗里德曼的货币需求函数中包含了三种利率，即两种特定种类资产的利率：债券利率 r_b 和股票相对应利率 r_e，以及一般利率 r。"这个一般性的利率 r 将被解释为两种特殊利率加上适用于人力财富与实物商品利率的某种加权平均数。鉴于后两种利率不能直接观察到，所以，将它们看作是以某种系统的方式随 r_b 与 r_e 的变化而变化，这可能是最好的解决办法。在这一假设之下，我们可以将作为附加的显变量 r 予以省略，而将它的影响在 r_b 和 r_e 中充分考虑。"[②]

如果再假定两种特定资产利率 r_b 和 r_e 波动预期是一致的，债券与股票有充分替代性，则套利将使得：

$$r_b - \frac{1}{r_b}\frac{dr_b}{dt} = r_e + \frac{1}{p}\frac{dp}{dt} - \frac{1}{r_e}\frac{dr_e}{dt} \tag{9-30}$$

或者，若假定利率保持稳定，或利率以相同百分比变动，则有：

$$r_b = r_e + \frac{1}{p}\frac{dp}{dt} \tag{9-31}$$

即"货币"利率等于"实际"利率加上价格变动的百分比[③]。

现若再考虑实际货币需求，根据假定，弗里德曼的货币需求函数可以简化为：

---

① 米尔顿·弗里德曼主编：《货币数量论研究》，中国社会科学出版社 2001 年版，第 9 页。

② 同上。

③ 同上。

$$\frac{M}{P}=f(r_b,r_e,\frac{1}{p}\frac{dp}{dt};w;\frac{Y}{P};u) \qquad (9-32)$$

或进一步简写成：

$$\frac{M_d}{p}=f(Y_p,r) \qquad (9-33)$$

在上述模型中，弗里德曼认为货币需求解释变量中的四种资产——货币、债券、股票和非人力财富的总和即是人们持有财富总额，其数值大致可作为恒常收入 Y 的代表性指标。

（二）弗里德曼货币需求理论的特点

弗里德曼货币需求理论的最主要的特点，是强调货币需求与其决定因素之间存在稳定的函数关系。货币需求函数的稳定性是由以下因素决定的：

1. 影响货币需求和货币供给的因素是相互独立的。弗里德曼认为，影响货币供给的若干主要因素，比如金融制度和金融政策，对货币需求没有什么影响，货币需求的变化主要受货币需求函数中的变量的影响。

2. 货币需求函数中的许多变量自身就具备相对的稳定性。在弗里德曼货币需求理论中，恒常收入与利率是影响货币需求最主要的因素。弗里德曼经过实证分析认为，货币需求对利率变化的敏感性较差，其利率弹性很低，仅为 -0.15，即利率每增加 1%，货币需求只减少 0.15%。因此，利率的波动性虽较大，但对货币需求的影响较弱。弗里德曼同时还认为，市场利率并不是变幻莫测的，根据瓦尔拉斯的一般均衡理论，市场利率可以由投资者通过一定的方法来预测。除预期利率外，预期价格变动和其他资产的预期收益率等也都可通过统计方法来得到。货币需求与其决定变量—财富总量、各种资产的预期报酬率、物价变动率等之间存在着稳定的函数关系，而不会发生难以预料的急剧变化因此，货币需求也是相对稳定的。此外，货币需求函数中的 w、u 等，也具有相当的稳定性；$\frac{1}{p}\frac{dp}{dt}$ 也只在很少情况下才影响货币需求。

弗里德曼货币需求稳定性的结论，使他的理论具有较大的政策意义：由于货币需求是稳定的，中央银行就不应该采取货币需求管理的政策，而应该采取货币供给的管理政策。货币供给应配合货币需求，由于货币需求是稳定的，因而货币供给也应该是稳定，中央银行应采取稳定的货币政策。弗里德曼的“简单规则”由此产生。

（三）弗里德曼货币需求理论与凯恩斯货币需求理论的比较

经过简化的弗里德曼货币需求函数，其形式上似乎同凯恩斯的货币需求函数 $M_d = f(Yp, i)$ 基本相同，尤其是自变量十分相似。其实，两者存在较大的差别，主要表现在：

1. 凯恩斯认为货币需求受未来利率不确定性的影响，因而不稳定；而弗里德曼则强调货币需求的稳定性。

2. 两者强调的重点不同。凯恩斯的货币需求函数非常重视利率的主导作用。凯恩斯认为，利率的变动会直接影响到就业和国民收入的变动，最终必然影响货币需求量。而弗里德曼则强调恒常收入对货币需求的重要影响，认为利率对货币需求的影响是微不足道的。

3. 由于上述的分歧，导致凯恩斯主义与货币主义在货币政策传导变量上发生分歧，凯恩斯认为应是利率，而货币主义则坚持认为是货币供应量。

第四节　货币需求的经验研究

前面三节介绍的货币需求理论，有的互为补充，有的彼此对立，这种对立在凯恩斯主义和货币主义之间表现的尤为明显。要对这些对立的理论作出适当的评价，仅仅停留在理论的层次上是不行的，因为它们在逻辑上都是合理的，我们很难据此分出它们的优劣，最好的办法就是对其进行经验研究，看看哪一种理论对现实有更强的解释、预测能力。这些都属于经验研究（Empirical Study）的内容。

关于货币需求的经验研究数不胜数，在这里主要介绍以下两个方面的经验研究：（1）货币需求对利率的敏感性；（2）货币需求函数的稳定性。

一、关于货币需求对利率的敏感性

较早对这一问题进行经验研究的是詹姆斯·托宾，他把货币分为交易额和闲置余额，并利用 1922 年至 1941 年建的美国经济资料证明，闲置金额确实和利率成明显的负相关关系。托宾由此推论说货币需求对理论是敏感的。

托宾的研究在方法论上存在一定的问题，那就是交易余额与闲置余额实际上是很难划分开来的，而且正如他自己后来的理论所证明的那样，交易型需求实际上也受到利率的影响。但是货币需求具有利率敏感性的观点却为后来的大量经验研究，包括货币主义者进行的经验研究所证实。（唯一的例外是弗里德曼的一次研究，但后来证明他在那次研究中所使用的方法是有问题的。）

Bron - fenbrenner etal（1960）利用美国1919—1956年的数据实证研究发现，全部货币需求的利率弹性还不到0.1，比闲置余额需求的利率弹性小得多，这也证明了他们关于只有闲置余额的需求才对利率有较大反应的论断；Laidler（1962）利用1892—1960年的美国资料实证结论发现，货币需求对利率具有敏感性；Meltzer（1963）利用美国1900—1958年间的资料实证认为：利率和非人力财富这两个变量几乎可以解释所有能观察到的货币余额的变化，利率和非人力财富在长期货币需求函数中起着差不多相同的作用；英国经济学家大卫—莱德勒（David Laidle）利用1892—1960年的美国资料研究得出：货币需求对利率具有敏感性。

上述结果表明，在货币需求对利率是否敏感这一问题上，凯恩斯主义的观点也许更符合实际。但货币需求对利率的敏感性是否会无限增大，以至出现所谓的“流动性陷阱”，致使货币供给的变动完全不影响名义收入呢？答案几乎是完全否定的。莱德勒及其他一些经济学家的研究证实，在利率下降时，并不存在货币需求利率弹性增大的倾向。

二、关于货币需求函数的稳定性

货币需求的稳定性主要考察货币需求与其相关的解释变量（包括利率）之间的对应关系是否会随着环境的改变而发生较大的改变的问题，也就是说，在某一时间、某一地区估计出来的货币需求经验公式能否被用于另一时间或地区的货币需求估计的问题。只有当货币需求函数本身较为稳定，不会发生预测不到的大幅度改变，它才可能具有较强的理论或实践意义。

包括货币主义在内的一些学者所做的实证研究结果表明，在20世纪70年代中期前，货币需求函数基本上是稳定的。但20世纪70年代中期以后，根据传统货币需求函数所做的估计显著地大于实际的货币余额，从而出现所谓的“失踪货币”现象。20世纪70年代以后，一些国家面临供给冲击（如石油危机）、严重且不稳定的通货膨胀和高利率，出现经济衰退和通货膨胀并发的“滞胀”格局。与此同时，布雷顿森林体系崩溃后西方国家普遍推行浮动汇率制，金融创新和放松金融管制导致市场规制等制度层面出现深刻变革。在20世纪80年代，伴随可观察的货币流通速度的下降，根据现有的美国的货币需求模型估测的货币余额持续的低于实际值。

传统货币需求函数解释力的下降促使经济学家们寻找新的稳定的货币需求函数形式。这种努力主要朝着两个方向展开，一种是对原有货币需求函数的各种变量、函数形式重新考察。例如，将传统的货币定义（M_1）扩大到 M_2、M_3，甚至 L。事实上，确实有研究表明，近年来 M_2 需求函数比 M_1 更为稳定。另一种是试图引入新的变量以体现金融创新和放松管制的影响，对货币需求函数内容做更多地修正。但是这方面的研究仍未取得真正令人满意的结果。

总之，在 20 世纪 70 年代中期以来，传统的货币需求函数以及变得很不稳定，经济学家寻求新的稳定的货币需求函数的努力也没有取得令人满意的结果，这对货币需求函数在实际操作中的有效性提出了质疑，同时也对货币主义理论构成了挑战。

本章小结

货币需求是指宏观经济运行以及微观经济主体对货币的需求。货币需求表现形式多种多样，从不同角度对其进行分析。

在货币需求分析中，通常关注三类因素：一类为规模变量，主要指的是收入；一类为机会成本变量，主要包括利率与预期通货膨胀率；第三类称为其他变量，如制度因素等。

传统的货币需求理论中，马克思的货币需求理论集中反映在其货币流通公式中。费雪交易方程式是就国民经济总体而论的，说明一国商品与劳务的交易总值（PT）同交换过程中的货币流通总量（MV）的恒等关系。剑桥学派在研究货币需求问题时，重视微观主体的行为。

现代货币需求理论中，凯恩斯的流动性偏好理论分析了人们持有货币的三大动机，即交易动机、预防动机和投机动机。凯恩斯认为，交易性的货币需求是收入的增函数，而投机性的货币需求则是利率的减函数。

凯恩斯的货币需求理论仅认为投机动机的货币需求与利率的大小有关，而交易动机和预防动机的货币需求不受利率变动的影响。凯恩斯理论的继承者对此提出了修正。具有代表性的研究成果一是鲍谟的交易性货币需求对利率相当敏感的“平方根定律”，二是惠伦的预防性货币需求也受利率影响的“惠伦理论”；三是托宾的多样化资产选择对投机性货币需求影响的“资产选择理论”。

弗里德曼货币需求理论的最主要的特点，是强调货币需求与其决定因素之间存在稳定的函数关系。在货币政策传导变量上，弗里德曼强调恒常收入对货币需求的重要影响，认为利率对货币需求的影响是微不足道的。

上述货币需求理论，有的互为补充，有的彼此对立，这种对立在凯恩斯主义和货币主义之间表现的尤为明显。要对这些对立的理论做出适当的评价，仅仅停留在理论的层次上是不行的，因为它们在逻辑上都是合理的，我们很难据此分出它们的优劣，最好的办法就是对其进行经验研究，看看哪一种理论对现实有更强的解释、预测能力。因此，涌现出许许多多的关于货币需求的经验研究就是一件很自然的事。

关键词：货币需求　货币存量　货币流量　货币替代性　货币流通速度　费雪方程式　交易动机　预防动机　投机动机　平方根定律　恒常收入　持币的机会成本

思 考 题

1. 决定货币需求的主要因素有哪些？

2. 一个一无所有的穷人希望拥有足以维持其温饱的货币，他的这种愿望是否构成经济学家所谓的货币需求？

3. 如果在某一年内，经济中平均的货币存量 1 万亿元，货币的收入流通速度为 5 次，则该年的名义国民收入为多少？若该年的货币收入流通速度为 5.5 次呢？

4. 剑桥学派是如何从货币需求的角度得出货币数量论的观点的？如果把剑桥方程式的 k 看成 $1/V$，它就和费雪的货币需求函数在形式上是完全一样的，这是否说明它们在内容上也是完全一样的？

5. 谈谈凯恩斯货币需求理论的特色和凯恩斯对货币需求理论发展的贡献。

6. 为什么凯恩斯认为，如果货币的投机性需求为零的话，货币流通速度就可被视为由制度因素决定的一个常数？如果考虑到凯恩斯的后继者们对他的理论的发展，这一说法还能成立吗？

7. 货币需求函数中的机会成本变量主要有哪些？它们对货币需求有何

影响？

8. 弗里德曼是如何得出货币需求对利率不敏感的结论的？

9. 在发达的市场经济中，利率对货币需求的大小起着重要的作用。试举这一规律的实际应用。

第十章 货币供给

本章概要：本章中，我们主要了解和掌握货币供给的形成机制。本章内容分为五节，第一节阐述信用货币范围及其层次划分标准，介绍美国、日本、英国、中国以及国际货币基金组织对货币供给层次划分口径；第二节阐述基础货币的构成及其影响因素，剖析中央银行投放基础货币的渠道和投放机制；第三节阐述存款货币信用创造的前提条件，剖析商业银行存款货币创造机制；第四节推导货币供给模型，据此分析货币乘数的影响因素；第五节讨论货币供给的外生性和内生性问题。

第一节 信用货币的范围及层次划分

一、信用货币的范围

在金属货币制度背景下，人们普遍认为货币的范围局限于金属货币。尤其是在银行券由商业银行分散发行的时代，人们甚至不把银行券作为货币，而只是把它当做向银行兑换金属货币的凭证。直到各国相继成立垄断银行券发行的中央银行，人们才开始认为银行券与金属币一样都是货币，只是表现形式不一样罢了。但当时人们的货币观念仍只停留在现金上。

随着银行信用的不断发展和金融服务范围的不断扩张，支付制度发生重大变化。除了小额的商品零售使用现金外，大宗的商品交易一般通过银行转账结算进行，从而使能够用于转账结算的支票存款成为货币供给不可或缺的组成部分。

技术进步和金融创新的日益发展，使信用货币的范围进一步扩大。银行卡包括借记卡和贷记卡的不断推广，使银行卡成为现代经济中重要支付手段。大额定期存单（CD_S）和可转让提款单（NOW）等的广泛使用，使一些大银行定期存款和储蓄存款具有活期存款的功能。

金融市场的迅速发展，极大地提高了各种金融资产的变现能力。债券、股票、保险单等金融资产同现金之间再也不存在什么不可逾越的鸿沟，它们可以相互转化。这样，货币的范围迅速从现金、活期存款扩大到大额存单、储蓄存款、定期存款以及各种有价证券等范畴。

可以预见，随着银行信用制度的不断发展以及现代科学技术在银行经营中的广泛应用，信用货币的范围还将进一步扩大。

二、货币层次的划分标准

虽然现金货币、存款货币和各种有价证券均属于货币范畴，但它们的流动性是不相同的。现金和活期存款是直接的购买手段和支付手段，随时可以形成现实的购买力，货币性或流动性最强。而储蓄存款一般要转化成现金或活期存款才能用于购买；定期存款到期方能支付，如要提前支付，则要蒙受一定的损失，因而流动性较差。票据、债券、股票等有价证券，要转化为现实购买力，必须在金融市场上出售之后，还原成现金或活期存款。

由于上述各种货币转化为现实购买力的能力不同，从而对商品流通和经济活动的影响有别。因此，有必要把这些货币形式进行科学的分类，以便中央银行分层次分别对待，提高宏观调控的有效性。

各国中央银行在确定货币供给的统计口径时，都以流动性作为划分货币层次的标准。流动性程度不同的货币在流通中转手的次数不同，形成的购买力也不同，从而对商品交换和商品流通活动的影响程度不同。流动性强的货币如现金、活期存款可以直接进入市场，引起市场供求关系变化；流动性较差的货币，如定期存款、储蓄存款，虽然也能形成购买力，但是必须转成活期存款，或者提前支取现金才能购买商品。这类流动性较差的货币对市场的影响，就不如现金来得那么直接和迅速。

从 20 世纪 70 年代开始，货币供给量逐渐取代利率而成为一些国家货币政策的中介目标，对货币供给内容的约定则是执行货币供给量政策的前提。

货币当局要明确到底控制哪一层次货币以及这一层次货币与其他层次的界限。没有明确划分货币层次，货币政策就成为空谈。按流动性对货币层次的科学划分，有助于中央银行分析经济的动态变化。因为经济活动的任何变化都最先反映在市场供求和物价变化上，而市场供求和物价变化又都集中表现在货币流通状况的变化上。具体来说，每一层次的货币量，都有特定范围的经济活动和商品流通与之对应。通过对货币层次的划分和观察，可以掌握生产、交换、分配、消费与再生产各个环节的变化，摸清不同层次的经济活动的脉搏，预测它们的发展趋势。对货币层次的科学划分，能够为中央银行的宏观金融决策提供一个清晰的货币流通结构图，有助于中央银行分别了解不同货币领域的问题，采取不同的措施加以控制。根据不同流动性划分货币层次，中央银行就可以掌握货币政策怎样在不同流动性的货币层次中传递，将主要对哪一层次的货币量发生影响，将以怎样的方式和程度影响经济。通过货币层次之间的数量变化，中央银行还可以分析市场动向和经济变化趋势，正确估计前期货币政策的效果，做出今后货币政策的决策。只有在对货币层次进行科学划分的基础上，才能真正把握经济增长、物价、投资、国际收支等整个经济状况。

三、货币层次划分的多重口径

尽管各国中央银行都以流动性作为划分货币层次的标准，然而货币层次的具体划分各国却不尽相同，存在着多重统计口径。为了适应本国的需要，各国中央银行或金融管理部门通常依据本国的特点划分货币层次。

（一）美国货币层次的划分

美国联邦储备委员会将货币层次划分为 M_1、M_2、M_3、L 和 *Debt*。

M_1 包括：（1）处于国库、联邦储备系统和存款机构之外的通货；（2）非银行发行的旅行支票；（3）商业银行的活期存款，不包括存款机构、美国政府、外国银行和官方机构在商业银行的存款；（4）其他各种与商业银行活期存款性质相近的存款，如 NOW、ATS 等。

M_2 等于 M_1 加以下各项：（1）存款机构发行的隔夜回购协议和美国银行在世界上的分支机构向美国居民发行的隔夜欧洲美元；（2）货币市场存款账户（$MMDA_s$）；（3）储蓄和小额定期存款；（4）货币市场互助基金金额（$MMMF_s$）等。

M_3 等于 M_2 加以下各项：（1）大额定期存款；（2）长于隔夜的限期回

购协议和欧洲美元等。

L 是大于货币的一种口径，它等于 M_3 加非银行公众持有的储蓄券、短期国库券、商业票据和银行承兑票据等。从对 L 的统计方法即 M_3 加上某些债务工具来看，它意味着货币供给口径之上的直接延伸。

Debt 是一个更大的口径，但并不与货币供给的统计直接联系：它不再是在 L 的基础上再加上些什么。这个口径是指国内非金融部门在信用市场上未清偿的债务总量，包括：各级政府的债务和私人非金融部门的债务、私人非金融部门的债务是由公司债券、抵押契约、消费信用、商业票据、银行承兑票据等债务工具所构成。

（二）日本货币层次的划分

日本银行把货币划分为 M_1、M_2+CD、M_3+CD 以及广义流动性。

M_1 = 现金 + 活期存款。现金是指银行券发行额和辅币之和减去金融机构库存现金后的余额；活期存款包括企业活期存款、活期储蓄存款、通知即付存款、特别存款和纳税准备金存款。

$M_2+CD=M_1+CD$ + 准货币。准货币指活期存款以外的一切公私存款。

$M_3+CD=M_2+CD$ + 邮政、农协、渔协、信用组合和劳动金库的存款以及货币信托和贷放信托存款。

“广义流动性” = “M_3+CD” 加回购协议债券、金融债券、国家债券、投资信托和外国债券。

（三）英国货币层次的划分

英格兰银行公布的货币口径颇具特色，且频繁调整。以 1991 年所采用的口径为例：

M_0，这是英格兰银行 1983 年第 4 季度开始采取的用以表示基础货币的口径，它包括两项内容：一是英格兰银行发出的钞票和硬辅币；二是银行在英格兰银行中储备存款余额。

M_2，包括三项：私人部门（指非金融业的工商企业和居民）中流通的钞票和硬辅币；私人部门在银行的无息即期存款；私人部门在银行和建房互助协会中的小额英镑存款。

M_4，包括五项：前两项与包括在 M_2 中的前两项相同；后三项分别是私人部门的有息英镑即期存款、私人部门在银行的定期英镑存款（包括英镑存单）、私人部门持有的建房互助协会的股份和存款（包括英镑存单）。

M_{4c}，等于 M_4 加私人部门在银行和建房互助协会的外币存款。

M_5，等于 M_4 加私人部门持有的金融债券、国库券、地方当局存款、纳税存单和国民储蓄。

（四）中国货币层次的划分

目前中国人民银行将货币供应量划分为三个层次：

M_0 = 流通中现金

$M_1 = M_0$ + 企事业单位活期存款

$M_2 = M_1$ + 企事业单位定期存款 + 居民储蓄存款 + 证券公司客户保证金①
+ 其他定期存款

（1）流通中现金，即在社会上流通的现金，用符号 M_0 表示；（2）狭义货币供应量，即 M_0 + 企事业单位活期存款，用符号 M_1 表示；（3）广义货币供应量，即 M_1 + 企事业单位定期存款 + 居民储蓄存款 + 证券公司客户保证金 + 其他定期存款，用符号 M_2 表示。在这三个层次的货币供应量中，M_0 是最活跃的货币，流动性最强；M_1 反映经济中的现实购买力，流动性仅次于 M_0；M_2 不仅反映社会现实的购买力，还反映潜在购买力，能较好地体现社会总需求的变化。

（五）国际货币基金组织货币层次的划分

由于各国公布货币供给量统计口径各不相同，不利于比较和分析国际经济和金融发展态势，为此国际货币基金组织制定和公布了自己的货币层次统计口径。按照国际货币基金组织编发的《国际金融统计》中所采用的标准定义，货币供给量是指不包括银行和政府部门所保有的通货及存款货币。银行是创造货币信用的机构，所以银行本身持有的通货及相互间的同业存款不计算在货币供给量之中。国际货币基金组织将货币划分为"货币"和"准货币"两类。

货币 = 通货 + 私人部门的活期存款

准货币 = 定期存款 + 储蓄存款 + 外币存款

① 我国自 2001 年 6 月份起，在中国人民银行的统计季报中，对广义货币供给 M_2 的统计口径进行了调整，即在原来包括狭义货币供应量 M_1、储蓄存款和定期存款，以及其他存款的基础上，又增加了一个新科目——证券公司客户保证金。证券公司客户保证金是指在上海、深圳证券交易所开户的投资者存入各证券公司账户上用于购买这两个市场出售的有价证券的资金。

第二节 中央银行与基础货币

一、基础货币及其构成

基础货币（Base Money），也称货币基数（Monetary Base），因其具有使货币供应总量成倍放大或收缩的能力，又被称为高能货币（High - powered Money）。根据国际货币基金组织《货币与金融统计手册》（2000 年版）的定义，基础货币包括中央银行为广义货币和信贷扩张提供支持的各种负债，主要指银行持有的货币（库存现金）和银行外的货币（流通中的现金），以及银行与非银行金融机构在货币当局的存款。在货币经济分析中，一般将基础货币定义为流通中现金与银行准备金（包括银行持有的库存现金及其在中央银行的存款）总和。

基础货币（B）=银行准备金（R）+流通中现金（C）

各国对基础货币的定义及统计不尽相同，即使是在一个国家之内，根据基础货币的分析用途不同，可能有几种基础货币的定义。我国基础货币的定义和统计也经历了一个逐步演化的过程。

1994 年，我国开始进行基础货币统计。当时对基础货币的统计定义为：基础货币=金融机构库存现金+流通中现金+金融机构准备金存款+金融机构特种存款+邮政储蓄转存款+机关团体在人民银行的存款。其中，金融机构库存现金包括商业银行、政策性银行、城乡信用社、财务公司所持有的现金；金融机构特种存款是人民银行为了吸收农村信用社多余的流动性设立的特别账户，通常账户余额很小，并且不活跃。

2002 年 1 月起，人民银行对“货币当局资产负债表”的内容进行了调整，同时采用了“储备货币”口径，并对外公布。这里的“储备货币”理论上与基础货币是同一概念，包括中国人民银行所发行的货币、各金融机构在人民银行的准备金存款，邮政储蓄存款和机关团体存款。将全部的邮政储蓄存款纳入储备货币统计范围是与当时邮政储蓄无资产运用的能力和渠道，只相当于中央银行吸收居民和企业存款从而回笼货币的特定存款机构这一性质相符的。

2003年8月，邮政储蓄资金管理体制开始改革，邮政储蓄部门自主投资、委托理财的渠道开通，其负债方吸收的全部储蓄存款与资产方存放在中央银行的转存款之间的差距越来越大。因此，储备货币中统计邮政部门的存款应用“邮政储蓄在中央银行的转存款”更为合适，2004年1月以后，我国储备货币的统计据此进行了调整。自此，基础货币统计数字与《中国人民银行统计季报》公布的储备货币统计数字一致。

二、基础货币影响因素

基础货币是中央银行的负债，其中流通中现金是中央银行对社会公众的负债，商业银行的准备金是中央银行对商业银行的负债。考察影响基础货币变动的因素，可以依据“有借必有贷，借贷必相等”会计原理，从分析中央银行的资产负债表入手。

各国中央银行资产负债表具体科目的设置各不相同，为了讨论的方便，我们对其中的具体科目进行合并及简化处理，给出一张简化的中央银行资产负债表，并在此基础上讨论影响基础货币的因素（见表10－1）。

表10－1　　中央银行资产负债简表

资　产	负　债
A_B：对银行的债权	L_C：流通中现金
A_G：对政府的债权	L_R：银行准备金
A_F：对国外的债权	L_G：对政府的负债
A_O：其他资产	L_F：对国外的负债
	L_O：其他负债
	O_C：中央银行自有资本

根据资产等于负债的原理，得：

$$A_B + A_G + A_F + A_O = L_C + L_R + L_G + L_F + L_O + O_C \qquad (10-1)$$

由于基础货币 $B = L_C + L_R$，整理后得出基础货币方程式：

$$B = A_B + (A_G - L_G) + (A_F - L_F) + (A_O - L_O) - O_C \qquad (10-2)$$

从上式可以看出，基础货币受中央银行对银行债权、对政府净债权、对国外净债权、其他净资产以及中央银行自有资本等因素的影响。

1. 对银行债权。中央银行对银行债权表现为中央银行对商业银行提供的信用支持，包括票据再贴现和再贷款。中央银行投放再贷款和增加再贴现，会导致基础货币增加；反之，收回再贴现和再贷款则使基础货币减少。

2. 对政府净债权。中央银行对政府债权表现为中央银行持有的政府债券和向政府提供的贷款或透支。中央银行在公开市场上购买政府债券，向政府提供贷款或透支，会导致基础货币增加；反之，中央银行在公开市场上售出政府债券，收回政府贷款或透支，会使基础货币减少。

3. 对国外净债权。中央银行对国外债权表现为中央银行持有的外汇储备、货币黄金和特别提款权等。中央银行在公开市场上收购外汇、货币黄金等，基础货币增加；反之，出售外汇和货币黄金，基础货币减少。

4. 其他净资产。中央银行其他净资产是其他资产（包括中央银行对非银行金融机构债权、对非金融机构债权等）减去其他负债（包括中央银行债券等）的净额。中央银行其他资产增加，其他负债减少，都会导致基础货币增加；相反，其他资产减少，其他负债增加，会导致基础货币减少。

5. 自有资本。中央银行提高自有资本，会导致基础货币减少；降低自有资本，会导致基础货币增加。

三、基础货币投放渠道及机制

中央银行投放基础货币是中央银行的资产业务，具体渠道包括收购证券、外汇和黄金，以及发放贴现贷款和再贷款等。

（一）证券买卖业务与基础货币投放

1. 买入证券时。

（1）向商业银行购买证券。假定中央银行向商业银行买入 100 万元证券，则中央银行所持有的证券增加 100 万元，商业银行所持有的证券减少 100 万元。如果商业银行将出售证券所得存入中央银行，则准备金存款增加 100 万元；如果将出售证券所得兑现，则库存现金增加 100 万元。无论采取哪种行为，都意味商业银行准备金增加了 100 万元。由此导致商业银行和中央银行的资产负债表作以下调整：

商业银行

资　产	负　债
证　券：－100 万元 准备金存款或库存现金：＋100 万元	

中央银行

资产	负债
证券：+100万元	银行准备：+100万元

这一公开市场购买的结果是，银行准备金增加100万元，由于流通中现金没有变化，所以基础货币增加了100万元。

（2）向非银行公众购买证券。假定中央银行向非银行公众买入100万元证券，则中央银行所持有的证券增加100万元，非银行公众所持有的证券减少100万元。如果非银行公众将出售证券所得以活期存款方式存入商业银行，则活期存款增加100万元，由此导致非银行公众、商业银行和中央银行的资产负债表作以下调整：

非银行公众

资产	负债
证券：-100万元	
活期存款：+100万元	

商业银行

资产	负债
银行准备：+100万元	活期存款：+100万元

中央银行

资产	负债
证券：+100万元	银行准备：+100万元

如果非银行公众将出售证券所得兑现，则流通中现金增加100万元，由此导致非银行公众和中央银行的资产负债表作以下调整：

非银行公众

资产	负债
证券：-100万元	
流通中现金：+100万元	

中央银行

资　产	负　债
证　　券：+100万元	流通中现金：+100万元

由此可见，非银行公众向中央银行出售100万元证券，同样会使基础货币增加100万元。如果非银行公众将出售证券所得存入商业银行，则基础货币的增加表现为银行准备金的增加；如果非银行公众将出售证券所得兑现，则基础货币的增加表现为流通中现金的增加。

2. 卖出证券时。假定中央银行对商业银行或非银行公众卖出100万元证券，则中央银行所持有的证券减少100万元，商业银行或非银行公众所持有的证券增加100万元。与此相对应，银行准备减少100万元或流通中现金减少100万元，其结果都会导致基础货币减少100万元。

（二）贴现贷款业务与基础货币投放

1. 发放贴现贷款时。假定中央银行向商业银行发放100万元贴现贷款，则中央银行资产增加100万元，商业银行负债增加100万元。如果商业银行将贴现贷款存入中央银行，则准备金存款增加100万元；如果将贴现贷款兑现，则库存现金增加100万元。无论采取哪种行为，都意味商业银行准备金增加了100万元。由此导致商业银行和中央银行的资产负债表作以下调整：

商业银行

资　产	负　债
准备金存款或库存现金：+100万元	贴现贷款：+100万元

中央银行

资　产	负　债
贴现贷款：+100万元	银行准备：+100万元

这一发放贴现贷款业务活动的结果是，银行准备金增加100万元，由于流通中现金没有变化，所以基础货币增加了100万元。

2. 收回贴现贷款时。假定中央银行向商业银行收回100万元贴现贷款，则中央银行资产减少100万元，商业银行负债减少100万元。由此导致商业银行和中央银行的资产负债表作以下调整：

这一收回贴现贷款业务活动的结果是，银行准备金减少 100 万元，由于流通中现金没有变化，所以基础货币减少了 100 万元。

商业银行

资产	负债
准备金存款或库存现金：－100 万元	贴现贷款：－100 万元

中央银行

资产	负债
贴现贷款：－100 万元	银行准备：－100 万元

（三）其他业务与基础货币投放

中央银行外汇买卖业务、黄金买卖业务的基础货币投放机制与证券买卖业务的相类似，再贷款业务的基础货币投放机制与贴现贷款业务的相类似。在此就不再赘述。

第三节　商业银行与存款货币

一、存款货币及其信用创造的条件

存款货币是以银行存款为表现形式的货币，银行存款按其来源性质的不同可以分为原始存款和派生存款。原始存款来源于中央银行通过购买证券、外汇和黄金以及贴现贷款等渠道投放的基础货币；派生存款是商业银行在中央银行投放的基础货币的基础上，通过发放贷款和办理贴现等业务活动引申而来的存款。

商业银行对客户的存款，除留下部分准备应付提现外，其余大部分要通过贷款等资产业务运用出去。而借款人一般都在银行开立了活期存款账户，在非现金结算制度下，人们大多数采用转账方式进行资金收付。因此，银行贷放的资金又会转入银行账户。这种由银行贷款所引起的活期存款的增加，称为存款货币的扩张。相反的情况是，如果客户从银行提取现金，就会减少银行的放款，导致存款货币的减少，称为存款货币的收缩。商业银行存款货币的扩张和收缩须具备两个前提条件：

1. 部分准备制。所谓部分准备制，是指银行对于所吸收的存款，不保留百分之百的现金准备，而只保留其中一定百分比以应付客户提现，其余部分则通过贷款等资产业务运用出去的准备制度。部分准备制是相对于十足准备制而言的。在十足准备制下，银行必须保持百分之百的现金准备，这就排斥了商业银行用所吸收的存款去发放贷款的可能性。只有在部分准备制下，商业银行才有创造存款货币的能力。因此，部分准备制是商业银行创造或削减存款货币的首要条件。

商业银行在吸收存款后，提取一定量准备金的制度最初始于18世纪的英国，以法律形式规定金融机构向中央银行交存存款准备金制度始于美国。建立法定存款准备金制度的初衷，在于保障客户存款的安全，避免商业银行出现流动性危机。存款准备金制度作为一般性货币政策工具，是在中央银行体制下建立起来的，而其作为货币政策工具真正受到重视是从20世纪50年代到80年代。这期间，人们越来越深刻地认识到货币供给量与存款准备金率之间的密切关系，因此控制货币供给量也就成了实行存款准备金制度的主要目的。

在存款准备制度下，商业银行在吸收存款后，要按照法律的规定提取一定比例的准备金缴存中央银行，这部分准备金称为法定准备金。通常情况下，商业银行的准备金保有量会大于法定准备金，超过的部分称超额准备金。商业银行的准备金一般以库存现金和在中央银行存款的形式持有。但由于准备金制度的最初目的就是要求存款机构保持一定比率的流动性较强的资产，以供随时动用来满足提兑、清算等业务需要，保证存款机构具有足够的清偿能力，因此，从理论意义上说，在宏观金融调控允许的范围之内，凡是能够满足这些流动性要求的资产，都可以作为存款机构的准备金来源。

2. 部分非现金结算制。非现金结算又称转账结算，是指货币结算的双方，通过银行把款项从付款人账户划转到收款人账户而完成的货币收付行为。非现金结算是相对于现金结算而言的。现金结算是指直接的现金收付，银行每笔贷款都必须付现，企业债权债务的结清在银行体系外通过现金收付进行，这就否定了银行创造存款货币的可能。部分非现金结算导致了如下特点的经济行为：

（1）客户把现金存入银行之后，并不一定再把现金全数提出。从银行取得贷款的客户也通常并不要求银行付给现金，而是要求把贷给的款项记入自己的存款账户。当他们的存款账户上存有款项时，既可于必要时提取现金，又可开出转账支票履行支付义务。

（2）取得支票者，可能用于提取现金，也往往不提取现金，而是委托自己开有存款账户的往来银行代收，收到的款项记入存款账户。

（3）各个银行由于自己的客户开出支票，因而应该付出款项；同时由于自己客户交来支票委托收款，因而又应该收入款项。应收款、应付款的金额很大，但两者之间的差额通常较小。经济相互联系越紧密，相互的支付义务就越多，应收、应付之间的差额就越小，至多是这个差额才需要以现金结清。

（4）各个银行对现金的需要归结为两类：一类是客户从存款中提取现金用于发放工资、小额零星支付等必须使用现金的用途；另一类是结清支票结算中应收应付的差额。在长期的经营活动中，银行认识到现金的需要与存款之间有一定的比例关系，即只要按存款的一定百分比保持现金库存即可应付上述的现金需要。于是这个百分比就成为银行用以调控自己业务规模的依据。

二、原始存款的形成机制

原始存款来源于中央银行投放的基础货币。如第二节所述，中央银行通过收购证券、外汇和黄金以及发放贴现贷款等渠道投放的基础货币，最终表现为银行准备和流通中现金两种形式。如果中央银行投放的基础货币为银行准备，商业银行将其贷放工商企业，工商企业用这笔贷款向其他工商企业购买商品和劳务，其他工商企业将出售商品和劳务所得存入其他商业银行，商业银行因此而获得原始存款；如果中央银行投放的基础货币为流通中现金，其持有者将现金存入商业银行，商业银行同样也获得了原始存款。下面我们以中央银行收购证券为例说明原始存款的形成机制。

假定中央银行向工商银行购买 100 万元证券。工商银行出售证券后，所持证券减少 100 万元，准备则增加了 100 万元。

工商银行

资产	负债
证　券：－100 万元	
准　备：＋100 万元	

由于工商银行活期存款没有增加，法定准备不变，这笔增加的 100 万元准备是超额准备。假定工商银行将这笔超额准备贷出，转入借款人在工商银行开立的活期存款账户。这样操作的结果，使工商银行资产负债表作以下调整：

工商银行

资产	负债
证　券：－100 万元	活期存款：＋100 万元
准　备：＋100 万元	
贷　款：＋100 万元	

借款人不会让这笔存款闲置在工商银行的账户上，而是用它来购买其他工商企业的商品和劳务。当借款人用这笔资金支付购买款项后，工商银行账户上借款人的活期存款将不复存在；与此同时，工商银行因出售证券取得的超额准备也随之消失。假定商品和劳务出售者开户行为建设银行，这样操作的结果使工商银行和建设银行的资产负债表作以下调整：

工商银行

资产	负债
证　券：－100 万元	
贷　款：＋100 万元	

建设银行

资产	负债
准　备：＋100 万元	活期存款：＋100 万元

工商银行

资产	负债
证　券：－100 万元	
贷　款：＋100 万元	

建设银行

资产	负债
准　　备：+100 万元	活期存款：+100 万元

上述操作的净结果是，中央银行投放了100万元的基础货币，商业银行体系内增加了100万元的原始存款。

三、派生存款的形成机制

设定法定准备率10%，延续上述案例，由于建设银行活期存款增加了100万元，法定准备相应的要增加10万元，其余90万元为超额准备。假定建设银行与工商银行一样，也不愿意持有超额准备，因而全部贷出。再假定借款人将该贷款以活期存款形式暂时存于建行活期存款账户上，因而此时建行资产负债表上活期存款增加90万元，相应的超额储备仍然保持90万元。操作的结果见如下资产负债表：

建设银行

资产	负债
法定准备：+10 万元	活期存款：+100 万元
超额准备：+90 万元	活期存款：+90 万元
贷　　款：+90 万元	

建设银行的借款人与工商银行的借款人一样，不会让90万元存款闲置在银行的账户上，也会用它来购买商品和劳务。当建设银行借款人用这笔资金支付购买款项后，建设银行账户上借款人的90万元活期存款将不复存在；与此同时，建设银行因吸收存款而取得的90万元超额准备也随之消失。假定该商品和劳务出售者开户行为农业银行，这样操作的结果使建设银行和农业银行的资产负债表作以下调整：

建设银行

资产	负债
法定准备：+10 万元	活期存款：+100 万元
贷　　款：+90 万元	

农业银行

资　产	负　债
准　备：+90 万元	活期存款：+90 万元

上述操作的净结果是，建设银行在吸收 100 万元原始存款的基础上，通过贷款创造了 90 万元派生存款。

同样的操作过程，在农业银行与中国银行以及其他银行之间反复进行，派生存款将不断地被创造出来，其结果用下述表格加以汇总：

表 10－2　　存款货币的扩张过程　　单位：万元

银　行	存款增加额	贷款增加额	准备增加额
建设银行	100	90	10
农业银行	90	81	9
中国银行	81	72.9	8.1
……	……	……	……
所有银行合计	1000	900	100

从表 10－2 可以看出，在法定准备率为 10%、不留超额准备以及全部非现金结算条件下，100 万元的原始存款，通过商业银行的信用创造，能够形成 900 万元的派生存款，从而使存款货币总额达到 1000 万元。

四、存款货币的收缩机制

存款货币的收缩是存款货币扩张的逆过程。仍设定法定准备率为 10%，商业银行不持有任何超额准备。假定存款人从建设银行提取 100 万元的现金，为应付提现，建设银行一方面可以通过因存款减少而减少 10 万元的法定准备，另一方面还需收回 90 万元贷款。假定建设银行回收贷款对象的开户行为农业银行，这样农业银行的存款会减少 90 万元，为此农业银行除减少 9 万元法定准备外，还需收回 81 万元贷款。同样的操作过程，再由农业银行传递中国银行以及其他银行，其结果用下述表格加以汇总：

表 10－3　　存款货币的收缩过程　　单位：万元

银　行	存款提取额	收回贷款额	准备减少额
建设银行	100	90	10
农业银行	90	81	9
中国银行	81	72.9	8.1
……	……	……	……
所有银行合计	1000	900	100

从表 10－3 可以看出，由于存款人从建设银行提取 100 万元的存款，最终使存款货币收缩 1000 万元。

五、存款货币扩张及收缩模型

把上述存款货币扩张和收缩的过程推广到一般情况，可以得到相应的模型。假定中央银行投放总额为 A 的基础货币，在商业银行不持有任何超额准备及全部非现金结算前提下，银行系统中相应形成总额为 A 的原始存款。设定商业银行法定准备率 r，经过 n 家银行的信用创造，银行系统中形成总额为 S 的存款货币，则有：

$$S = A + A(1-r) + A(1-r)^2 + \cdots + A(1-r)^{n-1} \tag{10-3}$$

对上述等比数列进行求和运算得：

$$S = \frac{A}{r}[1-(1-r)^n] \tag{10-4}$$

由于 $0<r<1$，因而 $0<(1-r)<1$，当 $n\to+\infty$ 时，$(1-r)^n\to 0$，即经过商业银行无穷次信用创造后，存款货币总额 S 为：

$$S = \frac{A}{r} \tag{10-5}$$

这就是在部分准备制、全部非现金结算以及商业银行不持有任何超额准备前提下，存款货币扩张与收缩模型。联系前述案例，当 $r=10\%$，$A=100$ 万元，$S=1000$ 万元。与前述案例列表结果相同。

第四节 货币供给模型及货币乘数的影响因素

一、货币供给模型

在第三节中，我们以部分准备制、商业银行不持有任何超额准备及完全非现金结算为前提，讨论了存款货币的扩张和收缩机制。然而，现实经济生活并非如此，商业银行一般会持有一定的超额准备，商品和劳务交易中存在非现金结算的情况。考虑这些现实因素，可以将存款货币扩张和收缩模型，扩展为货币供给模型。

（一）货币乘数的定义

为推导货币供给模型，首先引入货币乘数的概念。所谓货币乘数，是指货币供给量与基础货币的比值，用公式表达为：

$$m = \frac{M}{B} \tag{10-6}$$

式中：m 为货币乘数，M 为货币供给量，B 为基础货币。

由于货币供给量有 M_1、M_2 等层次划分，因而货币乘数也有 m_1、m_2 之别。

$$m_1 = \frac{M_1}{B} \tag{10-7}$$

$$m_2 = \frac{M_2}{B} \tag{10-8}$$

（二）货币供给量的界定

根据货币供给层次划分标准，M_1 包括活期存款和流通中现金。为了讨论问题的方便，我们把其他类型的存款全部划归一类，以活期存款称谓，即 M_2 包括活期存款、非活期存款和流通中现金。用公式表达为：

$$M_1 = D + C \tag{10-9}$$

$$M_2 = D + T + C \tag{10-10}$$

式中：D 为活期存款，C 为流通中现金，T 为非活期存款。

（三）基础货币的构成

根据基础货币的定义，基础货币由银行准备和流通中现金两部分构成，用公式表达为：

$$B = R + C \tag{10-11}$$

式中：R 为流通中现金。

为了深入分析问题，我们将银行准备分为两部分：法定准备和超额准备，用公式表达为：

$$R = R_L + R_E \tag{10-12}$$

式中：R_L 为法定准备，R_E 为超额准备。

进一步，我们再将法定准备分为两部分：活期存款的法定准备和非活期存款的法定准备，用公式表达为：

$$R_L = R_D + R_T \tag{10-13}$$

式中：R_D 为活期存款法定准备，R_T 为非活期存款准备。

综上所述，基础货币的构成被分解为：活期存款法定准备、非活期存款法定准备、超额准备及流通中现金，即：

$$B = R_D + R_T + R_E + C \tag{10-14}$$

（四）货币乘数的推导

根据货币乘数 m_1 的定义，有：

$$m_1 = \frac{D + C}{R_D + R_T + R_E + C} \tag{10-15}$$

把公式（10－15）右端的分子和分母同除以 D，为了使其分母中的第二项具有经济意义，对其进行除以 T 和乘以 T 的等价处理，得：

$$m_1 = \frac{1 + \frac{C}{D}}{\frac{R_D}{D} + \frac{R_T}{T}\frac{T}{D} + \frac{R_E}{D} + \frac{C}{D}} \tag{10-16}$$

将 $\frac{C}{D}$ 界定为现金漏损率，以 h 表示；$\frac{R_D}{D}$ 为活期存款法定准备率，以 r_D 表示；$\frac{R_T}{T}$ 为非活期存款准备率，以 r_T 表示；$\frac{T}{D}$ 为非活期存款与活期存款比例，用 t 表示；$\frac{R_E}{D}$ 为超额准备率，以 r_E 表示。公式（10－16）变换为：

$$m_1 = \frac{1 + h}{r_D + r_T t + r_E + h} \tag{10-17}$$

根据货币乘数 m_2 的定义，有：

$$m_2 = \frac{D + T + C}{R_D + R_T + R_E + C} \tag{10-18}$$

采用类似的推导方法，可以得到下式：

$$m_2 = \frac{1 + t + h}{r_D + r_T t + r_E + h} \tag{10-19}$$

（五）货币供给模型

对货币乘数定义的公式作简单的变换，就可得到货币供给模型：

$$M = mB \tag{10-20}$$

式（10－20）表明，货币供给是由货币乘数和基础货币两个基本变量决定的。货币供给的任何变化，都是货币乘数、基础货币或者两者综合变化的结果。进一步，还可以将货币供给模型根据货币供给层次的划分具体表达为：

$$M_1 = \frac{1 + h}{r_D + r_T t + r_E + h} B \tag{10-21}$$

$$M_2 = \frac{1 + t + h}{r_D + r_T t + r_E + h} B \tag{10-22}$$

根据上述公式，可以考察中央银行、商业银行以及非银行公众对不同层次上的货币供给影响方向和影响力度，从而指导具体的经济实践。

二、货币乘数的影响变量及其作用方向

货币乘数推导公式表明，货币乘数的大小取决于五个变量：活期存款法定准备率、非活期存款法定准备率、超额准备率、非活期存款与活期存款比例以及现金漏损率。下面考察这五个变量对货币乘数的作用方向。

（一）活期存款法定准备率 r_D 对货币乘数的作用方向

对货币乘数 m_1 和 m_2 求关于 r_D 的偏导数，得：

$$\frac{\partial m_1}{\partial r_D} = \frac{-(1 + h)}{(r_D + r_T t + r_E + h)^2} \tag{10-23}$$

$$\frac{\partial m_2}{\partial r_D} = \frac{-(1 + t + h)}{(r_D + r_T t + r_E + h)^2} \tag{10-24}$$

由于上述两个公式中分母为不为零的数据的平方值，因而分母大于零；分子中非活期存款与活期存款比例、现金漏损率不可能小于零，因而分子小于零。所以，上述两个偏导数均小于零，即活期存款法定准备率越高，货币

乘数越小。

（二）非活期存款法定准备率 r_T 对货币乘数的作用方向

对货币乘数 m_1 和 m_2 求关于 r_T 的偏导数，得：

$$\frac{\partial m_1}{\partial r_T} = \frac{-(1+h)t}{(r_D + r_T t + r_E + h)^2} \tag{10-25}$$

$$\frac{\partial m_2}{\partial r_T} = \frac{-(1+t+h)t}{(r_D + r_T t + r_E + h)^2} \tag{10-26}$$

上述两个偏导数均小于零，即货币乘数与非活期存款法定准备率成反比，活期存款法定准备率越高，货币乘数越小。

（三）超额准备率 r_E 对货币乘数的作用方向

对货币乘数 m_1 和 m_2 求关于 r_E 的偏导数，得：

$$\frac{\partial m_1}{\partial r_E} = \frac{-(1+h)}{(r_D + r_T t + r_E + h)^2} \tag{10-27}$$

$$\frac{\partial m_2}{\partial r_E} = \frac{-(1+t+h)}{(r_D + r_T t + r_E + h)^2} \tag{10-28}$$

上述两个偏导数也都小于零，即货币乘数与超额准备率也成反比。

（四）非活期存款与活期存款比例 t 对货币乘数的作用方向

对货币乘数 m_1 和 m_2 求关于 t 的偏导数，得：

$$\frac{\partial m_1}{\partial t} = \frac{-(1+h)r_T}{(r_D + r_T t + r_E + h)^2} \tag{10-29}$$

$$\frac{\partial m_2}{\partial t} = \frac{r_D + r_E + h - r_T - h \cdot r_T}{(r_D + r_T t + r_E + h)^2} \tag{10-30}$$

上述第一个偏导数明显小于零，因而货币乘数 m_1 与 t 也成反比。第二个偏导数是大于零还是小于零，难以直接看出。为此，我们将分子等价变换为：$(r_D - r_T) + r_E + h(1 - r_T)$。由于活期存款的流动性高于非活期存款的流动性，因此 $r_D > r_T$，即 $(r_D - r_T) > 0$；很明显，$r_E > 0$；由于非活期存款法定准备率不可能大于1，即 $(1 - r_T) > 0$，且现金漏损率 h 不可能小于零，因此 $h(1 - r_T) > 0$。换言之，第二个偏导数的分子为三项之和，且各项均大于零，因而该偏导数大于零。即货币乘数 m_2 与 t 成正比。

（五）现金漏损率对货币乘数的作用方向

对货币乘数 m_1 和 m_2 求关于 h 的偏导数，得：

$$\frac{\partial m_1}{\partial h} = \frac{r_D + r_T t + r_E - 1}{(r_D + r_T t + r_E + h)^2} \tag{10-31}$$

$$\frac{\partial m_2}{\partial h} = \frac{r_D + r_T t + r_E - 1 - t}{(r_D + r_T t + r_E + h)^2} \tag{10-32}$$

由于货币供给量不可能小于基础货币投放量，意味着 $m_1 > 1$，根据公式 $m_1 = \frac{1 + h}{r_D + r_T t + r_E + h}$，可得 $r_D + r_T \cdot t + r_E < 1$，从而上述第一个偏导数小于零，因此，货币乘数 m_1 与现金漏损率 h 成反比。很明显，第二个偏导数小于第一个偏导数，因而也小于零，因此，货币乘数 m_1 与现金漏损率 h 也成反比。

将上述分析的结果汇总，得到表 10－4：

表 10－4　　各变量对货币乘数的作用方向

变量名称	变量含义	变量的变动	m_1 的反应	m_2 的反应
活期存款法定准备率	$r_D = \frac{R_D}{D}$	↑	↓	↓
非活期存款法定准备率	$r_T = \frac{R_T}{T}$	↑	↓	↓
超额准备率	$r_E = \frac{R_E}{D}$	↑	↓	↓
非活期存款与活期存款比例	$t = \frac{T}{D}$	↑	↓	↑
现金漏损率	$r_E = \frac{C}{D}$	↑	↓	↓

注：本表只显示各变量上升（↑）时的情况，各变量下降时表中的箭头作相反的变动。

三、货币乘数影响因素的进一步考察：经济主体行为分析

在影响货币乘数变动的五个变量中，活期存款法定准备率和非活期存款法定准备率取决于中央银行，超额准备率取决于商业银行，活期存款与非活期存款比例、现金漏损率取决于非银行公众。下面就中央银行、商业银行及非银行公众行为对各变量影响情况作具体考察。

（一）法定准备率

法定准备最初是为了满足客户提现的需要，维护客户的利益，保障银行的安全。后来中央银行在实施中发现，准备金的变动，可以影响商业银行的贴放和投资，进而影响到市场信用的扩张和收缩。于是，法定存款准备率逐渐成为中央银行调控货币信用的有力工具之一。法定存款准备率的变动直接

由中央银行决定。中央银行可以根据其货币政策的需要，调整该比率，从而达到鼓励或限制商业银行创造存款货币控制货币供给量的目的。一般说来，经济高涨时，中央银行会通过提高法定准备率来紧缩货币供给，防止经济过热；相反，经济萧条时，中央银行会通过降低法定准备率来扩张货币供给，推动经济复苏。

（二）超额准备率

超额准备的多少是商业银行对持有超额准备的成本和收益进行比较分析之后的抉择。持有超额准备的成本，是商业银行因持有超额准备而放弃用这笔资金去放贷或投资可能取得的收益，即持有超额准备存在机会成本；持有超额准备的收益，是商业银行因持有超额准备而避免流动性不足可能造成的损失。因此，超额准备率的高低受以下因素影响：

1. 市场利率。市场利率的高低决定着持有超额准备机会成本的大小。市场利率越高，银行放款或投资越有利，势必减少超额准备；反之，市场利率越低，持有超额准备的机会成本也随之降低，超额准备相应增加。所以，超额准备率与市场利率成反向变动。由于市场利率的高低与资金供求状况相关，因此，资金需求旺盛时，市场利率上升，银行超额准备率降低；资金需求萎缩时，市场利率下降，银行超额准备准备率提高。

2. 出现流动性不足的可能性。银行出现流动性不足的可能性取决于预期存款流出量及其不确定性。预期存款流出量越大，出现流动性不足的可能性越大；存款流出量的波动范围越宽，即预期存款流出量的不确定性越大，流动性不足出现的可能性越大。一般说来，经济动荡时期，预期存款流出量大，且波动范围大，银行应持有较多的超额准备；经济稳定时期，预期存款流出量小，且波动范围小，银行可以持有较少的超额准备。

3. 弥补流动性不足的难易。当银行出现流动性不足时，可以通过多种途径补充流动性，如向其他银行借入资金、向中央银行申请贴现贷款、签订证券回购协议、出售证券、催收贷款以及出售贷款等。弥补流动性不足的难易取决于金融市场的发育程度和资金供求状况，金融市场发达，补充流动性的渠道广阔，弥补流动性不足容易，超额准备率相应较低；相反，金融市场落后，补充流动性的渠道狭窄，弥补流动性不足困难，超额准备率相应较高。资金供给富余时，弥补流动性容易，超额准备率较低；资金供给紧张时，弥补流动性可能较少，超额准备率较高。

4. 补充流动性的成本。银行在金融市场上取得流动性是要支付成本的。

同业拆借、贴现贷款、回购协议需要支付利息，出售证券除需支付佣金外还可能因为当时行情低落造成损失，提前催收贷款会伤害同客户的关系，销售贷款则可能蒙受巨额本息损失。补充流动性的成本越高，则超额准备率越高；反之，则越低。

（三）现金漏损率

现金漏损是指客户从银行提取现金，从而使部分现金流出银行系统的现象。流通中现金与活期存款之比称为现金漏损率。因此，现金漏损率实际上是非银行公众对现金与活期存款进行选择的结果，取决于非银行公众的资产选择行为。根据资产选择理论，财富所有者对某种资产的需求主要取决于财富的总额以及该种资产的相对报酬率、相对风险、相对流动性。因此现金漏损率的大小受以下因素影响：

1. 财富增长状况。非银行公众财富总额的增长将会使流通中现金和活期存款都相应增加。然而，由于两者需求的财富弹性是不同的，现金需求的财富弹性小于活期存款的财富弹性，因此随着财富的不断增长，现金漏损率不断减少。

2. 金融资产相对预期报酬率的变动。现金的预期报酬率为零，因此现金与活期存款相对预期报酬率就是活期存款利率。显然，活期存款利率上升，现金漏损率下降；活期存款利率降低，现金漏损率提高。其他金融资产预期报酬率的变动也会影响现金漏损率，其他金融资产预期报酬率上升，现金持有量和活期存款均下降，但现金持有量下降幅度小于活期存款的下降幅度，从而使现金漏损率上升。如果其他金融资产预期报酬率下降，则现金漏损率上升。

3. 金融资产相对风险的变动。由于活期存款面临银行倒闭不能兑付风险，而现金则不存在该种风险。因此，金融危机时期，现金漏损率明显上升。

4. 金融资产相对流动性的变动。现金是流动性最强的金融资产，而活期存款流动性则受到银行营业网点疏密、营业时间长短、支付系统技术状况以及公众偏好等因素影响。因此，银行营业网点增加，营业时间延长，支付系统技术进步等因素都会使现金漏损率降低。

（四）非活期存款与活期存款比例

非活期存款与活期存款比例的高低也是非银行公众资产选择的结果，其大小主要受以财富增长状况、金融资产相对预期报酬率的变动等因素影响。

从财富增长状况角度考察，由于非活期存款的财富弹性大于活期存款，因而随着财富的不断增长，非活期存款与活期存款的比例会稳步上升。从相对预期报酬率角度考察，非活期存款与活期存款的利差扩大，非活期存款与活期存款比例提高；利差缩小，两者比例下降。其他金融资产预期报酬率的变动也会影响该比例，其他金融资产预期报酬率上升，非活期存款和活期存款均下降，但前者下降幅度大于后者，从而非活期存款与活期存款比例降低。

第五节 货币供给内生性与外生性

一、货币供给内生性与外生性的概念

内生变量和外生变量，是计量经济学术语。内生变量，也称非政策性变量，是指在经济体系内部由诸多纯粹经济因素影响而自行变化的变量。这种变量通常不为政策所左右，如市场经济中的价格、利率、汇率等变量。外生变量，也称政策性变量，是指在经济机制中受外部因素影响，而由非经济体系内部因素所决定的变量。这种变量通常能够由政策控制，并以之作为政府实现其政策目标的变量。

所谓货币供给的内生性是指货币供给取决于社会的货币需求，由经济体系内的经济行为主体的行为所决定的，中央银行难以对货币供给进行绝对控制，从而使货币供给量具有内生变量的性质。货币供给的外生性是指货币供给独立于货币的需求，由中央银行根据政策、意志决定或由经济过程之外的因素决定，从而货币供给量具有外生变量的性质。

货币供给的内生性或外生性问题，是货币理论研究中具有较强政策含义的一个问题。如果认定货币供给是内生变量，那就等于说，货币供给总是要被动地决定于客观经济过程，而货币当局并不能有效地控制其变动，自然，货币政策的调节作用，特别是以货币供给变动为操作指标的调节作用，有很大的局限性。如果肯定地认为货币供给是外生变量，则无异于说，货币当局能够有效地通过对货币供给的调节影响经济进程。

二、货币供给外生论

货币供给外生性的思想，最早可以追溯到19世纪初英国的金块论者。金块论者认为，贵金属货币就其作为贵金属本身的供给来看，它完全受制于自然条件，即贵金属矿藏的有无、多寡以及开采的程度等。这些条件决非经济活动本身能够决定的，因此，货币供给是外生的。在他们看来，贵金属货币的供给机制即是贵金属本身的采掘与生产。另外，他们认为货币流通速度是稳定的，货币供给决定了名义收入和物价水平，以后的大多数货币数量论者均持相似的观点。

希克斯在其《经济学展望》中认为，休谟时代的货币供给毫无疑问是外生的。萨缪尔森也认为，在早几个世纪中，金矿和银矿的偶然发现使货币供给处于混乱状态。凯恩斯和新古典主义者虽然反对传统的货币数量论，但也是外生论者。至于弗里德曼以及以他为代表的新货币数量论者则更是主张货币的外生性。

弗里德曼提出的"不变增长率"的货币控制规则就以货币供给能够被中央银行控制作为必要前提。货币主义者根据一般所公认的存款与货币创造模型 $M_S = B \times m$，在统计数据的支持下得出了以下几个结论：（1）基础货币（B）与货币乘数相互独立，互不影响；（2）影响货币乘数的各因素在短期内是稳定的，长期而言也常会起反向作用而相互抵消，因而货币乘数可看作是常数；（3）基础货币对货币供给量的影响比货币乘数要大；（4）中央银行通过公开市场操作等政策工具，不但可以主动增减基础货币量，还可抵消货币乘数内某些系数变动的影响。由此得出货币供给外生的结论。

三、货币供给内生论

货币供给内生性的思想同样源远流长，最早可追溯至早期的货币名目主义者詹姆斯·斯图亚特，他在1767年出版的《政治经济学原理的研究》一书中，指出一国流通只能吸取一定量的货币，经济活动水平使货币供给量与之相适应，这一原理后来被亚当·斯密加以继承，又被银行学派加以发展。马克思从劳动价值论出发，认为在金属货币时代是商品和黄金的内在价值决定了商品的价格，从而又与流通的商品量共同决定了社会的"必要货币量"，这也属于货币供给的内生论。后来，瑞典经济学家米尔达尔打破了传统货币数量说所坚持的货币流通速度稳定的结论，将银行学派的货币供给内生论进一步加以发展，从而把纸币本位制下 M 与 P（或 PY）的单向前因后果重塑为双向的相互作用。

近代货币内生论较为代表性的观点来自 1959 年英国《拉德克利夫报告》，以及格利和肖、托宾等人。

1959 年，英国 Radcliffe 委员会发表了一份关于《货币体系之运行》的报告（简称 Radcliffe 报告），报告虽然没有明确指出货币供给的内生性，但流动性命题已完全摈弃了以货币外生性为前提的传统货币政策。该报告除了将货币定义为“流动性”之外，还指出流动性的最重要来源是大量的非银行金融机构。各种非银行金融机构的迅猛发展使对货币供给量的控制变得毫无意义。这些金融机构具有比银行更低的准备率，一旦人们的资产选择发生变化，银行的存款负债就有可能被转移到这些金融机构中，于是整个社会的现金准备尽管未变，信用却得到了扩张。决定整个社会支出的是整个流动性状况，而不仅仅是货币供给。只有对经济的一般流动性加以控制才能获得一种有效的货币政策。虽然没有明确说出，拉德克利夫委员会所实际主张的是，货币供应是内生的，因而它是不受货币当局控制的。

格利和肖（Gurley & Shaw）认为，货币不是货币金融理论的唯一分析对象，货币金融理论应面对多样化的金融资产。他们认为银行和非银行金融中介机构在充当信用中介的过程中并没有本质的区别，它们都创造某种形式的债权；货币系统和非货币中介机构的竞争取决于它们创造的金融资产间的替代程度，而货币、非货币间接金融资产具有较强的替代性，这就使货币供给不再仅仅取决于银行体系的货币创造。据此，他们证明货币供给具有内生性，而不是一个外生变量。格利和肖的上述观点得到了近 30 年来世界各国（尤其是西方国家）呈现的金融机构和金融工具多样化趋势的证实。

托宾（J. Tobin）认为，由于商业银行与其他金融机构之间、货币与其他资产之间的区别日渐消失，货币越来越多地决定于经济过程的内部变动，即成为内生变量，从而使人为的对货币供给的“外生”控制日渐失去有效性。随着金融机构的多样化与金融资产的多样化使货币的供给函数变得复杂，银行与其他非银行金融机构的资产负债规模以及社会大众对资产结构的选择，都对社会货币供给产生影响，因而并非由货币当局直接控制。他还认为，真正的存款创造过程是一个反映银行与其他私人单位的经济行为的内生过程。他将银行对准备金的需求行为函数与社会大众的货币需求行为函数引进货币乘数的计算，从而得出了货币乘数具有内生性的结论。

现代货币内生论有适应性货币内生论和结构性货币内生论之分。适应性内生供给理论认为当银行和其他金融中介机构的储备不够充足时，中央银行必须适应性地供给，否则金融结构将不稳定，甚至危及整个经济。持这种观点的有温特劳布、卡尔多、莫尔等。

温特劳布（S. Weintraub）认为，如果给定货币的收入流通速度不变，则工资率的任何过度增加都将通过某种在单位劳动成本之上的事先决定的和稳定的加成而导致物价上升；对于任何给定的实际产出水平和相应的就业水平，其直接效应是名义收入按比例增加，这将造成在给定实际产出水平上对交易货币（信贷）的需求增加。这时，如果要使实际产出和就业水平保持不变，货币供应就必须增加；如果央行拒绝增加货币供应量或部分满足货币需求的增加，实际产出和就业量就会下降，同时伴随着物价水平的提高，即滞胀。由此，温特劳布通过模型证明对于与名义收入增加相联系的任何货币需求的增加，中央银行都被迫采取增加货币供应的行动，直到使增加了的需求得到充分满足为止。这时货币政策只不过是在起一种“支撑职能”，毫无主动可言，所以货币供给表面是外生的，但实质上是内生的。

卡尔多（N. Kaldor）的理论是牢固地建立在中央银行充当“最后贷款人”的职能上的。简言之，卡尔多的推论过程是：中央银行迫于政府压力降低利率→投资增加→名义收入水平增加→经济中的交易性货币需求增加→央行消极地予以满足→货币供给成为纯内生变量。

莫尔认为，在平时，商业银行准备提供所有的贷款，中央银行准备提供所有的储备或在现有的利率水平上提供所需的差额……贷款创造存款！存款创造储备。联邦基金利率的变化将会导致银行借贷水平和货币供给的变化，同时准备金自动地调整以适应存款的扩张。扩张的贷款需求增加了银行借贷水平，进而增加了需求存款的水平和狭义的货币供给。关于利率，适应性内生货币供给的观点认为中央银行基本可以控制利率，尤其是短期利率。中央银行一方面可直接控制贴现率；另一方面也可通过公开市场操作影响银行之间拆借资金市场的短期利率（在美国是联邦基本利率）。一旦中央银行直接确定了贴现率和间接确定了短期利率，其他利率就会随之变动，但央行利率调节也是为了银行准备金自动调整的适应存款扩张的要求，是一种适应性的调整。这一理论的特点是包含了贷款需求和银行负债约束。由于包含了这两者就能保证银行贷款市场的出清，从而使贷款需求影响到独立货币供给。但是由于该理论假定经济主体满足于持有银行贷款所创造的任何水平的存款，忽略了经济主体的货币需求，这将影响到最终的均衡。

结构性货币内生认为，中央银行通过公开市场操作来控制非借贷准备金增长，这限制了银行对可得到的准备金数量的约束，此时，金融机构额外的储备通常是在金融机构本身内产生的，通过创新的负债管理在联邦市场、欧洲美元市场和 CD_S 市场上借入资金。持这种观点的有罗西斯（Rousseas Stephen）和派尔利（Palley）等。它与适应性内生供给不同的是引入了银行持有的二级准备金和银行关于资产负债决策的模型。银行二级准备金被视为银行持有的债券，它的存在减缓了在贷款需求、支票需求和定期存款需求上的变化。如果发生公众集体提取存款并变换成现金的未预期行为时，银行就会出售二级准备金来融通这一额外借贷资金。银行资产负债选择模型提供给银行一个寻找最便宜的融资来源的动机。这一动机影响到它们对由于银行借贷增加导致的高联邦利率作出的反应，从而使中央银行对货币供给的控制失灵。结构性内生供给理论中，强调二级准备金重要的缓冲存量的作用，银行在它的组合资产与非银行公众组合资产之间进行自己内部的公开市场操作。尽管在这些交易中总的准备金存量保持不变，但可使银行系统能融资更多的贷款。同时，他们的另一个重要观点是通过负债管理而产生的储备过程不一定生产出所需求的足够的储备。当货币市场不能生产出足够的储备供应时，就会出现流动性不足，中介机构不得不收回贷款，出售资产以满足其储备需要，新贷款的扩张将会消失，这可导致信贷困境和金融危机。

关于货币供给能不能控制的问题，在中国也同样存在，当然有自己的表达特色。例如，存在着关于现金发行能不能控制的争论。一种意见是，对现金发行与信贷投放从管理体制上划开，将现金发行数量的决定权交某一有权威性的机构严格管理，现金超速增长问题就会迎刃而解。相反的意见是：现金发行和信贷投放根本不可能脱钩而成为货币供给的两条独立渠道，从而其数量不可能简单地用行政方法控制住。这一争论往往也用“内生”与“外生”之争来加以概括。再如，是否存在着信贷供应的“倒逼机制”是另一个例子。一种见解是：企业的贷款需求总是迫使商业银行被动地增加贷款供应。中央银行在企业和商业银行贷款需求的压力下又不得不实行松动的、迁就性的货币政策，结果就会出现货币供给被动地适应货币需求的现象。显然，这种见解实质上是确认货币供给是内生变量。反对的见解认为，中央银行有足够的权威和手段控制信贷扩张或货币供给，倒逼机制纵然应予承认，但也不应对之估计为决定作用。显然，这种见解则是典型的货币供给外生变量论。

四、中国货币供给的内生性与外生性

在现行体制条件下，中国的货币供给到底是内生变量还是外生变量？这一问题在中国是直接从货币供给能否由中央银行有效控制这一角度提出的。

认为货币供给可由中央银行有效控制的观点，其论据有：（1）经济体系中的全部货币都是从银行流出的，从本源上说，都是由中央银行资产负债业务决定的，只要控制住每年新增贷款的数量，货币供应的总闸门就可以把牢；（2）中国的中央银行不是没有控制货币供给增长的有效手段，而是没有利用好这个手段，如果不论来自各方的压力多么强大，中央银行始终不渝地按照稳定通货、稳定物价的政策严格掌握信贷计划，那么，货币供给就不会增长过快，等等。无疑这是较为明确的货币供给外生论观点。

认为货币供给不能由中央银行决定的观点也很普遍。其中有一种意见是从“究竟谁是货币当局”这个角度提出问题的。这种观点认为，在中国目前条件下，中央银行没有独立的决策地位，货币紧缩或松动大都是由更高的决策层作出的。因而，只能认为货币政策的执行权在中央银行，但决策权并不在中央银行。这种观点实际上是从另一角度肯定货币供给的外生论。因为他们肯定，是真实经济活动之外或模型以外的因素——不过是高于中央银行的决策层——在决定货币供给。另一种意见则从“倒逼机制”角度出发，认为在中国现行体制下，工商企业特别是大中型国有企业、地方政府和个人对各自利益的追求形成了一种合力，即偏好经济增长和收入增长的合力，该合力倒逼中央银行吐出基础货币，从而直接影响货币增长速度。对于这种合力，中央银行本身是难以左右的，很明显，这种倒逼机制说明，货币供给的变动事实上是内生的。

本章小结

随着银行信用制度的不断发展以及现代科学技术在银行经营的广泛应用，信用货币的范围不断扩大。在现代经济中，信用货币的范围十分广泛，不仅包括流通中现金、活期存款，还包括定期存款、储蓄存款以及其他有价证券。不同形式货币的流动性不同，对商品和劳务供求影响不同，为此各国根据其具体情况对货币供给层次作相应划分，划分的标准是货币的流动性。

货币供给过程分两个阶段，第一阶段是中央银行投放基础货币；第二阶段是商业银行创造存款货币。基础货币由银行准备和流通中现金组成，中央银行通过收购证券、外汇、黄金以及贴现贷款等渠道投放基础货币。在部分准备制和部分非现金结算前提下，商业银行能够通过贷款等资产业务在原始存款的基础上创造派生存款，从而创造出多倍于基础货币的存款货币。

货币供给可以表达为货币乘数与基础货币的乘积，因此货币供给的变动可以用货币乘数和基础货币的变动加以解释。基础货币的变动取决于中央银行，具体受中央银行对银行债权、对政府净债权、对国外净债权、其他净资产以及中央银行自有资本等因素的影响。货币乘数的变动受活期存款法定准备率、非活期存款法定准备率、超额准备率、非活期存款与活期存款比例以及现金漏损率的影响；其中，法定准备率取决于中央银行，超额准备率取决于商业银行，非活期存款与活期存款比例、现金漏损率取决于非银行公众。

货币供给内生论认为，货币供给取决于货币需求，是由经济体系内的经济行为主体的行为所决定的，中央银行难以对货币供给进行绝对控制；货币供给外生认为，货币供给独立于货币需求，由经济过程之外的因素决定，中央银行能有效地控制货币供给。

关键词：基础货币　货币供给　货币乘数　法定存款准备率　超额存款准备率　现金漏损　内生性变量　外生性变量　原始存款　派生存款

思　考　题

1. 我国货币供给层次是如何划分的？
2. 简述基础货币的构成及中央银行投放基础货币的渠道。
3. 基础货币变动受哪些因素影响？
4. 货币乘数受哪些变量影响？其作用方向如何？
5. 你认为货币供给是外生变量还是内生变量？为什么？
6. 假设银行体系准备金为11000亿元人民币，公众持有现金为8000亿元人民币。中央银行法定活期存款准备金率为9%，法定非活期存款准备金率为6%，现金漏损率为18%，非活期存款与活期存款比例为2.2，商业银行的超额准备率为12%。

（1）基础货币是多少？

（2）货币乘数是多少？

（3）狭义货币供应量 M_1 是多少？

（4）广义货币供应量 M_2 是多少？

7. 以第6题数据为基础，如果中央银行在公开市场上购进100亿美元外汇，假定汇率为1美元兑8.3元人民币，基础货币、货币供给量 M_1 和 M_2 有何变化？

8. 以第6题数据为基础，如果中央银行在公开市场上卖出600亿元人民币国债，基础货币、货币供给量 M_1 和 M_2 有何变化？

9. 以第6题数据为基础，如果中央银行将活期存款和非活期存款的法定准备率分别提高1%，货币乘数、货币供给量 M_1 和 M_2 有何变化？

10. 以第6题数据为基础，如果现金漏损率下降1%，货币乘数、货币供给量 M_1 和 M_2 有何变化？

11. 以第6题数据为基础，如果非活期存款和活期存款的法定准备率降为1.9，货币乘数、货币供给量 M_1 和 M_2 有何变化？

12. 以第6题数据为基础，商业银行超额准备率提高1%，货币乘数、货币供给量 M_1 和 M_2 有何变化？

附录1

正确认识金融机构“存差”现象

存（贷）差是金融机构各项存款与各项贷款的差额，存款大于贷款是存差，贷款大于存款是贷差。贷存比是金融机构各项贷款与各项存款的比例，即贷存比＝金融机构各项贷款/金融机构各项存款。1978年以来，我国金融机构贷存比呈稳步下降趋势。1995年，我国金融机构开始出现存差，并且逐步扩大。2005年末金融机构存差达到9.2万亿元，占存款余额的32%，存量的贷存比为68%，新增量的贷存比为53.6%；分地区看，目前全国各省份均出现存差。随着存差规模不断扩大，出现了各种关于存差的观念与认识，有的认为存差是储蓄增长相对过快、信贷增长相对过缓的表现，也有人提出存差是资金闲置和使用效率降低的反映，一些地方甚至还将存差相互比较，将其视为衡量金融对地区经济支持力度的标志。事实上，这些认识并未准确、客观和全面地揭示我国金融机构存差产生的真实原因。

对总体上出现的存差现象，必须从宏观和整体银行体系全局的角度入手，才能揭示存差产生的一般机制，并进一步理解地区存差的成因。如果从单个或局部银行的角度去观察或分析这一现象，难免会得出一些似是而非的观点。在信用货币的银行体系中，一国包括存款和现金在内的所有货币都是由中央银行和商业银行通过贷款、购买债券等方式创造出来并被企业、个人等社会经济主体所持有的，如果从银行体系整体来看，是先有贷款等资产、后有存款等负债，而不是相反。从资产负债表的变化看，当银行发放一笔贷款时，其资产方贷款和负债方存款将同时等量增加，从而实现借贷相等。发放贷款的过程也就是创造存款的过程。1995 年之前，我国金融机构一直呈现“贷差”，这主要是由于银行体系资产结构单一造成的。当时银行体系基本只有贷款这一种资金运用方式，贷款创造出的货币主要由存款与现金发行构成，因此出现“贷差”。流通中现金越多，贷差就会越大。

1995 年，我国金融机构开始从贷差转为存差。此后，存差不断扩大，贷存比逐步下降，主要原因可归结为以下几个方面：一是银行持有非金融机构发行的债券总量不断增长。近年来，金融市场的发展提供了许多新的金融产品，而商业银行受风险管理意识增强、资本充足率约束等因素影响也改变了过度依赖存贷款利差收入的单一盈利模式，努力提高债券等低风险权重的资产占比，银行资产多元化程度不断提高。1995 年，我国商业银行有价证券及投资占资金运用比例仅为 5.7%，但到 2005 年已达 26.1%。从货币创造原理看，银行购买债券与发放贷款具有相同效果，都会派生出等量存款，存差因此加大，贷存比下降。二是近年来商业银行不良贷款剥离与核销力度加大。不良贷款的剥离与核销会使商业银行资产负债结构发生调整，贷款余额下降，转换成等额的信誉好的有担保的优质资产或等额核销所有者权益，但并不影响负债方存款余额，因此存贷差额会相应扩大。截至 2005 年年末，至少有数万亿元的贷款被剥离、核销或实行债转股。三是金融体系外汇资产增长较快。近几年来我国国际收支持续呈现双顺差，企业、居民将获得的大量外汇转换为人民币存款，这体现在银行概览 1 上就是资产方的外汇资产增加、负债方的人民币存款增加。由于是以非贷款的形式向居民和企业部门提供资金，因此存差扩大，贷存比下降。四是现金需求增长趋缓。现金投放是抵消存差的因素。随着电子货币和支付手段的发展，我国现金需求增长趋于下降，M_0 占 M_2 的比重逐年下降，已经从 1990 年的 17.3% 下降到 2005 年的 8%。流通中现金对存差扩大的抑制作用不断减弱，这也是构成存差较快增长的原因。

上述分析显示，我国金融机构存差的扩大是银行体系资产多元化的必然反映，符合我国金融发展和市场化的总体进程，也与特定阶段金融管理与银行改革措施有关。银行体系非贷款类资产增长相当于通过非贷款方式向社会经济主体提供资金，这一过程虽然会在形式上引起存差扩大，但并不是资金闲置、使用效率降低和金融对经济支持力度削弱的表现。与美国等一些发达国家相比，我国金融机构贷款占存款的比例还是比较高的。

影响一个地区存差或贷存比的因素更加多样和复杂。一方面，地区存差与整体金融体系存差受相同影响因素的支配；另一方面，地区存差又受到存款在不同地区之间流动的影响。不能简单将地区存差成因归结为某一类因素的作用，更不能简单利用存差来判断金融对地区经济的支持状况。如北京、广东等地区的贷存比均低于全国平均水平：从广东的情况看，2005 年广东省结售汇差额远高于全国平均水平，也明显超过上海、江苏、浙江等外向型经济发达地区，外汇占款多是广东省存差占比大的重要原因。北京市是外汇收支逆差地区，但北京存量贷存比几乎是最低的，这主要是由于全国性企业和机构总部多集中于此，大量分支机构资金集中存在北京所形成的。依据存差和贷存比来判断金融对地区的经济支持力度是不全面的，甚至可能得到相反或错误的结论。

总之，存差并不等于银行资金闲置，存差与金融机构流动性之间也不存在必然联系，通过多发放贷款和引导居民增加消费的方式并不会减少存差。当前，“存差”这一概念已缺乏明确的内涵和政策指向，因此不宜过分强调。“存差”与“贷差”概念出现在计划经济“大一统”的一级银行体制下，当时银行资产方只有贷款这一类项目，负债方仅包括存款与现金发行。在这样的体制下，“存差”与“贷差”在分析资金配置和流动规律时是有一定意义的。但随着我国转入二级银行体制，市场化程度不断深化，存差的形成机制和内涵更加复杂，“存差”概念已失去其存在和作用的条件，很难清晰反映银行资金使用状况，也无法准确衡量金融对经济的影响，不仅容易引起歧义，还容易派生出其他谬误。地方促进金融与经济良性互动的根本途径是营造良好的金融生态环境，而不是试图通过其他方式人为调控存差和贷存比。

（摘自《中国货币政策执行报告》2005 年第四季度，中国人民银行货币政策分析小组，2006 年 2 月）

附录 2

中国货币供给增长与经济货币化程度

改革开放以来，中国货币供给量快速增长。1993—2009 年，流通中现金 M_0 从 5864.7 亿元增加到 38247.0 亿元，狭义货币 M_1 从 16280.4 亿元增加到 221445.8 亿元，广义货币 M_2 从 34879.8 亿元增加到 610224.5 亿元。1993—2009 年中国各层次货币供给量增长情况见下图：

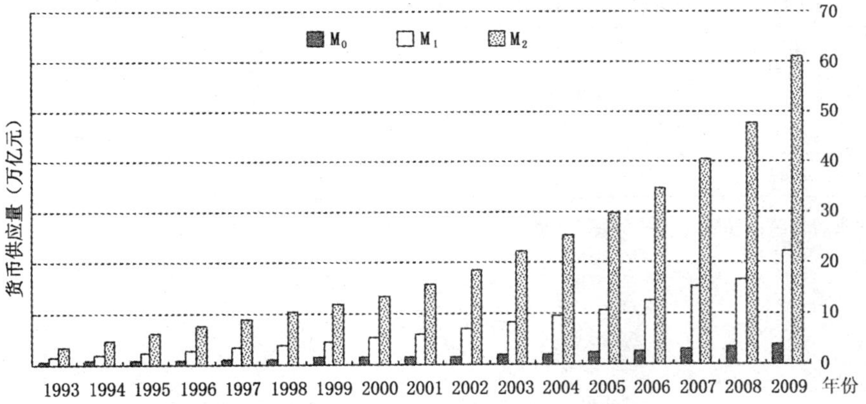

资料来源：根据《中国人民银行统计季报》各期整理。

经济货币化程度通常用 M_2/GDP 指标来衡量，该指标最早应见于 Mckinnon（1973）对金融深化理论的开拓性研究，M_2/GDP 反映了在全部经济交易中，以货币为媒介进行交易所占的比重。总体上看，它是衡量一国经济金融化的初级指标。一般来说，该比值越大，说明经济货币化的程度越高。1993 年中国 M_2/GDP 为 0.99，2009 年该指标提高到 1.82，具体见下表：

1993—2009 年中国经济货币化进程

年份	M_2（万亿元）	GDP（万亿元）	M_2/GDP
1993	3.49	3.53	0.99
1994	4.69	4.82	0.97
1995	6.08	6.08	1.00
1996	7.61	7.12	1.07

续表

年份	M_2（万亿元）	GDP（万亿元）	M_2/GDP
1997	9.10	7.90	1.15
1998	10.45	8.44	1.24
1999	11.99	8.97	1.34
2000	13.46	9.92	1.36
2001	15.83	10.97	1.44
2002	18.50	12.03	1.54
2003	22.12	13.58	1.63
2004	25.32	15.99	1.58
2005	29.88	18.32	1.63
2006	34.56	21.19	1.63
2007	40.34	25.73	1.57
2008	47.52	30.07	1.58
2009	61.02	33.54	1.82

资料来源：根据《中国人民银行统计季报》和《中国统计年鉴》各期整理。

附录 3

中国货币乘数变动趋势及其研究综述

1993—2009 年，中国货币乘数总体呈上升趋势，狭义货币乘数 m_1 从 1993 年的 1.24，上升到 2009 年的 1.54；同期广义货币乘数 m_2 由 2.65 上升到 4.24；但其波动也是比较明显的。从狭义货币乘数来看，1993—1996 年逐年降低，1997—2005 年逐年提高，2006—2008 年逐年降低，2009 年开始提高；广义货币乘数呈现相似的波动状况（具体见下图）。

我国货币乘数的研究主要集中在 20 世纪 90 年代。马明（1996）根据各个比率对货币乘数的贡献，利用时间序列的方法把货币乘数分解为季节波、周期波、趋势波，并建立模型进行预测。谢平、唐才旭（1996）根据不同的假定建立了三类不同的经济计量学模型，并利用最小二乘法进行了估计，研究的结果表明中国的货币乘数是可以预测的且其预测精度很高，不同模型及不同层次货币乘数的预测效果是不一样的。陈学彬（1998）对货币乘数的各个比率的影响因素进行分析，并利用计量的方法对各比例分别进行回

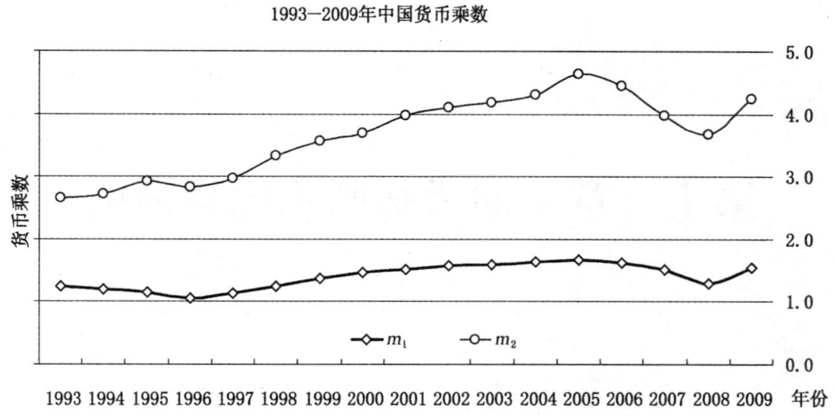

资料来源：根据《中国人民银行统计季报》各期整理。

归，然后将各比例的预测值代入货币乘数的公式中，对货币乘数进行预测。巴曙松（1998）则通过对货币乘数的各比例的分析，得出货币乘数长期中将会呈现上升趋势这一结论。姜永宏等（2007）对货币乘数变动进行了实证研究，并得出货币乘数正在变得越来越不稳定以及货币乘数总趋势是变大的结论。王海民（2010）剔除法定准备率因素后通过基本统计分析与单位根检验，得到了货币乘数不稳定这一结论，并发现造成货币乘数不稳定的主要原因在于定期与储蓄存款——活期存款比率及超额准备金率的变动。

第十一章　通货膨胀及通货紧缩

本章概要：在本章中，我们要掌握货币均衡与非均衡、通货膨胀及通货紧缩等概念，学习通货膨胀的衡量、成因及效应分析、通货膨胀治理，以及通货紧缩成因、效应及治理等内容。本章共分为六节，第一节介绍货币均衡与非均衡的概念；第二节介绍通货膨胀的概念及其测度；第三节分析通货膨胀的成因；第四节分析通货膨胀的社会、经济效应；第五节介绍通货膨胀的治理对策；第六节重点讨论通货紧缩问题。

第一节　货币均衡与非均衡

一、货币均衡的概念

货币均衡，其含义主要在于经济社会中货币总供给等于货币总需求，即 $M_s = M_d$。它意味着货币供应量与实际货币需求量相等，既无超额需求，也无超额供给。货币均衡包括以下几个方面的含义：

1. 货币均衡是货币供求作用的一种状态，其含义是大体一致，货币供给与货币需求完全相等是一种偶然的现象。

2. 货币均衡是指货币的实际供给与实际需求的均衡。货币均衡必须考虑到价格水平变动的因素。名义货币供给量的变动有时并不一定会引起货币的失衡，这是因为价格水平也变动了；同样，由于价格水平的变动，即使名义货币供给量不变也可能存在货币的失衡。

3. 货币均衡是一个动态的过程，货币供给与货币需求不可能在每个时点上都相等，这种均衡存在于长期之中。它表现为货币供给量只在一定幅度内偏离货币需求量，并收敛于货币需求量。

4. 货币均衡不仅仅是一种货币现象，它在某种程度上反映了经济的总体均衡状况。如前所述，货币不仅仅是现代经济中的交换手段，也是经济发展的一内在要求，它联系着社会的供给和需求。

二、货币均衡与经济均衡

货币的均衡对经济发展是否会产生影响，不同的经济学家有不同的看法。“古典”学派的经济学家主张是中性的。他们认为货币只有商品交换的媒介功能，它的数量多少并不会影响经济发展。并将整个经济分为实物和货币，认为货币与实际经济过程并无联系，因而货币对于经济发展是中性的。货币中性论认为：货币的供给与需求体现于商品的交换上，货币的购买过程就是商品的售出过程。货币购买商品也就是商品购买货币，因而货币的供给总是和商品价值的实现相一致的，整个经济总是处于均衡状态。在货币过度供给时整个经济总会提供足够的商品，货币供给不足时也能实现社会商品的购买，这些会通过价格的上涨和回落来调节，但是不会影响经济的发展。货币中性论一直受到人们的认可，直到 19 世纪末，瑞典经济学家魏克赛尔才首先否认了这一观点。他提出货币中性论只注意到货币的交易职能，而忽视了货币的价值储藏功能。在经济的运行中，不可能所有的货币都一直处于交易状态，其中有一部分货币会退出流通领域，被人们储藏起来。这样货币供给量就不可能在任何时候都恰好等于社会总商品量，货币中性论的前提就不成立了。

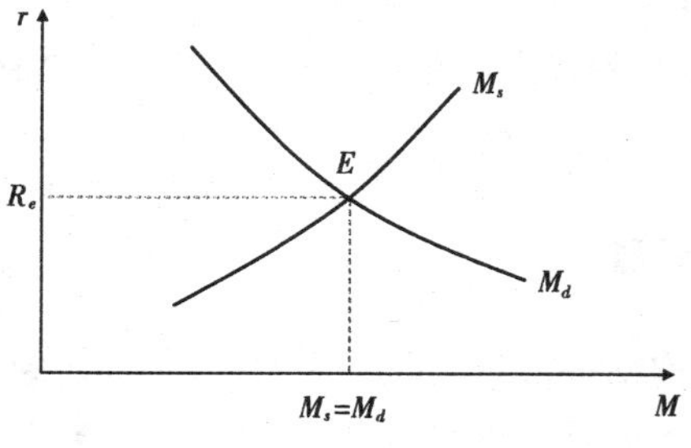

图 11－1　$M_s=M_d$

现代西方经济学家普遍认为，货币均衡与经济均衡存在着密切的联系。货币如果失衡，它的调整过程将引起经济均衡的改变。在这个调整过程中，利率有着很大的作用，他们认为在任何时点上的货币均衡都对应着一个均衡利率。

如图 11－1 所示，我们知道货币供给与利率变动呈正向关系，而货币需求与利率变动呈反向关系。当货币供给等于货币需求时，经济均衡于 E 点，此时均衡利率为 R_e。

如果假设货币供给量完全由货币当局决定，是一个外生变量，那么货币供给在图形中表现为一条竖直的直线。

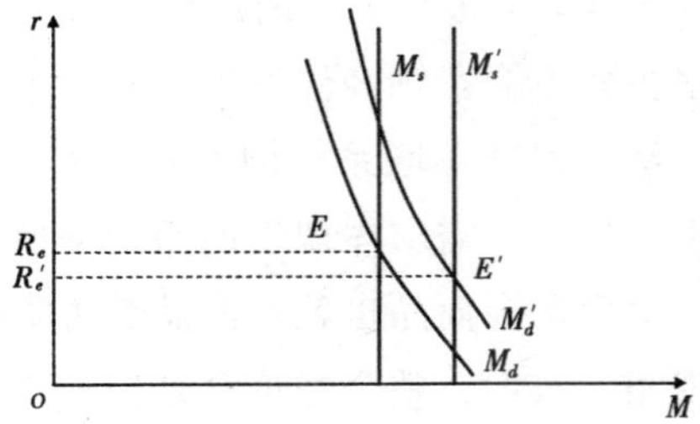

图 11－2

我们用图 11－2 来解释货币均衡的实现过程如何导致经济均衡的改变。经济的初始均衡点为 E 点，这时货币供给为 M_s，均衡利率为 R_e。如果货币当局增加货币供给量，M_s 右移至 M'_s，这时经济中各要素将发生改变。一方面，由于货币供给的增加，在货币市场上其价格必然下降，表现为利率的降低；另一方面，由于货币供给的增加，国民收入也随之增加，这会引起交易性货币需求的上升。这样货币需求曲线也向右移动，由 M_s 移至 M'_d。这时经济均衡于 E'点，均衡利率为 R'_e，低于初始水平，社会产出高于初始水平。反之，当货币供给量低于均衡水平时，经济产出将低于初始水平，同时利率升高。

三、货币失衡的调整

货币均衡是经济均衡的反映，同样货币失衡也是经济失衡的反映。货币失衡带来的后果，一方面是经济萧条和通货紧缩，另一方面是长期、剧烈的通货膨胀。货币失衡的调整有两条途径：自动调整和政策调整。

自动调整是指货币失衡完全由市场机制进行调整，没有政府的干预。当货币供给不足时，经济生活表现为存货增加，资源闲置，这样必然导致价格水平的下降。货币的交易需求减少，促使货币的需求与供给趋于一致；相反的当货币供给超量时，社会总商品量没有改变，价格水平将上涨。这样一来，价格水平的上涨可以吸收多余的货币，也可以使货币的供给与需求趋于一致。

政策调整是指政府采取各种措施干预市场，促使货币供给与需求重新达到均衡。政策调整主要从货币供给量和社会总供给这两条途径进行，具体的手段将在以后章节中进行详细的论述。

第二节 通货膨胀的概念及其测度

一、通货膨胀的定义

长期以来，通货膨胀一直存在于世界各国的经济中。由于它的程度不同，因而也不同程度地影响着各国的经济发展。尤其，当一国发生恶性通货膨胀时，经济将受到摧毁性的破坏。因而，对通货膨胀进行研究是众多经济学家的重大任务。他们通过研究和实践，从不同的角度给出了通货膨胀的定义。

1. 通货膨胀是由于货币数量的过度增长而导致物价总水平上涨的经济现象。新自由主义学者弗·哈耶克认为："通货膨胀一词的原意是指货币数量的过度增长，这种增长合乎规律地导致物价上涨"。

2. 通货膨胀是生产成本增长而引起的物价水平上涨的经济现象，包括由于工资的过度增长所引起的物价水平上涨。持这种观点的主要代表有罗宾逊等人，他们认为通货膨胀是由于同样经济活动的工资报酬率的日益增长而引起的物价的直线运动。

3. 通货膨胀是物价总水平普遍上涨的经济现象，任何原因引起的物价总体上涨都是通货膨胀。如新古典综合派保罗·萨谬尔森认为："通货膨胀的意思是：物品和生产要素的价格普遍上升时期——面包、汽车、理发的价格上升；工资、租金等等也都在上升。"

这一定义包含了三层含义：通货膨胀是价格水平的持续上升，不是短期或一次性上升；通货膨胀不是指个别商品价格水平的上升，而是价格总水平的上升，包括所有商品和劳务的价格；价格总水平的上升幅度作为是否发生通货膨胀的度量标准是很难判断的，许多经济学家用“可以觉察到的”来描述这一上涨幅度。

从上述各种不同的定义中可以看出，通货膨胀包括以下几方面的含义：

1. 通货膨胀是商品和劳务价格的普遍上涨，即所有商品和劳务平均价格水平的上涨。单个商品的物价上涨不能视为通货膨胀，而是相对价格的变化。

2. 通货膨胀是一般物价水平的持续上涨，季节性的或偶然因素引起的物价上涨不能称为通货膨胀，例如世界石油价格的短期波动，本国农产品由于天气异常变化导致大幅度减产而使得物价的临时上涨。

3. 通货膨胀的表现形式可以是公开的，也可以是隐蔽的。前者表现为物价的变化上，后者表现为商品供应短缺、凭票证供应、变相降低产品质量或者黑市买卖等等，这种隐蔽形式的物价变化又称为“抑制性的通货膨胀”。

二、通货膨胀的测量

通货膨胀的程度通过通货膨胀率来度量，其计算公式如下：

$$\pi_t = \frac{P_t - P_{t-1}}{P_{t-1}} \times 100\%$$

其中：π_t 为 t 时期的通货膨胀率；P_t 和 P_{t-1} 分别是 t 和 $t-1$ 时期的价格水平。

例如，t 时期的价格水平为 110，$t-1$ 时期的价格水平为 100，则 t 时期的通货膨胀率为 10%。要准确计量通货膨胀率，首先要恰当地选择价格水平的度量标准。世界上较为流行的用以度量价格水平的价格指数可以分为以下三种：

1. 消费者价格指数（Consumer Price Index）。该指数主要根据居民消费的代表性商品和劳务的价格波动状况编制的，主要反映与居民消费相关的食品、服装、住房、交通、通讯等商品和劳务的价格变化。其优点在于资料较易收集，公布次数较频繁，因此较能迅速和直接反映影响居民生活水平的物价变化趋势。其缺点是范围较窄，且不能表示消费品与劳务的质量改善。由于该指标与公众生活密切相关，且公布的频率较高，公众通过这一指标感受币值稳定与否，因此许多国家的中央银行都十分关注该指标。

2. 生产者价格指数（Producer Price Index）。该指数主要根据企业购买的商品的价格变化状况编制。它主要反映包括原材料、中间产品和最终产品在内各种商品批发价格的变化。该指数主要反映生产者的成本变化。如我国中央银行就定期公布企业商品价格指数，此外还公布企业商品分类价格指数，如农产品、矿产品、加工业产品。

3. 国民生产总值平减指数（GNP deflator）。该指数主要反映一国生产的最终产品（包括劳务）的价格变化。其计算公式为：

$$GNP\text{平减指数} = \frac{\text{按现行价格计算的}GNP}{\text{按基期价格计算的}GNP} \times 100\%$$

这种指数的优点是：包括的范围广，既有商品又有劳务，既有消费资料又有生产资料，因此能较全面地反映一般物价水平的趋势；然而由于该指数所统计的范围最广，资料不易收集，且统计数字发表滞后，因而难以经常性地公布该统计数据，一般是一年一次。

除了以上三种主要的价格指数之外，目前还出现了一种新的价格指数，那就是核心消费价格指数（Core Consumer Price Index）。一般来说，消费物价指数所涵盖的商品当中有若干短期内价格变化幅度较大的商品，比如大米、小麦、肉类、水果、蔬菜、电力和汽油等商品。农产品价格取决于天气状况，能源价格取决于不可控制的外部因素。剔除这些商品后的价格指数就是核心消费指数。该指数能够更准确地反映物价的整体走势，因此各国货币当局日益加大了对该指数的关注。除此之外，构造该指数还是基于货币政策操作的考虑。当通货膨胀率变化主要源于供给因素，如石油价格上涨导致的通货膨胀，此时货币当局采取紧缩性的货币政策，虽然物价得以控制，但这是以经济增长受到冲击为代价的。因此不少国家的中央银行对第一轮由供给因素造成的物价上涨，往往不采取紧缩性的货币政策。

上述几种指数作为测度通货膨胀率的标准各有其优点，然而它们却有着共同的局限性。例如，在利用各种价格指数来测量通货膨胀率时，我们默认了其前提是公开的通货膨胀，也即价格能够自由地波动。而在某些价格受到严格管制的经济中，价格的上升趋势被人为的压抑着，于是这时的价格指数并不能体现出价格水平的上升，但这并不能说明这时的经济中不存在通货膨胀。另外这些价格指数忽视了一些实质资产（如房地产）和金融资产的价格变化，因此它们不能全面地反映通货膨胀的程度。

三、通货膨胀的类型

从不同的角度可以将通货膨胀划分为许多不同的类型，以下是几种比较常见的划分方法。

1. 根据一般物价水平的发展阶段或者程度划分。

（1）爬行式的通货膨胀：指年物价上涨率在10%以下的通货膨胀。短期内，人们不易觉察到价格上涨的压力，整个货币体系基本上正常运行。因而不会导致经济秩序的严重失调，不会出现大规模地商品抢购和银行挤提现象。

（2）奔跑式的通货膨胀：指年物价上涨率至少两位数，甚至达到三位数。如阿根廷、巴西等拉美国家在20世纪70—80年代就出现过高达50%—70%的通货膨胀。在这种情况下，人们对手中的货币逐渐失去信心。

（3）超级的通货膨胀：也称为恶性通货膨胀。物价狂涨，以每月高于50%速度增长，货币价值急剧下降，人们对货币的信心尽失，不愿持有货币而抢购物资。由于本国货币不断贬值，物物交换开始盛行或者出现"美元化"的现象，即采用外国币值稳定的货币，如美元作为交易媒介，以避免持有本国货币而带来的损失。整个货币金融体系、财政税收体系一片混乱，严重影响了本国经济的政策运行。此时政府要考虑币制改革或者采取其他的经济政策以稳定物价。

2. 根据通货膨胀是否为显性划分。

根据通货膨胀是否为显性的，可将其划分为：

（1）公开型通货膨胀：在价格全面放开、可自由浮动的条件下的通货膨胀。其特点是，商品价格是开放性的，物价指数的变化能反映通货膨胀的程度。在这种情况下，通货膨胀率完全等于公开的物价上涨率。

（2）隐蔽型通货膨胀：价格受到政府或其他机构严格管制的通货膨胀。其特点是，价格因受到管制而维持表面上的稳定，商品和劳务供求的矛盾通过非价格的形式反映出来。这种情况下政府多采取定量供应的方法限制消费，然而这种措施常常导致黑市猖獗。官方牌价和市场价、黑市价之间相差很大，另外还会可能存在额外的成本，如排队购买、发行票证的成本等。厂家还可能通过降低产品质量来变相涨价。

3. 根据人们的预料程度划分。

（1）未预期到的通货膨胀：价格上涨速度超出了人们的预料，或者人们并没有预期价格水平会上升。例如由于某种不可控的国际因素导致原材料的价格上升。

（2）预期到的通货膨胀：价格的上涨和其幅度在人们预料之中的通货膨胀。例如某国的价格每年以相同的速度上涨，这种通货膨胀就是预期到的通货膨胀。它会有自我维持的特点，因而这种通货膨胀又称为惯性的通货膨胀。

4. 根据对不同商品的价格影响大小划分。

（1）均衡的通货膨胀：指所有商品、劳务的价格都按同一比例上升。各种商品和劳务的价格，如租金、利率、工作率等都保持不变，即相对价格不变。这种通货膨胀对经济的影响只限于现金形式的货币和其他商品、劳务之间，持有现金的可能会受到损失，所以人们都不愿意持有现金形式的货币。

（2）非均衡的通货膨胀：指所有商品劳务的价格上升的比例并不完全相同。各种商品和劳务的相对价格会发生变化，比如说，一种商品的价格上涨幅度高于另外一种商品的价格上涨幅度；利率上升的比例大于工资上升的比例或大于租金上升的比例等等。在现实中，通货膨胀大都属于这种类型的通货膨胀。

5. 根据导致通货膨胀的原因划分。

（1）财政赤字型通货膨胀：在一国发生财政赤字时，如果国家通过发行债券的方式向社会募集资金以弥补财政赤字，则一般不会发生通货膨胀，因为财政的超分配没有导致国民收入超分配的发生。如果政府通过银行增发货币的途径来解决财政赤字时，将会发生国民收入的超分配而出现财政赤字型通货膨胀。

（2）信用型通货膨胀：银行信用分配是在企业初次分配和财政再分配基础上进行的分配，是社会总需求的调节器。如果银行信用调控不当，或创造过多的派生存款货币，就会使社会信用规模超过经济发展的需要，从而导致信用型通货膨胀。

（3）国际收支型通货膨胀：当一国国际收支出现长期顺差时，国内流通的货币量增加；另外，大量出口将导致本国内的商品数量相应的减少，导致社会总需求大于总供给而导致通货膨胀。

（4）体制型通货膨胀：当一国处于经济体制转轨期间，市场机制不健全、产权关系不明晰，从而造成企业的投资效益低下，总需求没有下降而总供给减少，这时也会发生通货膨胀。

根据通货膨胀的形成原因又可以分为需求拉动型通货膨胀、成本推动型通货膨胀、供求混合型通货膨胀和结构失调型通货膨胀。这是一种比较重要的划分方法，经常用于寻求通货膨胀的成因和治理对策。我们将在分析通货膨胀的形成原因时再做详细介绍。

第三节　通货膨胀的成因

一、用货币现象来解释通货膨胀

我们知道，通货膨胀的最基本原因就是总需求大于总供给。货币主义学派认为通货膨胀完全是一种货币现象，总需求的增加主要源于货币数量的过度增长，当货币数量增长的速度超过了生产增长的速度就发生了通货膨胀。我们可以通过交易方程式来理解：

$$MV = PY$$

其中：M 表示货币供应量，V 表示货币流通量，P 表示价格水平，Y 表示实际收入，MV 代表经济中的总支出，PY 代表名义收入水平。

对上式取对数，并对时间 t 求导得：

$$\frac{dM/dt}{M} + \frac{dV/dt}{V} = \frac{dP/dt}{P} + \frac{dY/dt}{Y}$$

即：$\dot{M} + \dot{V} = \dot{P} + \dot{Y}$

$$\dot{P} = \dot{M} + \dot{V} - \dot{Y}$$

这样我们得出了通货膨胀率的三个影响因素：货币流通速度的变化、货币增长和产量增长。如果我们假设货币流通速度不变，收入水平不变，则引起通货膨胀的唯一原因就是货币供给量的变化。

二、用总需求和总供给来解释通货膨胀

（一）需求拉动型通货膨胀（Demand – Pull Inflation）

该类型通货膨胀指的是源于社会总需求膨胀而导致的物价上涨。经济学家最早分析通货膨胀时就始于对总需求的分析，需求因素是通货膨胀形成的

最基本原因。一般来说，总需求包括消费需求、投资需求和净出口需求三方面，当生产资源和要素接近充分就业状态，或者已经达到充分就业状态，这其中的任何一方面的扩张都可能导致通货膨胀。然而，货币主义学派却对此有着不同的看法，他们认为，货币供应量的增加是总需求增加的主要原因。

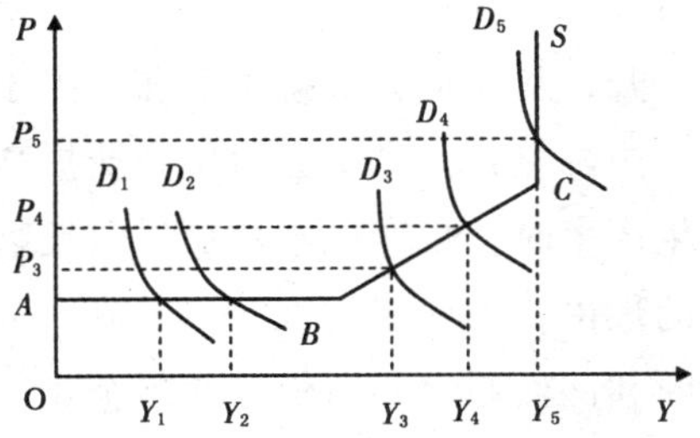

图 11－3　需求拉动型通货膨胀

需求拉动型的通货膨胀可用图 11－3 来表示：

在图 11－3 中，横轴代表国民收入，纵轴代表物价水平，总供给曲线可以根据充分就业的情况分为 *AB*、*BC*、*CS* 三段。

AB 段的总供给曲线呈水平状态，这意味着供给曲线无限大，表明全社会存在大量闲置资源，没有达到充分就业状态。总需求从 D_1 扩大到 D_2 时，国民收入会增加，不会引起物价上涨。因此，当一国经济处于 *AB* 区间时总需求的增加不会导致通货膨胀的发生。

BC 段的总供给曲线表示社会总供给逐渐接近充分就业状态，闲置资源很少，总供给的增加能力较小，此时实行扩张性的政策，总需求从 D_2 增加到 D_3，国民收入会随之增加，但是物价也会同时上涨。因此，当一国经济处于这一区间时，总需求的增加可能会导致通货膨胀的发生。但是，这一区间内总需求的增加不会引起的物价急剧上涨。

CS 段的总供给曲线表明社会已经达到充分就业状态，不存在有闲置的资源。此时的总供给曲线成为无弹性的曲线，在这种状态下，当总需求继续扩大时，不会引起国民收入的增加，只会使物价大幅上涨。因此，当一国经济处于 *CS* 阶段时，总需求的增加很容易导致物价的急剧上涨，引发通货膨胀。

（二）成本推动型通货膨胀

在 20 世纪 50 年代以前，人们一直认为总需求的增加是通货膨胀的唯一原因，然而 20 世纪 50 年代后期美国出现了一种新的现象：一方面，物价水平持续温和上升；另一方面，失业率逐渐升高。显然，需求拉动的通货膨胀并不能解释这种现象。经济学家通过大量的分析，提出了成本推动型的通货膨胀。

成本推动型的通货膨胀主要从供给角度对通货膨胀进行分析。假定在总需求不变的条件下，由于生产要素价格（如工资、租金、利息以及利润）上涨，导致生产成本上升，从而使物价持续上涨。由于供给因素变动形成的通货膨胀大体可以归纳为两点：一是工会迫使企业提高工会会员工资，导致工资上涨率超过劳动生产率时，生产成本增加，引发物价上涨，这又构成工会继续要求增加工资的理由，如此螺旋上升，形成工资推动型通货膨胀；二是垄断行业为保持垄断利润而制定的高价，垄断企业凭借其垄断地位，通过提高价格来增加利润也会导致物价的普遍上涨。如欧佩克组织大幅提高石油价格，导致石油进口国的通货膨胀。成本推动型通货膨胀可用图 11－4 表示：

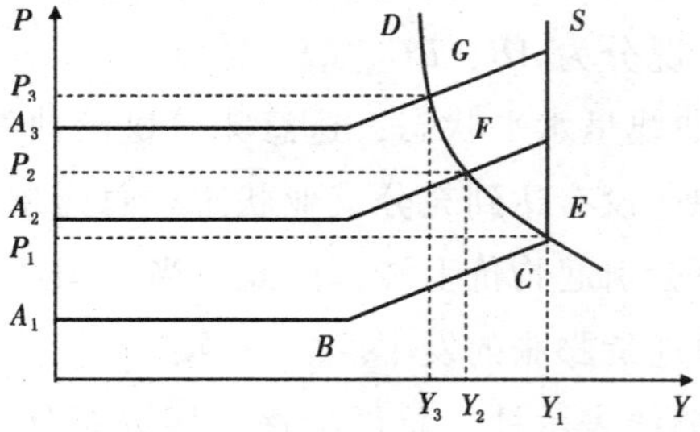

图 11－4　成本推动型通货膨胀

如图 11－4，横轴依然代表总产出或国民收入，纵轴代表物价水平，Y_1 代表充分就业状态下的国民收入。社会总供给曲线最初为 A_1S，在总需求不变的条件下，生产要素价格的提高引致生产成本上扬，使总供给曲线上升至 A_2S，结果物价上涨至 P_2，国民收入下降至 Y_2。国民收入的下降是由于生产成本增加后，失业率上升而造成的。这个过程不断持续下去，物价进一步上涨至 P_3，国民收入进一步下降至 Y_3。

（三）供求混合型通货膨胀

一般来说，任何一次通货膨胀都不可能单纯由需求拉动或成本推动原因而造成。每一次通货膨胀都是一个动态的过程，需求的拉动和成本的推动都只是通货膨胀过程之中的一个静态的发展阶段。需求的增加引起价格的提高，导致成本提高；成本提高通过各种传递途径又导致需求的增加，如此恶性循环，导致通货膨胀不断的持续下去。事实上，无论是需求拉动的通货膨胀还是成本推动的通货膨胀都只会引起物价的一次上涨，而不会导致物价的恶性持续上涨。我们用图 11－5 来说明它们的互动如何引起了通货膨胀的持续：

图 11－5 中，AD 和 AS 分别表示原来的总需求曲线与总供给曲线，E_0 为初始均衡点，这时国民收入为 Y_0，价格水平为 P_0。

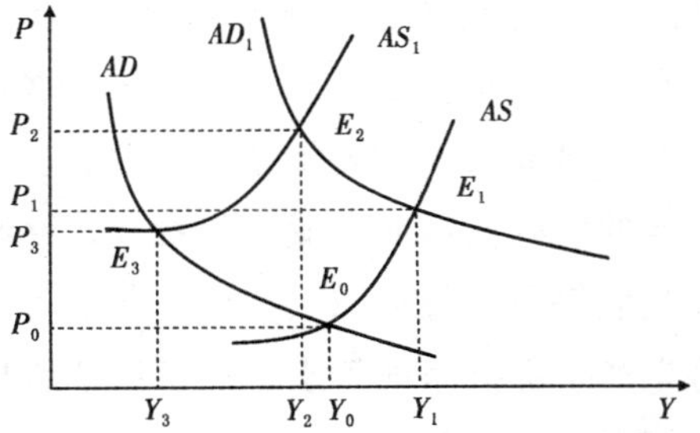

图 11－5　供求混合型通货膨胀

当总需求增加，总需求曲线由 AD 上升到 AD_1，与 AS 交于 E_1，此时经济均衡于 E_1。这时，国民收入为 Y_1价格上升至 P_1。这时由于价格的上升引起生产成本的增加，总供给不会维持在原来水平，也相应从 AS 移动到 AS_1 时，AS_1 与 AD_1 相交于 E_2，价格水平再次上升，达到 P_2。这样就完成了价格上升的一个循环，如此多个循环就形成了供求混合型的持续性通货膨胀。在需求拉动的持续性通货膨胀中，供给曲线也在相应地上移，但是这种移动是被动的，是由需求拉动的通货膨胀引起的。

如果成本上升，总供给曲线 AS 移动到 AS_1，这时经济均衡点为 E_3，价格上升至 P_3 水平。此时如果需求水平维持不变，则通货膨胀不会维持下去。例如，当由于工资水平的提高引起成本推动的通货膨胀时，如果需求没有响应增加，则意味着产出和就业的下降，而工资的持续增加则会导致产出的进一步下降。只要需求不增加，随着就业率的下降就会迫使单纯由成本推动的通货膨胀停下来，并且增加就业的压力可能会使通货膨胀向反方向转化。在增加就业的同时，必将使工资和价格水平回落。然而，这种恢复过程极为缓慢，政府为了解决高失业和低产出将会采取多种措施增加需求。这时，总需求的增加，使 AD 移动到 AD_1，价格再次上升，达到 P_2 水平。这样就完成了价格上升的一个循环，如此多个循环就形成了供求混合型的持续性通货膨胀。在成本推动的通货膨胀中，需求曲线也在响应上移，但是这种移动是被动的。

三、从经济结构来解释通货膨胀

这种理论力图从整个社会的经济结构变化来解释通货膨胀。它认为，即使需求和供给没有变化，只是经济结构发生了变化，也会导致通货膨胀。

从整个社会经济来看，有些产业是新兴产业，而有些产业是夕阳产业；有些产业发展迅猛，有些产业已经处于衰退阶段，发展迟缓；有些产业逐渐走向国际化，有些产业一直局限于国内市场。从发展趋势来看，整个经济必将向新兴的、发展迅速的、开放型的产业部门看齐，逐渐靠近。然而在现实的经济中，这种看齐只能停留在价格和工资上，而不可能将所有生产要素转化过去，也不可能将生产率提高至同等水平。所以这就导致了经济结构的不平衡和变化趋势，从而引发通货膨胀。

首先我们假设某一经济中只有两个产业部门，A 部门和 B 部门，而且其初始产量相同，工资水平也相同。A 部门生产增长率$\left(\frac{\Delta y}{y}\right)_A$为 10%，相应地其工资增长率$\left(\frac{\Delta W}{W}\right)_A$为 10%；B 部门生产增长率$\left(\frac{\Delta y}{y}\right)_B$为 5%，而其工资增长率$\left(\frac{\Delta W}{W}\right)_B$却向 A 部门看齐达到 10%，这时就产生了需求与供给之间的矛盾。由以上数据我们得知：

这一经济中的生产增长率为：

$$\left(\frac{\Delta y}{y}\right) = (10\% + 5\%) \div 2 = 7.5\%$$

这一经济中的工资增长率为：

$$\left(\frac{\Delta W}{W}\right) = (10\% + 10\%) \div 2 = 10\%$$

显然，这一经济中的生产增长率明显低于工资增长率。而生产的增长代表了供给的增长，工资的增长又代表了有效需求的增长。从而，上述的数据说明这一经济中供给的增长低于有效需求的增长，造成了需求与供给的矛盾，这一矛盾将会导致物价水平的上涨，从而可能引发通货膨胀。

人们将这种结构型通货膨胀又划分为三种不同的类型：

1. 需求转移型通货膨胀：在总需求不变的条件下，需求发生了结构性变化，而劳动力和生产要素却不能随之转移，此时，需求增加的部门的工资和产品价格上涨，而需求下降的部门的工资和产品价格却未相应下降，由此引起物价总水平的上涨。

2. 部门差异型通货膨胀：产业部门和服务部门的劳动生产率、价格弹性和收入弹性存在差异，但两部门的货币工资增长趋于一致，由此导致物价全面上涨。

3. 斯堪的纳维亚小国通货膨胀：这由北欧的斯堪的纳维亚国家首先提出。他们认为开放经济的小国其经济结构可分为“开放经济部门”，即产品受世界市场的供求影响，如制造加工业，“非开放经济部门”，即产品价格仅受到国内供求决定，如服务业。在世界市场上，小国大多为价格接受者，这样世界通货膨胀就会通过国际贸易渠道传递到小国的开放经济部门，使之物价上涨率与世界通货膨胀率趋于一致。这又将带动非开放经济部门的价格上涨，这就导致了小国全面地通货膨胀。这也是一种输入型通货膨胀。

四、用预期来解释通货膨胀

通货膨胀预期有自我实现的功能，对通货膨胀的形成有潜在的推动力。在现实经济生活中，人们会把对通货膨胀的预期纳入他们的经济决策中，从而使通货膨胀自我实现。例如，人们预期当期通货膨胀率为5%，那么在商品和劳务的定价时就会考虑这5%的通货膨胀率，促使物价提高。这样一来，即使没有其他诱发通货膨胀的原因存在，整个社会的价格水平也会上升5%。这就是通货膨胀预期的自我实现。

第四节　通货膨胀的社会、经济效应

一、财富、收入分配效应

对于整个社会而言，通货膨胀只是物价上涨的过程，不会影响社会的总财富和总收入。但是，这个过程却通过价格途径改变了人们的财富分配。通货膨胀对人们财富的影响方向及大小主要取决于人们以何种方式持有资产。

总体来说，持有财产有两种方式：实物资产和金融资产。在通货膨胀期间，实物资产的价值升降取决于其价格上涨率与物价总水平上涨率是否一致。如果资产价格上涨比例大，则持有人为收益者，反之为受损者。如果以金融资产持有资产则比较复杂，它取决于持有哪种金融资产。如果是货币形式，显然他是受损者。如果是股票形式则视于行市了，一般而言在通货膨胀期间，股票行情看涨，然而其价格的涨跌有许多影响因素，所以持有人可能受益也可能受损。如果是债务形式，则显然债权人在通货膨胀过程中是受损者，债务人为受益者。但如果是大的债权人，他们就可以采取各种措施避免通货膨胀带来的损失，而且他们一般也是大的债务人，不但不会受损反而可以从通货膨胀中收益。一般来说，小额存款人和债权人最容易受到通货膨胀的打击。从整个社会范围来看，可以把社会成员分为居民、企业和政府三个部门。一般来说，居民是货币多余者；而企业和政府部门是货币不足者，因而居民个人作为一个部门是受损者，而企业和政府部门是受益者。

通货膨胀的收入效应主要源于货币幻觉，即人们所注重的收入往往是名义货币收入，而不考虑实际收入（名义货币收入/物价指数）。而名义货币收入的增加并不意味着人们生活水平的提高，甚至有时可能是下降。在通货膨胀期间，社会各阶层由于其收入方式、收入来源不同，因而所受的影响也不同。比如靠固定工资生活的工人，他们在物价持续上涨时，也可能会要求工资的提高，但是这种提高相对于物价上涨往往是滞后的。滞后时间越长，损失越大。与工人类似的还有其他一些群体，领取救济金和退休金的、公共雇员、靠福利和转移支付维持生活的人。

此外，通货膨胀还将使得税收负担发生扭曲。一般来说，在世界各国，所得税一般按名义收入采取累进制。通货膨胀产生后，个人和企业的实际收入尽管有可能不变，甚至下降，但名义收入都会出现上升从而承担较高的税率，这打破了政府、企业和公众之间收入的平衡。通货膨胀还将对企业折旧产生负面影响。通常公司或企业被允许从其应税收入中扣除房屋和设备的一定量的折旧，如果折旧是根据投资的历史成本，而不是其重置成本来提取，那么折旧的价值就会被通货膨胀所侵蚀，这将损害公司或者企业进行生产性投资的积极性。此外，通货膨胀还将导致一种恶性循环。如财政赤字扩大加重了通货膨胀的程度，通货膨胀又使得税收的实际收入下降，税收收入的不足进一步加大了财政赤字，如此恶性循环。20 世纪 80 年代许多发展中国家的通货膨胀，很大程度上都与此有关。

二、资源配置效应

市场价格机制在通货膨胀期间往往失去了资源配置的作用，价格的变化以及比价的变化都会影响社会资源的转移。物价持续的上涨经常导致社会资源分配的扭曲，具体表现在以下的几个方面。

1. 在高通货膨胀时期，对现金的管理成为了一项繁重的重要工作。由于物价的飞速上涨，通货膨胀率走高，不管是现金还是金融机构的各种存款，其收益率都很可能成为负值。居民和企业部门都将尽量避免持有现金和低收益的存款，用来购买实物或各种金融资产。西方学者将这种管理成本形象地称为“皮鞋成本”（经常来往于银行而磨破鞋底）。

2. 通货膨胀引起生产要素的畸形转移。从整个社会来看，各种商品和劳务的价格上升幅度不一，有些部门价格涨幅大，有些部门涨幅较小。一般来说，涨幅大的部门利润率也高，因而，生产要素倾向于从价格涨幅小的部门向价格涨幅大的部门转移。但是价格上升幅度大的部门并不一定是整个社会需求最大的，相反的，价格上升幅度小的部门也并不一定是社会中所不需要的。这样就导致了一些部门产品的大量闲置，而一些部门的产品却由于生产要素不足处于紧缺状态，最终导致大量资源的浪费。

3. 通货膨胀期间持续的物价上涨扰乱了正常的金融秩序，不利于金融市场的发展。物价水平的不断上涨引起通货膨胀率的频繁变化，中央银行不得不经常调整名义利率以期保持实际利率的稳定，整个金融市场利率也随之不断变化。而这种调整一般都会滞后一个时期，正常的融资渠道受到阻碍，民间高利贷盛行，投机活动猖獗。

4. 高通货膨胀容易造成整个社会的经济活动混乱。在生产上，由于一些国家对某些行业的价格还没有完全放开，因而这些行业得不到通货膨胀带来的好处，国内、外资金纷纷逃离这些行业，因而这些受到价格管制的行业逐渐走向衰退，甚至萎缩；在投资和消费上，由于各种商品的相对价格不断变化，企业和消费者难以作出正确的决策。由于这种不确定性，企业投资也由长期投资转向了短期投资，这些短期行为显然不利于经济的长期发展。

三、强迫储蓄效应（Forced Saving）

这里所指的储蓄是指社会中用于投资的货币。为了增加社会投资，政府向中央银行举债，中央银行增发货币，导致物价普遍上涨。而人们的名义收入很难同步提高，因而实际收入下降。消费水平也随之下降，因而形成一种强迫性的节约。如果政府通过通货膨胀这种方式来促进投资，就会导致强迫储蓄效应。

四、产出效应

产出效应亦即指通货膨胀对经济增长的影响，经济学家对此持有不同的观点，大体来说有三种：促进论、促退论和中性论。

所谓促进论就是认为通货膨胀具有促进产出增加的效应。持该观点的学者认为，由于经济没有实现充分就业，经济体系中存在资源闲置，政府利用扩张性的货币政策和财政政策来刺激有效需求，尤其是在发展中国家，由于经济主体存在通胀幻觉（Inflation Illusion）即经济主体因为收入的增加感觉更富裕而忽视了通货膨胀率的上升使其实际收入的下降，这增加了企业的收入，刺激投资的扩大。同时，由于通货膨胀将导致有利于富裕阶层的收入分配，这会增加其储蓄，满足经济增长的需要。

促退论则认为通货膨胀不利于经济的长期增长。纵观世界各国，寄希望于实行通货膨胀经济政策以实现更高的经济增长，其结果往往是持续的高通胀。它干扰了资源配置的效率，扭曲了收入分配。在理性预期的作用下，经济主体的通胀幻觉消失。政府甚至连短期的经济繁荣也无法实现。因此，促退论认为在长期内通货膨胀不会带来经济增长。这种看法基本上成为理论界和政策制定者们的共识。各国货币当局都将保持物价稳定作为其首要目标，以期为经济发展创造一个稳定的经济环境。

中性论认为通货膨胀对经济增长的影响是中性的，它既不会促进经济的增长，也不会阻碍经济的增长。这是因为通货膨胀会使人们对其形成预期，从而各经济主体会根据预期合理调整自己的经济行为，使通货膨胀的各种效应相互抵消。

五、通货膨胀对失业的影响

通货膨胀和失业之间的关系非常复杂，从20世纪50年代以来人们就做了大量的分析来研究这种关系，许多研究成果也随之而生。在20世纪60年代人们认为通货膨胀与就业之间是交互替代的；随后在20世纪70年代许多西方国家出现了高通货膨胀率、低失业率和低成长共存的滞胀现象，使人们对这种交互替代的观点产生了怀疑，经济学家提出了多种理论点，却似乎没有一个圆满的答案；尔后，20 世纪 90 年代在美国出现了所谓的“新经济”，即经济增长保持良好的势头，而通货膨胀率、失业率却持续走低。新经济的出现使通货膨胀和失业之间的关系更加复杂化了，它向人们提出了一个新的问题，是否存在零通货膨胀的经济成长，这种理想的经济存在于怎样的经济环境中。

（一）菲利普斯曲线

最早研究通货膨胀和失业之间关系的理论成果是著名的菲利普斯曲线，由英国经济学家菲利普斯提出。他通过对英国近百年（1861—1957 年）的数据分析，得出了如下的一条曲线（见图 11－6）：

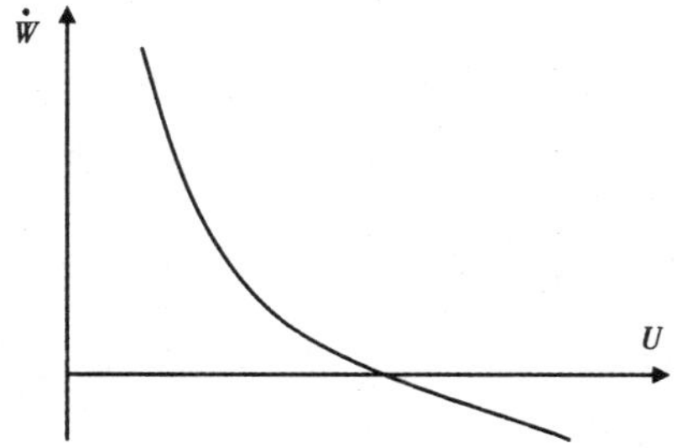

图 11－6　菲利普斯曲线

其中：横轴 U 代表失业率；纵轴 $\dot{W}$（$\Delta W/W$）代表工资膨胀率（Wage Inflation），即货币工资提高的比率。

这条曲线表明：当失业率低时，货币工资膨胀率高；当货币工资膨胀率低时，失业率会上升。货币工资与失业率呈反向运动，西方学者对此提出了多种解释，其中一种较为流行的理论由加拿大经济学家李普西给出。他认为菲利普斯曲线反映了货币工资调整速度与劳动力市场失衡的关系。当劳动力需求旺盛时，失业率下降，这时工人在谈判中占主动地位，有利于工人工资的提高；反之，当失业率高时，工人工资下降。货币工资上升的速度和劳动力市场的失衡（指需求与供给之间的不平衡）程度是正相关的，而失业率正代表了劳动力市场的失衡程度。失业率越高表明劳动力市场供过于求的程度越高，这时货币工资下降得越快；失业率越低表明劳动力市场供不应求的程度越高，货币工资上升得越快。

这一理论的提出引起了大家的关注，继菲利普斯之后，萨缪尔森和索洛发现并证明了美国经济的运行也符合菲利普斯曲线，并对菲利普斯曲线进行了修改。一般来说，工资在总成本中占有相对稳定的比例，在企业定价时多采用成本加成法，即用成本乘以一定比例来制定价格。这样工资的变化率就相当于产品价格的变化率。即 $\Delta W/W=\Delta P/P$，我们用 $\dot{p}$ 表示价格的变化率，则菲利普斯曲线可以改变为以下的形式（见图 11－7）：

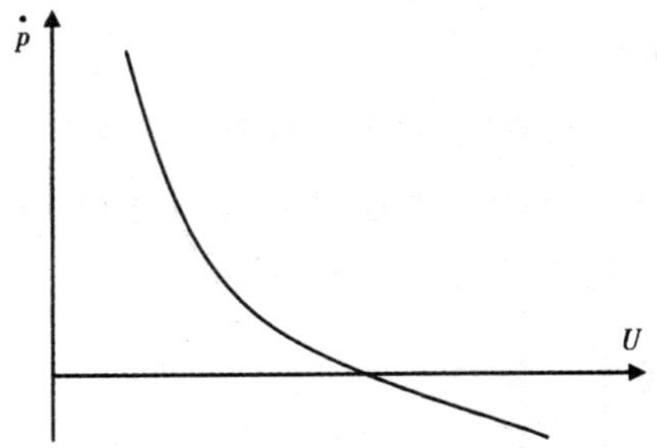

图 11－7　变化后的菲利普斯曲线

菲利普斯曲线所阐述的是工资膨胀率与失业率之间的关系，而经萨缪尔森和索洛修正后的菲利普斯曲线所描述的是通货膨胀率和失业率之间的关系，可以用一个函数表示：

$\dot{p}=f(U)$　而且 $f'(U)<0$

它具有重要的政策含义，政府在实现低通货膨胀率和低失业率这两大宏观经济目标之间会发生冲突：要想保持较低的通货膨胀率就要忍受较高的失业率；反之，要将失业率控制在较低水平就要承受较高的通货膨胀率。这为政策制定者提供了一个选择。在现实经济运行中，政策制定者经常在菲利普斯曲线上划定一个区域，只要经济在这个区域内运行，政府均认为是可以承受的。这个区域的边界也就是可承受的最大失业率和可承受的最高通货膨胀率。

我们假设社会可承受的最高通货膨胀率为 4%，可承受的最大失业率为 4%，那么如图 11－8 所示，阴影部分即为经济运行的最佳区域。当一个社会的经济处于阴影部分时，政府无须采取任何措施来调节。而当经济运行于阴影部分之外时，政府将采取必要的措施对其进行干涉。

假设社会经济处于图中的 A 点，这时通货膨胀率较高，超出了社会可忍受的范围，政府应该在失业率不超过 4% 的前提下，以提高失业率为代价来换取通货膨胀率的降低；反之，当社会经济处于图中的 B 点，这时失业率过高，政府应该在通货膨胀率不超过 4% 的前提下，以提高通货膨胀率为

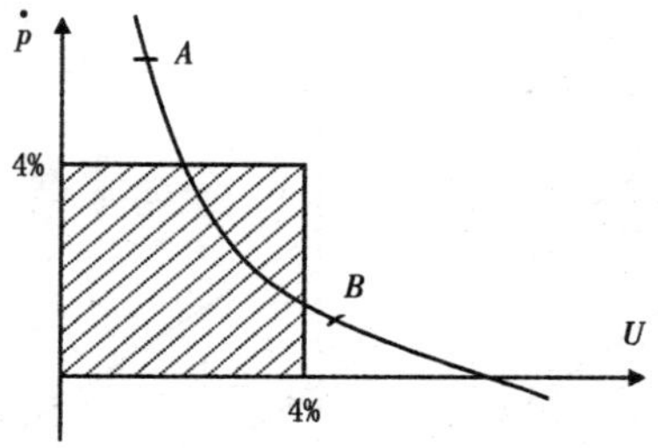

图 11－8　菲利普斯曲线的应用

代价换取失业率的降低。

（二）附加预期的菲利普斯曲线

菲利普斯曲线在相当一段时间内处于主导地位，并为政策制定者们解决了许多现实的经济问题。然而西方国家在 20 世纪 70 年代相继出现的“滞胀”令人们对此产生了怀疑。以弗里德曼为首的货币主义学派提出了预期的菲利普斯曲线。他们认为，在通货膨胀期间，人们会根据预期不断调整自己的经济行为，从而逐渐抵消通货膨胀所带来的各种影响，包括对失业率的影响。而原始的菲利普斯曲线假设工人具有完全的货币幻觉，所以失业率只与货币工资率有关，与实际工资率和价格的预期无关。预期的菲利普斯曲线认为，在任何时候，对应于一个实际工资率结构都有一个均衡的失业水平，称为“自然失业率”。因而可以将菲利普斯曲线方程式改写成：

$\dot{p}-\dot{p}^e=f(U-U^*)$　或者 $\dot{p}=\dot{p}^e+f(U-U^*)$　U^* 为“自然失业率”

然而，自然失业率也不是固定不变的，它会随着社会劳动力市场结构的变化而改变。这种失业只与劳动力市场的不完全性、劳动力流动的费用等因素有关，而与货币因素无关。短期内，经济的运行可能会偏离“自然失业率”，但长期内均有向其靠近的趋势。我们可通过图 11－9 来描述这种趋势：

图 11－9 中有一组短期菲利普斯曲线 be、ad 和 cf，U^* 代表自然失业率。

当经济处于 e 点时，通货膨胀率为零，预期通货膨胀率也为零。这时经济处于长期均衡状态，失业率为自然失业率 U^*。如果经济此时发生变动，比如政府通过某些措施降低失业率达到 U'，则此时经济暂时均衡于 b 点，通货膨胀率升高至 $\dot{p}_1$。人们在这一经济运行的过程中会逐渐发现自己的实际工资水平的下降，因而工人们在现行的工资水平上会减少劳动力的供给，

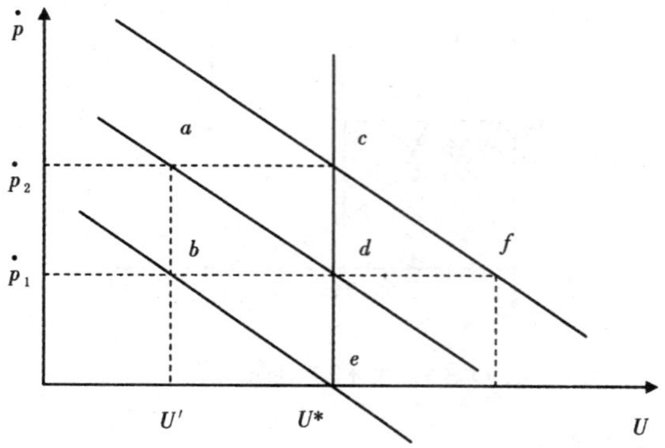

图 11－9 短期菲利普斯曲线的移动

社会劳动力总量的下降使失业率增加，恢复到原始的 U^* 水平，社会经济从 b 点移动到 d 点。这种移动过程是因为物价总水平的上涨使人们改变了对通货膨胀率的预期，而这种预期会逐渐接近于并达到实际通货膨胀率，使政府所实行的措施在长期内失去效用。在短期内，政府宏观经济政策的实施还是有效的，这是由于人们调整自己的预期存在着时滞。在 d 点上，如果政府仍想降低失业率，则只会导致菲利普斯曲线的再次上移，经济处于 c 点上。反之，当经济处于 c 点时，如果政府通过某种政策降低通货膨胀率，并达到 $\dot{p}_1$ 水平，这时经济处于 f 点上。人们的预期通货膨胀率高于实际通货膨胀率，工人们会发现实际工资的提高而增加劳动力的供给，失业率降低至 U^* 水平，经济均衡于 d 点上，菲利普斯曲线下移。

第五节 通货膨胀的治理对策

一、治理通货膨胀的政策性对策

通货膨胀曾经一度成为 20 世纪 70—80 年代世界性的难题，对经济、社会等各方面造成极大的影响。经济学家和政策制定者们提出了各种方法来治理通货膨胀，总体来说可以分为两类，一类是政策性的措施，另一类是制度性的措施。政策性措施主要包括货币政策、财政政策、收入政策、汇率政策以及供给政策。其中货币政策、财政政策、是基于需求拉动的通货膨胀理论而提出的，通过紧缩性政策抑制总需求的增长。收入政策是基于成本推进型的通货膨胀理论提出的，控制工资的上涨而控制成本，防止物价总水平的上涨。汇率政策是基于国际传递的通货膨胀理论而提出的，通过实行较稳定的汇率制度来避免通货膨胀的国际性传递。供给政策是从增加总供给的角度考虑的，以总供给的增加来解决供求不平衡的状况，避免物价增长。

（一）紧缩性的货币政策

通货膨胀产生的基本原因是总需求超过了总供给，因此有必要控制总需求的过快增长。控制货币的过快增长被认为是最重要的政策手段。正如弗里德曼所指出的那样，通货膨胀何时何地都是一种货币现象，是“太多的货币追逐太少的商品”，因此货币主义者认为抑制通货膨胀的主要方法就是控制货币供应量的增长速度。实现这一目标的方法之一就是采取紧缩的货币政策。其主要政策手段包括两方面：一是提高利率水平；二是控制信贷的过快增长。实施宏观间接金融调控的中央银行一般采用提高法定存款准备金率、提高再贴现率、卖出中央银行所持债券等方法，通过短期货币市场利率的上升，诱使商业银行提高贷款利率和减少贷款的发放；采用宏观金融直接调控的中央银行，往往直接控制商业银行对客户的贷款利率以及贷款投向和规模。例如，我国在20世纪80—90年代就采用信贷限额的方法和中央银行直接控制贷款利率的方法对商业银行的贷款发放进行约束。

（二）紧缩性的财政政策

对总需求的控制还可以采取紧缩性的财政政策，其主要手段是削减财政支出（包括政府购买支出和转移支付）和增加税收（包括所得税和流转税）。税收的增加和转移支付的减少，直接减少了企业和住户用于消费和投资的资金来源，政府购买支出的下降则意味着总需求的直接下降。压缩财政支出在国际上主要是削减财政投资的公共工程项目，减少各种社会救济和补贴；在我国则主要表现为控制基建项目，缩短国家基建战线。通过紧缩性财政政策的增收节支，减少财政赤字或财政向中央银行的借款量，达到抑制赤字型通货膨胀的目的。

（三）收入政策

收入政策也可以称为工资—价格政策，其方法就是对工资和物价的上涨进行直接干预，其理论基础是成本推进型通货膨胀。主要包括以下几种方式：确定工资—物价指导线和管制或冻结工资。具体来说前者就是政府当局规定了一定时期内的货币总收入增长目标额，并据此控制各个部门的工资增长率；后者就是政府直接冻结工资水平，这种严厉的管制措施往往在战争期间较为常见，在和平时期很少采用，即使采用也是一种临时性举措。

（四）汇率政策

不少国家还曾经采用过汇率政策（本币汇率升值）或者实施某种形式的盯住汇率制度来控制通货膨胀。比如德国在20世纪60年代由于德国马克存在升值预期，引起国际资本大量流入，货币供给量迅速增加，造成本国通货膨胀压力增加，为抑制通货膨胀，德国中央银行采取了本币汇率升值政策。这样一来，国外游资调离本国，减轻了国内通货膨胀的压力。

（五）供给政策

以上几种政策都是从控制总需求的角度着手的，而供给政策是从扩大总供给的角度提出的。通货膨胀的最基本原因是总需求大于总供给，所以有些经济学家提出扩大总供给也能有效地解决通货膨胀问题。比较而言，这种政策比紧缩政策更有积极意义。供给政策的主要措施是减税，也就是要降低边际税率。边际税率是指增加的收入中必须向政府纳税的部分所占的百分比。例如，美国里根政府在1981年为控制通货膨胀，一方面采纳了货币主义的观点，控制货币供应量；另一方面，也接受了供应学派的建议，降低个人所得税，提高机器设备折旧率，以促进生产，刺激投资，增加商品供应。

另外，有的国家还采取了工资—物价指数化机制，做法是工资自动随物价指数的升降而升降。其目的旨在对工资收入者进行补偿，缓解通货膨胀带来的不公平的收入再分配；另外，由于在工资—指数化政策中，利率也会随物价指数的提高而增加，这样政府融资时利息的增加抑制了它通过通货膨胀政策减轻其债务负担的动机。然而该政策也存在明显的不足，价格指数的编制和收入的调整都需要一定的时间，因此收入的调整往往滞后于物价的实际上升，因此对收入的补偿也是一种不完全的补偿。

二、治理通货膨胀的制度性对策

这种政策是从通货膨胀预期的角度提出的。如前所述，通货膨胀的预期有一种自我实现的功能。在图11－7中我们也解释了通货膨胀的预期如何影响菲利普斯曲线的移动：预期高则曲线上移，价格上涨；相反的预期低则曲线下降，价格也下降。因而在治理通货膨胀时我们必须高度重视人们的预期。从世界范围来看，保持物价稳定，防止通货膨胀和通货紧缩的出现构成了中央银行货币政策的首要任务，这已经成为理论界和政策制定者们的共识，因此人们的对通货膨胀的预期很大程度上来自于中央银行的政策和态度。如果中央银行有足够的能力执行价格稳定的货币政策，那么公众的通货膨胀预期就将下降，因而使菲利普斯曲线下移，物价也随之下降。反之，则上升。所以对中央银行的制度性安排和实行价格稳定的货币政策是一种行之有效的治理方法。

（一）强化中央银行的独立性和透明度

一般来说，中央银行的独立性可以分为人事的独立性、融资的独立性和政策的独立性三个方面。人事的独立性是指中央银行行长以及高级职员的任免安排的独立性；融资的独立性是指政府财政收支出现赤字时中央银行是否给予融资时的决策独立性；政策的独立性是指中央银行执行金融政策时的决策权力，包括选择和运用政策目标和政策工具的决定是否独立。不论中央银行独立性具体采取何种形式，其目的都是使得中央银行避免政府对其采取的行政干预，或者屏蔽政府为降低失业率而采取的短期扩张政策，实现物价稳定的目标。

增加货币政策的透明度，它包括向公众披露有关货币政策决策的信息和依据，澄清货币政策工具、中介目标和最终目标之间的相互关系，发表中央银行的有关研究结果等等。IMF 对透明度的解释是“透明度是一种环境，即在易懂、容易获取并且及时的基础上，让公众了解有关政策目标及其法律、制度和经济框架，政策制定及其原理，与货币和金融政策有关的数据和信息以及机构的职责范围”。具体来说，主要有四个方面的内容：（1）明确中央银行和金融监管机构的作用、责任和目标；（2）公开中央银行制定和报告货币政策决策的过程，以及金融监管机构制定和报告金融政策的过程；（3）公众对货币和金融政策信息的可获得性；（4）中央银行和金融监管机构的责任追究和诚信保证。

（二）实现物价稳定的货币政策框架

在经历了通货膨胀的困扰之后，许多国家的中央银行将保持物价稳定作为其最主要的政策目标，并将这一点写进有关的法律当中。在中央银行保持物价稳定的过程中，实现物价稳定的货币政策框架是极其有效的。这种货币政策框架实质性地限制了中央银行一些有可能导致通货膨胀的做法，从而也稳定了人们对通货膨胀的预期，最终保持了物价的稳定。一个很好的例子是：20 世纪 90 年代开始，一些新兴市场国家和发达国家实施了通胀目标制（Inflation Targeting），这是一种货币政策框架，其核心特征就是将保持物价稳定作为货币政策的首要目标。其一般做法是：货币当局先向公众公布目标通胀的水平，并承诺在未来的某一时间跨度内实现该目标。具体来说，就是在一定的时间跨度内，货币当局将通货膨胀率保持在目标区间范围内；货币政策的中介目标就是货币当局对通货膨胀率的预测值，同时监控包括货币供应量在内的其他一系列经济指标；货币政策的操作目标是价格型的指标，如短期利率、汇率等等；在汇率制度方面实行浮动汇率制。实践证明，实行通胀目标制的国家在控制通货膨胀方面无一例外地取得了巨大的成功。

专栏 11.1　中国中央银行控制通货膨胀的历史回顾

我国自改革开放以来出现了三轮通货膨胀，即1988—1989 年的通货膨胀、1993—1994 年的通货膨胀以及 2003—2008 年的通货膨胀。

（一）1988—1989 年的反通货膨胀政策

1988 年是我国经济形势发生重大变化的一年，经济运行中多年累积的深层次问题，如经济结构失衡、投资规模膨胀和消费膨胀继续加剧。这一年我国国民收入较上年增长 11.4%，零售物价指数、职工工资总额分别较上年增长 18.5%和 22.1%。

1988 年，我国经济生活当中出现了两个主要的通货膨胀的诱因：一是价格改革“闯关”宣传，使居民形成物价改革等于物价上涨的趋同认识，通货膨胀预期形成。二是在保值心理和消费攀比效应的支配下，居民通货膨胀预期诱发并转为实际行动，出现了储蓄存款滑坡的局面。1989 年我国尽管开始实行严厉的信贷紧缩政策，但是由于通货膨胀预期和惯性，这两年的通货膨胀率仍然很高，分别为 18.5%和 17.8%。

针对这次通货膨胀，我国政府在 1988 年 8 月采取了一系列紧缩措施：

1. 严格控制银行信贷规模，两次提高存、贷款利率，对居民 3 年期储蓄定期存款实行保值贴补办法，稳定储蓄存款规模，遏制消费膨胀的势头，并严格控制信贷规模的扩大。

2. 严格控制和清理固定资产投资项目，压缩基建规模，全国共停建、缓建14000余个建设项目，压缩固定资产投资442亿元。

3. 加强物价管理，对主要生产资料和运输价格实行严格控制，对计划外生产资料价格实行统一限价；暂缓了一些调价措施。

4. 全国从1988年第四季度起冻结基本工资，对非工资支出也进行一定的控制。

经过一年多的治理整顿，通货膨胀得到了遏制。到1990年，通货膨胀率降至2.1%，经济过热现象有所克服，总量不平衡得到了控制。与此同时，也出现了以下新的问题：

（1）市场疲软，商品滞销，工业生产速度大幅度滑坡。如1989年全国库存商品总价1500亿元，工业生产出现了负增长。

（2）企业间因为缺乏头寸而无力偿还，相互拖欠构成“债务链”，形成难解的三角债，使工业生产受阻，经济循环不畅。银行几次注入启动资金，但仍然未能全部解决问题。

（二）1993—1994年的反通货膨胀政策

1993年3月份，零售物价指数攀升到10.3%，以后一路上升，到1994年10月份达到最高峰25.2%。从11月份开始，物价涨幅开始回落，到1995年降为14.8%。

这次通货膨胀所处的经济体制环境存在如下特点：非国有经济迅速发展；大部分商品和生产要素的价格已经放开；市场机制对经济的调节作用越来越大。

在这一背景下，通货膨胀的爆发机制主要集中在以下四方面：一是社会总需求增长过快（消费需求、投资需求和出口需求）；二是商业结构失衡，农业“短腿”矛盾加剧；三是基础产品结构性调价累积下来的成本压力加快释放；四是粗放低效的外资利用方式、粗放型出口扩张机制和汇率改革成为此次通货膨胀的诱因。

面对此次通货膨胀，政府在1993年7月开始出台了以下反通货膨胀措施：

1. 执行紧缩的货币政策，灵活运用利率杠杆，两次提高银行存、贷款利率；同时，对三年期以上定期储蓄存款实行保值贴补，以稳定居民消费。

2. 严格控制信贷规模，各家银行和非银行金融机构要严格按照人民银行总行下达的年度信贷计划执行。

3. 中央银行发行特种金融债券，以回笼流通中的货币。

4. 配合从紧的货币政策，财政部发行国债约1000亿元。

5. 对在建项目进行审核排队，严格控制新开工项目，停建、缓建一批资金来源不落实、建设条件不具备和市场前景不明朗的建设项目。

6. 加强房地产市场的宏观管理，促进房地产业的健康发展，实行房地产增值税。

在这一轮高通货膨胀中，由于国家采取了比较有效的调控措施，宏观调控效果比较理想，经济基本实现了“软着陆”。

（1）经济增长震荡幅度较小。1993年经济增长率的最高点和1995年增长率的最高点之间仅差3.1个百分点。

（2）经济增长潜力基本实现。1979—1994年均GDP增长率为9.5%，1994年GDP增长11.69%，高于平均值2.1个百分点；1995年增长10.2%，高于平均值0.7个百分点。

（3）比较成功地引导投资向基础产业倾斜，在一定程度上缓解了诱发通货膨胀的瓶颈制约因素。

（三）2003—2008年的反通货膨胀政策

自2002年下半年，我国经济开始进入新一轮的经济上升周期。从国内因素来看，由于我国经济增长过多依赖出口，导致国际收支顺差严重，外汇储备过多。过多的外汇储备，一方面会导致中央银行被迫投放大量基础货币；另一方面会诱发人民币升值预期，导致国际热钱大量流入。这两方面都会诱发通货膨胀。从国际因素来看，美元贬值诱发全球性通货膨胀，加大了我国输入型通胀压力。随着次级债危机的不断扩散和恶化，美国进入新一轮降息周期，导致美元持续贬值，美元指数屡创新低。美元是国际货币体系的中心货币，美国通过贸易逆差向全球输出大量美元，成为全球货币的"供钞机"，造成世界范围内的货币供应过多、流动性过剩，资本流动性大幅提高，投机行为盛行，致使石油、农产品、有色金属等能源和基础产品价格暴涨，屡创新高。另外，国际大宗商品主要以美元标价，不断贬值的美元使得大宗商品的身价相对上升。

针对此次通货膨胀，政府从2003年4月开始出台了以下反通货膨胀措施：

1. 在2003年4月及时调整货币政策操作，加强预调，启动中央银行票据收回流动性，并于9月份将存款准备金率从6%上调到7%，取得了良好效果。当年GDP增速从上年的9.1%提高到10%，CPI涨幅稳定在1.2%。

2. 2007年，经济出现过热苗头，价格上涨压力加大，上半年GDP增速从2006年的11.6%进一步上升到12.2%，CPI涨幅从2006年的1.5%上升到3.2%。货币政策及时由"稳健"转到"适度从紧"再到"从紧"。从2007年第三季度起，货币政策开始采取紧缩态势，第四季度继续收紧。全年10次上调存款准备金率共5.5个百分点，6次上调人民币存贷款基准利率，其中，一年期存款利率累计上调1.62个百分点至4.14%，一年期贷款利率累计上调1.35个百分点至7.47%。相关措施有效地控制了通货膨胀形势，CPI同比涨幅在2008年2月达到高点后开始下行。

3. 2008年，国内外形势逐步发生变化。国内发生汶川大地震等严重自然灾害，国际上美国次贷危机加剧，并在9月中旬急剧恶化为百年难遇的国际金融危机。针对形势变化，我国宏观政策相应从“双防”转向“一保一控”再到“灵活审慎”，货币政策则从2008年7月份就及时进行了较大调整。一是调减公开市场对冲力度，相继停发3年期中央银行票据、减少1年期和3个月期中央银行票据发行频率，引导中央银行票据发行利率适当下行，保证流动性供应；二是于9月和10月连续三次下调基准利率，两次下调存款准备金率，释放保经济增长和稳定市场预期的信号。三是取消了对商业银行信贷规划的约束。四是坚持区别对待、有保有压，鼓励金融机构增加对灾区重建、“三农”、中小企业等贷款。五是扩大商业性个人住房贷款利率下浮幅度，支持居民首次购买普通自住房和改善型普通住房。

这次货币政策调控效果逐步显现。货币信贷平稳增长，银行体系流动性充裕，金融业稳健运行。信贷结构进一步优化，对灾区、“三农”和中小企业的信贷支持逐步加大。2008年前三个季度，受地震灾害影响较重的四川、甘肃两省合计新增贷款2141亿元，同比多增566亿元，比上年全年多增484亿元。农业贷款增加3188亿元，同比多增129亿元。一些金融机构已成立专门的中小企业信贷部门开展试点工作，目前普遍反映试点成效良好，正在逐步推广。

第六节　通货紧缩

一、通货紧缩的概念

与通货膨胀相对应，通货紧缩是货币非均衡的另一种形式。在现实经济中我们更多地提起通货膨胀，这是因为通货膨胀发生得更为频繁，即使在经济正常运行期间也会有通货膨胀的存在。而通货紧缩相对来说发生得较少，但是我们不能因此忽视通货紧缩的存在，通货紧缩也会从多方面影响经济的运行。一般来说，对通货紧缩的分析和通货膨胀刚好相反，它们是两个相对的概念。通货紧缩在国外经济学家中较主流的定义就是：商品和劳务价格水平的普遍持续下降。它包含了两个方面的含义：这种价格的下降是普遍的，不是某个或某几个部门的产品价格的下降，而是整个社会总体价格水平的下降；另一方面，这种价格的下降是持续的，会持续一段较长的时间，而不是短时间的下降。

然而，持续多长时间的物价总水平下降才是通货紧缩呢？对于这个问题的观点不尽相同，有的国家认为以一年为界，有的以半年为界。一般来说，若物价水平连续半年时间持续下跌，那么货币当局就应该对此加以重视了。

通货紧缩通常会引起一系列的经济现象，一般来说，通货紧缩期间有以下几种表现：

1. 物价水平持续下降，一般来说物价水平长时间的负增长才可以称为通货紧缩。但是在英国的一项研究中表明，各国公布的通货膨胀率都没有将产品质量提高的因素考虑在内，因此现行的通货膨胀率被高估了一个百分点。如果一个国家或地区的通货膨胀率低于百分之一，则认为这个国家或地区的物价产生了负增长。

2. 货币供给量减少。通货膨胀是“太多的货币追逐太少的商品”，相应而言，通货紧缩也伴随着货币供应量的不足。对于通货紧缩的定义，我国的货币论认为，通货紧缩不仅仅是物价水平的持续下降，它还应当与货币供应量的减少联系起来。

3. 需求不足，投资萎缩。一方面货币供应量的减少降低了整个社会的有效需求，商品滞销，因而企业不愿进行投资；另一方面，通货紧缩使实际利率有所提高，因而投资成本上升。同时通货紧缩又会使投资的预期受益率下降，这是因为投资者预期物价水平会进一步下降，利润将进一步降低。投资成本的增加和预期投资利润的降低成为抑制投资的两大因素。

通货紧缩从不同的角度有不同的划分方法。从对经济的影响而言可以分为“温和性通货紧缩”和“危害性通货紧缩”两种。温和性通货紧缩是由于技术进步加快，生产成本下降，市场准入的放宽以及竞争的加剧而引起的。它促进了产品的价格下降，市场价格的下降增加了公众的实际收入和购买力，而总产出继续保持增加，因此它对经济增长产生正面影响；危害性通货紧缩是由于生产能力过剩和需求低迷引起的，实际产出和潜在产出的“产出缺口”不断扩大，物价持续下降，经济衰退，它对经济运行产生负面影响。

另外，按持续的时间来划分，通货紧缩可以分为长期性通货紧缩和短期性通货紧缩。按与货币政策的关系来划分，可以分为货币紧缩政策情况下的通货紧缩、货币扩张政策情况下的通货紧缩和中性货币政策下的通货紧缩。

二、通货紧缩产生的原因

通常而言，产生通货紧缩的原因是多种多样的。纵观世界各国在各个时期产生的通货紧缩现象，我们大体可以将通货紧缩产生的原因归因于以下几个方面：有效需求不足、供给过剩、汇率制度僵硬、金融体系脆弱、紧缩性的经济政策。具体来说：

1. 与有效需求不足有关。当国内消费和投资需求出现严重下滑，或者当公众预期发生变化时，均可能导致通货紧缩。

2. 与供给过剩有关。这种供给过剩既可能是由于技术进步的原因产生的，也可能是因为企业盲目决策、重复建设而导致的低水平产品过剩造成的。

3. 与汇率制度僵硬有关。这一般和本国实行盯住汇率制度造成本国货币的汇率高估有关。

4. 与金融体系脆弱有关。例如由于本国金融机构的不良资产比重太大，金融机构为规避风险，不愿意扩大信贷投放，结果造成信贷萎缩，进而形成通货紧缩。在20世纪90年代，日本金融机构由于资产充足率达不到巴塞尔协议的要求，为实现这一目标，在经济不景气的环境下，各金融机构收缩信贷，提高信贷标准，导致贷款余额下降，从而加剧了日本的通货紧缩。

5. 与紧缩性的经济政策有关。在国内经济出现通货紧缩苗头的时刻，政府本该实行扩张性的经济政策以刺激经济，结果由于政府决策失误，反而采取紧缩性政策以至于加重了通货紧缩的程度，或者由于政府扩张性经济政策的力度不够，以至于经济长期陷入通货紧缩的陷阱当中。

三、通货紧缩的社会经济效应

1. 通货紧缩对财富、收入的影响。和通货膨胀相反，通货紧缩有利于债权人而不利于债务人。物价水平的下降使实际利率有所上升，债务人实际上所支付的利息上升，受到损失。一般来说，居民作为一个持有多余货币的部门，能享受到由于货币购买力上升而带来的好处，而企业和政府作为债务部门在通货紧缩期间是受损者。通货紧缩对于收入的影响主要视工资是否具有刚性而定。通货紧缩期间，由于物价水平的下降，工人们在相同的工资水平上可以购买更多的商品，也就是说人们的实际工资上升了，对工人来说是有利的。这是建立于工资刚性的假设之上的：如果工资的下调滞后于物价的下降，工人就会受益；如果工资的下调和物价的下降同步，那么通货紧缩对收入的影响是很小的。

2. 通货紧缩对消费的影响。价格水平的持续下降意味着货币购买力的上升，消费者可以以相同的货币购买到更多的同质商品和劳务。由于预期价格水平会进一步下降，消费者会推迟各种消费。另一方面，由于通货紧缩期间经常伴随着经济增幅的下降，人们预期收入会减少，因而会减少消费，导致社会消费总水平的下降。

3. 通货紧缩对经济发展的影响。通货紧缩通常伴随着很多不正常的经济现象，有效需求下降、投资收益率降低、投资减少，消费水平下降，经济疲软，严重影响社会经济的正常运行，阻碍经济的发展。但是，通货紧缩对经济是否产生不利影响还要取决于它的形成机制。在有些情况下，通货紧缩并不一定会对经济产生负面的影响。例如，国内市场竞争激烈或者受到国外市场的冲击，各企业为增强竞争力纷纷降低价格，从而被迫更新设备、改进技术、提高有机构成、提高劳动生产率、降低单位产品成本。这样形成的物价总水平下降不但不会影响经济的发展，反而是经济发展的一种表现。

4. 通货紧缩对银行业产生的影响。通货紧缩会给银行业带来威胁，主要体现在：物价水平下降导致实际利率提高，企业和个人还款付息压力增大甚至无力偿还，因而银行的违约风险上升；物价水平的不断变化使实际利率也不断地在变化，给银行利率水平的确定带来了困难，银行的利率风险也随之而增加。

四、通货紧缩的治理对策

通货紧缩的治理基本上可以分为两个层面来分析，一是通货紧缩出现之前的预防；二是通货紧缩出现之后的政策措施。

一般来说，在通货紧缩来临之际，货币当局应该通过各种方式向社会表达其反通货紧缩的决心和准备采取的举措，通过这种宣告效应改变公众的预期，打破通货紧缩的自我强化特征。

当通货紧缩出现之后，政府就应该采取扩张性的经济政策，包括财政政策、货币政策和汇率政策。扩张性的财政政策通过财政分配活动来增加和刺激社会的总需求，从而刺激投资、带动消费以刺激经济增长。它包括增加国债发行、扩大财政支出和减少税收等措施；扩张性的货币政策通过放松银根、增加货币供给量以增加有效需求，带动消费和生产，促进经济繁荣。它包括降息、降低法定存款准备金率、扩大信贷规模等措施；汇率政策主要通过本币汇率贬值，刺激外部经济需求，拉动国内经济增长。扩张性的财政政策和货币政策旨在刺激国内有效需求的不足，而汇率政策的重点是扩大外部需求。从短期来看，这三种措施都是从需求方面来改善通货紧缩对经济运行的负面影响。

本章小结

通货膨胀和通货紧缩作为经济体系的相互对立的两种经济现象，是一国宏观经济运行失衡的表现，在经济的运行中总是相伴相随。它们是社会经济中货币失衡的两种表现形式。国内外经济学界对通货膨胀和通货紧缩的成因、性质、与治理对策已经形成了比较完整、成熟的理论。

通货膨胀的直接表现就是社会总体物价水平的持续上升，通货膨胀的程度可以用通货膨胀率来度量，它的计算基于一些价格指数。从不同的角度来看，通货膨胀有多种划分方法。就其原因而言，通货膨胀可以分为需求拉动型通货膨胀、成本推动型通货膨胀、供求混合型通货膨胀和结构失调型通货膨胀。这是一种比较重要的划分方法，对分析通货膨胀的原因有着重要的意义。它从社会总需求和总供给来解释通货膨胀，然而不同的学说对通货膨胀的成因有着不同的观点。货币主义学派认为通货膨胀是一种货币现象；结构说认为整个社会的经济结构变化引起了通货膨胀；通货膨胀预期学说认为通货膨胀预期有着自我实现的功能。

通货膨胀和通货紧缩会给社会经济、生活带来多方面的不利影响，即各种社会和经济效应，对它们的治理须针对其原因而定。一直以来，财政政策和货币政策是主要的治理措施。此外，还有其他的一些治理措施，譬如收入政策、汇率政策等。从制度层面上来说，强化中央银行的透明度和独立性、实现物价稳定的货币政策框架也是治理货币失衡的有效措施。

关键词：货币均衡　通货膨胀　需求拉动型通货膨胀　成本推动型通货

膨胀　供求混合型通货膨胀　财富　收入分配效应　资源配置效应　强迫储蓄效应　产出效应　菲利普斯曲线　通货紧缩

思　考　题

1. 简述通货膨胀的不同类型。

2. 试利用图形解释需求拉动型通货膨胀、成本推动型通货膨胀、供求混合型通货膨胀。

3. 简述通货膨胀对税收带来的影响。

4. 简述菲利普斯曲线及其在经济中的应用。

5. 试述引起通货膨胀的各种原因。

6. 试述通货膨胀带来的社会经济效应。

7. 试述通货紧缩的治理对策。

附　　录

中国在世纪之交的通货紧缩

（一）通货紧缩的特点

按照零售物价指数（RPI）来衡量，从1997年10月开始我国物价就已经出现负增长；在1998—2002年的6年当中，除了2001年4—5月份该指数达到100.1之外，其余月份该指数均在100以下。从物价下跌的程度上分析，2001—2002年要低于1998—1999年。

按照消费物价指数（CPI）来衡量，我国物价水平从1998年2月开始出现负增长。从1998年到2002年的60个月当中，有16个月为正数，有4个月为零，其余40个月均为负值。从变化趋势分析，1998年2月到2000年4月除个别月份之外，一直处于较为明显的通货紧缩状态。从2000年5月到2001年的10月份，该指数扭转了负增长的局面，但并无明显规律。该指数最高为1.5%，且趋势并不稳定。此后一直到2002年年底又出现了较长时间的负增长。值得注意的是，2003年CPI扭转了负增长，实现了正增长。

纵观我国这次通货紧缩，存在以下特征：

1. 我国此次通货紧缩的来势凶猛，物价下跌幅度大并且呈现出加速趋

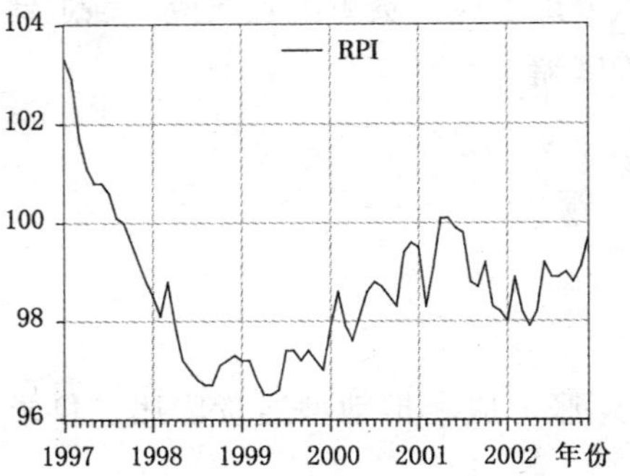

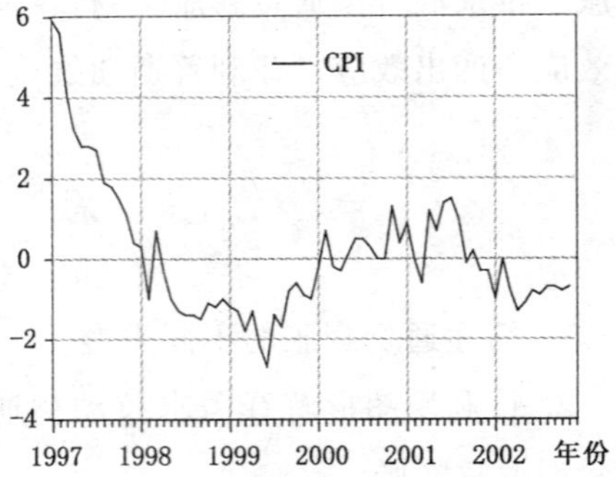

1997—2002 年我国物价变化（RPI 和 CPI）趋势图

资料来源：RPI 数据根据中国人民银行的《中国人民银行统计季报》绘制；CPI 数据根据 IMF 的《国际金融统计》绘制。

势。与日本相比，日本零售物价下跌 6 个百分点，花了 7 年时间，而我国用了不到 2 年的时间，呈现出自增强的特征。

2. 在各类商品当中，农产品收购价格下跌幅度巨大，广大农民成为通货紧缩最直接的受害者。

3. 这次通货紧缩使得全国发生大规模的下岗和失业潮流，在缺乏有效的失业保障制度的前提下，短时间内失业率的急剧上升造成了一定程度的社会不稳定。

4. 通货紧缩的出现使得企业利润空间被压缩，大量企业出现亏损增加，甚至处于破产的边缘。伴随着市场价格的下跌和滞销的出现，企业资金周转变慢，财务状况恶化。企业盈利状况的急剧恶化也大大加重了商业银行不良资产的规模。

5. 从世界范围来看，我国此次通货紧缩的出现具有全球背景。在亚洲金融危机的冲击下，遭受冲击国家的进口需求下降，引发在世界范围内，原材料价格的下跌，这以石油、黄金等产品的价格的下跌为代表。正是由于这一因素导致部分产品在国内外的巨大价差，引发了我国 1998 年的走私狂潮。全球原材料价格的下降，从供给方降低了国内产品的原材料价格。这也是构成我国通货紧缩的一个重要方面。

（二）对通货紧缩原因的分析

1997 年 7 月亚洲金融危机爆发后，物价下跌就构成我国经济运行当中的一个重要特征，理论界围绕着这一现象就通货紧缩的定义、形成机理、对策等问题进行了热烈的讨论。

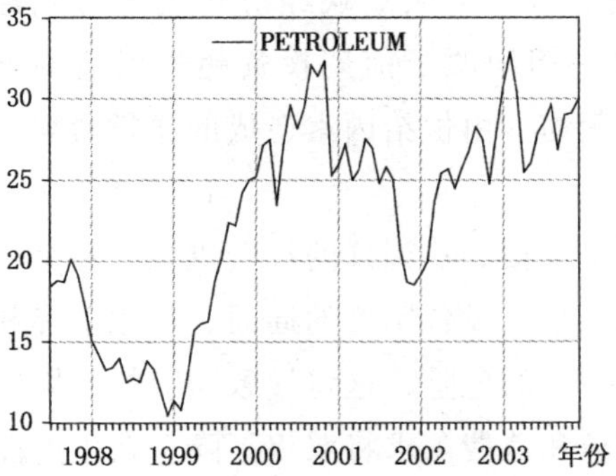

亚洲金融危机之后世界石油价格走势（1998.07—2003.12）

注：石油的价格单位是美元/桶；黄金的价格是美元/盎司。

资料来源：IMF《国际金融统计》。

我国经济学家对通货紧缩原因的认识大体可以分为以下几种："需求不足论"、"供给过剩论"、"企业亏损论"等等。

"需求不足论"又可分为"内需不足论"和"外需不足论"。北大中国经济研究中心宏观组提出了"内需—通货紧缩"的模型，认为我国通货紧缩的自我实施机制源于国企长期绩效下降引起的国家信贷收缩，消费和投资需求受到负面影响，物价进而下降，这一轮过程不断重复，形成内需—通货紧缩的陷阱。为此提高经济绩效是最根本的问题。在宏观经济政策方面，北大中国经济研究中心宏观组认为在执行扩张性的财政政策方面，财政投资的方向集中在基础设施的建设方面；在货币政策方面，需要充分警惕出现"赖账经济"的可能，这要求银行在政策操作上既要坚持原则，又要保持必要的灵活性。

"外需不足论"则认为亚洲金融危机后，中国政府承诺保持人民币汇率，相对于亚洲遭受贬值冲击的各国而言，实际上意味着人民币汇率的升值。自1997年8月以来，我国贸易伙伴国的汇率大都贬值在35%左右，在这种情况下，我国贸易加权汇率大幅度上升，造成我国净出口需求不足，1998年我国净出口需求对GDP的贡献度降为负值。为扭转出口增长不利的局面，我国政府数次提高出口退税率，这大大增加了政府的财政负担。因此，我国在亚洲金融危机之后出现通货紧缩与人民币汇率政策有关。持这种观点的经济学家认为应该增加我国汇率制度的灵活性。

"供给过剩论"则认为我国这次通货紧缩主要源于供给增长过快造成

的。他们认为，20 世纪 90 年代国内经济基本上从短缺经济转变为过剩经济，企业设备利用率低，库存增加，这一切均源于前期投资超过消费的增长。因此严重的供给相对过剩造成通货紧缩。由供给因素造成的通货紧缩会使得一般的货币政策和财政政策失效。

当生产能力出现大量过剩时，一般企业很难找到好的投资机会，整个社会的投资需求必然下降；企业面临开工不足、设备闲置的局面，利润下降和亏损问题严重，职工将面临企业破产和失业的危险，这将导致职工的预期收入下降，在这种情况下，社会的投资需求和消费需求将双双下降。在生产能力还在以较快速度增长的时候，通货紧缩的形势将更为严峻。如果政府不采取措施予以干预将会出现恶性循环的局面。

“企业亏损论”则认为中国的通货紧缩和企业的持续亏损相关（但不排除许多其他因素）。企业的亏损造成的原因不仅是企业的负债率，从存量看，存量不断上升，造成企业负债率过高，也意味着不良债权在不断增加。企业的亏损是造成金融不稳定的重要因素。

（三）治理通货紧缩的举措

面对日益严重的通货紧缩局面，中国政府的政策措施大体分为以下几个方面：

1. 需求政策，即采取积极的财政政策和稳健的货币政策（实际上就是扩张性的财政政策和货币政策）。自 1997 年下半年开始，我国就已经采取了积极的财政政策，如扩大国债发行，增加财政支出；1998 年到 2002 年，中国政府加大了国债的发行力度，1998 年发行了 3228. 77 亿元，1999 年发行了 3715. 03 亿元，2000 年发行了 4157 亿元，2001 年发行了 4483. 53 亿元，2002 年发行了 5679 亿元，发行规模逐年增加。

我国从 1994 年开始实施稳健的货币政策，成功抑制改革开放以来最高的一次通货膨胀。到 1996 年，我国通胀率已经明显下降。伴随着中国经济“软着陆”的实现，我国中央银行就已经开始放松货币政策，这表现为中国人民银行多次降低存贷利率。1997 年亚洲金融危机爆发后，我国中央银行坚持执行稳健的货币政策。这一政策包括降低利率和增加信贷投放，大规模买入国债；扩大中央银行基础货币投放，增加对中小企业的再贷款；放松利率管制，加快利率市场化改革；适当下调法定存款准备金率，增加贷款保险制；建立中小企业贷款保险制度，谨慎处理有问题的金融机构。上述政策措施有效地保持了中国经济在此次金融危机中持续地增长，弥补了外需不足造成的负面影响，一定程度遏制了通货紧缩对我国经济运行的危害。

2. 供给政策，正如吴敬琏所强调的，为克服国内通货紧缩，不仅要采取“凯恩斯主义”式政策，从增加需求入手来拉动经济增长，还应当采用“供应学派”式的政策，目前具体可供选择的供给政策主要有：（1）贯彻“放小”的方针，消除对非国有企业的意识形态成见和歧视性政策，努力改善它们的经营环境，实现多种所有制经济的共同发展。（2）建立有效的公司治理结构。（3）进行银行和非银行金融机构的资产重组，推进它们的企业制度改革，把它们改造成为真正的银行。（4）认真改变政府的行为方式。

3. 收入政策，如提高中低收入者的收入，尤其是下岗失业人员的最低生活保障费用，制定最低工资标准，保障低收入者权利，增加他们的消费需求；建立健全社会保障体系，包括养老保障和医疗保障，减少居民的后顾之忧。

4. 出口退税政策。所谓出口退税，就是指对出口商品已征收的国内税部分或全部退还给出口商的一种措施。为了补偿我国外需的不足，在1997年亚洲金融危机发生后，中国政府坚持人民币不贬值的同时实行了出口退税政策，多次提高出口退税率以鼓励出口，出口退税率由6%提高到15%，最高一档的出口退税率高达17%，出口退税所需资金全部由中央财政负担。据国家税务局统计，1999年出口应退税额为837亿元，2002年达到2119亿元，年平均增长36.3%。该政策的负面影响就是大幅度增加了中央财政的财政支出。

第十二章　货币政策：目标和工具

本章概要：在本章中，我们要学习货币政策的基础内容，即货币政策的目标体系和工具体系，以及如何选择。本章分为三节，第一节介绍货币政策的最终目标，包括充分就业、价格稳定、经济增长和国际收支平衡四大目标及其选择；第二节主要介绍货币政策的两大类中介目标，即数量型目标和质量型目标及其选择；第三节介绍货币政策的工具，即一般性政策工具和选择性政策工具的基本内容。

第一节　货币政策的最终目标

一、最终目标

（一）基本目标的表述

货币政策是经济政策的组成部分，货币政策的基本内容就是由货币政策的目标和实现目标的工具以及相应传导机制构成。货币政策目标包括最终目标和中介目标（或中间目标）两大类，后者是服务于前者的过渡性目标。

货币政策的最终目标，又称基本目标，是一国运用货币政策所要达到的宏观经济总目标。这些目标目前公认的有充分就业、物价稳定、经济增长和国际收支平衡。

1. 充分就业。货币政策的基本目标之一就是要实现充分就业，使经济运行处于高就业率或低失业率状态。充分就业体现人的社会价值与和谐目标。一般来说，谁都愿意就业率高，失业率低。但客观上总会存在某些摩擦性失业。所谓摩擦性失业，是指劳动者离开原工作岗位去寻求更好、更适合他的工作；或者由于不同行业、不同地区的结构性问题产生的重新择业；以及新加入劳动力队伍的人最初总是作为失业者（待业者）出现的临时性失业。这些自然会造成国民收入的损失，但经济体系中总保持一定的职位空缺也是使经济变得更有效率的条件之一。所以，失业率为零乃是一种不现实的理想状态，但失业率较高也是不好的，它会妨碍国民经济的增长和社会的安定。因此，确定充分就业目标的难点在于究竟失业率为多少才算作充分就业。国际上通常将不超出4%—6%的失业率视作充分就业。这种有一定幅度的比率目标要比精确固定的最佳失业率目标更有实际意义，因为影响失业率的因素有许多，而各国的情况又各不相同，所以将失业率与经济增长之间的关系表现为一个相对固定的区间而非某个精确的比率更加符合现实。在影响失业率的因素里面最值得关注的是失业率与通货膨胀率的关系。经济研究表明，降低失业率往往促使通货膨胀率上升。

2. 物价稳定。货币政策基本目标之二就是要实现物价稳定，也就是要避免通货膨胀。对中央银行来说，稳定物价也就是要稳定币值，通过稳定币值来稳定物价。目前，国际上普遍将物价上涨率视为通货膨胀率。稳定物价问题，事实上也是指每年通货膨胀率能否控制在可容许限度内的问题。通常认为，通货膨胀率在5%以内，就可视为稳定，在第十章中，我们已就通货膨胀问题做了较全面的论述。必须指明的是，现实中的通货膨胀并不是可以充分预测的，因而通货膨胀的危害难以完全避免。通货膨胀可能造成的危害包括：增加公司的实际税负成本，对社会性投资基金配置产生不利影响，对收入和财富再分配产生不利影响以及给社会带来不安定因素和使人们对政府丧失信心等。20世纪70年代末期以来，由于世界各国通货膨胀问题日显突出，给经济和金融秩序造成很大影响，因此，各国都力求将物价稳定作为基本的政策目标。

3. 经济增长。货币政策的基本目标之三就是要实现国民经济持续稳定地在较高水平增长。尽管不少人对追求高速经济增长仍持怀疑态度，但大多数人已取得共识，即相信在持续稳定的情况下，保持较高水平经济增长乃是社会发展和进步的基本要求。高的经济增长往往与高就业率密切相关，保持较高的经济增长率，有利于扩大投资，提供更多的就业机会；而低增长率会影响就业率，经济增长的停滞甚至将导致高失业率。因此，过低的经济增长率是我们大家所不愿意接受的。保持高经济增长往往需要增加投资，而通过调节利率这一中介手段和目标可以刺激投资的增长（即将利率保持在低水平），但这又容易造成经济过“热”，引致通货膨胀。当然，这两者并非完全互不兼容，若控制了通货膨胀率，消除了其本身的不可充分预测性，适当调节利率也是有利于投资合理增长，从而促使经济增长的。

4. 国际收支平衡。货币政策的基本目标之四就是要实现国际收支的平衡。所谓国际收支平衡，是指一定时期内一个国家同其他国家的全部货币收入总额与支出总额的基本平衡关系。这一总额包括商品劳务进出口货币收支、货币无偿转移收支、资本流出入总额等内容。一国国际收支是否平衡与本国货币供应量和物价水平有较密切关系。国际收支顺差过大，尤其是进出口收支顺差过大，将意味着外汇收入增加较多；而收购这些外汇，必然增加国内货币供应量，同时又会相应减少国内产品供应量，从而对国内物价上涨造成压力；反之，若国际收支逆差过大，则又会影响到该国的外汇储备、对外信誉，还将导致该国货币对外汇率下降。因此，国际收支差额无论是逆差还是顺差过大，都会或多或少对该国经济发展产生不利影响。为达到国际收支平衡的目标，我们运用货币政策进行调节时，可考虑通过调节汇率、利率，以及金融市场等中介手段和目标来实现。

在各国货币政策调控的实践中，维持金融体系稳定似乎有可能成为货币政策的基本目标之一。金融体系涵盖整个金融市场、银行、保险、证券机构以及相应支付体系等，金融体系对国民经济的渗透和支撑日益加深。自20世纪90年代以来，全球金融危机不断，金融系统性风险十分突出，尤其是2007年以来的美国次贷危机，更加暴露出系统性风险的危害，使得人们越来越关注金融体系的稳定性，也在客观上对各国货币当局提出了稳定金融体系的强烈要求。前美联储副主席罗杰·弗格森[①]（Roger W. Ferguson, Jr.）就曾指出：“维持一国的金融稳定，金融监管机构特别是中央银行要负起主要责任”。

（二）基本目标之间的矛盾

一般而言，货币政策的上述基本目标往往是难以同时兼顾的，它们之间存在着种种矛盾。这主要表现在：

1. 充分就业与稳定物价的矛盾。按照传统的经济学理论，通货膨胀率

① 引自林铁钢：“资产价格和风险管理在金融稳定中的作用”，《中国金融》2006年第12期。

与失业率之间存在负相关关系，也就是说通货膨胀率降低，失业率会相应增高；反之，失业率降低，通货膨胀率则又相应增高。原因是要降低失业率，就必须扩大生产规模，增加货币投放量，从而相应使物价上涨，通货膨胀率升高；若要降低通货膨胀率，则必须紧缩银根，压缩生产规模，这又会导致失业率上升。因此，一些学者认为，应找到这两者的最佳结合点或者说使两者均达到社会可接受的水平，比如将失业率和通货膨胀率均维持在4%的水平。

2. 经济增长与物价稳定的矛盾。通过对经济现象的观察可见，经济增长与物价稳定两者实质上是互为基础的。经济的适度增长有利于维持物价的长期稳定，同样，物价稳定更能促进经济的长期增长。但从短期看，经济的高速增长，往往伴随着信用扩张和物价上涨。经济增长率越高，相应物价上涨的幅度也越大，这两者之间呈一种较强的相关关系。因此，关键在于保持一种既能使物价相对稳定，又能使经济较快增长的良性结合，但现实中往往很难达到。西方一些国家为刺激经济增长，片面强调和运用信用扩张手段结果导致物价普遍上涨，而经济却出现“滞胀”（即高通货膨胀率、高失业率、经济停滞三者并存）现象。这是我们面临的新课题。

3. 经济增长与实现国际收支平衡的矛盾。经济增长与国际收支平衡之间，往往也存在矛盾。比如经济发展加快，人均收入水平也会随之大幅度提高，对进口需求也会相应大大增加，因而容易引起出口贸易逆差，从而对国际收支状况产生不利影响。反之，追求国际收支平衡，意味着要避免贸易逆差，同时贸易顺差也自然消失，也就是说净出口趋近于零，而净出口本身又是影响国内经济增长的重要组成部分，当净出口趋近于零，也就丧失了促进经济增长的一大动力。此外，若追求国际收支平衡目标，相应要求维持汇率稳定，又常常被迫采取高利率政策，结果又会抑制国内投资，从而对经济增长产生不利影响。

4. 稳定物价与国际收支平衡的矛盾。在一个开放型经济国家，其经济状况通常带有国际化的特征，即该国的经济状况与其他国家的经济状况有着密切的联系，并在一定程度上受他国经济状况的影响。一般而言，当一国货币贬值，出现通货膨胀时，社会总需求就会超过社会总供给，使得本国的物价水平高于外国的物价水平，其结果是国内出口减少，进口增加，贸易收支顺差减少或逆差增加，从而对本国的国际收支状况产生不利影响。反之，当本国物价稳定时，如果其他国家出现了通货膨胀，则会出现本国的物价水平相对低于其他国家的物价水平，其结果则是本国出口增加，进口减少，贸易收支顺差扩大，从而引发本国国际收支的失衡。

总之，在现实生活中，如何确定基本目标，如何避免目标之间的矛盾和冲突，以达到目标之间的和谐并收到最佳效果，乃是现代各国所需解决的首要问题。较为乐观的看法认为，选择合理的经济增长率、较低的失业率和通货膨胀率，可使上述基本目标相互协调起来。但更为实际的做法是，在一定时期只选择一至两个目标作为货币政策的重点目标。

专栏 12.1　　中国货币政策目标的确定

《中国人民银行法》（1995 年 3 月 18 日第八届全国人民代表大会第三次会议通过，根据 2003 年 12 月 27 日第十届全国人民代表大会常务委员会第六次会议《关于修改〈中华人民共和国中国人民银行法〉的决定》修正）中明确指出，中国人民银行是我国的中央银行，其“货币政策目标是保持货币币值稳定，并以此促进经济增长”。这一最终目标的选择与确定，既不同于过去所争论的单一目标论，双重目标论，更不同于多重目标论，它符合体制转轨时期我国社会发展的特征及要求、目标搭配与组合，是十多年来我国货币政策目标的艰难探索与借鉴国外经验的结晶。选择“保持货币币值的稳定，并以此促进经济增长”为我国体制转换时期货币政策的最终目标，既规定了“稳定货币”的第一属性，又明确了“稳定货币”的最终目标；既充分遵循了货币政策目标选择的一般规律，又符合和满足了现阶段国情与大力发展社会主义市场经济，促进国民经济持续、高速、健康发展的内在要求。

在许多场合，尤其是经济发展的非正常时期，稳定货币与经济增长的矛盾往往显得较为突出。在这样的背景下，近年来我国理论界对于中国货币政策应有什么样的最终目标问题，一直存在着争论。主要观点有以下几种：

1. 单一目标论。这又可以分成两种相当对立的意见。

一种是从稳定物价乃至经济正常运行和发展的基本前提出发，强调物价稳定是货币政策的唯一目标；另一种是从货币是再生产的第一推动力出发，主张用最大限度的经济稳定增长保障经济起飞作为货币政策的目标，并在经济发展的基础上稳定物价，即强调经济增长应摆在首位。

2. 双重目标论。这种观点认为，中央银行的货币政策目标不应是单一的，而应当同时兼顾发展经济和稳定物价的要求。强调它们两者的关系是：就稳定货币而言，应是积极的、能动的稳定，即在经济发展中求稳定；就经济增长而言，应是持续、稳定、协调的发展，即在稳定中求发展。不兼顾，则两者的要求均不能实现。

3. 多重目标论。鉴于货币政策涉及面广，随着经济体制改革的进一步深化和对外开放的加快，就业和国际收支问题对宏观经济的影响越来越重要。因此有人提出：我国的货币政策目标必须包括充分就业、国际收支均衡和经济增长、物价稳定等方面，即目标不应是双重的，而应是多重的。

二、货币政策最终目标的选择

由于货币政策的最终目标之间往往存在难以克服的矛盾，很难同时实现所有目标，因而各国政府和中央银行都力图从其中选择一至两个目标作为一定时期内的优先目标。关于最终目标的选择，有如下几种做法：

1. 相机抉择。相机抉择是凯恩斯学派经济学家提出的关于货币政策操作的主张。这种观点认为，在经济调控过程中，政府究竟选择哪种基本目标，牺牲某个目标换取另外的目标，从而充分协调目标间的矛盾，以及各种政策之间如何搭配，不应是一成不变的模式，而应当根据不同时期的具体情况灵活机动地进行选择。由于各国在方法上和策略上考虑的角度往往并不相同，选择自然也就常常不同。例如，英国保守党把控制通货膨胀作为首要的政策目标，而英国工党则把降低失业率作为首选目标；法国前总统密特朗当年把政策目标重心放在降低失业率上，而美国前总统里根则把控制通货膨胀作为主要政策目标。通过实行相机抉择的货币政策，中央银行可以根据当时的经济形势，优先解决当时的主要问题，以达到当时最需达到的政策目标，并在一定程度上缓和货币政策目标之间的矛盾。

2. “临界点”抉择。当两个政策目标之间存在矛盾时，中央银行不可能在同一时间通过实行任何一种货币政策即可如愿以偿地同时达到这两个目标。但是，在制定货币政策时中央银行可确定一个“临界点”作为货币政策的最终目标，并通过适当的操作，将这两个目标都控制在预定的安全区内。“临界点”抉择的理论依据是由菲利普斯曲线所揭示的通货膨胀率与失业率的负相关关系。即通货膨胀率上升，则失业率下降；反之，通货膨胀率下降，失业率则上升。这种观点主张根据社会的承受能力相应确定一个安全区，在安全区内，政府不必采取任何措施；若超过安全界线，政府则需考虑相应的政策措施。假定4%的通货膨胀率和失业率为安全临界点，则当某阶段失业率上升为6%、通货膨胀率为2%，政府便可选择降低失业率为基本目标的扩张型货币政策；倘若通货膨胀率为6%，失业率为2%，则政府可选择降低通货膨胀率作为首选货币政策基本目标的紧缩型货币政策。

3. 逆经济周期抉择。这是一种常用方式。一般来说，要刺激济增长，维持充分就业，就得扩张信用，执行扩张型信用政策，而这样做又易引起物价上涨，导致进口增加和国际收支逆差；反之，要稳定物价和平衡国际收支，就需执行紧缩型的货币政策，但结果使得失业率上升，经济将可能出现停滞或衰退。为此，根据上述调节特点，只能是区别不同情况，相应采用信用扩张和信用紧缩的办法来实现不同时期的不同目标。一般的选择是，在经济衰退时期，将刺激经济增长、维护充分就业作为主要货币政策目标，而在经济高涨时期，则把稳定物价和平衡国际收支作为主要货币政策目标。

4. “简单规则”抉择。与相机抉择和逆经济周期抉择等抉择方式相反，“简单规则”抉择不以主观判断为准，而是按照一套简单规则来行事。货币主义学派的杰出代表密尔顿·弗里德曼提出货币增长率规则，认为保持一个稳定的货币增长率比选择其他方法来执行货币政策更为重要。为保证实现货币政策的最终目标，中央银行只要始终如一地保持一个稳定的货币增长率即可，而不管经济形势如何变化，便可确保实现经济增长和物价稳定的货币政策目标。这里的关键是要稳定，并具有可预测性。前面讲过，通货膨胀的不可预测性不利于经济的增长，而通货膨胀的不可预测性很大程度上是源于货币增长率的不可预测性。当然，具体选定什么样的货币增长率，要看是选用什么样的货币供应量概念（如 M_1，M_2 等）。根据弗里德曼的测算，可选取

M_1 按年率4%—5%的增长率为标准。之所以要按“简单规则”行事，主要是考虑了三个方面的原因：（1）人们对经济状况不可能作出完全准确的估计；（2）政策效应存在时滞；（3）对政策效果的预测不可能很精确。例如，中央银行试图采取放松银根、增加货币供应量的政策，以刺激经济复苏，但从增加货币供应量到实际促进经济的增长往往需要一年乃至更长的时间，而在这段时间里，可能各种情况已发生变化，经济已提前复苏，而且，因作用期较长，各种变化也难以正确估测和把握。所以，采用当机立断和权衡行事的做法来执行货币政策都是行不通的，而只能采取简单做法，按简单规则行事。

第二节　货币政策的中介目标

一、中介目标的概念

中介目标又称中间目标，是指在实现货币政策最终目标过程中，首先必须达到的过程性目标。中介目标之所以重要，在西方货币理论看来主要有两点原因，一是人们长久以来认识到货币政策作用机理具有滞后性和动态性，因而有必要借助于一些能够较为迅速地反映经济状况变化的金融或非金融指标，作为观察货币政策实施效果的信号；二是为避免货币政策制定者的机会主义行为，因此需要为货币当局设定一个名义锚（Nominal Anchor），以便社会公众观察和判断货币当局的言行是否一致。确切地说，第一点原因只能表明中介变量的重要性，而无法作为必须设立中介目标的依据。中介目标不同于中介变量。在有中介目标的情形下，货币政策的制定与实施均依中介目标进行，给大家造成的印象是似乎该目标即是货币政策意图实现的最终目标，尽管大家都知道实际上它不具有任何终极价值。而中介目标可以由多个经济变量组成，其重要意义是仅仅作为货币政策操作的参考指标，对中央银行并没有法定约束力，往往也不是以一个预定的数量去刻画。因此在最近的西方货币理论文献中，中介目标的必要性更依赖第二点原因，即中介目标的名义锚功能。充当名义锚的经济指标必须容易控制而且便于观察，因此经济增长率或就业率等体现货币政策最终目标的经济指标显然不适合作为名义锚，而必须选择货币供应量、利率等一些与货币政策工具的关联度和可控性都较强的经济指标。

中介目标的划分和选取标准虽不尽相同，但大致可划分为数量型和质量型的中介目标两类。数量型目标如货币供应量、储备总量、贷款规模等；质量型目标如利率、汇率和金融市场稳定等。

（一）利率目标

利率包括长、短期存款和贷款利率，国库券利率等。经济学研究表明，良好的货币政策应追求利率稳定。长、短期利率稳定有利于货币政策的实施，而利率波动频繁则对经济正常运行影响较大。一方面，利率波动将给投资者、银行造成很大冲击，利率的上升将导致证券的市场价格下跌，从而给证券投资者造成损失；在利率剧烈波动情况下，人们存款短期化，使短存长贷的金融机构难以经营。另一方面，利率波动亦将影响外汇市场，引起汇率波动，从而又导致国际贸易和国际投资的混乱。利率作为中介目标的前提是物价较稳定，即通货膨胀率不高。从长期看来，两者之间是一致的。但从短期考察，两者之间就会产生矛盾，这一矛盾的产生与经济周期各阶段有着密切的关系。比如经济繁荣时期，投资的增长引起总需求增长，进而利率会上升。中央银行控制利率上升的办法只有增加货币投放量，而这容易导致通货膨胀。反过来，若要控制既有的通货膨胀，必须降低货币的增长率，结果又可能会导致利率的上升。利率作为一个十分重要的经济体系内生变量，受到经济周期、预期的通货膨胀率、收入等众多经济变量的影响，从而使维护其稳定的任务变得十分困难。它的资料易于取得也易于受中央银行控制，但它的波动也是十分频繁的。所以，我们的政策应尽量避免利率波动。

（二）货币供应量目标

货币供应量通常指 M_1 或 M_2。20 世纪 70 年代中期以来，确定货币总量目标较流行。例如，原联邦德国在 1974—1978 年间以“中央银行货币”的年增长率 8% 为货币供应量目标；英国 1976 年规定用 M_2 年增长率 12% 作为货币供应量目标；美国于 1979 年也以多种口径的货币供应量年增长率作为货币政策的中间目标。货币供应量主要与经济增长有关，随着经济周期的变化而变化。比如经济景气时，经济增长引起对货币的交易需求的增加，进而货币供应量增大。影响货币供应量的还有其他一些非货币政策的内生变量的影响，比如超额准备金率，现金漏损率等。而受货币供应量影响的因素主要是通货膨胀率。此外，货币供应量的变动也直接会反作用于经济过程的变动。正是由于货币供应量的这种中间地位，使其适合于作为一个中介目标，但同时也加大了中央银行判断该目标是否适宜的难度。

（三）储备总量目标

储备总量包括法定准备金、超额准备金以及基础货币等。法定准备金指中央银行依法规定的商业银行现金准备的最低限额。超额准备金指商业银行实际持有的存款准备金超过法定准备金的部分。由于法定和超额准备金的变动均可影响商业银行的实际贷放和投资数量，引起信用的扩张或收缩，从而调节实际货币供应量。因而确定法定准备金和超额准备金目标，乃是实现货币政策基本目标的基础和中介。此外，从储备总量来看，基础货币也是重要构成因素。关于基础货币，我们知道，它由商业银行的储备金总额加流通中的现金构成。由于商业银行存入中央银行的准备金并不是其银行储备金总额（因为其库存现金也可充抵法定准备金），加之货币乘数的大小受众多变量的影响，对货币乘数的估计比较困难。所以，要控制货币供应量，单控制商业银行在中央银行的准备金是不够的，还必须对基础货币进行综合控制。确立了基础货币目标，才真正能实现对货币供应总量的有效控制。

（四）汇率目标

汇率稳定与国际收支平衡有直接关系，汇率的大幅度波动将直接导致进出口收支的大幅度波动，并将引起国际资本的频繁流动。由于汇率稳定对维持国际收支平衡至关重要，因而确立汇率稳定目标，同样是实现货币政策基本目标的基础。

（五）金融市场稳定

保持金融市场稳定是维护金融良好秩序的基本条件，也是防止金融恐慌和大量银行倒闭的根本性措施，因而，它也是一个重要的货币政策中介目标。比如说，有10%的商业银行由于某种原因已发生无法应付存户提款的危机，则中央银行应及时介入，通过大量公开市场业务，给这些商业银行提供足够的准备金，以满足存户提款需求，从而保证这些银行安全渡过难关。如果一国的金融市场比较发达，在市场上融通资金的渠道比较顺畅，商业银行等金融机构便可通过金融市场迅速融得所需资金，对中央银行的依赖性相对就小。

二、中介目标的选择标准

同基本目标一样，中介目标的确定也很难同时兼顾，而且有些目标之间也是相互矛盾的，这样，客观上就存在一个如何科学选取的问题。根据美国联邦储备体系运行的经验，选择中介目标有三条标准，即可计量性、可控性和强影响力。

（一）可计量性

中介目标应可计量。在调控过程中，能否对中介目标作出迅速而精确的测定十分关键。这是因为，只有在经济运行偏离正常轨道时，由于中介目标比基本目标能更为迅捷地发出指示性信号，才能真正显示出其实用价值。比如，利率数据几乎随时可得到，货币总量数字两个星期可得到，而作为基本目标的国民生产总值（GNP）或国内生产总值（GDP）数值则要等到一个月后方能获得。

（二）可控性

中介目标应能为中央银行有效控制。这是因为如果中央银行无法控制其中介目标，那么当该中介目标的运行脱离轨道时，中央银行便无能为力了，即无法使它重新“入轨”。GNP（或 GDP）是一个经常被用于度量经济增长的具体指标。有的经济学家曾建议将名义 GNP 作为中介目标，但从中央银行角度看，因它无法控制名义 GNP 的变动，所以名义 GNP 并不适合做中介目标。与此相类似的是，其他的与货币政策基本目标有关的经济总体变量，比如失业率，也不便作为中介目标。

（三）强影响力

作为确定中介目标的一个重要标准，是它应具有较强的影响力，而且，这种影响力可以量化和测定，换句话说，货币政策的中介目标与基本目标之间应有强相关关系，或表现为自变量与因变量之间的那种函数关系。这种强相关关系既能将货币政策执行的情况及时传达给中央银行，又能通过确立中介目标及其影响程度，有效保证基本目标的实现。

三、中介目标的比较

就前述各项中介目标来看，利率目标和总量目标（包括货币供应总量和储备总量）属于两种不同的基本类型，这两类目标是难以同时兼顾的。例如，为实现5%的名义 GNP 增长，中央银行既可选择4%的 M_1 增长率作为中介目标，也可选择降低国库券利率：比如从原来的10%降至8%作为中介目标。能否同时追求这两个目标呢？结论是否定的。因为，追求货币总量目标会导致利率波动；而追求利率目标则会引起货币供应量波动。这两种情况可见图12－1和图12－2。

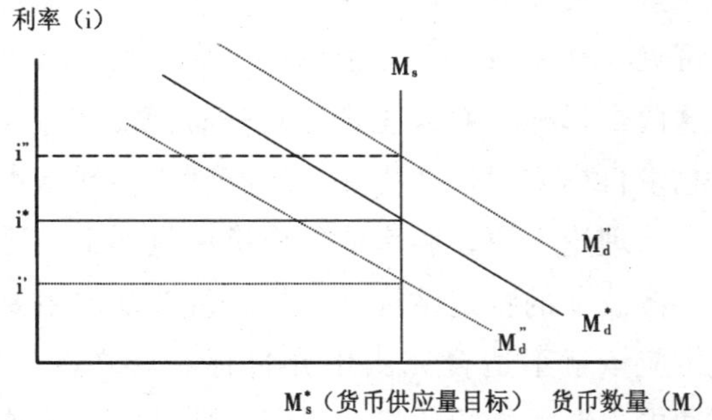

图12－1　以货币供应量为目标的影响

我们先看选取货币总量控制目标而导致利率波动的情况。如图12－1显示，中央银行的货币供应量目标为 $M_s{}^*$，最初的利率水平为 i^*，最初的货币需求曲线为 $M_d{}^*$。由于产出量的意外增减或物价水平的变动以及公众的货币与债券选择偏好的意外变动，使实际货币需求曲线在 M'_d 和 M''_d 之间波动。货币需求量的波动最终导致利率在 i' 和 i'' 之间波动。

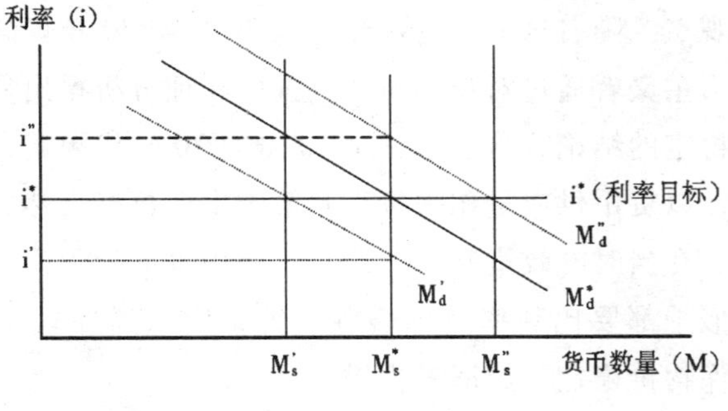

图12－2　以利率为目标的影响

再看追求利率目标而导致货币供应量波动的情况。如图12－2所示，i^* 为中央银行的利率目标，$M_s{}^*$ 和 $M_d{}^*$ 为最初的货币供应量和货币需求量。由于产出量、物价水平及公众的货币与债券的选择偏好的意外变动，使货币需求曲线在 M'_d 和 M''_d 之间波动，而这又相应引起利率的波动。当需求曲线

下降至 M'_d 时，利率相应降到 i'，同时，债券价格将相应上升，此时，中央银行为维持其利率目标，将出售债券，收回货币，减少货币供应量，从而促使债券价格下跌，利率回升到原先水平；反之，若需求曲线上升至 M''_d 且推动利率上升至 i''，则中央银行为维持利率稳定，又从公开市场买入债券，增加货币供应量，使债券价格下跌，从而使利率回复到目标水平。

由上述分析可见，利率目标和货币总量目标是互不相容的，我们不可能在同一时刻实现这两个目标，而只能是择其一而行之。

利率目标和总量目标究竟选择哪一个更有利于实现基本目标？这一问题一直是有争议的。从理论上说，利率或货币供应量哪个更适宜作为中介目标往往取决于一国经济波动的特定结构。如果经济波动的主要来源是货币需求方面，那么货币供应量就不适合充当中介目标。反之，如果货币需求很稳定，面临的经济冲击主要是能源危机、投资消费结构变化等实质性冲击，此时利率目标就不利于货币当局识别货币政策操作的效果。

在 20 世纪 70 年代以前，受凯恩斯主义经济学的影响，西方主要国家货币当局一般采用利率作为货币政策的中介目标，对宏观经济实施积极调控。然而随着 20 世纪 70 年代普遍出现经济滞胀现象，主张宏观干预政策无效的货币主义理论逐渐兴起，货币供应量目标开始受到货币政策制定者的青睐。实际上，早在 20 世纪 60 年代，以米尔顿·弗里德曼为代表的一批货币主义者就正确地预见了短期菲利浦斯曲线的崩溃，提出了凯恩斯主义宏观微调管理政策无效的观点。随着这些预见逐渐得到 20 世纪 70 年代的经济滞胀现象验证，以及货币主义者通过对长期历史数据的实证分析得出货币乘数和货币流通速度趋于稳定的结论，再加上整个 20 世纪 70 年代频繁发生石油危机这类实质性冲击，以货币供应量作为货币政策的中介目标自然成为西方各国货币当局的选择。在当时的政策制定者看来，货币供应量无论在可测性、可控性和相关性上似乎都要比利率指标略胜一筹，货币当局只要盯住货币供应量，就可以确保物价稳定、经济平稳增长。

然而，这只是货币政策调控史上的一个阶段性现象。以美国为例，尽管在 20 世纪 80 年代初，前美联储主席沃克尔采取的货币供应量中介目标在抑制通货膨胀上一举成功，但由此造成的利率剧烈波动进一步加剧了当时美国经济的困难。不仅如此，在引入货币供应量目标后，美联储很快发现货币流通速度大幅偏离原有的趋势，货币供应量的可控性和相关性都迅速下降，最后不得不决定放弃该中介目标，1987 年美联储宣布不再设 M_1 目标。1993

年，格林斯潘在国会听证时表示，美联储不再将货币总量作为货币政策目标。目前，美联储实质是采用一种类似于通货膨胀目标①的货币政策操作规则，根据对通货膨胀压力和经济景气的判断，运用联邦基金利率来影响经济景气状况。事实上，目前除德国外，其他主要国家都已经放弃货币供应量目标。进入20世纪90年代以后，德国的货币供应量目标也出现了松动，利率和通货膨胀率等指标开始纳入其监测范围内，尤其随着欧洲中央银行的建立，货币供应量目标淡出在所难免。

货币供应量作为中介目标的实践在20世纪80年代频陷困境并不出人意料。实际上，货币主义理论对于控制货币乘数和货币流通速度的稳定性——从而货币供应量目标的适当性——也曾抱有怀疑。首先，货币当局所能控制的充其量只是基础货币，而决定着基础货币到货币供应量之间的杠杆——货币乘数，并不是货币当局所能控制的，它取决于商业银行意愿持有的超额准备率和公众意愿持有的通货比率。其次，由于物价水平的涨跌变化会影响持有货币的机会成本，在通货膨胀期间持有货币的机会成本较高，货币流通速度呈现加快的趋势；反之，货币流通速度则会降低，从而导致面对相同的货币供应量水平，在不同的经济景气阶段会产生不同的名义需求。

针对这个问题，弗里德曼曾开出的药方是实施100%银行准备金制度和保持货币供应量按固定比率增长。其理由很直观：在100%银行准备金制度下不存在超额准备率问题，并且由于银行不可能出现流动性危机，通货比率也没有理由发生波动，从而可以确保货币乘数稳定；另一方面，物价波动的原因被认为是由于货币供应量经常发生波动，因此稳定的货币供应量增长能够确保物价稳定，从而使货币流通速度也保持稳定。然而，当20世纪80年代初各国货币当局纷纷采用货币供应量作为中介目标时，世界金融业的发展和监管环境不是沿着弗里德曼的强化管制方向发展（即要求100%银行准备金）。恰恰相反，随着金融业放松管制浪潮的出现，可以用作支付手段的金融工具迅速增加，货币乘数越来越不稳定，甚至各个货币层次究竟应当包含什么内容都变得日益模糊；再加上货币流通速度也出现了大幅波动，货币供

---

① 所谓通货膨胀目标（Inflation - targeting），是指货币当局事前向社会公众宣布年度物价上涨目标，并通过观察包括货币供应量、失业率、股票指数在内的一系列指标来定期分析经济态势和物价走势，做出适当的货币政策操作，确保实际物价水平维持在公布的通货膨胀目标之内。通货膨胀目标近年来在理论界和实务界都颇受重视，目前英国、加拿大、新西兰等国货币当局已正式引入了这种名义锚。

应量与物价之间并不存在稳定的对应关系。在此情形下，放弃货币供应量作为中介目标实属经济和金融业发展的必然趋势。

第三节 货币政策工具

中央银行的货币政策目标被确定后，还需要一套行之有效的货币政策工具来保证货币政策目标的实现。中央银行的货币政策工具大体可分为两类：一般性政策工具和选择性政策工具。下面分别介绍。

一、一般性政策工具

一般性政策工具指中央银行所运用的法定存款准备率政策、贴现率政策和公开市场业务这三大政策工具。运用一般性政策工具的主要目的在于影响信贷成本和信贷规模，以调控货币供应量。一般性政策工具的特点是，它对金融活动的影响是普遍的，即无特殊的针对性和选择性。

（一）法定存款准备率

存款准备金是指金融机构为保证客户提取存款和资金清算需要而在中央银行的存款。根据存款准备金的性质又可分为法定存款准备金和超额存款准备金。法定存款准备金，是指金融机构按规定向中央银行缴纳的存款准备金，超额准备金则是指金融机构在中央银行的存款超过法定存款准备金的部分。法定存款准备金率，是指金融机构的法定存款准备金占其存款总额的比率。

运用法定存款准备率工具，是指中央银行在法律赋予的权限内，通过提高或降低商业银行对其存款所必须保持的最低储备水平，以此改变商业银行持有的实有准备金数量和货币乘数，以达到控制商业银行信用创造能力，最终调节货币供应量的目的。

法定存款准备率制度的基本内容包括：（1）规定可充当存款准备金的资产内容。一般规定，只有商业银行的库存现金及其在中央银行的存款才可充当准备金。（2）根据存款种类、金额、期限及银行类别，规定具体存款准备率。一般而言，规模大、期限短的存款，其存款准备率要求相对较高；经济过度繁荣，发生通货膨胀，中央银行就应提高法定存款准备率，以维护金融稳定和抑制通货膨胀。相反，则应降低法定存款准备率。例如，美国于1980年规定，所有存款机构包括商业银行、储备贷款协会，互助储蓄银行等，都必须遵循如下储备要求：①所有可开支票的存款，2500万美元以内法定准备率为3%，2500万美元以上法定准备率一般为12%；②非个人定期存款，一般为3%；③个人定期和储蓄存款的法定准备率要求为零；④借入欧洲美元的法定准备率为3%。

由派生存款原理可知，存款的法定准备率与货币乘数为负相关。因此，如果经济处于衰退状态，中央银行为刺激经济增长，便可降低法定准备率，增大货币乘数，使银行扩张信贷的能力增强，从而增加货币供应量。反之，如果经济处于过热状态，货币供应量过剩，形成通货膨胀，中央银行则可提高法定准备率，缩小货币乘数，借以收缩货币和信贷规模。这里，降低法定准备率，实际上等于相应增加商业银行的超额准备金，或相应减少商业银行在中央银行的存款，从而增加商业银行放款，并能衍生出数倍于超额准备金的存款。

运用法定准备要求来控制货币供应量的主要特点在于，其可公平地影响所有银行，并对货币供应量有强有力的影响。例如，2009年年末，中国商业银行存款总额近60万亿元，若提高或降低一个百分点的法定存款准备金率，便能增加或减少6000亿元法定存款准备金，从而进一步引起数倍于此的存款额和贷款额的收缩或扩张变动。由于存款准备率对货币供给影响十分敏感，所以，它常常被称为“猛烈而不常用的武器”，各国在运用这一工具时均持慎重态度。

（二）贴现率政策

贴现率政策是指中央银行通过制订和调整其贴现率来改变商业银行接受中央银行贷款的融资成本，影响对商业银行贴现的贷款数量以及市场利率，从而影响整个货币供应量的一种金融工具。这里贴现率实质上就是中央银行向商业银行的放款利率。商业银行向中央银行借款可通过两种形式取得：一种是贴现方式；另一种是贷款方式。贴现方式需要商业银行把合格商业票据再贴现（卖）给中央银行。贷款方式是商业银行凭自身的期票向中央银行取得贷款，但需要足够的担保品。在早期，商业银行向中央银行借款多采取再贴现方式。但随着现代金融理论和实践的发展，现在几乎全部借款都已采取由政府证券担保的贷款形式，虽然这种借款仍笼统地被称作贴现。

中央银行向商业银行发放贴现贷款的设施称作“贴现窗口”。贴现窗口的业务包括两部分：（1）确定和调整贴现率，通过贴现率的变动来影响贷放规模；（2）采用贴现率以外的多种方法来调节贷放规模，这些方法包括道义上的劝告、数量限制，甚至拒绝放款等。

通过调整贴现率来影响贷放规模，其作用方式表现为：中央银行若提高贴现率，商业银行从中央银行取得借款的成本也就提高了。商业银行若将借来的款再贷放或投资出去，且利率不变，则将减少商业银行的盈利，这就迫使商业银行减少或不向中央银行借款。倘若商业银行也提高其对客户的贷款利率，则又会相应减少公众的借款需求。因此，中央银行提高贴现率，通常可抑制信贷规模和减少货币供应量；而降低贴现率，则会扩张信贷规模和增加货币供应量。另外，再贴现率也影响着国内和国际贸易的发展。因为中央银行贴现的票据大多数是国内外贸易主要工具，再贴现后补充了贸易中的周转资金，间接促进了贸易发展。

须指出的是，在具备下述两个条件的情况下，中央银行贴现率能较好地调节市场利率水平：第一，中央银行可随时提供贷款，只使用贴现率调节贷放量，不采用其他限额方法；第二，商业银行可自由从中央银行借款。在这种条件下，为追求利润最大化，每当市场利率超过贴现率，而月利差足以弥补贷放风险和费用时，商业银行便从中央银行借款，随后再贷款出去。而当市场利率高于贴现率的差额不足以弥补上述费用时，商业银行就从市场收回贷款并偿还中央银行借款。此时，中央银行贴现率便支配市场利率，提高或降低贴现率（通过扩张和收缩货币供应量），几乎可自动使市场利率上升或下降。

由于现实经济很难完全满足上述两个条件，因而贴现率也难以完全支配市场利率，贴现率作为政策工具，其与另外两个政策工具的不同特点就在于后者的主动权在中央银行，而前者的主动权在商业银行。中央银行变动贴现率，能否影响商业银行向中央银行的借款量，关键取决于商业银行对其借款成本与放款收益的比较，以及从其他来源取得资金的可能性和机会成本。实际上，从中央银行借款只是商业银行增加其储备资金的一个来源，其他来源还有诸如出售证券、发行存款单以及在欧洲债券市场借款等。因此，商业银行在应付其储备不足时，面临着几种方案的选择，而选择的关键在于要用最经济的方法来补足其储备。所以，中央银行运用贴现率工具来影响货币供应量，其作用方式是被动的和有限的。

尽管如此，贴现率政策工具仍然表现出以下几种显著功能：（1）当某些金融机构发生清偿力危机时，履行中央银行作为最后贷款人的职责。（2）为金融业提供一种安全保障。中央银行对商业银行的贴现贷款可采取“调节信贷”与“中期信贷”两种方式。调节信贷作为主要借款业务，属于短期信贷，经常通过电话进行。当存款机构由于大量存款突然流失或贷款需求急剧增加而面临流动资金耗尽时，调节信贷可帮助他们渡过难关，直到他们从其他途径获得资金。（3）发挥告示作用。事实上，贴现率的变动在某种程度上影响着人们的市场预期。当中央银行提高贴现率时，公众可能会将此理解为一种信号，认为中央银行正在采取行动，抑制过分通货膨胀；相反，当中央银行降低贴现率时，便可能被看做是中央银行采取措施刺激经济扩张的信号。因此，由于贴现率的告示作用，贴现率提高可使某些商业银行预期未来利率看涨而限制其放款，贴现率降低则可能使商业银行预期未来利率趋跌而增加其贷款量。（4）影响市场利率。少数长期贷放利率是随贴现率变动而变动的。

中央银行在使用贴现率政策工具时，应该注意以下几点：（1）贴现率调整幅度过大会不利于国际收支平衡。这是因为，贴现率提高幅度过大，将引起本国市场利率上升，从而吸引大量国外资本流入国内市场；如果贴现率降低幅度过大，则会引起国内资本的大量外流。这两种情况都可能引起国际收支失衡。（2）贴现率一般是略低于市场利率的，但也不要过低，否则，商业银行会向中央银行大量借款，从而助长商业银行的投机行为。同时，货币的大量投放，也会影响金融市场稳定。（3）贴现率应保持相对稳定。因为，贴现率经常变动，会使商业银行作出频繁反应，结果必将引起金融秩序混乱，给经济发展带来不良影响。

（三）公开市场业务

公开市场业务是中央银行通过公开买卖有价证券，吞吐基础货币，以调节货币供应量的货币政策工具，而且是最活跃的一种政策工具。公开市场业务主要是买卖国债，包括政府公债和国库券；有时也买卖地方政府债券、政府担保债券以及银行承兑汇票等。例如，美国联邦储备系统经授权通过公开市场业务主要买卖美国财政部债券、政府合同抵押协会的债券，某些州和地方的政府债券以及银行承兑汇票等。实际上，美国大量的公开市场业务是买卖财政部债券，而且大部分是国库券。由于国库券市场容量极大，所以，对国库券的大批量买卖，不会对其价格产生太大影响。在我国的公开市场业务中，实际上还包括外汇业务和央行票据发行。

中央银行从事公开市场业务按其目的可分为两种类型：主动型和防御型。主动型公开市场业务是指中央银行以改变储备金水平和基础货币量为目的的公开买卖有价证券的业务。主动的市场操作在实施货币政策方面具有重要意义。为贯彻货币政策目标，正是通过能动地改变商业银行储备水平，中央银行的金融政策才能影响金融部门，并进而影响国民经济。例如，中央银行在公开市场买入100万元有价证券，这样商业银行就获得100万元准备金货币，从而提高了进入流通的货币供应量。所以，主动型公开市场业务是有意识地通过公开市场买入或卖出有价证券来影响货币供应量的。

防御型公开市场业务是指中央银行为抵消市场因素对银行准备金的影响，使准备金保持稳定而进行的公开买卖有价证券的业务。市场因素的波动，如商业票据或货币持有量变化，往往引起银行准备金水平的较大波动。为稳定货币市场和货币供应量，中央银行便通过从事防御型公开市场业务来抵消这些变动。例如，中央银行在税收纳税季节买入政府证券，以增加市场货币供应量来抵消因纳税而减少的货币量；在财政支出旺季，因财政支出引起的货币投放过多，中央银行则卖出政府证券，以吸收社会资金，从而减少因财政资金的季节性变化而给货币供应量带来的不利影响。必须指出的是，现实中大部分公开市场业务都是防御型的，而不是主动型的。

就公开市场业务的形式而言，主要有两类：一类是直截了当的买或卖，又称现券交易；另一类是订有回购协议的买或卖，又称回购交易。在现实中，回购交易方式是主要的。现券交易是普通的交易，买方没有承担售出的义务，卖方也没有承担回购的义务，交易到成交就终止了。

回购交易是根据回购协议进行的。若以中央银行的对家（卖方）为主体，央行在进行证券回购业务时，与卖方（经纪人）在购买证券时达成协议，协议规定卖方在规定期间内（一般少于7天）须按某种价格再买回证券（可视作“正回购”）。一份回购协议实际上就表现为中央银行的一次暂时性公开市场交易，它特别适合于防御型公开市场业务。同样，若以中央银行的对家（买方）为主体，当央行要出售证券时，它与买方（经纪人）达成协议，协议规定买方在规定时间（一般在7天之内）里须以确定价格再把证券卖给中央银行。此方式称作“配售”，或称“逆回购”。中央银行使用正回购和逆回购协议方式，目的在于暂时性地调节市场证券价格和货币供应量，以保持金融市场的稳定。例如，中央银行可按回购协议方式于春节前一周买进债券，此时货币流入市场；而证券经纪人按协议安排在一周后春节刚过时再购回此种债券，此时货币又由市场流回中央银行。所以，这一交易可有效抵消因春节需求变动对货币供应量的影响，又可防止政府债券的市场价格发生不规则变动。逆回购影响货币的流动和作用与正回购正好相反，前者是收缩市场流动性，而后者是扩张市场流动性。

若以央行为主体，当央行先出售政府有价证券，再购回来，称作“正回购”，则此行为将收缩市场流动性；若央行先购买政府有价证券，再售出去，称作“逆回购”，则此行为将扩张市场流动性。

通过公开市场业务买卖有价证券，中央银行可有效改变商业银行的准备金乃至公众手持现金，从而达到控制、调节信贷规模和货币供应量的作用。例如，当中央银行从经纪人手中购买政府证券时，中央银行开出支票，而经纪人则将此转付给证券出售人。或者出售人是商业银行，出售证券款将直接增加商业银行的储备。若出售人是银行以外的个人或团体，则出售证券款将直接增加社会货币供应量（公众持有现金量），同时也增加银行储备，因为出售人将把该支票存入其开户银行，而开户银行根据法定准备要求便相应增加了其储备。反之，若中央银行出售政府证券，则其对货币供应量的作用方向和效果正好相反。

中央银行买卖政府证券，可以产生三种直接效应：（1）影响商业银行储备额；（2）影响所买卖证券的价格和收益；（3）影响对一般证券价格和收益的预期。在这三种效应中，通常第一种效应最强烈。因为，影响银行储备额的变动，借助货币乘数作用，可引生出几倍的货币供应量变动，中央银行对某种政府证券的买或卖，对该证券价格和收益的初始影响或冲击是较大的，具体影响大小则取决于交易的数量，交易量越大，造成的影响和冲击也越大；反之，则越小。公开市场业务也可影响投资者对证券市场的预期。例如，当中央银行开始大量购买证券时，投资者相信证券价格将进一步上涨，于是也增加证券的购买，从而使投入市场的货币量增加，进一步促使证券的价格上涨，并引起相应收益率的下跌。相反，当中央银行出售巨额证券时，便会促成对利率将会提高的预期，而这又会使证券投资需求减少，从而进一步紧缩信贷规模。

公开市场业务作为货币政策工具有如下优点：（1）调节信贷规模的主动权掌握在中央银行手中。对有价证券的数额、买卖证券的种类、数额和时间等，中央银行完全可自主决定，因而能较精确地控制其证券持有量和银行储备量。（2）该政策工具运用起来灵活方便。调节货币数量要大可大，要小也可小，其调节方向也容易改变，当发现公开购买过多从而货币供应增长过快时，它可立即通过公开出售来改变调节方向。（3）公开市场业务的运用速度快，不会有行政上的延误。当中央银行决定要改变银行储备和基础货币时，它只需向证券交易商发出购买或出售指令，交易就可立即得到执行。

虽然公开市场业务已成为现代中央银行运用最多，也是最主要的货币政策工具，但运用这一工具要求具备一定的金融条件。一是中央银行具有领导地位，并具有雄厚资金实力；二是需赋予中央银行弹性操作的权力，即在买卖证券的数量和种类方面有主动权；三是金融市场较发达，组织也较完善，其范围具有全国性，信息传递快捷，价格接近统一，这样能使中央银行在金融中心采取的措施立即能影响全国；四是所买卖证券种类丰富，数量充足，能够有选择地进行买卖，使中央银行能够通过买卖证券影响全国的信贷状况；五是信用制度较完善。

二、选择性政策工具

上述三种一般性货币政策工具，是对整个国民经济和金融市场起作用的，也是中央银行调控金融的传统手段。自第二次世界大战以来，许多国家不仅丰富了传统的调控手段，而且还增添了一些新的调控手段。这些新的调控手段的特点在于，它们是针对个别部门行业进行调节，而不是影响整个金融市场，这类调控手段被称作“有选择的政策工具”。中央银行常用的选择性政策工具主要有间接信用控制工具、直接信用管制手段和道义劝导手段。

（一）间接信用控制工具

这类调控工具的特点是，它的作用过程是间接的，需通过市场供求变动或资产组合的调整来实现。这类工具主要有：

1. 优惠利率。指利率较低的放款利率。中央银行根据国家发展战略，通过制定适用于某些部门的较低放款利率来鼓励一些重点部门、行业增加投资，加速发展。优惠利率政策一般为发展中国家所采用。

2. 证券抵押放款的法定保证金比率。中央银行通过对购买证券所提供的贷款规定法定保证金比率，控制信贷投放量。法定保证金比率指证券购买者在购买证券时必须支付现金的比例。规定最低法定保证金比率，实际上也就是间接地规定最高付款比例。例如，法定保证金比率为60%，则意味着证券购买者必须用现金支付证券市场额的60%，其余可由贷款支付的比例最多不超过40%。通过调整这个比率，比如说调高这一比率，会抑制购买证券者通过借款来购进证券的行为，从而影响这类贷款的规模，并有助于控制投机性活动。因这种控制手段只对证券抵押贷款起作用，所以它可在不影响信贷规模总量情况下，改变和优化信贷的结构。并且，使用该控制手段可以避免被迫采用提高利率，以牺牲经济增长为代价来遏制证券市场的过度借贷行为。

3. 消费信贷管制。指中央银行根据市场供求状况和货币供应量情况，针对为消费所提供的信贷量进行控制的一种手段。这种消费信贷管制可采取两种方式，即规定第一次付现的最低比率，或规定最高偿还期限。当市场需求过旺和货币投放过多时，为紧缩信贷规模，中央银行可提高第一次付现比率，或缩短分期付款期限；反之，在需求不足及经济衰退时，则可采取降低第一次付现比率，或放宽分期付款期限的办法以增加信贷投入，刺激消费和经济增长。这种控制手段要求社会的信用基础比较好，同时要建立一些行之有效的信用制度，比如存款实名制，个人信用档案等。

4. 预缴进口保证金制度。这一制度适用于经常处于国际收支逆差的国家，目的是缩减国际收支赤字。当国际收支出现逆差，要求将进口商品总值一定比例的外汇存于中央银行，借以抑制进口数量，控制和减少外汇储备流失。预缴外汇比例越高，进口换汇成本便越高，抑制作用也越大。

5. 房地产信贷管制。指中央银行对为新住宅建设所需资金提供信贷实施有选择的管理。该管制类似于消费信贷管制，主要采用两种方式，即通过规定最低付现额和最长偿还期限来进行管理，其目的在于控制不动产放款，抑制高标准建房，以及房地产市场价格泡沫。

专栏12.2　中国人民银行　中国银行业监督管理委员会关于完善差别化住房信贷政策有关问题的通知

银发〔2010〕275号

中国人民银行上海总部，各分行、营业管理部，各省会（首府）城市中心支行、副省级城市中心支行，各省（自治区、直辖市）银监局，国家开发银行、各政策性银行、国有商业银行、股份制商业银行，中国邮政储蓄银行：

为进一步贯彻落实《国务院关于坚决遏制部分城市房价过快上涨的通知》（国发〔2010〕10号）的有关精

神，巩固房地产市场调控成果，促进房地产市场健康发展，现就相关信贷政策通知如下：

一、各商业银行暂停发放居民家庭购买第三套及以上住房贷款；对不能提供一年以上当地纳税证明或社会保险缴纳证明的非本地居民暂停发放购房贷款。

二、对贷款购买商品住房，首付款比例调整到30%及以上；对贷款购买第二套住房的家庭，严格执行首付款比例不低于50%、贷款利率不低于基准利率1.1倍的规定。

三、各商业银行要加强对消费性贷款的管理，禁止用于购买住房。

四、对有土地闲置、改变土地用途和性质、拖延开竣工时间、捂盘惜售等违法违规记录的房地产开发企业，各商业银行停止对其发放新开发项目贷款和贷款展期。

五、对不认真执行差别化信贷政策的商业银行，一经查实要严肃处理。

六、继续支持房地产开发企业承担中低价位、中小套型商品住房项目和参与保障性安居工程的贷款需求。

七、鼓励金融机构支持保障性安居工程建设，抓紧制定支持公共租赁住房建设的中长期贷款政策。

请人民银行上海总部，各分行、营业管理部、省会（首府）城市中心支行，各省（自治区、直辖市）银监局将本通知联合转发至辖区内城市商业银行、农村商业银行、农村合作银行、城乡信用社及外资银行，并及时上报执行情况。

中国人民银行　中国银行业监督管理委员会

二〇一〇年九月二十九日

资料来源：中国人民银行网站、中国银行业监督管理委员会网站。

（二）直接信用管制手段

直接信用管制手段的特点是，中央银行以行政命令的方式，直接对商业银行放款或接受存款的数量以及比率进行控制。这类强制性的信用控制工具主要有四种，即进行信贷分配、规定贷款最高限额、规定利率上限以及差别利率、规定贷款及流动性比率。

1. 信贷分配。中央银行可根据经济所处的阶段，即当前的经济形势，对商业银行的资金使用直接进行一定的分配，以限制、调控信贷活动，充分发挥资金的使用效果。该手段可以运用于一些特殊情况，比如经济萧条时期，为了刺激经济增长，通过商业银行信贷配额有针对性地增加信贷投放。在我国计划经济时代，信贷配额手段是信贷投放的基本手段。此手段也曾经在美国及一些欧洲国家（如法国）使用过。使用信贷分配的理由主要是，一些投资具有很大的经济和社会效益，需要政府扶植，如公共产业部门。此外，在一国进行大量的经济开发时，该手段还能起到调节产业优先发展顺序，优化产业结构进而促进经济增长的目的。但直接信贷分配也往往会产生副作用，导致各行业、各部门相互攀比，资金分配不公，资金配置效率低下等。

2. 规定贷款最高限额。这种管制方式国外不常用，但在特殊情况下（比如战争、严重经济危机等），中央银行可对商业银行规定贷款最高限额，以严格控制贷款规模。我国 1998 年以前一直采取指令性的商业银行贷款限额控制。

3. 规定利率上限以及差别利率。此种手段是指中央银行直接规定利率上限以及针对不同类型的商业银行规定差别利率。有些国家往往通过法律形式来确保该手段的实施。例如，美国 1935 年的银行法规定，禁止对活期存款支付利息，并责成联邦储备体系和联邦存款保险公司制定其会员银行对定期存款和储备存款所支付利率的最高限。采取这一限制措施的理由是，一方面，商业银行为吸引存款而竞相提高利率，盲目竞争会迫使银行业从事高风险放款；另一方面，为争夺资金来源而进行的利率竞争也大大增加了银行的营业费用。

4. 规定贷款及流动性比率。中央银行为了控制信用风险和信贷投放规模，往往直接规定商业银行贷款余额与存款余额的比率，以及流动资产余额与流动负债余额的比率。例如，我国商业银行法就明确规定，商业银行贷款余额与存款余额的比率不得超过 75%；流动性资产余额与流动性负债余额的比率不得低于 25%。

（三）道义劝导手段

所谓道义劝导，是指中央银行利用其地位和监督权力，对商业银行和其他金融机构采用会议、“窗口指导”、发出书面通告、指示或口头通知，甚至面谈等形式来通报行情，劝告它们自觉遵守金融政策法规，并劝导其采取各种措施以配合中央银行政策的实施。目前，世界上许多国家的中央银行都采取道义劝导手段来加强金融管理。除美国外，英国的英格兰银行也有运用道义劝导手段的传统，它定期或随时与商业银行举行例会，共同商议有关金融事宜。

“窗口指导”是指中央银行根据国家经济政策、产业发展要求、物价趋势以及金融市场状况等，规定商业银行的贷款重点投向和贷款规模，并以劝导的方式来贯彻产业政策的落实。例如，日本的日本银行使用“窗口指导”，即对每季度各金融机构增加的贷款额度加以规定，并以此来劝导各金融机构遵守金融政策规定。

道义劝导的优点是运用灵活方便，使用范围广。它既可作为一般货币政策工具，用以影响中央银行借款总额、银行信贷规模总量乃至货币供应量的变动，又可作为有选择的货币政策工具，对某些特定政策目标的实现施加影响。比如，在通货膨胀恶化时期，中央银行劝导商业银行和其他金融机构自动限制贷款或提高利率；在房地产和股票投机盛行时，中央银行劝告商业银行抑制其投机性证券放款，而从事正当营业目的的放款；在国际收支出现较大赤字时，中央银行劝告各金融机构减少对外国人放款。

当然，由于道义劝导手段缺乏法律约束力，其实施效果好坏取决于各金融机构是否有诚意合作。毕竟，中央银行的说服力来自于它的影响力、监督力和资金力量，而不是具有法律意义上强制力的政策规章。因而，道义劝导手段其作用是有限的，它只能是其他政策工具的一种有益的补充。

根据上面的分析可以看出，作为一般性货币政策工具的法定准备率政策、贴现率政策和公开市场业务是中央银行实施货币政策的主要工具。但我们也不应忽视选择性政策工具的作用。实践表明，对于某些特殊部门、行业和金融领域的局部问题，选择性政策工具也是实施货币政策的有益和有效的补充。

本章小结

货币政策是经济政策的组成部分，货币政策的基本目标也就是国家宏观经济目标。货币政策目标实际包括两个层次：一个是运用货币政策所要达到的最终目标，另一个是借以达到最终目标的中介目标。

最终目标通常包括充分就业、价格稳定、经济增长和国际收支平衡。由于最终目标之间往往存在矛盾，客观上存在如何选择目标的问题。通常作法是选取一至两项目标作为基本目标。

货币政策的中介目标又称中间目标，一般包括利率稳定、货币总量、储备总量、汇率稳定和金融市场稳定等目标。中介目标同样有选择问题，依据标准有可计量性、可控性和强影响力。

货币政策工具是实现货币政策目标的保证。中央银行的货币政策工具大体可分为一般性政策工具和选择性政策工具，在金融调控过程中，中央银行所运用的法定存款准备率政策、贴现率政策和公开市场业务三大政策工具，具有积极而重要的意义。

关键词：货币政策最终目标　充分就业　物价稳定　经济增长　国际收支平衡　货币政策中介目标　一般性政策工具　选择性政策工具　法定存款准备率　贴现率工具　公开市场业务　间接信用控制　直接信用管制　道义劝告

思　考　题

1. 货币政策的最终目标有哪些？
2. 选择货币政策中介目标的标准是什么？
3. 法定存款准备金率对金融宏观调控有什么作用？
4. 公开市场业务作为货币政策工具的优点有哪些？
5. 简述货币政策的最终目标及其选择方法。
6. 简述货币政策的中介目标及其选择标准。
7. 试述货币政策的一般性工具。

附　　录

我国存款准备金率调整一览表：2007.1.15—2010.5.10

次数	公布时间	调整前	调整后	幅度
22	2010 年 5 月 10 日	16.5% （中小金融机构）13.5%	17%	0.5%
21	2010 年 2 月 12 日	16.00% （中小金融机构）13.5%	16.5%	0.5%
20	2010 年 1 月 12 日	（大型金融机构）15.5%	16%	0.5%
		（中小金融机构）13.5%	不调整	—
19	2008 年 12 月 25 日	（大型金融机构）16%	15.5%	-0.5%
		（中小金融机构）14%	13.5%	-0.5%
18	2008 年 12 月 5 日	（大型金融机构）17.00%	16%	-1%
		（中小金融机构）16.00%	14%	-2%
17	2008 年 10 月 15 日	16.5%	17%	0.5%
16	2008 年 9 月 25 日	17.5%	16.5%	-1%
15	2008 年 6 月 7 日	17%	17.5%	1%
		16.5%	17%	
14	2008 年 5 月 12 日	16%	16.5%	0.5%
13	2008 年 4 月 16 日	15.5%	16%	0.5%
12	2008 年 3 月 18 日	15%	15.5%	0.5%
11	2008 年 1 月 16 日	14.5%	15%	0.5%
10	2007 年 12 月 8 日	13.5%	14.5%	1%
9	2007 年 11 月 10 日	13%	13.5%	0.5%
8	2007 年 10 月 13 日	12.5%	13%	0.5%
7	2007 年 9 月 6 日	12%	12.5%	0.5%
6	2007 年 7 月 30 日	11.5%	12%	0.5%
5	2007 年 5 月 18 日	11%	11.5%	0.5%
4	2007 年 4 月 29 日	10.5%	11%	0.5%
3	2007 年 4 月 5 日	10%	10.5%	0.5%
2	2007 年 2 月 16 日	9.5%	10%	0.5%
1	2007 年 1 月 15 日	9%	9.5%	0.5%

数据来源：中国人民银行网站。

第十三章　货币政策：宏观理论与实践

本章概要：在本章中，我们要学习与货币政策相关的宏观调控理论与实践，掌握货币政策的动态调控机制。本章分为四节，第一节介绍货币政策的传导机制，即如何运用货币政策工具，通过何种传导机制调节中介目标，以使整个宏观经济达到预期最终目标或总目标；第二节介绍 IS—LM 模型中的货币政策及财政政策，分析其效应及弹性；第三节重点分析中国的金融调控机制，其历史沿革及现状，以及相应的货币政策实践及其发展。第四节分析货币政策的有效性，阐述货币政策有效性的定义和基本内容。

第一节　货币政策的传导机制

一、货币政策调控的一般关系

运用货币政策来实施金融调控，其实质也就是通过运用货币政策工具，不断地调节货币政策中介目标，以使整个宏观经济达到最终目标或总目标。这里我们先分析这三者的一般关系，然后再研究时滞问题。

（一）一般关系

通过研究中央银行货币政策的基本目标、中介目标和货币政策工具这三者的关系，我们可了解这三者之间是相互联系、相互依存的。当中央银行确定了货币政策最终目标之后，它必须根据最终目标的要求，在最终目标的传递过程中，制定出一些在短期内可实现的相关经济指标，即中介目标，并运用相应的货币政策工具来实现这些目标，然后，通过不断地实现和调整这些中介目标来达到货币政策的最终目标。

可举例来说明这一联系。假定中央银行根据就业和物价水平的政策要求而相应确定的经济增长目标为名义 GDP 增长 5%。如果中央银行发现，中介目标 M_1 的增长率达到 6% 便可实现 5% 的名义 GDP 增长率，而 6% 的 M_1 增长率又可通过使中介目标的基础货币增长率（也可称作“操作目标”）保持在 3.5% 来实现，于是，中央银行便会运用货币政策工具的公开市场业务来实现 3.5% 的基础货币增长率。在政策执行的随后几天里，中央银行可能觉得基础货币增长太慢，比如增长率仅为 2%，于是，它便增加公开市场业务的证券购买量，使基础货币增长率提高。再过些时候，中央银行检查政策执行情况，如果发现 M_1 增长过快，比如增长率为 7%，它便又运用公开市场业务手段来调节，如减少证券购买量或增加证券出售量来降低 M_1 的增长率。

由上述过程可以看出，货币政策的最终目标、中介目标和货币政策工具这三者再加上作为调控者的中央银行便可构成一个完备的调控体系。这一体系如图 13－1 所示。

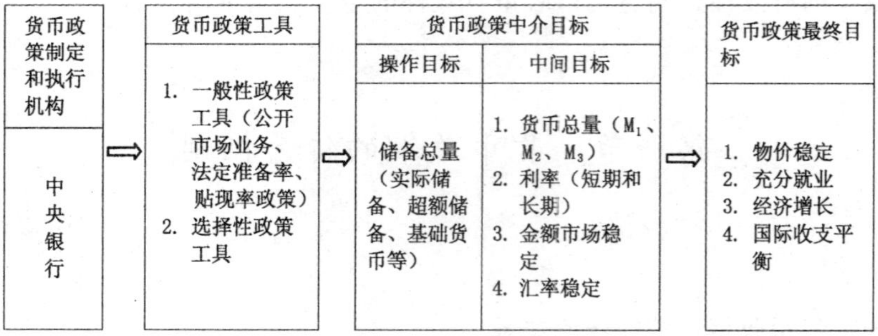

图 13－1 货币政策调控体系

（二）时滞效应

在考察调控过程时，我们还有必要了解政策实施中的时滞现象及其效应。由于货币量变动对经济状态产生影响的传导过程是需要时间的（从实施政策工具到实现政策目标不可能一瞬间完成，这中间存在一个或短或长的时间差，这就是时滞），所以，时间因素在调控过程中占有重要位置。研究表明，在政策时差过程中，从货币供应量增加到国民收入的增加或物价普遍上涨，通常有一个较长时间的扩散和传递过程。这期间还包括人们对政策效应的反应和政策目标调整过程。因此，时滞不仅表现为从行动到效果的时间滞后，而且还表现为传导过程中初始效果与最终效果的时间差异。

例如，某年货币政策的基本目标为经济增长8%（经常用国内生产总值的增长率或者国民收入的增长率来衡量），通货膨胀率控制在5%。但达到这些目标总值需要经过一段时间。根据事后得到的数据计算出来的结果可能与原定目标有差距，这就是时滞效应产生的时间性差异。

认识时滞效应具有重要的理论和现实意义。首先，就对货币理论有重要影响的预期理论来说，它的理论前提之一就是时滞的存在。人们预测未来变动之所以准确性会受到影响，也就是在有时滞情况下人们作出相应预测的结果。当被预测变量的行为发生变化时，相应的预期也会变化，这又会反过来作用于被预测对象，从而影响预测的准确性。同样，卢卡斯认为，当货币政策发生变化时，预期结构也会发生变化，从而用作预测的计量经济模型中的各种关系也应发生变化，否则，利用以往数据测算出的计量经济模型将不再能正确评估这项政策变化所带来的影响，而很可能导致错误结论。其次，对于货币政策来说，时滞常引起对货币政策效果的误解或引起决策的失误。例如，由于货币量增加不能立即表现为物价的变化，所以人们往往会误以为货币量与物价之间不存在相关关系，从而怀疑货币政策的合理运用。又如，货币当局要紧缩货币投放，防止通胀，但因通货紧缩过程同样存在时滞，所以，货币量减少的初始效果不是平抑物价，而是生产下降，这便可能使决策者作出错误判断和决策，为刺激生产而又采取扩张政策，从而使紧缩半途而废，通货膨胀进一步加剧。再次，正是由于货币政策的时滞效应是客观存在的，这就使中央银行选取一些可计量性强，可控性强，具有强影响力的金融指标作为中介目标变得十分必要。这样，中央银行就可以随时根据这些中介目标反映出来的货币政策的执行情况及时调整，尽量消除由于时滞带来的对货币政策效应的影响。所以，正确理解和认识时滞效应的政策含义意义重大，我们应在货币政策的制定和执行中追求长期稳定和连续一致的货币政策。

二、货币政策的传导机制

运用货币政策手段来达到货币政策目标，客观上存在着多种作用方式和途径或叫做传导机制。这里我们介绍几种典型的传导机制。

（一）凯恩斯学派的传统传导机制

根据凯恩斯学派关于货币政策传导机制的传统观点，这一传导机制可描述如下（见图13－2）：

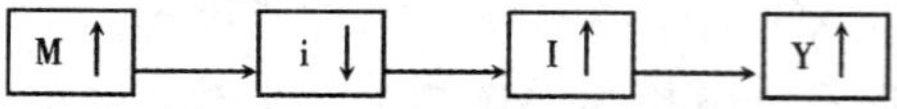

图13－2

这一传导机制可表达为：货币供应量增加，导致利率下降，而利率下降又促使投资增加，从而使国民总产出（或总支出）增加。由于利率（i）对投资支出（I）的影响往往很小，所以许多凯恩斯主义经济学家开始探索货币政策影响经济活力的途径。

（二）考虑贷款因素的传导机制

经济专家逐渐认识到利率并不能完全代表投资支出的成本。当采用限制性货币政策时，银行可能对他们的客户进行限额贷款，而不是让这些贷款利率上升。这种现象我们在前一章中已描述过，被称为信贷分配。扩张性的货币政策可能会增加可获得的贷款数量，导致投资支出的增加。这种货币政策传导机制被称作“可得性假设”，可以表达为（见图13－3）：

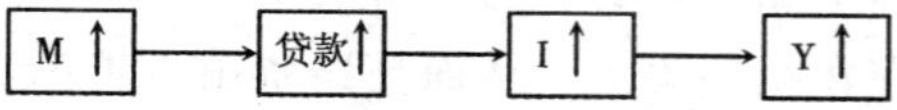

图13－3

在这里，贷款限额的变动调节实际贷款数量，进而影响实际投资支出。

（三）托宾q理论与传导机制

经济学家发现，货币政策通过它对普通股票价格的影响也能对投资支出产生影响。经济学家托宾提出了一种有关股票价格与投资支出相互关联的理论，称作托宾q理论。托宾将q定义为：

q＝企业的市场价值/资本的重置成本

如果 $q>1$，说明企业的市场价值相对高于企业重新建置的重置成本，这种情况下，公司可能发行股票，而且在股票上得到的价值将高于现有重置资本，所以厂商发行较少股票筹资就可以争取到较多新的投资，这意味着投资支出将会增加。若 $q<1$，表明企业市场价值相对低于企业的资本成本，它们便不会通过发行股票筹资来购买新投资品。它们在这种情况下可以通过廉价购买其他公司，获取旧资本作为替代。从而，作为对新投资品购买的投资支出将会处于十分低的水平。可见，托宾q与投资支出之间存在内在联

系。那么，货币政策又如何影响股票价格呢？可以这样看，货币供应量增加，使债券利率下降，股票价格上升，也就是公众将增加对股票的需求而提高股票价格。股票价格（P_s）上升，自然地 q 也上升，从而导致投资和总产出或总需求增加。所以，这一传导机制可表达为（见图 13－4）：

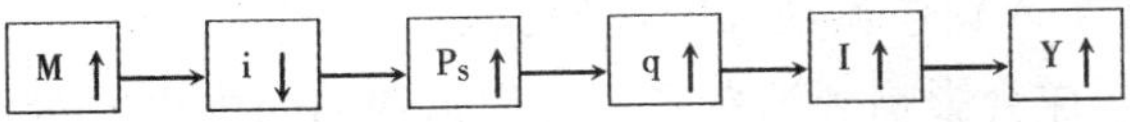

图 13－4

（四）考虑消费支出的传导机制

货币学派以及后来的凯恩斯学派都认为，货币政策和消费支出之间存在相当直接的关联。也就是说，货币供应量的变动不仅影响投资，而且也影响消费。由于消费就其总量而言远远大于投资，所以，即使投资利率弹性大于消费利率弹性，货币数量的变动也能够通过消费的变化对国民总产出或总收入产生重大影响。因而，考虑消费支出在政策传导中的作用有实际意义。消费支出可从耐用消费品支出和一般消费支出来考察。由于消费者用于耐用消费品的支出常常通过借贷取得资金，因而当利率降低，从而筹资成本降低时，耐用消费品支出将会增加。由此形成的货币影响总需求的途径为（见图 13－5）：

图 13－5

这一传导机制被称为关于耐用消费品支出的利率效应。然而，这种效应的规模被证实是比较小的，这需要找到一些其他的货币政策传导机制来解释为什么货币政策能影响消费支出。消费支出分析认为，决定消费支出的是消费者毕生的资财，而不仅仅是今天的收入；消费者毕生资财的一个重要组成部分是金融财富，而其中一个主要部分是普通股票；当股票价格上升时，金融财富价值增大；随着毕生财富的增加，消费也会随着增加。所以，按照一般消费支出分析的政策传导机制可表达为（见图 13－6）：

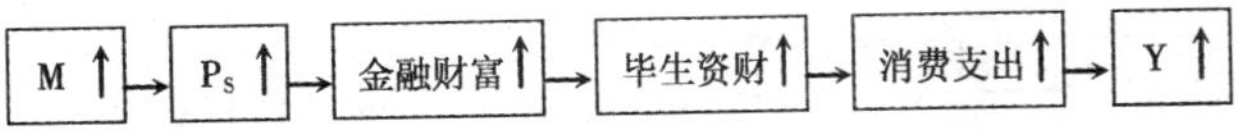

图 13－6

该过程显示，由货币供应量增加引起股票价格上涨，这又相应增加金融财富，从而使个人毕生资财增加，而毕生资财的增加又引起消费支出增加，最后致使总需求或总收入增加。该传导机制来源于美国经济学家莫迪里亚尼著名的消费的生命周期假设。其中，消费支出是指消费者对非耐用商品和劳务的消费。

（五）考虑个人资产流动性的传导机制

证券市场同样会影响到消费者的耐用消费品的支出。在个人消费选择中购买耐用消费品如汽车、家用电器以及购买房产会大大影响其资产的流动性。如果个人大部分资产是用于购买汽车和房产，则当他急需大笔现金时，若想设法卖掉其汽车或房产，他会发现，这一方面难以脱手；另一方面，在不得不出售的情况下，他必定要损失相当一部分价值。相反，如果他的大部分资产是银行存款、股票或债券（金融资产），他便能容易地按市价将它们迅速脱手而得到现金。一般来说，个人可能会遇到的财务困难与持有金融资产的数量成反比，持有金融资产越多，其流动性越好，因而遇到财务困难的可能性越小；反之，则越大。所以，这一传导机制为（见图 13－7）：

图 13－7

上述传导机制表明，货币政策通过消费者资产的流动性效应，对总需求将产生较大的影响。该传导机制被称为流动性效应。在经济危机时期，这种影响尤为突出。

（六）考虑国际贸易的传导机制

随着经济全球化和浮动汇率制的出现，汇率对于净出口的效应成为一重要的货币传导机制。一般而言，当国内的利率下降时（假定通货膨胀率不变），国内存款相对于以外币计值的存款而言缺乏吸引力。这导致国内存款的价值相对其他外币存款价值的下降，也就是说汇率下降。本币价值的降低使国内商品比外国商品更便宜，因此导致净出口增长及总产生的增加。这一货币传导机制被称作关于净出口的汇率效应，可以表达为（见图 13－8）：

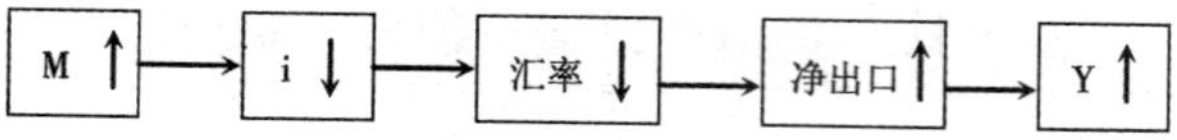

图 13－8

根据上述各种传导机制，能否将这些机制综合起来，建立一个综合模型来反映这种综合效应呢？美国经济学家莫迪里亚尼用他的 MPS 结构模型把上述大部分机制都结合进来了。运用这一模型，可较清楚地反映出货币供应的变化是如何通过各种因素而最终影响总收入（国民生产总值）的。

第二节　IS－LM 模型中的货币政策及财政政策

一、货币政策和财政政策的效应

研究货币政策的运用就要分析货币政策的效应。所谓货币政策的效应，是指实施货币政策所达到的调控经济活动的结果。宏观经济理论一般是借用 IS－LM 模型来研究分析货币政策效应的。IS－LM 模型是经济学家希克斯在凯恩斯模型的基础上发展完善而得出的。它研究的是经济体系在给定价格水平的前提下利率（i）和总产出（Y）的决定问题。其中 IS 曲线是产品市场均衡点的轨迹，描述的是在这一均衡下利率和总产出的关系，而 LM 曲线是货币市场均衡点的轨迹，描述的是在这一均衡下利率和总产出的关系。上述分析都是在物价水平为固定的前提之下进行的，从而真实和名义变量是一致的。

（一）货币政策的效应

我们利用 IS－LM 模型对扩张性货币政策进行分析（见图 13－9）：

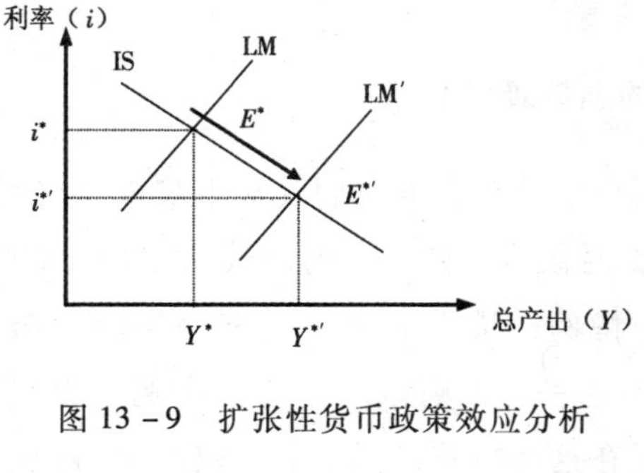

图 13－9　扩张性货币政策效应分析

假定经济原先处于双重市场均衡点 E^*。中央银行实行扩张性货币政策，增加货币发行，使货币市场出现不均衡，即供给大于需求。这隐含着债券市场的需求大于供给，致使利率下降，进而刺激投资支出和净出口的增加，实现总产出的增长。新的均衡点在更低的利率和更高产出点 $E^{*}{}'$处达成。对紧缩性货币政策可作类似分析。故货币政策的效应一般可表述为：总产出与货币供给量正相关，利率与货币供给量负相关。

（二）财政政策的效应

为便于对比，我们进一步分析运用扩张性财政政策的效应（见图 13－10）：

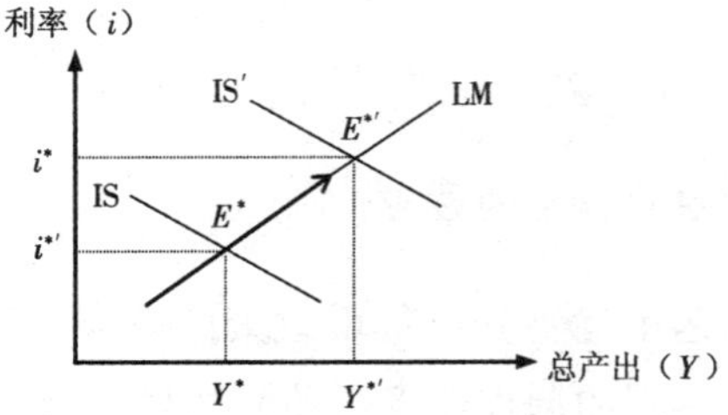

图 13－10 扩张性财政政策效应分析

经济原先处于双重市场均衡点 E^{*}。政府实施扩张性财政政策，增加财政支出或减少税收使总产出增加。而总产出增加会增加对货币的需求，从而使利率上升，由于利率的上升，使投资支出水平下降，又使总产出水平的增加有所回落。新的均衡点在更高的利率、更高产出的 $E^{*}{}'$处达成。对紧缩性财政政策的效应可作类似分析。财政政策的效应可表述为：总产出和利率与政府支出正相关；总产出和利率与税收负相关。值得指出的是，财政政策具有“挤出效应”，即财政支出的增加通过使利率上升导致投资支出和净出口的减少。

二、货币政策的利率弹性分析

前面 IS－LM 模型的分析告诉我们，货币政策和财政政策都能影响到总产出水平。那么什么时候货币政策比财政政策更有效应呢？让我们先来考察 IS－LM 模型的一个特例：货币需求不受利率影响（被称作无利率弹性），货币政策能影响产出水平，而财政政策无法影响产出水平。图 13－11（a）和（b）分别显示了在这种特殊情况下的财政政策和货币政策效应。

在这种情况下，我们可以看出，财政政策对产出没有影响。财政政策具有“完全挤出效应”，即政府支出的增长挤出了同等数量的投资支出和净出

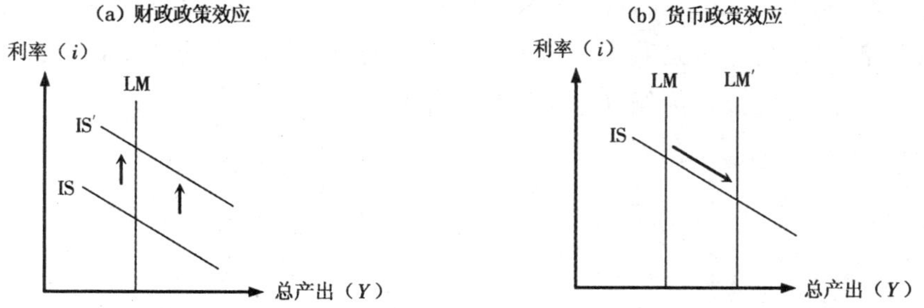

图 13－11　特例下财政政策效应和货币政策效应

口。与财政政策相比，货币政策的效应正好相反，其可影响总产出的水平。我们由此可以推出结论，当货币需求不受利率变化的影响（货币需求对利率完全缺乏弹性）时，货币政策是有着最大效应的，而财政政策是无效的。更为一般的结论为：货币需求对利率的弹性越小，货币政策相对于财政政策就更具有效应。

三、IS－LM 模型的应用：货币供给量目标和利率目标的选择

在前一章我们讨论货币政策中介目标时，涉及到货币供给量目标及利率目标的选择问题。IS－LM 模型也能回答这一问题。

正如我们在前面所论述的那样，当一国中央银行试图设定货币供给目标，它不可能同时追求利率目标；反之亦然。于是，需要知道这两个目标中的哪一个将会对总产出实行更精确的控制。

与书本上假定 IS 和 LM 曲线是静止的不同，现实的世界中充满了不确定性，IS－LM 曲线的移动由于无法预料的自发支出和货币需求等因素的变动而变得无法预期。在决定一国中央银行是应当使用货币供应量目标还是利率目标之前，我们需要分析两点：第一，IS 曲线的不确定性远大于 LM 曲线的不确定性；第二，LM 曲线的不确定性远大于 IS 曲线的不确定性。

1. IS 曲线不稳定而 LM 曲线稳定。图 13－12 显示了 IS 曲线不稳定而 LM 曲线稳定时两种目标策略的结果。假定一国目标产量为 Y^*，相应地，利率目标为 i^*，货币供给量目标通过 LM^* 反映。由于 IS 曲线是不稳定的，它在 IS′和 IS″之间波动，导致对于利率目标政策而言，总产出在 Y_I'和 Y_I''之间波动。

而对于货币供应量目标政策而言，总产出在 Y_M'和 Y_M''之间波动。我们

在图 13－12 中可以直观看出，货币供给量目标导致了产出量围绕目标水平的更小波动，而这正是我们需要的。结论为：如果 IS 曲线比 LM 曲线更不稳定，一国中央银行更偏好于货币供给量目标政策。

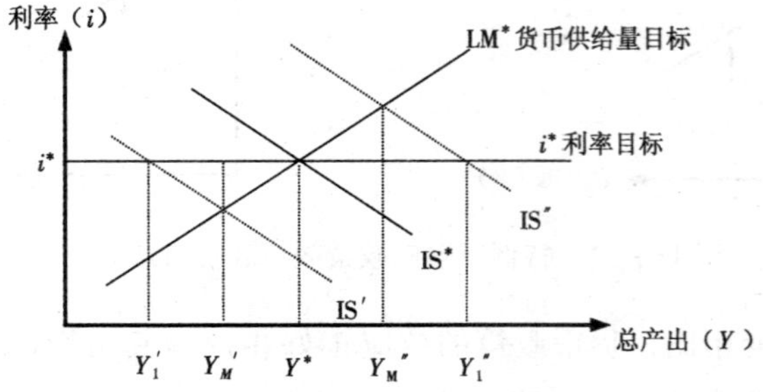

图 13－12　IS 曲线不稳定 LM 曲线稳定时货币供给量和利率目标政策

2. LM 曲线不稳定而 IS 曲线稳定（见图 13－13）。同样，一国经济目标产量为 Y^*，相应地，利率目标为 I^*，货币供给量目标反映在 LM* 上。由于 LM 曲线现在是不稳定的，即使

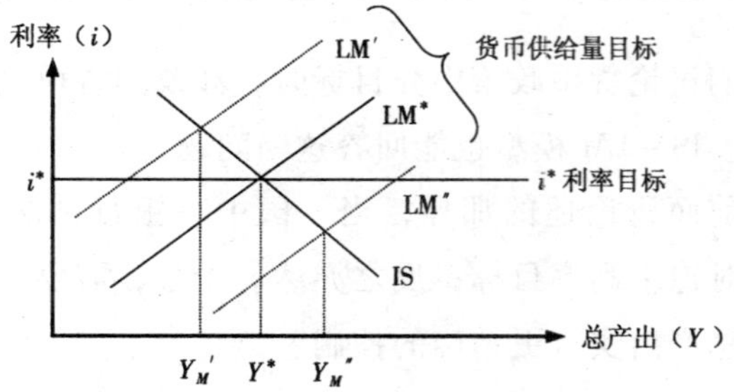

图 13－13　LM 曲线不稳定 IS 曲线稳定时货币供给量和利率目标政策

货币供给量不变，它也会在 LM′和 LM″之间波动，导致总产出在 $Y_M{}'$和 $Y_M{}''$之间波动。另一方面，利率目标不受 LM 曲线的不确定性影响，因为一国中央银行可以通过调节货币供给来保证 i 在 i^* 水平不变。从而，我们可得出结论：如果 LM 曲线比 IS 曲线更不稳定，一国中央银行偏好于利率目标政策。

在历史上，米尔顿·弗里德曼及其追随者们倾向于相信货币需求方程及 LM 曲线是稳定的，并得出结论货币供给目标总比利率目标好。而凯恩斯主义者并不能确信货币需求量的稳定性，从而更倾向于支持利率目标。认识到这一点是十分重要的，即决定哪个目标更好的关键因素是 IS 和 LM 曲线的

相对的不稳定性。近年来新金融工具的激增（能影响货币需求）使 LM 变得不稳定，然而这并不意味着应完全放弃货币供给量目标而采用利率目标，因为支持 IS 曲线稳定的因素同样也十分微弱。

最后，需要提及一个因素是物价水平。因为到目前为止，我们的讨论都只建立在假定物价水平固定不变的基础之上。而更为现实的是，物价水平的变动会导致通胀水平的变动。这种变动对货币政策的影响主要表现在以下两个方面：第一，对目标政策选择的影响。由于物价水平的变动导致通胀预期的不确定性。而真实利率 = 名义利率 - 预期通胀率，投资支出和净出口决定又与真实利率相关。因此，在现实世界中，预期通胀率的大幅度波动导致 IS 曲线的更大幅度的波动（用图 13 - 14 表示），从而使利率目标比货币供应量更好的观点变得模糊起来。第二，对货币政策的效应的影响。如果物价水平是不变动的，货币政策的效应就可能没有像前面论述的那样明显。扩张性的货币政策可能会产生下面的结果：

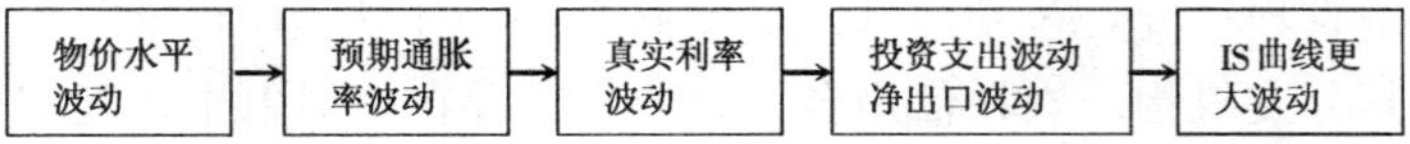

图 13 - 14

（1）一部分增加的货币由于利率下降而变成了 L_2。

（2）另一部分则形成交易性货币 L_1，其中一部分使总产出水平 Y 增加。

（3）另一部分 L_1 成了上涨的价格中的一部分。

用图 13 - 15 可以表示如下：

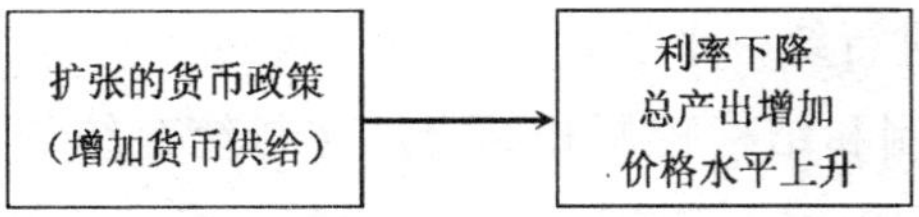

图 13 - 15

第三节　中国的金融调控机制与货币政策工具

在改革开放以前，我国经济、金融界并没有明确提出货币政策的宏观调控目标体系，在管理方式上也是以行政管理为主。直到 1984 年中国人民银行专门执行中央银行职能以后，我国中央银行才开始明确提出自己的货币政策目标体系。尽管如此，我国对金融的调控思路基本上同西方国家一样，即也是围绕着如何控制和调节货币供应量来展开的。由于经济体制上的差异，我们在对货币供应的管理方式上表现出自身的发展过程和特色。新中国成立以来，所采用的货币供应管理方式大体可划分为四个阶段，四种基本类型。

一、统存统贷的管理方式

我国在1949—1979年的30年中，基本实行统存统贷的管理方式。这是一种典型的金融直接调控方式：中国人民银行以指令性计划形式，对下属各类各级银行层层下达各项年度存款和现金投入或回笼额度指标，并监督执行。统存统贷管理方式的基本特点是：

1. 集中统一的行政管理。在改革开放之前，我国金融体系是一种“大一统”模式，即实际经营金融业务只有中国人民银行一家。中国人民银行既承担金融管理任务，又办理具体金融业务，一身兼二任；各专业银行实质上均属于其分支机构。农村信用合作社曾大量存在，但由于一度实行与人民银行农村营业所联营，所以实际上已成为人民银行在农村的基层机构。中国人民建设银行只是办理财政基建拨款的一个机构，并不经营一般存、贷业务。中国银行在解放初为外汇专业银行，后一度对外保留牌子，对内为中国人民银行国外业务局。交通银行建国初为长期投资银行，后由中国人民建设银行所代替。中国人民银行在组织上实行垂直领导，一切业务活动必须按总行下达的计划来运营。总行的综合信贷计划和现金计划需根据国民经济计划来制定，并由国家进行统一平衡。

2. 实行总量控制和结构控制相结合。实行统存统贷方式使货币供应权和控制权完全掌握在中国人民银行手中。总行对各级银行下达指令性存贷总额计划，各级银行的信贷规模严格限制在总额计划内，不得随意突破。总行不但直接控制货币供应总量，而且直接控制货币供应的结构。信贷计划不仅规定了信贷规模，而且还规定了各项贷款的数量和比例，并严格限制不同使用方向贷款额度的相互挪用。

3. 存贷两条线，基层银行体系不具有货币扩张能力。由于基层银行存贷不挂钩，贷款数量并不依存于其自身组织存款的数量，因而基层银行原始存款的增加并不会导致派生存款按一定倍数扩张。所以，在统存统贷方式下，各级基层银行在货币供应机制中只起被动、从属作用，并不具备货币扩张能力。

4. 调控机制简单、直接。在这种调控模式中，社会货币供应量由中国人民银行总行直接控制。总行通过制定信贷计划，把货币供应总量切块分配给各分行，然后由分行再层层分解至各基层银行。因此，总行对社会货币供应量的控制过程是一种简单直接分解和综合以及调配过程。

统存统贷式货币供应方式是我国当时的高度集中式计划管理体制的产物。这种体制要求生产上统一计划、统一安排，流通上统购统销、统一调拨；价格统一指定；财政上统收统支；劳动力统一调配；工资统一调整。与此相适应，要求银行部门必须实行统存统贷，以使基层银行服从上级行和总行对信贷的控制和社会资金的统一分配，从而保证商品生产和流通计划的落实。

实行统存统贷管理，既有其优越性，又有严重不足。就优越性来说，由于统存统贷是一种高度集中的行政式管理，它的指令性信贷计划是货币政策工具，因而对货币总量和结构的控制明确、有力、准确度高，能保证中央调控意图很快得到实现。在这种调控方式下，人民币币值可保持稳定，货币供应量也能及时与生产、流通需要相协调。

同时，这种调控模式也存在一些致命弱点。其突出表现为：第一，由于中国人民银行总行凭借行政力量控制基层银行，通过行政手段来分配资金，不讲究资金运用的经济效益，所以严重削弱了基层银行的经济责任和权利，抑制了它们组织信贷资金、有效运用资金的积极性。由于基层银行直接与企业打交道，最了解企业经营状况和需要，最清楚应向谁提供贷款和提供多少贷款，但货币供应方式却决定基层银行的地位，使它们成为简单贯彻上级行和总行意图的单纯执行者，所以无法调动他们的经营积极性，也无法提高信贷资金的使用效益。第二，这种调控管理方式人为地割断了基层银行存款与贷款之间的内在联系，使得存款多少与贷款多少互不相关，这就使得基层银行对自身努力多吸收存款失去积极性，而一味追求向上级行争贷款指标，从而导致争规模、争指标的弊端。第三，中国人民银行一身兼二任，行政管理与金融业务经营混在一起，职责不清，权限不明，难以真正发挥中央银行的监管职能。

二、存贷挂钩、差额控制的管理方式

随着我国经济管理体制由高度集中的计划管理模式向计划管理与市场调

节相结合的模式转变，金融管理体系也进行了相应的改革，为使金融管理体系与“对内搞活，对外开放”的经济环境相适应，我国从 1979 年开始实行“统一计划，分级管理，存贷挂钩，差额控制”的管理办法，并随之废止了统存统贷的管理办法。

所谓“统一计划，分级管理”，是指在这种管理方式下，全国的存款额仍由中国人民银行总行在经过综合平衡后分配下达给下级各分行；同时，总行把大部分存款项目也交给省一级分行管理。“存贷挂钩，差额控制”是指，总行在确认存贷款之间有互相制约关系的前提下，允许各分行在完成或不突破总行核定的存贷差额基础上，可多存多贷。就总行而言，存贷差额就是现金的回笼或发放净额；就各省分行而言，若存款余额与上级投入信贷基金额之和大于贷款余额，其差额就称为“存差”；若存款余额与上级拨入信贷基金额之和小于贷款余额，其差额就称为“借差”。总行根据全国各省、市、自治区的经济发展状况，分别核定各省、市、自治区分行的存贷差额；而各省、市、自治区分行再确定各基层银行的存贷差额。对于存差行，总行规定的存差计划必须完成，在完成存差的前提下，若其存款进一步增加，则有权用这一存款增加部分发放贷款。对借差行，由总行规定的借差计划不得突破，在借差计划范围内，多吸收到存款就可多发放贷款。

存贷挂钩、差额控制的管理方式，与统存统贷方式相比，主要有以下特点：（1）改变了约束对象。以往总行对基层组织是实行总额控制，而现在改为差额控制。（2）基层银行开始具备一定的货币扩张能力。以往各级基层银行处于被动和单纯计划执行者地位；现在实行分级管理，各级基层行在完成或不突破存贷差额计划前提下，有权决定贷款发放的对象和数额，可多存多贷，因而增加了基层行调度资金、调剂项目供给的能力，同时，也赋予基层银行一定程度的货币扩张能力。（3）货币调控形式由直接计划控制货币供应量（中介目标）转为利用存贷差额这种政策工具来调控。在差额控制管理方式下，其调控程序如下（见图 13－16）：

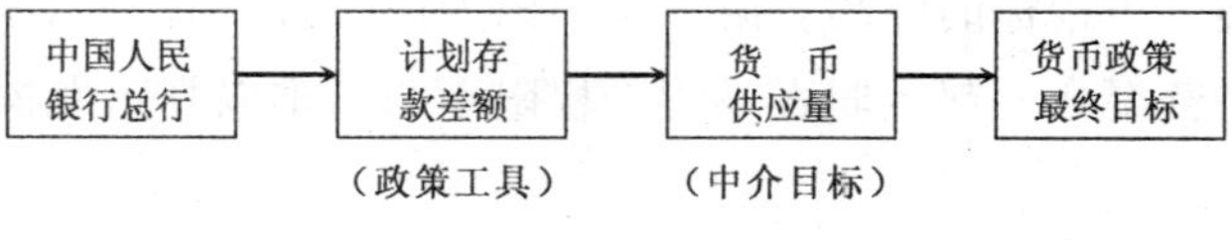

图 13－16

总之，实行差额控制方式，改变了基层银行单纯作为执行者的地位，使之具有一定的发放贷款的主动权，在一定程度上克服了统存统贷方式下总行对基层行信贷总量干预过多、统得过死的弊端，使基层行组织存款的责任与发放贷款的权力部分有机地结合起来，从而在一定程度上调动了其组织存款和发放贷款的积极性。

但是，差额控制方式还只是货币供应量调控的一种过渡形式，远不是一种完备的形式。尽管1982年中国人民银行改进调控方式，实行"统一计划，分级管理，存贷挂钩，差额包干"的管理办法（这种管理办法虽比差额控制方法稍微又进了一步，使基层银行发放贷款的自主权又加大了一点，然而它们在本质上是一样的），但金融领域宏观管好、微观搞活的问题仍未解决好，在总行与基层银行的关系上仍然存在干预过多、统得过死的弊端；中国人民银行一身二任，职责不清，仍未成为真正的中央银行；金融调控手段单一，调控体系仍然很不健全。

就差额管理本身来说，"差额控制"或"差额包干"都规定多存就能多贷，但就银行派生存款比例而言，多贷又会多存，而这又相应引起多贷。从理论上说，若不考虑现金漏损，也没有法定存款准备控制，银行体系的派生存款扩张将趋于无穷。差额管理方式实际上使中国人民银行处于一种非常被动的地位。因为差额一经确定，派生存款的扩张就只能靠现金漏损来起制约作用，而现金漏损率取决于人们的持币行为等多种因素，是经常变动的，于是中国人民银行既不能将它作为直接控制工具，又没有一种可替代的、很好的货币政策工具，因此，在差额管理方式下，货币供应量实际处于一种放任自流状态。

三、实贷实存管理方式

随着经济体制改革的不断深入，我国金融体系和调控体系也逐渐完善和成熟。从1984年1月1日起，中国人民银行正式作为国家中央银行，专门行使中央银行职能，成为"银行的银行、货币发行银行和政府银行"，从而不再对企业和个人办理信贷、结算等业务。至此，我国的中央银行加专业银行的银行体系才真正建立起来。与之相适应，我国金融调控方式也逐渐趋于完善和成熟。1985年，中国人民银行改革了信贷差额管理办法，开始实行"统一计划，划分资金，实存实贷，相互通融"的信贷资金管理办法。

实存实贷管理方法的主要作用是：以存款准备金制度为基础，改变中国人民银行与专业银行的资金往来关系，把过去的将资金计划指标层层下达的做法改为上贷下存的实存实贷方式。在再贷款做法上，先由中国人民银行核定对专业银行的计划指标，并分期贷给各专业银行分行，同时将此记入该分行在中国人民银行的存款户头，此项存款可由专业银行自由支配。此外，不同专业银行系统之间还可互相拆借调剂资金；各专业银行系统内部则自成联行系统，通汇结算。

实存实贷管理方式的主要特点表现为：（1）建立存款准备金政策调控手段，增强了调控力度和弹性。（2）从1989年起，实行计划与资金脱钩，中国人民银行不再按计划保证专业银行的资金缺口，但中国人民银行可根据经济发展和物价变动状况确定实际再贷款数额，这就提高了中国人民银行运用再贷款政策工具调控货币供应量的能力。（3）允许专业银行之间资金横向拆借和融通，提高了专业银行的资金活力和资金运用效率。

中国人民银行专门行使中央银行职能以来，在实贷实存货币供应管理方式下，经不断调整和充实，主要采用了以下一些政策工具：

（一）综合信贷计划

这是一种主要的计划控制手段，综合信贷计划由三部分构成，即存款计划、贷款计划和现金发行（或回笼）计划。综合信贷计划是中国人民银行根据国家经济发展目标和国民经济发展计划，按照货币政策目标和金融宏观调控的客观要求在综合平衡基础上编制而成的。该计划包括按项目分列的信贷额度，也包括专业银行向中国人民银行的借贷计划额度，即中央银行对专业银行的贷款计划额度。但其中最重要的是以指令性计划确定的各金融机构的贷款规模。中国人民银行仍然主要是通过控制各专业银行的贷款规模来控制货币供应量和现金发行量。

按照贷款规模控制的规定，各金融机构不准超过计划规定的贷款规模发放贷款。在计划规定的贷款规模范围内，各金融机构原则上应努力自求资金平衡；金融机构可向中央银行申请贷款，但不得超过计划额度；在批准的贷款规模范围内，可以多存多贷；超过计划批准的贷款规模，多存也不能多贷。

（二）存款准备金制度

我国的存款准备金制度是1984年建立的。该制度要求，专业银行依照法定准备率将所吸收存款的相应部分交存中国人民银行，而中国人民银行可根据我国经济发展对货币供应量的要求，随时调整存款准备率。例如，中国人民银行1984年对专业银行规定的存款准备率为：企业存款20%，农村存款25%，储蓄存款40%；1985年又重新调整准备率，规定各类存款统一按总额的10%缴存中国人民银行。1987年12月，中国人民银行再次调整各专业银行上缴存款准备金的比例，即由10%调至12%，后来又调为13%。从1989年1月起，中国人民银行还规定各专业银行在缴存款准备金之外，另须存入备付金；备付金的比例，规定在5年之内逐步达到各专业银行存款总额的5%—7%，1989年暂定为3%。1995年，中国人民银行对各商业银行备付金率又作了调整，对各行所要求的备付金率不一样，但幅度在5%—11%之间。

（三）中央银行再贷款

中央银行再贷款是指中央银行向商业银行提供贷款。中央银行直接对商业银行发放贷款，在我国银行调节货币供应量和调控手段中占有极重要位置。这是因为，我国商业信用的票据化程度低，国债发行和交易量有限。而且，我国中央银行规定的法定存款准备率较高，抽走了商业银行较多资金，因而商业银行不得不重新从中央银行获得补充的资金来源。1993年年底，中央银行对金融机构的贷款占其资产总额的74%。其中，国家商业银行向中央银行借款占其资本与负债总额的比重，农业银行为接近30%，其他银行为接近20%。可见中央银行贷款是商业银行资金来源的重要组成部分。

（四）利率管理

它是指各商业银行存款、贷款、储蓄利率，商业银行在中国人民银行的存款利率和中国人民银行对商业银行的再贷款利率，以及利率档次和利率浮动幅度等，均由中国人民银行统一制定，统一调整，报经国务院批准后统一执行。我国对各种存款、贷款利率以及相应档次实行统一制定、统一调整、统一管理，并将它作为货币政策的重要工具，这是与我国现阶段的客观条件相适应的。在现阶段，我国国有工商企业还未实行真正的企业化经营，利率约束和激励作用十分有限；银行还远没有商业银行化，竞争机制也很不健全，所以利率机制难以发挥应有的制约和激励作用；在条件不具备的情况下，若放松利率管制，很可能引起利率混乱甚至金融秩序混乱，所以在一定阶段实施统一的利率管理十分必要。

（五）特种存款

这是中国人民银行以指令性方式，要求某种类型的金融机构按确定的金额必须缴存的存款。存款的金额、期限、利率和缴存对象按当时的经济状况和具体调控目标来确定。中国人民银行第一次办理特种存款是在1987年10月，办理对象为各地的农村信用社，总金额为50亿元。当时办理农村信用社特种存款的原因是农村信用社对乡镇企业贷款增长较快，而农副产品和外贸出口商品收购资金难以保证。1995年，中国人民银行对金融机构办理特种存款（包括融资债券）达400多亿元。特种存款一方面可起到调节资金投向的作用；另一方面还可以起到缩小货币乘数的作用，因而也是中央银行调控的一项有效手段。

（六）公开市场业务

为适应金融市场化改革的需要，完善中央银行的宏观调控手段，中国人民银行于1994年4月首次在外汇市场上开展公开市场业务，通过买卖外汇吞吐基础货币，调节货币供应量。经过一年多的运行，积累了经验，取得了较好的效果。1995年10月，中国人民银行决定以人民银行融资债券为操作工具，把公开市场业务从外汇市场扩展到证券市场，通过中央银行与商业银行之间的融资债券回购业务，调节基础货币供应量，调控信贷总规模。同时，中国人民银行还积极筹备国债市场业务。1996年4月9日，中央银行国债公开市场业务正式运作，当天人民银行共回购商业银行短期国债2.9亿元。中国人民银行公开市场操作，采用回购（包括逆回购）交易方式进行；回购期限有7天、14天和21天三个档次。此次国债公开市场操作以1996年财政部发行的无纸化短期国债为操作工具，通过中国人民银行公开市场操作与各个商业银行总行（目前为14家）的联机网进行逐笔交易，交易风险由参与交易方各自承担。由于中国人民银行与参与国债公开市场交易与各商业银行订有回购协议，明确了有关权责和罚则，从而保证了交易的正常进行。总之中国人民银行通过每次公开市场运作，以买卖国债的形式吞吐基础货币，调节商业银行的资金头寸，进而影响货币供应量的增减变化，借以提高公开市场业务在我国货币政策运行机制中的作用和地位，逐渐加大中央银行的间接调控力度，促使我国的公开市场业务不断走向成熟。

（七）特殊的金融管理手段

这主要是指我国中央银行凭借有关金融法规，对某些危及金融稳定的金融活动实施的非永久性的强制性约束行为。例如，中国人民银行在一定时期实行外汇管制、金银管制、工资基金专户管理、现金管理和暂时终止某类放款业务，规定贷款最高限额等等。此外，从1994年开始，国家改进贷款规模管理办法，推行贷款限额下的资产负债比例管理制度，借以间接控制商业银行的贷款规模，提高贷款质量。在1995年5月颁布的《中华人民共和国商业银行法》中，明确规定了商业银行应遵守的资产负债比例：（1）资本充足率不得低于8%；（2）贷款余额与存款余额比例不得超过75%；（3）流动性资产余额与流动性负债余额的比例不得低于25%；（4）对同一借款人的贷款余额与商业银行资本余额的比例不得超过10%。

四、间接调控管理方式

随着经济体制改革的继续深入，我国于1998年开始实行“计划指导、自求平衡、比例管理、间接调控”的管理方式。主要运用货币政策工具，包括存款准备金、再贷款、贴现率、利率、公开市场业务等进行宏观间接调控。

计划指导是指从1998年1月1日起，中国人民银行取消实施了约半个世纪之久的对国有商业银行贷款限额的控制。对于商业银行年度贷款增量，不再按年分季下达指令性计划，而是只确定指导性计划，作为中央银行宏观调控的检测目标，使各家商业银行执行自编资金计划时参考。从而实现了货币信贷总量由直接调控为主转为以间接调控为主。各商业银行依法筹集的资金除外，在缴存准备金，留足备付金，按计划进度归还中国人民银行再贷款和购买政策性金融债后，自主使用，按信贷原则和国家有关政策发放贷款。

自求平衡是指商业银行以法人单位对资金来源与资金运用自求平衡。各商业银行要根据中国人民银行公布的货币供应量目标、信贷政策、资产负债比例管理规定和可用资金等要求，根据资金的承受能力确定贷款等资金运用，不得超过资金来源安排贷款，不得把资金缺口留在缴存准备金、购买政策性金融债、归还中央银行贷款上。商业银行要对全行的资金统一调度，可采取定存定贷或存贷挂钩等办法控制分行的资金运用。商业银行及其分支行，要建立存、贷款期限管理制度，预测资金头寸，及时做好资金头寸的调度工作。

比例管理是指从1998年开始，商业银行法人贷款为单位编制包括资金营运计划，资产质量管理计划，成本利润计划，劳动工资计划，分支机构调整计划等为主要内容的业务经营和发展综合计划，克服重规模、轻管理的倾向，把工作转移到加强内部管理，改进服务金融，防范和化解金融风险，提高资金使用效益上来，逐步达到中国人民银行规定的资本充足率，贷款质量比例，单个贷款比例，备付金比例，拆借资金比例，国际商业借款比例，存贷款比例，中长期贷款比例，资产流动性比例等九大比例指标。

间接调控是指中国人民银行宏观金融调控，不再以贷款规模作为中介目标和操作目标，而是改为调控货币供应量和商业银行的资金头寸，不再依靠贷款限额限制这一行政手段，而改为综合运用存款准备金、再贷款、再贴现、公开市场业务和利率等政策工具，及时调控基础货币，保持贷款适度增长，避免货币供应过多或不足，维护币值稳定，促进国民经济持续快速健康发展。

1998 年以来，中国人民银行面对全球经济的复杂变化和国内宏观经济的紧缩和扩张，坚持执行稳健的货币政策，灵活运用多种货币政策工具，适当调控货币供应量，调整信贷结构，维护金融稳定运行，保持国内物价和人民币汇率的稳定，促进了国民经济持续快速健康发展。综合起来看，这一时期我国货币政策调控反映了以下几个特点：

（一）加大公开市场操作力度，使之成为我国央行进行货币供应量调控的主要手段

在多数发达国家，公开市场操作是中央银行吞吐基础货币，调节市场流动性的主要货币政策工具，通过中央银行与指定交易商进行有价证券和外汇交易，实现货币政策调控目标。中国公开市场操作包括人民币操作和外汇操作两部分。外汇公开市场操作 1994 年 3 月启动，人民币公开市场操作 1998 年 5 月 26 日恢复交易，规模逐步扩大。1999 年以来，公开市场操作已成为中国人民银行货币政策日常操作的重要工具，对于调控货币供应量、调节商业银行流动性水平、引导货币市场利率走势发挥了积极的作用。

中国人民银行从 1998 年开始建立公开市场业务一级交易商制度，选择了一批能够承担大额债券交易的商业银行作为公开市场业务的交易对象，目前公开市场业务一级交易商共包括 40 多家商业银行。这些交易商可以运用国债、政策性金融债券等作为交易工具与中国人民银行开展公开市场业务。从交易品种看，中国人民银行公开市场业务债券交易主要包括回购交易、现券交易和发行中央银行票据。其中回购交易分为正回购和逆回购两种，正回购为中国人民银行向一级交易商卖出有价证券，并约定在未来特定日期买回有价证券的交易行为，正回购为央行从市场收回流动性的操作，正回购到期则为央行向市场投放流动性的操作；逆回购为中国人民银行向一级交易商购买有价证券，并约定在未来特定日期将有价证券卖给一级交易商的交易行为，逆回购为央行向市场上投放流动性的操作，逆回购到期则为央行从市场

收回流动性的操作。现券交易分为现券买断和现券卖断两种，前者为央行直接从二级市场买入债券，一次性地投放基础货币；后者为央行直接卖出持有债券，一次性地回笼基础货币。中央银行票据即中国人民银行发行的短期债券，央行通过发行央行票据可以回笼基础货币，央行票据到期则体现为投放基础货币。

自1998年5月中国人民银行恢复公开市场操作以来，在历次正回购、逆回购及现券买卖交易中，中国人民银行适时选择不同的招标方式开展操作，调控基础货币，调节商业银行流动性，引导货币市场利率，从中也充分体现了公开市场操作的灵活性。价格（利率）招标和数量招标是中央银行公开市场操作两种基本的招标方式。价格（利率）招标是指央行明确招标量，公开市场业务一级交易商以价格（利率）为标的进行投标，价格（利率）由竞标形成。数量招标是指央行明确最高招标量和价格，公开市场业务一级交易商以数量为标的进行投标，如投标量超过招标量，则按比例分配；如投标量低于招标量则按实际投标量确定中标量。价格招标过程是央行发现市场价格的过程，数量招标过程是央行用指定价格发现市场资金供求的过程。中央银行根据不同阶段的操作意图，相机选择不同的招标方式。

特别值得关注的是我国央行推出的中央银行票据业务。2002年9月24日，为增加公开市场业务操作工具，扩大银行间债券市场交易品种，央行将公开市场业务操作的91天、182天、364天的某些未到期正回购品种转换为相同期限的中央银行票据，转换后的中央银行票据共19只，总量为1937.5亿元。2003年4月22日以来，中国人民银行选择发行央行票据作为央行调控基础货币的新形式，在公开市场上连续滚动发行3个月、6个月及1年期央行票据。自2004年12月9日起，央行又发行了3年期央行票据，增添了中期央行票据品种。

专栏13.1　　我国央行票据的演变及其特点

4月8日央行发行3年期央票，这是3年期央票时隔近两年之后再度重启，引起市场关注。央行票据是中央银行为调节商业银行流动性而向商业银行发行的短期债务凭证，其实质就是中央银行债券。中央银行可以通过发行票据调节货币供应量，央行发行央票主要是回笼市场流动性。

央行票据的演变。1993年，中国人民银行就发布了《中国人民银行融资券管理暂行办法实施细则》。当年发行了两期融资券，总金额200亿元。当时中央银行发行票据的目的主要在于调节地区和金融机构间的资金不平衡。1995年，央行开始试办债券市场公开市场业务。

2002年9月24日，为增加公开市场业务操作工具，扩大银行间债券市场交易品种，央行将2002年6月25日至9月24日进行的公开市场业务操作的91天、182天、364天的未到期正回购品种转换为相同期限的中央银行票据，转换后的中央银行票据共19只，总量为1937.5亿元。另外，由于持续进行正回购，到2002年年底，央行手中持有的国债余额仅为原来的四分之一，继续进行正回购操作的空间已经不大。2003年4月22日，中国人民银行正式通过公开市场操作发行了金额50亿元、期限为6个月的中央银行票据。2003年4月以来，中国人民银行选择发行中央银行票据作为中央银行调控基础货币的新形式，在公开市场上连续滚动发行3个月、6个月及1年期央行票据。自2004年12月9日起，央行开始发行3年期央行票据，创下了央行票据的最长期限。除了3年期央行票据这种长期融资工具被频频使用外，央行票据的远期发行方式也被采用，2004年12月29日央行首次发行远期票据，发行200亿元央票，缴款日和起息日均为2005年2月21日，距发行日50余天，是历史上首次带有远期性质的央行票据。央行在2005年1月4日首次公布全年票据发行时间表，中央银行票据被确定为常规性工具。2005年中央银行票据发行时间除节假日外，中国人民银行公开市场业务操作室原则上定于每周二发行1年期央行票据，每周四发行3个月期央行票据。3年期央行票据安排在周四发行。其他期限品种央行票据发行时间不固定，中国人民银行公开市场业务操作室将根据情况灵活安排。

自2006年以来，央行还通过定向票据来控制商业银行信贷发行速度，而被发行的对象往往是信贷增长过快的商业银行。如2007年面对流动性过剩，为了防止信贷和投资的过快增长，中央银行连续6次发行惩罚性的定向票据。由此可见，中央银行定向票据发行也是回收流动性过剩的一个重要工具。

随着2008年9月国际金融危机爆发，我国外需大幅度下降，政府采取了适度宽松的货币政策，四次有区别地下调存款准备金率，同时逐步减少央票的发行，其中2008年7月份我国开始停发3年期央票，随后6个月期央票替代品种也只发行了两个月，2008年12月13日国务院公布的“国三十条”明确指出，停发3年期央行票据，降低1年期和3个月期央行票据发行频率。因此在“宽货币”的推动下，2009年我国出现“宽信贷”，全年新增贷款约9.5万亿元，比2008年全年新增贷款4.9万亿元将近高出1倍。为了控制银行信贷激增，2009年6月30日，央行在银行间市场重启了91天正回购操作；2009年7月8日在公布了6月份的新增信贷数据之后，7月9日央行就在银行间市场启动发行500亿元1年期央票，这是自2008年12月4日央行停发1年期央行票据，7个月后央行重启发行1年期央行票据。2009年7月份，为遏制信贷过快增长势头，央行还向部分商业银行发行惩罚性的定向央票，规模约1500亿元。目前我国央行主要是通过公开市场业务工具实行基础货币调节，央票发行是重要操作工具，央行票据发行有利于控制流动性的平稳投放。最近央行3年期央票也再度重启，如2010年4月8日央行在银行间市场发行150亿元3年期央票，这也是自2008年6月底暂停以来再度发行。

目前我国央行票据的发行有以下特点：一是发行央行票据的被动性，主要是为了冲销货币市场过多的流动性，控制通货膨胀预期；二是由于票据的滚动发行，央行票据到期规模大，央行发行长期票据回收流动性，在更大程度上冻结流动性；三是央行发行票据的规模不断扩大，同时也采取发行长期票据，主要是市场流动性充足，货币和信贷增长压力大。

在中央银行大量发行票据以实现调控目的同时，央行也付出了相应的调控成本，其负面效应也会逐渐显现，到期央行票据压力巨大。首先，巨额的央行票据存量，加大了央行的利息支出，而这部分利息支出的货币创造乘数效应将增加货币供应量，增加了货币调控的难度。央行作为发债主体，没有明确的偿债资金来源，可能对货币政策的独立性造成干扰。其次，央行票据替代国债和金融债，成为银行间债券市场最为活跃的交易品种，这有可能挤占了其他券种的市场份额，增加了其他券种的发行成本，同时也不利于我国短期国债市场的发展。第三，央行大量的滚动发行和采用长期票据进行冲销可能导致将来的通货膨胀，如票据集中到期的还本付息，可能导致基础货币的大幅增加。第四，由于中央银行票据功能单一，发行收入不仅不能产生经济效益和更广泛的社会效益，还要为之支付数以百亿元计的费用和利息。

（陆前进：《上海金融报》2010 年 4 月 23 日）

（二）灵活运用利率手段，稳步推进利率市场化改革

利率是我国货币政策调控的重要手段。中国人民银行一方面适时灵活运用利率手段，及时调控宏观经济运行；另一方面，也在稳步推进利率市场化改革。自 1998 年 3 月 25 日至 2008 年 12 月 23 日，10 年间中国人民银行共调整银行存款基准利率 17 次。其中，上调基准利率 8 次，下调 9 次。为了应对亚洲金融危机影响，刺激经济增长，中央银行 1 年期人民币存款基准利率由 1998 年 3 月 25 日前的 5.67% 连续 5 次下调，降至 2002 年 2 月 21 日的 1.98%，下降了近 2/3。伴随着新一轮世界经济的复苏，以及通货膨胀预期的影响，我国从 2004 年 10 月 29 日开始，到 2007 年 12 月 21 日，连续 8 次上调基准利率，利率水平翻了一番多，达到 4.14%。接下来因受美国次贷危机影响，世界经济遭受重创，我国经济也受到波及，基准利率又开始了新一轮下调，至 2008 年 12 月 23 日，基准利率共下调 4 次，一年期银行存款基准利率下调至 2.25%，利率水平下降了近一半。进入 2009 年以来，受全

球经济低迷影响，国际利率始终维持在低水平，我国通货膨胀率也一直为负数，直到 11 月份才开始转正，由于国内外环境和经济形势十分复杂，至今我国仍未调整基准利率。

我国利率市场化改革一直在稳步推进。在 1998 年和 1999 年两次扩大贷款利率浮动幅度的基础上，2002 年年初，在全国 8 个县农村信用社进行利率市场化改革试点，贷款利率浮动幅度由 50% 扩大到 100%，存款利率最高可上浮 50%。2002 年 9 月份，农村信用社利率浮动试点范围进一步扩大。2003 年 12 月 10 日，中国人民银行决定自 2004 年 1 月 1 日起再次扩大金融机构贷款利率浮动区间。商业银行、城市信用社贷款利率的浮动区间上限扩大到中国人民银行制定的贷款基准利率的 1.7 倍，农村信用社贷款利率的浮动区间上限扩大到贷款基准利率的 2 倍，金融机构贷款利率的浮动区间下限保持为贷款基准利率的 0.9 倍不变。扩大金融机构贷款利率浮动区间，有利于营造公平竞争的市场环境，支持中小企业发展和扩大就业。

中国人民银行决定从 2004 年 3 月 25 日起实行再贷款浮息制度。再贷款浮息制度是指中国人民银行在国务院授权的范围内，根据宏观经济金融形势，在再贷款（再贴现）基准利率基础上，适时确定并公布中央银行对金融机构贷款（贴现）利率加点幅度的制度。综合考虑 2004 年上半年经济金融形势和支持中小企业融资的需要，中国人民银行决定将用于金融机构头寸调节和短期流动性支持的再贷款利率统一加 0.63 个百分点，再贴现利率加 0.27 个百分点。为支持农村经济发展，对农村信用社再贷款浮息分 3 年逐步到位，且到位后加点幅度减半执行。再贷款浮息制度是稳步推进利率市场化的又一重要步骤，有利于完善中央银行利率形成机制，理顺中央银行和借款人之间的资金利率关系，并逐步提高中央银行引导市场利率的能力。

另外，中国人民银行还对一些利率管理制度进行了改革，进一步理顺利率结构，稳步推进利率市场化进程。一是放开人民币各项贷款的计、结息方式，由借贷双方协商确定；二是放开了境内英镑、瑞士法郎、加拿大元的小额存款利率管理，由各商业银行自行确定并公布，同时对美元、日元、港币、欧元小额存款利率实行上限管理，商业银行可根据国际金融市场利率变化，在不超过上限的前提下自主确定；三是改革邮政储蓄转存款利率计息办法，明确自 2003 年 8 月 1 日起，邮政储蓄新增存款转存中国人民银行的部分，按照金融机构准备金存款利率（年利率为 1.89%）计息，此前的邮政储蓄老转存款暂按原转存款利率计息（年利率为 4.131%），同时允许邮政储蓄新增存款由邮政储蓄机构在规定的范围内自主运用。

（三）频繁调整法定存款准备金率，实行差别存款准备金制度

法定存款准备金率是目前我国货币政策工具中使用十分频繁的一个工具。1998年，中国人民银行将法定存款准备金账户与备付金账户合并，法定存款准备金率由13%下调至8%；1999年11月21日，再次下调了存款准备金率，由8%下调至6%。自1998年3月21日至2010年5月10日12年中，我国共调整法定存款准备金率29次，除1998年和1999年各一次外，2003年到2006年共调整5次；2007年以来共调整了22次。可见，我国运用法定存款准备金率工具调控宏观经济越来越频繁。在这29次调整中，下调存款准备金率只有5次，除去1998年和1999年的两次下调外，在自2003年以来的27次法定存款准备金率调整中只有3次是下调，其余24次都是上调。此外，每次的调整幅度以0.5%的调幅占绝大多数。目前，我国法定存款准备金率水平已达到17%。

另外，中国人民银行决定分别从2004年4月25日起实行差别存款准备金率制度。差别存款准备金率制度的主要内容是，金融机构适用的存款准备金率与其资本充足率、资产质量状况等指标挂钩。金融机构资本充足率越低、不良贷款比率越高，适用的存款准备金率就越高；反之，金融机构资本充足率越高、不良贷款比率越低，适用的存款准备金率就越低。对尚未进行股份制改革的国有独资商业银行和农村信用社、城市信用社暂缓执行差别存款准备金率制度。对金融机构实行差别存款准备金率制度，有利于抑制资本充足率较低且资产质量较差的金融机构盲目扩张贷款，防止金融宏观调控中出现“一刀切”，有利于促进我国金融平稳运行和健康发展，也为完善货币政策传导机制，提高货币政策的有效性奠定了基础。

第四节　货币政策的有效性

一、货币政策有效性的定义

货币政策目标是通过运用货币政策工具和手段来实现的。能否有效运用这些货币政策工具和手段来实现目标就涉及到货币政策的有效性问题。实际

上，货币政策有效性问题相当复杂，它涉及货币政策理论和实践的方方面面。

关于货币政策有效性的定义，目前并没有形成统一的意见。一般认为，如果货币当局运用货币政策工具和手段能实现既定的宏观经济目标，那么货币政策是有效的；反之货币政策是无效的。凯恩斯的有效需求理论认为，货币政策有效与否取决于货币政策能否促进产出和就业增长，亦即能否有效地刺激意愿投资进而使有效需求增长。

货币政策有效性至少应包括两层含义：（1）第一层含义为货币政策理论的有效性，即货币政策能否以及在多大程度上对产出、就业等实际经济变量产生影响。（2）第二层含义为货币政策实施的有效性，即是否有能力利用货币政策的影响力引导经济运行以达到既定的宏观经济目标。

还有观点认为，货币政策有效性概念实际应包括三个层次：（1）第一层次涉及货币政策对实体经济的一般影响；（2）第二层次涉及货币政策对真实经济的具体影响，包括货币政策传导机制的作用以及效应问题、货币政策中介目标以及货币政策工具的选择等；（3）第三层次涉及中央银行独立性以及货币政策规则选择等。

总之，较有代表性的观点认为，货币政策有效性与否是指货币政策能否立足于特定的经济金融环境，运用特定的政策工具与政策手段选择，通过不同的传导机制，影响现实经济金融运行，引导社会资金的合理流动，提高资源配置的有效性，顺利实现其预定的调控目标。

二、货币政策有效性的基本内容

（一）货币政策对实体经济的一般影响分析

货币政策对实体经济的一般影响，可理解为货币中性问题。许多学者对货币中性问题进行了广泛研究，诸如货币政策调节对物价水平和实际产出等宏观经济变量的作用及时滞效果等。如卡甘（Cagan，1969）认为，“货币中性”描述的是这样一种状态：货币的供给对真实产出以及资源的再分配不产生任何影响，新的供给层面上的货币冲击完全反映在价格的变动上，且所有（商品）的相对价格不会因此而改变。“货币非中性”则意味着货币供给量的变动会影响到真实产出以及资源的再分配，而不会完全表现为所有商品同比例的价格上涨或所有商品之间相对价格不变。

凯恩斯认为，货币政策在正常条件下是有效的，货币政策可以通过改变利率来影响投资和有效需求，进而对产出和就业产生重要影响。但是，在严重的经济危机时期，由于存在“流动性陷阱”，扩张性货币政策刺激产出和就业增长的能力极为有限，因而是无效的。

新古典综合学派也有相同的认识。他们认为，从货币供给来看，货币供应量与名义收入之间不存在稳定的联系，使得主要靠货币供应量调节的货币政策效果具有不确定性。同时，由于货币供应量具有内生性，尽管中央银行对基础货币具有完全的控制能力，但对货币总量却只有部分的控制能力，因而扩张性货币政策的有效性受到很大限制。尤其在危机时期，扩张性货币政策基本上是无效的。

货币主义的代表弗里德曼（Friedman，1963）认为，货币需求的利率弹性很低，随机波动很小，因而货币需求函数是稳定的，货币流通速度也是可以预测的，由于经济存在一定的价格黏性，货币供应量的变化在短期内能够对实际经济活动产生重要影响。正是由于在货币供应量变动和收入水平变动之间存在着密切联系，因而货币政策是有效的。相应政策建议是，欲达到货币政策目标，最好的办法是制订稳定的货币供应量增长率指标。

理性预期学派认为，由于政府的政策是可以识别和有规则的，货币政策当然也是可以识别和有规则的。因为政府一定是照章办事，其政策不会出人意料，经济单位对政府政策规则的预期自然不会出现系统性偏差。由于一切意料之中的事情都不会改变产出水平，而只有意外事件才能改变产出水平，所以，政府政策要想有效就必须出其不意。否则，经济单位的相应行为将抵消政府政策的效力。所以，货币政策是无效的。

新凯恩斯主义吸收了货币主义的观点，认为基于经济体系本身的不完全性，工资和价格是缓慢调整的，存在名义黏性，货币政策通过影响资金需求者的财务状况和授信能力，以及资金提供者的借款意愿和借款能力，从而影响市场上的借贷数量和投资、消费数量，进而对总需求和总产出产生重要而持续的影响。由于货币供应量的变动对经济具有重要而持续的实质性影响，因而货币政策是有效的。

（二）最优货币规则的选择

最优货币规则的选择问题，实际上也就是货币政策操作的中介目标选择问题。与中央银行独立性相关联的一个焦点是，货币当局究竟是实行相机抉择好还是按预定规则行事好？在长达半个多世纪的时间里，许多杰出经济学家进行了长期不懈的努力并取得了许多重要成果。如先后形成了货币数量规则、基础货币规则、泰勒规则等。尤其是进入20世纪90年代后期，货币政策实践出现规则化新动向，主要反映在美国等发达国家的中央银行更注重按规则微调经济，如选择按利率平滑规则进行调节。不少国家也采用目标设定制度，如选用通货膨胀目标作为名义锚来进行实际操作。

总之，货币当局如何设计出在不确定环境下相对最优、时间一致、前瞻和稳健的货币政策规则，以确保货币政策的有效性，乃是其首要任务。

从货币政策规则的演变来看，不同时期学者提出几种较有代表性的规则，即货币数量规则、基础货币规则、泰勒规则、通货膨胀率目标规则以及利率平滑规则等，这些货币政策规则都是货币当局可供选择的对象。

1. 货币数量规则。弗里德曼是20世纪60年代货币数量规则的主要倡导者。他通过对美国货币增长与通货膨胀率和经济增长的相互关联及时滞的实证分析，认为货币数量变化是导致经济波动的关键因素。因此，他建议货币当局只需要实行“单一规则”的货币政策，把控制货币供应量作为唯一的货币政策工具。虽然还可以设计出更加精密的“最佳”政策规则，但简单的规则往往更容易获得公众的理解和支持。

2. 基础货币规则。进入20世纪80年代中后期，货币供应量与实际经济的关系出现了弱化趋势，金融创新对货币政策调控的影响越来越大，许多国家开始转而采用其他手段取代货币供应量作为调控的中介目标，美联储也逐步放弃以货币供应量为单一中介目标的操作策略。麦科勒姆（McCallum，1988）提出以名义GDP增长率为货币政策最终目标，以基础货币为中介目标的货币政策规则较有代表性。该规则原则上包含三部分：（1）名义GDP增长目标；（2）货币流通速度变化的移动平均值；（3）名义与实际GDP之差。假定名义GDP增长率目标为3%，基础货币的变动可由名义GDP目标增长率3%、名义GDP季节变化与基础货币增长率的差值，以及名义GDP偏离目标值三者来解释。

3. 泰勒规则。20世纪80年代末和90年代初，一些学者纷纷探讨货币政策规则问题。其中，以泰勒规则最具代表性。泰勒（Taylor，1993）提出，货币政策规则可从广义和狭义两个方面理解，狭义的规则可理解为用固定公式表示的规则，如固定的货币增长率规则、固定利率或汇率规则等；广义的规则应理解为不仅要以一种货币政策规则为基础进行操作，而且还要针对各种经济变量可能的变化进行判断和操作。

“泰勒规则”认为，实际联邦基金利率与通货膨胀率和经济增长之间具有长期稳定关系。若货币当局以实际均衡联邦基金利率作为中介目标，通过改变名义均衡联邦基金利率来稳定或影响产出和价格水平，则可获得最优路径。由于经济运行不是一成不变的，货币当局不仅要研究货币政策规则的设计，还要考虑规则应随宏观经济状况的变化而及时调整。

泰勒提出的简单货币政策规则可用一般公式表达为：

$$i(t) = \pi - r - \alpha(\pi - \pi^*) + by \qquad (13-1)$$

式（13－1）中，i 为联邦基金利率，π 为通货膨胀率，r 为实际利率，π^* 为潜在通货膨胀率，y 为产出缺口。

泰勒通过对美国联邦储备体系1984—1992年货币政策操作的实证研究，得出美国的通货膨胀缺口和GDP缺口相对于联邦基金利率，其调整因子均为0.5，若美国实际均衡利率和目标通货膨胀率均为2%，则可得简化的“泰勒规则”：

$$i = \pi + 2 - 0.5(\pi - 2) + 0.5y \qquad (13-2)$$

式（13－2）对美国1987—1992年季度数据拟合得比较好。

4. 通货膨胀率目标规则。20世纪90年代以来，一些国家采用通货膨胀率目标作为货币政策规则，引起学者的重视。不少学者认为，采用通货膨胀目标规则可较真实地反映中央银行的决策过程，而且这种规则简单易行，且富有灵活性。因为规则允许决策者根据新的信息估计近期的通货膨胀，并通过货币政策规则的设计将较远的通货膨胀预期目标固定在目标水平上。此外，该策略还可以较好的反映货币政策作用的时滞效应。通过选择不同时期通货膨胀预期并进行谨慎操作，可以稳定产出波动。

该货币政策规则将货币政策利率工具与中央银行的通货膨胀预期和产出预期联系起来，其一般表达式为：

$$i_t = r^* + E_t(\pi_i^e/\Omega) + E_t[a(\pi_t^e - \pi^*)] + E_t[\beta(y_t - y^*)] \qquad (13-3)$$

在式（13－3）中，i_t 表示 t 期联邦基金利率，r^* 为固定的均衡实际利率，π_t^e 为公众的 t 期预期通货膨胀率，E_t（$\cdot \mid \Omega$）为中央银行的 t 期预期，π^* 为目标通货膨胀率，y_t 为 t 期产出，y^* 为目标产出。

5. 利率平滑规则。利率平滑规则是基于泰勒规则的改进。一些发达国家在实施货币政策规则的过程中发现，与一步到位和频繁改变利率方向的策略相比，中央银行沿同一方向小幅度调整利率，更能够向市场提供更为清晰的货币政策信号，并有利于降低经济波动的不确定性。从泰勒规则出发，对货币政策工具的操作利率进行平滑调整，可得到利率平滑规则的一般表达式：

$$i_t = \pi_t^e + r^* - a(\pi_t - \pi^*) + \beta(y_t - y^*)$$

$$i_t = (1 - \zeta)i_t^* + \zeta i_{t-1} \quad 0 < \zeta < 1 \qquad (13-4)$$

在式（13-4）中，i_t 为 t 期联邦基金利率，i_t^* 为 t 期中央银行目标利率，π_t 为 t 期通货膨胀率，π^* 为目标通货膨胀率，y_t 为 t 期产出，y^* 为目标产出，ζ 为平滑系数，ζ 越大，实际利率变化越缓慢。

本章小结

运用货币政策来实施金融调控，实质是通过运用货币政策工具，不断地调节货币中介目标，以使整个宏观经济达到最终目标或基本目标。最终目标、中介目标和货币政策工具这三者的关系，是相互联系、相互依存的。当中央银行确定了货币政策最终目标之后，它必须根据最终目标的要求，在目标的传递过程中，制定出一些在短期内可实现的相关经济指标，即中介目标，并运用相应的货币政策工具来实现这些目标，然后，通过不断地实现和调整这些中介目标来达到货币政策的最终目标。应注意把握调控过程中的时滞效应，以及政策作用的传导方式。

货币政策的效应是指货币政策调控经济的结果。应注意区别货币政策的效应和财政政策效应的区别。运用 IS－LM 模型来研究分析货币政策效应是有实际意义的。当货币需求不受利率变化的影响（货币需求对利率完全缺乏弹性）时，货币政策效应最大，而财政政策是无效的。更为一般的结论是：货币需求对利率的弹性越小，货币政策相对于财政政策就更具有效应；如果 LM 曲线比 IS 曲线更不稳定，一国中央银行偏好于利率目标政策。

中国的金融调控方式是伴随着中国经济体制改革发展进程而变化的。它大体经历了四个阶段，即统存统贷管理方式阶段、存贷挂钩和差额控制管理方式阶段、实存实贷管理方式阶段，以及间接调控管理方式阶段。目前，我国已逐步形成一种调控手段齐备，且富有弹性的货币供给调节机制。

能否有效运用货币政策工具和手段来实现货币政策目标涉及到货币政策的有效性问题。关于货币政策有效性的定义，目前并没有形成统一的意见。一般认为，如果货币当局运用货币政策工具和手段能实现既定的宏观经济目标，那么货币政策是有效的；反之货币政策是无效的。货币当局如何设计出在不确定环境下相对最优、时间一致、前瞻和稳健的货币政策规则，以确保货币政策的有效性，乃是其首要任务。从货币政策规则的演变来看，货币数量规则、基础货币规则、泰勒规则、通货膨胀率目标规则以及利率平滑规则等，都是货币当局实现货币政策有效性的可供选择对象。

关键词：货币政策　最终目标　中介目标　传导机制　金融调控　时滞　托宾 q 理论　可得性假设　货币政策效应　挤出效应　统存统贷　存贷挂钩　差额控制　实存实贷　间接调控　货币政策有效性　货币政策规则　泰勒规则　通货膨胀率目标　利率平滑规则

思 考 题

1. 简述我国货币政策调控体系。
2. 什么是货币政策实施中的时滞效应？
3. 简述国际贸易的传导机制。
4. 什么是托宾 q 理论？
5. 如何描述货币政策效应？
6. 根据 IS－LM 模型应如何选择利率目标和货币供应量目标？
7. 试述中国目前的金融调控机制。
8. 我国当前的货币政策运用有何特点？
9. 为什么说我国的公开市场业务已成为货币政策调控的主要手段之一？
10. 设立中国银行业监督管理委员会对中国人民银行制定和执行货币政策有何利弊。

第四篇

金融稳定与中国金融改革

本篇分为三章：

第十四章 金融稳定

本章概要： 在本章中，我们要认识金融稳定的意义，掌握金融稳定的概念、特征和标志，以及金融稳定的原则和制度安排，了解金融稳定理论。本章共分为四节，第一节介绍金融稳定：提出的背景及其意义；第二节介绍金融稳定的概念、特征以及金融稳定的标志；第三节介绍维护金融稳定的原则和制度安排；第四节介绍金融稳定理论。

第一节 金融稳定：提出的背景及其意义

一、“金融稳定”问题的提出

从国际经济金融发展的视角看，20 世纪 90 年代以来经济金融全球化进程的加快，给各国金融体系带来了巨大的挑战和风险，促使各国政府及国际机构高度重视维护金融体系的整体稳定。尽管早在 20 世纪 90 年代初就有个别国家（如瑞典）提出了金融稳定的概念，但金融稳定的重要意义在 1997 年亚洲金融危机之后才真正引起国际社会的普遍重视。艾兴格林和博德（2001）的研究表明，“现在发生金融危机的概率比在 1973 年增加了一倍”。英格兰银行（2001）的一项研究发现，金融危机造成的 GDP 损失平均为 8%，新兴市场国家则更高。

二、"金融稳定"在实践中的发展

国际清算银行于1999年发起成立了"金融稳定论坛"，世界银行和国际货币基金组织联合开展"金融部门评估规划"，对一国金融稳定的状况进行判断和评估。近些年来，部分发达国家出现了中央银行货币政策职能与金融监管职能分离的情形，且定期发表本国《金融稳定报告》的中央银行逐年增加，公众越发关注中央银行在维护经济金融体系稳定中的重要地位和作用。

1. 英国。1997年成立了金融监管局（以下简称FSA）后不久，英国就发布了《财政部、英格兰银行和金融监管局之间的谅解备忘录》（以下简称《备忘录》），为英国金融监管体制改革后财政部、英格兰银行和FSA之间的分工与合作建立了一个制度性框架。《备忘录》首先明确规定英国金融监管体制改革后英格兰银行、FSA和财政部共同负有维护金融稳定的责任，同时提出了三者之间分工协作的指导原则，即明确责任、充分透明、避免重复和共享信息。《备忘录》规定英格兰银行要对金融体系的整体稳定负责，具体包括英格兰银行应通过市场操作来解决日常流动性波动，以维持货币体系的稳定；英格兰银行作为支付体系的核心，有责任维持金融体系基础设施的稳定，并致力于金融基础设施的发展与完善，以降低系统性风险；英格兰银行将负责货币稳定，并通过在金融监管机构中设一高级别代表（英格兰银行负责金融稳定的副行长将为FSA理事会成员）及时发现支付体系中的潜在问题，就国内和国际市场中影响金融稳定的迹象提出警告，并就金融部门相关事件对货币环境的影响作出评估；为限制存在于某些金融机构或对这些机构产生影响的风险向金融体系的其他部分传播，英格兰银行可以根据《备忘录》的相关条款进行官方操作。

2. 欧洲央行。

（1）金融稳定的研究和分析。欧洲中央银行（ECB）对区域内金融稳定的研究和分析，包括宏观经济运行状况、法规制定情况、监管和监测框架、各国中央银行和监管当局的报告；银行监管委员会（BSC）负责与有关国家的央行和银行监管当局合作，对银行业运营状况进行分析；ECB负责对欧盟各国金融稳定监测的报告（包括年度、季度报告以及资料的更新）进行分析。ECB金融稳定评估报告的主要数据来源，包括欧盟各国央行和监管当局的评估报告，召集或参加欧盟有关会议或论坛，以及与主要金融集团进行联系时所获得公开的金融市场信息。

（2）金融稳定的管理。ECB 在经济金融的许多领域建立协调指导金融稳定和金融监管的机制；金融稳定管理的范围包括对欧盟区域内所有金融机构，即银行机构、其他金融中介机构、金融市场和支付清算系统的监测；金融稳定法规制定的咨询。欧盟各国中央银行的实践证明，金融稳定与货币政策关系密切。货币政策主要有助于改善经济前景并且可以通过长期保持物价稳定来提高居民的生活质量。因此，物价稳定是金融稳定的重要表现之一。欧洲中央银行维护支付清算系统的安全，并认为支付体系的安全是金融稳定的另一个重要标志。

（3）金融机构流动性管理和金融危机处置。ECB 要求各国信用机构必须在各国中央银行账户上强制性地保留一部分存款，称之为“最低”或“法定”准备金。

3. 日本银行。1997 年颁布的《新日本银行法》第 1 条规定，“日本银行作为中央银行发行货币，通过调节货币市场和金融市场维持市场的稳定；日本银行作为最终贷款人要保证银行和其他金融机构之间的资金清算顺利进行以维持信用的稳定。”为了维护金融市场秩序、清算体系以及信用的稳定，日本银行在金融监管行政机构以外一直在单独从事对与其有业务关系的金融机构进行检查。日本银行有权与有业务往来的金融机构签订检查合同，并在合同的基础上对其进行检查。日本银行通过现场检查和非现场检查，督促和指导金融机构对其经营中存在的各种风险进行有效管理。

4. 从我国经济金融的实际情况看，维护金融体系稳定的职能多年来实际是由人民银行来行使的。在人民银行具有制定和执行货币政策与金融监管职能的时期，维护金融稳定这一职能已分解在人民银行的各项职责中。监管职能分离后，修订后的《人民银行法》赋予了人民银行在维护金融稳定中的重要职责，并以六个条文明确规定了人民银行为维护金融稳定可以采取的措施和手段。

三、金融稳定的意义

1. 金融稳定有助于提高资源的使用效率，从而提高社会经济效率。稳定的金融体系为投资人提供了众多的可选择的投资工具和理想的投资工具流通的市场。投资人理智的投资行为有助于资源从不善于经营管理的企业流向有经营管理能力的企业，实现社会资源的合理配置，提高资源的使用效率。

2. 金融稳定有助于提高用金融资产进行储蓄的比例，因而有助于提高社会的投资水平。以实物资产进行储蓄，在投资用途上不易转换。因而投资对储蓄的依赖，事实上在很大程度上是对金融资产储蓄的依赖。金融稳定可以提高金融资产的流动性，增加金融资产形式的份额，从而较大程度地带动投资的增长。

3. 金融稳定是金融安全的基础。金融安全是一国经济安全的核心，金融稳定是确保一国金融安全的重要基础。在一国出现金融市场大幅动荡、支付清算体系运行受阻、不少金融机构倒闭破产等金融不稳定的情形下，是不可能有任何金融安全可言的。金融不稳定或金融危机一旦爆发，它的风险是系统性的，会因为失去信用基础而加速变动，从而形成马太效应。金融部门是资源配置机制运转的核心。金融体系一旦出现动荡，不仅仅是金融部门陷入瘫痪，而且会冲击整个经济体系的正常运转，甚至引发社会动荡和政治危机，因此防范金融风险、保持金融稳定的意义远远超出了金融部门本身。

第二节　金融稳定的概念、特征和标志

一、金融稳定的概念

尽管近年来定期发表本国《金融稳定报告》的中央银行逐年增加，但都没给“金融稳定”下一个准确的定义。国际上至今也没有公认的关于金融稳定的统一、准确的理解和概括。西方国家的学者较多地是从“金融不稳定”、“金融脆弱性”、“金融危机”等方面来展开对金融稳定及其重要性的分析。相对而言，金融不稳定的特征更容易被人们所觉察，如金融机构大量挤兑、倒闭，金融资产价格剧烈波动，巨额资产损失，社会融资环境发生重大变化等负面影响。因此，正如美联储副主席 Roger W. Ferguson 所说，定义金融不稳定似乎更加容易一些。他认为金融不稳定具有以下三个特征：第一，一些重要金融资产的价格集合严重脱离了其基础；第二，国际、国内的市场功能及信贷可得性严重扭曲；第三，前两项的结果导致总支出或高或低并严重背离了实体经济的生产能力。

目前比较权威的是欧洲中央银行（ECB）的定义，即“金融稳定是指这样一种金融环境：在这种环境中，金融中介、金融市场以及市场基础设施均处于良好状态，面对各种冲击，都不会降低储蓄向投资转化的资源配置效率”。美国经济学家米什金认为，金融稳定缘于建立在稳固的基础上、能有效提供储蓄向投资转化的机会而不会产生大的动荡的金融体系。国际清算银行前任总经理克罗克特认为，金融稳定可包括：（1）金融体系中关键性的金融机构保持稳定，因为公众有充分信心认为这些机构能履行合同义务而无需干预或外部支持；（2）关键性的市场保持稳定，因为经济主体能以反映市场基本因素的价格进行交易，并且该价格在基本面没有变化时短期内不会大幅波动。

可见尽管国际上还没有公认的关于金融稳定的定义，但关于金融稳定应具备的内涵，各国在理解上则大体相同。由以上定义可以看出，金融稳定实际上描述的是一种状态，包括机构、市场和金融基础设施三个方面的协调发展，其中基础设施除包括支付体系或网络系统等硬件外，还应包括法律框架等软环境。总体而言，金融稳定是金融体系功能运作良好的一种标志，最终目的是实现资源配置的最优化。ECB 的定义中没有明确提到货币的稳定，并不表明币值的稳定不重要。事实上，金融稳定的两个基本条件是稳定的价格和安全高效的支付系统，一旦发生货币危机（恶性通货膨胀或汇率大幅波动），错误的价格信号将阻碍储蓄向投资的有效转化。除此之外，金融稳定的定义还应该具有以下基本内容：（1）在一个稳定的金融体系当中，有盈利前景的项目应该能够得到所需的融资；（2）个人应可以跨时间分配其消费；（3）市场参与者具有处理（即选择接受或转嫁）风险的可能性；（4）交易各方可以按合理的价格实现支付。这实际上是一个健康的金融体系所必须具有的特征。

由上述分析可以得出关于金融稳定的几个基本观点：（1）金融稳定是一个宏观经济概念，不是指某一具体机构的表现；（2）稳定的金融体系不一定意味着有效的金融体系，理想的状态是系统在某种程度上稳定且有效，但二者之间的平衡往往比较困难；（3）金融稳定关注系统性风险，同时，关注对系统安全影响较大的个体或事件；（4）稳定并非静止，特别是金融稳定应该是金融体系功能的稳定，不应是功能实现方式的一成不变。

金融稳定的类型通常可以分为金融基本稳定、金融恶化和金融危机三个级别。与金融稳定相关的一个概念是金融安全，它们的关系是金融稳定涵盖了金融安全。

二、金融稳定的基本特征

基于上述认识，我们可将金融稳定的基本特征简要归纳为：

1. 金融稳定具有全局性。金融稳定首先是指宏观金融系统的稳定。作为金融机构的“最后贷款人”和支付清算体系的提供者和维护者，中央银行应立足于维护整个宏观金融体系的稳定，在密切关注银行业运行态势的同时，将证券、保险等领域的动态及风险纳入视野，重视关键性金融机构及市场的运营状况，注意监测和防范金融风险的跨市场、跨机构乃至跨国境的传递，及时采取有力措施处置可能酿成全局性、系统性风险的不良金融机构，保持金融系统的整体稳定。

2. 金融稳定具有动态性。金融稳定是一个动态、不断发展的概念，其标准和内涵随着经济金融的发展而发生相应的改变，并非是一成不变而固化的金融运行状态。一国理想的金融状态包括健康的金融机构、稳定的金融市场、充分的监管框架和高效的支付清算体系，其内部及其相互之间会进行结构和机制等方面的调整以及互动博弈，从而形成有效调控系统性风险的可调性制度架构，以适应不断发展变化的金融形势。

3. 金融稳定具有效益性。金融稳定不是缺少福利改进的运行状态，而应是福利增进型的状态。一国金融体系的稳定，要着眼于促进储蓄向投资转化效率的提升，改进和完善资源在全社会范围内的优化配置。建立在效率不断提升、资源配置不断优化和风险抵御能力不断增强等基础上的金融稳定，有助于构建具有可持续性、较强竞争力和良好经济效益的金融体系。

三、有关金融稳定的三个重要标志

美国经济学家米什金认为金融信息不对称是产生金融不稳定的根源。一些学者则分别从金融危机与金融稳定、金融脆弱性与金融稳定、金融监管与金融稳定、竞争与金融稳定、存款保险与金融稳定、金融泡沫与金融稳定等不同视角进行了不同程度的探讨。目前较为一致的意见是：

1. 物价稳定是金融稳定的重要条件。物价稳定是实体经济正常运作的必要条件，相对较低且稳定的通货膨胀率可以给市场主体以稳定的预期，保持实体经济的正常运转，为经济的持续增长创造良好的条件。在欠缺价格稳定的经济环境下，市场主体面临的不确定性增加，金融交易及金融制度运行的成本升高，储蓄转化投资的机制易遭遇“梗阻”，从而增加了金融体系的脆弱性，难以保持金融稳定。当然，价格稳定并非实现金融稳定的充分条件。金融失衡或不稳定的情形在稳定的价格环境下有时也会累积和发生。例如，20 世纪 80 年代后期日本经济的物价水平相当稳定，但其后不久资产市场崩溃，金融机构积累了巨额不良资产乃至倒闭，进入长达 10 年的衰退期。

2. 银行业稳定是金融稳定的核心。金融中介职能的正常发挥是资源有效配置的重要条件。提供降低风险的机会不仅对机构而且对个人也非常重要，没有这种多元化或分散风险的可能性，许多投资项目不可能进行。商业银行是经营货币的金融企业，银行业是以货币和信用为基础的行业。银行业的重要金融媒介功能、其庞大规模和比重、与支付清算系统的“天然联系”及其防范金融风险的作用，决定了银行业在一国金融体系中占有举足轻重的地位。现代博弈论和信息经济学的分析表明，较之于证券业和保险业，银行业在信息不对称、风险分担和校正纠错机制方面具有更高的风险性和脆弱性，其发生不稳定的情形进而危及金融体系的概率也大大高于证券和保险行业。

3. 金融市场稳定是金融稳定的重要表现。除了物价稳定和银行业稳定之外，金融市场稳定是金融稳定的最重要表现。金融市场是各种资金相互交易及流动的场所，金融市场价格的波动反映资金供给与需求的矛盾及其平衡状态，金融市场诸如股市、汇市、债市以及房地产市场的大幅度波动，往往可能引发整个金融系统的动荡。所以，金融稳定首先就表现为金融市场的稳定。

第三节 维护金融稳定的原则和制度安排

一、维护金融稳定的原则

无论是成熟市场经济国家还是新兴市场经济体，金融不稳定因素都随时随地存在。但是，由于金融系统的特殊脆弱性和金融危机对实体经济的巨大冲击，金融安全网设计必须在遏制道德风险和保持金融稳定之间实现平衡。

我们可尝试确定金融稳定的基本目标为：保持银行业等金融机构和金融市场的基本稳定，防范和化解系统性金融风险。

为维护金融稳定，我们必须坚持以下四项基本原则：

1. 预防原则。维护金融稳定应坚持预防为主。稳定的金融体系不完全等于有效的金融体系。出现金融危机当然不是金融稳定，存在引发金融危机的结构性缺陷同样不是金融稳定。过度管制、效率低下和结构失衡状态下的稳定状况会损害金融体系的中介功能，增加其脆弱性，潜伏着金融风险。运行稳健、效率良好和结构合理状态下的金融稳定可以为金融安全奠定有力的基础。“好”的金融稳定要求银行系统能通过资产拨备自主控制可预见的风险，并通过资本充足率预防不可预见的风险。央行作为最后贷款人的援助只能在不可预见的风险超出银行体系承受力时才能发生。因此，通过银行体制改革，完善治理结构和内控制度，是金融稳定的一项基础设施建设，由此建立金融稳定的两级预防机制：银行自主管理风险是第一道防线，央行监控支付系统的稳定是第二道防线。

2. 市场原则。金融稳定不是温室，不是低效率金融机构的保护伞。市场原则要求在同等经济条件和同等竞争环境下，必须存在竞争机制。而不具备以上条件的情形是需要差别对待的。因此，金融稳定的竞争原则必须适用于同一市场内部，在相同地区和相同业务领域，低效率机构必须被淘汰出局，以此消除金融不稳定因素。

3. 最低保护原则。最低保护意味着提供最低限额的保障，亦即对一定额度以下储蓄账户给予全额保险。金融稳定是需要成本的，因为金融风险化解直接意味着要有人付出代价。一方面，要求对存款人提供“有差别的金额保护”，应该通过显性的、有限度的存款保险机制，对一定额度以下的储蓄账户给予全额保险，但对大额储蓄只能提供部分保险；另一方面，对投资者的保护是“无差别的机制保护”，这种金额保护是不具备法理基础的，投资者应该对自身的资产选择负责。当然，这并不意味着放弃对投资者的保护。由于机构投资者、企业和中小投资者的不对等，投资者保护应重点集中于消除不对等所产生的不规范交易行为，避免欺诈、内幕交易，提供良好的市场机制。

4. 权责对称原则。当前金融稳定的最大隐患来自于权责不对称。一旦出于私利而制造了金融动荡的责任机构或责任人不能承担相应责任，则必然形成可怕的示范效应。并非金融机构管理者都是风险爱好者，而是权责不对称导致冒险的个人或机构收益巨大，而责任成本太小。机制塑造行为，严格权责可以把金融稳定工作真正局限在管理不可预见的金融风险范围内，这乃是具备宏观调控和维护支付体系稳定职能的中央银行所必需的。

二、促进金融稳定的制度安排

瑞典中央银行副行长克里斯蒂娜·佩尔松（Kristina Persson）提出确保金融体系稳定的支柱有三：（1）由规章和法令组成的监管框架；（2）对个别机构的风险评估和合规性行为检查，以及对系统风险评估的即时监察；（3）危机管理措施。这三个支柱都需要中央银行和监管部门的分工与合作。作为世界第一家设置金融稳定部门并于1998年率先出版《金融稳定报告》的中央银行，瑞典银行把对金融稳定的研究重心放在支付体系的安全与高效运转上。其支付体系涵盖了全部金融市场、各类金融机构、所有支付工具及其技术与管理支持系统。在其金融稳定框架内，金融稳定传导机制为：宏观经济运行—银行的借款人（包括实体经济和金融部门）—银行体系—支付体系，其中任何一个环节的问题（甚至包括某个银行电脑系统故障）都可能导致支付体系瘫痪。欧洲中央银行虽然基本沿用瑞典银行的方法论，但其更关注欧盟内部银行体系的危机传染，因为毕竟金融监管是欧盟各成员国的主权范围，而跨国风险识别与管理才是欧洲央行的主要职能。国际货币基金组织自2002年一季度以来定期出版的《全球金融稳定报告》则集中关注世界金融市场的“系统性、结构性缺陷”以及风险在金融机构和国家间的传递渠道，因而其结构调整意义高于风险管理意义，对各国政府的结构性改革建议高于对投资者的风险警示。

独立的金融稳定制度如何构建，需要从总体上做通盘考虑。具体而言，主要包括以下措施。

（一）稳步推进支付清算系统建设

支付清算系统被认为是金融基础设施的核心。支付系统安全确保交易可以正常进行，否则交易将会下降甚至回到易货贸易时代，而且良好的支付体系还是分散化的市场经济所必需的条件。因此，各国中央银行把支付清算系统的安全性与高效性放在维护金融稳定的首要位置，力求使中央银行对支付清算系统的监测管理涵盖与大额资金交易有关的各个领域。

（二）微观审慎监管与宏观审慎分析相结合

人们认为，金融监管的职责和金融稳定的职责是等同的，从根源上说，这种认识可能来源于这种信念，即如果每一家金融机构都好，那么这个金融体系就好。这种认识又来源于金融系统的危机通常发生在当某一家机构倒闭从而引发其他金融机构的倒闭。

然而，如果焦点仅集中在单个金融机构的微观审慎监管，就可能忽略宏观层面的其他更为重要的风险。国内外的研究表明，最大的信贷风险总是发生在经济周期的波峰时期，也就是说正是这时候，经济开始滑坡。如果应用微观审慎监管的传统指标分析，风险看上去就是最小的。而且，金融机构行为具有顺周期现象。当经济前景好时，银行都愿意贷款，而当经济下滑时，谨慎的银行比其竞争对手先行一步减少贷款，由于银行都对相同的外部环境作出反应，不可避免导致羊群效应，从而导致实体经济的剧烈波动。

鉴于此，中央银行应引入前瞻性的宏观审慎分析手段来提高度量整体风险的能力，诸如压力测试、事先预防以及全周期风险评估等技术。另一方面，许多国家央行开始定期发布《金融稳定报告》，从宏观经济、金融体系和实体经济三个层面分析宏观金融风险，向市场提示风险。这也是宏观审慎分析的重要内容之一。

借鉴国际货币基金组织和世界银行于1999年联合推出的“金融部门评估项目”（Financial Sector Assesanent Programme，缩写为FSAP）的分析技术，中国采用以下三种分析工具作为宏观审慎分析的重要手段。

1. 金融稳健指标（FSI）。金融稳健指标是基金组织为监测一个经济金融机构和市场的稳健程度，以及金融机构的客户（包括公司部门和居民部门）的稳健程度而编制的一系列指标，可用来分析和评价金融体系的实力和脆弱性。金融稳健指标包括核心指标和鼓励指标两类。中国已经初步开展了中国金融稳定统计体系的创建工作。金融稳定统计将是人民银行实施维护金融稳定职能的一项重要基础工作。

2. 标准与准则评估。FSAP另一项内容是对金融部门标准和准则的执行情况进行评估。FSAP下涉及的标准与准则评估目前最多涉及9个领域。当前，这些分析工具日益成为人民银行进行宏观审慎分析，向市场提示风险的重要手段。

FSAP评估的风险主要来源于利率、汇率、信贷、流动性以及资产价格的变动等（见表14－1）。

表 14－1　　压力测试的风险类型和运用领域

风险类型	可能的冲击	运用领域
利率	收益率曲线平行移动 短期、中期或长期收益率曲线变化 国内和国外的利率受到冲击	主要应用于交易账户，也可用于银行账户
汇率	汇率变化，如升值或贬值 10%—20% 根据在货币组合中的重要性决定其他可能被施压货币	主要应用于交易账户，也可用于银行账户的外汇存款
信贷	增加违约的可能性，如将所有贷款类别的评级下调一个级别 增加不良贷款率，如将正常贷款更多地转移到不良贷款各个类别中	主要应用于银行账户，可对其违约增加事件进行校准
股票价格	股票市场指数下跌，如主要指数下降 20%—30%	主要应用于交易账户
波动性	增加利率、汇率、股价及相关期权的波动性	主要应用于期权投资组合，能够对早期市场波动增加事件进行校准
流动性	交易性证券的流动性下降，如除了最具流动性证券外，所有证券都出现折价 存款人提款率增加或银行间贷款额度减少	主要应用于交易账户，能够对发生折价前后的流动资产比率进行观察分析
商品	主要出口商品价格下跌，如油价下跌 20%	主要应用于对大宗商品依赖严重的国家

3. 压力测试。压力测试是对金融稳健指标分析的有效补充。压力测试的目标是，通过分析宏观经济变量的变动可能对金融体系稳健性带来的影响，来对因宏观经济与金融部门之间具有的内在联系而产生的风险和脆弱性进行评估。

为对这些风险的影响进行评估，压力测试可采用几种不同的方法来衡量宏观经济冲击对金融稳健指标带来的影响，包括敏感性分析方法和情景分析方法以及宏观经济计量模型，如向量自回归模型（VAR）等，以达到评估金融部门潜在脆弱性的目的。

实施压力测试主要包括以下五个步骤：一是根据金融体系面临的外部环境，确定风险暴露情况及内外数据的可得性，定义纳入压力测试的机构和资产范围；二是以可能发生的经济冲击为基础，假定相应的冲击类型，并进行压力情景设计与校准；三是选择恰当的研究方法，定期进行压力测试；四是对压力测试的结果进行分析并进行解释，主要分析每一种相关的经济冲击如何对金融体系产生不利影响以及如何改进；五是采取监管行动，即根据分析结果决定如何采取预防补救措施，以防范潜在风险。

（三）紧急流动性援助与防范道德风险的结合

中央银行维护宏观金融稳定有两个其他机构不具备的特殊条件，一是其最后贷款人职能，二是负责支付结算体系的安全高效运行。作为银行的银行，各国中央银行大都承担最后贷款人职能（欧元区成员国的央行除外）。当金融机构出现支付困难，同时又难以从其他渠道获得流动性时，该金融机构只有向中央银行申请流动性支持（如果该机构还想继续运营的话）。因此，如果一个具有系统性特征的金融机构出现了流动性风险，在没有存款保险制度的情况下，中央银行从维护宏观金融稳定和保护存款人的角度出发，就必须提供流动性支持，否则就有可能导致系统性金融风险，甚至金融动荡。

最后贷款人职能，又称为紧急流动性援助，乃是中央银行用于处理金融不稳定的传统工具。它包括通过公开市场操作对整个金融体系提供流动性和通过对个别金融机构贷款提供流动性。然而，流动性支持可能对金融机构行为产生两种逆向效应，一是给予金融机构管理层冒险行为以更多的隐性援助补贴；二是金融机构债权人因存在政府会对有问题金融机构出于援手的预期而降低对金融机构行为的监督和选择。由于存在道德风险的可能，经济学家提出各种解决措施，包括对有问题金融机构征收惩罚性利率；提供紧急贷款时采取“建设性模糊”的策略，即事先不宣布对其提供流动性援助的相机抉择策略；要求有问题金融机构提供抵押品的做法，以及组织私营部门参与救助有问题机构。

（四）建立危机管理的应急机制

防范金融危机要立足于早分析、早校正。要尽快建立金融机构的风险预警系统和完善风险处置措施，尤其在由于个别金融机构风险引发的金融危机中，要有一些机制和措施及时地发现金融机构的风险，使得金融机构在风险加大或资产质量变差的情况下，有足够的压力尽快地加以纠正，这就是“及时校正措施”。同时，对于国际金融危机的不可预测性、传染性和危害性，也需要我们通过建立长效的危机应急处理机制，才可能在突发性金融危机发生时将损失降至最低、将风险控制在最小范围内。

因此，我们需要建立金融危机应急组织体系，统一制定和部署金融应急处理方案及其组织实施。此外，在应急处理机制上，我们还需要做一些基础工作，包括建立金融应急信息共享机制，建立金融应急备份系统和中央银行的紧急流动性支持系统。

1. 危机应急组织体系。统一制定和部署金融应急处理方案及其组织实施。

2. 金融应急信息共享机制。首先，中央银行和其他各个监管部门，应就监管信息的沟通建立相应制度；其次，中央银行与各有关涉及应急处理机制的政府部门建立应急信息共享机制；再次，涉及金融稳定评估的各个部门之间应建立信息交换机制。

3. 金融应急备份系统。包括备份的支付结算网络、备份的数据库和数据处理中心、备份的计算机网络系统、备份的工作场所、备份的办公网络系统等等。建立有效的金融应急备份系统，可以在金融危机发生时保证金融业务的连续性，即使在金融系统遭受大范围破坏后也能够迅速恢复。

4. 央行紧急流动性支持系统。当危机或突发事件发生时，中央银行应急小组应当根据实际情况，及时判断并决定是否向金融体系提供足够的流动性支持。

（五）建立健全金融机构市场退出机制

金融机构市场退出机制的主要内容应当包括法律框架、处置主体、处置手段、损失分担和不良债权管理等五个方面。

从长远来看，需要建立优胜劣汰的激励机制，加强市场约束的力量，既能保持金融稳定，又能防范道德风险。对金融机构市场退出的制度安排，需要考虑两方面的平衡。从短期来看要解决银行倒闭和信用崩溃问题，从中长期来看则需要防止出现道德风险和促进一个健康银行体系的建立问题。在金融机构市场退出制度安排上，尽可能按照市场化原则处理，引入市场手段、建立市场激励机制与政府按规则干预的原则。

三、金融稳定的评价指标体系

为了避免或遏制危机的效应，至少可采用两种战略。第一种战略是使用监督和预警系统来侦测即将出现金融冲击的可能性。第二种是集中精力使实际经济和金融经济更稳健和减少遇到冲击时的脆弱性。鉴于第二种战略的复杂性，应不断强化第一种战略的效应。

（一）金融机构指标体系

金融监测指标主要关注金融机构的六个方面：资本充足率、资产质量、管理能力、盈利性、流动性以及对市场风险的敏感程度。资本充足率最终决定金融机构能够在多大程度上应付对其资产负债状况的冲击；资产质量，反映金融机构的资产变为不良资产时，可能会达到的风险程度；管理能力是银行、证券、保险业经营状况的关键，可以根据监管部门现场检查和非现场监测情况做出定性判断；合理的盈利水平是金融机构稳健经营的重要指标；流动性则是关注金融机构资产负债结构搭配是否合理，资金来源与资金运用到期日结构搭配是否合理；对市场风险的敏感性反映了金融机构遇到市场风险，尤其是利率、汇率波动时的应变能力。

（二）经济指标体系

宏观经济指标体系包括：

（1）经济增长指标。影响金融稳定最重要的经济指标就是经济增长率，经济衰退往往是系统性金融危机的前兆。同时行业景气状况也会对金融机构资产质量、盈利水平和流动性产生影响。

（2）国际收支平衡。在开放的经济中，国际收支平衡对国家的金融稳定具有重要的影响。

（3）物价水平指标。价格波动会削弱金融机构投资和信贷评审的信息基础。通胀率的大幅下降会导致名义收入和现金流的降低，从而影响金融机构的流动性和偿付能力。即使有些银行在高通胀情况下可以通过运作资产获得盈利，一旦物价水平突然下降，也会使银行所得收益消耗殆尽，累积的风险暴露无遗。所以，维护金融稳定必须关注物价情况。

（4）利率及汇率指标。利率和汇率的大幅变化，通过改变资产的价值直接影响金融体系，或者间接通过影响实体经济进而影响金融体系。

（5）贷款占 GDP 的比重。贷款迅速膨胀可能造成风险贷款的累积，银行信贷占 GDP 比重也是应当密切关注的指标。

（6）资产价格变动指标。货币供应量的大幅度增长、宽松的货币政策可以引发股票市场和房地产市场泡沫；紧缩政策又可能导致股票价格和房地产价值的大幅缩水、经济下滑，为金融危机埋下隐患，应当予以关注。

（7）就业状况。就业是否充分，是衡量一个地区经济稳定的重要指标。失业率高，可能是经济衰退的迹象，应予以密切关注。

（三）社会指标体系

社会指标体系应当包括：

（1）金融犯罪发案率。金融系统的犯罪发案率、大案要案数量对一个地区的金融稳定具有重要影响。

（2）债务拖欠情况。一个地区企业间相互拖欠严重，往往意味着当地信用环境比较差，政府或企业投资资金不到位，企业、个人债务偿付困难。这些问题会对金融机构的资产质量和流动性产生负面影响。

（3）信用环境的建设。一个诚实守信的社会环境，对于金融稳定至关重要。这种信用环境包括诚信政府、诚信企业、诚信市民。

综合运用金融机构指标体系、经济指标体系和社会指标体系可对国民经济、金融和社会进行整体的综合评价，并可判断出整体的风险程度。通过对金融机构风险状况监测，综合评价风险状况，可确定风险等级。金融机构的风险等级可分为五级，即一级：正常；二级：基本正常；三级：需要关注；四级：特别关注；五级：紧急状态。对不同风险等级，金融稳定协调会议可以通过磋商，研究决定采取不同的措施。

第四节 金融稳定理论与模型分析

一、有关金融脆弱性理论

（一）明斯基的金融脆弱性假说

金融脆弱性假说认为，鉴于私人信用创造机构特别是商业银行和其他相关贷款人的内在特性，这些机构难以摆脱周期性危机和破产浪潮的冲击，银行部门的困境又被传递到经济体的各个组成部分，遂产生经济危机。明斯基的分析以资本主义繁荣与萧条长波理论为基础，认为正是经济的繁荣埋下了金融动荡的种子，此时金融机构的破产迅速地扩散，金融资产价格的泡沫也迅速地破灭，金融危机的爆发也就不可避免了。自从有了银行以来，金融危机就不断地发生着。那么银行家们为什么不能从中吸取教训呢？经济行为人为什么要按照那种破坏自身利益的非理性方式来行事呢？对这一问题的回答自然是金融脆弱性内生理论的关键。对此，明斯基提出了两种可能的原因：

一个被称为代际遗忘解释，认为是由于今天的贷款人忘记了过去的痛苦经历；另一种解释被称为竞争压力解释，认为贷款人是出于竞争的压力而做出许多不审慎的贷款决策，因为如果不这样做他们将失去顾客和市场。

（二）克瑞格的“安全边界说”

克瑞格（1997）引用了“安全边界”这个概念。安全边界的作用在于，提供一种保护，以防不测事件使得未来重复过去。对于贷款人和借款人来说，仔细研究预期现金收入说明书和计划投资项目承诺书，是双方确定各自安全边界的关键一环。银行家具有怀疑情结，对安全边界很执着。与借款企业比较，银行家对整体市场环境和潜在竞争对手更为熟悉。简言之，银行家既不缺乏理性，也不好骗。然而银行家最终还是被骗，为什么呢？也许还有比借款人的甜言蜜语，以及其夸大的收入预期说明书更能使银行家动心的东西。即使银行家较了解本地区的市场竞争状况和竞争者的未来计划，他对未来市场状况的把握也不会比别人好多少。这样，银行家的信贷决策还是遵守所谓的摩根规则（JP Morgan Rule），即贷款主要看借款人过去的信用记录，而不太关注未来预期。这种“向后看”而不“向前看”的思想，实际上是假定“未来将是过去的重复”。借款人那一方也会经历类似银行家的过程。在向银行家借款之时，借款人的投资项目结果只是预期的。但随着时间的推移，实际情况越来越多地印证甚至超过预期，使得借款人对自己当初的投资决定充满信心。这种“实际情况”有时并不是真实的，正如凯恩斯所指出，这种成功并非是企业有什么特殊的本领，而仅仅是由于投资在一个扩张的环境中。总之，银行家用了不恰当的方法——依据借款人的信用记录和其他银行的行为来估价安全边界。

（三）信息经济学的解释

从信息不对称角度可说明金融机构的产生可以在一定程度上减少导致逆向选择和道德风险的根源——信息的不对称。然而，金融机构解决信息不对称问题的成效要受到两个前提条件的限制：第一个条件是储户对金融机构的信心，只有在所有的储户对金融中介机构的信心维持不变，因而不同时提款的条件下，才可以保证商业金融机构将其对零散储户的流动性负债转化为对借款人的非流动性债权，并获得利润。第二个条件是，金融机构对借款人的筛选和监督是高效率的，并且是低成本的，只有如此，才能保证金融机构可以通过其资产业务赚取利润，从而弥补成本而有余。由于信息不对称的存在，这两个条件的成立都不是绝对的。斯蒂格里兹和维斯（1981）的研究证明，在信贷市场上，逆向选择和不当激励总是存在的。总而言之，尽管金融中介机构的产生可以在相当程度上解决金融市场上客观存在的信息不对称问题，但进一步的分析表明，储户的信心以及金融机构资产选择过程中的内在问题，也会使得金融风险不断产生和积累，最终可能引发金融危机，而这些问题也是由信息不对称产生的。

二、有关金融危机理论

20 世纪 70 年代以来，国际金融危机频繁爆发，引起了研究学者极大关注和研究热情。他们提出了各种模型来解释这种危机现象。现主要介绍三种有代表性的模型。一是突出财政、货币政策与固定汇率之间内在矛盾的国际收支危机模型；二是强调货币危机预期自我实现性质的预期模型；三是强调金融机构道德风险与资产泡沫之间关系的道德风险模型。

（一）国际收支危机模型

克鲁格曼（P. Krugman）于 1979 年提出的国际收支危机模型通常被称作第一代危机模型，是研究现代国际金融危机的开端。其主要结论是：与固定汇率制度相矛盾的宏观经济政策，主要是扩张性财政政策，最终将不可避免地导致外汇储备的耗尽，从而导致固定汇率制度的崩溃。不过外汇储备的耗尽并不是一个平稳的、渐进的过程，而是有一个临界点，在这个临界点上，投机者会突然将政府手中的所有外汇储备全部买光，从而使固定汇率提前崩溃。换言之，固定汇率会遭受突然的投机攻击。

（二）预期模型

与强调经济基本面因素的国际收支危机模型不同，预期模型特别强调预期在危机中所起的关键作用。这类模型的基本结论是，与不同的预期相对应，经济中存在着不同的均衡结果；即使政府并没有执行与固定汇率制度相抵触的扩张性财政和货币政策，一种本来可以永远延续下去的固定汇率制度，也有可能因为大家都预期它将崩溃而崩溃。也就是说货币危机预期具有自我实现的性质。

1. 奥布斯特菲尔德模型。奥布斯特菲尔德（Obstfeld，1994）的模型是克鲁格曼（1979）模型的进一步发展，通常被认为是第二代货币危机模型。奥布斯特菲尔德认为，克鲁格曼的模型不能很好地解释 1992 年英国、意大利、西班牙以及芬兰和瑞典的货币危机。这些国家的政府可以有多种手段来维护其固定汇率制度，例如，在即期或远期外汇市场上抛出外汇，提高利率，紧缩财政开支和货币供应量等。况且外汇储备本身也并不构成一个约束，因为它们都是发达国家，可以很容易地从国际资本市场上借到支撑其汇率所需要的外汇。他认为，这些国家之所以选择贬值，是因为坚持固定汇率的预期收益小于为其支付的代价。换句话说，政府并不会一味机械地坚持固定汇率，而是会根据坚持固定汇率的成本与收益进行相机抉择。

2. 金融恐慌模型。除了奥布斯特菲尔德的模型之外，另一类预期模型也越来越为人们所关注，那就是金融恐慌模型。在这方面，最为著名的是戴蒙德和戴维格（Diamond and Dybvig，1983）的银行挤兑模型。该模型的基本思想是，银行作为一种金融中介机构，其基本的功能是将不具流动性的资产转化为流动性的资产，正是这种功能本身使得银行容易遭受挤兑。

（三）道德风险模型

19 世纪 80 年代，美国储蓄贷款协会的倒闭使得越来越多经济学家认识到，在一个管制越来越松的环境中，存款保险制度可能带来严重的道德风险问题。由于有联邦储蓄贷款保险公司提供的存款担保，储贷协会不必担心因自己的过度冒险而失去存款人的信任；而且由于保险费率对所有储蓄贷款协会都是一样的，储贷协会也不必担心因为过度冒险而支付更多的保险费。在这种“赚了归自己，赔了由纳税人兜着”的机制下，储贷协会当然会有很强的动力去追求风险收益，而 20 世纪 80 年代的放松管制浪潮又为它们的冒险活动提供了广阔的天地。其结果可想而知，美国政府不得不在 20 世纪 90 年代初斥巨资来处理储贷协会危机。

这一事实也为经济学家考察发展中国家的金融危机提供了一个新的思路。较早采取这一视角的著名发展经济学家麦金农，和哈佛大学的经济学家皮尔合作撰写了数篇论文，探讨发展中国家的存款担保（显性的或隐性的）与过度借债之间的关系。亚洲金融危机的爆发使这一问题更加凸显出来。在众多讨论金融机构道德风险问题的经济学家中，最具有代表性的仍属克鲁格曼。

三、宏观压力测试模型分析

宏观压力测试采用的基础数据主要还是微观数据，分析也主要还是考虑微观主体的交互反应、传染效应及反馈效应等。根据已有文献可知，传染效应和银行间相互依赖的交互反应是宏观压力测试中的核心模块，其主要有三种代表性模型：Boss 网络模型、Goodhart 违约依赖模型和 Tsatsaronis 信用风险转移模型。

（一）Boss 网络模型

该模型是将各种风险因子和商业银行面临的各种风险（主要是市场风险和信用风险）统一在一个分析框架内，然后用银行间双边头寸矩阵的网络模型来模拟银行间市场传染效应，最后汇总银行系统的数据得到整体稳定性指标。

该模型风险因子是采用多元统计分析作联合概率分布估计；信用风险分析是采用宏观计量模型作违约概率（PDs）估计，并根据银行对居民、企业贷款头寸得到损失分布；市场风险分析，则直接从风险因子的变化与银行所持有的股票债券存量得到损失函数。

（二）Goodhart 的违约依赖模型（或称三阶段模型）

该模型的特点是考虑了投资者、银行和银行客户的异质性，采用非线性方法加总个别银行压力测试结果，采用违约依赖函数重点分析银行系统的冲击传染效应。

该模型可分为三个阶段，第一阶段是定义压力情景，采用银行数据计算与巴塞尔基准（Baseline）的偏离值等；第二阶段是预测个别银行的不良贷款额和贷款损失准备等，第三阶段是利用 Hazard 模型求得个别银行的违约概率和银行总体违约概率，并采用 Copulas 方法得到银行的联合违约概率 PDs（该方法可描述银行的资产信息及相互依赖结构），根据不同压力情景可得不同的 PDs。将银行间联合 PDs 可定义为系统性违约概率（即给定一家银行违约情况下所有银行违约的概率），最后可计算银行稳定指数 BSI。

（三）Tsatsaronis 的信用风险转移模型

该模型综合考虑了信用风险转移市场的发展和表外资产交易的风险测度。在进行宏观压力测试时，该模型注重对商业银行信用风险及其相互关系进行动态模拟。

信用风险转移（credit risk transfer，CRT）一般是指商业银行通过使用各种金融工具把信用风险转移到其他银行或其他金融机构。Tsatsaronis 认为，CRT 增强了银行业务多样化的潜力和个别银行的流动性，但也增加了危机传染的新渠道；由信贷衍生品期权特性所带来的非线性现金流经常使金融机构风险暴露变得更加复杂；用资产的账面价值来衡量最终风险暴露的传统风险评估模型存在问题，需要将资产负债表账面头寸与最终风险暴露分离；在计算信用衍生品的信用风险时，收入结构分析应更突出中间业务收入及其变化。

本章小结

金融稳定是一种宏观、动态的平衡，是多方面力量相互调整及其互动博弈的结果。总体而言，金融稳定是金融体系功能运作良好的一种标志，最终目的是实现资源配置的最优化。金融稳定关注系统性风险，同时，关注对系统安全影响较大的个体或事件；稳定并非静止，金融稳定应该是金融体系功能的稳定，不应是功能实现方式的一成不变。

金融稳定有助于提高资源的使用效率，从而提高社会经济效率。金融稳定有助于提高用金融资产进行储蓄的比例，因而有助于提高社会的投资水平。金融稳定是金融安全的基础。

有关金融稳定的三个重要标志，即物价稳定是金融稳定的重要条件，银行业稳定是金融稳定的核心，金融市场稳定是金融稳定的重要表现。维护金融稳定的基本原则，包括预防原则、市场原则、最低保护原则和权责对称原则。

促进金融稳定的制度安排，包括稳步推进支付清算系统建设，微观审慎监管与宏观审慎分析相结合，紧急流动性援助与防范道德风险的结合，建立危机管理的应急机制，以及建立健全金融机构市场退出机制。

有关金融脆弱性理论，包括明斯基的金融脆弱性假说、克瑞格的“安全边界说”，以及信息经济学的解释。有关金融危机理论，包括国际收支危机模型、预期模型和道德风险模型。宏观压力测试模型分析，突出风险的传染效应分析，其核心模型包括 Boss 网络模型、Goodhart 违约依赖模型和 Tsatsaronis 信用风险转移模型。

关键词： 金融稳定　预防原则　权责对称原则　金融稳健指标（FSI）　压力测试　紧急流动性援助　金融脆弱性假说　安全边界说　宏观压力测试　违约概率　信用风险转移

思考题

1. 理解金融稳定的定义应把握哪几个基本观点？

2. 强调金融稳定有何现实意义？

3. 简述金融稳定的基本特征和重要标志。

4. 促进金融稳定的制度安排主要包括哪些内容？

5. 试分析金融稳定评价指标体系，它们如何反映金融稳定？

6. 试论金融危机理论，它们与金融稳定存在何种关系？

附　　录

国际金融危机及其应对：2008

2008 年，由美国次贷危机引发的国际金融危机愈演愈烈，金融机构损失惨重，金融市场剧烈震荡，全球经济遭受重创，各国政府和国际组织采取了多种应对措施，千方百计稳定金融体系，通过向金融机构注资、实施国有化等手段，帮助金融机构渡过难关，并及时出台经济刺激计划，阻止经济下滑。此次金融危机影响之大、范围之广、程度之深前所未有。自 2008 年第三季度以来，危机蔓延，进而对实体经济形成严重冲击，世界经济步入深度衰退和调整期。认真总结危机的教训和启示，改革现行国际金融体系，强化金融风险监管，逐步成为世界各国和国际金融组织的共识。

一、国际金融危机对全球经济金融影响严重

美国次贷危机自 2007 年爆发以来，不断升级，影响范围之广、冲击强度之大远超预期，终于演变为自 20 世纪“大萧条”以来全球最严重的金融危机。

金融机构损失惨重。随着危机的不断深化，遭受损失的机构范围从住房抵押贷款公司扩大到对冲基金、投资银行、保险公司、商业银行等，几乎涵盖了金融体系的所有机构。2008 年，美国有 25 家商业银行相继倒闭，两大住房抵押贷款公司房地美和房利美（简称“两房”）被政府注资接管，美国国际集团（AIG）、花旗集团等大型金融机构大幅减计资产，五大投资银行相继破产、并购或转变为银行控股公司。欧洲多家大型金融机构深陷财务困境，被并购重组或政府注资接管。据 IMF 测算，全球金融机构的最终损失将高达 4 万亿美元。

金融市场剧烈震荡。2008 年，主要货币间汇率宽幅震荡，美元先弱后

强，日元震荡走高，俄罗斯、巴西、印度等新兴市场国家货币大幅贬值。年末，美元相对欧元和英镑分别比年初升值4.4%和35.7%，日元较年初升值22.9%。主要货币短期利率波动较大，1年期美元Libor、1年期欧元Libor先升后降，年末分别降至全年最低点2%和3.05%，较全年峰值分别下跌2.23个百分点和2.48个百分点。主要债券收益率波动下行，年末，美国、欧元区和日本的10年期国债收益率较年初分别下跌2.03个、1.40个和0.33个百分点。全球主要股市震荡下行，道琼斯工业平均指数、纳斯达克综合指数、道琼斯欧元区STOXX50指数和日经225指数较年初分别下跌33.8%、40.5%、44.3%和42.1%。

市场信心严重受挫。受金融危机影响，资产价格迅速下跌，金融机构大幅减计资产，部分大型金融机构陷入经营困境，交易对手风险凸显，市场恐慌加剧，投资自信心严重受挫，避险情绪增加。金融机构纷纷降低杠杆比率，惜贷情绪浓厚，借贷成本高企，信贷市场紧缩加剧甚至冻结，金融体系出现严重的流动性不足。跨国金融机构纷纷抽调境外资金以缓解压力，韩国、巴西、阿根廷等国资本大量外流，本币急剧贬值，外汇储备大量消耗，偿债能力不断下降。冰岛金融体系濒临崩溃，数倍于国内生产总值的外债规模使其面临国家"破产"的困境。

实体经济遭受重创。国际金融危机对实体经济造成严重冲击，美国、欧元区、日本均陷入衰退，居民消费、工业生产以及进出口增长大幅放缓，就业形势持续恶化。新兴市场和发展中国家的经济增速也明显减缓。据IMF测算，2008年，全球经济增长率由2007年的5.2%降至3.4%，发达经济体由2.7%降至1.0%，新兴市场和发展中国家由8.3%降至6.3%。进入2009年以来，危机仍在演变深化之中，未来一段时间世界经济可能继续恶化。IMF预计，2009年全球经济将萎缩1.3%，美国、欧元区和日本将分别出现2.8%、4.2%和6.2%的负增长。

二、国际金融危机暴露出国际金融业的弊端和不足

国际金融危机的爆发和迅速蔓延集中暴露出了国际金融业在经营模式、风险管理、监管理念和方法等方面的诸多问题。

（一）国家货币体系和国际金融组织体系存在严重缺陷

以单一国家主权信用货币为主导的国际货币体系加剧了风险集中和危机传导。当一国货币成为全球初级产品定价货币、贸易结算货币和储备货币

后，该国货币当局难以兼顾国内货币政策目标与各国对储备货币的要求，负债消费的经济发展模式长期内难以持续。各种国际金融组织和论坛功能重叠，缺乏全面有效、分工合理的全球治理框架。发达经济体在国际金融组织中处于主导地位，新兴市场和发展中国家缺乏足够的话语权，国际金融组织的独立性和权威性有限，未能形成对主要国家经济金融政策的有效监督和制衡。国际金融组织缺少必要的资源和融资手段，应对金融危机的“全球最后贷款人”功能缺位，尚未在全球层面建立科学、高效的金融风险预警和应急救助机制。

（二）信用衍生产品结构过于复杂且被滥用

次级抵押贷款经过分割、打包、组合，派生出一系列脱离基础价值、结构异常复杂的衍生产品，投资者难以全面了解产品蕴涵的金融风险。信用衍生产品交易涉及抵押贷款公司、商业银行、投资银行、对冲基金、保险公司等多类机构，拉长了金融交易和风险传递链条，也助长了短期投机行为。信用衍生产品高度个性化，运用复杂的理论模型进行定价，在场外市场（OTC）开展交易，导致信息披露和交易透明度严重不足。信用衍生产品通常由商业银行创设的特殊目的实体发行，商业银行为特殊目的实体提供备用信用额度以及临时性紧急贷款，风险难以有效隔离。

（三）金融机构风险管理和激励约束机制缺乏有效性

金融机构过度追逐高收益而放松房产贷款标准，甚至推出“零首付”、“零文件”的贷款方式，将贷款收益建立在房价持续上涨这一假设基础上，忽视了市场波动带来的信贷风险。许多金融创新相关资产不列入金融机构的资产负债表，没有得到有效管理。投资银行、对冲基金等机构通过借款支撑大规模经营，导致杠杆率过高，自身经营风险较大。金融机构高管层薪酬机制激励有余而约束不足，助长了高风险投资，弱化了风险管理意识，损害了客户利益，牺牲了公司长期利益。金融机构的风险管理和投资决策过度依赖三大评级机构的评级结果以及少数金融工程师设计的模型，导致风险判断和行为决策高度同质化，在机构层面产生“羊群效应”。

（四）金融体系的创新和发展未能受到有效的监管约束

传统监管理论和监管框架未能对金融创新和自由化进程形成有效制衡，“最少的监管是最好的监管”这一理念不能适应系统性金融风险管理要求，一些跨行业、跨市场、跨国境的金融活动信息披露不足，存在监管真空。现有资本监管框架在危机中表现出脆弱性，如《巴塞尔新资本协议》对复杂信贷产品的风险重视不够，最低资本及其质量要求未能在危机中提供足够的资本缓冲。流动性监管不足，对金融监管的高杠杆经营模式缺乏监管限制，使得金融机构过度依赖批发市场融资，缺乏相对稳定的资金来源。对投资银行、对冲基金等影子金融机构以及信用评级公司等金融服务机构缺乏必要的监管规则和措施。对场外衍生产品市场的监管过于宽松，监管部门缺乏对复杂产品风险链条的监测和分析。不同监管机构之间缺乏顺畅的信息沟通机制和有效的监管协调，无法及时采取一致行动遏制危机蔓延。

（五）金融体系的内在顺周期性加剧了市场波动

信用评级方面，全球金融体系在进行投资决策和风险管理时高度依赖外部信用评级，而三大信用评级机构几乎提供了全部重要的评级服务，它们的具体评级相关性较高，产生了较大的周期性力量。此外，由发行人付费的评级机构经营模式使评级过程存在很多利益冲突。在此次危机中，评级机构曾给予很多次贷相关产品较高的评级，后来又在短期内大幅降低其评级导致金融机构大规模减计资产。

资本充足率监管要求方面，巴塞尔新资本协议框架允许金融机构使用内部评级法对复杂产品定价并评估其风险，资本充足率计算中的风险权重可以来自内部模型。在其他条件相同的情况下，经济高速增长时，风险权重通常较低，因而资本充足率较高，金融机构倾向于提高杠杆率，而在经济衰退时，金融机构倾向于降低杠杆率。这种随经济周期调整财务杠杆的行为助长了繁荣期的泡沫积累和衰退期的信贷紧缩。

公允价值会计准则方面，公允价值法较之历史成本法更能反映资产和负债的实时价值，但也加剧了资产和负债的价值变化，形成“价格下跌—资产减计—恐慌性抛售—价格进一步下跌”的恶性循环。此外，由于缺乏在非活跃市场运用公允价值的具体指引，会计主体不得不按照不合理的市场价格进行公允价值计量，进一步加剧了市场动荡。

三、国际社会应对金融危机的主要措施

为缓解国际金融危机的严重冲击，各国政府及国际组织采取了一系列应对措施：

（一）创新流动性支持工具，改善市场流动性状况

为缓解市场流动性紧张状况，一些国家中央银行通过公开市场操作、货币互换等方式向金融体系注入大量流动性支持工具。在公开市场操作方面，

美联储推出了定期拍卖工具（TAF）、短期证券借贷工具（TSLF）、一级交易商信贷工具（PDCF）、货币市场基金融资工具（AMLF）、商业票据融资工具（CPEF）、货币市场投资者融资工具（MMIFF）、定期资产支持证券贷款工具（TALF）等一系列创新型流动性支持工具，满足金融机构、工商企业和家庭的资金需求，改善市场流动性状况。欧洲中央银行在立足常规公开市场操作的基础上，综合运用非常规微调操作、追加较长期限再融资操作、TAF 美元贷款拍卖等方式，努力缓解欧元区金融市场流动性短缺的局面。在货币互换方面，美联储多次与主要经济体中央银行签订货币互换协定，为全球金融市场提供美元流动性。同时，为维护区域金融市场稳定，欧洲、亚洲许多国家和地区也开展了货币互换。

（二）通过注资、担保等方式，救助问题金融机构

向金融机构直接注资。如美国政府直接注资接管“两房”，向 AIG 注资约 1575 亿美元，在 2008 年 10 月通过的总额为 7000 亿美元的金融救援方案中，以 2500 亿美元收购美国 9 家大型银行股权。英国政府将北岩银行收归国有。比利时、荷兰、卢森堡三国政府分别注资 47 亿欧元、40 亿欧元、25 亿欧元收购富通集团在其国内子公司 49% 的股权。

向金融机构提供贷款、担保。如美联储为摩根大通收购贝尔斯登提供担保支持，向美国国际集团提供约 250 亿美元贷款，美国联邦存款保险公司（FDIC）为金融机构 2012 年 6 月 30 日前到期的特定优先无抵押债务提供临时流动性担保，美国财政部和联邦储备保险公司为花旗集团 3060 亿美元债务提供担保。欧元区各国政府为区内金融机构提供了至少 1.33 万亿欧元的财政担保。英国政府于 2008 年 10 月 8 日宣布一揽子银行业救助计划，对符合一定条件的银行 36 个月内到期的债务再融资提供 2500 亿英镑的担保。

（三）扩大存款保险限额，提振市场信心

此次金融危机中，许多国家充分发挥了存款保险制度的作用，通过扩大存款保险限额甚至提供全额担保稳定存款人信心。2008 年 10 月 2 日，美国 FDIC 宣布从即日起至 2009 年 12 月 31 日将存款保险限额提高至 25 万美元；10 月 12 日，FDIC 宣布为银行非生息账户超过 25 万美元的部分提供全额担保。截至 2008 年年底，FDIC 共接管和处置了 28 家问题银行，避免了金融市场的急剧下挫。欧盟于 2008 年 10 月 7 日宣布，在至少一年时间里，把各国最低储蓄存款担保额度提高到 5 万欧元。爱尔兰政府于 2008 年 10 月 3 日通过一项紧急法案，向国内 6 大银行提供为期两年总额达 4000 亿欧元的个

人存款担保。德国、冰岛、丹麦、澳大利亚、新加坡、马来西亚、中国香港特别行政区和澳门特别行政区等国家和地区将存款保险的限额赔付改为全额赔付。

（四）改进和加强金融监管，调整金融市场交易规则

针对危机暴露出的金融监管重大缺陷和顺周期性等问题，有关国家采取了一系列政策措施。

强化审慎监管。美联储制定了一系列规范住房抵押贷款活动的措施，包括禁止向没有收入证明的借款人提供贷款等；美国证券交易委员会开展了针对穆迪、标准普尔、惠誉三大评级机构的调查，起草了有关评级机构的监管规定；美国财政部公布了一整套对冲基金“最佳行为准则”草案。欧盟于2008年10月1日公布了针对银行和投资公司的新规则，要求欧盟成员国的金融监管机构加强合作，改善对欧洲约40家大型跨国银行的监管。

调整交易规则。面对市场出现的极度恐慌，美国、英国、澳大利亚、意大利、西班牙、丹麦、希腊等国政府相继出台金融类或所有上市公司股票的卖空禁令，俄罗斯、冰岛、印度尼西亚等国政府则直接暂停股市交易。

改进会计准则。为避免上市金融机构在公允价值原则下受资产大幅减计的拖累，美国国会授予证监会暂停公允价值会计准则的权利，国际会计准则委员会放松公允价值会计准则的应用，允许极端条件下使用历史成本法，以改善金融机构的财务状况。

（五）实施宽松的货币政策，出台大规模经济刺激计划

货币政策方面，一些国家中央银行连续大幅降息。2008年，美联储8次下调再贴现利率共425个基点至0.5%，7次下调联邦基金利率共400个基点至0—0.25%的目标区间，创下1990年以来的最低点。欧洲中央银行和英格兰银行分别累计下调基准利率175个基点和350个基点，日本银行将无担保隔夜拆借利率由0.5%降至0.1%，相当于再一次恢复了“零利率”政策。

财政政策方面，许多国家出台了大规模的经济刺激计划。2008年2月，美国实施了以退税为主的1500亿美元财政刺激计划。2008年11月，欧盟委员会批准了涵盖27个成员国，总额为2000亿欧元的欧洲经济刺激计划。德国于2008年11月出台了总额为310亿欧元的经济刺激计划。日本于2008年8月和12月出台了总额分别为1070亿美元和2550亿美元的经济刺激方案。此外，澳大利亚、韩国、印度等国也出台了包含增加政府公共支出、扩

大基建投资和减税在内的经济刺激计划。

（六）加强国际合作，国际社会携手应对危机

多国中央银行采取联合行动。2008 年 10 月 8 日，美联储、欧洲中央银行、英格兰银行、加拿大银行、瑞典银行和瑞士国民银行同时宣布降息，向市场传达了各国共同抵御金融危机的信号。此外，美联储多次联合其他国家中央银行向全球美元短期融资市场注入流动性支持工具，欧美地区一些国家也多次联手向货币市场和金融机构注入流动性支持工具。

国际金融组织实施救助。2008 年，IMF 已批准向乌克兰、匈牙利、冰岛、巴基斯坦等国提供贷款。国际会议呼吁加强国际合作。2008 年，第 63 届联合国大会、欧盟 27 国领导人会议、第 7 届亚欧峰会、20 国集团（G20）领导人金融市场和世界经济峰会、亚太经合组织会议等均把应对金融危机作为首要议题，呼吁国际社会加强合作，综合运用经济和金融手段，恢复市场信心，稳定全球市场，促进经济增长。

此外，IMF、金融稳定论坛（FSF）、30 国集团（G30）金融监管体系工作组等国际金融组织和机构开展对策研究，对完善国际金融体系提出多项建议，包括加强资本、流动性及风险监管，提高透明度和估值水平，建立健全危机处置机制，减少周期性因素的不利影响，协调宏观经济政策和金融审慎监管等。

引自中国人民银行金融稳定分析小组，《中国金融稳定报告—2009》，中国人民银行网站 http：//www. pbc. gov. cn/。

第十五章　金融监管

本章概要：在本章中，我们要学习金融监管理论、金融监管的目标、原则、主体和对象、内容和方法以及金融监管体制。本章分为四节，第一节主要介绍金融监管的理论发展，从金融自由化阶段到传统金融监管阶段再到金融深化阶段；第二节重点介绍金融监管的目标、原则、主体和对象；第三节主要介绍金融监管的内容和方法，金融监管的主要方法有事先检查筛选法、非现场监管法和现场检查法等；第四节主要介绍金融监管体制和主要国家金融监管体制的比较，由于各国经济发展背景不同，金融监管体制会有不同的特点。

第一节　金融监管理论的发展

一、金融自由化阶段

20 世纪 30 年代之前，中央银行对金融机构经营行为基本上不干预，更不对利率等金融服务和市场价格进行直接控制。此时的金融监管比较尊重市场选择的结果，很少使用行政命令，而是强调自律；关于市场准入、业务范围等方面的限制很少，比较宽松也相对灵活。其监管的目标主要是提供一个稳定和弹性的货币供给，通过行使最后贷款人的职能以及建立存款保险制度来防止银行挤提造成的不良影响。这种状况与当时自由资本主义正处于鼎盛时期有关。但现实经济金融的发展却越来越表明市场的不完全性是客观的，自由经营银行业务造成的投机之风盛行。可见20世纪30年代以前是处于金融自由化阶段。

此阶段的金融监管理论是不系统的，经济自由主义盛行并占据统治地位。放任自流的经济政策得到西方主流社会的普遍推崇，人们坚信“看不见的手”的力量与市场机制的完美性。这一时期，主要是以古典经济学和新古典经济学理论为代表，他们不承认市场是有缺陷的，信奉金融业的自由经营原则。尤其信奉亚当·斯密的“看不见的手”。“看不见的手”就是今天所说的市场机制，它消除了个人利益与社会利益之间的矛盾，使得对个人利益的追求，从伦理的角度来看，不再是一种令人难堪的行为，这只手竟成了引恶趋善的良媒。

二、传统的金融管制阶段

20世纪30年代爆发的全球性经济大危机，各国政府相继采用了管制措施，并将以单纯的法律约束为特征的金融管制逐渐发展成为具备丰富手段和内容的金融监管。如许多国家都建立了完备的金融体系并采用了诸如利率管制、外汇管制、分业管制、机构管制等措施。同时，针对银行业特有的风险采用了资本充足度、贷款集中度、资产质量、资金流向和银行内部管理制度等金融监管措施。这一时期的金融监管目标显然是以金融业的安全性为主，以求防止金融体系的崩溃对宏观经济的严重冲击。这一时期金融监管集中于货币及银行机构的监管。

20世纪30年代爆发的全球性经济大危机，使得人们重新认识金融监管的必要性，人们不再相信市场是完全可以自我调节的。为了适应当时经济发展的需要，金融监管理论受此影响也逐渐将自身的体系建立在对金融市场不完全性确认的基础上。凯恩斯主义取得了经济学的主流地位。在这一时期，金融监管理论主要以维护金融体系安全、弥补金融市场的不完全为研究的出发点和主要内容。主张政府干预、弥补市场缺陷的宏观政策理论，以及市场失灵理论和信息经济学的发展进一步推动了强化金融监管的理论主张。这段时期的金融监管理论研究成果认为，自由的银行制度和全能的金融机构具有较强的脆弱性和不稳定性，认为银行过度参与投资银行业务，并最终引发连锁倒闭是经济危机的导火索。在凯恩斯主义宏观经济理论的影响下，传统的中央银行的货币管理职能开始转化为制定和执行货币政策并服务于宏观经济政策目标，从而金融监管也更加倾向于政府的直接管制。

三、金融深化阶段

20世纪70年代以后，随着布雷顿森林体系的固定汇率制的崩溃，浮汇制的产生，同时，国际资本出现了相对过剩，为了寻求资金出路，银行经营日益国际化，全球性的银行业竞争更加激烈。银行为了避免风险、增加利润以求在激烈的竞争中生存，被迫通过金融创新来逃避法律的监管。这一切使得以往的金融管制变得束手无措。对此，在美国与国际清算银行的倡导下，西方10国集团采取了国际联合监管行动，于1975年在瑞士巴塞尔达成了联合监管和监管标准的协议，简称《巴塞尔协议》。《巴塞尔协议》对国际银行监管产生了十分重要的影响。既对国际银行监管提供了法规依据，也为各国制定和完善银行业的监管法律制度提供了指导原则。此后，巴塞尔委员会又形成了一系列有关国际金融监管的重要文件。委员会强调银行监管是对银行经营风险的控制，而不是对银行经营行为本身的控制。这被称为积极的监管，其基点在于承认银行始终处于风险之中，监管者的任务是保证银行谨慎经营并防止个别风险演变成系统风险。在保证银行风险处于可控制状态的前提下，鼓励公平竞争。竞争是提高效率、增加消费者剩余的根本机制保证。

20世纪70年代西方国家经济陷入“滞胀”困境，凯恩斯主义失灵，新自由主义经济学兴起，金融自由化的理论也随之成长起来。1973年麦金农和肖分别出版了《经济发展中的货币与资本》和《经济发展中的金融深化》，对新古典学派的货币理论进行了批评，认为发展中国家普遍存在“金融压抑”现象，即运用政府强制力对利率进行严格管制，其结果是不但不能刺激投资，反而抑制了经济增长。他们的核心主张是取消政府对金融的管制，过渡到由市场力量起主导作用的“金融自由化”阶段，实现“金融深化”，金融自由化理论正式形成，金融自由化运动也在世界范围内展开。在理论和实践上都取得了进展，证明金融自由化促进经济增长。但金融自由化理论也受到了来自新凯恩斯主义、新结构主义和新制度主义的批判。

反金融自由化是在20世纪80年代接踵而来的金融危机到来时。1982年国际债务危机首先在拉美爆发，美国20世纪80年代陷入长达10年的储蓄贷款危机，日本20世纪80年代末发生泡沫经济大崩溃，至今一蹶不振；20世纪90年代，拉美新兴市场国家发生了金融危机，1997年亚洲爆发金融危机，2001年俄罗斯等转轨国家出现金融危机。据统计，自1980—1996年，共有133个IMF成员国发生过银行部门的危机。金融自由化是否会导致金融风险，明斯基提出了“金融脆弱性假说”，认为私人信用创造机构特别是商业银行和其他相关的贷款人的内在特性使得它们不得不经历周期性危机和破产浪潮，银行部门的困境又被传递到经济体的各个组成部分，产生经济危机。他的分析基于资本主义繁荣与衰退长期波动现象的总结之上，他指出在经济的繁荣时期就播下了金融危机的种子。50年的长周期以20或30年的相对繁荣开始，在经济上升时期，贷款人（银行）的贷款条件越来越宽松，而借款人（工商企业）则利用宽松有利的信贷环境进行积极的借款。自明斯基首次提出“金融脆弱性假说”后，金融脆弱性问题引起了广泛关注和争论，认为银行的利润最大化目标促使它们在系统内增加风险性业务和活动，导致系统的内在不稳定性，因而需要对银行的经营行为进行监管。

银行及其他金融机构存在较大的脆弱性，其主要原因：一是短借长贷和部分准备金制度导致了金融机构内在的非流动性；二是在资产负债表中，主要是金融资产而不是实物资产、主要是金融负债而不是资产净值，这在金融机构之间存在着相互依赖的网络；三是存款合同的等值和流动性形成了在萧条时期提取存款的激励。而从银行体系的传染性和系统风险的角度来看，个别银行比其他企业更容易受到外界影响而失败；银行业也比其他产业更加脆弱、更容易被传染。由于银行业较高的杠杆率，资产又多配置给不透明的、非流动的、比较困难的市场，因而在存款人与银行之间信息严重不对称的情况下，加剧了公众预期的不确定性；并且，银行之间的拆借及其支付系统使它们的财务更紧密地缠绕在一起，使得银行的支付困难产生交叉影响。即一家银行对另一家银行的违约会影响到该银行承担另一家银行的责任，从而使任何一家银行的困难甚至破产都会很快传播到其他银行。另外，银行经营失败涉及的利益相关者众多，发生较快，所以银行业的确存在着较高的脆弱性和传染性；一旦金融恐慌引发挤兑，很容易出现连锁的“技术性破产”。对此有著名的银行挤兑模型，其根本思想是银行作为一种金融中介机构，其基本功能是将不具流动性的资产转化为流动性的资产。但是，正是这种功能本身使银行容易遭受挤兑。

鉴于拉丁美洲国家在金融自由化改革中出现的混乱局面，麦金农于1986年发表《金融自由化与经济发展》，倡导渐进的自由化之路，发展中国家应加强对银行的有效监督。在比较东亚各国渐进市场化改革取得的成就和转轨国家激进自由化导致的严重经济混乱之后，麦金农1991年出版了《经济自由化的顺序——向市场经济过渡中的金融控制》，提出对实行经济市场化而言客观上存在一个最优次序问题，财政政策、货币政策和外汇政策如何排序是极端重要的。该书中麦金农对政府干预进行了妥协，提出转轨国家政府的职能——金融控制。

20世纪70年代至90年代的金融监管阶段，经历了从崇尚金融放松管制到金融存在脆弱性需要监管的发展阶段。这一时期的监管理论更加注重政府采取有效的政策工具，如货币政策、外汇政策等来加以监管货币、机构与市场。

四、安全与效率并重的金融监管阶段

20世纪90年代的一系列金融危机推动了金融监管理论逐步转向协调安全稳定与效率。赫尔曼、穆尔多克、斯蒂格里茨等经济学家在对东亚经济的分析中指出，现实中不仅瓦尔拉斯均衡难以实现，更重要的是发展中国家普遍存在着信息严重不对称、逆向选择和道德风险，据此，在此阶段有如下几个典型金融监管理论研究成果。

（一）信息经济学框架下的金融监管理论

20世纪90年代以来，一系列的金融危机、特别是1997年由新兴市场经济国家开始的亚洲金融危机后，信息经济学分析框架下的金融监管理论则不断取得新进展。在信息不完全对称下，提出银行等中介机构的存在，有效地解决了信用过程中信息严重不对称的问题，如果在金融市场上，信息是完全的，则资金盈余者可以判断潜在的借款人是否值得信任、他们将资金投入运作后是否能产生预期的效益、到期归还本息是否有保障。但在现实运行中，金融市场的表现则是一个信息不对称、不完全的市场，形成了存款人与银行、银行与贷款人之间的信息不对称，由此产生了金融市场中的逆向选择与道德风险问题，进而造成金融市场失灵。信息不对称程度越大，逆向选择与道德风险问题就越严重，市场失灵也就越明显。同时由于搜集和处理信息的高昂成本往往使一般的金融中介难以承担，政府则有责任在监管方面采取各种措施改善市场信息问题。另外，监管代表说的主要观点是，把金融监管看做是广大投资者及储户对金融中介实施监督措施的代表。事实上，这个假说也在指导着多数国家金融监管的实践。比如，多数国家将金融监管的目的

定位于保护储蓄者和金融体系的有效运行，这种观点的特别动因在于保护中小储蓄者的利益。由于金融中介无法避免道德风险和逆向选择问题，因此投资者必须实施各种监督措施，筛选、审计、立约于干预。这些措施其复杂、耗费精力远非个人所能承担，因此，政府对此监管是非常必要的。

（二）功能观的监管理论

功能观金融监管的理念主要是来自于有关金融体系的“功能观点”学说。金融中介功能观较大地拓展了金融监管理论的视野，从而把金融监管理论的研究推向了一个新的水平。实践中，默顿和博迪等人的功能观点对美国的金融监管产生了很大的影响。1999 年，美国国会通过《金融服务现代化法案》以取代《格拉斯—斯蒂格尔法》，是功能观点的一大成就。该法打破以前的限制，允许保险、银行和证券公司成为联营企业，亦允许三种金融业务混业经营。在法律的名称上，不提银行，而改称金融服务，就是要涵盖银行业和非银行业的全部金融活动。1995 年，巴塞尔委员会在为银行设置全球性的证券资产组合的资本标准时采纳了功能观点。需要指出的是，作为一种理论模式，功能观的监管理论目前仍处于理论探寻阶段。

（三）监管激励理论

可以说，在 20 世纪 80 年代以前，几乎所有的监管经济学研究都是经验的研究而不是系统的研究。直到拉丰、梯若尔《政府采购与监管激励理论》在 1993 年的出版，监管理论在微观经济学范畴内才得到真正的系统研究。在以往的传统监管理论研究中，监管制度是外生的，均未涉及被监管者的激励问题。拉丰和梯若尔监管经济学的最大的特点是：将激励问题引入到监管问题的分析中来，将监管问题当作一个最优机制设计问题，在监管者和被监管者的信息结构、约束条件和可行工具的前提下，运用相对比较成熟的完备合约方法，分析双方的行为和最优权衡，并对监管中的很多问题都尽可能地从本源上内生地加以分析。

20 世纪 90 年代至今的金融监管理论是伴随着金融业的发展而发展变化的。它利用了信息理论与激励理论的原理向功能观金融监管的理念发展，使其更加符合当今金融业全球一体化发展的趋势。在此阶段各国都较为注重研究如何实现金融监管的安全与效率兼顾。

第二节 金融监管的目标、原则、主体和对象

一、金融监管的目标

在不同国家、不同阶段，由于所面临的经济金融环境的不同，金融监管的具体目标也存在一定的差异性。20 世纪 30 年代以前，金融监管的主要目标是提供一个稳定而有弹性的货币供给，并防止银行挤提带来的消极影响。例如，1913 年成立的美国联邦储备体系，其立法明确指出：建立联邦储备体系的目的是提供一种具有弹性的货币，为商业银行票据提供一种再贴现的手段，在美国建立对银行更有效的监管等。

20 世纪 30 年代的大萧条，各国的金融监管开始将目标转移到致力于维持一个安全稳定的金融体系上来，以求防止金融体系的崩溃对宏观经济的严重冲击。20 世纪 70 年代末，过度严格的金融监管导致金融机构效率低下、发展困难，于是金融监管的目标开始转移到注重效率与活力问题上。20 世纪 90 年代以来，金融危机的频频爆发使人们发现，就经济与金融的长期发展来看，金融体系的安全与稳定相对于效益与效率而言更加重要。因此维护金融体系的安全与稳定成为当今金融监管的根本目标和首要任务。

金融监管的总体目标是维持金融秩序的正常与稳定。这是由金融业在社会经济中举足轻重的地位和作用决定的。具体来讲，金融监管目标可以分四个层次理解。一是保证金融机构的正常经营活动，鼓励金融业在竞争的基础上提高效率；二是创造公平竞争的环境，鼓励金融业在竞争的基础上提高效率；三是确保金融机构的经营活动与中央银行的货币政策目标保持一致；四是增强本国金融业在国际市场上的竞争力。

而各个国家在关于金融监管目标的表述上各不相同（见表 15 - 1）。

表 15－1　部分国家金融监管法律中关于金融监管目标的论述

国家	法律	监管目标内容摘要
美国	联邦储备法	维护公众对银行系统的信心；为建立有效率、有竞争的银行系统服务；保护消费者；允许银行体系适应经济变化而变化。
日本	新日本银行法	维护信用、确保存款人利益；谋求金融活动顺利进行，经济健全发展。
韩国	金融监督机构设置法	增进银行体系健全运作； 促进经济发展，有效利用资源。
英国	金融服务与市场法	维护市场信心；促进公众对金融体系的了解；保护消费者利益；减少金融犯罪。
加拿大	加拿大银行法	规范货币与信用，促进经济与金融发展。
德国	德国银行法	保证银行资产安全和银行业务运营正常。
法国	法兰西银行法	确保银行体系正常运作。
新西兰	新西兰储备银行法	保持金融体系效率及健全。
中国	《中华人民共和国中国人民银行法》 《中华人民共和国银行业监督管理法》	防范和化解金融风险，维护金融稳定。 防范和化解银行业风险，保护存款人和其他客户的合法权益，促进银行业健康发展。

二、金融监管的原则

为了实现金融监管的多元化目标，在金融监管的立法与实践活动中，一般需要遵循以下四点基本原则。

1. 依法监管的原则，即银行机构必须接受国家金融管理当局的监管；金融监管必须依法而行，必须保持管理的权威性、严肃性、强制性和一贯性。金融法规的完善与依法管理是金融监管有效实施的基本前提。只要有法可依、有法必依，有关各方权利和义务的确定就会有明确的法律依据，这样才能确保金融监管的权威性、严肃性、强制性和一贯性，从而确保金融监管的有效性。

2. 适度竞争原则，竞争是市场经济的基本规律，是市场机制发挥作用的前提条件，金融监管的重心应放在创造适度的竞争环境上；放在形成和保持适度竞争的格局和程度监测上；放在避免造成金融机构高度垄断失去竞争的活力和生机上；放在防止出现过度竞争、破坏性竞争从而危及金融业安全稳定上。

3. 自我约束的原则，即将内部的自我约束和外部强制管理相结合。金融监管当局的依法监管是金融业健康稳定发展的外部保证，而金融业的内部自律则是金融业安全运行的内在保证。相比之下，金融市场的各个主体以及金融业从业人员的自我约灭、自我管理和自我教育是根本、是内因。只要金融机构和金融市场各主体的经营活动是合法合规的，金融监管当局就不应过多干预。反过来，若放松金融监管，而单纯依赖金融业的自我约束，也不可能奏效。因此，只有将外部监管与内部自律有机结合起来，才能获得有效的监管。

4. 社会经济效益原则，即在实施监管的过程中，应充分考虑到：金融机构的设立及其业务活动是否符合经济发展的需要，是否有利于提高社会经济效益，金融市场的运行状况及各个主体的行为是否有利于促进整个社会经济的稳定运行和发展，在此基础上来确定监管重点和选择相应的管理手段。

三、金融监管的主体

20 世纪 20 年代，各国中央银行的普遍设立以及对货币发行的逐渐统一，使金融监管的职责很自然地落在了中央银行的身上。20 世纪 30 年代大萧条后，中央银行金融监管主体的地位进一步加强。但是，随着第二次世界大战后中央银行越来越多地承担制定和实施货币政策以及宏观调控职能的加强，尤其是 20 世纪 70 年代新兴金融市场的不断涌现，金融监管主体出现了分散化、多元化的趋势。其主要表现是：中央银行专门对银行和非银行金融机构进行监管，证券市场、期货市场等则由政府的专门机构如证券市场委员会、期货市场委员会等行使管理职能，对保险业的监管也由专门的政府机构来进行。90 年代以来，各国金融监管体制改革的力度进一步加大，金融监管主体再次发生了许多重大调整与变革，事务烦琐的金融监管逐渐从中央银行手中剥离出来，交由专业性的金融监管机构集中掌管，中央银行则专心致力于货币政策的制定与实施。

四、金融监营的对象

和金融监管的主体一样，金融监管的对象（即金融监管客体）也是具有阶段性特征的。20 世纪早期，商业银行在金融业中占有绝对的统治地位，而且本身具有存款创造功能，对经济的影响也就比非银行金融机构大得多。因此，当时金融监管对象主要是商业银行。第二次世界大战后，随着发达资本主义国家经济的迅猛增长，金融结构也日趋复杂化，非银行金融机构种类、数量和资产负债规模大幅扩张，尤其是金融创新的进一步推进，金融衍生产品不断涌现，新型金融市场种类不断增加，货币定义变得越来越模糊，金融国际化步伐也在不断加速。在这种情况下，金融监管的对象变得更加宽泛，从银行到非银行金融机构、从金融机构到金融市场、从金融市场再到金融体系等。

第三节 金融监管的主要内容和方法

一、金融监管的主要内容

（一）市场准入的监管

1. 市场准入的定义。是指监管当局依据有关规定和程序批准金融机构、业务和高级管理人员进入市场的标准制定和审核的行为及过程。机构准入是指依据法定标准和有程序，批准金融机构法人或者其分支机构的设立（包括筹建）；业务准入是指按照审慎性标准和有关规定，批准金融机构的业务范围和开办新的业务品种；高级管理人员准入，是按照有关规定对金融机构高级管理人员任职资格进行审查和批复。把好市场准入关是保障金融机构稳健运行和金融体系安全的重要基础，批准高质量的金融机构和高级管理人员进入市场，并根据金融机构的功能定位和审慎性标准审批金融机构的业务范围，将有利于降低金融机构的经营风险、提高经营管理水平和服务水平，促进金融机构的稳健发展和金融体系的稳定。

2. 市场准入的标准。

（1）机构准入标准。具体要求是：符合国民经济发展特别是拟设机构所在地区经济发展（包括经济总量、市场容量和已经设立金融机构及其运营情况）的客观需要；符合金融业发展的政策和方向；符合金融机构布局合理公平竞争的原则；符合最低资本金及股权结构和股东资格的要求；符合高级管理人员任职资格和金融从业人员比例的要求；符合公司治理和内控制度的要求；符合经济核算的要求，确定的综合运营计划和预期的财务指标水平比较合理；符合办公和营业场所的安全要求。在分支机构准入上，除了没有股权结构、股东资格和公司治理结构要求外（最低资本金改为营运资金），其他的要求与法人机构准入基本相同。

（2）业务准入标准。具体要求是：符合社会和经济发展的客观需要；符合金融分业经营的法律规定和政策；符合金融机构的功能定位与业务发展能力；根据业务风险特征建立完善的风险控制系统；已制定严格科学的业务操作规程和建立安全保障措施；符合对从业人员专业素质的要求。

（3）高级管理人员任职资格标准。具体要求是：能正确贯彻执行国家的经济金融方针政策；熟悉并严格遵守有关经济、金融法律法规；具有与担任职务相适应的学历和经历；具备与所担任职务相称的专业知识、组织管理能力和业务能力；无违法、违规、违纪等不良记录。

3. 市场准入程序。根据金融机构的不同类别和金融监管责任制，银监会对金融机构的机构准入、业务准入和高级管理人员任职资格审核，分别规定了具体的审批程序和权限。主要原则是属地管理原则（金融机构的分支机构或者法人机构报所在地银监会分支机构审核批准），分级管理原则（根据有关规定，具体地明确了国务院、银监会及其分支机构的具体审批权限），业务以法人为对象准入原则（分支机构的业务准入由其法人授权，报所在的银监会分支机构备案）。

（二）日常监管

1. 监管当局日常监管的内容。主要是：公司治理结构及其运行情况，特别是董事、监事会、高级管理层的履职情况；内控制度建设和执行情况；业务运行和风险控制情况等。随着监管水平的提高和监管方式的转变，监管当局已经由目前主要监管金融机构的业务，转变为通过主要监管金融机构的公司治理和内控制度，达到间接控制业务风险的目的。

2. 合规监管和风险性监管。所谓合规监管，是指依据法律法规对商业银行进行严格的市场准入管理和监督检查的监管方式。但是，由于法律法规一般只就商业银行经营的重点环节作出规定，因此，合规监管所监管的是一个个离散的点，很难掌握一家银行经营管理的全过程。所谓风险监管，是指通过识别商业银行固有的风险种类，进而对其经营管理所涉及的各类风险进行评估，系统、全面、持续地评价一家银行经营管理状况的监管方式。这种监管方式关注银行的业务风险、内部控制和风险管理水平，检查和评价涉及银行业务的各个方面，是一种全面、动态掌握银行情况的监管。因此，在银行业务不断发展和并购频繁发生的今天，新业务、新风险出现的频率越来越高，机构规模和复杂程度的发展越发迅猛，监管部门的压力也日益增加。在有限的资源约束下，采用风险为本的监管无疑是一种最具成本效益的选择。

3. 现场检查和非现场监管。现场检查是指银行业监督管理机构监管人员通过实地查阅银行业金融机构经营活动的账表、文件、档案等各种资料和座谈询问等方法，对银行业金融机构风险产生与合规性进行分析、检查、评价和处理的一种监管手段。现场检查按检查的范围和内容可分为全面检查和专项检查。全面检查是指对受检银行业金融机构某一时期内所有业务活动进行的检查。专项检查是指对银行业金融机构业务经营的某一特定方面进行的检查。非现场监管是指遵循以风险为本的监管理念，通过对银行业金融机构系列数据的采集和风险分析，掌握被监管机构风险全貌，并根据风险评级的不同情况采取分类监管措施，以提高银行业金融机构风险防范和管理能力的一种监管手段。非现场监管和现场检查是一个有机联系的整体。

4. 资本监管。资本监管是审慎银行监管的核心。银行资本有四项重要功能：一是缓冲损失；二是对潜在的存款者证明股东用自有资金承担风险的意愿；三是提供无固定融资成本的资源；四是维护市场信心。资本监管的内容包括：（1）最低资本数量要求。（2）资本来源监管。1994 年中国人民银行发布的《金融机构管理规定》规定，金融机构的股东不得以借贷资金向金融机构认股。（3）资本结构监管。我国《商业银行法》规定，银行变更持有资本总额或者股份总额 5% 以上的股东应当经监管当局批准。（4）资本充足率监管。按照巴塞尔委员会 1988 年资本协议的规定，为确保银行具有基本的清偿力，商业银行资本充足率不应低于 8%，核心资本充足率不应低于 4%。资本充足率为资本净额与表内外风险加权资产总额之比，核心资本充足率为核心资本净额与表内外风险加权资产总额之比。

（三）市场退出的监管

通过日常监管后，监管当局要针对金融机构所存在的不同风险及风险的严重程度，及时采取相应的措施。对正常或者基本正常的金融机构，应继续采取持续性措施加强风险控制。关注金融机构，应针对所存在的风险种类及性质，分别采取建议性措施或者强制性纠正措施。

对有问题的机构要及时采取救助性措施，包括调整管理层，实施资产和债务重组，外部注资、股东增资，变现资产，冻结大额开支和股息红利分配，停止部分业务，以及实施兼并、合并等。在采取救助性措施的同时，要追究管理层的管理责任和直接责任，要求进一步完善公司治理和内控制度。

对难以挽救的金融机构，要及时采取市场退出的处置措施，以防止演变为系统性或者地区性金融风险。金融机构的市场退出是指停止办理金融业务、吊销金融（法人）营业许可证，取消其作为金融机构的资格。

根据金融机构的不同情况和防范金融风险的总体要求，金融机构的市场退出形式多样，一般可以划分为自愿退出和强制退出两种。金融机构自愿退出，是指金融机构根据其章程或者股东大会决议，经监管当局批准，自行终止其金融业务、注销其法人资格的行为。目前，金融机构退出的方式主要是：（1）兼并收购。是指两个或者两个以上的金融机构通过订立兼并收购协议。（2）解散。是指已经成立的金融机构，因其章程规定或法律规定的事由发生，致使金融机构丧失了经营能力，经批准登记注册后，金融机构组织消亡的法律行为。（3）撤销（关闭）。金融机构可以依法被撤销，由监管部门组织成立清算组，非银行金融企业依法被撤销的，由监管部门组织或者委托地方政府组织成立清算组。清算组由监管部门、财政、审计等有关部门、地方人民政府的代表和被撤销的金融企业股东的代表及有关专业人员组成。清算期间，清算组行使被撤销的金融企业的管理权限，清算组组长行使被撤销的金融企业的法定代表人职权。（4）破产。采取破产方式处置金融企业风险可能引发较大的社会震动。

二、金融监管的三道防线

（一）预防性监管

预防性监管是监管当局通过采取积极的监管策略，在银行或其他金融机构成立之时，对其设立条件、组织结构、经营项目、营业区域、资本要求和内控系统等所进行的监管。预防性监管是银行金融机构监管的一种，它是金融监管中的经常性、业务量最大的工作。

预防性监管的具体内容包括：注册登记管理；资本充足性管理；清偿能力管理；银行业务活动管理；贷款集中程度管理；外汇业务风险管理；贷款的国家风险管理；管理评价；报表分析。即预防性监管，包括下列五个方面：市场准入监管；资本充足性监管；资产流动性监管；贷款集中性监管；对其他业务活动的监管。

完善对金融机构的预防性监管，有以下几种措施：

1. 应加强对金融机构市场准入的监管。对申请设立的商业银行一定要从严控制，审批金融机构除应坚持法定条件外，还应从经济发展的金融市场需要的角度进行审查。对擅自设立金融机构的，应严肃查处。此外，还应对金融机构高级管理人员的任职条件、资格进行严格审查。

2. 提高金融机构的资本充足率，增强金融机构抵御金融风险的能力。主要可通过发行金融债券、金融机构股份制改造等多种途径筹集金融机构的资本金。

3. 加强对金融机构清偿能力监管。清偿能力监管的核心问题是资本的流动性问题，其关键是对不同负债的对比。如果银行各种负债之间不保持一定的比例，那么就可能因资本流动性不足而发生支付问题。在这方面，一些国家的经验可供借鉴。如新加坡金融管理局规定所有银行必须保持其负债基数6%的现金余额，还要求银行保持相当于其负债基数20%的流动资产。

（二）存款保险制度

金融业是一个具有公共性、外部性、风险性特征的特殊行业。金融机构所有者用少量资本支配巨大社会资本所产生的杠杆效应、所有者与经营者分离所产生的委托代理风险，决定了金融业容易滋生道德风险。同时金融业是一个公共性、外部性极强的行业，金融风险极易在行业之间相互传导，产生共振，从而对社会稳定构成威胁。因此，金融业需要一个抵御风险传导、减弱风险共振的稳定机制。也正是基于这一认识，美国在1934年建立了存款保险制度，成立了联邦存款保险公司，专门负责监管金融业风险。基于集中处置大面积储贷业危机的需要，美国在1989年设立了清算信托公司，专门负责处置储贷机构危机。

在Diamond & Dgbvig模型中解释银行挤兑的存在，而且不可避免，但银行挤兑是存款人对其他存款人预期的一种均衡，挤兑是难以避免的一个均衡。为防止这种局面发生，政府提供存款保险可以消除存款人的挤兑冲动。银行挤兑之所以表现为存款人由对有问题银行的挤兑向健康银行蔓延，是因为存款人缺乏银行的特有信息，有了存款保险，存款人对银行清偿能力的担心将随之减轻，因而对银行的冲击具有一定的缓冲作用，从而巩固了银行业的稳定；但另一方面银行挤兑并不能彻底消失。银行挤兑是不可避免的，而存款保险制度则被认为是防止挤兑发生的重要措施之一。存款保险制度在危机处理中发挥着重要的作用。一是提供流动性支持；二是按规定的限额赔偿存款人的损失，从而维持存款人的信心，防止挤兑。

存款保险制度一旦建立，事实上将具有事前风险防范和对破产银行事后处理两方面的功能。为了降低投保银行的经营风险，避免出现银行破产替它清偿的后果，各国存款保险机构都要求投保银行要接受它的检查与指导，并对经营不善的银行提出警告。但存款保险制度会引发道德风险，而道德风险是一个无法彻底根除的问题。它不仅会引发参保银行倾向于承担更大的经营风险，还会放松社会公众对银行经营行为的监督，弱化市场约束的作用，而且会降低存款机构迅速关闭问题银行的动力，增加宏观经济运营成本，可以说道德风险是美国次贷危机爆发的一个重要原因。而可靠的基本制度保障（如健全的法律体系、标准的会计制度和完善的信息披露制度等等）和有效的金融监管可以抵消存款保险对市场纪律的侵蚀。

存款保险制度可以分为隐性的存款保险制度和显性的存款保险制度，显性的存款保险制度由于将问题银行的损失在银行业之间进行分摊，而隐性的存款保险制度所需的资金由政府动用公共资金承担，银行不需要承担相应的费用，因此显性的存款保险制度要优于隐性的存款保险制度，但隐性的存款保险制度有一定的随意性和临时性，这样在一定程度上可以减少道德风险。在我国建立存款保险机构被认为是将隐性的存款保险制度显性化，因为虽然我国没有明确的存款保险制度，但当金融机构出现倒闭或破产时，国家会采取一定的政策手段对存款人利益给予全额保护。因此建立存款保险机构是将以前的隐性的存款保险制度转到显性的存款保险制度，以规范政府、银行和存款人的利益，并尽可能减少道德风险。

我国建立存款保险制度应当以“借鉴国际经验，结合实际国情，逐步发展完善”为基本思路。

1. 建立统一的存款保险体系。即对存款保险实现强制性办法，一方面防止逆向选择的产生，同时改变国有商业银行参加存款保险不积极的倾向，使国家的隐性担保变为市场约束的显性担保。

2. 确立存款保险机构的性质。从世界范围来考察存款保险机构的性质，大多为官方或半官方的政府机构，但是存款保险机构出现了市场化趋势。建立我国的存款保险制度，在中央财政财力有限的情况下，如由政府独资设立则会加重国家财政的压力，而由民间创办则缺乏可信度，因此较为可行的办法为由政府和银行共同出资筹建。

3. 设计合理的资金来源。有效的存款保险制度要以合理的融资机制为支撑，从大多数国家存款保险制度的资金来源上看，主要来自于政府注资和中央银行的再贷款。不过存款保险机构通过收取保费的办法实行融资已成为一种趋势，因此建立我国的存款保险制度，保险基金应由国家财政和银行共同筹集。

4. 保险费率要考虑银行的风险状况，实行与银行风险相联系的差别费率安排。我国存款保险制度费率的设计，可根据对银行风险的评级，实行与风险挂钩的费率政策，以减轻存款保险制度下的道德风险，存款保险要有金额上的限制，不能由国家全额理赔，这样才能促使存款人在选择银行时会作出应有的考量。

5. 尽快制定《存款保险法》，对存款保险机构的设置及其职能、投保方式、投保机构范围、保险标的、保险基金的筹集及保险费率核定、存款保险限额、保险金给付等内容进行设计与规范，明确破产银行的清算原则，债务的清偿办法，存款的保护程度等问题，通过制定法律，在法律上确立有关方面的利益并约束有关方面的行为。以立法形式构架存款保险制度。

6. 完善监管体系。存款保险是有成本的，为抑制和减轻道德风险，提高监管的质量，完善监管体系，是建立有效存款保险制度的保障。

（三）最后贷款人制度

最后贷款人（Lender of Last Resort，简称 LOLR）是一国货币管理最高当局（一般是中央银行）为化解银行风险，向暂时出现流动性困难的问题银行提供紧急援助的一种制度安排。其直接的目的是消除集体非理性行为造成的金融恐慌，防止暂时性流动性危机向清偿性危机和系统性危机转化。最后贷款人制度是向暂时出现流动性困难的金融机构提供紧急援助的一种制度安排，它既是应急管理的重要手段，也是金融安全网的主要组成部分。

中央银行的历史起源大致可以追溯至 17 世纪中后期。最后贷款人的职能产生于 19 世纪，19 世纪中叶前后，连续不断的经济动荡和金融危机使人们意识到：金融恐慌或支付链条的中断是触发经济危机的导火线，而要避免或减轻金融危机，应该让中央银行承担最后贷款人的责任。由此看来充当最后贷款人是中央银行最为重要的职能之一。

米什金认为："美国的联邦储备体系是针对 1907 年的银行恐慌而设立的，设立的本意是作为银行危机时期的最后贷款人，也即当其他手段无法给银行提供储备时，为了阻止银行倒闭，联储应向银行提供储备。"美国经济学家 T. 汉弗莱把以巴杰特为代表的古典经济学派对最后贷款人的建议归纳为：第一，最后贷款人的首要责任是防止恐慌造成的货币储备减少；第二，最后贷款人的主要目标是稳定整个金融体系，而不是单个金融机构；第三，最后贷款人的存在不是为了避免危机的发生，而是缓解危机冲击的影响；第四，最后贷款人应为一切有良好资产抵押的银行提供贷款，而不应拯救不好的银行，其目的是防止恐慌蔓延到好银行，而不是去拯救资产不良的银行；第五，所有的拯救贷款必须是高利息的，有惩罚性的。

美国金融危机使得最后贷款人制度发生了明显的变化，传统上一般由中央银行行使最后贷款人职能，但在次贷危机中财政部甚至美国总统也积极介入，用国家信誉向市场担保；传统上最后贷款人只救助缺乏流动性的机构，但次贷危机更多是一场债务破产危机，美联储救助的是缺乏清偿力的机构；传统上最后贷款人只救助商业银行、投资银行等金融机构，但次贷危机中美联储也救助大量的抵押贷款公司等非金融机构。可以说，次贷危机对传统最后贷款人角色进行了彻底颠覆。

三、金融监管的主要方法

监管方法是指监管的具体步骤和技术等。一般监管方法包括以下几种；

1. 事先检查筛选法。这主要是指金融机构建立之前的严格审查和注册登记，包括拟建机构的地址、规模、股东人数、资本金、经营管理水平、竞争力和未来收益等。

2. 非现场监管法。监管当局根据定期报告和有关信息，通过采用趋势分析和比较分析两种方法，可查找出金融机构经营管理工作中存在的问题。非现场监管的基本程序和主要方法。基本程序包括：采集数据，核对、整理数据，生成风险监管指标值，进行风险监测分析，风险初步评价和早期预测，指导现场检查或者为风险的综合评价提供依据。主要方法包括：水平比较分析法（将金融机构当期有关数据和监测指标值与规定的审慎性指标水平进行比较，以判断其经营风险是否超过了正常水平以及风险的程度）；历史比较分析法（将金融机构的当期数据和指标值与历史同期水平进行比较，由此判断其风险的发展趋势）；行业比较分析法（将金融机构的当期数据和指标值与同类别金融机构的当期同期指标水平进行比较，监管部门由此决定是否给予特别关注）。

3. 现场检查法。这是指派出检查小组，到监管对象经营场所进行实地检查，主要检查资本充足状况、资产质量、内部管理、收入和赢利状况、清偿能力等，以此作出全面评价。现场检查的程序和主要方法。现场检查包括五个阶段：检查准备阶段、检查实施阶段、检查报告阶段、检查处理阶段和检查档案整理阶段，其中后三个阶段经常被合并称为现场检查后续阶段。现场检查的主要程序：根据非现场检查分析结果确定现场检查对象；向检查对象发送现场检查前问卷；制定现场检查方案；下发现场检查通知；进入被检查机构；会谈、检查账表和档案；制定工作底稿和取证；形成检查结论；向被检查单位反馈意见；形成现场检查报告；进行风险评价。主要方法包括：会谈、查阅资料档案和实地考察，通过综合分析对疑点问题进一步核查等。现场检查的基本要求：（1）现场检查实施主体必须符合法律规定；（2）现场检查适用的法律法规和规章要准确；（3）现场检查的程序必须合法；（4）现场检查的形式要合法。

4. 自我监督管理法。这是指金融机构根据法律自我约束、自我管理，在自觉的基础上实现自我监管。

5. 内、外部稽核结合法。稽核是指对经营活动开展审计与核对，是一种监督检查的系统方法。目前，采取外部稽核和内部稽核相结合，以及监管当局强制性稽核和社会非强制性稽核相结合的办法来进行金融监管。

6. 发现问题及时处理法。当银行或其他金融机构的业务经营活动违反金融法规规定时，监管当局通过采取相应的措施，督促金融机构纠正偏差。

第四节 金融监管体制比较

一、金融监管体制

金融监管体制是指金融监管体系和基本制度的总称。设立金融监管体制实质上就是在解决由谁来监管、由什么机构来监管和按照什么样的组织结构进行监管，相应的谁来对监管效果负责和如何负责的问题。设立金融监管体制首先面临的就是要选择和建立一个能够实现最佳监管的模式的问题。根据分类标准的不同，金融监管体制的模式也各不相同。

（一）根据金融监管权力的分配结构和层次划分的金融监管体制的模式

1. 双线多头的金融监管体制。中央和地方两级都对金融机构有监管权，即所谓“双线”；同时每一级又有若干机构共同行使监管职能，即所谓“多头”。

双线多头的金融监管模式适用于地域辽阔、金融机构多而且情况差别大，或政治经济结构比较分散的国家，如美国和加拿大。这种监管模式的优点是：能较好地提高金融监管的效率，防止金融权力过分集中；能因地制宜地选择监管部门，有利于金融监管专业化，提高对金融业务服务的能力。这种监管模式的缺点在于：管理机构交叉重叠容易造成重复检查和监管真空，影响金融机构业务活动的开展；金融法规不统一，容易使不法金融机构钻监管的空子，加剧金融领域的矛盾和混乱，降低货币政策与金融监管的效率。

2. 单线多头的金融监管体制。全国的金融监管权集中在中央，地方没有独立的权力，即所谓“单线”；在中央一级由两家或两家以上机构共同负责监管，即所谓“多头”。德国、法国均属这种模式。这种模式反映这些国家权力集中的特性和权力制衡的需要。

单线多头的金融监管模式的优点是：有利于金融体系的集中统一和监管效率的提高，但需要各金融管理部门之间的相互协作和配合：从德国、日本和法国的实践来看，人们习惯和赞成各权力机构相互制约和平衡，金融管理部门之间的配合是默契的和富有成效的。然而，在一个不善于合作且法制不健全的国家里，这种体制难以有效运行，也存在如机构重叠、重复监管等问题。

3. 集中单一的金融监管体制。这是由一家金融机构集中进行监管的体制。在历史上，这种监管模式较为普遍，其监管机构通常是各国的中央银行。这种监管模式在发达国家和发展中国家都很普遍。英国的金融服务监管局、荷兰的中央银行都是对金融业进行全面监管的监管机构。大多数发展中国家的银行监管体系是高度集中的单一体制，如埃及、坦桑尼亚、巴西、菲律宾、泰国和印度等国都由中央银行负责监管银行体系。至今尚未建立中央银行的一些国家，如新加坡、巴林、沙特阿拉伯等国，是由准中央银行——货币局或金融管理局负责监管其金融体系的。

（二）根据监管主体数量划分的金融监管体制的模式

1. 单一全能型。这是指由一家监管机构对所有金融机构的全部金融业务进行监管。实行这种模式的国家还不多，但有增加的趋势。

这种模式的优势主要是在监管机构负责的各个不同的监管领域可获得经济规模和增效作用，它可在一定程度上减少成本。单一的综合的监管机构可以更加有效地监督这些机构的所有经营，而且可以更好地察觉不同业务部门潜在的支付危机。同时，可以避免重复机构体制容易引发的不公平竞争性、政策的不一致性、监管的重复交叉与遗漏。在此模式下，由于监管者的职责固定、明确，能防止不同机构之间互相推卸责任。此外，在处置金融风险的过程中，单一全能监管机构更具有政策的一致性、协调的权威性、反应的及时性，能更加有效地利用监管资源。

2. 多头分业型。这是指由两个或两个以上的管理机构分别对金融机构按业务类型进行监管。这是世界上绝大多数国家所实行的模式。

这种监管模式的意义在于，由于银行业、证券业和保险业三者风险的性质不同，对其监管就需要不同的方法。毕竟，单一全能机构不可能有明确的集中的目标和合理的监管，也不能在不同类型的机构和业务之间制定必要的区别。而且，单一全能机构负责所有方面和所有类型的金融机构，还会出现文化差异冲突。加之，单一全能监管机构权力过大且过于集中，缺乏权力的竞争和监督。更危险的是在执行监管时可能出现极端的官僚主义，对已经出现的问题反应迟缓，降低监管效率。

（三）金融监管按照政府主导的程度，可分为两大类：

1. 立法型政府监管模式。这种模式是指国家通过立法，由政府专门设立主管部门对金融市场进行监督与管理的一种金融监管模式。这种模式的最大特点是：国家通过立法积极参与和干预金融市场的活动，设置有一个或多个专门的政府机关作为金融主管机构，由其代表国家对金融市场依法行使全面的管理职权。目前大多数国家的金融监管都是这一类型。

2. 自律型监管模式。自律型监管通过市场主体所组成的行业协会等自律组织通过自律协议、道义劝说及相互监管等方式得以实现，自由资本主义时期的英国金融监管体制即属于这一模式。随着金融业发展，金融在经济中的地位提升，各国政府都通过立法形式，确认了政府的监管部门。但自律组织依然存在，起着辅助和配合政府监管的作用。

（四）按照金融监管对象，即按客体来划分，可以分为：

1. 功能性金融监管是指基于金融体系基本功能而设计的具有连续性和一致性的监管，并能实施跨产品、跨机构、跨市场协调的监管。在这一监管框架下，监管当局关注的是金融机构的业务活动及其所能发挥的功能，寻找最有效地实现既定功能的制度结构和政策组合。

2. 机构性监管。是政府设立多个金融监管机构来对不同的金融业进行监管，比如中央银行监督银行业、证券监督管理部门监督证券业、保险监督管理部门监督保险业、彼此相互分离和独立。

二、金融监管体制的比较

一国的金融监管体制从根本上是由本国的政治经济体制和金融发展状况所决定的，判断一国金融监管体制有效与否，关键在于它能否保证该国金融体系的安全运行和能否适应该国金融业的发展水平。因此各个国家在选择金融监管体制上会有所不同（见表15－2）。

表15－2　　部分国家金融监管体制情况

机构特征	国家和地区	备　注
在中央银行以外设立统一监管机构	英国、日本、韩国、丹麦、挪威、瑞典	中央银行仍对金融稳定负责
中央银行负责统一监管	新加坡、中国（1998年以前）	
完全分业监管	美国、波兰、中国（大陆）、中国香港、中国台湾等	
在中央银行以外设立不完全统一监管机构	瑞士、澳大利亚、比利时、墨西哥	
中央银行监管银行与证券业，但不监管保险业	卢森堡、爱尔兰、乌拉圭	
中央银行监管银行与保险业，但不监管证券业	马来西亚、哥伦比亚、巴拉圭	

（一）美国

1. 监管体制的变化。

（1）20世纪30年代以前的混业经营时期。这一时期银行业务具有综合化、自由化特点，同时证券市场是自发性市场，联邦政府没有任何监管措施，证券的发行和交易几乎没有限制。美国《国民银行法》对银行兼营证券业作了一些限制，但并不严格。这段时期是资本主义经济危机之前的黄金发展期，自由主义经济蓬勃发展，对银行业务的法律监管很松弛，外部监管职能不突出，主要靠银行自身内部管理来防范风险。

（2）分业经营体制确立时期。1929年大萧条的金融危机中银行大量倒闭引起了对银行风险进行外部监管的重视。在此背景下1933年银行法在国会获得通过，法案明确划分了商业银行、投资银行、保险公司的业务范围，通过业务分割、人员控制以及相关一系列金融立法如《1934 年证券交易法》、1956 年《银行控股公司法》、1968 年《威廉姆斯法》等对金融业内部全体机构进行业务风险管理。这个转折点表明美国国内开始形成由政府立法实行监管，指导银行业务运行，将银行自由发展放置于在宏观调控中的理念出现。银行业务发展与运作不再完全自发自由进行，政府立法开始从程序上插手银行业务风险管理。

（3）从分业到混业经营时期。20 世纪 70 年代后，布雷顿森林体系崩溃，存款机构的资金来源、利率水平都受到严格限制，居民存款迅速外流到基金、证券公司、保险公司等非银行金融机构，造成商业银行资金流失，竞争力下降；另一方面电子技术广泛应用于金融领域，金融创新层出不穷，金融交易成本降低，传统商业银行业务日益萎缩。商业银行开始问津投资银行业务，绕过法律的屏障以各种形式来拓展业务。1999 年 11 月 4 日美国两院通过了《金融服务现代化法案》，废除了格拉斯斯蒂格尔法，允许以金融控股公司的形式银行证券保险跨行业经营。

（4）由双轨制、多头监管向“目标导向型”单层、综合监管模式转变。在 2008 年美国金融危机中由于过度的从事金融衍生交易，导致全球许多金融机构的倒闭，甚至曾经美国引以为豪的独立投资银行，也由于金融衍生交易而彻底终结。美国有着完善的监管系统，但金融危机反映出金融监管存在金融监管理念单一，金融衍生品监管缺失，金融监管体系不适应金融市场的发展等问题。

2008 年 3 月，美国《金融监管改革蓝图》（Blueprint for a Modernized Financial Regulatory Structure，以下简称《蓝图》）的发布，标志着美国金融业将结束双轨制分业监管模式，走上中央统一监管的道路。该《蓝图》表明美国将按“三步走”的思路，依次实现短期、中期和长期的改革目标，完成由双轨制、多头监管向“目标导向型”单层、综合监管模式转变[①]。短期内，美国将针对金融危机中暴露出的金融监管漏洞采取一系列改革措施，以求稳定市场，有效防范类似危机再次爆发。在中期，美国将尝试就目前分业监管的各部门进行改制，包括将银行的最终监控权完全转移至美联储或联邦存款保险公司，以适应当今市场变化，强化证券业监管的统一性和全面性，促进行业内部自我监管。对尚处于州级监管水平的保险业，美国财政部建议

① 戚红梅：“美国金融改革方案对金融监管模式与机构的改革”，《河北法学》2009 年 11 期。

经由类似于目前银行业的“双轨制”监管逐步将其转变为中央统一监管，以避免直接改为中央监管可能给市场带来的动荡局面。美国金融改革的最终目标是建立一个“目标导向型”的金融监管模式。在这种模式下，美国拟建立由三大新的监管部门构成的监管总框架。这三大监管部门分别是：市场稳定性监管机构、审慎的金融监管机构和商业运营监管机构。

2. 监管体制的特征。

（1）双线多头管理。美国银行监管体系并非传统的以中央银行为监管主体，而是监管主体多元化，是典型的双线多头管理，由几个机构组成，实行交叉的伞状监管体系。监管机构分为联邦与州两级，其中最主要的机构是货币监理署和美联储。美国货币监理署（简称 OCC）是全国性银行最重要的监管机构，进行常规实地检查，隶属于美国财政部，但具有高度自主性，负责国民银行的注册并对其进行监管。OCC 与美联储的董事会协调工作，后者对银行控股公司具有管辖权。州级银行受到各州的银行监管署监管，而其控股公司处在美联储董事会的管辖下。另外，储蓄监管委员会负责监管储蓄和贷款协会以及储蓄银行，此外，银行还接受联邦存款保险协会及美国国会多个专门委员会的监管。在证券业务方面，与证券交易委员会之间还存在一个证券业监管的跨机构合作机制。1999 年《金融服务现代化法案》生效后，由财政部（包括美国货币监理署）和美联储共同对新的金融联合体实施监管，而证券交易委员会继续负责证券业的监管。商业银行绝大部分业务同时处于两个或两个以上监督者的监管下，这种多重监督保证了业务设立操作的规范性。美国各国民银行均成立了专门部门来应对各政府监管机构，了解监管机构的新规定及政策动向，根据不同监管者的要求提供各类报表和分析材料，提请或要求银行内部其他部门及机构予以关注和提供素材，规范银行的业务发展。

（2）严格健全的法律制度。美国是世界上金融法规最严密的国家之一，其法律的针对性和变革性在前面的介绍中可见一斑。虽然法律规范主要以法案的形式出现，但针对性强，执行到位，且各种金融立法比较周密完善，使银行、证券和保险业都有章可循。

（3）统一的监管体制。1999 年 11 月《金融服务现代化法案》终于结束了分业经营时代，从此美国以银行控股公司的模式开始了新一代混业经营。在混业经营体制下，有效监管应从个别走向综合，从分散走向统一，并增加新的监管手段。明确规定美联储为金融控股公司的正式监管人，金融控股公司下属各类公司的监管责任属于职能监管人，美联储尊重各附属公司的监管责任，尽量采取其检查结果，但在金融持股公司管理不善或其他行为威胁到其附属银行的稳定性时，美联储有权干预。该法既强调了美联储的合并监管职能，又要求联储与货币监理署、各州银行厅、证监会、各种保险厅等众多监管部门加强协调与合作。

（4）量化的监管体制。1978 年各联邦监管部门联合制定了“骆驼评级制度”（Camel System），统一美国银行监督检查的标准，其主要内容是指资本充足率（Capital Adequacy）、资产质量（Asset Quality）、银行的管理和监督控制能力（Management and Administrative Ability）、盈利水平和质量（Earning Level and Quality）、流动性（Liquidity Level）。通过对这些指标的仔细考核，银行经营情况的综合评价将所有银行分为 5 个档次，以区分各个银行资产和经营是否优良、正常或需要重视、采取紧急措施。近年来骆驼评级标准在很多国家得到推广和仿效。

1996 年美联储理事会开始实施一种新金融机构评级系统“CAMELS”，增加了 S（Sensitivity to Market Risk）“对市场风险的敏感程度”，用于强调金融机构监控和管理市场风险的能力及其对有关市场风险监管做出反应的能力。20 世纪 90 年代以来，美国注重通过对金融机构的现场与非现场监管对系统风险作出评估，并根据客观经济金融环境的变化，不断地修改风险评估体系和信用评级。

（二）英国

历史上英国金融监管体制以法治宽松、行业自律极强著称，一直是单线多头式——监管权集中在英国政府，由不同的监管机构发挥职能。20 世纪 80 年代以前，金融监管主要依赖自律机构，由此发展起来的自律机构与其他国家相比种类繁多，发挥了重要作用。但后来的几次金融危机说明仅靠自觉的自我约束是不够的，因此，20 世纪 80 年代以来一系列法规出台，由英格兰银行等 9 家监管机构共同对金融活动进行监管，形成一种集中统一的分业监管框架。

1997 年英国金融监管局（FSA）成立，英格兰银行、财政部和 FSA 达成备忘录，明确各自职能，建立了新的金融监管体系，2000 年 6 月，英国女王签署《2000 年金融服务和市场法》。该法取代了此前制定的一系列用于监管金融业的法律、法规。成为英国金融业的一部“基本法”，它明确了新成立的金融监管机构和被监管者的权利和义务，统一了监管标准。

根据《2000年金融服务和市场法》的规定，FSA是英国整个金融行业唯一的监管局，其内部职能部门的设置分为两块。①金融监管机构：包括银行与建筑协会部、投资业务部、综合部、市场与外汇交易部、退休基金检审部、保险与友好协会部；②授权与执行机构：包括授权部、执行部、消费者关系协调部、行业教育部、金融罪行调查部、特别法庭秘书处。

从此，英国对金融机构、金融市场和服务于该市场的机构和个人，对清算和支付系统以及有问题的金融机构进行谨慎监管的全部权力，都由"唯一"的金融监管机构——FSA来统一行使：从英国的中央银行——英格兰银行手中将银行业监管的权力接过来；与英国财政部签订协议，将原来由财政部拥有的保险立法职能移交给FSA；对上市公司的审核责任也从伦敦证券交易所转到FSA手中。FSA除接手原有各金融监管机构的职能以外，还负责过去某些不受监管的领域，如金融机构与客户合同中的不公平条款，金融市场行业准则，为金融业提供服务的律师与会计师事务所的规范与监管。

FSA的目的和任务主要是：保持公众对英国金融系统和金融市场的信心；向公众宣传，使公众能够了解金融系统及与特殊金融产品相连的利益和风险；为消费者提供必要的保护；为发现和阻止金融犯罪提供帮助。根据有关法律，FSA拥有监管金融业的全部法律权限，但它不是政府机构，而是一个独立的非政府的监管组织，它的经费直接来源于它所监管的金融机构。

FSA的监管理念是：①运用谨慎的规则来监管，而不是以"控制"为基础去实现监管；②大量运用在"外部"保持一定距离的监管，而不是以频频到银行内"查账"为基础去实施监管；③在监管中充分重视被监管机构的会计报告；④充分发挥专业技术人员的作用进行监督。

为确保FSA能够正确行使《2000年金融服务和市场法》所赋予的权力，全面履行其负有的监管职责，同时能有效防止FSA在金融监管中可能发生的以权谋私、渎职行为，英国还成立了专门的金融监管制约机构——金融服务和市场特别法庭，于2001年12月1日与FSA同时开始运作。该法庭主要审理发生在SA与被监管机构之间、经双方协商难以解决的问题。

（三）日本

日本的监管主体以1998年日本金融监管局成立为界，划分为两个不同阶段。日本实行高度集中的管理体制，在金融监管局成立以前，是大藏省（财政部）与日本银行共同管理的格局。但大藏省为主要的监管机构，具有极大权力，下设金融制度调查委员会、银行局、国际银行局和证券局的机构，负责对金融机构的注册、财务情况检查和日常经营行为的处理，对合并、关闭、增资、分支机构设置进行审批等事宜，还有权监督检查日本银行。日本银行只对在本行开立往来账户的金融机构或需要在本行获得贷款的金融机构进行监管——侧重于金融机构经营风险和资产状况管理，保证金融业经营安全。可以看出，这个阶段的风险监管主要是由大藏省进行，日本银行只关注与本行有关的风险业务。1998 年 6 月日本设立单一的金融监管局。金融监管机构从大藏省分离出来，日本银行的监管功能也让渡给金融监管局，由其负责监管各金融领域的活动。

日本改革后的金融监管体制有四个重要特征。（1）加强了金融监管的独立性。将金融监管职能独立出来成立了金融监督厅，使其成为日本金融行政监管的最高权力机构，全面负责对所有金融机构的监管工作。（2）分业监管与职能监管有机统一。第一步从分业监管走向职能监管，无论是“金融监督厅”还是日本银行，在机构设置方面均按照监管业务的性质而非行业性质对内部监管机构进行重组，成立了以不同监督职能为主的专业监管部门；第二步在力求实现职能监管的基础上，保留分业监管优势，即在职能监管部门之下按行业细分课室，以发挥原专业监管人员的技术优势，实现分业监管与职能监管的有机统一。（3）提高统一监管水平。为了加强对不同金融机构监管的协调工作，在职能监管部门内部设立了负责协调监管工作的总务机构，在职能监管部门之外设立了协调各职能监管部门监管工作的总务课或总务局，以增强监管机构内部的信息沟通，提高统一监管水平，同时通过不同监管机构同一级别监管人员之间的交流与信息沟通，增强了不同监管机构在监管工作中的协调与配合。（4）增强市场纪律的监管作用。顺应金融自由化发展趋势，适当缩小了行政监管范围，行政监管只负责金融制度的确立、经营的合规性与稳健性、金融风险监管等宏观内容，不再干预金融机构的具体业务；对金融机构运营状况的监管主要通过信息披露、增强居民风险意识和加强会计师事务所等社会中介服务机构的社会监管职能来进行，这也是与新“巴塞尔协议”的要求接轨。

（四）德国

第二次世界大战之后，联邦德国的中央银行——德意志联邦银行开始负责控制货币供应量，这标志着其以中央银行为监管主体的模式开始形成。1962 年新《银行法案》出台，规定由银行监管局在德意志联邦银行配合下对银行业统一监管，金融系统中的监管部门还包括联邦金融监督局、联邦保险监督局和两帮证券监管委员会。这样的设定完备地覆盖了整个金融系统，形成了完整综合金融监管制度，首要监管机构是联邦银行监管局和中央银行（德意志联邦银行），两者密不可分进行合作并有明确分工；另外有独立会计师行使多种会计执行检查职能。德意志联邦银行监管重点一是通过让各商业银行定期报送日常业务信息等报表，对银行资产的流动性进行监管；二是将所获信息财务数据报送联邦监管局，并提供业务上的咨询；三是负责“集中风险办公室”，收集金融机构大额贷款的信息并与监管局共同使用，以监测大额贷款的风险集中程度。联邦银行监管局作为一个独立的联邦准部级机关，隶属财政部。它的主要职责是负责金融机构的市场准入、市场退出和日常管理，制定和颁布联邦政府有关监管的规章制度。监督署没有自己的分支机构，依靠联邦银行的分支行执行实际工作；在涉及银行资本金和流动性的重大政策问题上，监管局需征得德意志联邦银行的同意。应该说银行监管局的作用更为重要，而中央银行成为了它的辅助。

2002 年 4 月 22 日，德国通过了《统一金融服务监管法》（FinDAG），4 月 30 日颁布了新的《德意志联邦银行法》，5 月 1 日原银行监督局、保险监督局、证券监督局三家机构合并，并成立了统一监管组织——联邦金融监管局，负责监管约 2080 家银行、730 家金融服务机构和 630 家保险公司。这是德国金融监管体系的一次重大改革。

德国的金融监管法律在欧洲大陆是最多也最为严密的。德国的金融法律体系是以《德国基本法》、《宪法》、《商法》、《民法》为依据，以《金融法》、《联邦银行法》为核心，以《投资银行法》、《抵押银行法》、《证券交易法》等为基础的多层次法律体系。

（五）中国

我国金融监管体制的建设大体分为两个阶段：第一阶段是 1998 年以前由中国人民银行统一实施金融监管。第二阶段是从 1998 年开始，对证券业和保险业的监管从中国人民银行统一监管中分离出来，分别由中国证券监督管理委员会和中国保险监督管理委员会负责，形成了由中国人民银行、证监会和保监会三家分业监管的格局（见表 15－3）。

2003 年，中国银行监督管理委员会正式组建，接管了中国人民银行的银行监管职能，由此我国正式确立了分业经营、分业监管、三会分工的金融监管体制。

表 15－3　　改革开放以来中国金融监管大事记

年份	主要内容
1984 年 1 月 1 日	中国人民银行成为真正意义上独立的中央银行，开始了现代意义上的金融监管
1986 年 1 月 7 日	国务院发布《中华人民共和国银行管理暂行条例》，提出中国人民银行依法对金融机构进行登记、核发经营许可证和办理年检。这是我国第一部有关金融监管的政策规定
1992 年 10 月	国务院决定，将证券业监督管理职能从中国人民银行分离出来，成立中国证券管理委员会和中国证券监督管理委员会，对全国证券机构和证券市场进行监管
1993 年上半年起	将证券市场的监管职能逐步从中国人民银行分离出去，由证券委和中国证监会负责执行
1995 年	颁布实施《中国人民银行法》和《商业银行法》，从法律上确立了中国人民银行对银行、保险、信托业的监管地位
1998 年 6 月	中国人民银行将对证券机构的监管权责完全移交给证监会。
1998 年 11 月 18 日	成立中国保险监督管理委员会，把保险业监管职能从中国人民银行分离出来
2003 年 4 月	成立中国银行业监督管理委员会，自 4 月 28 日起正式履行监管职责
2003 年 12 月	新修订的《中华人民共和国中国人民银行法》、《中华人民共和国商业银行法》和《中华人民共和国银行业监督管理法》通过人大的审批，银监会依法对银行、金融资产管理公司、信托公司以及其他存款类机构实施监督管理，中国人民银行负责对同业拆借市场、银行间债券市场、黄金市场和外汇市场的监督和管理。

我国现行金融监管体制的基本特征是分业监管。按照金融监管的分工，中国银监会主要负责商业银行、政策性银行、外资银行、农村合作银行（信用社）、信托投资公司、财务公司、租赁公司、金融资产管理公司的监管。而中国证监会和中国保监会则分别负责证券、期货、基金和保险业的监管。银监会成立后，中国人民银行着重加强制定和执行货币政策的职能，负责金融体系的支付安全，发挥中央银行在宏观调控和防范与化解金融风险中的作用（见表 15－4）。

表 15 – 4　　中国金融监管机构职责

监管机构	监管对象	具体职责
财政部	各类金融机构	负责监督财务会计、税收等
中央银行	银行类金融机构、国家外汇管理局	负责体制商业银行法定存款准备金、监督国家外汇管理局的工作
银监会	银行类金融机构①	全面监管银行类金融机构运行
保监会	保险类金融机构	负责监督保险行业的具体运行
证监会	证券市场各类机构	负责监管股票市场、证券市场的运行
国家外汇管理局	各类企业外汇交易	在中央银行的领导下做好外汇管理工作

资料来源：根据国家相关部委网站整理。

本章小结

金融监管是指政府或权力机构为保证金融机构遵守各项规定从而避免不谨慎的经营行为而通过法律和行政措施对金融机构进行的监督与指导。金融监管的目标是消除信息不对称，优化金融资源配置，维护市场主体的公平交易，但不同的国家在表述上会有所不同。在金融监管实践中，一般遵循依法监管的原则、适度竞争原则、自我约束的原则和社会经济效益原则。而金融监管主体出现了分散化、多元化的趋势，一般交由专业性的金融监管机构集中掌管。金融监管的对象变得更加宽泛，从银行到非银行金融机构、从金融机构到金融市场、从金融市场再到金融体系等。金融监管的主要内容有市场准入的监管、日常监管和市场退出的监管等。金融监管的主要方法有事先检查筛选法、非现场监管法和现场检查法等。而金融监管体制由于各国经济发展背景不同而有不同的特点。

关键词：金融监管　市场准入　合规监管　风险性监管　现场检查　资本监管　市场退出　预防性监管　存款保险制度　最后贷款人　金融监管体制

① 银行类金融机构包括国有独资商业银行、资产管理公司、股份制商业银行、城市合作银行、政策性银行、外资银行、农村信用社、信托投资公司、企业集团财务公司和金融租赁公司等金融机构。

思　考　题

1. 论述金融监管的目标。
2. 论述金融监管的原则。
3. 金融监管的主要内容有哪些?
4. 论述对我国建立存款保险制度的看法。
5. 金融监管的方法和步骤有哪些?
6. 论述金融监管模式。
7. 比较中国和美国的金融监管体制。

进一步阅读材料:

附录 1

金融监管的国际规则与巴塞尔协议

20 世纪 80 年代以来的金融国际化趋势，使得跨国银行和国际资本的规模及活动日益扩大，呈现纵横交错、无所不及的格局。随之而来，银行业风险的国际扩散威胁着各国的金融稳定。然而，对跨国银行的国际业务，单单依靠母国货币管理当局的监管实难完全奏效。对此，大力推动金融监管的国际合作，制定国际统一的银行监管标准，加强银行风险管理，成为迫切需要。

1987 年 12 月，国际清算银行召开中央银行行长会议，会议通过“巴塞尔提议”。在“提议”的基础上，于 1988 年 7 月，由巴塞尔银行监管委员会通过的《巴塞尔协议 I》(全称是:《关于统一国际银行的资本计算和资本标准的协议》)，就是国际银行监管方面的代表性文件。制定这个协议的目的在于:①通过制定银行的资本与其资产间的比例，订出计算方法和标准，以加强国际银行体系的健康发展;②制定统一的标准，以消除在国际金融市场上各国银行之间的不平等竞争。

该协议的主要内容有:第一，关于资本的组成，把银行资本划分为核心资本和附属资本两档。第一档是核心资本，包括股本和公开准备金，这部分至少占全部资本的 50%;第二档是附属资本，包括未公开的准备金、资产重估准备金、普通准备金和呆账准备金。第二，关于风险加权的计算。协议订出对资产负债表上各种资产和各项表外科目的风险度量标准，并将资本与加权计算出的风险挂钩，以评估银行资本所应具有的适当规模。第三，关于准备比率的目标。协议要求银行经过五年过渡期逐步建立和调整所需的资本基础。到1992年年底，银行的资本对风险加权化资产的标准比率目标为8%，其中核心资本至少为4%。这个协议的影响广泛而深远，面世以来，不仅跨国银行的资本金监管须视协议规定的标准进行，就是各国国内，其货币当局也要求银行要遵循这一准则，甚至以立法形式明确下来。中国即如此，在《商业银行法》中规定商业银行的资本充足率不得低于8%。

进入20世纪90年代，特别是20世纪90年代中期以来，许多国家银行系统的弱点逐渐暴露出来，银行系统的巨额坏账、银行违规操作造成损失、倒闭乃至连锁的破坏性反应，严重威胁到各国乃至全世界的金融稳定。严格银行监管，强化各国金融体系，成为国际上高度关注的焦点。1997年9月，巴塞尔银行监管委员会正式通过了《银行业有效监管核心原则》（以下简称《核心原则》），为规范银行监管提出了国际统一的准则。这个原则涉及面广，确定了一个有效监管系统所必备的25项基本原则，共分7大类：①有效银行监管的先决条件；②发照和结构；③审慎法规和要求；④持续性银行监管手段；⑤信息要求；⑥正式监管权力；⑦跨国银行业。《核心原则》的主要内容，概括而言有：

——必须具备适当的银行监管法律、法规；监管机构要有明确的责任、目标、自主权等。

——必须明确界定金融机构的业务范围；严格银行审批程序；对银行股权转让、重大收购及投资等，监管者有权审查、拒绝及订立相关标准。

——重申《巴塞尔协议》关于资本充足率的规定；强调监管者应建立起对银行各种风险进行独立评估、监测、管理等一系列政策和程序，并必须要求银行建立起风险防范及全面风险管理体系及程序，以及要求银行规范内部控制等。

——必须建立和完善持续监管手段，监管者有权对银行未能满足审慎要求或当存款人安全受到威胁时采取及时的纠正措施，直至撤销银行执照。

——对跨国银行业的监管，母国监管当局与东道国监管当局必须建立联系，交换信息，密切配合；东道国监管者应确保外国银行按其国内机构所同样遵循的高标准从事当地业务。

与1988年制定的《巴塞尔协议》不同，《核心原则》的监管内容和范围极为广泛，从制定银行开业标准、审批开业申请、确定机构设置和业务范围，到审慎监管以确保银行制定并执行合理的发展方针、业务程度，以及建立管理信息系统和风险防范系统等，几乎涉及银行运行的全过程。

巴塞尔委员会2003年颁布布了《巴塞尔协议II》，并于2006年年底在十国集团开始实施。与1988年资本协议相比，新资本协议的内容更加广泛、更加复杂，它摒弃了以往一刀切式的资本监管方式，提出了计算资本充足率的几种不同方法，供各国选择。新资本协议在以下几个方面有重大创新：一是除最低资本充足率8%的数量规定以外，新协议提出了监管部门监督检查和信息披露两方面要求，从而构成了新资本协议的三大支柱；二是除计算信用风险的标准法外，新协议允许风险管理水平较高的银行使用自己的内部评级体系计算资本充足率；三是在计算信用风险的标准法中，采用评级公司的评级结果确定风险权重，废除以往按是否为经合组织成员确定风险权重的不合理做法；四是把操作风险纳入资本监管。

为避免全球金融危机重演，2010年9月12日，巴塞尔银行监管委员会管理层会议在瑞士举行，27个成员国的中央银行代表就加强银行业监管的《巴塞尔协议III》（下简称“协议”）达成一致。该改革方案主要涉及最低资本要求水平，包括将普通股比例最低要求从2%提升至4.5%，建立2.5%的资本留存缓冲和0—2.5%的逆周期资本缓冲。协议规定，全球各商业银行5年内必须将一级资本充足率的下限从现行要求的4%上调至6%，过渡期限为2013年升至4.5%，2014年为5.5%，2015年达6%。同时，协议将普通股最低要求从2%提升至4.5%，过渡期限为2013年升至3.5%，2014年升至4%，2015年升至4.5%。截至2019年1月1日，全球各商业银行必须将资本留存缓冲提高到2.5%。

《巴塞尔协议III》要求各成员国从2013年1月1日起将协议列入法律当中，并且要求从当日起各成员国的商业银行必须满足其最低要求。

附录2

美国金融危机后金融监管改革

2008年，美国金融危机就是由次级抵押贷款资产证券化成次级债券，而华尔街投资银行不恰当的多次衍化信用衍生产品，同时由于过度的从事金融衍生交易，导致全球许多金融机构的倒闭，甚至曾经美国引以为豪的独立投资银行，也由于金融衍生交易而彻底终结。我们知道，美国的银行业有着完善的监管系统，但衍生金融工具交易一种其价值从其他金融资产如股票、债券、信贷等衍生出来的金融交易和工具则处在监管体系的中间地带。主要体现在金融监管理念单一，金融衍生品监管缺失，金融监管体系不适应金融市场的发展。

2008 年 3 月，美国《金融监管改革蓝图》（Blueprint for a Modernized Financial Regulatory Structure，以下简称《蓝图》）的发布，标志着美国金融业将结束双轨制分业监管模式，走上中央统一监管的道路。《蓝图》对现行的金融监管体系进行了重新梳理和归类，实现三个层次监管机构在监管目标和监管框架的紧密联系，对相同的金融产品和风险采取统一的监管标准，以提高监管的有效性。《蓝图》表明美国将按“三步走”的思路，依次实现短期、中期和长期的改革目标，完成由双轨制、多头监管向“目标导向型”单层、综合监管模式转变。短期建议主要针对正遭受次贷危机冲击的信贷和房屋抵押市场，主要意图是强化市场稳定性和商业行为监管，并作为向中期建议和提议中理想监管结构的有益过度。中期建议着力于消除监管重叠、提高监管效率的监管创新上。长期建议则围绕如何建立“基于目标”的监管方式，其含义是通过监管体系结构的优化，更有效地达成市场稳定监管、审慎监管和商业行为监管的监管目标，“目标导向型”监管模式将是今后美国金融监管模式的改革尝试。

美国财政部建议经由类似于目前银行业的“双轨制”监管逐步将其转变为中央统一监管，以避免直接改为中央监管可能给市场带来的动荡局面。美国金融改革的最终目标是建立一个“目标导向型”的金融监管模式（Objectives - Based Regulatory Structure）。在这种模式下，美国拟建立由三大新的监管部门构成的监管总框架。这三大监管部门分别是：市场稳定性监管机构、审慎的金融监管机构和商业运营监管机构。

市场稳定性监管部门即为现在的美联储。美联储的监管职能将显著扩充，监管范围将由商业银行扩展到投资银行、经纪公司和对冲基金，也就是美联储除仍将继续执行其原有的稳定宏观经济的各项职能外，另将专门负责整体市场风险的监控。为促进美联储在新监管模式下有效行使该职能，美国国会采取立法措施切实赋予美联储对宏观经济系统风险的监管职能。

审慎金融监管机构（Prudential Financial Regulatory Agency，PFRA）将吸收现有的货币监管署（OCC）和储蓄机构监管局（OTS），主要对受联邦担保的金融机构实施监管。由于受政府担保的私有金融机构存在巨大的道德风险和市场安全隐患，且本次金融危机与政府担保的证券化资产密切相关。对此美国财政部给出了大刀阔斧的改革建议——精简机构、统一监管。美国金融监管机构的精简在对受担保的金融机构的准入监管方面最为明显，由原来3家并存的监管机构（国民银行、联邦储蓄协会、国家信用社管理局）合并为统一的联邦机构，实行同一准入标准和审核制度。同样，《蓝图》建议从立法角度消除州级监管与联邦监管的冲突，力图减少地区差异，避免重复监管带来的资源浪费。

商业运营监管机构（Conduct of Business Regulatory Agency，CBRA）是将目前的证券交易委员会（SEC）和商品期货交易委员会（CFTC）合二为一而建立起来，主要负责监管金融机构的商业运营及保障投资者和消费者的利益。新机构将着重于规范金融机构，尤其是面向广大公众、提供商业服务的金融机构。监管职能主要包括监督金融机构的信息披露、监控金融机构的商业经营及负责广泛的金融领域的市场准入监管。CBRA负责监管几乎所有类型的金融公司，既要保障公正公平、秩序井然的市场环境，又要促进金融业的稳健发展、鼓励金融创新。

美国政府继2008年提出了《金融监管改革蓝图》之后，于2009年6月17日公布了金融监管系统性的改革法案，也称金融监管改革白皮书——《多德—弗兰克华尔街改革与消费者保护法》，先后于2009年12月14日和2010年5月20日获美国国会众议院和参议院批准通过。其主要内容包括以下方面：

1. 整合现有监管体系与机构，成立金融服务监管委员会（FSOC）。加强对金融机构的监管，加大对金融机构系统性风险的识别和监测，促进监管机构跨部门合作。

2. 对美联储的监管权力予以强化和扩大，将有可能对金融稳定造成威胁的企业以及对冲基金、保险公司等金融机构都纳入美联储的监管范围。提高金融企业的设立门槛和标准，比如提高资本金标准。

3. 加强对银行的监管。撤销储蓄管理局，成立全国性银行监管机构，对所有拥有联邦执照的全国性银行予以统一监管。

4. 加强对证券化市场的监管。提高证券化市场的透明度，加大承销商在从事证券化产品承销业务时自身应分担的风险责任，强化对金融衍生品交易市场的监管。

5. 加大对消费者和投资者的保护。为了重建消费者与投资者的市场信心，需要对他们的权益保护有更充分的保障。成立新的消费者利益保护机构——消费者金融保护局，以保护消费者免受各类新型金融产品不公平交易或欺诈行为的危害。

6. 在金融监管领域进一步加强国际合作，制定新的国际监管标准。开展更广泛的金融领域的国际合作与协调，推动在金融衍生品监管、跨国金融机构监管，国际金融危机应对与处理等领域的国际合作。

第十六章　中国金融改革

本章概要：在本章中，我们要了解中国的金融改革，包括金融市场体系改革、商业银行改革、利率市场化，以及金融风险监控的历史、现状与发展。本章共分五节，第一节简要回顾了中国金融改革的历程；第二节较详细地介绍了中国金融市场体系的改革和发展；第三节着重介绍中国银行金融机构的改革和发展；第四节主要阐述了中国利率市场化改革和发展的进程；第五节介绍了中国金融风险控制和监管的改革和发展的有关情况。

第一节　金融改革历程简要回顾

我国金融改革的内容十分广泛，涉及到金融宏观调控体系、金融监督管理体系、金融组织机构体系、金融市场体系、金融结算和会计体系、金融法制体系以及外汇管理体系等诸多方面。本章将简要回顾中国金融改革的历程，主要介绍金融市场体系改革和利率市场化改革，以及金融风险控制的有关情况。

我国的金融改革始于20世纪70年代末的改革开放初期，随着我国经济体制改革的不断深入，金融体制改革也迈出了较大的步伐，取得了很大的成绩。改革的基本方向是：逐步改变以行政管理方式为主的、过于集中和僵化的、靠单一计划调控的“大一统”金融管理体制，逐步建立起适应社会主义市场经济的直接管理和间接调控相结合的，既强有力又灵活多样的高效率的金融管理体制。20世纪90年代以后，特别是在1993年11月召开的党的十四届三中全会所确定的“建立社会主义市场经济”思想的指引下，中国金融改革的步伐进一步加快。进入21世纪以来，特别是随着我国加入WTO后，我国的金融改革力度进一步加强，并逐渐与国际接轨。

我国金融改革的内容十分广泛，涉及到金融宏观调控体系、金融监督管理体系、金融组织机构体系、金融市场体系、金融结算和会计体系、金融法制体系以及外汇管理体系等诸多方面。本章将简要回顾中国金融改革的历程，主要介绍金融市场体系改革和利率市场化改革，以及金融风险控制的有关情况。

从中华人民共和国成立到1979年的大部分时间里，中国谈不上有什么金融体系。当时我国实行的是“大一统”的银行体制，全国只有中国人民银行一家，既是中央银行，又开展商业银行业务，同时还是政府的一个行政部门。

回顾我国金融改革的历程，主要可以分为以下几个阶段：

第一阶段（1979—1984年），这是金融改革的萌芽阶段。与初期的改革开放相适应，中国的金融市场主体结构也开始了调整。中国人民保险公司、中国人民建设银行（后改名为中国建设银行）、中国农业银行、中国国际信托投资公司等金融机构相继恢复和建立，标志着中国金融体系的初步建立，为随后的中国金融改革奠定了一定的基础。

1978年之前，中国只有中国人民银行一家银行。“文化大革命”中，人民银行甚至被短暂并入财政部，成为后者主管货币发行和存款贷款事务的若干司局。那时的中国，基本上不存在有实际意义的金融体系。

1978年，五届人大一次会议决定，中国人民银行总行从财政部中独立划出。这标志着中国金融体系开始恢复。

1979年2月，中国农业银行恢复。1979年3月，专营外汇业务的中国银行从中国人民银行分离出来。1983年，中国人民建设银行重建。这些举措基本搭建了我国国有商业银行的架构。

1979年10月，中国第一家信托投资公司——中国国际信托投资公司（中信公司）成立。以此为契机，全国兴起了组建信托投资公司的热潮。大量政府部门、地方政府和各家银行纷纷组建信托投资公司，在最为兴盛时期，其数目曾达到400余家。

1980年，第一家城市信用社在河北省挂牌营业，并很快在全国引发了组建城市信用社的高潮。随着城市非国有经济的发展，城市信用社在中国的城市中迅速普及，在最热的年份中，其总数曾高达5千余家。

1981年4月，中国东方租赁有限公司成立，标志着融资租赁业开始进入中国的金融体系。

第二阶段（1984—1990年），这是金融改革的初始阶段。1984年，中国人民银行开始专门行使中央银行职能，其一般的存贷款业务和结算业务分别交给了当时陆续新设的四大国有专业银行。这一阶段各种金融组织相继出现，中国金融市场体系及其结构发生了很大的变化。可以说，传统的中国金融体系受到了最初的冲击。

1983年9月11日国务院决定：从1984年1月1日起，中国人民银行将专门行使国家的中央银行职能，与此同时，中国工商银行从中国人民银行分离出来，独立成为一家国有专业银行，专门承担一般的工商信贷业务。这项改革标志着中国开始形成现代金融体系的雏形。

1986年，中国第一家以股份制形式组织起来的商业银行——交通银行重新营业。

1987年，第一家由企业集团发起设立的银行——中信实业银行宣告成立。同年，第一家以地方金融机构和企业共同出资的区域性商业银行——深圳发展银行开始营业。这些规模中等、产权多样的商业银行的相继开业，与已存在的“四大”国有商业银行、数以千计的城市信用社和数以万计的农村信用社一起，构成我国银行业的多层次格局。

1987年，以企业集团为依托的财务公司开始出现。同年，中国银行和中国国际信托投资公司联手首创“中国投资基金”，标志着中国投资基金市场的诞生。1990年11月，法国东方汇理银行在中国建立了第一只共同基金——“上海基金”。

1981年，为了弥补财政赤字，国家决定恢复发行国库券。1983年，为了补充资金来源，一些国有银行发行了金融债券。从1984年开始，作为试点，一些企业发行了类似于企业债券形式的有价证券。政策性金融机构也开始利用债券市场筹集资金。国家开发银行、进出口银行和农业发展银行相继发行了自己的债券（其中以国家开发银行的发行规模最大）。在此期间，部分金融机构为了偿还不规范证券回购所形成的债务，经人民银行批准，还曾经发行过特种金融债券。此外，中国人民银行为了调控市场资金余缺，于1993年曾经发行过融资债券。

从1981年开始，在中国经济最发达的江苏和浙江地区，出现了一些

“地下”的调节资金余缺的资金拆借活动。这标志着服务于非国有企业的市场化的金融市场开始进入中国的金融体系。同年，为了推动支付清算体系的现代化建设，人民银行在全国倡导推行“三票一卡”（即汇票、本票、支票和信用证），中国票据市场正式启动。当年，上海市率先开展了票据承兑贴现业务，同时，人民银行也开始试办票据的再贴现业务。1985 年，当时的国家体改委和中国人民银行总行明确将建立银行同业拆借市场列为当年金融体制改革的重点内容。以票据发行、承兑、流通、贴现和再贴现为内容的多层次票据市场的启动，在中国金融发展史上具有重要意义。它表明，以媒介银行短期头寸为主要功能的市场化资金配置机制正式进入中国的金融体系之中。

第三阶段（1991—1993 年），这是金融改革的推进阶段。这一阶段以上海证券交易所和深圳证券交易所相继成立为标志，中国的资本市场开始得到建设，并成为中国金融市场的重要组成部分。

第四阶段（1994—2001 年），这是金融改革的全面发展阶段。从 1994 年开始，我国对中央银行体系、金融宏观调控体系、金融组织机构体系、金融市场体系以及外汇管理体系进行了全面的改革，《中国人民银行法》、《商业银行法》、《票据法》、《证券法》、《保险法》等有关金融法规相继出台并实施。1998 年初取消了长期以来实行的对商业银行贷款规模控制，开始实行间接的宏观调控方式，公开市场操作成为金融宏观调控的重要手段。同年我国中央银行改革机构设置，取消各省级分行，设立九个大区分行和两个营业部。这一阶段是中国金融改革取得重大进展和巨大成就的阶段。

第五阶段（2002 年至今），这是金融改革的深化和与国际接轨阶段。2001 年 12 月我国正式加入了世界贸易组织（WTO），金融业将在入世五年后全面对外开放，所以中国的金融业也将迎来巨大的挑战。同时我国的市场经济体制改革也进入了攻坚阶段，中国金融的各方面也必须同时前进和全面配合。所以这一阶段是中国金融改革的深化和与国际全面接轨的阶段，任务相当繁重。

第二节　金融市场体系的改革和发展

我国金融市场历史不长。旧中国曾存在一度虚假繁荣的金融市场，但基本上是投机市场。新中国建立后，完全的计划经济体制使金融市场没有存在的必要。改革开放以来，为配合建立社会主义市场经济的需要，金融市场作为社会主义市场体系的一个重要组成部分，又逐渐恢复发展起来。

一、同业拆借市场

从 1981 年开始，在中国乡镇经济最发达的江苏和浙江地区，就出现了一些以调节资金余缺为目的的“地下”资金拆借活动。然而，促使我国同业拆借市场最终形成的最重要的动力，在于中国人民银行在沿用信贷分配的手段控制全社会信贷资源的同时，对各专业银行提出的提取法定存款准备金的要求。这一改革措施为以调剂银行准备金头寸为主要功能的同业拆借市场创造了最有利的条件。我国同业拆借市场从 1984 年开始，经历了三个发展阶段。

1984—1991 年为初步发展阶段。这一时期，我国主要采取促进、扶持的措施，积极地推动同业拆借市场的发展。1984 年 2 月，中国人民银行在《关于中国人民银行专门行使中央银行职能的若干具体问题的暂行规定》中规定，专业银行出现资金不足时，可向其他银行拆借。同年 10 月，中国人民银行颁发了《信贷资金管理暂行办法》，明确指出要搞好各银行之间的横向资金融通。这时，同业拆借市场开始出现，但交易量不大。1986 年 1 月，国务院颁布的《中华人民共和国银行暂行管理条例》中规定，专业银行之间的资金可以相互拆借，以便调剂资金余缺。1987 年，中国人民银行与各专业银行联合下发了《关于进一步搞活同业拆借市场的通知》，积极鼓励和推动同业拆借市场的发展。1988 年，中国人民银行为扭转资金需求大于资金供给的状况，下发了《关于进一步落实“控制总量、调整结构”的金融工作方针的几项规定》，并建立融资公司办理同业短期拆借以促进同业拆借市场的发展。

以上这些政策的出台大大加快了我国同业拆借市场的发展，市场交易量成倍增加，1985 年，同业拆借市场交易额仅为 120 亿元，到 1988 年就猛增到 2621 亿元，1989 年虽有小幅下降，但次年即迅速回升。到 1991 年已经达到 2927 亿元。但由于缺乏必要的规范而产生了一系列问题。如资金拆借业务的机构混乱，期限不断延长，利率飙升等，并对 1988 年的通货膨胀起到了推波助澜的作用。在这种情况下，1988 年 6 月开始，中国人民银行对拆借市场进行整顿，对拆借利率实行上限控制，并严格规定拆借主体，拆借期限及拆借资金用途等。

1992 年，我国同业拆借市场进入第二个发展阶段。这一时期的市场出现快速发展的势头，交易额呈跳跃式增长。1993 年达 4000 亿元左右，1994 年上升到 5000 亿元左右，1995 年则突破了万亿元大关，达到历史的新高，仅 1993 年，工、农、中、建、交和中信等六家商业银行的资金拆借额就达 6200 多亿元，远远高于前一时期全部市场交易额的总和。然而遗憾的是，前一时期的整顿并没有取得预期效果，市场交易额虽然获得迅猛的增长，但不是在健康、有序的条件下进行的。市场违规行为不仅没有收敛，反而越来越明显。大量短期拆借资金被用于房地产投资、炒作股票、拆借期限延长。利率上升时，南方有些城市的月利率高达 20%。拆借市场的混乱严重扭曲了金融关系，干扰了正常的金融秩序，致使中国人民银行从 1993 年下半年起又先后出台了一系列政策法规，对拆借市场进行全国整顿。1994 年 2 月 15 日中央银行颁布的《借贷资金管理暂行办法》对拆借种类、数量、期限、用途及交易主体都进行了更严格规定。经过这次清理整顿，同业拆借市场秩序有了明显好转，市场违规行为大大减少，拆借市场开始步入正轨。1994 年的同业拆借交易量就达到了 5000 亿元左右，而 1995 年则突破了万亿元。

1996 年至今，同业拆借市场进入第三阶段，这是统一、规范、发展的阶段。中国人民银行从 1996 年起根据中共十四届五中全会“培育要素市场，逐渐形成统一开放、有序竞争的市场体系”的精神，着手建立统一的同业拆借市场。

统一的同业拆借市场由两个交易网络构成，即一级网络和二级网络。中国金融体制改革的方向之一是逐渐改变过去那种资金分块管理的状况，让各家商业银行总行作为一级法人对自己系统内的资金进行统一调度和管理。根据这一要求以及统一货币市场的需要，中国人民银行总行利用上海外汇交易中心建立了全国统一的资金拆借市场，构成全国银行间同业拆借的一级网络，该网络由中国人民银行总行非银行司负责市场监管，总行公开市场操作室负责市场调控。进入一级网的交易主体为经中国人民银行批准，具有独立法人资格的商业银行总行，以及经改造后的省、直辖市、计划单列市融资中心。进入各省市融资中心二级网络的交易主体为各商业银行总行授权的分支机构，在各地中国人民银行开立账户的金融信托投资公司、合作银行、城乡信用合作社、金融租赁公司、企业集团财务公司、保险公司、证券公司、基金管理公司以及外资银行在华分行和外资保险公司等各类金融机构。（截至2009年年底，一级网络和二级网络的交易成员共达2446家。）在同一交易日，一级网络和二级网络同时运行。即融资中心不断接到各省内金融机构拆出拆入报价，不断地就地平衡，差额送一级网络平衡，并将成效数量期限利率等交易信息全部反映到一级网络上；同时将一级网络的报价传送到省内机构，以保持一级网络、二级网络拆借利率大体一致。同业拆借期限分为7天以内的同业头寸拆借和7天以上至4个月以内的同业短期拆借。交易采用双方报价、询价、确认成交的交易方式，即双方按固定的格式将交易品种、利率、数量等交易意向通过交易系统交涉并确认成交。交易双方自行全额办理资金清算。并用清算提示跟踪系统来监督会员资金清算。

1996年1月4日，中国人民银行发布了全国统一的同业拆借利率——中国银行间同业拆借市场加权平均利率，并从1996年6月1日起取消了同业拆借利率上限，全面放开拆借利率，实现了由利率管制向利率市场化的转变。从货币市场交易的期限结构看，1997年7天以内（包括隔夜）的同业拆借的比重为32.5%；2000年同业拆借的期限结构发生了根本性的改变，7天以内（包括隔夜）的同业拆借比重已上升为71.4%；2009年同业拆借的期限结构发生了根本性的改变，7天以内（包括隔夜）的同业拆借比重已上升为94.6%。这一指标的变化表明，同业拆借市场已成为金融机构之间调节短期头寸的重要场所，7天期的同业拆借利率已成为中国货币市场的基准利率。

截至2006年年底，进入全国银行间同业拆借中心的金融机构总共703家，拆借市场迎来了历史性的突破。与10年前相比，2006年年底机构规模已经增加12.8倍；1998年全国拆借总量不足2000亿元，2006年已经突破2万亿元。

2007年7月9日，中国人民银行发布《同业拆借管理办法》（以下简称《办法》），并于同年8月6日起实施。这是同业拆借市场建立10年来首次颁布全面规范同业拆借市场管理规则的规章，也是同业拆借管理最重要的政策调整，它为同业拆借市场的发展树立了新的里程碑。其主要内容可概括为“三放松、两加强、一促进”，即在放松准入管理、期限管理、限额管理的同时，加强透明度管理、加强事后监督检查等市场化管理措施，逐步实现管理手段的市场化转型，以开放的政策促进同业拆借市场健康发展。《办法》增加了参与主体自由度，扩大了同业拆借市场参与者范围，市场成员由原来的 10 类扩大至 16 类，涵盖了所有银行类金融机构和绝大部分非银行金融机构。《办法》简化了期限管理的档次，调整后的期限管理分 3 档，适当延长了部分金融机构的最长拆借期限。《办法》将同业拆借限额核定分为 5 个档次，放宽了绝大多数金融机构的限额核定标准。《办法》同时放宽了证券公司进入同业拆借市场的条件，仅要求“应在申请进入同业拆借市场前最近两个年度连续盈利，同期未出现净资本低于 2 亿元的情况”。《办法》引入了市场竞争机制、专设了“信息披露管理”一章，规定了同业拆借市场监督检查的具体内容和程序。《办法》是在总结同业拆借市场管理经验基础上，为了进一步促进同业拆借市场发展，配合 Shibor 报价制改革，顺应市场参与者需求而出台的重要规章。随着《办法》的出台，同业拆借市场进入了新的发展阶段。首先，同业拆借市场的参与主体范围、覆盖面与货币市场的容量得到了有效扩大，货币市场资金供给和需求主体趋于多元化，同业拆借市场交易更活跃，融资能力得到了明显加强；其次，利率市场化进程进一步加速，同业拆借利率作为货币市场重要信号的功能不断完善，同业拆借利率发展成为我国货币市场最重要的利率指标之一，Shibar 在利率市场的基准地位稳步加强；最后，市场透明度提高，市场监督与检查加强，市场更加稳定、健康地向前发展。

全国统一的同业拆借市场的建立，对进一步推进金融改革和发展具有重要意义。一是初步形成了以市场供求为基础、全国统一的同业拆借市场利率；二是为商业银行调剂短期资金余缺，提高资金使用效率提供了重要场所和渠道，有利于商业银行的企业化经营和短期资金跨系统、跨地区的合理流动；三是为各地区、各金融机构的资金融通初步提供了一个公开、公正的交易和信息服务系统；四是作为货币政策与金融监管的一个重要载体，能够适时搜集和反映各地区、各金融机构资金拆借情况和资金流向，有利于增加拆借活动的透明度，加强中央银行宏观调控和金融监管。

二、全国银行间债券市场

全国银行间债券市场从20世纪90年代初期开始，大致经历了两个发展阶段。第一阶段为早期的国债回购协议市场，第二阶段为1997年形成的全国银行间债券市场。

（一）回购协议市场

作为一种金融创新工具，回购协议在20世纪90年代初才被引进我国。回购协议市场（又称交易所市场）在我国的发展几经波折。

以国债为主要标的物的回购协议市场是在20世纪90年代国债发行量稳步上升，国债市场迅速发展的背景下产生的。1991年，上海证券交易所和全国证券交易自动报价系统（STAQ系统）成立，同时跨地区、有组织的规范化国债交易市场也开始启动。为提高国债的流动性，更好地解决国债发行难的问题，经过长时间的酝酿和准备，STAQ系统于1991年7月宣布国债回购业务开始试运行。继STAQ系统之后，武汉证券交易中心也于1992年推出了国债回购交易，此后，回购协议市场先后在我国其他证券交易场所，如上海证券交易所、天津证券交易中心、深圳证券交易所等地诞生。

由于通过国债回购可以获得短期资金融通，这一市场很快就得到了那些急需短期资金，但又很难通过其他途径获得资金的市场参与者的认可，尤其是证券公司、商业银行等也将它视为获得高额收益的短期投资工具。正是在市场参与者的积极推动下，市场发展相当迅速。1993年我国证券市场的国债回购短期交易量仅仅0.42亿元，1995年，国债回购交易量上升到1248.52亿元，到1997年回购协议交易量更是达到12876.06亿元。回购协议的标的物也从最初的国债发展到金融债券、中央银行融资券、企业债、可转债等其他证券。

但由于制度建设的缺陷，债券市场的问题也逐渐暴露。由于缺乏中央托管机构，债券市场发生“纸危机”——一些机构以代保管单的形式超发和卖空国债，引起巨大的市场风险，并基于虚假的国债代保管单作国债登记抵押，回购演变为信用拆借，大量资金通过回购渠道违规进入房地产和股市投机。随着房产和股市泡沫的破裂，大量债券出现兑付危机，武汉证券交易中心、天津证券交易中心、北京STAQ系统等区域性的国债市场相继被关闭。1995年2月23日，发生国债327事件，鉴于327国债违规事件的恶劣影响，1995年5月17日，中国证监会发出了《关于暂停全国范围内国债期货交易试点的紧急通知》，之后国债期货市场被关闭。1997 年 6 月，根据国务院统一部署，人民银行发布了《中国人民银行关于各商业银行停止在证券交易所证券回购及现券交易的通知》（银发［1997］240 号），要求商业银行全部退出上海和深圳交易所市场，从而形成回购协议市场和银行间债券市场并存的形式。

回购协议市场的投资者主体主要是证券公司、基金、各类非银行金融机构及个人投资者；按照“价格优先、时间优先”的原则集中竞价、撮合成交的方式；监管主要由中国证券业监督委员会（证监会）进行。

2009 年 1 月 19 日，中国证监会和中国银监会联合下发了《关于开展上市商业银行在证券交易所参与债券交易试点有关问题的通知》，明确了已经在证券交易所上市的商业银行，经银监会核准后，可以向证券交易所申请从事债券交易。

目前，我国的国债回购协议市场大致可分为四种类型：一是上海证券交易所和深圳证券交易所的市场；二是各地证券交易中心（如天津、武汉、大连等）的市场；三是上述两个有组织的市场之外通过交易者直接联系而达成交易的市场；四是源于 1997 年上半年货币当局要求国有商业银行和其他参加同业拆借一级市场的商业银行和非银行金融机构从上海、深圳交易所市场中撤出而单独形成的封闭性的银行间回购市场。

（二）银行间债券市场

1997 年上半年，股票市场过热，大量银行资金通过各种渠道流入股票市场，其中交易所的债券回购成为银行资金进入股票市场的重要形式之一。1997 年 6 月，根据国务院统一部署，人民银行发布了《中国人民银行关于各商业银行停止在证券交易所证券回购及现券交易的通知》（银发［1997］240 号），要求商业银行全部退出上海和深圳交易所市场，商业银行在交易所托管的国债全部转到中央国债登记结算有限责任公司（以下简称中央结算公司）；同时规定各商业银行可使用其在中央结算公司托管的国债、中央银行融资券和政策性金融债等自营债券通过全国银行间同业拆借中心（以下简称同业中心）提供的交易系统进行回购和现券交易，这标志着机构投资者进行债券大宗批发交易的场外市场——银行间债券市场的正式启动。

银行间债券市场的投资者以商业银行为主体，保险公司、基金、证券公司、信用社等投资者为补充。截至 2009 年年末，银行间债券市场参与者 9247 家，形成了以做市商为核心、金融机构为主体、其他机构投资者共同参与的多层市场结构。

银行间市场债券交易的定价机制经历了一对一询价交易机制到做市商制度的转变。做市商（Market Maker）是指在证券市场上，由具备一定实力和信誉的证券经营法人作为特许交易商，不断向交易者报出某些特定证券的买卖价格，并在该价位上接受公众投资者的买卖要求，以其自有资金和证券与交易者进行证券交易，保证及时成交。做市商扮演经纪人的角色，通过不断买卖证券来提供市场交易的顺利进行，以维护市场的正常运行。正是由于做市商这类交易中介的存在，保证了市场交易的活跃，维持了市场流动性。截至2008年12月，中国债券市场上已经有18家金融机构成为银行间债券市场的做市商。银行间债券市场主要由中国银行业监督委员会监管。

银行间债券市场的交易品种主要包括国债、中央银行票据、政策性金融债及中信集团公司债交易工具包括现券买卖、质押式回购和买断式回购。

目前银行间债券市场的债券发行机构范围包括财政部、铁道部、政策性银行、商业银行、非银行金融机构、国际开发机构和非金融企业等各类市场参与主体。

银行间债券市场自建立以来其规模不断扩张，市场可交易债券存量快速攀升，交易券种也大量增加。市场启动之初，可交易债券存量仅有723亿元。2009年银行间债券市场共发行短期融资券263只，累计发行面额4612.1亿元，中期票据172只，累计发行面额6885亿元，同时为支持中小企业发展，创新推出中小非金融企业集合票据，已成功发行12.65亿元。2009年，企业通过企业债券与公司债券融资约5000亿元。2009年1—12月，银行间市场成交量达137万亿元，同比增长24.2%。其中，现券成交量为47.3万亿元，同比增长27.4%；同业拆借成交量为19.4万亿元，同比增长28.6%；质押式回购与买断式回购成交量70.3万亿元，同比增长20.9%。银行间债券市场是交易结算量最大的市场，占整个债券市场交易总量的99.2%。已经成为我国债券市场的主导。

银行间债券市场的建立为金融市场的改革和发展起到了非常重要的推动作用。一是保证国债和政策性金融债的顺利发行，支持了积极财政政策的实施。二是为中央银行金融宏观调控手段由直接方式向间接方式的转化奠定了市场基础，促进了稳健货币政策的顺利实施。人民银行通过银行间债券市场进行公开市场操作，调节货币供应量，以实现货币政策调控目标。三是促进了利率市场化，有利于提高货币政策传导效能。四是完善了金融机构的资产结构，为金融机构流动性管理和投资提供了便利。五是为各类固定收益证券推出、完善我国金融结构奠定了基础。

但目前银行间债券市场和回购协议市场的割裂对我国债券市场造成了不利的影响。具体表现在：

1. 商业银行、保险公司等大型金融机构作为债券的主力投资者不能进入交易所进行交易大大限制了交易所债市的发展。

2. 银行间债券市场虽然交易量大，债券流动性较好，但因其门槛较高，参与交易者的审批较复杂，这就限制了其他有意愿参与的投资机构；另一方面，其交易的大宗性、规模性大大限制了个人投资者进行参与。

3. 债券以资金量大的机构投资者为主和交易大宗性的特点决定了其交易适合以做市商形式的报价驱动这种大宗交易方式，而不适合指定驱动的方式进行交易。大宗债券在交易所指令驱动的方式下，在特定价位下达了大额交易指令，投资者的这种指令很难在短时间内有价格相同或更优、买卖方向相反的同等大额交易指令与之匹配，以至于交易在很长的时间内难以达成。所以在一般情况下投资者通常需要将大宗交易指令像股票交易一样分解为多个价格的小额指令，这在一定程度上花费了更多的交易时间，降低了交易的效率。

4. 两个市场分别在不同的后台登记单位进行登记交易，登记单位的不同，表示在结算方式交割方式等方面不能具有一致性，这也是两个交易场所多年分割各自独立运行的一个重要原因。

三、贴现市场

中国票据市场的发展大致经历了两个阶段。1982 年，中国人民银行倡导推行“三票一卡”（即汇票、本票、支票和信用卡），可谓中国票据市场的发端。该年，上海市率先开展了票据承兑贴现业务。自那以后，以银行承兑贴现为主要形式的票据业务发展得很快，于 1986—1988 年间达到较大规模；同时，中国人民银行也开始试办票据的再贴现业务。但是，在票据市场的发展中也出现了很多问题，最主要的是资金流向不合理，票据行为失去约束，票据案件特别是假票问题相当严重。所以，1988 年，中国基本上停止了银行票据承兑与贴现活动。

从 1993 年以后，票据市场问题又被提到议事日程。1995 年，全国人民代表大会通过了《票据法》。仅 1995 年，我国商业银行共签发银行承兑汇票2400多亿元，办理商业票据贴现1500多亿元。1996年，《票据法》开始在全国全面推行。这标志着中国票据市场的发展进入了一个新的时期。1997年，以商业汇票为主体的中国票据市场在规范业务操作、完善内控制度的基础上得到了稳步发展。1997年，人民银行发布《中国人民银行对国有独资商业银行总行开办再贴现暂行办法》，之后又颁布了《支付结算办法》、《票据管理实施办法》和《商业票据承兑、贴现与再贴现管理暂行办法》等一系列规章，加强了对商业汇票业务的宏观管理和制度建设；1998年，人民银行发布《关于加强商业汇票管理，促进商业汇票发展的通知》，三次下调贴现和再贴现利率，使票据市场的价格形成机制得以完善；1999年，人民银行下发《关于改进和完善再贴现业务管理的通知》，改革了再贴现率与贴现率的确定方式，扩大了贴现率的浮动幅度。至此，中国票据市场发展的法律框架基本形成，票据市场步入规范与稳步发展的轨道。2000年11月9日，我国第一家专业化票据经营机构——中国工商银行票据营业部在上海正式开业，这个机构的成立，标志着中国商业银行票据业务进入了专业化、规模化和规范化经营的新阶段。2001年，人民银行下发了《关于切实加强商业汇票承兑贴现再贴现管理的通知》，明确票据贴现不属于贷款，再次强化了增值税发票作为正式贸易票据判别标准的权威性。2005年9月，人民银行下发了《关于完善票据业务制度有关问题的通知》，对商业汇票真实性交易关系的审查、查询复查方式和票据质押的相关处理问题等进行了明确规范。2006年，人民银行发布《关于促进商业承兑汇票业务发展的指导意见》，引导和鼓励商业信用有序发展。2007年，人民银行上海总部率先牵头组织上海金融机构完成了《银行承兑汇票转贴现标准合同文本》的制定，并在上海正式推出。2008年年底，60多家金融机构在上海签署《商业承兑汇票转贴现标准合同文本》，这对全国票据市场交易的标准化建设具有重大意义。2009年10月28日，电子商业票据系统建成并正式上线运行，我国票据市场开始进入到电子票据交易时代。

1998年，我国商业票据签发量仅为3800亿元，贴现量则为2700亿元。经过10多年的发展，我国票据市场规模快速扩展。特别是从2005年开始，我国票据市场上商业票据的承兑、贴现和再贴现发生额和余额都维持在一个较高的水平。2009年，企业累计签发商业汇票10.3万亿元，同比增长45%；累计贴现23.2万亿元，同比增长71.4%；累计办理再贴现248.8亿元，同比增长126.8%；截至2009年12月末，全国金融机构票据融资余额

23850.32 亿元，比年初增加 4563.16 亿元，在各项贷款中的占比为 5.97%，环比下降 0.34 个百分点。

票据市场与同业拆借、短期国债买卖三者共同构成货币市场。票据市场的发展，对于企业拓宽融资渠道，商业银行调整信贷结构以及完善货币政策操作的市场环境，都有极为重要的作用。但与其他市场相比较，中国的票据市场发展滞后，票据来源少，票据市场工具表现为单一的银行承兑汇票，商业承兑汇票尚未形成规模；票据市场不完善，缺乏一个完善的贴现市场，贴现票据的转贴现基本无法开展，票据的再贴现范围狭窄等；此外，票据市场利率倒挂的问题，票据市场分割的问题依然存在。目前，发展我国票据市场的重点，一方面在于大力发展和规范银行承兑票据的承兑、贴现业务；另一方面，应该逐步扩大再贴现总量，同时积极发挥再贴现政策的导向作用，合理引导信贷资金流向，促进结构调整；最后，要改革票据市场利率结构，发挥央行再贴现政策职能，不断完善我国支付系统，构建统一的票据交易平台。

四、外汇市场

自 1979 年改革开放以来，我国外汇市场经历了一个从无到有、从低级到高级、从分割到统一的演变过程。1979 年，我国开始实行外汇留成制度。为满足外汇调剂余缺的需要，国务院于 1980 年 10 月批准开办外汇调剂业务，中国银行随后开始办理外汇调剂业务。1981 年 8 月，中国银行又扩充了外汇额度调剂业务。当时，调剂价格可在贸易外汇内部结算价上下 10% 幅度内由双方议定。从 1983 年起，中国银行的各地分行又陆续成立了一些外汇调剂机构，办理企业之间的现汇调剂。1985 年 12 月，经国务院和中国人民银行总行同意，深圳特区成立了第一个外汇调剂中心，正式开办留成外汇的调剂业务。1986 年，办理外汇调剂业务的机构由中国银行转到国家外汇管理局。调剂价最初由外汇管理局统一规定，后来到 1986 年年末全部放弃。在 1986 年到 1987 年间，各地都先后成立了人民银行领导下的外汇调剂中心，外汇调剂市场逐步形成。从 1988 年起，在北京设立了全国外汇调剂中心；1988 年 9 月，上海创办了第一个外汇调剂公开市场，实行会员制，会员业务分自营和代理两类，按竞价成交，集中清算的方式进行交易。截至 1993 年年底，全国已有 18 个类似的市场。外汇调剂市场公布外汇调剂指导系列，它是根据国家产业政策决定的，目的在于引导外汇的用途与国家的产业政策相协调。

1994 年我国成功地进行了外汇体制改革，实行银行结售汇制度。改革的主要内容为：（1）从 1994 年 1 月 1 日起，实行汇率并轨，实行以市场供求为基础的、单一的、有管理的浮动汇率制；（2）实行银行结汇、售汇制，取消外汇留成和上缴；（3）建立全国统一的银行间外汇交易市场，改进汇率形成机制。

银行间外汇市场采取了中国外汇交易中心系统的组织形式，总中心设在上海，在一些大中城市设立分中心，总中心与分中心为电脑联网。市场按照《中国外汇交易中心交易规则》自律管理，中国人民银行通过国家外汇管理局对其进行监管，并在总中心设立中央银行公开市场操作室进行调控。中国外汇交易中心实行会员制，由中资银行总行及其授权分行、外资金融机构和少量经授权的非银行金融机构作为会员，只有会员才能参与外汇市场的交易。交易采用分别报价、撮合成交的竞价交易方式，由计算机系统按价格优先和时间优先的原则对各种报价进行匹配成交。目前市场进行的只有现汇交易，交易币种为美元、日元和港币三种。中国外汇交易中心实行本币与外币集中清算办法，采取双向两级同步清算方式。人民币资金清算通过中国人民银行清算系统进行，各分中心负责当地会员之间的人民币资金清算，差额部分的资金与总中心进行清算；外币资金由总中心会员直接清算，通过境外开户行办理划款；外汇与人民币的资金清算为当日交易，第二个营业日交割，同步到位。随着市场建设的发展，许多会员机构已开通了远程外汇交易系统，不用到集中的交易场所便可参与交易。全国统一的银行间外汇市场建立以后，在没有设分中心的地方，原来的外汇调剂中心继续保留，主要是代理外商投资企业进行外汇买卖。

从 1996 年 7 月 1 日起，我国对外商投资企业实行银行结售汇。外商投资企业经申报开设外汇账户后，可在外汇指定银行办理结汇和售汇，也可以继续通过外汇调剂中心买卖外汇。外商投资企业可根据需要在外汇指定银行开立用于经常项目收支的外汇结算账户和用于资本项目收支的外汇专用账户。国家外汇管理局经中央银行授权，根据外商投资企业实投资本和经常项目外汇资金周转需要，确定外商投资企业外汇结算账户，可保留外汇的最高金额。

经过两年多的运作，中国人民银行和国家外汇管理局又联合下文，宣布从 1998 年 12 月 1 日起，取消外汇调剂业务，并相应关闭各地的外汇调剂中心。这标志着境内机构的外汇买卖均已纳入银行结售汇体系。外汇调剂中心关闭后，其中的一部分转变为中国外汇交易中心的分中心，负责银行间外汇市场和金融机构人民币同业拆借市场运作。外商投资企业的外汇买卖业务完全统一进入银行结售汇体系。

为适应市场个性化交易的需要，作为电子经纪的补充，2001 年 7 月，交易中心推出本币声讯中介服务，2002 年 6 月，推出外币拆借中介服务，2003 年 7 月成立货币经纪部。截至 2003 年年底，声讯经纪的签约机构达到 318 家，全年通过声讯经纪成交外币拆借 15.3 亿美元、本币资金 845 亿元。

运用金融工程理论和信息技术建成了债券市场分析和风险管理系统（F 系统），2003 年 3 月底，在新版本币交易系统启用的同时同步上线，帮助市场成员进行市场分析与风险管理，辅助交易。

2003 年 6 月，交易中心又借鉴本、外币交易、信息系统的经验，推出了票据市场的基础平台——“中国票据”网。2003 年年底，参与“中国票据”网的金融机构达到 891 家，半年内发送票据报价金额 8729.5 亿元。

2005 年 7 月 21 日，人民币汇率制度改革，形成参考一篮子货币的、有管理的浮动汇率制度。

2005 年 7 月，人民币汇率制度改革后，银行间外汇市场逐步推出了人民币外汇远期、掉期交易品种，并在原有的竞价交易方式之外，增加了询价交易方式，引入做市商制度。为配合外汇市场改革措施的出台，实现市场改革目的，中国外汇交易中心于 2005 年年底通过全球招标，最终选择路透作为新一代外汇交易系统的开发公司。经过一年多的合作开发，该系统已于 2007 年 3 月 12 日上线运行外币对交易，并于 4 月 9 日上线人民币外汇交易。该系统是路透运用 RET（Reuters Electronic Trading）技术专门为人民币外汇交易进行的本地化开发，实现自动程序的做市商报价和交易。会员可自主选择竞价和询价交易方式，采用一次点击成交、RFQ 双边询价或限价订单等完成交易，操作方式更加自动化、电子化，交易变得更加有效率。新一代外汇交易平台统一了人民币外汇交易和外币对人民币的交易业务，提供了 8 种外币对人民币的交易信息，是银行间外汇市场发展的一个重要里程碑，是中国外汇市场与国际接轨的标志性发展，提高了中国外汇市场的透明度和效率，完善了人民币汇率的形成机制。

自 1994 年以来，中国外汇市场运行平稳，发展迅速。银行间外汇市场 1994 年成交量为 408 亿美元，1997 年达到 700 亿美元；受亚洲金融危机影响，随后两年交易量出现下滑；2000 年恢复增长，2001 年市场成交量超过金融危机前的水平，达到 750 亿美元；2002 年成交量增加到 972 亿美元；2003 年市场成交量一举突破 1000 亿美元，达到创纪录的 1511 亿美元。2004 年第一季度成交量累计折合 413.06 亿美元，日均成交量 6.77 亿美元。2009 年累计成交 8018 亿美元，同比增长 82.1%，增幅比上年提高 42.5 个百分点。

五、资本市场

根据资本市场规模、二级市场发展状况等特点，可以将我国资本市场的发展历程概括为以下几个阶段：

（一）资本市场的起步阶段（1981—1988 年）

建国初期，我国曾发行过政府债券，1958 年后停止发行。20 世纪 70 年代末开始的经济体制改革，使国民收入分配格局发生了巨大的变化。社会资金的分配趋向分散化，由政府集中的资金相对减少。我国政府于 1981 年恢复政府债券的发行，筹集资金用于经济建设。这一时期的国债发行，无论从何种角度看，都处于低级阶段，并带有很深的计划经济的烙印。

（二）资本市场的初步发展阶段（1988—1990 年）

1988—1990 年，以国债二级市场的开放为契机，大大推进了证券市场的发展。自 1981 年恢复发行国债至 1988 年，国债的累计发行量已达到 455 亿元。但是，由于国库券发行采用派购的方式而且不许转让，存在许多弊端。为了完善国债市场，1988 年 4 月，经国务院批准，首先在沈阳、上海、重庆、武汉、广州、哈尔滨和深圳进行国库券流通转让试点，同年 6 月试点扩大到 28 个省市的 54 个大中城市。1988 年年底，国库券转让业务基本上在全国铺开，100 多个城市可以办理国债二级市场业务。国库券二级市场开放后发展极快。

国债市场取得进展的同时，企业债市场也有较大的发展。首先从发行对象来看，1987 年以前的企业债以企业内部集资为主，1988 年以后则以向社会公开发行为主；其次，发行的债券比较规范，1987 年 3 月，国务院颁布了《企业债券发行条例》，引导企业债券发行市场趋于规范；第三，债券发行者不只是小企业和乡镇企业，国营企业、经济效益好的集体企业以及中外合资企业也进入债券市场融资。这个时期的股票市场，特别是股票二级市场有了一定的进步。按当时国务院的规定，只允许在上海、深圳两地进行股票上市转让、交易的试验。至1990年上海已有7家股份公司的股票上市交易，在2.4亿元多的股本总额中，社会公众股0.66亿元。由于两个证券交易所都未正式成立，所以当时深圳、上海的证券交易均为柜台交易，场外进行。这一时期，金融债券（包括银行金融债和政策性金融债）的发行也扩大了范围，1985年各专业银行发行了金融债券，1988年以后其他金融机构也开始发行金融债券。1988年全国发行金融债65亿元，期末余额85亿元；1990年，发行金融债64.40亿元，余额89.88亿元。资本市场初步发展阶段的主要标志是国债二级市场开放，这一时期，国债、企业债、金融债和股票的发行规模逐渐加大，股票交易市场试点范围也逐渐扩大。但由于交易所尚未成立，各种法律法规远未健全，所以我们称之为初步发展阶段。

（三）逐步推进和规范发展阶段（1991—1995年）

这一阶段的开始以1990年12月上海证券交易所正式成立为标志。证券交易所的成立，使我国证券市场由场外交易进入场内交易，由分散交易进入集中交易。上海证券交易所开业初期，以债券交易为主，以后转为债券交易与股票交易并重。股票交易全部进交易所。1990年，在交易所交易的各类债券、股票共31种，1991年达39种，1990年全年证券交易额91亿元，其中债券75亿元，股票交易额16亿元。继上海证交所之后，深圳证交所经过1990年的筹备和试运转，于1991年7月正式营业。1991年共有6种股票上市交易，全年交易总额为35.55亿元。在上交所开业不久，另一个场外集中交易市场——全国证券交易自动报价系统（STAQ）于1990年12月5日在北京开通运行。1991年有6种债券在这个系统内交易，当年成交额16.37亿元。这一时期，我国证券发行市场的改革取得了较大进展。就国债发行而言，1991年的一项重大改革是对部分国债的发行采用承购包销的方式，即由证券公司和信托投资公司组成承销团，向财政部承购国债，然后由他们向购买者推销。这项改革使国债的发行趋向市场化。1992年，国债发行继续推行承购包销改革，并首次进行无券发行，全国73家金融机构组成1992年国库券无券发行承销团，承销了五年期国库券36.45亿元。1993年国债发行又实行了一级自营商制度。1991—1995年，我国国债发行额迅速增加，1991年度为281.25亿元，到1995年增加到1537亿元。在股票发行市场上，一项重要的改革是开始发行人民币特种股票（B股），开拓了运用股票市场吸引外资的新渠道。1991年上海真空电子器件股份有限公司和深圳南方玻璃股份有限公司发行了人民币特种股票。1992年，国务院批转了国家体改委关于股份和股票市场扩大试验的报告。公开发行股票的试点由上海、深圳两市扩大到广东、福建、海南3个省，这一系列的改革措施为扩大股票的发行市场提供了坚实的基础。1992年，上海公开发行股票的公司共55家，深圳公开发行股票的公司有10家。1993年，股票公开发行的试点推向全国。在改革的推动下，我国证券发行规模增长较快。1992年全国范围内各类有价证券的发行总量为1280亿元（不包括内部发行的股票）。其中国债410亿元、国家投资债券127亿元、企业债券379亿元、金融债券255亿元、股票109亿元（其中人民币特种股票12亿元多）。同时一些新的金融商品开始出现，如沈阳、大连、重庆、厦门先后发行了多种投资基金类受益券，深圳宝安公司发行了认股权证和可转换债，淄博乡镇企业投资基金和深圳天骥基金都经批准而顺利发行。在发行市场规模扩大的同时，证券流通市场也得到很大发展。1992年，全国证券集中交易市场的交易总金额达到1044.1亿元。其中债券（主要是国债）交易额为351.27亿元，股票交易额为692.83亿元；1993年，证券交易规模进一步扩大，交易总金额达到4553亿元，其中债券（主要是国债）交易额为805亿元，股票交易额3748亿元。与此同时，证券中介机构得到迅速发展。证券公司、信托投资机构、证券业务律师事务所、资产评估机构、会计师事务所、证券投资咨询公司等如雨后春笋，增长迅猛。为了加强对迅速发展的证券业的领导，1992年10月，国务院证券委员会和中国证券监督管理委员会成立，这是中国证券业管理走向规范化的重要信号。1993年，国家证券委和中国证监会制定了一系列的条例、法规，使我国证券业的管理逐渐走向法制化的轨道。这些法规有《股票发行与交易管理暂行条例》、《证券交易所管理暂行办法》、《禁止证券欺诈行为暂行办法》、《公开发行股票公司信息披露细则（试行）》、《招股说明书的内容与形式（试行）》等。1993年，我国证券市场在国际化方面也迈出了新步子，继B股发行后，经过近一年时间的准备，上海二纺机B股的ADR（美国存股证）在美国发行并流通，上海二纺机在瑞士市场发行B股可转换债，青岛啤酒、上海石化、马钢、人民机器、广船、昆明机床等6家H股在香港上市获得成功。总的来看，1991—1995年的这段时间是我国资本市场发展的重要阶段。以上海证券交易所和深圳证券交易所的成立为标志，以企业股份制改革为契机，我国资本市场吹响了逐步推进与规范发展的号角。

（四）快速发展和全面展开阶段（1996年以后）

1996年到现在是我国资本市场快速发展时期。经1996年3月17日第八届全国人民代表大会第四次会议批准的《中华人民共和国国民经济和社会发展“九五”计划和2010年远景目标纲要》明确提出：“要积极稳妥地发展债券和股票融资，进一步完善和发展证券市场”，为我国资本市场发展与完善提出了战略目标，推动和促进了“九五”期间资本市场的快速发展。1999年7月，《中华人民共和国证券法》的正式实施，使得我国资本市场进入了规范化、法制化的发展阶段。

股票市场上，以1999年10月开始的国有股减持为始端，开始了股市全流通的实践探索，后虽因引发股市盘跌而暂停。但探索却未止步。与此同时，证券发行审核制度的改革也开始展开。从2001年3月开始，核准制框架下的“通道制”正式实施，2004年2月后，被“保荐人制”取代。发行制度的改革从根本上促进了证券监管机构职能的转化，同时也有利于保证发行人的质量，为稳定资本市场奠定了基础。2004年2月，国务院发布了《关于推进资本市场改革开放和稳定发展的若干意见》（又称“国九条”），对我国资本市场的发展做出了全面规划，将大力发展资本市场上升到了战略高度。“国九条”出台后，国家将大力发展资本市场作为一项战略任务，着力解决股权分置改革、上市公司、清欠和证券公司综合治理等困扰中国资本市场多年的历史遗留问题，并在2006年取得了实质性进展。《公司法》和《证券法》在2005年进行了全面修订，鼓励市场创新，拓宽资金入市渠道，对不利于资本市场的限制性规定作了适当调整，从法律上保障资本市场健康有序发展。同时，证券监管部门专门针对提高上市公司质量出台了一系列政策规定，在上市公司法人治理结构的完善等方面取得了显著成果。

债券市场上，2003年成为债券市场20多年发展历程的分水岭：债券的发行量取得了历史性的突破，市场规模继前两年继续扩大，市场功能也受到了前所未有的关注，发展债券市场还被写入党的十六届二中全会的决定之中；此外，中国债券市场也开始迈出创新和改革的步伐。

基金市场上，自2000年6月以后，证券投资基金运作逐步纳入规范化发展轨道，基金业规模迅速扩展；2001年，开放式基金开始试点；2002年，基金业规模又掀起新一轮扩容高潮；2004年6月实施的《中华人民共和国证券投资基金法》从根本上奠定了证券投资基金行业发展的基础。

在上市公司的治理和规范方面，2002年1月，证监会发布了《上市公司治理准则》，针对我国上市公司治理方面存在的突出问题提出了一套兼具原则性与操作性的措施。之后，证监会又相继出台了一系列具有较强可操性的措施。

证券公司的综合治理工作也取得了实质性进展。从2004年8月全面部署和启动的证券公司综合治理工作，主要内容是采取措施化解和处置证券公司历史遗留的风险问题。该项治理工作中，通过强力督促整改和处置高风险公司，证券公司挪用客户交易结算资金、违规资产管理、挪用客户债券和股东占款、超比例持股等长期积累形成的巨大风险在全行业得以化解，流动性缺口问题全部解决，账外经营已全部清理或纳入账内反映。2008年4月23日，《证券公司监督管理条例》和《证券公司风险处置条例》正式发布，证券公司风险处置的长效机制得以建立，证券公司能够以全新的面貌适应资本市场未来的发展

同时，资本市场开始步入“走出去”与“引进来”双向开放的阶段：在QFII整体发展态势良好的背景下，QDII制度试点也顺利结束，2006年1月，《外国投资者对上市公司战略投资管理办法》的颁布，标志着我国资本市场开放开始形成QDII方式与QFII方式并举的局面。

截至2009年年底，一个以上海证券交易所为主的主板市场，以深圳证券交易所为主的中小企业板市场，以承接退市公司股份转让业务为主的“代办股份转让系统”为主要架构的多层次资本市场体系已基本成形；同时期货市场也得以迅速发展，交易所债券市场规模不断扩大，并与银行间债券市场联系日趋紧密。

专栏16.1　股权分置改革

一、股权分置问题的由来

所谓股权分置，是指上市公司股东所持向社会公开发行的股份在证券交易所上市交易，称为流通股，而公开发行前股份暂不上市交易，称为非流通股。这种上市公司股份分为流通股和非流通股的股权分置状况，为中国内地证券市场所独有，截至2004年年底，上市公司7149亿股的总股本中，非流通股份达4543亿股，占上市公司总股本的64%，非流通股份中又有74%是国有股份。

2005年4月29日，经国务院批准，中国证监会发布

了《关于上市公司股权分置改革试点有关问题的通知》，宣布启动股权分置改革试点工作。市场各方最为关心的首批股权分置改革试点公司浮出水面：清华同方、三一重工、紫江企业、金牛能源四家主板上市公司率先尝试这一改革。按照改革方案，四家公司流通股对应的股东权益均有所增厚。不过，其来源却各有不同：三一重工和紫江企业的流通权对价来源于非流通股股东，而清华同方的流通权对价来源于公积金。另外，三家公司在方案设计中，还各自采用了一些不同的特色安排，成为方案中的亮点所在，这些个性化条款是保荐机构和非流通股股东共同协商的结果。股权分置试点方案是我国证券市场制度的一大创举，具有划时代的意义。

二、股权分置的危害

第一，股权分置把上市公司股份分成流通股和非流通股，客观上造成了两类股东利益的冲突。股权分置使上市公司股东之间的收益和风险不匹配：流通股股东几乎承担了上市公司的全部风险，非流通股股东则几乎不承担任何风险，但却享有公司的多数权益。在分类投票制度实施之前，通过关联交易和高溢价融资，非流通股股东可以轻易的掠夺流通股股东的利益。在这种制度安排下，要在资本市场上实现三公原则，几乎是不可能的。

第二，股权分置使上市公司的并购重组行为呈现出浓厚的投机性特征。并购重组是公司在财务方面最重要的战略行为，在成熟市场，并购重组的动机、成本分析和支付方式等都有相对规范的理论解释，但在中国这样一个股权分置的市场，并购重组变成对上市公司资源的掠夺和对上市公司竞争力的损害，几乎成为掏空上市公司资源的代名词，这与并购重组者所宣称的整合产业、提升企业综合竞争力的目标完全背道而驰。这种基于股权分置的投机性并购重组行为，造成了股票价格的暴涨暴跌，严重损害了流通股股东的利益，扭曲了二级市场整合存量资源的功能。

第三，股权分置是中国资本市场关联交易盛行和上市公司非理性融资的制度基础。中国资本市场是全球关联交易最盛行、最频繁的市场，也是关联交易最不公平的市场。母公司与上市公司进行一定规模的关联交易，只要程序透明并采取竞价机制，应视为一种正常的商业行为。但在中国资本市场上，这种关联交易通常被母公司所掌控，随心所欲。从最终的结果看，这种被母公司所掌控的关联交易，都是以上市公司的利益亦即流通股股东利益的损害为代价，成为大股东转移上市公司优质资产（现金）的通道。

第四，股权分置造成我国股市价格悬空，蕴涵系统性风险，影响投资者信心。股权分置格局下，股票定价除包含公司基本面因素外，还包括2/3股份暂不上市流通的预期。对于单个公司来说，由于其大部分股份不能流通，致使上市公司流通股本规模相对较小，易于受投资机构操纵，股价波动较大和定价机制扭曲。

第五，股权分置阻碍我国股市交易机制功能的发挥：股权分置导致交易费用和社会成本的增加，破坏了股市机制，资源配置效率低下；股权分置导致股市错位，导致包括股价、流动性、股票利息率等在内的一系列市场信息全部失真，在这一基础上，股市应发挥的风险转移、市场定价等功能也都受到严重损害。

股权分置改革的战略意图主要有两个：一是为中国资本市场的未来发展创造一个具有预期功能的制度平台；二是消除长期以来侵害流通股股东利益的制度基础，使全体股东利益趋于一致。

从2005年到2009年，股权分置改革的四年多时间，中国股市既经历了从998点到6124点的超级牛市，也经历了6124点到1664点的快速下跌，可谓波澜壮阔，惊心动魄。随着中国石化、工商银行的超级大盘股的逐步全流通，我国证券市场发生了翻天覆地的变化——全流通时代终于到来。

在解决股权分置中保护流通股股东的利益是“国九条”的宗旨和灵魂，但在股权分置改革的过程中，这一宗旨和灵魂并没有得到应有的重视和体现。虽然在解决股权分置的过程中普遍采用了流通股股东的认同率表决制度，但在整个股改中，大股东却成为绝对的主导和最主要的获益者。另外，上市公司的业绩没有在股改中得到提升。由于股权分置改革的主导方案是非流通股股东向流通股股东送股，因而没能改变上市公司的股本规模，中国股市因原有的制度缺陷而形成的不合理的持股结构都基本上得以沿袭和保留下来了。

第三节 银行金融机构的改革与发展

经过20多年的改革开放，我国基本形成了以中国人民银行、中国银行业监督管理委员会为领导、国有独资商业银行为主体，多种金融机构并存，功能齐全、形式多样、分工协作、互为补充的多层次的银行金融机构体系。截至2004年5月末，我国银行业资产总量已达29.2万亿元，约占我国金融机构总资产的90%以上。目前，我国银行业共有4家国有商业银行、3家政策性银行、11家股份制商业银行、112家城市商业银行、3家农村商业银行、2家农村合作银行、710家城市信用社、33965家农村信用社、199家外资银行营业机构和219家外资银行代表处。

一、国有商业银行的改革与发展

在1979年以前，我国的金融机构主要是按照前苏联的银行模式进行改造，实行高度集中的国有银行体系，这种模式下，我国只有中国人民银行一家办理一切银行业务，这种模式一直延续到20世纪70年代末的改革开放。党的十一届三中全会以来，金融机构也进行了一系列的改革，突破了以往高度集中的金融机构体系，向多元化体系发展，1984年建立了中央银行制度，中国人民银行专门行使中央银行职能，1984年成立中国工商银行，承办中国人民银行原来所办理的全国信贷业务和城镇储蓄业务。1994年以来，为了适应市场经济发展的需要，建立了以中央银行为领导，政策性银行与商业银行相分离，以国有商业银行为主体，多种金融机构并存的改革目标，大大地推动了机构的改革与发展。体制变革的层面，商业银行股份制改造是金融改革的重要手段，2003 年 10 月 14 日中共十六届三中全会通过《关于完善社会主义市场经济体制若干问题的决定》中明确指出：选择有条件的国有商业银行实行股份制改造，加快处置不良资产，充实资本金，创造条件上市。在同年 10 月 28 日—30 日召开的国际金融论坛上，央行提出进一步将国有银行改革具体划分为三步走计划。第一步，通过国家注资来解决不良贷款和内部经营的机制问题；第二步，进行股份制改造，按照公司治理的原则来建立起良好的治理结构；第三步，择机上市。

此后，国家通过外汇注资、引入国际战略投资者等措施，推动国有银行全面改制上市。2004 年 1 月 6 日，国务院正式宣布将 450 亿美元的外汇储备注资中国银行和中国建设银行，两家银行各获得 225 亿美元。中国银行的主要境外战略投资者为 RBS China Investments，其持股比例目前为 8.25%。建设银行引入的主要境外战略投资者为美洲银行，其持股比例为 8.19%。2005 年 4 月，汇金公司向工行注资 150 亿美元，财政部则保留原工商银行资本金 1240 亿元，工商银行于 2005 年 10 月 28 日由国有商业银行整体改制为股份有限公司。工商银行引入的主要境外战略投资者为高盛集团，其持股比例目前为 4.93%。2005 年 10 月 27 日，建设银行 H 股在香港交易所上市交易，H 股筹资为 715.78 亿港元；2007 年 9 月 25 日，建设银行 A 股在上海证交所挂牌交易，A 股筹资为 571.2 亿元人民币，两地募资超过 1200 亿元人民币。2006 年 6 月 1 日，中国银行 H 股在香港交易所上市交易，H 股筹资为 867 亿港元；2006 年 7 月 5 日，中国银行 A 股在上海证交所挂牌交易，A 股筹资为 200 亿元人民币，两地合计募资超过 1000 亿元。2006 年 10 月 27 日，工商银行以 A + H 方式在大陆和中国香港两地同时挂牌交易其中，发行 A 股筹资 466.4 亿元人民币；发行 H 股筹资约合人民币 1256.8 亿元。两地合计募资超过亿元。2009 年 8 月中国农业银行也成功上市交易。

自 2003 年年底以来，工商银行、中国银行、建设银行、农业银行参照国内外银行重组改制的成功经验，根据“一行一策”原则，确定了国家注资、处置不良资产、设立股份公司、引进战略投资者、上市等改革步骤，着力提升国际竞争力，稳步推进股份制改革，取得了突破性进展。

1. 公司治理不断规范。四家银行不断完善公司治理，“三会一层”之间已初步形成各司其职、有效制衡、协调运作的架构与机制。董事会、监事会和高级管理层履职能力不断提高，银行决策、执行和监督日益符合市场惯例。

2. 财务状况根本好转。截至2007年年底，工商银行、中国银行、建设银行的不良贷款率分别为2.74%、3.12%、2.6%，远远低于股改前的水平；资本充足率分别达到了13.09%、13.34%、12.58%，超过《巴塞尔协议》对资本充足率的要求，与世界领先银行的差距不断缩小，为进一步提高我国银行业整体竞争力，实现持续发展打下了一个良好基础。

3. 发行和上市工作基本完成。通过公开发行上市，四家银行建立了市场化的资本金补充机制，规范了信息披露，加强了对高级管理层的履职约束，资本市场对建立现代金融企业制度的促进和监督作用明显增强。工、农、中、建四家国有银行的成功上市，标志着国有商业银行的改革已经取得了实质性进展，传统的商业银行正式转变为国家控股的股份制商业银行。

专栏16.2

工商银行改制揭开帷幕 财政部4000亿元巨资如何注入

在动用450亿美元外汇储备向中国银行、建设银行注资后，中国政府是否还会通过注资推动其他国有商业银行？财政部副部长楼继伟给出了明确答案。

“中国工商银行作为我国最大国有银行，对其改革，财政部也有准备。国务院总的精神是这几家银行都要改革，一行一策，不要一个模式。但总的来说是都要注资，都要剥离一些不良资产；不管以什么形式，都要建立新的公司治理结构框架。”12月2日，楼继伟在由欧洲货币、汇丰银行和中国工商银行联合举办的“资本市场与公司治理”论坛上出人意料地明确表态。

“财政部一定会注资中国工商银行，具体的方案已经成型。”楼继伟并不讳言。

在会上，中国工商银行行长姜建清亦称，该行目前正在为政府注资进行积极筹备，但仍在等待政府的最后批准。

缺口4000亿元

早在中国银行、建设银行获得注资后，银行业分析师预计，中国政府还将对另两家国有商业银行、中国工商银行和中国农业银行施以类似的援助。

按照年报公布的数据，截至2003年年底，工商银行集团的总资产达52791亿元，占中国境内银行业金融机构资产总和的19%，不良资产率为21.24%，如果要使不良资产下降到4%以下，剥离不良资产的力度将是空前的。按照建设银行、农业银行的先例，注资的参考指标是资本充足率，2003年年底，工商银行的资本充足率为5.52%，核心资本充足率4.77%，工商银行内部人士透露，如果要达到8%的标准，缺口在4000亿元以上。

但这是按照原先的规定计算的，如果按照2004年3月1日起施行的《商业银行资本充足率管理办法》，用新的规定计算资本充足率，工商银行的资本充足率无疑会进一步下降，所需资金会更多。

如何注资

这么大一笔巨款，财政部将如何注入工商银行？

《证券市场周刊》获悉，围绕对中国工商银行的注资，当前主要有三种方案。

一是仿效中国银行、建设银行，继续由国家动用外汇储备注资。

“动用外汇储备是最简单的办法，毕竟现在国家的外汇储备相当充足。”瑞士信贷第一波士顿中国研究主管陈昌华对此表示赞同。

“这种模式的好处是有成熟的经验可以借鉴，毕竟在注资中国银行、建设银行当中发生的问题可以得到有效的规避。”知情人士称。

但是，知情人士提醒，楼继伟在讲话中强调，一行一策，不要一个模式。而此前中国人民银行副行长郭树清亦说，国有独资商业银行改革将根据自身情况，可能采用不同方式方法来解决问题。

从这个角度说，外汇注资只是选择之一。

第二种方案最为外资看好，其核心内容是由财政部向央行发行一定规模的债券，然后用获得的资金放入汇金公司，由汇金公司作为投资人给中国工商银行注资。

“这在国际上是比较通行的做法，有比较成熟的经验。”某外资投行人士对《证券市场周刊》指出，“这样可以使各方的权责分明，有利于巩固以后改革的成效。”

第三套方案就是仿效交通银行的模式，由社保基金入股一部分，工商银行再自行解决一部分。但这套方案实施的有效性最不为业内人士看好。

“道理很简单，社保基金能投入的量会有多少？”知情人士强调。

股改热身

注资和剥离显然是关键一步，但在姜建清看来，真正的着眼点，应该是公司治理机制的再造。

“完善公司治理是国有商业银行综合改革的核心。”姜建清说，“综合改革的目的不仅仅是产权改革，也不是财务重组，甚至不是上市，而是要建立良好的公司治理机制，以此实现体制转轨和结构转型。”

从目前的情况看，巨额不良资产和沉重历史包袱是国有商业银行加速推进综合改革进程中面临的最大障碍之一。

11 月 9 日，中国工商银行启动了不良资产证券化试点项目。

有关负责人介绍，此次试点项目涉及中国工商银行宁波市分行账面价值约 26 亿元不良贷款，参与项目实施的包括中国工商银行、瑞士信贷第一波士顿、中信证券股份有限公司和中诚信托投资有限责任公司等。

根据第三方尽职调查报告和资产管理与处置方案测算结果，有关各方已确定预计可回收现金额，并以此为基础，评级后设立了价值约 8 亿元的特殊目的信托。

目前，试点项目前期准备工作已经全部完成，资产证券化产品销售路演已正式启动。

来源：袁朝晖《证券市场周刊》2004年12月15日。

二、股份制商业银行的改革与发展

尽管股份制商业银行目前在资产和市场占有率所占比重不大，但对于促进我国金融业的发展有积极的意义，与国有商业银行相比，股份制商业银行具有“资产总量小、法人机构多、历史包袱轻、管理体制活、发展速度快、经营差异大”等特点。它们充分发挥自身机构新、机制灵活的特点和优势，扬长避短，牢固树立了为中小企业，特别是为个体工商户和本地居民服务的经营思想，瞄准国有商业银行收缩部分地区分支机构和调整经营策略的时机，抓住机遇，占领市场，加快发展，并不断地实现业务创新。目前，股份制商业银行的经营状况、盈利能力、资产质量和资本充足率等普遍好于国有商业银行。随着资产规模迅速扩大、不良贷款率大幅下降、资本充足率稳步提高，我国11家股份制商业银行通过一系列改革已成为我国金融体系重要组成部分。以民生银行为例，1996年1月12日，我国首家主要由民营企业投资的全国性股份制商业银行——民生银行在北京成立，是内地首家主要由非公有制企业入股的全国性股份制商业银行，也是规范的股份制金融企业。在内地商业银行仍是国有制一统天下之时，民营的民生银行成为国内外关注中国金融改革的焦点之一。民生银行不良贷款率自2000年开始基本是逐年下降。2000年为4.39%；2001年为2.76%；2002年为2.04%；2003年为1.29%；2004年为1.31%；2005年为1.28%；2006年为1.23%；2007年9月30日，其资产总额已达到9446亿元，净利润43.12亿元，不良贷款余额仅为53.28亿元，不良贷款率只有0.96%；2009年末，民生银行总资产规模达到14263.92亿元，存款总额11279.38亿元，贷款总额8829.79亿元，成为业内的奇迹。为在未来竞争中占据有利地位，股份制商业银行正加快引进国际战略投资者合作步伐，积极开拓新的业务领域，不断增强业务创新能力，努力提高风险控制能力和业务标准化水平和个性化服务水平。我们可以相信，股份制商业银行将是中国银行业的主力军和发展方向。

三、城市商业银行的改革与发展

城市商业银行是中国银行业的重要组成部分和特殊群体，其前身是20世纪80年代设立的城市信用社，资本来源以集体经济和个体工商户为主，作为城市集体信用组织，它是为城市集体企业、个体工商业户以及城市居民服务的金融组织，是实行独立核算、自主经营、自负盈亏、民主管理的经济实体，但在实践中，绝大部分的城市信用社从一开始，它的合作性质就不明确，因此改革成为地方性商业银行是其必由之路。

从20世纪80年代初到90年代，全国各地的城市信用社发展到了5000多家。然而，随着中国金融事业的发展，城市信用社在发展过程中逐渐暴露出许多问题。城市商业银行要发挥自身的优势，服务地方经济，服务中小企业，服务城市居民，要利用自身的优势，自身的特点来开展业务，不要盲目地和大银行攀比。城市商业银行是在中国特殊历史条件下形成的，基本上都由原来各城市的城市信用社改制而成，是中央金融主管部门整肃城市信用社、化解地方金融风险的产物。由于其经营范围受区域性限制，决定了其业务经营受到狭小的地域限制，因此，目前城市商业银行的市场定位主要表现在：立足地方经济、立足中小企业、立足城市居民。其区域性与地方性特征十分明显。城市商业银行与地方关系密切、利益相关，地方财政往往是其最大股东。因此，城市商业银行必须明确自己的市场定位，要积极支持地方经济建设，为中小企业发展注入资金；走特色经营之路，要把那些与广大市民生活联系密切的项目作为工作和业务发展的重点，优化资源配置，确保在这些业务领域竞争中的比较优势地位，而不能搞“小而全，大而全”，否则只能永远处于劣势。在未来充分竞争的市场条件下，城市商业银行唯有依靠自身优势，不断弥补劣势，在市场细分中选择一个科学合理的目标市场，才能在激烈的市场竞争中立足。城市商业银行是中国金融体制改革的产物，截至到2006年年底，全国4个直辖市、25个省会（自治区首府）城市和83个经济较为发达的中心城市已经设立了115家城市商业银行，总资产占全国商业银行份额的6%左右，而且每年还在以25%以上的平均速度快速发展。

四、农村信用社的改革与发展

农村信用合作社是由农民入股、社员管理、为社员服务的集体金融组织，农信社50多年来在支持农业发展过程中的作用不可低估，而且在未来“三农”问题的解决中更将起到不可替代的作用。农村信用社普遍建立于我国20世纪50年代，但在过去几十年中一直以国有银行的基层机构的形式存在，由农业银行管理，相当大程度丧失了合作制的性质，1996年下半年进行了一系列的改革，与农业银行脱钩由信用联社管理，同时逐渐恢复合作制原则，农村金融体制和农村信用社改革事关农民、农业和农村经济发展大局。为促进农村信用社健康发展，改进对农村经济的金融服务，在目前货币政策面临较大压力的情况下，国家仍然决定出资支持试点地区农村信用社的改革。根据国务院部署，2003 年下半年，农村信用社改革试点在山东、吉林、浙江、贵州、江西、陕西、江苏、重庆八个省市全面展开。根据国发（2003）15 号文件精神，中国人民银行按 2002 年年底实际资不抵债数额的 50%，发放专项再贷款或专项中央银行票据，帮助试点地区农村信用社化解历史包袱，目的是使改革后的农村信用社能做到产权明晰、财务状况良好、治理结构完善。为此，中国人民银行制定了《农村信用社改革试点专项票据操作办法》和《农村信用社改革试点专项借款管理办法》，在手续和条件的设计上坚持切实促进改革到位并真正达到“花钱买机制”的效果。2003 年，深化农村信用社改革试点正式实施以来，试点地区农村信用社改革进展顺利，认真总结试点地区农村信用社改革经验，扩大农村信用社改革试点区域，积极推进其他省市农村信用社的改革和改制。深化农村信用社改革的重点是要通过改革切实转换经营机制，因此，要扎实做好农村信用社新增资本金的工作，防止虚假注资，要严格资本充足率的监管，建立及时补充措施，要尽快建立存款保险制度，强化市场约束，从而促进农村信用社的健康发展。2004 年 6 月国务院办公厅转发《银监会、人民银行关于明确对农村信用社监督管理职责分工的指导意见》（国办发［2004］48 号），明确了农村信用社在交由省级政府管理后，银监会、人民银行、省级政府和农村信用社省级管理机构在农村信用社监督管理、风险防范和处置方面的职责分工。2004 年 8 月国务院下发《国务院办公厅关于进一步深化农村信用社改革试点的意见》（国办发［2004］66 号），进一步明确了农村信用社的改革方向。2008 年 9 月，央行发布《中国农村金融服务报告》，提出了今后深化农村金融服务的基本思路：适度放开农村信用社贷款利率上限，继续放宽农村金融机构的准入门槛和降低监管标准，以及加快建立存款保险制度。

深化农村信用社改革试点自 2003 年 6 月正式启动以来，取得了重要进展和阶段性成果。一是历史包袱初步化解，资产质量明显改善；二是支农资金实力明显增强，支农信贷投放快速增长；三是产权制度改革稳步推进，新的管理体制基本建立。

五、外资金融机构在我国的发展

随着对外开放的不断发展，尤其是入世以来，在我国的中外合资金融机构和外商独资的金融机构得到了长足的发展。1985 年 11 月，厦门国际银行成立，这是我国经济特区设立的第一家中外合资银行，随后又成立了中外合资的珠海南通银行和中国国际财务公司。我国建设银行与美国摩根斯坦利、中国经济投资担保公司、香港命力集团、新加坡政府投资公司合作，创建了我国第一家合资投资银行——中国国际金融公司。2001 年 12 月中国加入世贸组织后，中国银行业开放步伐进一步加快，开放领域进一步扩大。外资银行经营外汇业务已没有任何地域和客户限制，经营人民币业务的地域迅速扩大。截至 2004 年 7 月 15 日，获准经营人民币业务的在华外资银行机构达到 100 家，占外资银行营业性机构总数的 50%。其中：上海 53 家、深圳 19 家、天津 8 家、大连 6 家、广州 7 家、珠海 2 家、青岛 2 家、福州 2 家、武汉 1 家。在上述 100 家机构中，53 家已获准向中资企业提供人民币服务。与 2001 年年底相比，可经营人民币业务的外资银行机构总数增加了 70 家。经中国银监会批准，在华外资银行目前可以在上海等 13 个城市经营人民币业务。根据我国加入世界贸易组织的承诺，外资银行经营人民币业务的地域限制将在 2006 年 12 月全面取消。

第四节　利率市场化改革和发展

稳步推进利率市场化是我国金融改革的重要内容。我国早期的改革侧重于理顺商品价格。20 世纪 90 年代后期以来，开始强调生产要素价格的合理化与市场化。资金是重要的生产要素，利率是资金的价格，利率市场化是生产要素价格市场化的重要方面。我国的利率市场化是在借鉴世界各国经验的基础上，按照党中央、国务院的统一部署稳步推进的。总体思路是先货币市场和债券市场利率市场化，后存贷款利率市场化。

一、银行间同业拆借市场利率先行放开

银行间同业拆借市场利率是整个金融市场利率的基础，我国利率市场化

改革以同业拆借利率为突破口。

（一）放开银行间拆借利率的尝试

1986年1月7日，国务院颁布《中华人民共和国银行管理暂行条例》，明确规定专业银行资金可以相互拆借，资金拆借期限和利率由借贷双方协商议定。此后，同业拆借业务在全国迅速展开。针对同业拆借市场发展初期市场主体风险意识薄弱等问题，1990年3月出台了《同业拆借管理试行办法》，首次系统地制定了同业拆借市场运行规则，并确定了拆借利率实行上限管理的原则，对规范同业拆借市场发展、防范风险起到了积极作用。

（二）银行间拆借利率正式放开

1995年11月30日，根据国务院有关金融市场建设的指示精神，人民银行撤销了各商业银行组建的融资中心等同业拆借中介机构。从1996年1月1日起，所有同业拆借业务均通过全国统一的同业拆借市场网络办理，生成了中国银行间拆借市场利率（CHIBOR）。至此，银行间拆借利率放开的制度、技术条件基本具备。

1996年6月1日，人民银行《关于取消同业拆借利率上限管理的通知》明确指出，银行间同业拆借市场利率由拆借双方根据市场资金供求自主确定。银行间同业拆借利率正式放开，标志着利率市场化迈出了具有开创意义的一步，为此后的利率市场化改革奠定了基础。

二、放开债券市场利率

债券市场是金融市场的重要组成部分，放开债券市场利率是推进利率市场化的重要步骤。

（一）国债发行的市场化尝试

1991年，国债发行开始采用承购包销这种具有市场因素的发行方式。1996年，财政部通过证券交易所市场平台实现了国债的市场化发行，既提高了国债发行效率，也降低了国债发行成本，全年市场化发行国债共1952亿元。发行采取了利率招标、收益率招标、划款期招标等多种方式。同时根据市场供求状况和发行数量，采取了单一价格招标或多种价格招标。这是我国债券发行利率市场化的开端，为以后的债券利率市场化改革积累了经验。

（二）放开银行间债券回购和现券交易利率

1997年6月5日，人民银行下发了《关于银行间债券回购业务有关问题的通知》，决定利用全国统一的同业拆借市场开办银行间债券回购业务。

借鉴拆借利率市场化的经验，银行间债券回购利率和现券交易价格同步放开，由交易双方协商确定。

这一改革措施，提高了金融机构资金使用效率，增强了金融机构主动调整资产、负债结构的积极性；随着银行间市场债券回购、现券交易规模不断扩大，其短期头寸融资的特性日益明显，短期回购利率成为中央银行判断存款类金融机构头寸状况的重要指标，为中央银行开展公开市场操作奠定了基础；银行间债券回购与现券交易利率的放开，增强了市场的价格发现能力，为进一步放开银行间市场国债和政策性金融债的发行利率创造了条件。

（三）放开银行间市场政策性金融债、国债发行利率

1998 年以前，政策性金融债的发行利率以行政方式确定，由于在定价方面难以同时满足发行人、投资人双方的利益要求，商业银行购买政策性金融债的积极性不高。1998 年，鉴于银行间拆借、债券回购利率和现券交易利率已实现市场化，政策性银行金融债券市场化发行的条件已经成熟。同年 9 月，国家开发银行首次通过人民银行债券发行系统以公开招标方式发行了金融债券，随后中国进出口银行也以市场化方式发行了金融债券。1999 年，财政部首次在银行间债券市场实现以利率招标的方式发行国债。

银行间债券市场利率的市场化，有力地推动了银行间债券市场的发展，为金融机构产品定价提供了重要参照标准，是长期利率和市场收益率曲线逐步形成的良好开端，也为货币政策间接调控体系建设奠定了市场基础：一是提高了金融机构调节资产结构的主动性，金融机构债券投资占比逐步提高，超额准备率趋于下降，对中央银行公开市场操作的敏感度增强；二是公开市场操作的工具种类随之不断丰富，操作方式和力度也日趋灵活。

三、存贷款利率的市场化

现阶段商业银行存、贷款仍是我国社会资金积累与供给的主要渠道，也是我国商业银行从事的主要业务，因此存、贷款利率市场化是实现我国利率改革目标的关键。存、贷款利率市场化的思路是“先外币、后本币；先贷款、后存款；先长期、大额，后短期、小额”。

（一）积极推进境内外币利率市场化

1996 年以来，随着商业银行外币业务的开展，各商业银行普遍建立了外币利率的定价制度，加之境内外币资金供求相对宽松，外币利率市场化的

时机日渐成熟。2000年9月21日，经国务院批准，人民银行组织实施了境内外币利率管理体制的改革：一是放开外币贷款利率，各项外币贷款利率及计结息方式由金融机构根据国际市场的利率变动情况以及资金成本、风险差异等因素自行确定；二是放开大额外币存款利率，300万美元（含300万美元）以上或等额其他外币的大额外币存款利率由金融机构与客户协商确定。

2002年3月，人民银行将境内外资金融机构对境内中国居民的小额外币存款，统一纳入境内小额外币存款利率管理范围。2003年7月，境内英镑、瑞士法郎、加拿大元的小额存款利率放开，由各商业银行自行确定并公布。小额外币存款利率由原来国家制定并公布7种减少到境内美元、欧元、港币和日元4种。

2003年11月，小额外币存款利率下限放开。商业银行可根据国际金融市场利率变化，在不超过人民银行公布的利率上限的前提下，自主确定小额外币存款利率。赋予商业银行小额外币存款利率的下浮权，是推进存款利率市场化改革的有益探索。

2004年11月，人民银行在调整境内小额外币存款利率的同时，决定放开1年期以上小额外币存款利率，商业银行拥有了更大的外币利率决定权。

随着境内外币存、贷款利率逐步放开，中资商业银行均制定了外币存贷款利率管理办法，建立了外币利率定价机制。各行还根据自身的情况，完善了外币贷款利率的分级授权管理制度，如在国际市场利率基础上，各商业银行总行规定了其分行的外币贷款利率的最低加点幅度和浮动权限，做到了有章可循，运作规范。商业银行的利率风险意识和利率风险管理能力得到不断加强。

（二）稳步推进人民币贷款利率市场化

1. 人民币贷款利率市场化的初步推进。1987年1月，人民银行首次进行了贷款利率市场化的尝试。在《关于下放贷款利率浮动权的通知》中规定，商业银行可根据国家的经济政策，以国家规定的流动资金贷款利率为基准上浮贷款利率，浮动幅度最高不超过20%。

1996年5月，为减轻企业的利息支出负担，贷款利率的上浮幅度由20%缩小为10%，下浮10%不变，浮动范围仅限于流动资金贷款。在连续降息的背景下，利率浮动范围的缩小，造成银行对中小企业贷款的积极性降低，影响了中小企业的发展。为体现风险与收益对等的原则，鼓励金融机构大力支持中小企业发展，经国务院批准，人民银行自1998年10月31日起将金融机构（不含农村信用社）对小企业的贷款利率最高上浮幅度由10%扩大到20%；农村信用社贷款利率最高上浮幅度由40%扩大到50%。

为调动商业银行发放贷款和改善金融服务的积极性，从1999年4月1日起，贷款利率浮动幅度再次扩大，县以下金融机构发放贷款的利率最高可上浮30%。9月1日起，商业银行对中小企业的贷款利率最高上浮幅度扩大为30%，对大型企业的贷款利率最高上浮幅度仍为10%，贷款利率下浮幅度为10%。农村信用社浮动利率政策保持不变。

在贷款利率逐步放开的同时，为督促商业银行加强贷款利率浮动管理，人民银行于1999年转发了建设银行、上海银行的贷款浮动利率管理办法，要求商业银行以此为模板，制定各行的贷款浮动利率管理办法、编制有关模型和测算软件、建立利率定价授权制度等。2003年，人民银行再次强调，各商业银行和城乡信用社应进一步制定完善的贷款利率定价管理制度和贷款利率浮动的管理办法。经过几年的努力，各商业银行和部分城乡信用社基本建立起根据成本、风险等因素区别定价的管理制度。

2. 人民币贷款利率市场化迈出重要步伐。2003年以来，人民银行在推进贷款利率市场化方面迈出了重要的三步：

第一步是2003年8月，人民银行在推进农村信用社改革试点时，允许试点地区农村信用社的贷款利率上浮不超过贷款基准利率的2倍。

第二步是2004年1月1日，人民银行决定将商业银行、城市信用社的贷款利率浮动区间上限扩大到贷款基准利率的1.7倍，农村信用社贷款利率的浮动区间上限扩大到贷款基准利率的2倍，金融机构贷款利率的浮动区间下限保持为贷款基准利率的0.9倍不变。同时，明确了贷款利率浮动区间不再根据企业所有制性质、规模大小分别制定。

第三步是2004年10月29日，人民银行报经国务院批准，决定不再设定金融机构（不含城乡信用社）人民币贷款利率上限。考虑到城乡信用社竞争机制尚不完善，经营管理能力有待提高，容易出现贷款利率“一浮到顶”的情况，因此仍对城乡信用社人民币贷款利率实行上限管理，但其贷款利率浮动上限扩大为基准利率的2.3倍。所有金融机构的人民币贷款利率下浮幅度保持不变，下限仍为基准利率的0.9倍。至此，我国金融机构人民币贷款利率已经基本过渡到上限放开，实行下限管理的阶段。

与此同时，贷款利率浮动报备制度初步建立，各商业银行和城乡信用社通过报备系统，定期向人民银行反馈贷款利率的浮动情况。利率浮动情况报备制度的建立，既有利于主管部门及时掌握全国范围内的利率浮动情况，提高决策的科学性和准确性，也有利于金融机构建立集中统一的数据采集、分析系统，完善自身的利率管理体系，将贷款利率管理融入到经营管理的大局中去。

（三）人民币存款利率市场化取得重要进展

改革开放初期，信托投资公司和农村信用社都曾进行过存款利率浮动的试点，这是我国存款利率市场化的初次尝试。在取得一些经验的同时，也出现了一些问题，如在金融机构缺乏财务约束的情况下，往往是经营状况不好的机构高息揽存，引起存款搬家、利率违规等。因此，存款利率浮动在1990年全部取消。实践证明，存款利率的市场化宜从大额存款入手，逐步过渡到管住利率上限，采取允许存款利率下浮的方式稳步推进。

为探索存款利率市场化途径，兼顾金融机构资产负债管理的需要，1999年10月，中国人民银行批准中资商业银行法人对中资保险公司法人试办五年期以上（不含五年期）、3000万元以上的长期大额协议存款业务，利率水平由双方协商确定。这是存款利率市场化的有益尝试。

2002年2月和12月，协议存款试点的存款人范围扩大到全国社会保障基金理事会和已完成养老保险个人账户基金改革试点的省级社会保险经办机构。2003年11月，国家邮政局邮政储汇局获准与商业银行和农村信用社开办邮政储蓄协议存款。放开长期大额协议存款利率为存款利率市场化改革积累了经验，同时培育了商业银行的存款定价意识，健全了存款利率管理的有关制度。改革实践使“先长期大额，后短期小额”、“存款利率向下浮动，管住上限”的存款利率市场化的思路更加明确和清晰。

2004年10月29日，人民银行报经国务院批准，决定允许金融机构人民币存款利率下浮。即所有存款类金融机构对其吸收的人民币存款利率，可在不超过各档次存款基准利率的范围内浮动，但存款利率不能上浮。至此，人民币存款利率实行下浮制度，实现了“放开下限，管住上限”的既定目标。

2004年10月29日，放开金融机构贷款利率上限（城乡信用社除外）和存款利率下限是我国利率市场化改革进程中具有里程碑意义的重要举措，标志着我国利率市场化顺利实现了“贷款利率管下限、存款利率管上限”的阶段性目标。该项政策构建了现阶段我国利率市场化改革的总体框架。今后，利率市场化改革将以落实该项政策为中心继续推进，不断完善金融机构治理结构与内控机制，逐步提高利率定价和风险管理能力，进一步加强中央银行货币政策调控体系建设。

目前，我国利率市场化已接近最后攻坚阶段，仅剩人民币存款利率上限和贷款利率下限这一最后堡垒。2008 年 12 月，国务院办公厅印发了《关于当前金融促进经济发展的若干意见》，指出要“发挥市场在利率决定中的作用，提高经济自我调节能力。增强贷款利率下浮弹性，改进贴现利率形成机制，完善中央银行利率体系”。这一意见明示了我国下一步推进利率市场化改革的基本路径。事实上，2008 年 10 月，央行已经在按揭贷款利率下浮幅度方面进行了试水，下浮幅度由之前的 15% 扩大到了 30%。

第五节 金融风险控制与监管的改革和发展

自 20 世纪 80 年代以来，经济全球化、金融自由化和资讯技术不断发展，金融创新不断涌现，金融效率得以提高，但伴随而来的是金融风险的与日俱增和世界经济的动荡。进入 20 世纪 90 年代，先后出现了诸如墨西哥金融危机、东南亚金融危机以及巴林银行的倒闭、日本大和银行的巨额亏损、香港百富勤证券公司的倒闭等。倒闭或危机事件的出现比以往任何时候都频繁，这些危机事件给金融机构、金融市场及世界经济发展产生了十分恶劣的影响，而且给人们提出了一个严肃的问题，即在货币化程度越来越高的现代市场经济中，在经济全球化的环境下，如何做到在不影响金融效率、金融创新和市场发展的前提下，对金融业实行有效的风险控制与监管，维护金融体系的安全与稳定。

金融风险是指在金融领域，由于风险因素诱发风险事件而导致金融机构损失的可能性。也就是说，金融机构在经营过程中，由于决策失误、客观情况变化或其他原因使资金、财产、信誉等遭受风险的可能性。风险包括：信用风险、国家风险和转移风险、市场风险、利率风险、流动性风险、操作风险、法律风险和声誉风险。金融监管是指一个国家（地区）的中央银行或其他金融监管当局依据国家法律法规的授权对金融业实施监督管理的行为。金融监管既是一种全过程的监管，又是一种多层次的监管，包括政府监管系统、各种金融机构的内部控制系统、金融业自律系统和社会监督系统。其中，金融机构的内部控制是金融监管的基础，政府监管是金融监管的主体核心。

改革开放以来，中国金融业抓住历史性机遇，不断深化金融改革，扩大金融开放，加强金融监管，改进金融服务，取得了明显效果，对促进经济发展和社会稳定发挥了十分重要的作用。但是，在金融业中存在的问题也很突出：一是国有商业银行不良资产比例太高，潜在的风险过大；二是一些非银行机构违规经营，形成大量坏账；三是非法成立金融机构和非法从事金融业务依旧存在；四是证券市场和保险市场存在不少违法和违规问题等等。这些问题已经严重危及我国金融秩序的稳定，危及金融业乃至整个国民经济的健康发展。加强金融监管，防范金融风险是当前金融工作的重要任务。

一、我国的金融监管发展历程

目前，我国实行的是对银行、证券和保险的分业监管体制，是在改革开放和建立社会主义市场经济体制的过程中逐步形成的。

（一）关于银行监管体制的形成过程

1979 年 10 月 4 日，邓小平同志在一次座谈会上提出：必须把银行真正办成银行，在这一思想的指导下，开始了中国金融业和金融管理体制改革的进程。从 1979 年到 1984 年，陆续恢复和设立了中国农业银行、中国银行、中国工商银行等专业银行。1982 年 6 月，中国人民银行设立了金融管理司，主要负责对银行和其他金融机构的监管。1984 年 1 月 1 日起中国人民银行专门行使中央银行职能。1985 年，中国人民银行成立了稽核体系，对所有金融机构的业务活动的过程和结果实行监督与必要的制裁。1986 年 1 月 7 日，国务院颁发了《中华人民共和国银行管理暂行条例》，对中央银行、专业银行和其他金融机构的基本职责、组织机构、业务范围以及分支机构的增设、变更、撤销等都作出了明确的规定。这一时期银行监管的主要特点是：监管的目标和重点是维护国有银行的主导地位以及对银行实行信贷限额控制和利率管制。因此，监管当局在一定程度上把监管仅仅看成是一种行业管制，在实际上是以合规性监管为主。

1992 年下半年到 1993 年，经济出现过热现象，金融秩序混乱，中国人民银行宏观调控和金融监管两大职能未发挥应有的作用，原有体制的缺陷明显暴露出来。在 1993 年的金融体制改革中，把建立以中央银行为核心的金融宏观调控体系，作为改革的三大目标之一，明确中国人民银行的两大职能，其中确定中国人民银行的重要职责之一，是对金融机构加强监管，保障金融体系安全有效运营。中国加快了金融法制建设的步伐，逐步形成了以《中国人民银行法》、《商业银行法》为主体的银行和非银行金融机构的经营与监管的法律基础。1994 年 2 月，中国人民银行制定了《商业银行资产负债比例管理考核暂行办法》。1997 年 1 月，对商业银行等金融机构实施外币和本币、表内业务与表外业务的合并监管。1998 年 1 月 1 日起，取消了商业银行贷款规模管理，同年，对中国金融监管体制进行了重大的改革，开始建立分业监管制度，将证券和保险的监管权由中国人民银行移交给中国证券监督管理委员会和中国保险监督管理委员会。同年，中国人民银行内部管理体制也实施了重大改革，撤销原省级分行，跨省设立 9 大分行，即在天津、沈阳、上海、南京、济南、武汉、广州、成都、西安设立分行，同时，在北京和重庆两个直辖市设立总行营业管理部。中国人民银行按照内外一致、全程监管原则对内设监管司进行调整，改变了原中央银行内部对同一法人机构的监管权力由多个部门分割行使的格局，并初步实现了本外币业务、表内外业务、境内外业务的并表监管和现场、非现场的统一监管。银行的监管方式已从合规性的监管初步转为风险监管。2003 年，根据十届全国人大第一次会议通过的《关于国务院机构改革方案的决定》，国务院设立了中国银行业监督管理委员会（简称中国银监会）。中国银监会自 2003 年 4 月 28 日起正式履行职责，根据第十届全国人大常委会第二次会议通过的《关于中国银行业监督管理委员会履行原由中国人民银行履行的监督管理职责的决定》，统一监督管理银行、金融资产管理公司、信托投资公司及其他存款类金融机构，维护银行业的合法、稳健运行。

中国银监会的工作职责有：负责制定有关银行业金融机构监管的规章制度和办法；草拟有关的法律和行政法规，提出制定和修改的建议；审批银行业金融机构及分支机构的设立、变更、终止及其业务范围；对银行业金融机构实行现场和非现场监管，依法对违法违规行为进行查处；审查银行业金融机构高级管理人员任职资格；负责统一编制全国银行数据、报表，并按照国家有关规定予以公布；会同有关部门提出存款类金融机构紧急风险处置的意见和建议；负责国有重点银行业金融机构监事会的日常管理工作；承办国务院交办的其他事项。

（二）关于证券监管体制的形成过程

我国证券市场监管体制经历了一个从地方监管到中央监管，由分散监管到集中监管的过程，大致可分为两个阶段。

第一阶段从20世纪80年代中期到90年代初期，证券市场处于区域性试点阶段，这一时期证券市场的监管主要由中国人民银行金融管理部门主管，国务院经济体制改革委员会等其他机构和深、沪两地政府参与管理。

第二阶段从1992年开始，国务院总结区域性证券市场试点的经验教训，决定成立国务院证券委员会和中国证券监督管理委员会，负责对全国证券市场进行统一监督管理。这一时期，我国初步建立了分层次的、各司其职、各负责任的证券监管体制，但证券监管体系仍存在一些问题，主要有：监管职权不统一、权限不清；证券监管行政管理性强；缺乏在法律基础上、政府指导下的健全的自律机制。为此，1997年，国务院决定将上海、深圳证券交易所划归中国证监会直接管理，1998年，国务院撤销国务院证券委员会，将中国人民银行的证券监管职能移交给中国证券监督管理委员会，由中国证券监督管理委员会统一负责全国证券期货市场的监管。

中国证券监督管理委员会行使以下职责：（1）研究和拟订证券期货市场的方针政策、发展规划；起草证券期货市场的有关法律、法规；制定证券期货市场的有关规则。（2）统一管理证券期货市场，按规定对证券期货监管机构实行垂直管理。（3）监管股票、可转换债券、投资基金的发行、交易、托管和结算；批准企业债券的上市；监管上市国债和企业债券的交易活动。（4）监管境内期货合约的上市、交易和清算；按规定监督境内机构从事境外期货业务。（5）监管上市公司及其有信息披露义务股东的证券市场行为。（6）管理证券期货交易所；按规定管理证券期货交易所的高级人员；归口管理证券业协会。（7）监管证券期货经营机构、证券投资基金管理公司、证券登记清算公司、期货清算机构、证券期货投资咨询机构；与银监会共同审批基金托管机构的资格并监管其基金托管业务；制定上述机构高级管理人员任职资格的管理办法并组织实施；负责证券期货从业人员的资格管理。（8）监管境内企业直接或间接到境外发行股票、上市；监管境内机构到境外设立证券机构；监管境外机构到境内设立证券机构、从事证券业务。（9）监管证券期货信息传播活动，负责证券期货市场的统计与信息资源管理。（10）会同有关部门审批律师事务所、会计事务所、资产评估机构及其成员从事证券期货中介业务的资格并监管其相关的业务活动。（11）依法对证券期货违法违规行为进行调查、处罚。（12）归口管理证券期货行业的对外交往和国际合作业务。(13) 国务院交办的其他事项。

（三）关于保险监管体制的形成过程

改革开放后，中国保险业才得到恢复，1985 年，国务院颁布了《保险企业管理暂行条例》，明确中国人民银行是中国保险业的监管机构。1993 年，《国务院关于保险体制改革的决定》提出了按照商业保险和社会保险、寿险和损失险分开经营和政企分开的原则规范保险行业的运作。据此要求，1994 年，中国人民银行组建了保险司，具体负责保险业的监管。1995 年 6 月，《中华人民共和国保险法》颁布，此后，中国人民银行又制定了《保险管理暂行规定》、《保险代理人管理规定（试行）》、《保险经纪人管理暂行规定》，修改、核准了船舶保险、航空人身意外保险、财产保险等一系列条款和费率等。1996 年 7 月 23 日，组建了中国人民保险（集团）公司，下设中保财产保险公司和中保人寿保险公司、中保再保险公司，1998 年，三家公司更名为中国人民保险公司、中国人寿保险公司和中国再保险公司，1998 年 11 月 18 日，中国保险监督管理委员会正式成立，实现分业监管。

中国保险监督管理委员会的职责是：拟订有关商业保险的政策法规和行业发展规划；依法对保险企业的经营活动进行监督管理和业务指导，维护保险市场次序，依法查处保险企业违法违规行为，保护被保险人利益；培育和发展保险市场，推进保险业改革，完善保险市场体系，促进保险市场公平竞争；建立保险业风险评价与预警机制，防范和化解保险业风险，促进保险企业稳健经营与业务的健康发展。

二、我国金融监管机构的服务功能

我国金融业分业经营、分业监管体制建立后，逐步形成了包括监督、管理、稽核、检查等环节的金融监管体系，并逐步实现了对金融机构市场准入、业务运营和市场退出三个主要环节的全方面监管。

（一）金融机构市场准入的监管

对金融机构市场准入的监管是有效监管的首要环节。包括对新设金融机构的审批、资本金或营运资金的审验、高级管理人员的任职资格审查和业务范围的确定等。如：设立证券机构必须经中国证监会审批，颁发营业许可证。证券公司可分为综合类证券公司与经纪类证券公司，最低限额的注册资本分别为 5 亿元和 5000 万元人民币；重要管理人员和业务员必须有证券从业资格；有固定的经营场所与合格的交易设施；有健全的管理制度等。

（二）金融机构业务和营运监管

主要包括对业务合规性的检查与对金融机构的风险监管。业务经营合规性监管的目的是督促金融机构严格遵守金融法律、法规。商业银行的风险监管主要包括监控资本充足性、资产质量、流动性、盈利能力、管理水平和内部控制等方面。

（三）对有问题的金融机构的处理和市场退出的监管

我国监管当局对潜在风险较大的金融机构采取有重点有区别的处理方法。当个别金融机构出现临时流动性困难时，尽可能通过协调和组织行业支持、提供临时贷款等方式开展紧急救助；对紧急救助无效的金融机构采取强制接管，保证有实力的金融机构对其进行兼并或收购；当所有努力失败后，只能吊销其营业执照。

三、中国金融监管展望

随着经济全球化和金融国际化，中国金融的国际化进程不断加快，这不仅意味着金融业务的国际往来与合作更频繁，也意味着金融监管标准的趋同。以银行监管为例，按照巴塞尔委员会的《有效银行监管的核心原则》的国际监管标准和中国银行业监管的实际，实现高效率的银行监管必须具备五大先决条件：一是稳健且可持续的宏观经济政策和稳定的经济运行；二是完善的公共金融基础设施；三是有效的市场约束；四是高效率解决银行问题的程序；五是提供适当的系统保护（或公共安全网）机制。与此对照，中国的银行监管体制主要存在以下问题：

1. 宏观经济政策和运行的不稳定性因素较多。中国正处于经济转轨时期，不成熟的宏观调控体系和市场机制、经济的快速发展和经济发展的大幅波动，不可避免的会出现一些不稳定因素，致使经济的风险转移到金融方面来，影响银行业的平稳运行，并加大了银行业的监管难度。

2. 公共金融基础设施不完善。《核心原则》指出，适当的银行监管的法律框架是必须的。其各项条款应包括对银行组织的审批及持续监管，要求其遵守法律与法规及安全稳健性的原则和对监管者的法律保护。随着中国四部金融基本法的出台，我国金融监管已步入法制轨道，但法制仍不健全（前瞻性不强、缺乏全面性和系统性），如缺乏金融机构的撤销与破产法、对银行内部控制制度和申请外部审计师的规定等。此外，原有的一些金融法规有些内容已不适应当前金融监管的要求，需要修改。中国金融法律体系的缺陷在金融监管中体现为：监管机构对银行难以依法监管；银行机构缺乏自我约束和自我发展的能力；社会公众的金融风险意识较为薄弱；企业之间相互拖欠货款，企业逃废银行债务，而银行对企业的合法债权无法得到法律的有效保护等。严重影响了银行的信贷质量和监管部门依法监管的有效性。

3. 微观金融基础缺乏有效的市场约束。中国银行业的市场集中度较高，四大国有商业银行的市场控制力强，银行生存缺乏竞争和淘汰机制压力；国家主导的银行制度强化了国有银行对财政制度的替代，形成预算“软约束”；国有银行产权模糊，缺乏将外部性内在化的激励机制，使银行内部的风险控制机制难以起效，银行不良资产日益增加。由于国有银行面对风险的市场约束和自我约束机制和承受能力基本呈弱性，加大了银行监管的难度。

4. 金融监管体制尚不完善。主要表现在：一是长期以来银行监管机构作为政府的一个职能部门受到各级政府的干预较大，缺乏独立执行监管政策的环境。二是银行信息不透明、公开性差，监管机构的监管方式和技术手段落后，直接影响到监管效率。除几家上市公司外，中国商业银行的业务均没有定期在媒体公布，监管部门虽有报表收集与分析的功能，但问题是：由于没有健全统计报表的责任制，商业银行总行及其分支行上报的报表数据有较大的不确定性。监管机构缺乏对诸多单项报告的集中有效的分析和及时对信息的沟通与反馈以及相应采取必要的监管措施，造成问题由小变大。长期以来监管当局对银行机构实行严格的市场准入和业务范围的限制以及合规性的监管，忽视风险监管以及没有解决好管制与金融创新的平衡，也是造成监管效率低下的原因。三是银行安全网建设不完善。银行安全网建设包括存款保险制度和最后贷款人制度的建设。存款保险制度是指为从事存贷款业务的银行建立一个保险机构，各银行机构作为投保机构向保险机构交纳保险费，而当成员机构面临危机或经营破产时，保险机构向其提供流动性资助或代替破产机构在一定限度内对存款者给予偿付的制度。其核心是为银行体系提供一张安全网，防止存款者因个别银行的倒闭而对其他金融机构失去信心，由此挤兑，引发银行恐慌和金融危机。由于四大国有银行产权的国有性质，政府已为银行作了隐性担保，但随着四大国有银行股份制改造的进行，最终将形成多元产权形式，存款保险制度的建设也将迫在眉睫。最后贷款人的一个重要职能是对出现问题或危机的金融机构提供融资帮助。最后贷款人一般要以惩戒性利率提供，以降低借款人的道德风险。根据这种判断标准，我国现行的再贷款、再贴现制度均非严格的最后贷款人制度。

按照建立适应社会主义市场经济的现代金融体系的要求，未来中国银行业监管的目标是健全监管体系，提高监管水平，控制和消除系统性、区域性金融风险，维护银行业合法稳健经营。为此应：

（1）强化银行业监管的法律手段。尽快制订和出台有关金融法规，完善金融法律体系，对已出台的金融法规的过时部分应及时修改。这些法律法规应为国有银行的股份制改造、外资金融机构的监管、金融机构的市场退出、金融创新中银行风险的控制、存款保险制度和打击犯罪等提供法律依据。制定相应的实施细则，强化可操作性，做到有法可依、有法必依。

（2）逐步建立和健全一个完整的银行监管体系。建立包括银行政府监管系统、银行机构的内部控制系统、行业自律系统和社会监督系统的多层次的监管体系，其中，金融机构的内部控制是金融监管的基础。国外银行业的实践证明，银行良好的公司治理结构确实有助于股东价值的增加与保证银行的安全运营。结合目前国有银行股份改造，通过引进战略投资者，改善银行产权结构，形成将外部性内在化的激励机制，为构建良好的公司治理结构奠定基础。构建良好的公司治理结构，要按照良好的公司治理结构的原则重新调整组织架构、改变议事程序和完善监督机制。例如，从章程上更加详细地规定股东大会召开的程序，保障小股东的权益；确定以董事会为中心公司治理机制，保证董事会决策职能的发挥；扩大外部董事的比例，引进和确认独立董事制度；在董事会内设立职能明确的专门委员会；扩大监事会的权力；明确银行行长权责利；建立和健全以审慎经营为核心的内控制度：包括建立各部门之间相互独立、业务合理分工、职责明确、权利制衡的决策控制机制；建立以业务操作规程为基础的，岗位独立、人员分工、职责分明的业务操作流程，将业务置于双线核算、双重控制、交叉核对、相互制约的状态之下；建立和完善银行一级法人制度，健全银行内部授权授信制度等。

（3）改革和完善监管方式和手段，鼓励金融创新和加强风险监管。目前，中国银行业的金融创新开始活跃，综合性经营的趋势不断显现，因此，监管当局应对金融创新进行相应的技术和政策指导以及制订有关的规章制度，适当放开对金融创新的限制，鼓励银行机构进行业务创新和加强风险管理。监管当局要建立统一的监管框架体系，完善对银行机构市场准入制度，对银行业务实行审慎监管，对银行实施有效的市场退出。将现场监管和非现场监管有机结合，在非现场监管的基础上，有针对性地确定现场检查项目。

建立以“不良资产比例资产、流动性比例、盈亏状况、资本充足率、存贷利率变化状况、信贷风险度的变化、内控完善程度和市场风险水平为核心的风险监测和预警指标体系。监管当局可采取道义规劝和强制命令等方式对银行建立良好的内部控制机制施加影响，并可制定一套具有可操作性的公司治理和内控机制的评价标准和办法，进行日常监管。加快金融监管电子化进程，建立信息平台和数据处理中心，实现监管信息共享等，从而最大程度上保证银行的稳健经营。

（4）建立银行安全网。一是逐步建立适宜的存款保险制度。经济金融界及学者对于存款保险制度的评价褒奖不一。支持者认为，建立健全银行内部管理制度，加强金融监管力度是维护银行经营安全的有力保障，但实践证明，这些措施不足以消除银行危机或倒闭的可能性。银行的独特性在于其运用流动性负债为非流动性资产融资，这种部分准备制度具有内在不稳定性，使银行易受挤兑的冲击，银行挤兑所引发的金融恐慌往往使健康的银行和坏银行一起倒闭，存款保险制度除了维持金融稳定外，还可保护小储户的利益。因此，建立存款保险制度是十分必要的。反对者认为，存款保险制度最大的缺陷是它易导致道德风险问题，即储户由于利益受到保护而弱化了对银行的选择和监督；同时导致银行产生“盈了是自己的，亏了是保险公司的”心理。实践证明，尽管存款保险制度存在一定缺陷，但仍有许多成功的经验。总体来看，存款保险制度的建立，在提高公众对银行机构的信心、抑制个别银行倒闭造成的“多米诺骨牌效应”、保护存款人的利益和维护金融安全等方面发挥了巨大的作用。二是建立最后贷款人制度。建立意在为暂无流动性但有偿付能力的银行提供短期融资机制的规范的最后贷款人制度，提供戒性利率，以降低借款人的道德风险。

另外，鉴于混业监管是国际上金融监管的趋势，我国现阶段虽仍实行分业经营、分业监管的体制，但为适应金融创新和金融开放的需要，我国已创设了金融监管联席会议制度，建立了中国银监会、证监会和保监会三者之间的信息通道，以确保三者间的信息共享，并监管货币市场、证券市场和保险市场之间的互动。

2008 年，全球金融危机后，包括美国在内的全球金融监管体系都正在发生着变革。欧盟在 2009 年 6 月 19 日通过了《欧盟金融监管体系改革》，英国财政部 2009 年 7 月 8 日发布《改革金融市场》白皮书，2009 年 4 月伦敦和 11 月匹兹堡的 G20 峰会都发出改革金融监管的呼吁，同时，巴塞尔委员会、国际证监会组织（IOSCO）等国际机构也都在积极酝酿金融监管改革的具体措施，2010 年 7 月 21 日，美国总统奥巴马正式签署《多德—弗兰克华尔街改革与消费者保护法案》。从改革的重点看，以美国为首，正在推动的金融监管改革趋势可概括为以下几个方面：（1）提高监管标准，降低金融机构杠杆率；（2）扩大监管范围，特别是对对冲基金的监管；（3）加强对系统性风险的宏观审慎监管；（4）加强对信用评级机构的监管和培养；（5）强调跨国监管协调合作等。这也将是我国金融监管发展的方向。

本章小结

本章简要回顾了中国金融改革的历程，着重介绍了金融市场体系、银行金融机构、利率市场化和金融风险控制和监管等方面改革和发展的有关情况。我国的金融改革从 1979 年算起，共经历了五个阶段。第一阶段为国有金融机构的恢复和建立阶段；第二阶段为中国人民银行开始专门行使中央银行的职能，商业银行开始大量建立的阶段；第三阶段为中国的资本市场特别是证券市场的建立和发展阶段；第四阶段为中国金融改革的全面发展阶段；第五阶段为中国金融改革的深化和与国际接轨阶段。

我国的金融市场体系改革是金融改革发展最为迅速，取得的成果也是最为突出的部分。经过 20 多年的改革和发展，我国已初步建立起了包括货币市场和资本市场的相对完善和多样的金融市场体系。

我国的金融机构体系经过长期的改革和发展，初步建立起了以银行金融机构为主体，证券金融机构和保险金融机构以及其他多种金融机构组成的金融组织机构体系。银行金融机构体系是以中央银行为主导，四大国有商业银行为主体，股份制商业银行和其他存款类金融机构组成的多种所有制银行并存的银行机构体系。

我国的利率管理长期以来是控制最严的领域之一，但经过长期的改革，特别是近几年的改革，已取得了较大的进展。目前，我国利率市场化改革已顺利实现了“贷款利率管下限、存款利率管上限”的阶段性目标，离全面市场化已为时不远了。

金融风险的控制与监管是我国当前一项相当紧急的任务。对金融机构的监管一般包括对金融机构市场准入的管理、对业务经营活动的监督检查、对有问题金融机构的处理以及化解风险的措施等各项内容。建立和健全有效防范金融风险的法律法规体系是确保金融监管的权威性和有效性的前提和基础。

关键词： 金融改革　金融市场　金融机构　股权分置改革　利率市场化　金融风险　金融监管

思　考　题

1. 简述我国金融改革的历程。
2. 试述我国同业拆借市场的地位和作用。
3. 试述我国国债回购市场的发展。
4. 试述我国资本市场的发展方向。
5. 试分析中国目前金融市场体系的组成情况。
6. 为什么说中国利率市场化改革已取得了较大的成绩？
7. 试述我国利率市场化改革的方针和步骤。
8. 简述我国金融监管机构的种类及其监管职能。
9. 简述我国金融监管的功能。
10. 结合实际，分析我国金融监管存在的问题及解决的可行之路。
11. 简述股权分置的概念及其危害。

参 考 文 献

[1] 白钦先："百年来的金融监管：理论演化、实践变迁与前景展望"，《国际金融研究》2000年第1期、第2期。

[2] 白钦先、郭翠荣：《各国金融体制比较》，中国金融出版社2001年版。

[3] 白钦先：《金融监管的国际协调与合作》，中国金融出版社2003年版。

[4] 巴曙松："从改革框架看金融监管发展"，《资本市场》2010年第7期。

[5] 曹凤歧：《货币金融学》，北京大学出版社1992年版。

[6] 曹凤岐：《货币金融管理学》，北京大学出版社2008年版。

[7] 曹凤岐：《金融市场与金融机构》，北京大学出版社2002年版。

[8] 曹凤岐：《资本市场论》，北京大学出版社2002年版。

[9] 曹龙骐：《中央银行概论》，西南财经大学出版社2003年版。

[10] 曹龙骐等：《金融问题前沿》，广东经济出版社2002年版。

[11] 曹龙骐：《货币银行学》，高等教育出版社2000年版。

[12] 曹国强："进一步推进利率市场化改革的基础条件和时机选择"，《银行家》2009年第9期。

[13] 陈利平：《货币理论》，北京大学出版社2003年版。

[14] 陈岱松："回望中国资本市场的发展历程——纪念改革开放30年"，《科技与经济》2009年第2期。

[15] 段小茜："金融稳定：目标、涵义及制度框架"，《金融时报》2004年9月7日。

[16] 杜亚斌：《货币银行业和货币政策》，科学出版社 2002 年版。

[17] 戴国强：《货币银行学》，高等教育出版社 2000 年版。

[18] 戴国强：《货币金融学》，上海财经大学出版社 2006 年版。

[19] 戴志敏、李俊："我国银行间债券市场的发展、现状及作用"，《现代商业》2008 年第 21 期。

[20] 范从来、姜宁：《货币银行学》，南京大学出版社 2000 年版。

[21] 龚浩成、戴国强：《2000 中国金融发展报告》，上海财经大学出版社 2000 年版。

[22] 高程德：《中国证券市场研究》，高等教育出版社 1997 年版。

[23] 高培勇等：《中国债券市场透析》，中国财政经济出版社 1999 年版。

[24] 郭红玉：《货币金融学》，中国对外经济贸易出版社 2002 年版。

[25] 胡援成：《货币银行学》，中国财政经济出版社 2000 年版。

[26] 胡庆康：《现代货币金融学教程》，复旦大学出版社 2009 年版。

[27] 胡国晖、崔奇：《货币银行学》，武汉理工大学出版社 2006 年版。

[28] 黄宪、江春、赵何敏等：《货币金融学》，武汉大学出版社 2008 年版。

[29] 黄达：《金融学》，中国人民大学出版社 2004 年版。

[30] 黄达：《货币银行学》，中国人民大学出版社 1999 年版。

[31] 黄达：《金融词义、学科、形势、方法及其他》，中国金融出版社 2001 年版。

[32] 黄铁军：《中国国有商业银行运行机制研究》，中国金融出版社 1998 年版。

[33] 黄亚钧：《现代投资银行的业务和经营》，立新会计出版社 1996 年版。

[34] 黄金老："论金融脆弱性"，《金融研究》2001 年第 3 期。

[35] 姜瑶英：《20 世纪 90 年代美国银行业的改革与战略》，中国财政经济出版社 2001 年版。

[36] 孔祥毅：《百年金融制度变迁与金融协调》，中国社会科学出版社 2002 年版。

[37] 孔祥毅：《中央银行通论》，中国金融出版社 2002 年版

[38] 孔晋："坚定不移地深化国有商业银行改革"，《金融时报》，中

证网，2008 年 10 月 6 日。

[39] 刘瑞波等：《货币银行学》，经济科学出版社 2001 年版。

[40] 刘波：《中国商业银行发展研究》，中国经济出版社 1997 年版。

[41] 刘思跃、肖卫国：《国际金融》，武汉大学出版社 2007 年版。

[42] 刘锡良等：《中央银行学》，中国金融出版社 1999 年版。

[43] 刘德顺："中国资本市场发展历程回顾"，《中国投资与建设》1997 年第 11 期。

[44] 刘世锦：《资本市场新论：与企业重组相适应的资本市场》，中国发展出版社 2001 年版。

[45] 李世美："货币政策有效性研究的文献综述"，《现代经济探讨》，2008 年第 7 期。

[46] 李扬：《中国金融改革研究》，江苏人民出版社 1999 年版。

[47] 李扬："中国国债回购市场分析"，《经济研究》1996 年第 8 期。

[48] 李扬、何德旭：《经济转型中的中国金融市场》，经济科学出版社 1999 年版。

[49] 李建田、田光宁：《九十年代国际金融危机比较研究》，中国经济出版社 1998 年版。

[50] 李冠青："证券市场的里程碑——股权分置改革"，《山东社会科学》2009 年第 12 期。

[51] 罗翔、赵美贞："中国外汇市场的发展之路"，《决策与信息》2009 年第 6 期。

[52] 廖乐一："我国同业拆借市场的现状、问题与建议"，《经济师》2010 年第 4 期。

[53] 马君璐、王东胜：《金融机构管理》，东北财经大学出版社 2001 年版。

[54] 马九杰、张永升、李歆："中国农村金融改革发展 60 年"，《中国农村科技》2009 年第 10 期。

[55] 毛晓威、巴曙松："巴塞尔委员会资本协议的演变与国际银行业风险管理的推进"，《国际金融研究》2001 年第 4 期。

[56] 牛娟娟："外汇市场：从管制到开放"，《中国金融家》2009 年第 12 期。

[57] 裴少峰：《货币银行学》，中山大学出版社 2006 年版。

［58］潘淑娟：《货币银行学》，中国财政经济出版社 2008 年版。

［59］秦凤鸣等：《国际金融》，经济科学出版社 2004 年版。

［60］秦国楼：《现代金融中介论》，中国金融出版社 2002 年版

［61］钱小安：《货币政策规则》，商务印书馆 2002 年版

［62］乔桂明、卜亚："中国国有银行改革的演化路径：30 年回眸与展望——全球性金融危机下提升国有银行竞争力的战略选择"，《上海财经大学学报》2009 年第 2 期。

［63］饶余庆：《现代货币银行学》，中国社会科学出版社 1983 年版。

［64］盛松成、施兵超、陈建安著：《现代货币经济学》，中国金融出版社 1992 年版。

［65］孙礼照：《货币银行学》，清华大学出版社 1991 年版。

［66］孙健、赵昕：《货币金融学》，青岛海洋大学出版社 2000 年版。

［67］佘运久：《资本市场的协调发展》，中国发展出版社 2001 年版。

［68］童适平：《战后日本金融体制及其变革》，上海财经大学出版社 1998 年版。

［69］童适平：《中央银行学教程》，复旦大学出版社 2003 年版。

［70］谭秉文译：《美国中央银行的宏观管理》，中国金融出版社 1987 年版。

［71］唐旭：《金融理论前沿课题》，中国金融出版社 1999 年版。

［72］唐恩思："我国股权分置改革分析"，《经营管理者》2009 年第 22 期

［73］王广谦：《中央银行学》，高等教育出版社 2001 年版。

［74］王克华、陈雨露：《货币银行学》，武汉大学出版社 2004 年版。

［75］王松奇著：《货币政策与经济增长》，中国人民大学出版社 1991 年版。

［76］王元龙：《中国金融安全论》，中国金融出版社 2004 年版。

［77］王松奇：《金融学》，中国金融出版社 2002 年版。

［78］王国刚：《中国资本市场热点问题透视》，中国金融出版社 2001 年版。

［79］王紫："开创资本市场新阶段——股权分置改革，资本市场最具意义的一次创新"，《中国金融家》2008 年第 9 期。

［80］汪祖杰：《现代货币金融学》，经济科学出版社 2007 年版。

［81］万解秋、贝政新：《中央银行概论》，复旦大学出版社1999年版。

［82］武捷思：《中国国有商业银行行为研究》，中国金融出版社1996年版。

［83］吴晓灵："维护金融稳定之道"，《财经》2003年。

［84］吴晓求："商业银行改革和资本市场发展"，《新金融》2005年第8期。

［85］吴腾华：《货币银行学》，上海财经大学出版社2008年版。

［86］徐明东、刘晓星："金融系统稳定性评估：基于宏观压力测试方法的国际比较"，《国际金融研究》2008年第2期。

［87］薛万祥著：《中国货币调控模式选择与制度设计》，上海财经大学出版社1998年版。

［88］谢平："中国货币政策分析1998—2002"，《金融研究》2004年第8期。

［89］姚遂、李键：《货币银行学》，中国金融出版社1999年版。

［90］姚长辉：《货币银行学》，北京大学出版社2005年版。

［91］杨金梅："关于我国票据市场的几点思考"，《货币市场》2009年第10期。

［92］杨建云："对中国金融监管改革的启示"，《资本市场》2010年第7期。

［93］易纲、海闻：《商业银行管理学》，上海人民出版社1998年版。

［94］易纲、吴有昌：《货币银行学》，上海人民出版社1999年版。

［95］易纲："中国改革开放三十年的利率市场化进程"，《金融研究》2009年第1期。

［96］俞乔等：《商业银行管理学》，上海人民出版社1998年版。

［97］俞天一：《中国金融运行机制转换研究》，中国金融出版社1999年版。

［98］余永桢："瑞典央行副行长论金融稳定"，《财经》2004年第16期。

［99］章彰编著：《商业银行信用风险管理》，人民出版社2002年版。

［100］庄俊鸿、钟晓鹰：《商业银行学》，企业管理出版社1994年版。

［101］钟晓鹰：《货币银行学》，江西人民出版社1992年版。

［102］张亦春：《现代金融市场学》，中国金融出版社2002年版。

［103］张忠永、朱乾字："金融稳定评估和压力测试的国际比较与经验借鉴"，《金融家》2009 年第 8 期。

［104］周小川："保持金融稳定与防范道德风险"，《证券时报》2004 年 7 月 13 日。

［105］周大钟：《现代金融学》，北京大学出版社 1994 年版。

［106］周延军编著：《西方金融理论》，中信出版社 1992 年版。

［107］周羡慕冰著：《经济运行中的货币供给机制》，人民出版社 1991 年版。

［108］周升业：《现代金融监管机制研究》，中国金融出版社 2000 年版。

［109］周林：《世界银行业监管》，上海财经大学出版社 1998 年版。

［110］赵何敏：《中央银行学》，武汉大学出版社 1998 年版。

［111］赵伟："货币政策有效性研究的最新文献述评"，《上海金融》2010 年第 3 期。

［112］赵亚奇、朱继涛："我国银行间债券市场与交易所市场发展研究"，《现代商业》2010 年第 30 期。

［113］钟伟、巴曙松、高辉清等："中国金融风险评估报告"，《中国改革》2004 年第 3 期。

［114］张启阳："中央银行如何发挥金融稳定的作用"，《金融时报》2004 年 8 月 10 日。

［115］张强、乔海曙：《货币金融学》，中国金融出版社 2007 年版。

［116］中国人民银行稳定分析小组：《中国金融稳定报告》2007/2008/2009，中国金融出版社。

［117］中国人民银行货币政策分析小组：《中国货币政策执行报告》，人民银行网站，2008 年、2009 年等各期。

［118］中国人民银行货币政策分析小组："稳步推进利率市场化报告"2005 年 1 月。

［119］郑祚春：《中央银行理论与业务》，西南财经大学出版社 1990 年版。

［120］朱忠明等：《中国货币市场发展新论》，中国发展出版社 2002 年版。

［121］［美］劳埃德 B. 托马斯：《货币、银行与金融市场》，机械工业

出版社 1999 年版。

［122］S·克里·库珀，唐纳德·R. 弗雷泽：《金融市场》，中国金融出版社 1987 年版。

［123］富兰克林·艾伦、道格拉斯·盖尔著，王晋斌等译：《比较金融系统》，中国人民大学出版社 2002 年版。

［124］［美］乔治·H. 汉普尔等：《银行管理》，中国人民大学出版社 2002 年版。

［125］［美］约翰·G. 格利，爱德华·S. 肖著：《金融理论中的货币》，上海三联书店、上海人民出版社 1994 年版。

［126］［美］劳伦斯·S. 里特等：《货币、银行和金融市场原理》，上海翻译出版公司 1990 年版。

［127］［美］莱·威·钱得勒等：《货币银行学》（上、下），中国财政经济出版社 1980 年版。

［128］［美］托马斯·梅耶著：《货币、银行与经济》，上海三联书店、上海人民出版社 1994 年版。

［129］［美］米什金著：《货币金融学》，中国人民大学出版社 1998 年版。

［130］［美］米尔顿·弗里德曼：《货币数量论研究》，中国社会科学出版社 2001 年版。

［131］［美］爱德华·S. 肖：《经济发展中金融深化》，上海三联书店、上海人民出版社 1992 年版。

［132］［美］弗雷德里克·S. 米什金：《货币金融学》，人民出版社 1998 年版。

［133］［英］约翰·伊特韦尔、［美］艾斯·泰勒：《全球金融风险监管》，经济科学出版社 2001 年版。